트라우마로 읽는
21세기 한국 영화

이 저서는 2010년 정부(교육부)의 재원으로 한국연구재단의 지원을 받아 수행된 연구임(NRF-2010-812-G00018)
This work was supported by the National Research Foundation of Korea Grant funded by the Korean Government
(NRF-2010-812-G00018)

이 도서의 국립중앙도서관 출판예정도서목록(CIP)은 서지정보유통지원시스템 홈페이지(http://seoji.nl.go.kr)와 국가자
료공동목록시스템(http://www.nl.go.kr/kolisnet)에서 이용하실 수 있습니다. (CIP제어번호: CIP2014030978)

트라우마로 읽는
21세기 한국 영화

21st Century Korean Films from the Perspective of TRAUMA

| 서정남 지음 |

한울
아카데미

차례

프롤로그

인간의 이해 너머 …… 인간과 삶에 대한 한없는 긍정과 사랑을 향하여 …… 발터 베냐민을 따라 "결을 거슬러 역사를 솔질"하기 위하여!

인간은 고도의 언어활동을 통한 소통, 학습을 통한 경험과 지식의 공유와 전수 등의 능력을 키우며 지구상에서 특별한 지위를 점하게 되었다. 우리 각자는 긴 세월에 걸친 진화와 혁신의 산물이다. 모든 인간은 각자에게 부여된 여러 가지 능력이나 재주, 특성 등을 활용해 단순한 생존을 넘어 더욱 번성하고 있으며, 인간의 조건을 강화하는 방향으로 발전할 잠재력을 갖고 있다. 따라서 현세의 인간은 각자가 하나의 소우주라고 할 만큼 규모나 범위를 한정하기 어려울 정도로 무궁무진한 가능성을 갖고 태어난다. 그러한 가능성들은 우리가 막 태어났을 때부터 주어진 수많은 요소들(이를테면 부모의 생존 여부와 그들의 정치적·사회적·문화적 지위나 권력, 경제적 능력, 살고 있는 지역, 주변 환경 등등)과 우리가 성장하는 과정에서 우리의 삶을 관장하는 가정, 사회적·문화적 상황(적절한 양육과 안정된 보호를 받을 수 있는지 여부)에 따라 활성화되기도 하고 억눌릴 수도 있다. 그런 환경에서 우리는 선한 인간이 될 수도 있고 악하게 될 수도 있으며, 트라우마 때문에 미칠 수도 있고 정상적인 인격을 갖춘 인간으로 성장할 수도 있다. 지배적이거나 권위적일 수도 있고 수동적이고 순종적일 수도 있으며 온유하거나 잔혹한 성품을 가질 수도 있다. 그만큼 제반 환경과 테두리 밖의 시스템, 사회적 상황은 한 인간이 태어나고 성장하는 데 중요한 변수가 된다. 우리는 때때로 언론에서 반인륜적 범죄자나 패륜아가 나올 때, 그를 비난하기에 앞서 우리 자신이 그와 동일한 삶의 조건과 환경에 놓여 있지 않았다는 점에 먼저 감사해야만 한다. 나 자신이 그와 같은 처지에서 성장하고 그와 동일한 환경에 있었다면 과연 나는 다른 선택을 할 수 있었을까 스스로 자문해야 한다. "우리는 모두 인간조건하에서 동일한 역학적 힘의 지배를 받는다는 사실을 인정해야만 겸손이 근거 없는 자만심을 누르고, 우리가 상황적 힘에 취약하다는 것을 받아들일 수 있다"[1]라고 한 사회심리학자 필립 짐바르도(Philip G. Zimbardo)의 (임상 경험에서 우러난) 아포리즘은 깊은 공감과 울림을 준다. 우리가 가진 수많은 잠재력과 가능성 중에서 어느 것이 발현하고, 어떤 부분이 억압 또는 사장될지를 결정하는 핵심 변수는 결국 우리 각자가 처한 사회적 상황과 시스템이다. 즉, 생물학적·유전적 조건과 개성, 기질에 더해 우리가 사는 시대의 정치, 사회, 문화, 종교적 상황, 부의 정도, 지리적·기후적 조건 등이 작용한다. 이처럼 모든 상황과 시스템의 산물이 상호작용하며 한 인간의 성격을 구성한다.

이 책은 21세기 새로운 밀레니엄으로 접어든 뒤 첫 15년 동안 이룩한 한국 영화의 성과 중 한 부분을 점검하려고 한다. 이 기간에 우리 영화는 대내외적인 위상이나 작품의 양적·질적 발전뿐만 아니라 산업적으로도 놀랄 만한 변모를 이루었다. 지난 2000년부터 2013년 사이에 개봉한 한국 영화작품 수만 해도 총 1,512편에 이르고, 여기에 2014년 상반기 개봉작을 합하면 1,600편을 상회한다. 역사적 사건이나 그것을 재해석·재구성한 이야기부터 무한한 공상·상상의 산물까지 이야기의 소재나 주제, 장르의 다양성도 넓고 그 속에 그려진 여러 인간 군상의 모습은 영화의 재미를 배가시킨다. 이 중에는 우리나라가 일제강점에서 벗어난 후 맞이한 조국 분단과 사상 대립, 그리고 전쟁의 소용돌이 가운데 상하고 찢긴 사람들의 트라우마를 필두로, 휴전선을 맞대고

---

1 필립 짐바르도, 『루시퍼 이펙트』, 이충호·임지원 옮김(웅진지식하우스, 2007), 412쪽.

남과 북이 대치하는 상황, 냉전시기의 체제 대결과 게릴라전 상황에서 국가 권력으로부터 살인 병기로 키워졌다가 용도 폐기된 사람들이 있다. 조국 근대화의 기치를 걸고 고도성장을 이루어가는 과정에서 낙오하고 도시 빈민으로 전락한 사람들의 모습과 소외되고 낙후된 곳에서 일상적으로 행해지는 폭력 가운데 반사회적 괴물로 성장하는 아이들의 모습이 들어 있다. 박정희 18년 독재의 몰락과 신군부의 등장 와중에 빚어진 수많은 우여곡절과 광주에서의 참극, 그리고 5공·6공 부정부패와 온갖 비리의 완벽한 생태계가 만들어놓은 범죄의 창궐과 공평하게 작동하지 않는 법의 잣대 때문에 발생한 트라우마로 인해 고통받는 사람들이 그려진다. 그리고 이 시기에 엉망으로 쌓아올리고 겉만 번듯하게 치장한 다리며 건물이 잇달아 붕괴하며 벌어진 참사들, 마치 진짜 선진국이 되기라도 한 듯이 샴페인을 터뜨리던 순간에 밀어닥친 일련의 대형 사고들과 뒤를 이은 IMF 외환위기 사태, 그로 인한 중산층 붕괴와 더욱 팍팍해진 서민들의 고단한 삶이, 21세기 광명 천지에서 벌어진 국가 공권력의 무리한 진압 과정에서 희생된 철거민들에 이르기까지 수많은 인물이 각양각색으로 들어 있다. 이들의 모습을 하나하나 들여다보는 것 자체가 커다란 고통이었다. 그러나 내가 무지하고 관심을 두지 못해서 몰랐던 '그때 그곳'에서 일어난 반인륜적이고 반민족적인 만행의 전모를 살펴보고 역사적 진실에 새롭게 다가가는 계기가 되기도 했다. 이 책에서 살펴볼 영화는 다음과 같다.

먼저 새로운 밀레니엄, 2천 년대를 활짝 열어젖힌 이창동의 〈박하사탕〉이다. 온갖 트라우마로 점철된 20세기를 마감하고 새로운 시대를 여는 절묘한 시점, 밀레니엄의 문턱에 걸터앉은 이창동은 달려오는 세월의 열차를 막아선다. 그리고 그 열차를 되돌려 지난 시간을 반추하고, 과거 군사독재 정권이 저지른 만행, 제대로 정리되지 못한 광주의 트라우마를 되돌아보자고 제안한다. 그 속에서 우리는 '영호'라는 한 인물을 만난다. 그에게는 '순임'이라는 박하사탕같이 순결하고 달콤한 첫사랑의 여인이 있었다. 1979년 가을, 마침내 18년간에 걸친 박정희 정권의 독재는 종언을 고했고, 영호와 순임(우리 국민)은 민주화된 세상에서 예측 가능한 삶을 그려나가려고 했다. 그러나 1980년 5월의 광주에서 우연적이고 운명적이며 불가항력적인 광포한 역사의 횡포, 신군부의 군홧발이 휩쓸면서 영호는 망가지고 돌연변이가 된다. 그는 광주에서의 트라우마를 이겨내고 살아남기 위해 위악적인 선택을 한다. 그것은 바로 광주를 짓밟은 자들의 개, 맨 밑바닥 하수인이 되는 것이다. 이후 그는 자신을 끊임없이 예측 불가능한 삶으로 던져 넣으며 위악적으로 살다가 IMF 외환위기에 파산하고 결국 삶을 포기한다. 이런 영호의 모습은 우리 현대사의 알레고리이다.

〈공동경비구역 JSA〉(2000)는 박찬욱 감독이 만든 영화 중 가장 그답지 않은 작품이지만 그에게 가장 큰 행운을 안긴 작품이기도 하다. 이 영화는 박상연의 장편소설 『DMZ』(민음사, 1997)를 바탕으로 여러 요소들을 첨삭해 우리 민족에게 가장 첨예한 문제인 분단과 대립을 정면에서 다뤘다. 그러면서도 그것이 특정 이데올로기에 편향적이거나 관념적으로 흐르지 않게 했다. 그리고 역사와 정치적 무게에 짓눌려 엄숙주의로 흐르거나 분단 현실에서 오는 부담감 때문에 감상주의로 빠지는 우를 범하지도 않았다. 그는 분단의 아픈 현실과 우리 민족의 비애를 간과하지 않고, 재미와 감동·웃음을 선사했으며 대중의 공감을 이끌어냈다. 미스터리 형식으로 시작해 코미디로 갔다가 비극으로 빠져나오는, 세 장르 문법을 한데 버무리면서 장르 영역을 넘나드는 연결고리도 매끈하게 처리하는 재주를 보여준다.

박찬욱 감독의 이른바 '복수 3부작'이라고 불리는 〈복수는 나의 것〉(2002), 〈올드보이〉(2003), 〈친절한 금자씨〉(2005) 등 세 작품에 대해서는 별도로 지면을 할애했다. 〈복수는 나의 것〉은 박찬욱이 전작인 〈공동경비구역 JSA〉의 놀라운 성취로 한껏 고무되고 여유도 생긴 가운데, 자기 스타일을 제대로 밀고 나가며 멋을 부리려다가 이야기를 망가뜨려버린 이상한 영화이다. 연출 스타일과 영상미학에 집착하는 박찬욱식 이야기하기의 단초는 이미 〈삼인조〉(1997)에서 보였으나 이때도 제대로 된 평가나 호응을 받지 못했다. 하지만 그는 이에 굴하지 않고 〈올드보이〉에서 자신만의 스타일을 끝까지 밀어붙이며 할 수 있는 모든 멋을 부렸다. 그 결과 국제적으로 호평받고 흥행에도 성과를 보였으며, 그것이 박찬욱의 미학이나 연출의 특장점처럼 인식되었다. 그런데 〈친절한 금자씨〉에 와서는 밸런스가 크게 무너지기 시작했고, 그러한 면이 많은 이들의 눈에 본격적으로 들어오기 시작했다. 그 이후의 작품들이 대중이나 평단과 어떤 불화를 겪었는지는 새삼 이야기할 필요가 없다.

가족 내부의 비극적 트라우마를 공포로 풀어낸 김지운 감독의 〈장화, 홍련〉(2003)은 그해 여름, 이른바 납량물 시즌에 개봉해 350만여 명의 관객을 동원하며 한국 공포영화의 새로운 가능성을 제시했다. 이 작품은 이야기의 소재나 플롯 구조, 스토리 등 형식과 내용상으로 고소설 『장화홍련전』과 직접적인 연관성을 갖고 있지는 않은 것처럼 보인다. 하지만 영화 속에 원전과 비교하여 논의될 수 있는 여지가 많다는 것은 부정할 수 없다. 양자의 비교를 통한 길항(拮抗) 과정에서 수많은 논쟁거리들이 계속 산출될 수 있다는 것이 이 작품의 가장 큰 매력이다. 여기에 매우 이질적이고 기묘하게 아름다우면서도 무언가 조화가 이루어지지 않는 집의 안과 밖, 그리고 집 내부의 요소요소는 등장인물들의 캐릭터와 함께 씨줄과 날줄로 교차하며 입체적으로 읽어내야 할 핵심 약호가 된다. 그것은 가족이라는 이름으로 같은 공간에서 살지만 구성원 사이의 유기성은 결여된 모습을 명료하게 환기해주기 때문이다.

강우석 감독의 〈실미도〉(2003)는 우리 영화 역사상 최초로 천만 관객 시대를 연 작품이다. 1968년 벽두에 북한 124군부대가 청와대 습격기도 사건(1·21 사태)을 벌였다. 이 영화는 우리도 그들과 똑같은 방식으로 보복하겠다는 목적으로 중앙정보부가 주도해 결성한 684부대의 실화를 토대로 한다. 감독은 역사의 캐비닛 깊숙한 곳에 봉인돼 있던 사건을 들춰내고 솔질을 가해, 영화보다 더 충격적이고 드라마틱했던 사건의 전모를 두 시간짜리 영화로 극화했다. 그리고 2003년 크리스마스이브에 온 국민에게 선물로 배달했다. 이에 우리 관객 천만이 응답한 것이다. 영화는 주류 상업 영화의 장르 문법을 충실히 따르고 있으며, 사전 지식 없이 봐도 스토리를 이해하는 데 지장이 없다. 그러나 정작

이 영화를 거울삼아 우리가 제대로 살펴보고 확증해야 할 것은 따로 있다. 바로 이 사건이 일어나기 전후 몇 년간에 걸친 남북의 정치·경제·군사적 상황과 국제 정세의 급변에 대한 입체적 재조망이다. 그래야만 이 영화가 말하는 실화 사건의 본질에 접근할 수 있고, 우리 국민들에게 국가란 무엇이었는지를 다시 생각해보고 확증할 수 있다.

임상수 감독의 〈그때 그 사람들〉은 궁정동 안가에서 대통령 시해 사건이 일어나 18년의 철권통치가 종식된 1979년 10월 26일, 만 하루(24시간) 동안 벌어진 일련의 사건과 상황을 블랙코미디로 재현했다. 이 영화는 대한민국이라는 나라가 얼마나 취약하고 부박한 기반에 있었는지 조롱을 섞어가며 매우 시니컬하게 보여준다. 대통령이라는 자리는 막중한 권한과 책임이 부여돼 있긴 하나, 국가의 모든 것이 그 한 사람에게 지나치게 집중돼 있었기 때문에 그 사람 입에서 나오는 말이 곧 법이고 시스템이었다. 그러나 그 대통령이 유고하자 모든 것이 멈추고, 국가 운영의 시스템이라는 것은 전무하고, 대한민국이라는 나라는 백척간두의 위험천만한 상황에 놓일 수밖에 없게 되었다는 것을 이 영화는 적나라하게 보여준다. 우리 영화 역사상 이렇게 신랄하게 국가권력, 최고 권력을 조롱한 영화는 전무후무하다.

양윤호 감독의 〈홀리데이〉(2005)는 좋은 재료를 가지고 할 수 있는 요리가 거의 최악으로 나왔다는 것, 그중에서도 너무 강한 맛을 내는 재료 한 가지가 음식 전체의 맛을 완전히 망쳐버렸다는 것 때문에 이 책에서 논의하는 것 자체를 두고 많은 고민을 했다. 어쩌면 그것은 재료 자체의 문제라기보다 그 재료를 제대로 통제하지 못하고 잘못 사용한 요리사의 과실이다. 그러나 이 영화를 계기로, 그리고 지강헌 사건을 다시 돌아보는 가운데 꼭 해야 할 이야기가 있었다. 탈주범인 그들은 5공이라는 군사독재 정권, 전두환이라는 부도덕하고 폭력적인 권력자와 그 하수인들의 전횡 때문에 무너진 당대의 보편 상식체계(법)에 자신들의 목숨을 담보로 하여 온 국민을 향해 발언했다. 그리고 21세기에 들어선 지 한참인 오늘에도 법이 만인 앞에 평등하지 않다는 것이 대다수 국민의 법 감정이고 보면, 이 영화가 건드리고 있는 실화 사건은 더더욱 되짚고 넘어갈 당위가 있다.

김대승 감독의 〈가을로〉(2006)는 삼풍백화점 붕괴라는 대참사를 배경으로 한다. 3공, 5공, 6공을 거치며 겉만 번듯하게, 화장발 짙게 꾸며놓은 기반 위에서 출범한 김영삼 정부는 마치 우리가 선진국 대열에 진입한 것처럼 요란을 떨며 샴페인을 터뜨렸다. 그러나 압축 성장의 화장발은 연이은 대형 재난과 참사로 인해 그 이면의 것들을 속속들이 드러냈고, 우리의 참 얼굴이 무엇인지를 내외에 분명히 알렸다. 그 위험 사회를 통과하는 과정에서 우리 국민은 위험에 고스란히 노출됐고, 돌연한 사고에 영문도 모른 채 참사의 희생자가 되곤 했다. 문제는 그러한 참사가 할퀸 상처 때문에 생긴 '외상 후 스트레스 장애'에 대해 아무 개념도 없고, 어느 누구도 책임지지 않았다는 것이다. 사건에 따른 후유장애와 그에 대한 치료는 전적으로 생존자와 가족이 떠맡았다. 김대승 감독은 그에 대한 치유책으로 여행과 새로운 인연과의 만남을 권한다. 상처를 안고 사는 사람들끼리 그 여정 가운데서 자연을 만나고 서로를 만나서 아픔을 내놓고 어루만지는 것만이 치유를 향해 나아가는 길임을 이야기한다.

한국 영화는 김지훈 감독의 〈화려한 휴가〉(2007)를 통해 비로소 1980년 5월의 광주, 그 10일의 내부로 들어갔다. 영화는 '너무나 순진했던 광주 사람들이 어떻게 시민군이 되었는지', 그리고 '그들이 왜 끝까지 전남도청에 남아 최후를 맞이했는지'에 대해 나름대로 진지하게 '그때 그곳'의 진실을 담아낸다. 그것은 이전의 어떤 영화도 하지 못한 작업이다. 광주 시민군은 죽어가면서 마지막 순간까지 "우리를 기억해주세요(신애의 목소리를 통해)"라고 호소한다. 살아남은 자들의 문제는 단지 기억하는 것만이 아니다. 그보다 중요한 것은 무엇을 어떻게 기억할 것인가이다. 왜냐하면 지난 이명박 정부와 현재의 박근혜 정부(국가보훈처)가 광주를 (홀)대하는 방식은 저열하기 짝이 없고, 심지어 모두의 기억에서 지워버리려고 한다는 징후마저 읽히기 때문이다.

이창동 감독의 〈밀양〉(2007)에서 이신애는 이중의 트라우마를 안고 아들 준이와 함께 남편의 고향인 밀양에 온다. 그녀의 트라우마 동인(動因)은 남편이다. 그녀의 남편은 다른 여자와 눈이 맞아 혼인의 순결 의무를 저버리는 '배신 행위'로 그녀에게 상처를 줬다. 그리고 바람을 피우고 다니다가 교통사고로 사망했다. 가족 부양의 의무마저 팽개치고 떠난 것이다. 일종의 패가망신이다. 그녀는 자신을 아는 사람들의 따가운 눈초리를 피해 도피하듯, 숨어들 듯 밀양이라는 익명의 도시에 온다. 그러나 그녀는 자력으로 밀양에 들어가지 못한다. 바로 이 지점이 영화 〈밀양〉이 숨겨놓은 비밀로 들어가는 통로이다. 영화는 '이청준'의 원작 소설인 「벌레 이야기」와 주제를 공유하지만, 이창동 감독은 거기서 멈추지 않는다. 그는 죄의 회개와 구원, 용서의 문제를 두루 아우르는 가운데 이야기의 외연을 훨씬 더 넓고 깊게, 그리고 메시지의 울림을 더욱 심오한 경지로 이끌고 간다.

〈똥파리〉(2008)에서 양익준 감독은 하나의 폭력적인 인간이 어떤 환경에서 어떤 과정을 통해 만들어지는지 보여준다. 그가 이야기하려는 것은 비단 가족 내에서 벌어지는 폭력과 그로 인한 트라우마의 대물림 또는 파쇼적 가부장의 폭력이 어떻게 사회적으로 전이될 수 있는지에 대한 사회학적 고찰만이 아니다. 영화 속 상훈이나 영재와 같은 '똥파리들'의 삶이 비극적인 이유는 따로 있다. 그것은 이들이 자신들의 근거지가 어떻게 형성되었는지, 자신들이 왜 그곳에서 살아야 하는지 그 근원을 알지 못한다는 데 있다. 영화는 그들이 가진 삶의 비극성을 정면에서 다루면서 우리 사회의 일상적 파시즘과 폭력성에 대한 공론화까지 나아가려고 한다.

〈마더〉(2009)는 결코 간단한 소품 영화가 아니다. 내가 보기에 이 영화는 두말할 나위 없이 봉준호 영화의 최고봉이자 역대 한국 영화 중 최고의 문제작이다. 영화에는 해방과 동시에 찾아온 국토 분단부터 아비 없이 태어난 남북한의 두 정권, 그리고 우리의 근현대사가 기가 막힌 알레고리로 숨어 있다. 봉준호는 우리 모두의 살과 뼈에 각인된 지난 60여 년의 아픔의 세월을 불러내 현재화한다. 자신만의 이야기 틀 속에 지난 역사를 집어넣고 풀어내는 방식을 들여다보면, 발터 베냐민을 따라 '결을 거슬러 역사를 솔질'하고 그 역사를 우리 자신에게 되돌려 놓으려는 한 역사유물론자의 외로운 싸움이 보인다. 그와 동시대를 살아가며 그의 이야기를 만날 수 있다는 것은 분명 큰 축복이요, 더할 나위 없는 즐거움이다.

〈두 개의 문〉(김일란·홍지유 감독, 2012)은 지난 2009년 1월 20일, 용산 남일당 건물에서 벌어진 참사를 배경으로 한다. 그 참혹한 열매를 놓고, 우리 사회의 썩은 사과는 누구인가를 가리는 재판을 참관하던 두 젊은이가 만든 다큐멘터리 영화이다. 한마디로 용산 참사는 MB 정권의 본질을 드러낸 사건이다. 경찰과 검찰의 수사 및 재판 과정, 청와대의 언론 플레이 등 그 이후의 모든 전개는 정권의 본질을 철저히 은폐하기 위해 벌인 또 다른 사건들의 연쇄였다. 국민에게 권력을 위임받은 위정자나 공권력이 국민을 향해 폭력을 휘두를 때, 그것을 용서하고 쉽사리 잊는다면 그 폭력은 돌고 돌아 결국은 내게 온다. 그것이 오만한 권력의 핵심 속성이다. 우리가 불의에 항거해야만 하는 이유가 바로 여기에 있음을, 그리고 그 항거의 시작은 '불의를 기억하는 일'에서 시작됨을 이 영화는 상기시킨다.

〈범죄와의 전쟁: 나쁜 놈들 전성시대〉(윤종빈 감독, 2012)는 2010년대로 접어든 한국 영화가 거둬들인 최고의 성과 중 하나이다. 범죄가 조국 번영에 위협이 되고 국가 안보에 악영향을 주며 민생을 피폐하게 한다는 것, 그렇기 때문에 가능한 모든 방법을 동원해 범죄자들을 소탕해야 한다는 것은 모든 위정자들이 민심을 수습하고 분위기를 일신하기 위해 꺼내드는 가장 손쉬운 카드이다. 이는 대의와 명분이 있기 때문이다. 따라서 범죄자 일제 소탕이라는 행사는 거의 모든 나라에서(민주국가라는 나라들조차) 익숙하게 사용하고, 독재국가에서는 가장 기본적인 통치 수단으로 악용된다. 특히 쿠데타로 집권한 세력이나 장기 독재 정권처럼 지지 기반이 취약하고 정정이 불안한 제3세계에서 두드러진다. 돌이켜보면 5공 시대는 그 자체로 완벽한 범죄 생태계였다. 대통령부터 그 직계가족, 친인척에 이르기까지. 그리고 6공 정권도 별반 다르지 않왔다. 자신들이 큰 도적질을 일삼으면서 범죄의 생태계를 만개시켜놓고 범죄와의 전쟁을 벌인다는 것 자체가 얼마나 우스꽝스러운 코미디인가. 영화는 이 정도 선에서 멈추지 않는다. 그 안에는 '최익현'이라는, '조국 근대화'를 이끌고 가족 부양을 위해 '비굴'을 생활화한, 우리 모두의 아버지를 함축하는 초상화가 들어 있어서 더욱 의미심장하다.

〈지슬: 끝나지 않은 세월 2〉(오멸 감독, 2012)는 제주 4·3 사건으로 무고하게 학살된 제주도민과 유가족, 그리고 우리 민족 전체를 향한 해원의 씻김굿이다. 마치 빈대 잡자고 초가삼간 다 태워버리듯, 당시 500여 명에 불과했던 빨치산 무장대를 소탕하기 위해 3만 명에 이르는 양민을 국가권력이 나서서 학살했다. 그 전위에는 서북청년단이 있었다. 영화 〈지슬〉은 이러한 사람들마저 포용하는 아량을 보여준다. 그러나 그들이 저지른 일은 덮어버리거나 잊을 수 없음을 분명히 한다. 이 영화를 기화(奇貨)로 우리는 해방 당시부터 미군정 시기의 나라 상황, 정부 수립 과정, 이후 오늘에 이르는 역사를 제대로 공부하고 바로 아는 것이 얼마나 중요한 일인가를 새삼 깨닫게 된다.

'김기덕 그리고 〈피에타〉(2012)'에서는 우리 시대에 가장 부지런한 이야기꾼이자 가장 문제적 인간인 김기덕 감독을 먼저 살펴본다. 인간 김기덕을 형성한 성장사와 가족사에 대해서는 일종의 평전이라고 할 수 있는 『김기덕, 야생 혹은 속죄양』을 통해 대부분 알려졌다.[2] 그리고 그 자신이 공·사석에서 밝혔거나 지인들의 전언 등을 통해 알려져 왔는데, 그것은 김기덕 자신이 '아동폭력과 그로 인한 트라우마의 희생자(생존자)'라는 사실이다. 아동 시기부터 겪은 트라우마, 놀랍게도 그것은 김기덕식 이야기 생성의 자궁이자 그가 가진 다산성의 근원이다. 즉, 김기덕은 자신의 트라우마를 창작의 에너지로 전환해 활용하고 있다. 이 책에서는 김기덕의 영화 중에서 그 자신이 가장 많이 투영돼 있는 것으로 평가할 수 있는 〈수취인불명〉(2001)과 그가 거장의 반열에 올

2　김기덕 외, 『김기덕, 야생 혹은 속죄양』, 정성일 엮음(행복한 책읽기, 2003).

랐음을 추인해준 〈피에타〉(2012)를 통해 좀 더 면밀히 김기덕을 들여다보고 (주제넘은 일일지라도) 그가 가진 트라우마에 대한 치유책을 제안하려고 한다.

〈더 테러 라이브〉(김병우 감독, 2013)는 우리 사회의 부조리함과 그 소용돌이의 이면에서 누군가에게 만들어진 트라우마와 관련해 살펴볼 여지가 많은 작품이다. 이 영화는 지난 30여 년에 이르는 우리나라의 정치·사회적 제반 현실과 관련해 주목할 만한 몇 가지 메시지를 담고 있는, 매우 정치적인 텍스트라고도 할 수 있다. 왜냐하면 이 영화는 우리 시대와 우리 사회의 불온함을 보여주고 우리 각자의 부조리함과 이중성을 들여다보도록 하고 있기 때문이다. 세상에서 아무 기회를 얻지 못한 자들, 힘없는 자들, 사회적 약자들을 우리 사회가 보듬어 안지 못하고 오히려 백안시하고 밀쳐내지 않았는지 반성하게 한다. 정치가 공의를 펼치지 못하고, 우리 사회 구성원들도 일신의 영달만을 위해 누군가를 자꾸 벼랑으로 몰아 반사회적 괴물·테러리스트로 키우는 데 일조하는 것은 아닌지 말이다.

'성폭력 사건을 다루는 영화들'에서는 이준익 감독의 〈소원〉(2013)과 이수진 감독의 〈한공주〉(2014)를 중심으로 성폭력의 여러 문제들을 짚어보려고 했다. 성폭력은 우리가 사는 문명사회를 한순간에 약육강식의 논리만이 통하는 야만의 정글로 만들어버린다. 인간이 이룩한 문명과 지성, 상호 신뢰에 기초한 사회적·심리적 안전망을 한꺼번에 와해시키고, 모든 것을 한순간에 야만으로 되돌리는 끔찍한 행위가 바로 성폭력이다. 가해자로서는 주체하기 어려운 성적 욕망 해소를 위해 한순간 짐승이 되어 약한 대상을 제물로 삼아 욕망을 해결하는 일, 그리고 그 일이 끝나면 다시 문명사회에 복귀해 제 할 일을 하면 그만으로 여길지도 모른다. 그러나 '성폭력 생존자'로서는 자신이 그때까지 형성한 건강한 삶의 생태계와 지형도가 한순간에 와해되는 잔혹한 경험이다. 아울러 그 토대로부터 유리되어 인간과 세계에 대한 신뢰의 기반이 무너지며, 자아의 정체성과 삶의 연속성이 파괴된다. 따라서 그것은 참혹한 고문에 비견될 정도의 강력한 육체적·심리적 외상으로 남는다. 악마 같은 가해자가 저지른 한순간의 광포한 행위는 그 일을 당하는 사람과 그 가족에게는 평생 씻을 수 없는 엄청난 트라우마를 안길 수 있다는 것, 이것이 본질이다.

이와 같이 최근 몇몇 한국 영화 속의 인물들을 살펴보는 가운데 내가 만난 것은 그 속에 투영된 우리 자신의 모습, 우리 이웃의 모습, 우리의 지나온 과거 역사였다. 우리가 마치 공기처럼 호흡하고 물처럼 마시면서도 자주 잊고 사는 것이 있다. 바로 이 글의 서두에서 말한 내가 서 있는 위치, 나의 지형도이다. 참혹했던 우리의 여러 과거사들, 의식의 저편에 조용히 묻어두었던 굴곡진 여러 사건들, 그것을 우리 의식의 전면으로 불러내 되짚어보고, 그 사건들에 대한 기억을 되살리는 일은 매우 중요한 지적 작업(과정)이다. "기억은 우리로 하여금 실수로부터 배우게 해주고 우리의 지식을 기반으로 더 나은 미래를 창조할 수 있게 해주기 때문"[3]이다. 발터 베냐민은 그것을 일컬어 "결을 거슬러 역사를 솔질하는 것"[4]으로 정의하기도 했다. 아픈 역사를 현재화하는 작업은 때로 그 역사의 희생자에게는 생채기에 다시 소금을 뿌리는 것과 같은 아픔이기도 할 것이다. 그러나 이는 슬픈 역사를 반복하지 않으려는 우리의 최소한의 노력이요, 치유로 나아가는 길이다. 아울러 그들에게 무엇보다 고통스러운 것은 아무도 기억하지 않은 채 그냥 잊히는 것이다. 역사를 모르면 역사는 반복된다. 소설도 영화도 역사에 기댈 때 비로소 의미가 생긴다. 소설과 마찬가지로 영화도 인간 삶의 총체적 모습에 대한 이해, 인간에 대한 탐구와 인식을 새롭게 함을 목표로 한다. 우리의 굴곡진 역사가 개인과 집단에게 준 상처들을 위무하고 치유하며 건강성을 회복하기 위해서는 가해자나 피해자 모두 무턱대고 부정이나 억압, 해리와 같은 방어기제부터 작동시킬 일이 아니다. 치유의 첫걸음은 모두가 상처를 정면에서 바라볼 수 있도록 제대로 된 기억을 되

---

3 같은 책, 368쪽.
4 발터 벤야민, 「역사철학테제」, 반성완 옮김, 『발터 벤야민의 문예이론』(민음사, 2005), 352~353쪽.

살리는 일이다. 그런 면에서 영화라는 매체는 큰 장점이 있다.

연구자로 이제까지 살아오면서 내가 집중한 세부 전공은 서사학(Narratology)이었고, 그것은 이 세상에 존재하는 모든 종류의 이야기를 연구 대상으로 삼는다. 모든 이야기에는 등장인물이 있고, 그들은 이 세상에 실재(實在)하는 인간들처럼 인간적인 성품(사단칠정의 성정)을 갖고 주어진 조건에서 어떤 욕구와 욕망을 실현하기 위해 움직인다. 그들의 움직임이 곧 사건인데, 이러저러한 물리적·심리적·육체적·정신적 장애물을 만나면서 즉각적으로 충족되지 않는 욕구와 욕망은 긴장을 불러일으키고, 공공연한 충돌과 해결의 방안을 찾게 되니 그것이 곧 드라마이다. 이러한 일련의 이야기 프로세스로부터 그 안팎의 여러 구성 요소들이 가진 변별적 자질들, 그것들의 낯선(변형된) 조합 등을 통해 이 세상에는 무수한 종류의 이야기들이 넘쳐나고, 생산되고 소비되고, 잊혀지고, 어떤 것들은 확대 재생산되기도 한다. 그런데 그 이야기의 중심에는 앞서 말한 것처럼 우리 인간을 닮은 인물이 있다는 사실이 매우 중요하다. 이제까지 서사학 진영에서 '작중인물·캐릭터에 대한 연구'는 주로 하나의 이야기에서 사건을 일으키고 이끌어가며 그것을 완성하는 '행위자(actant: 프랑스 전기 구조주의 문예 이론가들의 용어)'나 '서술동인(narrative agent)'으로만 취급되었다. 게다가 프랑스 누보로망 작가들의 경우[특히 알랭 로브그리예(Alain Robbe-Grillet)], 작중인물에게 실제 사람과 동일한 존재·인식론적 지위를 부여하거나, 그것과 동일한 심리적 동일화가 일어나도록 하는 것 자체를 극도로 혐오하고 반대했다.[5]

프랑스에서 공부하며 이들의 영향을 절대적으로 받은 나의 '등장인물·캐릭터에 대한 연구' 역시 주로 이야기의 극적 사건을 일으키고, 이끌어가고 완성하는 주체로 그 인물 자체가 가지는 심성, 인성 문제 위주로 진행했다. 인물의 행동, 대사, 외양 등을 통해 개별 인물의 '기질적 특성'만을 중심으로 연구,

---

5 Alain Robbe-Grillet, *Pour un Nouveau Roman*(Paris: Editions de Minuit, 1963).

논의한 것이다. 그러나 이번 연구를 진행하고 원고를 쓰면서 그것의 한계와 편협성을 깨닫게 되었다. 인물의 환경과 그의 성격 간의 유비 관계(relation of analogy)에 대한 고려는 이전부터 했으나, 그것은 인물이 성격 특성을 직접적으로 보여주는 행동이나 대사에 비해 소홀히 취급되고 부차적인 것으로만 여긴 것이 사실이다. 따라서 이러한 측면을 깨닫게 된 이후, 이 연구는 인물이 발딛고 서 있는 토대, 시대·정치, 경제, 사회, 역사적 배경 등 상황적 맥락에 대한 중요성을 인식하고 그에 대한 리뷰로 확대됐다. 그리고 인물과 동시대의 통치 구조나 사법제도 등 시스템의 문제, 지배 이데올로기의 문제로까지 확장되었다. 영화 속 등장인물에 대한 조각난 정보들, 캐릭터의 변별적 특성과 지표를 드러내는 정보의 파편을 모으고 연결해 그의 이야기(지난 역사)를 재구성하는 일, 현재 그 인물이 보이는 행동과 말로 드러나는 증상의 의미, 그리고 그 이면에 감춰진 과거의 사건(트라우마)과 정면으로 대면하는 일은 모두 새롭고 특별한 도전이었다. 나는 최근 우리 영화 속에 등장하는 트라우마를 겪은 인물들을 살펴보며 그들의 외상이 가진 개별적 특성(임상적 측면과 그 함의)과 그들을 둘러싸고 있는 사회·정치적 측면(구조적 문제) 사이의 상동성과 인접성을 씨줄과 날줄의 관계로 보고, 양자를 통합적인 관점에서 고찰하려고 했다. 이 작업은 때때로 나의 능력 밖의 일이었고 한계에 부딪혀 좌절했다 일어서기를 반복하는 지난한 싸움의 연속이었다.

이처럼 영화 속에 그려지는 다양한 인간 군상을 체계적으로 이해하고 읽기 위해 고민하다가 심리학적 방법론에서 돌파구를 마련하려고 노력했다. 그것은 우리의 역사와 함께 한 인간을 비교 고찰하는 일이 되었는데, 이러한 연구 분석 방법론으로 '트라우마와 관련한 일련의 심리학 연구들'과 '사회심리학'을 공부하게 되었다. 특히 내 세계의 편협함을 깨부수는 데 '사회심리학'은 큰 전환점이 되었고, 수많은 영감과 안목(프리즘)을 줬다. 개별 캐릭터의 기질적 특성에 더해 이야기의 극적 배경, 즉 시대적·역사적·정치적·사회적·지리적·공간적·시간적 배경과 인물이 처한 가정·가족환경, 물리적·심리적 배경 요소들을 두루 살펴보아야 한다는 사실을 깨달았다. 인물이 가진 기질적 특성과 상황적 특성, 시스템적 특성, 이 세 가지 요소들이 종합적으로 고찰되고, 그러한 준거 틀에서 한 인물이 가진 개성적 매력의 총체성이 판단되어야 그가 이야기 안에서 벌이는 이러저러한 사건들의 의미망을 제대로 포착해낼 수 있음을 깨달았다.

특히 필립 짐바르도의 『루시퍼 이펙트(The Lucifer Effect)』는 이 책의 베이스를 형성해준 고마운 텍스트이다. 파시즘 국가 체제, 그것이 만든 강고한 시스템과 이데올로기하에서 모든 것을 비웃듯이 일어난 일련의 범죄들의 본질을 이해하고, 분석하고, 설명하는 데 큰 도움이 되었다. 그리고 박찬욱의 〈복수 3부작〉을 비롯해 〈범죄와의 전쟁〉, 〈실미도〉 등 이 책에서 언급하는 영화 대부분의 배경을 이루면서 사건을 심층적으로 이해하는 데 너무나 중요한 이론적 토대를 제공해준 것이 바로 짐바르도의 '사회심리학적 발견'들이었다.

다른 한편으로 영화들이 그리는 시대적·공간적 배경을 제대로 읽고 그 안에서 사는 인물들의 행동과 사고 구조를 이해하기 위해 역사를 읽고 공부하게 되었다. 해방 이후부터 오늘에 이르는 70여 년의 우리 역사에 대한 흐름 파악, 그리고 심리학의 기본 개념들에 대한 이해는 나로 하여금 세상이 가진 유기성에 대한 새로운 통찰로 나아갈 수 있도록 해주었다. 그리고 그 자체로 하나하나의 소우주인 인간, 그리고 이 세계에 대해 새롭게 인식하고 사유할 수 있는 혜안(angle of vision)을 제공해주었다. 그것을 가지고도 텍스트들을 제대로 살피지 못하고 필설로 다 풀어내지 못함은 전적으로 나의 무능 때문이다.

Chapter 1

2014, 한국 영화는 어떻게 살아가고 있는가

21세기 첫 10년의 한국 영화

우리 영화계는 일제강점기에 발아해 성장했으나 해방과 전쟁 등의 격랑 속에서 부침을 거듭했다. 이후 휴전과 재건 과정에서 서서히 역량을 키워 1960년대에 들어서면서 황금기를 구가했으나 독재 정권의 강고한 표현의 자유 억압과 TV의 등장으로 인해 휘청거렸다. 국가 차원에서 펼친 영화 진흥 정책은 영화 발전에 오히려 독이 되었고, 1980년대 이후엔 그나마 방치된 상태에 머물렀다. 이 시기 한국 영화는 오랜 불황의 늪에서 허우적거리며 산업이 침체되었고, 대다수의 관객이 외면하는 가운데 저질 문화의 대명사로 불리며 천덕꾸러기 취급을 당했다. 구멍가게나 다름없이 시류에 따라 흘러오듯 생존한 한국 영화계는 1990년대 대기업이 진출하면서 산업화의 초석을 다졌고, 새로운 인식과 발상을 가진 젊은이들이 대거 영화계에 진출하며 세대교체가 빠르게 일어났다. IMF 경제 위기 상황에서 대기업들은 대부분 발을 뺐지만, 정부가 문화 산업을 새로운 성장 동력으로 인식해 제도적인 지원을 했던 것이 조급한 기대와는 달리 몇 걸음 늦게 조금씩 성과를 내기 시작했다. 여기에 2000년대 들어서는 투자 조합을 통한 대규모 금융자본이 유입되면서 가속 페달을 밟을 수 있었다. 이에 따라 창의적인 아이디어와 시장의 흐름을 읽을 줄 아는 신세대 감독들과 프로듀서들이 무모하기도 하고 야심차기도 한 프로젝트들을 연이어 추진했고, 자본의 투자가 이루어졌다. 그 결과 '한국형 블록버스터'라는 영화들이 1990년대 말부터[1] 등장해 2000년대 초반 시장 흐름을 주도했다. 이렇게 제작된 영화 한 편이 흥행에 참패하면 시장이 크게 위축되고, 반대로 대성공을 거두면 시장은 한껏 고무되는 현상이 반복되었다. 수많은 모험이 몇몇 성공 신화와 숱한 실패, 시행착오를 만들었다. 그러면서 영화는 점차 체제를 갖추며 중요한 산업이 되었다.

2000년 들어서며 박찬욱 감독의 〈공동경비구역 JSA〉가 〈쉬리〉의 흥행 스코어에 근접한 580만 명을 동원하며 활력을 불어넣었다. 이에 따라 한국 영화 기획·제작자들은 한국형 블록버스터 영화 프로젝트를 진행할 때 최대 600만에 맞춰 규모의 경제를 실현하려는 시도를 하게 되었다. 그런데 2001년 들어 곽경택 감독의 〈친구〉가 가히 신드롬이라고 할 만한 파장을 일으키며 전국 관객 800만 명을 동원하는 기염을 토했다. 당시 영화계 안팎이 두루 흥분한 가운데 나온 한결같은 이야기는 이 스코어는 당분간 깨지기 어려운 극대치라는 것이었다. 실제로 2002년 들어 크게 흥행한 작품이 별로 없는 가운데 장선우 감독의 100억에 가까운 프로젝트였던 〈성냥팔이 소녀의 재림〉이 엄청난 '재앙'으로 돌아왔고, 〈아 유 레디?〉(윤상호 감독), 〈2009 로스트 메모리즈〉(이시명 감독) 등의 대작들이 연이어 참패했다. 이는 충무로와 한국 영화 시장 전체에 찬물을 끼얹어 한동안 제작과 투자가 상당히 위축되는 결과를 빚었다.

그러나 2003년 상반기에는 봉준호 감독의 〈살인의 추억〉이, 하반기에는 박찬욱 감독의 〈올드보이〉가 흥행을 주도하며 활력을 되찾았다. 특히 이 해에는 한국 영화가 시장점유율 48.7%를 기록하면서 42.3%에 그친 미국 영화를 사상

---

1 강제규 감독의 〈쉬리〉(1999)를 기점으로 볼 수 있다. 이 영화는 620만 관객을 동원하며 우리 시장에서 동원할 수 있는 관객의 최대치가 어느 정도인지를 확인했다는 평가를 받았다.

처음으로 앞질렀다. 편당 관객 동원 수에서도 압도적인 우세를 보이며 한국 영화에 대한 선호도가 크게 높아졌음을 확인할 수 있었다. 이러한 여세를 몰아 2003년 크리스마스 시즌에 개봉한 강우석 감독의 〈실미도〉가 폭발적인 흥행 기록을 달성하며 사상 처음으로 천만 관객 시대를 열었고, 곧바로 강제규 감독의 〈태극기 휘날리며〉(2004)가 그 뒤를 이었다. 이러한 기록적 흥행의 이면에는 대중의 기호에 눈높이를 맞춘 이야기, 급속히 확산된 멀티플렉스 극장과 그에 따른 스크린 수 증가, 배급 체제 개편, 극장 통합 전산망 운영 등 본격적인 산업 인프라 확충과 체제 정비, 공격적 마케팅이 있었다. 그러한 바탕에서 〈왕의 남자〉(2005), 〈괴물〉(2006), 〈해운대〉(2009)가 천만 관객 시대의 바통을 이었다. 2012년에는 〈도둑들〉과 〈광해, 왕이 된 남자〉가, 그리고 2013년 벽두를 뜨겁게 달군 〈7번방의 선물〉이 계속해서 천만의 계보를 이었다. 2013년 여름에는 〈설국열차〉, 연말에는 〈관상〉이 천만 문턱에 근접했고, 〈변호인〉이 해를 넘기며 2014년 초에 천만 관객을 동원했다. 2014년 여름부터 시작된 〈명량〉의 흥행은 1,700만을 훌쩍 넘어 시장의 극대치가 어디까지 확장될 수 있는지 보여주고 있다. 이처럼 한국 영화는 사극, 멜로드라마, 전쟁, 액션, 어드벤처, SF 등 소재나 장르 면에서도 다양하게 발전하고 있다.

외형만 놓고 보면 2000년대 한국 영화는 제작 편수, 시장점유율, 관객 수 등 여러 면에서 지속적인 성장을 거듭하는 듯했다. 극장 스크린 수도 크게 늘면서 산업적 기반이 크게 확충되는 것으로 보였다. 데이터상으로 한국 영화 산업의 최고 호황은 2006년이다. 연간 관객 수가 9,790만 명에 이르렀고 매출액은 5,916억 원에 달했다. 한국 영화의 시장점유율도 63.8%라는 전무후무한 기록을 세우기도 했다. 그러나 화려해 보이는 겉과 달리 그 이면은 암울했다. 흥행작들의 화려한 이름 뒤에는 분명 의미 있고 나름의 완성도도 있었지만 제대로 된 개봉과 상영의 기회를 갖지 못한 채 허망하게 사라진 영화들이 너무 많았다. 또 제작 여건과 투자 유치, 배급과 상영 등 모든 면에서 대기업 중심으로 집중이 가속화되면서 군소 프로덕션은 생존 자체가 점점 더 절박해지는 등 풀어야 할 숙제가 산재해 있었다. 무엇보다 조짐이 좋지 않았던 것은 한국 영화 전체에 대한 투자 수익률이 마이너스로 돌아섰다는 점이었다. 이는 우리나라 가 IT 분야의 강국이 되면서 생긴 어두운 그림자였다. 불법으로 다운로드, 유 통되는 영화 DVD 및 파일 때문에 부가 판권 시장이 순식간에 몰락한 것이다.[2] 이 때문에 영화계는 전체 수익 중 극장 매출 비중이 70~80%대를 넘어서는 기 형적 구조가 되어 오로지 극장에서의 흥행에 모든 것을 걸 수밖에 없게 되었 다. 게다가 해외 수출도 2005년에 비해 1/3(2007년에는 1/6)로 줄어들면서 주름 살을 더했다. 외형의 성장을 따라가지 못한 내적 성장의 부실, 즉 합리적인 수 익 분배 구조의 정착 실패, 부가 시장 몰락, 수익률 하락 등은 2006년 이후 드 러나기 시작해 2007년부터 영화 산업 전반에 급격한 위축을 불러왔다. 우리 영화계가 대내외적으로 가장 자랑스럽게 여겼던 한국 영화의 시장점유율은 2003년 이후 꾸준히 50%대를 유지했으나 2008년에는 이마저도 42.1%로 떨어 졌다. 국민 1인당 연간 관람 횟수도 2007년 3.2회를 정점으로 2008년에는 3회 로 줄었다. 영화제작에 대한 자본 투입이 전년도에 비해 29.4%가 감소하면서 제작과 투자의 위축이 소비, 즉 극장(상영)에서의 위축으로 이어졌다. 이러한 전반적인 침체 속에서 한국 영화 투자수익률은 −43.5%라는 사상 최악의 참화 를 빚고 말았다.

이 같은 극도의 침체를 지나 2009년 들어 한국 영화는 조금씩 회복의 기미

---

2 참고로 지난 2000년 우리나라의 부가 시장 매출액은 7,832억 규모였지만, 2007년에는 오히려 2,750억 원으로 2000년에 비해 1/3로 급격히 줄어들었다. 특히 전체 수입 부문 에서 2007년의 경우 극장 매출 비중이 78.6%로 급격히 늘어난 현상은 한국 영화계가 불법 다운로드와 불법 복제물 범람의 직격탄을 맞았다는 것을 단적으로 보여준다. 그 결과 부가 시장의 붕괴와 사멸 때문에 극장이 사실상 유일한 수입원이 되어버렸다. 다 양한 윈도 효과로 수익을 극대화해야 하는 영화 산업의 근본 구조 자체를 뒤흔들어서 영화 산업의 존립을 위협하는 상태라는 말이기도 하다(영화진흥위원회, 「한국영화산업 결산」(2007) 참조].

가 보였다. 〈해운대〉(윤제균 감독)가 전국 관객 1,132만 명, 〈국가대표〉(김용화 감독)가 840만 명을 동원했으며, 순제작비 1억 원대의 초저예산 독립 다큐멘터리 〈워낭소리〉가 300만 명에 가까운 관객을 모으며 영화계 전반에 활력을 불어넣었다. 이에 따라 한국 영화 관객 수가 7,647만 명으로 전년 대비 20.3% 증가했으며, 한국 영화 시장점유율도 48.8%로 전년 대비 6.7% 증가했다. 또 영화 관람료가 8년 만에 인상되면서 전체 극장 매출이 사상 최초로 1조 928억 원(전년 대비 11.6% 상승)을 기록해 수익성 개선에 도움을 주었다.

특기할 만한 것은 영화 저작도구의 디지털화와 경량화가 가속화되면서 지난 2005년 이래 저예산 다양성 영화[3]가 꾸준히 증가했지만, 2009년은 이러한 면에서도 분명한 기점이 되었다. 총제작비 10억 원 미만의 저예산 다양성 영화가 전체 118편의 개봉작 중 64편(54.2%)에 이른 것이다. 그러면서 한국 영화 평균 제작비 역시 급격한 하향세로 반전되는 모습을 보이기 시작했다. 이들 다양성 영화 중에서도 높은 완성도로 평단의 호평을 받고, 흥행에도 성공하는 작품이 다수 나왔다. 대표적으로는 독립 다큐멘터리 〈워낭소리〉(이충렬 감독), 〈똥파리〉(양익준 감독), 〈나는 갈매기〉(권상준 감독), 〈소명〉(신현원 감독), 〈잘 알지도 못하면서〉(홍상수 감독), 〈낮술〉(노영석 감독) 등을 들 수 있다.

2000년대 내내 이렇게 롤러코스터를 타듯 격심한 부침을 겪으면서도 유일하게 탄탄한 성장을 거듭한 분야는 바로 극장이었다. 앞서 말했듯이 우리나라에 멀티플렉스 극장이 처음 문을 연 것은 1998년 초(CGV 강변의 11개 스크린)의 일이지만, 멀티플렉스 영화관은 2000년대 벽두부터 우리나라 영화 수용 문화

---

3 영화진흥위원회는 지난 2010년부터 극장 개봉된 한국 영화 중 통상적으로 상업적인 기획으로 제작·배급되는 경향의 영화를 일반적인 상업 영화로 보고, 이들 작품들만 '한국 영화 투자수익률'을 계산하는 데 포함시킨다. 반면 총비용(순제작비+마케팅비=총제작비)이 10억 원 미만이고 전국 개봉 스크린 수가 100개 미만인 작품은 '다양성 영화'로 분류해 제외했다. 이와 같은 분류 원칙에 따라 총비용 10억 원 미만, 개봉 스크린 100개 미만의 영화를 다양성 영화로 분류하고 그렇게 부르는 데 큰 이의가 없어 보인다.

자체를 순식간에 바꾸며 대세가 되었다. 지난 2000년, 우리나라 전국 스크린 수는 720개로 출발했지만, 2003년에는 1,132개, 2004년엔 1,451개, 2008년에는 마침내 2,000개를 넘어섰다(2,004개. 그러나 2010년에는 2,003개로 정체됨). 인구 5천만 명이 채 안 되는 나라에서 천만 관객을 동원한 영화가 여러 편 나올 수 있었던 것은 이러한 극장 인프라의 급속한 확충 덕분이었다. 아울러 2000년 전국에서 영화관을 찾은 관객 수는 6,000만여 명이었지만, 극장이 복합 문화 공간으로 급속히 탈바꿈하는 가운데 2006년에는 1억 5,000만 명을 상회할 만큼 폭증했다.

2000년대 들어서 우리 국민들의 일상에 자리 잡은 특별한 문화 가운데 하나는 '영화제 참관과 향유 문화'이다. 이는 지난 1996년 가을, 제1회 부산국제영화제가 출범하고 뒤이어 '부천국제판타스틱영화제', '전주국제영화제', '제천국제음악영화제'로 이어지면서 비약적으로 성장·발전한 관객 문화이다. 이제 영화제는 '여성', '인권', '청소년', '환경', '다큐멘터리', '음악', '건축' 등 다양한 주제와 콘셉트를 포괄하는 전문적이면서도 일상적인 이벤트가 되었다. 국내에서 1년에 크고 작은 규모로 100여 개가 넘는 영화제가 열리고, '한국영상자료원'을 필두로 각 지역 '영상위원회'들도 상시 특별전과 회고전을 기획·진행하는 시네마테크 기능을 수행하고 있다. 또 다른 영화 마니아 문화로 1990년대에 '숨은 비디오 찾기'식 영화 유희(국내에서 비디오 대여 시장이 붕괴한 것은 2004년 무렵이다)가 있었다면, 21세기의 트렌드는 마니아들 각자가 하드 디스크에 자신만의 아카이브를 만드는 것으로 바뀌었다. 이 과정에서 '불법 다운로드'가 판치며 부가 시장을 와해시키는 부작용도 낳았지만, 2008년부터 미약하게나마 시작된 '합법 다운로드'를 통해 이러한 일을 이룩하자는 캠페인은 2009년부터 사회적 합의를 이루었다. 지금은 새로운 윈도의 출현과 정착으로 부가 시장이 되살아나는 모습을 보이고 있다.

2010년대의 한국 영화

2010년에 들어서면서 한국 영화는 이전과는 비교할 수 없을 정도로 다양하고 극적인 대내외적 변수에 따라 커다란 변화에 직면했다. 먼저 전 세계 박스오피스에서 27억 3,000만 달러에 이르는 흥행 수입을 올린 〈아바타〉[제임스 카메론(James Cameron) 감독]가 등장하면서 전 세계 영상 시장은 갑자기 3D가 대세인 듯한 상황이 연출됐다. 한편 스마트폰과 태블릿 PC 등의 스마트 미디어가 급속히 보급되면서 사람들의 삶의 패턴에 구조적 변화가 촉발되었다. 이는 영화계에 새로운 기회가 되었다. 인터넷 온라인 합법 다운로드 VOD 서비스와 모바일 서비스, IPTV를 통한 프리미엄 영화 서비스가 새로운 윈도로서의 기능을 제공했다. 이에 따라 와해되었던 영화 콘텐츠의 부가 판권 시장이 새로운 창구의 등장으로 회복될 여지가 생긴 것이다. 또 다른 한편으로는 저간의 극심한 불황 속에서 승자독식 구조가 되어 CJ와 롯데, 쇼박스 & 미디어플렉스 등이 국내 시장을 온통 독과점하자 대다수의 중소 영화사들은 고사하는 영화 생태계 파괴 양상이 고착화되었다. 그동안 수많은 창작자와 현장 스태프의 고통과 희생으로 성장한 한국 영화계는 승자독식이라는 자본 논리 속에서 존망의 기로에 서게 된 것이다. 이로써 한국 영화 산업의 구조적 문제와 체질 개선이라는 과제는 2010년대 한국 영화계의 최우선적이면서도 가장 묵직한 화두로 자리매김했다.

우리 영화계는 이러한 내외 환경의 급속한 변화 속에서 엄청난 불황과 위기를 겪으며 이를 극복하려고 노력하는 가운데 다시금 새롭고도 참신한 아이디어를 갖춘 기획과 이야기로 활로를 모색했다. 홀로 독주하며 천만에 근접한 영화는 없었지만 〈아저씨〉, 〈의형제〉, 〈전우치〉, 〈이끼〉, 〈포화 속으로〉, 〈하모니〉, 〈방자전〉 등 소재나 장르 면에서 넓은 스펙트럼을 만들며 모두 300만 명 이상의 관객을 동원하는 선전을 펼쳤다. 전체 극장 관객 수는 2009년에 비해 9.6% 감소한 1억 4,765만 명이었으나, 관람료 인상으로 극장 매출액은 오히려

표 1 연도별 한국 영화 평균 제작비 변화 추이

구분	순제작비(A)		마케팅비(B)		평균 제작비(A+B)
	순제작비(억 원)	비중(%)	마케팅비(억 원)	비중(%)	(억 원)
2000	15.0	69.7	6.5	30.3	21.5
2001	16.2	63.5	9.3	36.5	25.5
2002	24.5	65.9	12.7	34.1	37.2
2003	28.4	68.3	13.2	31.7	41.6
2004	28.0	67.3	13.6	32.7	41.6
2005	27.3	68.4	12.6	31.6	39.9
2006	25.8	64.2	14.4	35.8	40.2
2007	25.5	68.5	11.7	31.5	37.2
2008	20.7	68.8	9.4	31.2	30.1
2009	15.6	67.5	7.5	32.5	23.1
2010	14.2	65.7	7.4	34.3	21.6
2011	15.5	68.3	7.2	31.7	22.7
2012	13.4	66.0	6.9	34.0	20.3
2013	15.0	70.1	6.4	29.9	21.4

자료: 2000~2013년도 영화진흥위원회 통계자료.

6.5% 증가한 1조 1,500억 원에 이르렀다. 한국 영화의 시장점유율은 48.8%로 미국 영화(44.5%)를 앞질렀다. 그러나 다양성 영화 쪽은 전년도보다 현저히 낮은 흥행 성적(2009년에 400만 명 선이었던 것이 2010년에는 280만 명으로 줄어듦)을 기록하며 매우 어려운 지경에 처했다.

한편 2010년대에 들어오면서 경량급의 디지털 촬영 장비와 렌즈, 주변기기가 2~4K급 고화질을 구현하고, 심지어 DSLR 카메라까지도 4K급의 동영상 촬영 기능을 거의 완벽히 수행하게 되었다. 이들 기자재와 장비는 개인이나 소규모 창작 집단에서도 쉽게 구매하고 사용할 수 있을 정도로 광범위하게 보급되었고, 이에 따라 새로운 세계가 열렸다. 〈표 1〉과 〈표 2〉를 통해 확인해볼 수 있듯이 그러한 조짐은 이미 지난 2008년 이후부터 조금씩 일어나 2010년엔 완연하게 드러났다. 그리고 이는 2011년이 되자 가히 폭발적이라고 할 만큼 저예산 다양성 영화들이 대량으로 쏟아지는 원동력이 되었다. 이제는 누구나 아이디어만 있으면 수천만 원에서 1억 원 내외의 돈으로 장편영화를 만들 수

표 2 연도별 총제작비 구간별 한국 영화 개봉 편수 분포

구분(억 원)		0~10	10~20	20~30	30~40	40~50	50~60	60~70	70~80	80~90	90~100	100~	합계
2005	편수	16	7	4	14	18	8	6	2	4	1	3	83
	%	19.3	8.4	4.8	16.9	21.7	9.6	7.2	2.4	4.8	1.2	3.6	100
2006	편수	25	5	2	12	26	18	10	5	2	0	3	108
	%	23.1	4.6	1.9	11.1	24.1	16.7	9.3	4.6	1.9	0.0	2.8	100
2007	편수	35	5	4	9	21	24	11	0	0	1	2	112
	%	31.3	4.5	3.6	8.0	18.8	21.4	9.8	0.0	0.0	0.9	1.8	100
2008	편수	38	10	14	9	12	9	9	1	2	0	4	108
	%	35.2	9.3	13.0	8.3	11.1	8.3	8.3	0.9	1.9	0.0	3.7	100
2009	편수	64	10	9	10	4	7	6	0	2	3	3	118
	%	54.2	8.5	7.6	8.5	3.4	5.9	5.1	0.0	1.7	2.5	2.5	100
2010	편수	73	16	12	7	12	9	5	1	1	1	3	140
	%	52.1	11.4	8.6	5.0	8.6	6.4	3.6	0.7	0.7	0.7	2.1	100
2011	편수	82	10	6	10	14	10	6	3	1	1	3	146
	%	56.2	6.8	4.1	6.8	9.6	6.8	4.1	2.1	0.7	0.7	2.1	100
2012	편수	109	12	5	9	10	11	7	6	1	0	4	174
	%	62.6	6.9	2.9	5.2	5.7	6.3	4.0	3.5	0.6	0.0	2.3	100
2013	편수	125	8	4	7	11	7	5	7	0	3	5	182
	%	68.7	4.4	2.2	3.8	6.0	3.8	2.8	3.8	0	1.7	2.8	100

자료: 2005~2013년도 영화진흥위원회 통계자료.

있는 환경이 조성된 것이다(물론 이렇게 만든 영화가 제대로 된 배급 라인을 타고 제도권 극장에서 개봉할 수 있느냐는 전적으로 별개의 문제이다). 이렇게 해서 2011년 한 해 동안 제작된 한국 영화는 216편이었다. 문제는 이 중에서 개봉을 한 작품이 150편에 불과하다는 데 있다. 심의와 등급을 받아놓고도 개봉하지 못한 영화가 66편에 달하는 한국 영화사상 유례가 없는 사태를 맞게 되었다. 규모의 경제를 지향하는 대작들 위주로 배급과 극장 스크린 배분이 이루어지면서 힘없는 영화들이 설 자리는 없었다. 이에 대한 실제적이고도 유효한 대책이 절실히 요구되기 시작했다.

인디 진영의 이 같은 어려움을 그림자 속에 가둘 만큼 2011년의 주류 한국 영화계는 다양한 긍정적 통계 수치를 보이며 약진했다. 지난 수년간 정체돼 있던 관객 수가 전년 대비 8.7% 증가하며 1억 5,970만 명에 이르렀고, 매출액

표 3   **연도별 한국 영화와 외국 영화의 제작 · 수입 및 개봉 편수**

(단위: 편)

구 분	한국 영화		외국 영화		총 개봉 편수
	제작	개봉	수입	개봉	
2000	59	62	427	277	339
2001	65	52	355	228	280
2002	78	82	266	192	274
2003	80	65	271	175	240
2004	82	74	285	194	268
2005	87	83	253	215	298
2006	110	108	289	237	345
2007	124	112	404	280	392
2008	113	108	360	272	380
2009	138	118	311	243	361
2010	152	140	383	286	426
2011	216	150	551	289	439
2012	229	175	773	456	631
2013	207	183	846	722	905

자료: 2000~2013년도 영화진흥위원회 통계자료.

규모도 전년 대비 7.4% 상승해 1조 2,360억 원 규모로 성장했다. 인터넷 온라인 VOD와 모바일 서비스, IPTV 등 부가 판권 시장도 지속적으로 확대되어 영화계 전반에 활력소가 되었다. 이 밖에도 지난 2006년 이래 힘을 쓰지 못하던 한국 영화 수출도 활력을 되찾아 역대 최다인 366편에 이르는 작품이 해외에 팔려나가는 진기록을 세우기도 했다. 한 가지 더 특기할 만한 것은 〈도가니〉, 〈부러진 화살〉, 〈완득이〉 등 우리 사회의 일그러진 모습을 적극적으로 파헤쳐 공론화하며 이에 대한 실효성 있는 대안을 촉구하는 영화들이 관객몰이에도 성공하면서 우리 영화가 가진 사회적 파급력과 대중문화로서의 지위를 새삼 확인하는 계기가 된 점이다.

2012년은 한국 영화 역사상 몇 가지 기념비적인 해였다. 먼저 영화계의 해묵은 숙원이면서도 손에 잡힐 듯 잡히지 않아 애를 태운, 그리고 그것을 과연 누가 이룰 것인지가 초미의 관심사였던 메이저 영화제의 최고상을 받은 것이다. 그 주인공은 임권택도, 이창동도, 박찬욱도, 홍상수도 아닌 김기덕이었다.

김기덕은 제69회 베니스국제영화제에서 〈피에타〉로 황금사자상을 거머쥐며 영예의 자리에 등극했다.[4]

여기에 〈도둑들〉(최동훈 감독)과 〈광해, 왕이 된 남자〉(추창민 감독) 등 두 편의 영화가 1,200만 관객을 넘어서는 기록적인 흥행을 이뤘다. 또 〈범죄와의 전쟁〉, 〈건축학개론〉, 〈늑대소년〉, 〈내 아내의 모든 것〉 등 소재나 장르도 다종다기한 영화들이 줄줄이 흥행하고, SNS 등에서 회자되며 사회적 이슈와 새로운 트렌드를 창출하는 역할까지 영화가 담당하고 있음을 알 수 있었다. 그 결과 한국 영화의 시장점유율이 58.8%에 달하면서 우리 시장을 우리 영화가 새롭게 주도하고 있음을 확인했다. 연간 관객 수도 1억 9,490만 명으로 전년 대비 21.9%나 상승하며 한국 영화 역사의 신기원을 이룩했다. 이에 따라 극장 매

---

4 지난 1996년 '부산국제영화제'가 출범하면서 세계의 영화 관계자들과 인적 · 물적 교류가 활성화되기 시작했다. 이는 매우 짧은 기간에 우리나라 관객들의 세계 최고 수준의 안목, 한국 영화의 역동성과 가능성을 세계에 알리는 데 크게 기여했다. 아울러 2000년 임권택 감독의 〈춘향뎐〉이 칸영화제 경쟁 부문에 진출한 것을 필두로 〈박하사탕〉(이창동 감독), 〈오! 수정〉(홍상수 감독), 〈해피 엔드〉(정지우 감독)가 '주목할 만한 시선', '감독주간', '포럼' 등 칸의 각기 다른 (비경쟁) 부문에 출품하면서 한국 영화가 가진 에너지와 종 다양성을 주류 무대에 펼칠 수 있는 사실상의 첫 기회를 얻었다. 이로써 한국 영화는 변방의 소리 없는 목소리에서 탈피하기 시작했다. 이어서 〈취화선〉(임권택 감독, 2002)이 칸영화제에서 감독상을, 〈오아시스〉(이창동 감독, 2002)가 베니스영화제에서 감독상을 수상하는 쾌거를 거두었다. 이렇게 주목받기 시작한 한국 영화는 계속해서 메이저 영화제 경쟁과 비경쟁 부문에 초청을 받았고, 박찬욱의 〈올드보이〉(2004)가 칸영화제에서 심사위원 대상, 김기덕이 〈사마리아〉(2004)로 베를린국제영화제에서 감독상, 〈빈집〉(2004)으로 베니스영화제에서 은사자상(감독상)을 받았다. 그 이후 〈밀양〉(이창동 감독, 2007)으로 전도연이 칸영화제에서 여우주연상을, 〈시〉(이창동 감독, 2010)로 역시 칸영화제에서 각본상을 수상했다. 임권택 감독을 필두로 이창동, 박찬욱, 홍상수, 김기덕 중에서 과연 누가, 언제, 어떤 작품으로 메이저 영화제의 정점에 서게 될 것인지가 초미의 관심사가 되었다. 그리고 그 일은 마침내 김기덕에게 돌아갔다. 그는 〈피에타〉로 지난 2012년, 제69회 베니스국제영화제에서 대상인 황금사자상을 수상함으로써 한국 영화사상 최고의 금자탑을 쌓은 장본인이 되는 영예를 누렸다.

출액도 1조 4,550억 원으로 17.7% 성장했다. 한국 영화 수익률도 +13%에 이르면서 이전까지 마이너스를 지속했던 수익성이 크게 개선됐음을 알렸다. 그러나 다른 한편으로는 229편이나 되는 장편영화가 만들어졌는데 그중 175편만이 개봉되었으며, 이들 개봉작 중에서도 109편이 총제작비 10억 미만의 저예산 다양성 영화였다는 점을 상기할 필요가 있다. 또 이전 해까지 6~7년간 지속된 외화 개봉 편수는 대략 240~280편 내외였던 데 반해 2012년에는 갑자기 456편이나 되면서 극장 스크린 잡기가 더욱 치열해졌다는 점을 주목해야 한다(전체 개봉작 631편). 아울러 이것이 타당성 있고 적정한 것인지에 대해서도 숙고해야 한다.

2013년도 한국 영화는 전년도의 실적들을 훌쩍 뛰어넘으며 사상 최고의 호황을 누렸다. 여러 산업 통계 지표들이 두루 사상 최고를 갱신했다. 먼저 전체 관객 수가 사상 처음으로 2억 명을 넘어서며 기염을 토했다(2억 1,332만 명).[5] 이 중에서 한국 영화의 관객 수가 1억 2,727만 명에 달했고, 한국 영화의 시장 점유율도 59.7%였다. 박스오피스 상위 10편 중 9편이 한국 영화였을 정도로 우리 영화의 위세가 당당했던 최고의 해였다. 영화 산업 전체 매출액도 전년 대비 17.7% 성장한 1조 8,839억 원이었으며, 이는 극장 매출의 증가는 물론 부가 시장의 안정화[6]와 해외 수출의 뚜렷한 회복세[7] 덕분에 나온 결과여서 더욱

---

5 이러한 통계는 우리나라 국민 1인당 연간 평균 영화 관람 횟수로 환산하면 4.25회에 달하는 것이다. 이 수치가 얼마나 대단한지는 다음을 통해 알 수 있다. "영국의 문화콘텐츠 산업 조사 기관인 스크린 다이제스트 자료에 따르면 2012년도 인구 1인당 연평균 극장 관람 횟수는 아이슬란드 4.9회, 싱가포르 4회, 미국 3.9회, 호주 3.7회, 그리고 프랑스가 3.4회로 수위권을 형성하고 있다"[영화진흥위원회, 「2013년 한국영화산업 결산 보고서」(2014), 1쪽].

6 부가 시장 전반에서도 극장에서의 한국 영화 흥행몰이가 고스란히 반영된 모습을 보이며 동반 성장했다. IPTV 매출 증가에 따라 2012년 대비 24.0% 증가한 2,676억 원에 달했다(같은 글 참조).

7 해외 수출은 〈설국열차〉가 견인차 역할을 했으며, 전체 수출액은 2012년 대비 57.2%

고무적이었다. 이로써 한국 영화의 투자수익률은 2012년 13%에 이어 2013년 15.2%의 흑자를 기록해 한국 영화 산업이 양적·질적으로 모두 획기적인 성장세를 이어가고 있음을 보여줬다(〈표 5〉 참조).

다른 한편으로 2013년은 한국 영화감독들과 전문 인력들이 글로벌 무대에 본격 진출하거나 외국과의 공동 생산이 본격적으로 활성화된 첫해라고 할 수 있다. 먼저 봉준호 감독의 〈설국열차〉는 우리나라의 자본과 기획·창작 인력이 외국 로케이션, 업체, 배우, 외국어를 사용해 해외시장을 염두에 두고 제작된 작품이라는 면에서 의미가 있다. 국내 흥행에도 크게 성공했으며, 해외 수출로 벌어들인 돈은 2013년 한국 영화 전체 수출액의 절반에 이른다. 〈이별계약〉(오기환 감독)은 한국의 콘텐츠를 해외 현지 시장(중국, 중화권)에 맞게 변용해 현지의 제작 시스템을 활용, 현지 영화로 제작해 성공적으로 배급한 사례이다. 이러한 형태 역시 향후 아시아 지역에 한국 영화가 진출할 때 의미 있는 전례가 될 것으로 보인다. 또 충무로의 대표 감독인 박찬욱과 김지운은 할리우드 제작사에 기용돼 현지에서 영화를 연출하는 기회를 잡았다. 이에 따라 박찬욱은 정정훈 촬영감독을, 김지운은 김지용 촬영감독을 각각 파트너로 정하고 함께 작업에 임했다. 이렇게 만든 〈스토커(Stoker)〉(박찬욱 감독, 정정훈 촬영감독)와 〈라스트 스탠드(The Last Stand)〉(김지운 감독, 김지용 촬영감독)는 흥행으로 이어지지는 못했지만 할리우드가 한국 영화 흥행작들의 저작권만 확보하던 관행을 넘어 이제는 전문 인력까지 활용 범위를 넓히려는 것을 확인하는 계기가 되었다. 안병기 감독은 최상묵 촬영감독과 함께 중국 프로덕션에 기용돼 〈필선(笔仙) 2〉의 연출과 촬영을 진행하면서 중국과 새로운 형태의 인적 교류의 물꼬를 텄다.

한 가지 특기할 것은 투자배급사 NEW(Next Entertainment World)의 국내 배급 시장 정상 등극이다. 2013년 우리 극장가는 〈7번방의 선물〉로 문을 열었고

증가한 5,900만 달러였다(같은 글 참조).

〈변호인〉으로 한 해를 마감했다. 이들 두 작품은 모두 천만 명 이상의 관객을 동원한 초대형 흥행작이었다. 2008년 영화 투자배급사로 출발한 NEW는 초반 두드러진 성과는 없었지만 2010년까지 내실을 다진 후, 2011년부터 조금씩 두 각을 나타냈다.[8] 2012년에는 흥행작 10편 안에 든 〈바람과 함께 사라지다〉와 〈내 아내의 모든 것〉, 문제작 〈부러진 화살〉과 베니스국제영화제 황금사자상 수상작 〈피에타〉 등을 배급하면서 국내 배급사 점유율 3위에 올랐다. 그리고 2013년 〈7번방의 선물〉을 필두로 〈신세계〉, 〈감시자들〉, 〈숨바꼭질〉, 〈변호 인〉 등 특별한 선구안으로 배급하는 영화마다 연타석 홈런을 날렸다. 그 결과 CJ E&M, 롯데 엔터테인먼트, 쇼박스 & 미디어플렉스 등 멀티플렉스를 계열사 나 자회사로 두고 있는 굴지의 대형 배급사들을 제치고, 단숨에 국내 배급 순 위 정상에 등극했다(2013년 극장 매출액 및 관객 점유율 18% 이상 차지).

　2012년에 이은 2013년에 한국 영화계가 얻은 여러 결실과 호황은 지난 2007년부터 2010년까지 지속된 장기 침체 시기를 어렵게 통과하면서 얻은 강 인한 생명력이 바탕이 되었다. 더욱 재기발랄하고 다양한 소재와 아이디어 발 굴, 치밀해진 기획 능력과 효율적으로 가다듬은 제작 시스템, 그리고 공멸이 아니라 상생과 동반 성장을 위한 업계 종사자 간 협의체 구성과 조율이 이룬 결실이다. 한국 영화계는 아직도 기반이 매우 취약하다. 하지만 이전보다 강 인하고, 지혜로워졌고, 부족하지만 서로를 배려하고 존중하는 가운데 동반 성 장을 모색하고 실천하는 단계로 이행하고 있다. 이러한 순항은 2014년에도, 그리고 그 이후에도 지속될 것이라고 믿는다. 무엇보다도 기상천외한 발상과 참신한 아이디어로 무장한 젊은 피들이 계속해서 영화계에 들어오고 있다. 또 제도권에서 하지 못하는 다양한 실험과 표현 영역을 확장하는 작품들을 만들 고, 영화제 등으로 소통하면서 한국 영화의 기층을 두텁게 형성하고 있다는 점 은 이러한 장밋빛 전망을 가능케 한다.

8　배급사 NEW 홈페이지 http://www.its-new.co.kr/ 참조.

표 4 연도별 한국 영화 산업 주요 지표

연도	2002	2003	2004	2005	2006	2007	2008	2009	2010	2011	2012	2013
전국 관객 수(만 명)	10,513	11,948	13,517	14,552	15,341	15,877	15,083	15,696	14,918	15,972	19,489	21,332
증감률(%)	17.7	13.7	13.1	7.7	5.4	3.5	-5.0	4.1	-5.8	7.0	21.9	9.5
한국 영화 점유율(%)	48.3	53.5	59.3	58.7	63.8	50.0	42.1	48.7	46.6	51.9	58.8	59.7
서울 관객 수(만 명)	4,077	4,395	4,704	4,698	5,055	4,869	4,711	4,883	4,629	4,786	5,654	6,009
증감률(%)	16.6	7.8	7.0	-0.1	7.6	-3.7	-3.2	2.3	-5.2	3.3	18.0	6.3
한국 영화 점유율(%)	45.0	49.5	54.2	54.9	60.4	45.0	39.6	46.0	43.9	45.4	42.8	56.8
극장 매출액(억 원)	6,327	7,171	8,498	8,981	9,257	9,918	9,794	10,941	11,684	12,358	14,551	15,512
증감률(%)	20.8	13.3	18.5	5.7	3.1	7.2	-1.3	11.7	5.7	5.7	17.7	6.6
전국 스크린 수(개)	977	1,132	1,451	1,648	1,880	1,975	2,004	2,055	2,003	1,974	2,081	2,184
1인당 관람 횟수(회)	2.20	2.47	2.78	2.98	3.13	3.22	3.03	3.15	2.92	3.15	3.83	4.25

자료: 영화진흥위원회 통계자료.

표 5 2003~2013년 한국 영화 투자 수익률

(단위: 백만 원)

구분	2003[1]	2004[2]	2005	2006	2007	2008	2009	2010[3]	2011	2012	2013
총매출	159,036	285,462	336,786	388,058	266,927	200,839	245,821	263,449	293,916	438,458	416,121
총비용	173,090	276,958	312,117	513,640	448,813	355,667	282,945	296,001	344,700	386,873	361,345
총이익	-14,054	8,504	24,669	-125,582	-181,886	-154,827	-37,123	-32,552	-50,784	51,585	54,776
투자 수익률	-8.1%	3.1%	7.9%	-24.5%	-40.5%	-43.5%	-13.1%	-11.0%	-14.7%	13.0%	15.2%

1) 2003~2004년의 수익률은 표본 분석한 결과이고, 2005년부터는 극장 개봉된 한국 영화에 대한 전수 추정치이다.

2) 2004년부터 전국 관객 수 집계가 실시되면서 2004년 투자 수익성 분석 결과 이후 2004년도 전체 개봉 영화에 대한 전수 추정치를 다시 산정했으며, 이 경우 2004년 투자 수익률은 -6.2%이다.

3) 2010년부터는 극장 개봉된 한국 영화 중 통상적으로 상업적인 기획으로 제작, 배급되는 영화를 조사 대상으로 한정한다(총비용 10억 원 미만이고 전국 개봉 스크린 수가 100개 미만인 작품 제외).

자료: 영화진흥위원회 통계자료.

Chapter 2

박하사탕

/

지난 세월의 상처를 돌아보지 않고 새로운 밀레니엄을 맞을 수는 없다

이창동 감독 | 2000년 개봉

역사의 알레고리

2000년대 한국 영화는 〈박하사탕〉으로 시작했고, 이 영화와 함께 우리 영화의 새 지평이 열렸다. 스토리의 시간은 박정희의 죽음과 제3공화국의 종언을 고한 1979년, 산업화 시대의 끝자락에서 출발한다. 그리고 후기 산업화 과정에서 정부의 관리와 통제, 개혁과 재분배의 실패로 빚어진 1999년 IMF 외환위기를 거쳐 새로운 밀레니엄의 코앞까지, 숨 가빴던 세월을 배경으로 한다. 그러나 담화(플롯)의 시간은 그 세월의 기차 바퀴[1]를 되돌려 우리 현대사의 질곡을 휘감아 돌며 그 중심을 관통해 심연으로 들어가는 미장아빔(mise-en-abyme)[2]

---

1 철로가 시간과 세월, 역사의 흐름을 함의한다면, 기차는 한국 현대사를 이끈 독재 정권 주도의 산업화, 근대화, 천민자본주의라는 역사의 수레바퀴일 것이다. 세월은 정해진 궤도로 우리 앞에 노정된 것이지만 길이 하나뿐인 것은 아니다. 바로 그 역사의 수레바퀴를 무력으로 움직여 엉뚱한 곳으로 틀어버린 사람들이 있었다. 그 때문에 우리나라, 우리 민족의 운명은 그들의 핍박 아래 많은 것을 잃고 놓치며 먼 길을 돌아 힘겹게 제 궤도에 다시 들어설 수 있었다. 그런 면에서 이 영화에서 주요 사건이 일어나는 모든 장소가 기차역 또는 철로 부근이라는 점은 매우 작위적으로 보이기도 하지만 의미심장하게 해독될 수 있게 해준다.

의 여행으로 관객을 안내한다. 그리고 온갖 트라우마로 점철된 20세기를 마감하고 새로운 시대를 여는 절묘한 시점인 밀레니엄의 문턱에서 지난 시간을 반추하고, 털어버리고, 죽여버린 후 우리에게 새로운 시대를 시작할 것을 제안한다. 이창동 감독은 시시각각으로 달려오는 세월의 기차를 온몸으로 막으며 모두에게 제안한다. 잠깐! 우리가 이렇게 별 생각 없이 새로운 천 년의 역사를 시작하려고 하는가? 지난 세월에 대한 정리 없이? 그 세월의 함의를 되새김질할 새도 없이 이렇게 그냥 구렁이 담 넘어가듯이 새 시대를 그대로 이어받아도 좋은 것인가? 혹시나 우리가 잘못된 궤도에 진입한 열차처럼, 역사의 수레바퀴를 엉뚱한 곳으로 몰아가려는 것은 아닌지, 제대로 된 길에 접어든 것인지 점검해보고 가야 하는 것은 아닌가? 아직 출발선을 지나기 전에 우리 모두 잠시 뒤돌아보며 잘라 버릴 것은 버리고, 없앨 것은 없애고, 계승하고 발전시킬 것은 그렇게 하자. 그리고 새로운 각오와 다짐으로 힘을 모아 새로운 시대, 새로운 세상을 만들어가자고……

돌이켜보면 1980년 5월의 광주를 서사 예술에서 정면으로 응시한 것은 최윤이 중편소설 「저기 소리 없이 한 점 꽃잎이 지고」를 발표하면서부터이다.[3] 작가는 그해 5월의 광주를 채 피어나기도 전에 꺾이고 짓밟힌, 윤간당한 어린 소녀로 형상화했다. 그 도저한 트라우마 때문에 소녀는 미쳐서 떠돌지만 아무도 관심을 갖지 않았고 보호하거나 치유해주지도 않았다. 누구도 소녀의 안정적인 정주를 위해 나서지 않아 방치된 모습이다. 최윤 이전에는 아무도 섣불

---

2 미장아빔이란 우리말로 번역하면 '심연으로 밀어넣기'라고 할 수 있다. 어떤 사건이나 심상, 이미지의 분절과 중첩을 통해 다층의 겹 구조를 만들고, 그 속으로 침잠해 들어가도록 유도하는 것이다. 서사 텍스트에서 이러한 기법을 사용하면 수용자의 인식을 심연 구조 속으로 끌어들일 수 있다. 이야기꾼은 이 같은 전략을 통해 자신이 이야기하려는 메시지, 극적 주제를 강화할 수 있다. 이 기법을 사용한 영화의 대표 사례로 〈인셉션(Inception)〉(크리스토퍼 놀란 감독, 2010), 〈로맨스 조〉(이광국 감독, 2012) 등이 있다.

3 최윤, 「저기 소리 없이 한 점 꽃잎이 지고」, ≪문학과 사회≫, 1권 2호(통권 2호, 1988).

리 그녀를, 광주를 건드릴 수 없었다. 광주는 살아남은 자들에게 그만큼 큰 도전이고 숙제였다. 영화에서 광주를 이야기하기 시작한 것은 1996년에 이르러서이다. 그것도 순수한 영화적 창작의 소산이 아니라 최윤의 소설을 각색해 만든 〈꽃잎〉(장선우 감독, 1996)이 시작이다. 우리 현대사의 가장 크고 충격적인 상처인 1980년 5월의 광주가 창작자 모두를 얼마나 크게 짓눌렀는지, 그것을 이야기로 반영하고 녹여내고 재구성하는 것이 얼마나 큰 책무이자 도전이었는지를 여실히 알 수 있다.

그런 면에서 영화 〈박하사탕〉의 제작과 개봉에 이르는 타이밍은 참으로 절묘했다. 1997년 15대 대선에서 김대중의 승리는 386세대의 정치적 승리이자 그들이 사회의 주도 세력으로 부상(안착)함을 의미했다. 바로 그 시점에서 영화 〈박하사탕〉의 제작 기획이 구체화되었다는 점은 의미심장하다. 386세대 중 일부는 중앙의 정치 무대에 데뷔했고, 일부는 문화 예술계로, 나머지는 생업의 무대로 나갔다. 그러나 IMF 외환위기라는 초유의 사태에 직면하자 그들 역시 승자독식의 논리로 편만한 자본주의 대양의 높은 파고를 각자의 방식으로 헤쳐 나가야만 했다. 4·19세대에 이어 6·10세대(386세대)는 강렬한 동질성을 공유하고 있다. 그들에게 〈박하사탕〉은 지난 삶을 반추하고 승리를 자축하며, 미처 정리하거나 털어버리지 못한 광주에의 책무와 살아 있는 자로서의 채무의식을 한꺼번에 정리하고 넘어간다는 관념을 제공했다. 특히 이들에게 이 영화가 의미 있는 이유는 이전의 소설에서나 발견할 수 있었던 고전적 문학성과 서사성이 영화적으로 체현됐다는 점이다. 또 386세대와 인접 세대의 의식과 기호에 부합하는 리얼리티와 메시지를 확보하고 있다는 점에서도 그렇다.

영화의 외피: 스토리, 그리고 시퀀스의 구성

영화의 심연 구조와 그 속에서 작동하는 메시지를 효과적으로 재구성하기 위해서 먼저 그 외피를 훑어보자. 철로 아래 누워서 지나가는 기차를 물끄러 미 바라보는 영호의 눈에는 눈물이 맺혀 있다. 강가에서 야유회를 즐기는 사 람들은 예전에 그가 알던 사람들이다. 그가 누워 있는 이 장소도, 그가 부르는 노래도 모두 그의 기억 속에 아련히 존재하는 것들이다. 그는 점차 비뚤어지 고 망가져간 사람이지만 그도 순수했던 시절이 있었다. 격동의 세월과 그러한 시대 속에서 살아가는 한 남자는 현실의 늪에서 헤어나지 못하고 점점 빠져들 고 만다. 시간의 기차는 그의 삶을 조금씩 거슬러 올라간다. 그리고 그 시간의 여행은 어느덧 그가 처음에 나타났던 그곳으로 돌아간다. 지난날의 삶에서 모 든 것을 상실한 영호는 더 이상의 희망도, 선택의 여지도 없는 것처럼 보인다. 그에게는 오직 그리운 옛날만이 있을 뿐이다. 그를 향해 달려오는 운명의 열 차를, 그는 두 손을 벌려 맞이한다.

총 7개의 시퀀스(sequence) 각각은 소제목과 함께 연대와 시간을 알려주면 서 점점 더 먼 과거로 거슬러 올라가는 형식을 취한다. 시퀀스 ①과 ② 사이는 3일, ②와 ③은 5년, ③과 ④는 7년, ④와 ⑤는 3년, ⑤와 ⑥은 4년, ⑥과 ⑦ 사 이는 1년(약 7개월)이다. 각 시퀀스별 핵심 내용은 다음과 같다.

① 시퀀스 1: 야유회. 1999년 봄 = 죽음의 시간
타락하고 망가진 초라한 마흔 살의 김영호를 만난다. 영호가 술에 잔뜩 취한 채 자신이 20년 전 공장 노동자로 몸담았던 '가리봉 봉우회'의 야유회 장소에 나타나 행패를 부린다. 봉우회원들에게 저지당한 영호는 기찻길로 올라간다. 무엇인가 에 절망하고, 분노한 듯한 그는 달려오는 기차를 향해 마주 선다. "나 다시 돌아 갈래!"라고 비장하게 외치며 자살한다. 이때부터 영화는 1999년 '오늘(현재)'에서 과거로의 시간 여행을 시작한다(이때의 영호는 실패한 사업가 = 피해자).

② 시퀀스 2: 사진기. 사흘 전 봄 = 죽어가는 순임과의 재회, 절망
1998년 IMF 경제 위기는 사업가 영호에게도 들이닥쳤다. 실패한 영호는 마지막

남은 돈으로 권총을 구입해 자살을 준비 중이다. 자신의 가족에게조차 무시당하고, 버림받아 절망 속에 빠져 있는 영호에게 첫사랑 여인인 순임의 남편이 나타나 혼수상태인 그녀를 한 번만 만나달라고 부탁한다. 순임 앞에 나타난 영호는 순수했던 시절을 기억하며 슬퍼한다. 그녀가 마지막으로 그에게 남긴 사진기[4]마저 헐값에 팔아버리고 저녁 끼니를 때우는 영호는 더럽혀질 대로 더럽혀진 현실을 자각하고 절망에 빠진다(실패한 사업가 = 피해자).

③ 시퀀스 3: 삶은 아름답다. 1994년 여름 = 자본주의 사회의 성공한 사업가 / 극도의 타락

1990년대 중반 한국이 OECD에 가입하기 전 경제적으로 호황기를 누리던 시절, 영호 또한 한 명의 성공한 사업가이다. 하지만 그 이면에는 바람난 아내(홍자)를 뒷조사하고, 자신의 회사 여직원과 불륜을 일삼는 타락한 모습만 들어 있다. 불륜 행위를 저지르는 아내를 적발한 뒤 바로 자신의 불륜 대상을 만나러 가는 행동, 새로 이사한 아파트의 집들이 자리에서 손님들에게 자신들의 실상(부부간 불화)을 들켜버리는 등 순수함이 완전히 상실된 영호의 모습을 보여준다(성공과 타락 속 이율배반적인 모습 = 가해자).

---

4 사진기는 (움직이는, 흐르는) 기차에 맞서 공간과 시간을 정지시키는 역할을 한다. 그것은 한 장소와 시간(그때 그곳)을 현실로부터 떼어내 기록(점유)하는 기계장치이다. 즉, 시대와 역사의 한 단면을 기록하고 재현하는, 기억과 재생의 장치이다. 영호는 사진기가 있다면 들꽃을 찍고 싶다고 했었다. 그의 들꽃 같은 소망을 들어주기 위해 순임은 하루에 박하사탕을 천 개씩 싸서 번 돈을 아껴 마침내 사진기를 사서 영호에게 선물로 주려 했었다. 그러나 영호는 이미 이전의 들꽃 같은 순수와 들꽃을 찍고 싶다는 소망이 꺾인 채 타락의 길로 접어들었다. 그렇게 그들의 인연은 엇갈리고, 사진기는 기록과 재현의 기능을 상실한 채 방치됐다가 너무 늦게 전달된다. 두 사람의 엇갈린 인연의 틈바구니 속에서 존재감을 상실한 물건이 바로 사진기이다.

④ 시퀀스 4: 고백. 1987년 봄 = 민주화 운동의 절정기, 공안 경찰 / 일말의 순수

1987년 민주화 운동의 절정기. 영호는 '미친개' 소리를 들을 만큼 권력의 충실한 개로 이력이 난 공안 경찰이 되었다. 운동권 학생을 취조하는 데 머뭇거림이 없는 냉혈한이다. 한편 출산 예정일이 얼마 남지 않은 만삭의 아내를 별반 걱정하지 않는 영호를 보면 아내에 대한 사랑이 없음을 알 수 있다. 수배 중인 시국 사범을 잡기 위해 순임의 고향인 군산에 내려가 술집 여종업원의 품에 안겨 순임에 대한 그리움에 그녀의 이름을 목 놓아 부르며 울음을 터뜨린다. 냉혈한 인간으로 변모한 듯하나 얼마간의 순수함이 남아 있는 것을 알 수 있다[권력의 충실한 주구(走狗) = 가해자].

⑤ 시퀀스 5: 기도. 1984년 가을 = 엇나가는 삶, 기도가 필요한 시간

군사독재 공안 통치에 항거하는 민주화 운동 고조기. 신참내기 형사로 처음으로 시국사범의 폭행 취조를 하게 된 영호는 그의 배변을 손에 묻힌다. 한편 첫사랑 여인 순임이 영호를 찾아오고, 그녀는 여전히 그의 손이 착해 보인다고 한다. 영호는 더럽혀진 자신의 손이 부끄러운 나머지 위악적으로 홍자의 엉덩이를 쓰다듬으며 자신의 손이 깨끗하지 않음을 드러낸다. 그날 밤 동료들과의 회식 자리에 나타난 영호는 순수함을 상실했다는 절망감에 실성한 듯 "동작 그만!"을 외치며 행패를 부린다(처음으로 고문에 나선 영호 = 가해자).

⑥ 시퀀스 6: 면회. 1980년 5월 = 새로운 압제자와의 만남. 소망의 꺾임과 트라우마

1980년, 입대 후 이등병으로 군 생활에 완전히 적응하지 못한 영호는 5·18 광주 민주화운동이 일어나자 진압군으로 출전한다. 다리에 부상을 입은 채 공포에 질려 있는 영호[5]는 실수로 한 여학생을 죽인다. 혼란스러움 속에서 영호는 절망한다

---

5 그러나 그는 이 부상 때문에 불구자가 된 것은 아니다. 그리고 이 부상이 그의 생활이나 삶에 직접적(물리적)으로 드러나거나 영향을 미치는 것으로 보이지 않는다. 그렇지만

[광주 시민들과 대결 관계에 놓인 군인 영호(변화의 시작) = 의도한 바는 아니지만 소녀를 살해한 가해자 / 총상과 함께 격심한 심리적 트라우마를 입은 피해자].

⑦ 시퀀스 7: 소풍. 1979년 가을 = 박정희의 죽음과 새로운 시대에 대한 소망의 시기(순수의 시대)

구로 공단에서 일하며 야학에 다니는 10여 명의 노동자들이 소풍을 나왔다. 그 무리 속에서 영호와 순임은 처음 만나고, 호감을 가진다. 들꽃을 찍는 사진가가 되고 싶다는 영호. 순임이 건네준 박하사탕을 맛있게 먹는 영호는 순수하다. 영호는 순임과의 대화에서 과거에 이곳에 와본 것 같다는 의미심장한 말을 내뱉는다. 모래밭에 누워 하늘을 보는 영호는 마치 훗날 자신의 모습(순수를 상실한)을 예견한 듯 복잡한 마음을 표정으로 드러내며 눈물을 흘린다. 이때의 영호는 소박한 행복과 꿈을 가진 젊은 노동자로 그 시대의 한 주체를 대표한다. 그를 정치적으로나 사상적으로 이미 궤도에 올라 있는 대학생(지식층)이 아니라, 노동자 신분으로 그려내는 감독의 선택은 매우 중요하다. 그는 당대의 정치 동향이나 헤게모니를 놓고 다투는 세상의 온갖 쟁투나 이데올로기 대립에서 비교적 자유로운 (또는 무지하거나 무심한)[6] 계층의 사람이다(순수의 시절 = 순수 그 자체).

시간의 축적과 회귀

이와 같이 작품의 표층 구조, 그 얼개를 정리해놓고 볼 때 우선 눈에 들어오

그가 경찰로서 공적 임무를 수행하는 과정이나 그 이후 여러 삶의 도정에서 불현듯 트라우마에 대한 기억이 환기되는 순간, 그에 대한 신체적 반응으로 그는 다리를 전다.

6 영호의 이런 모습은 영화 〈화려한 휴가〉의 주인공인 택시 기사 '민우'의 순수함에 비견된다. 이 점에 대해서는 이후에 상세히 언급할 것이다.

는 것이 바로 각각의 시퀀스를 나누는 기점이 되는 해와 계절 표지이다. 영화의 플롯 구조상 맨 뒤인 시퀀스 7에서 제시되는 1979년 가을의 함의는 무엇인가? 그것은 제3공화국이 끝나고 제5공화국이 들어서기 전, 먹구름 사이로 잠깐 강렬한 햇빛이 비추던 시기이다.[7] 1980년 5월, 군에 갓 입대한 신병인 영호가 광주로 출동할 때, 박하사탕이 군홧발에 짓밟혀 으스러지는 장면은 그가 광주에서 트라우마를 겪을 것을 예시한다. 아울러 (군인인) 그가 광주에서 죽인 여학생과 순임의 얼굴이 겹치는 것은 그가 죽인 것은 여학생(국민)이지만, 동시에 그는 그 일로 순임, 즉 순수를 배반하고 잃게 될 것임을 말한다. 이때의 순임은 살해된 여학생의 유가족과 나아가 국민을 상징한다고 볼 수 있다. 한편, 순임의 순수 이미지에는 군사독재의 본질이나 광주의 진실을 제대로 알지 못하는 순진무구한 국민의 이미지가 알레고리로 숨어 있다. 1984년 가을, 경찰에 입문한 영호의 초기 모습을 보여준다. 그는 인지 부조화의 갈등 속에 시국사범으로 잡혀 온 대학생에게 처음으로 고문을 실행하고 그 과정에서 손에 똥을 묻히는, 매우 실제적이면서도 상징적인 사건을 겪는다. 순수하고 착했던 그 손에 오물을 묻히고 난 후에야 한 걸음 늦게 순임이 영호 앞에 도착한다. 그러나 영호는 순임에게 위악적인 모습을 보이며 그녀를 돌려보낸다. 그 이후 그는 확실하게 노선을 결정하고 군사 문화의 첨병을 자임한다(식당에서의 군대식 명령, 구령조정 3회 실시 등). 1987년에는 미친개라는 별명을 얻으며 최고의 고문 경찰이 되었고, 1994년에는 기업가로 변신한다. 증권투자를 비롯해 경제 활동의 주체이자 국가 경제를 지탱하고 고도성장의 주역으로 자신만만한 모

---

7 이 기간은 해방 이후 우리나라가 맞이했던바, 민주주의를 실현할 수 있는 두 번째 특별한 기회였다. 첫 번째는 1960년 4·19 혁명이었다. 그러나 그 미완의 혁명은 이듬해 5·16 쿠데타 때문에 무산됐다. 그리고 1979년 10월 26일 이후의 기회는 전두환과 신군부가 12·12 쿠데타와 5·18 광주 학살을 저지르며 빼앗아가 버렸다. 결국 1987년 6월에 가서야 비로소 우리 국민은 '자유 직접선거를 통한 대의 민주주의의 실현'이라는 염원을 이룰 수 있었다.

습과 함께 자본주의 사회에서 돈의 노예가 된 타락한 모습을 한꺼번에 보인다. 비록 경제적으로는 성공했을지 모르나 속물적이고 타락한 한국 사회의 병폐를 반영하는 모습을 보여준다. 1999년은 IMF 환란의 높은 파고에 휩쓸려 모든 것을 잃고, 연이은 사기를 당한 끝에 비닐하우스에서 혼자 살고 있는 모습이다. 그는 가지고 있는 돈을 다 털어서 권총을 구입한다. 이때 순임의 남편이 방문한다. 영호는 중환자실에서 사경을 헤매는 순임을 찾아간다. 그로부터 3일 후, 영호는 20년 전의 야유회 장소에 간다. 그리곤 달려오는 기차를 막아선다.

이와 같은 방식으로 시간의 흐름을 거슬러 올라가는 운동은 중심을 꿰뚫고 들어가 시원(始原)의 순간이라는 과녁에 닿는 화살의 직선 운동 같다. 그러나 그것은 일직선으로 움직이는 선 운동이 아니라 종국에 가서는 끝과 끝이 맞닿아 하나의 원으로 귀결되는 회귀의 원운동으로 그려진다. 영호의 얼굴 클로즈업 동결 장면으로 시작되고 끝나는 두 개의 숏(shot)이 그 원의 봉합점이다. 선형적 시간의 임의 분절과 해체, 재구성을 통해 우리가 함께 통과한 지난 사건들, 역사가 되었지만 역사로 정립되거나 그 의미가 해석·반추되거나 청산되지 못한 그 역사를 미장아빔의 방식으로 중심 깊숙이 꿰뚫고 들어가며 역사의 알레고리인 개인의 트라우마, 그 근원을 탐색한다.

극 중 현재의 대사들, 소품들(하나하나의 결과로 먼저 제시됨), 그리고 과거로 되돌아가는 후속 장면(시퀀스)들을 통해 그것의 맥락과 본모습, 원인과 과정을 확인하는 형태를 취하면서 비로소 인과율이 완성되고, 그 지점에서 의미가 발생한다. 예컨대 다리를 저는 영호의 모습(무릎 관절통)은 코마 상태에 빠진 순임을 병원에서 만나고 나올 때, 순임의 카메라를 팔아버렸을 때, 박명식을 만났을 때, 숨어 있던 운동권 학생을 검거하려고 쫓아갈 때 등 총 네 번에 걸쳐서 반복 제시된다. 그 원인은 1980년 5월의 광주에 가서야 풀린다. 그러면서 영호가 가진 신체적·정신적 외상의 실체가 드러난다. 또 다른 예로 어느 식당의 화장실에서 영호와 박명식의 돌연한 만남 장면을 보자. 그 자리에서 영호는 박명식에게 여전히 '삶은 아름답다'고 생각하는지 묻는다. 관객은 이 장면에서 박명식이라는 인물과 영호는 어떤 사이인지, 어떤 인연으로 서로 알게 되었는지, 둘 사이에 어떤 일이 있었는지 전혀 알지 못한다. 이러한 일련의 정보는 시퀀스 4, 1987년 4월의 '고백'에 가서야 풀리고 채워진다. 박명식은 반독재 민주화 투쟁을 벌이던 대학생으로 공안 경찰인 영호에게 붙잡혔다. 영호가 압수한 명식의 일기장엔 "삶은 아름답다"라고 쓰여 있다. 두 사람은 시국사범과 고문 경찰관이라는 악연으로 만났던 것이다.

마지막 시퀀스(7)인 '소풍(1979년 가을)'에서 영호와 순임이 처음 만나고 대화를 나누는 가운데, 영호는 "한 번도 와본 적이 없는 이곳이 낯이 익다"라고 말한다. 순임은 "그런 경우는 꿈에서 본 것"이라고 말해준다. 데자뷰(déjà-vu) 현상이다. 미래가 과거와 연동되고, 미래가 현재를 일깨운다. 최종 결과에서 시작해 과거로 회귀하며 중심을 향해 달려온 관객에게는 그 자체가 지속적인 데자뷰의 연속이다. 그 속에서 여리고 순수한 두 젊은이의 첫 만남과 첫 대화 가운데 장소의 낯익음이 운위된다. 그것은 꿈에서 보았기 때문인데, 그 꿈이 좋은 꿈이었기를 순임이 빌어준다. 그러나 그 꿈은 비극으로 치달을 것임을 관객은 이미 다 보아왔기 때문에 그 대사를 들을 때 비극성이 배가된다.

그러니까 이 영화가 그려내는 삶의 비극성은 영호와 순임의 예측 가능한 삶에 1980년 5월의 광주(그 우연적이며 운명적이고 불가항력적인 상황이, 광포한 역사의 횡포)가 끼어들면서이다. 영호는 망가지고 돌연변이가 된다. 영호를 구원할 유일한 대상, 수줍음 많은 순임은 매번 한 걸음 늦게 영호 앞에 도착한다. 그사이 영호는 본인의 의지와 상관없이 진압군으로 광주에 가고 심신에 지울 수 없는 상처를 입는다. 그는 광주에서의 트라우마를 이겨내기 위해 위악적인 선택을 한다. 바로 광주를 짓밟은 자들의 맨 밑바닥 하수인이 되는 것이다. 이후 그는 자신을 끊임없이 예측 불가능한 삶으로 던져 넣고 몰아가며 위악적으로 살아간다.

그런데 영호와 순임은 왜 대학생이 아니고 공장 노동자여야 하는가? 감독은 인물 캐릭터를 왜 그렇게 그렸는가? 군사독재 시기, 고도의 경제성장 시기에 공장 노동자들은 철저한 국외자로서 사물화 · 타자화되어 있었다. 그들은 독재 정권에 도전하는 대항 세력이 될 수도 없었고, 산업 역군이라는 허울 좋은 이름이 부여되기는 했으나, 경제 발전의 당당한 한 축으로 대접받지도, 그러한 대접을 요구하거나 추구하지도 못했다. 열악한 근무 여건과 생존이라는 차원에서 처우 개선을 요구하는 목소리가 산발적으로 터져 나오기는 했지만 조직적이고 단합된 힘을 보여주지 못했고, 별 주목을 끌지 못하고 조용히 묻히곤 했다. 따라서 이들을 탈정치적 존재로 본 것은 개연성과 설득력이 있다.

그 당시에 대학생이라고 하면 이미 선택받은 차세대 나라의 주역, 지식인의 대명사, 독재에 항거해 분연히 일어날 최후의 보루 등으로 인식되었다. 이들은 이미 충분히 정치적인 함의가 있는 세력으로 분류되는 주체이다. 따라서 아무 정치색도 띠지 않는, 그러면서 경제적 맥락도 소거한, 박하사탕처럼 희고 순수한 이미지를 표현하는 사람들로 당시의 공장 노동자를 상정한 것은 매우 정교한 의도라고 할 수 있다. 게다가 1979년 가을부터 1980년 봄 사이의 극히 짧은 시간은 매우 강렬한 정치적 함의가 있다는 것을 감독은 절묘하게 포착했다. 바로 박정희의 비극적 죽음과 그 결과 막을 내린 유신 독재 시대, 12 · 12 군사 반란이 일어나고, 1980년 5월 광주 학살이 자행되기 전까지, 그 기간이 너무나 짧았기에 마치 섬광처럼 우리 사회에서 타올랐던, 제대로 된 민주주의의 실현에 대한 국민적 의지, 왜곡된 경제구조의 보정 등 국가 시스템의 확립에 이은 조국 통일 민주국가의 건설이라는 대의에 대한 열망 말이다.

영호라는 캐릭터의 이중성과 분열성

이 영화에서 이창동 감독은 주인공 영호에게 우리 현대사를 함의하도록 알레고리적 성격을 부여했다. 기본적으로 그의 성격은 이중적이며 인격적 통합성이 결여되어 있다. 그는 광주에서 트라우마를 겪고 난 후, 주어진 삶을 위악적이고 자폐적으로 보고 체념과 냉소적 태도를 견지한 채 살았다. 그는 삶을 아름답게 꾸려나가려고 하는 염원을 가진 순수한 청년이었으나 강력한 외상은 그의 삶을 황폐화시켰다. 이로써 그는 사적인 영역과 사회적 · 공적 영역에서 완전히 다른 모습, 철저히 분열된 모습을 보인다. 먼저 사회적 · 공적 영역에서 군인에서 경찰로 변신하지만 군사독재 시기의 억압적 국가기구의 하수인이기는 마찬가지이다. 그는 폭력의 대행자로의 면모를 보이며 가학적 태도를 견지한다. 반면 사적 영역은 주로 여성들(순임, 홍자, 술집 작부, 미스 김 등)과의 관계를 통해 드러난다. 이때 그의 모습은 피학적으로 변모하고, 분열적인 모습과 함께 그가 인지 부조화를 겪는 인물임을 알 수 있도록 해준다. 이러한 영호의 모습은 곧바로 우리 국민 역시 역사의 질곡에서 통합성을 결여하고 있음을 그대로 반영한 결과이다. 좀 더 구체적으로는 5 · 18 당시 신군부에게 살해당한 피해자와 그 유가족을 동정하고 지지하는 측과 가해자들의 행위를 정당화하는 입장을 견지하는 측, 그리고 역대의 독재 정권에 빌붙어 기득권을 누린 세력들과 그에 저항하던 재야인사들과 국민으로 분열되고, 나아가서는 남북한으로 나뉜 우리 민족 자체의 분열에 대한 환기로 확장될 수도 있다.

1979년의 영호는 1999년의 영호가 짊어진 삶의 고통과 절망, 트라우마를 안고 잘못된 길로 접어든다. 자신의 트라우마를 치유하지 못하고 남에게 전가하며(새로운 트라우마를 남들에게 새겨주며) 살아온(살아가게 될) 삶의 신산을 이미(미리) 짊어진 모습으로 1979년 가을의 '소풍'(시퀀스 7) 마지막 장면에 나타난다(정지 화면). 1980년 5월의 광주는 영호를 가해자에서 피해자로 만드는 계기가 된다. 다시 말하면 1999년부터 1994년, 1987년, 1984년으로 소급 · 회귀하는 시간 속에서 계속 가해자의 모습으로 등장한 영호, 그리고 광주에도 진압군으로 들어갔던 영호가 실수로 한 소녀를 죽이게 되면서 겪는 트라우마 때문에 캐릭터의 역전 현상이 일어난다. 이것은 시간을 거슬러 왔기 때문에 발생하는 일종의 아이러니 효과이다. 만약 이와 반대로, 즉 극적 시간이 바뀌지 않고 순방향으로 전개되었다면, 순진한 영호가 군에 입대한 초기에 진압군으로 광주에서 겪은 총상과 뜻하지 않은 소녀 사살이라는 충격적인 일을 저지르며(겪으며) 갖게 된 트라우마 때문에 그가 순수성을 잃는 모습을 보게 되었을 것이다. 나아가 그가 자신의 트라우마와 콤플렉스를 떨치기 위해(또는 자신의 행위를 정당화하기 위해) 위악적으로 변신한 모습을 보게 될 것이다. 그는 경찰이 되고 권력의 앞잡이가 되어 많은 학생들과 민주 인사들을 고문하며 '미친개'라는 별명까지 얻는다. 그러나 제5공화국이 무너지고 우리 사회가 민주화의 길로 접어들면서 효용 가치를 잃은(또는 크게 위축돼버린) 경찰을 그만두고, 자본주의 사회 속 타락한 물질 만능주의자로 변신한 모습을 보이는 것이다. 하지만 IMF 외환위기가 도래하고 그 와중에 모든 것을 잃은 그는 다시 가엾은 피해자로 전락한다.

이쯤에서 우리는 '트라우마가 어떻게 영호의 삶을 지배했는가?'[8]가 아니라 '영호의 삶을 지배하고 망가뜨린 트라우마의 정체는 무엇인가?'라고 물어야 한다. 극의 막바지인 '시퀀스 6, 1980년 5월 광주, 면회'를 통해 영호가 겪은(영호에게 닥친) 트라우마, 그 진실은 앞에서 영호가 보인 온갖 악행, 반영웅적 모습들을 한꺼번에 씻어내기 때문이다. 훈련소에서 자대에 갓 전입한 신병(이등병)으로 군 복무 중이던 영호는 우연히 광주에 출동하게 된 것이다. 그는 광주에서 우연하게 다리에 총상을 입고 기찻길에 낙오해 있다가 5·18의 혼돈 속에서 길을 잃은 여고생을 보호하고 보내주려 했지만 '오발'로 그녀를 죽인다.

이처럼 영호에게 닥친 갑작스러운 삶의 비극성은 모두 그의 의지와는 상관없이, 강제로, 반대로, 우연히, 사고로 펼쳐지고 던져진 상황 때문에 '불현듯' 찾아왔다. 그렇게 피를 보고 피를 묻힌 영호는 한순간 모든 순수성을 잃어버린 채, 스스로를 건강하게 통제했던 슈퍼에고 시스템이 망가진 듯 또는 스스로 모든 것을 내팽개친 듯 행동한다. 이후 그가 보이는 모습은 파시즘적 국가 폭

---

8   백문임, 「미래의 먼지가 덮인 기차, 또는 떨어진 벚꽃잎의 불가역성에 대한 고찰」, ≪문학과 사회≫, 1권 2호, 159쪽.

력과 자본주의적 착취 구조 속에 자신을 던져 넣어 말단 '행동 대원'처럼 사고하고 행동하는 형태로 드러난다.

영호는 사적인 영역에서 순임, 홍자(영호의 아내가 됨), 술집 작부, 미스 리, 여고생 등 몇 명의 여자를 차례로 만난다. 그러한 과정에서 피학적이고 분열적이며 인지 부조화를 겪고 있는 이유와 그렇게 변모하는 과정, 그 이면에서 벌어지는 내적 갈등이 제시된다. 이와 함께 그녀들은 '순수'의 전달자이거나 영호에게 순수성을 환기시켜주거나 또는 영호가 놓쳐버린 (구원, 순수 회복) 기회를 상징적으로 보여준다. 먼저 순임은 총 다섯 번 등장한다. ① 의식을 잃고 죽어가는 환자로, ② 군산의 작은 술집에서 영호의 환영 속에 그려진 이미지로, ③ 경찰이 된 영호가 막 첫 번째 고문을 마쳤을 때, 순임이 찾아와 영호의 손은 '착한 손'이라고 한다. 그러나 그 손은 이미 타락하고 더럽혀지고, 폭력적으로 변했다. 그의 손에 쥐어주는 순임의 박하사탕은 트라우마에 사로잡혀 타락한 영호를 정화시키거나 치유하기에는 너무 늦었거나 힘이 미약하다. 영호는 자학과 타인에 대한 가학을 일삼으며, 자신을 찾아온 순임(사랑)을 위악적으로 거부하고 자폐적 삶, 체념과 냉소적인 삶의 태도를 견지한다. ④ 영호의 군 입대 초기, 편지에 박하사탕을 한 알씩 넣어 보내던 순임이 영호의 부대로 면회를 온 날, 영호는 광주에 진압군으로 출동한다. 영호는 순임을 알아보고 큰 소리로 부르지만 군용 트럭의 소음에 묻히고, 그렇게 둘은 어긋난다. ⑤ 1979년의 소풍에서 박하사탕을 건네주는 순수의 모습으로 등장한다. 두 사람은 첫사랑의 연정을 느낀다.

두 번째로, 영호가 운동권 수배자 검거를 위해 군산에 갔다가 그곳 술집에서 만나는 여자(작부)이다. 영호는 그녀에게 '첫사랑 애인을 찾으러 왔다'고 가벼운 농담처럼 거짓말을 하게 된다. 영호는 그녀와 술을 마시고 동침하는데, 술에 취한 채 순임을 찾는 영호에게 그녀는 순임의 대역을 해준다. 한순간 영호는 자신의 내면에 잃어버린 사랑과 잃어버린 순수에 대한 회복, 그리고 첫사랑 순임과 맺어지지 못한 것에 대한 강렬한 지향과 회한이 있음을 발견하고 그것을 드러낸다. 농담으로 시작한(그러나 그 자체가 영호가 무의식의 깊숙한 곳으로 밀어 넣었지만 불쑥불쑥 의식의 전면으로 올라오는) 첫사랑에 대한 이야기는 어느새 가장 내밀하고 절실한 실존적 진실이 되어 있다. 그의 진실에 함께 몰입된 술집 여자는 하룻밤 순임이 되어 그의 눈물의 참회를 들어주고 그의 진심을 받아주며 그를 용서한다. 그러나 영호에게는 순임의 부재로 인한 빈자리가 더욱 크고 공허하게 다가올 뿐이다. 이처럼 영호가 자신의 참모습, 실존적 진실과 대면하는 것은 극히 짧은 순간에 지나가고, 곧바로 위악의 길을 이어간다. 그가 삶 가운데 다시 한순간 실존적 진실과 대면하는 것은 죽음을 눈앞에 두고 코마 상태에 빠져 병원 중환자실에 누워 있는 순임을 대하는 장면에서뿐이다.

세 번째는 영호의 가구 회사 사무실 여직원(미스 리)이다. 영호는 아내인 홍자가 바람을 피운다는 사실을 알고 사무실 여직원과 바람을 피운다. 돌이킬 수 없는 지경의 이들 부부의 모습, 특히 막장에 이른 영호의 타락을 드러내기 위한 하나의 장치로 사무실 여직원이 등장한다.

네 번째는 아내 홍자이다. 그녀는 운전학원 강사와 바람을 피운다. 그녀의 타락은 일상적으로 외도를 벌이는 영호의 모습과 대비된다. 아울러 그녀의 타락은 영호의 습관화된 타락과 방종에 대한 일종의 '완충장치'처럼 여겨지기도 한다. 홍자가 영호를 위해 기도하는 모습은 두 번 제시된다. 1984년, 영호와의 첫 관계 후, 그리고 1994년 새집에 이사해 집들이를 하며 영호의 '구원'을 위해 기도한다. 그러나 영호의 구원에 대한 소망의 기도는 이루어지지 않는다.

마지막으로 영호가 광주에서 소총 오발로 죽인 여고생이다. 당시 이등병이자 낙오병이었던 영호가 어둠 속에서, 두려움 속에서 만났던 그 소녀의 모습에서 영호는 순임의 얼굴을 떠올린다.

영호가 경찰(권력의 주구)이 된 이유?

이 영화가 개봉되던 시점에 평단 일반에서 일었던 가장 주된 쟁점은 크게 두 가지였다. 첫째는 영호가 경찰이 된 이유(원인 또는 그렇게 그린 목적)는 무엇 인가이고,[9] 둘째는 영화가 설정한 순수의 시점이 왜 1979년 가을이었는가이다. 먼저 순박하고 때 묻지 않은 영호가 광주에서 트라우마를 겪은 뒤 경찰이 된 것은 너무 큰 변신이라는 것이다. 그것을 한마디로 함축하면 1980년 5월의 광주에서 한 여학생을 죽인 그가, 바로 그 광주를 피로 물들였다는 사실 자체를 정당화하는 정권에 하수인으로 적극 가담하는 행위가 되기 때문이다. 그런데 이 점에 대해 영화는 친절한 설명을 생략하고 맥락을 건너뛴다. 이 때문에 추측과 해석의 여지가 크게 확장되었다. 관객은 영호가 '미친개'라는 별명을 가진 고문 경찰이었음을 먼저 보고 들어왔으며(1987년), 그다음에 제시되는 정보가 경찰 입문 초기(1984년)였던 것 때문에 발생하는 최신효과(recency effect) 의 영향을 크게 받는다. 관객은 그다음에 제시될 극적 상황이나 사건으로 영호가 경찰에 입문하(려)는 이유를 설명해줄 장면을 기대하지만 그것은 간단히 묵살되고 생략된다. 그리곤 1980년 5월이다. 그러니까 이 당시 현역 사병의 군 복무 기간이 33개월 정도였음을 감안한다면 영호는 1982년 말에서 1983년 초에 제대했을 것이다. 그리고 1년여의 시간이 지난 후 경찰이 되었다. 그사이에 무슨 일이 있었던 것일까? 그에게는 어떤 심경의 변화가 일었을까?

9 　영호가 권력의 주구라는 사실은 그 자신이 더 잘 알고 있으며, 스스로 그러한 사실을 확증하기도 한다. 예컨대 시퀀스 3, '삶은 아름답다' 중에는 개와 관련된 장면이 반복 환기된다. 특히 음식점에서 미스 리와 고기를 구워 먹던 중에 테이블 밑에서 아이(박명식의 아들)와 개 짖는 소리를 내면서 장난치는 것부터, 새 아파트를 장만하고 집들이하는 날 개를 걷어차며 자기는 '개가 싫다'고 한다. 자신이 '미친개니까'라며 비하하는 말도 서슴지 않는다. 박명식을 만나는 장면에서 관객은 영호가 과거에 경찰이었으며 박명식과 악연이 있었음을 알게 된다.

1980년 5월, 광주에서 한 여고생을 죽인 영호는 자신의 행동이 우발적으로 벌어진 일이고 실수로 빚어진 사건이라고 하지만 죄책감을 씻을 길이 없었다. 그런데 그는 경찰이 되었다. 그렇게 함으로써 죄책감의 근거 자체를 없애버리려고 한 것이다. 1980년 5월의 광주는 폭도들의 준동이었고, 자신은 국가의 부름과 명령을 받고 나아가 그들을 물리치고 사회의 안녕과 질서를 회복하는 정당하고 애국적인 일을 해낸 것으로 합리화해야 했기 때문이다. 그런 면에서 사카이 나오키(坂井直樹)의 다음 지적은 매우 적확(的確)하다. "광주에서 여학생을 죽였다는 사실 자체를 정당화하는 체제에 적극적으로 가담함으로써 그는 한 여학생을 죽였다는 사건으로 인한 죄책감 자체의 근거를 소거하려고 한다."[10]

그가 경찰이 된 것은 그의 가족(고향의 부모나 친지들), 그리고 순임마저도 의아하게 생각하는 일이다. 그러나 순임이 경찰서에 찾아오기 직전, 그는 그동안의 인지 부조화 속의 번뇌, 즉 경찰 조직에 들어왔지만 내면에 남아 있는 순수성과 악마가 싸우다가 결국 자포자기하고 위악 쪽으로 노선을 결정했다. 그 결과 그는 손에 똥을 묻히며 막 첫 번째 고문을 시행한 것이다. 자신의 트라우마를 해결(정당화)하기 위해 경찰 조직에 뛰어든 그가 이제는 새로운 트라우마를 다른 이에게 새기는(전가하는) 일을 하게 되었다. 그렇기 때문에 그것은 단순한 체제에의 순응만을 의미하지 않는다. 오히려 그 전위에 대단히 위악적으로 서 있는 것이다(공적 영역에서 활동할 때). 경찰서로 자신을 찾아온 순임을 기차에 태워 보내며, 그녀가 가져온 사진기를 되돌려주고 돌아선 영호는 식당에서 회식하는 경찰 선배들에게 뛰어들어 '동작 그만', '구령조정 3회 실시' 등을 외치며 대걸레를 들고 난장판을 만든다. 이때부터 그는 위악을 넘어 군사독재 정권이라는 악의 규율에 철저히 순복하겠다는 입장 표명을 군대 용어를 빌려

---

10 사카이 나오키, 「내전의 폭력과 민주주의: 〈박하사탕〉을 해석한다」, 연세대 미디어아트연구소 엮음, 『박하사탕』(삼인, 2003), 102쪽.

확실히 한 것이다.

실제로 1987년이 되었을 때, 그는 공안 경찰 중에서도 최고 악질로 '미친개'라는 별명을 얻을 정도로 정권 수호의 최전방에서 활약하는 인물이 된다. 그러면서도 때때로 그는 자신이 그러한 위악을 보이는 것에 자괴감을 가지고 있음을 내비친다. 바로 여자들을 만날 때(사적 영역에서) 그러한 일단이 드러난다.[11] 그리고 다시 1994년이 되었을 때, 그때는 이미 세상이 바뀌었고, 그의 과

---

11 영호는 박명식을 고문하다가 동료 경찰들의 회식에 합류한다. 그는 너무나 '사람 좋고 순박한 모습'으로 색소폰 반주에 맞춰 노래를 한다. 그는 악마인가? 그러나 이때 그의 모습은 어느 평범한 샐러리맨과 다르지 않다. 그는 도우미로 나온 여성 중 미성년자인 아가씨를 불러내 '다시 이런 데 오면 죽는다'고 꾸지람한 뒤 돌려보낸다. 그리고 돌아서서 화장실의 거울을 보며 스스로에게 '엿 먹어라'는 제스처를 취한다. 회식을 마치고 다시 복귀한 영호는 박명식을 또다시 고문하며 '삶이 아름다우냐?'라고 한다. 그런데 이와 같은 영호의 면모는 이창동의 중편소설 「하늘 등(燈)」에 나오는 고문경찰 '천 형사'를 연상시킨다. 소설 속의 한 장면을 인용해 본다.
"그녀(정신혜)는 고향 읍으로 가는 시외버스에 올랐다. 어쨌든 다시 그곳으로 돌아가야 했다. 버스는 다시 경찰서 앞을 지나고 있었다. 차가 잠깐 멈춰선 사이에 그는 차창을 통해 길 건너편의 경찰서 건물을 바라보았다. 전경 한 명이 약간 어깨를 움츠린 채 경찰서 건물을 지키고 있었고, 그 옆에서 회색 점퍼를 입은 사십대 남자가 농사꾼처럼 보이는 늙은 주민과 웃으며 이야기를 하고 있었다. 두 사람의 입에서 나온 하얀 입김이 차가운 공기 속으로 섞이는 것을 망연히 바라보고 있다가, 문득 신혜는 그 회색 점퍼의 사내가 누구인지를 깨달았다. 그리고 온몸이 얼어붙고 말았다. 천 형사였다. 그녀가 경악한 것은 새삼스럽게 그에게 당했던 끔찍한 고통이 떠올라서가 아니었다. 지금 그녀의 눈앞에 보이는 그가 너무나 사람 좋고 순박해 보인다는 사실 때문이었다. 얼굴에 굵은 주름을 잡은 채 뒷머리를 긁적이며 웃는 그 선량하고 꾸밈없는 웃음. 그녀는 그것을 도저히 믿을 수도, 이해할 수도 없었다. 주여. 자신도 모르게 그녀의 입에서 비명 같은 소리가 튀어나오고 말았다"[이창동, 「하늘 등(燈)」, 『녹천에는 똥이 많다』(문학과지성사, 1992), 278~279쪽].
악은 이렇게 평범한 가운데서 극단적 양면성을 가지고 발현될 수 있다는 사실을 이창동은 누구보다 잘 알고 영화와 소설에서 유효적절하게 사용한다. 필립 짐바르도도 누누이 강조하거니와 천 형사나 영호 같은 인물은 그 자신이 썩은 사과이기 때문에 이와 같은

거는 다시 정당화할 수 없는 독재 시대의 하수인 역할이었다는 사실이 백일하에 드러난다. 그러므로 그는 새롭게 변신해야만 했던 것이다. 그가 찾은 일은 경찰을 그만두고 기업가로서 국가 경제에 이바지하는 산업 역군이다. 그는 음식점에서 박명식을 만났을 때, '2년 전(1992년)에 경찰을 그만두었다'고 말한다. 1992년이면 제5공화국의 연장인 제6공화국의 노태우 정권이 물러나고 김영삼의 문민정부가 들어서려는 분기점이다. 다시 말하면 공안 경찰, 고문 수사관은 설 자리를 잃는 시점이라고 할 수 있다.

순수의 기점, 1979년 가을

이 영화에서 두 번째 쟁점이 된 '순수의 기점으로서 1979년 가을'의 함의를 살펴보자. 이창동 감독은 왜 1979년 가을을 미장아빔의 궁극적 심연으로 상정했을까? 바로 1979년 10월 26일, 박정희 대통령이 자신의 심복이었던 중앙정보부장 김재규에 의해 시해됨으로써 제3공화국, 즉 유신시대가 종언을 고했기 때문이다. 그것은 명료한 역사의 전환점이 되었다. 이 사건으로 '산업화의 시대'라는 명칭이 깃발을 내렸다. 이후 1980년부터 1999년까지를 우리는 '후기 산업화 시대'라고 부른다. 기나긴 독재의 먹구름이 걷히고 바야흐로 찬연한 늦가을 햇살이 온 누리에 퍼지던 시기이다. 그렇기에 만약 신군부의 등장만 없었다면, 이 사람들이 역사 전면에 출현하지만 않았더라면 하는 통한의 아쉬움이 남는다. 온 국민의 염원을 한순간에 짓밟고 역사의 전면에 나타나 그 도도한 물줄기를 되돌리고 순리를 거스른 이들의 존재 자체가 한탄스럽고, 그렇기

반인륜적인 고문을 하는 것이 아니다. 바로 시대적 공기, 상황, 그리고 국가사회를 움직이는 권력 시스템 자체가 반인륜적이고, 범죄적이었기 때문이라는 사실이 무엇보다 중요하다[Philip G. Zimbardo, *The Lucifer Effect*(Random House, 2007)].

에 1979년 가을, 그 섬광과도 같았던 시간(기간)이 소중한 것이다.

그런데 이 영화에서 역사는 '살아 숨 쉬지' 못하고 있으며, 1980년 5·18 광주민주화운동이라는 거대 역사는 영호(순임)라는 개인의 순수한 사랑을 짓밟는 광포한 외적 힘이라는 배경으로만 자리매김할 뿐이라는 지적도 있다. 이 때문에 "개인과 역사는 날카롭게 단층"을 이루고, "개인의 삶도 역사화되지 않으며, 역사도 개인의 삶 속에 용해되지 못한다"라고 한다.[12] 한마디로 난센스다. 그런데 문재철은 여기서 한 걸음 더 나간다.

이 영화에서 희생은 역사 대 개인의 관계에서 형상화되고 있는데, 역사는 개인이 통제 불가능한 대상으로, 그리고 개인은 이 역사에 대해 희생자인 것으로 그려지고 있다. 가해자는 역사이고 희생자는 우리다. 그리하여 책임은 사회의 역기능 탓으로 돌려진다. 영호는 희생자다. 아니 우리 모두는 희생자다. 우리를 그렇게 만든 것은 우리 자신이 아니라 역사라는 거대한 괴물이다. 그러므로 영호가 짊어진 죄의식과 멜랑콜리는 부당한 것으로, 영호는 연민을 받아 마땅하다.[13]

참 순진한 해석들이다. 김소영은 한술 더 떠서 1979년 가을을 순수의 기점으로 설정한 이창동의 의도를 전혀 눈치채지 못하고 있거나, 아니면 별 의미 없는 시간으로 폄하한다.

강조해야 할 것은 1979년이라는 시기가 영호라는 한 개인에게는 오염되지 않는 순수한 대상을 잃어버리기 전의 시기가 될 수도 있지만, 역사적으로는 끝이 보이

---

12 신승엽, 「기억과 구조 속에 폐쇄된 전망」, 연세대 미디어아트연구소 엮음, 『박하사탕』 (삼인, 2003), 32쪽.

13 문재철, 「상실과 구원의 플래시백: 〈박하사탕〉에 나타난 멜로드라마적 역사」, 연세대 미디어아트연구소 엮음, 『박하사탕』(삼인, 2003), 55쪽.

지 않는 겨울 공화국의 날들이었다는 것이다. 당시의 노동 조건 역시 열악하기 짝이 없었다. 즉, 그가 대상을 상실하기 이전으로 설정한 그 원점 자체가 이미 '순수'의 지점이 아니라는 이야기다. 그렇다면 이 영화는 시간을 왜 이렇게 설정했을까. 미루어보면 우선 역사적 오해에 기반해서 텍스트 내에 '순수 시간'을 설정했다고 볼 수 있다. 또 다른 하나는 그 역사적 오해를 통해서 패러독스를 구축하려 했다고 생각해볼 수 있다.[14]

1979년 야유회가 펼쳐지고 있는 시냇가 들판에서 영호는 영화적으로 탄생한다. 1979년 이후와 달리 이 장소는 역사의 폭력, 일상의 배신이 닿지 않는 순수한 공간으로 설정되어 있다.[15]

1979년이라는 역사적 단면이 생겨나게 된 지점을 보자. 1979년은 1960년대부터 국가 주도의 강력한 개발 독재가 부마사태 등으로 도전받는 해였고, 1980년 서울의 봄은 아직 지평선에서 떠오르지 않았다. 희망은 멀리 있는 것처럼 보이던 해였다. 그러나 〈박하사탕〉에서 개인화된 1979년은 다르다. 이 영화에서 1979년은 순수의 시점이다. 내가 문제 삼는 것은 〈박하사탕〉이 역사를 총체적으로 전형화해서 재현하지 않았다는 것이 아니다. 문제는 부모 세대, 즉 지난 역사와 단절하고 자신(autonomous subjectivity)을 창조하는 시간으로써 왜 1979년이 선택되었는지가 모호하다는 것이다.[16]

영화가 설정한 순수의 기점인 1979년을 여러 곳에서 언급하고, 1980년의

---

14 김소영, 「'우리'의 이름으로 날 부르지 말아요: 〈박하사탕〉과 차이의 정치학」, 연세대 미디어아트연구소 엮음, 『박하사탕』(삼인, 2003), 64~65쪽.
15 같은 글, 70쪽.
16 같은 글, 71쪽.

봄을 언급하면서도 김소영은 대체 왜 10·26을 기해 제3공화국이 끝나 유신 시대가 막을 내리고, 마침내 먹구름이 벗겨지면서 언뜻 민주주의라는 강렬한 햇빛이 누리에 퍼지고, 온 국민이 이 땅에 진정한 국민주권 시대가 도래하길 한결같이 염원하고 있었다는 사실에 이르지는 못하는 것일까? 1960년대(5·16 군사 쿠데타 이후)부터 국가가 주도하는 강력한 개발 독재는 언급하면서, 대체 왜 그러한 개발 독재를 통한 '산업화의 시대'가 박정희의 죽음으로 종언을 고하고 이후의 시기를 '후기 산업화 시대'로, 그리고 2000년대의 출발부터 '지식 정보화 시대'로 구분하는 것에는 생각이 미치지 않는지 모르겠다. 아울러 도입 부와 결말부의 동결 장면(freeze frame)에 대해 탁월한 이해와 해석을 내놓고, 이 영화에 대한 장선우 감독의 인터뷰를 인용하는 가운데 "이 영화가 조준하고 있는 것은 광주보다는 시스템이며, 또 시스템에 의해 '얼마나 대책 없이 망가졌는지'가 이 영화의 핵심이라는 지적"[17]의 날카로움을 그녀 자신이 예리한 눈으로 발견해 날카롭게 재문맥화한다. 나아가 "또 다른 중요한 행위자인 미국이나 글로벌한 힘들의 역학에 어떠한 암시조차 하지 못하"[18]고 있는 것에 대한 탁월한 지적까지 하면서도 그녀는 바로 그 지점에서 멈춘다. 이 때문에 그녀는 대체 왜 이 영화가 '우리' 모두로 하여금 새로운 밀레니엄을 맞이하기에 앞서 우리 현대사의 한 기점이었던 그 시간을 반드시 정리하려고 하는지, 그러고 나서야 비로소 새로운 시대와 새로운 역사를 향해 다 같이 새 출발을 할 수 있지 않겠느냐고 묻는지를 이해하지 못한다. 아울러 구시대의 찌꺼기와 때, 온갖 악습들을 청산하지 않고서는 우리의 앞길도 평탄치만은 않을 것이라는 충심이 배경에 깔린 의도를 읽어내지 못한다. 그렇기 때문에 감독이 '우리 모두'를 부르고 함께 참례하기를 제안할 때, 굳이 '우리'라는 호칭 가운데서 '나(김소영)'는 좀 빼달라고 한다. 내가 보기에 감독의 제안은 특정 이데올로기를

---

17 같은 글, 87쪽.
18 같은 글, 87쪽.

설파하려는 프로파간다가 아니었으며 매우 온당하게 보인다. 건강한 상식을
갖춘 민주시민이라면 누구나 손 내밀고 호응할 수 있을 만큼.

나오는 말

　영호는 21세기를 향해 도저한 힘으로 달려오는 기차를 홀로 막아선다. 더럽
혀지고 타락한 채, 피를 묻힌 채, 트라우마를 안은 채, 그것들의 청산과 처리,
정리, 씻어냄 없이 새로운 시대를 맞이할 수는 없다는 듯이. 20세기 질곡의 터
널을 벗어나 새로운 강물이 흐르는 광명천지로 힘차게 달려오는 기차를 홀로
막아선다. 그리고 그 기차를 되돌려 지나온 삶의 중심을 소급·관통해 들어간
다. 그 심연의 자리에서 이창동 감독이 관객에게 요구하는 것은 바로 우리가
새로운 광명시대를 기꺼이 맞아들이기 위해서 정리하고 청산하고, 그리고 기
억해야 할 것은 무엇인지를 다시 한 번 생각해보도록 하는 것이다.

　결국 역사의 알레고리인 영호는 새로운 밀레니엄의 문턱을 넘지 못하고 그
앞에서 자살로 생을 마감한다.[19] 독재 정권의 폭압으로 인한 트라우마로 점철
된 과거 역사 중에서도 그 정점이었던 20세기의 막바지 20년, 여기에 종지부
를 찍고 새로운 시대를 맞아들일 때 영호는 역사의 알레고리로서 그 역사를

---

19 아니, 정확히 말해서 그를 죽이는 것은 관객이다. 이창동 감독은 교활하게도 이야기의
　시작과 끝에 사건의 과정과 그것이 초래할 궁극적 결과의 징후까지만 제시한 뒤, 동결
　장면으로 마감해버린다. 이것은 최종 결과, 즉 '영호가 달려오는 열차에 부딪쳐 참혹하
　게 생을 마감했다'고 하는 인식이 관객의 의식 속에 자연스럽게 생성되도록 한 것이다.
　다시 말하지만 감독은 교활하게도 영호를 죽이지 않고 그 직전에서 멈췄다. 달려오는
　기차의 관성을 영호의 몸과 충돌시켜 그를 죽이는 것은 결국 관객이다. 관객이 그를 죽
　여야만 열차는 그를 넘어 새로운 시대, 새로운 세상을 향해 달려나갈 수가 있다. 이것이
　바로 이 영화가 모두에게 던지는 메시지의 핵심이다.

짊어지고 자살해야만 한다. 그것만이 과거 청산이며 그 길만이 과거와 결별하는 유일한 대안이기 때문이다. 그것은 과거 역사에 대한 상징적 단절로 과거가 21세기로 이어지지 못하도록 결연히 막아서는 것이다. 그런 면에서 그는 지난 세월의 국가적·민족적 트라우마를 씻는, 일종의 제물로 역사의 제단 앞에 자신을 던졌다. 그는 가리봉동(즉, 구로 공단)의 노동자에서 광주 진압군으로, 고문 경찰관으로, 증권 투자자로, 그리고 가구점 사장으로 직업과 정체성이 급변하는 삶을 살았다. 한마디로 시류에 편승한 삶이었고, 그의 삶 자체가 대한민국이라는 나라의 실존적 역사의 흐름과 맥을 같이했다. 그러한 그가 20세기의 막바지에 모든 것을 끌어안고 제물이 됨으로써 우리 모두는 비로소 21세기를 맞이할 수 있는 것이다. 그의 자살은 과거를 청산하는 유일하고도 가장 희생적인 결단이며 남은 사람들이 미래를 향해 새로이 출발할 수 있도록 해주는 윤리적 결단이다.

Chapter 3

공동경비구역 JSA

/

공동경비구역이 젊은이들의 놀이터가 되는 날은 언제 올 것인가

박찬욱 감독 | 2000년 개봉

분단의 트라우마를 넘어서

이 영화는 원작이 가진 미덕을 잘 흡수하고 재구성해서 마치 지뢰밭같이 도처에 매설된 폭탄들을 기가 막히게 헤집고 기적처럼 무사히 빠져나온 특별한 이야기가 되었다. 미스터리 형식으로 시작해 코미디로 갔다가 비극으로 빠져나오는 세 장르 문법을 한데 버무렸는데, 장르 영역을 넘나드는 연결 고리도 매끈하게 처리하는 재주를 보인다. 또 분단 상황의 엄중함 속에 금기의 언어와 행동들을 집어넣는 불경스러운 상상력으로 휴머니즘을 도출한다. 마치 우리 병사들이 휴전선을 자유자재로 넘나들 듯이. 게다가 우리나라, 우리 민족에게 가장 첨예한 문제인 분단과 대립을 정면에서 다루면서도 그것이 특정 이데올로기에 편향적이거나 관념적으로 흐르지 않도록 한다. 그리고 역사와 정치적 무게에 짓눌려 엄숙주의로 흐르거나 분단 현실이 주는 부담감 때문에 감상주의로 빠지는 우를 범하지도 않는다. 그러면서도 분단의 아픈 현실과 우리 민족의 비애를 결코 간과하지 않고, 재미와 감동, 웃음을 선사했으며, 대중의 정서적 고양과 공감을 자연스럽게 이끌어냈다.

돌이켜보면 박찬욱 감독에게 영화 〈공동경비구역 JSA〉는 여러모로 행운이었다. 당초 제작사인 '명필름' 대표인 '이은'이 박상연의 장편소설 『DMZ』(민음

사, 1997)를 읽고 사내 회의를 거쳐 '소설의 느낌 그대로가 표현·전달될 수 있다면 영화화하자'는 제작 결정을 했다. 박찬욱은 마침 자신이 쓴 시나리오를 들고 영화화해달라고 '명필름'을 찾았던 길에, 자신의 시나리오는 퇴짜를 맞고 엉뚱한 프로젝트의 연출 제안을 받았다. 한마디로 메이저 영화사의 기획 상품으로 추진된 프로젝트에 박찬욱은 우연히 참여하게 되었다. 그래서 궁여지책으로 밥은 먹고 살아야 하니까 일종의 '전문 경영인' 자격으로 참여했다. 그는 자신이 직접 쓴 시나리오 〈달은…… 해가 꾸는 꿈〉(1992)을 연출하며 감독으로 데뷔했으나 대중과 평단의 주목을 끌지 못했고, 여러 해 공백 끝에 〈삼인조〉(1997)를 연출했으나 이 역시 흥행에 참패했다. 이 때문에 감독으로서 기로에 서 있던 그가 이 프로젝트의 연출을 맡은 것은 박찬욱 개인에게도 중요한 전환점이었지만, 한국 영화계 전체로서도 매우 의미심장한 신의 한 수가 아니었나 생각된다.

사실 이 프로젝트가 기획될 당시만 해도 우리 사회의 레드 콤플렉스는 지금과는 비교할 수 없을 만큼 강했다. 사회주의·공산주의에 대한 극도의 혐오감과 공포증은 여전히 우리 사회를 지배하고 있었다. 그러던 중 세간의 이목을 끄는 사건이 터졌다. 1998년 2월 24일, 판문점 JSA 경비대 초소(JSA 241 GP 3번 벙커)에서 경비 소대장 김훈 중위가 머리에 총상을 입고 사망한 것이다. 당시 이 사건의 수사 과정에서 흘러나온 이야기에는 우리 측 사병들이 북한군과 접촉이 있었다는 소문과 그런 일을 은폐하려고 저지른 하극상일 가능성에 대한 내용도 포함돼 있었다. 그러한 이야기는 원작 소설의 내용과 중첩되는 요소여서 제작사로서는 매우 유익한 호재가 아닐 수 없었다(김훈 중위 사망이 자살인가, 타살인가에 대해서는 끝내 밝혀지지 않았다. 그러나 다행스럽게도 2012년 국민권익위원회는 사망 원인이 확실하게 밝혀지지 않은 경우에도 순직으로 인정할 것을 국방부에 권고했으며, 2013년 3월 군의 '전공사상자 처리 훈령' 개정으로 김훈 중위는 사건 15년 만에 순직 처리되어 국가유공자 자격을 인정받았다).

이런 가운데 1998년 6월에는 동해안으로 북한 잠수정이 침투하는 사건이,

1999년 6월에는 1차 서해교전이 발생했다. 당시 김대중 대통령이 추진하던 '햇볕정책'이 무색하게 북한의 도발이 이어지면서 반대론자들의 '대북 퍼주기 비판론'이 힘을 얻기도 했다. 그러나 한편으로는 현대그룹 정주영 명예 회장이 소 떼를 이끌고 방북(1998년 10월)하며 남북 화해의 커다란 전환점을 만들었고, 2000년 4월 10일에는 '남북합의서'가 서울과 평양에서 동시에 발표되었다. 그리고 2000년 6월 13일에는 남북 분단 이래 처음으로 '김대중 대통령이 평양을 방문'해 북한 김정일 위원장과 악수하고 남북정상회담이 열리는 놀라운 광경을 온 국민이 실시간으로 목격하게 되었다.

이처럼 정치적·사회적 분위기가 현란할 정도로 빠르고 놀랍게 바뀐 것을 생각해보면 〈공동경비구역 JSA〉 프로젝트는 제작사로서도 커다란 행운이었다. 한마디로 시대적 분위기와 운을 타고난 작품이다. 그러한 가운데 이 작품은 남북 분단 문제를 정면에서 다루면서도 반공주의 시각을 포기하고 있다는 것, 우리 민족에게 가장 민감한 트라우마를 탈이데올로기적으로, 그 무게감에 휘둘리거나 함몰되지 않고, 경직되지도 않고 유려하게 그려냈다는 점에서 각별한 의미가 있다.

한편 〈공동경비구역 JSA〉는 박찬욱의 영화 중 가장 그답지 않은 작품이다. 평단과 연구자들이 지금까지 나온 박찬욱 감독의 작품에 대해 공통적으로 지적하는 점은 '생각과 표현욕 과잉', '폭력의 잔혹한 묘사와 극단성', '과장된 감정에 차갑고 냉정한 표현을 결합시키는 방식 선호', '표현주의적 화면 구성', '금기와 위반', '인간 본성과 죄의식 탐구', '작위적이거나 지적인 군더더기 표현' 등이다. 그의 연출 미학을 한마디로 나타내면 '정제나 절제'보다는 '과잉' 쪽으로 치우친 표현이 많다는 것이다. 그런데 〈공동경비구역 JSA〉는 이전과 이후의 어느 작품보다 절제의 미덕을 보인다는 면에서 매우 흥미롭다. 그가 대형 프로젝트였던 이 작품에서 제작사 의견을 대거 받아들인 흔적도 도처에서 발견되지만, 그렇다고 해서 자신의 연출 미학이나 스타일을 숨기거나 포기한 것은 아니다.

만약 그가 이전의 〈삼인조〉에서 보인 어설픈 과잉이나 〈복수는 나의 것〉과 그 이후에 보인 과소와 과잉들을 이 작품에 투여했다면 그는 도처에 지뢰를 매설한 형상으로 영화를 만들고, 관객이 도처에서 지뢰를 밟도록 했을지도 모른다. 그런데 그는 자의든 타의든 최대한 절제의 미덕을 보여주는 가운데 아직 레드 콤플렉스에 휩싸인 일부 대중부터[1] 이데올로기적으로 접근하는 대중, 분단을 넘어 통일을 염원하는 대중, 그리고 이와는 반대로 분단 상황에 철저히 무관심했던 사람들을 두루 아우를 수 있는 작품을 만들었다. 결과적으로 이 영화는 우리 모두에게 분단 현실과 그 고통에 대한 (지나친 엄숙주의를 배제한 가운데) 새로운 자각과 통일의 필요성을 새롭게 인식할 수 있는 특별한 기회를 주었다.[2]

영화의 스토리는 다음과 같다. 공동경비구역 내에 위치한 북한 측 초소에서

---

1 이 영화 개봉 초기였던 2000년 9월 26일, 'JSA전우회'라는 단체 회원들이 제작사인 '명필름'에 난입하는 사건이 발생했다. 그들은 "잘못하면 빨갱이한테 먹히는 거다. 이북 병사들이랑 술이나 나눠 먹고, 담배나 피고, 형님 하면서 질질 끌려다니면서 공기놀이나 하고……. 이게 어디 군인으로서 있을 수 있는 일이냐?"라며 거칠게 항의하고 사무실 집기를 부수는 등 난동을 부렸다. 영화의 등급 심의 과정에서는 심의위원 중 한 사람이 "중고생들이 그동안 학교에서 배웠던 교육과정의 내용에 반하는 이야기다. 용공 이적표현물이다"라고 하며 심의를 내주지 말 것을 강력히 요구하기도 했다. 그 와중에 당초 18세 관람가에서 재심의 끝에 15세 판정을 받게 되었다. 같은 땅에 사는 사람들의 생각이 이렇게 다를 수도 있다는 것, 우리 국민들의 사상적 스펙트럼이 어느 정도이고 얼마나 경직돼 있는지, 영화와 현실을 혼동하는 '문화적 몰이해'와 이를 근거로 한 불법 폭력 행위가 어떻게 자행될 수 있는지를 명확히 보여준 사건이다.

2 물론 이 작품의 의미를 반대로 읽는 견해도 있다. "〈공동경비구역 JSA〉는 분단과 통일에 대해 단순하고 안이한 영화적 드라마에 불과하다고 볼 수 있다. 더욱 이 영화가 위험한 것은 현실 문제의 일단을 마치 컴퓨터 게임처럼 즐기도록 해 현실 감각을 무디게 한다는 점이다"[이효인, 「통일을 향한 위험한 시각: 〈공동경비구역 JSA〉, 〈간첩 리철진〉, 〈쉬리〉」, 《통일시론》, 통권 9호(2001), 194쪽]. "40억 가까운 자본의 투자와 그 회수를 위해 분단이라는 심각한 문제를 희석시키고 극장 안에서만 해소시켰다"(같은 글, 195~196쪽).

2명의 북한군이 피살되고 1명의 남한 병사가 총상을 입는 사건이 발생한다. 이 사건에 대해 남과 북이 서로 다른 주장을 펼치며 민감하게 대립한다. 이에 중립국 감독위원회는 남한과 북한을 최대한 자극하지 않고 공정하게 사건을 해결하기 위해 한국계 스위스군 장교인 소피 장 소령을 파견해 조사한다. 그렇게 해서 JSA에 오게 된 소피 장 소령이 사건의 진실을 파헤친다는 내용이다.

이 같은 스토리를 가지고 영화는 모든 극적 사건을 비연대기적 서사 방식으로 재편해 현재와 과거를 무시로 넘나드는 퍼즐 맞추기 식의 복잡한 플롯 구조로 변형해 제시한다. 플롯의 현재 축은 총격 사건 이후 투입된 소피 장 소령의 조사가 진행되는 과정을 그린다. 그리고 과거 축은 비극적 사건을 겪은 트라우마 때문에 패닉에 빠진 주인공들의 모습부터 그 이전의 최초 원인 행위에 이르는 전체 과거의 시간들을 제시한다. 특히 이 과거의 시간 속에서 벌어진 사건들을 퍼즐 조각처럼 자잘하게 분절한 후, 이것을 현재의 축과 뒤섞는다. 따라서 영화 관람의 과정은 조각난 퍼즐들을 제자리에 맞추는 작업이고, 사건의 전모는 마지막에서야 제대로 드러난다. 이 과정에서 이야기꾼은 작품을 통해 자신이 표현하려는 주제, 핵심 메시지를 숨기는 동시에 그것이 서서히 드러나도록 하는 것이다.

등장인물 사이의 관계

1) 사건의 핵심 인물: 이수혁, 오경필, 남성식, 정우진. 서로에게 우호적인 감정을 가진 집단이다. 이수혁에게 오경필은 생명의 은인으로 자신에겐 없는 '형'의 친근함을 느끼게 된다. 오경필 또한 이런 이수혁의 모습에 거부감을 느끼지 않으며 동생으로 그를 진심으로 대한다. 이수혁과 남성식은 같은 초소에 근무하는 선임과 후임 사이로, 평소 말주변이 없고 소심한 남성식을 이수혁은 잘 챙겨준다. 남성식에게 이수혁은 매우 고맙고 중요한 인물로 이러한 그의 마음은 여동생(수정)

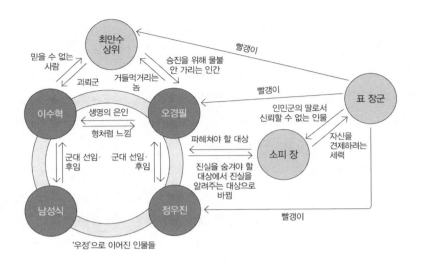

최만수
상위

빨갱이

믿을 수 없는
사람

승진을 위해 물불
안 가리는 인간

괴뢰군

거들먹거리는
놈

빨갱이

표 장군

이수혁

생명의 은인

오경필

인민군의 딸로서
신뢰할 수 없는 인물

형처럼 느낌

자신을
견제하려는
세력

파헤쳐야 할 대상

소피 장

군대 선임·
후임

군대 선임·
후임

진실을 숨겨야 할
대상에서 진실을
알려주는 대상으로
바뀜

남성식

정우진

빨갱이

'우정'으로 이어진 인물들

을 수혁에게 소개시켜주는 것으로 표현된다. 오경필와 정우진 역시 같은 초소의
선임과 후임 사이로 순진하고 어린 정우진을 오경필은 잘 이끌어준다.

이들의 욕망은 '우정', 이들의 갈등을 유발시키는 것은 '군사적 대치 상황'이라 할
수 있다. 이들 사이를 구분한다면, 이수혁 - 오경필, 남성식 - 정우진으로 나눌
수 있다. 남성식과 정우진은 각자 초소에서의 후임자이고 둘 다 순수한 마음을
가지고 있다. 남성식은 자신보다 어린 정우진을 동생처럼 대하며 이것저것 잘 가
르쳐주고, 그에 대해 정우진은 매우 고마워한다. 4명은 서로에게 형제애를 느끼
며 분단된 상황에 대해 진심으로 안타까워하고 서로를 보듬는다. 이들은 어쩔 수
없는 사건이 발생한 이후에도 서로를 탓하지 않고 오히려 보호하려고 애쓴다.

2) 핵심 인물 4명과 소피 장의 관계: 앞의 4명과 소피 장은 수사관과 피의자 관계
이다. 소피 장은 사건의 실체적 진실에 접근하기 위해 점차 그들을 이해하는 인물
로 변화한다. 이수혁, 오경필, 남성식 등에게 초기의 그녀는 매우 성가신 인물이
었지만 결국 그녀를 믿고 자신들의 진실을 말해주는, 신뢰하는 인물로 변화한다.
세분화하면 소피 장과 이수혁의 관계를 나눌 수 있다. 두 사람은 진실의 '거래'로
신뢰감을 갖게 된 사이라고 할 수 있다. 또 장 소령은 (그녀가 의도하지는 않았지

만) 이수혁이 인지 못했던 또는 믿고 싶지 않았던 '진실(이수혁의 총에 정우진이 죽었다는 것)'을 말해줌으로써 결국 그가 자살을 선택하게 하는 역할을 한다.

3) 소피 장과 표 장군의 관계: 표 장군은 소피 장이 '중립국위원회' 소속이라는 사실 자체로도 정체성이 없는 것으로 간주한다. 그리고 그녀를 뒷조사해 아버지가 인민군이었다는 사실을 밝혀내 그녀를 판문점에서 몰아낸다. 그녀에게 표 장군은 자신을 위협하는 세력이지만 그에게 어쩔 수 없이 당해야 하는 입장이다.

4) 최만수 상위와의 관계: 이 관계는 둘로 나눌 수 있는데 먼저 최만수와 오경필의 관계이다(최만수와 정우진은 단순한 선임과 후임의 관계). 최만수는 오경필을 외국물 좀 먹었다고 제대로 일하지 않고 거들먹거리는 놈으로 본다. 이 때문에 최만수의 모든 언행은 공연한 심술로 여겨지고, 오경필은 그가 공을 세우기 위해 온갖 방법을 다 동원하는 계산적인 인간으로 봄을 알 수 있다. 그리고 최만수와 이수혁, 남성식의 관계는 우리가 일반적으로 생각하는 '남한군'와 '북한군'이 마주쳤을 때의 반응을 보여준다. 이수혁은 오경필을 통해 그에 대해 들은 이야기로, 그를 신뢰하지 못하며 최만수 역시 남측은 괴뢰군으로 몰아가며 믿을 수 없는 인물로 본다. 결국 이러한 관계는 사소한 움직임(무전을 수신하려는)조차 믿지 못해 총격 사건이 터지는 원동력이 된다.

소피 소령은 사건 수사와 해결을 위해 중립국에서 파견한 수사관이자 이야기의 진행과 해결을 이끄는 서술동인(narrative agent)이다. 영화적으로 그녀는 카메라의 눈이자 이야기의 화자(서술자) 역할을 담당한다. 한마디로 그녀는 객관적 상황 전달의 매개자인 것이다. 아버지가 한국인(북한군 출신)이기도 한 그녀(그녀는 아버지에 대한 반감이 있다)의 중도적 입장은 남과 북 어느 쪽에도 일방적으로 편향되지 않으려는 영화(제작진)의 정치적 입장을 반영한 것이기도 하다. 그리고 그녀 역시 분단의 비극으로부터 결코 자유로운 존재가 아님을 드러낸다. 그러나 한편으로 그녀의 존재는 영화적으로 깊숙이 뿌리내리지 못하고 겉돌다 끝난다는 느낌을 지울 수 없다. 특히 그녀는 영화 중반의 객관적 회상 장면을 끄집어내는 주체도 아닌 채 밖으로 밀려나 주변부를 맴돌고 있다. 단지 엔딩부의 급작스러운 비극을 매개하는 역할로 존재 이유를 확인하지만 그녀가 갖는 충격의 감정이 관객에게 동일한 크기와 진폭을 그리며 전달되지는 않는 것처럼 보인다.

그녀는 중립 위치에서 남북한 분할 경계선에 개입하는 인물이기도 하다. 선을 넘나들며 사건의 전말을 파헤치려 하고 선 위에 서서 고민하는 모습을 보인다. 그러나 객관성을 갖지도, 중립성을 갖지도 못한 채 모호하게 그려지다가 끝난다는 느낌도 있다. 스위스군 장성 '보타 소장(크리스토프 호프리히터 분)'의 대사가 마치 그녀의 극 중 역할을 함축하는 듯하다. "자네는 이곳을 몰라. 여기(판문점·판문각·JSA)에서는 중립이란 존재하지 않아. 모두 서로의 주장을 하다가 그렇게 끝날 뿐이야."

네 명의 주인공을 제외한 주변의 모든 인물이 남북이 처한 현 상황을 유지하고 고착화하는 방식으로 사고하고 행동하는 반면, 소피는 이 공간(JSA)의 실제적이고 상징적인 함의를 고려하지 않고 오직 제삼자적(객관적)이고 논리적인 관점에서만 문제에 접근하는 모양새를 취한다. 남측과 북측 모두 분단과 대립 문제를 변화시키는 일에는 관심이 없으며 단지 현 상황의 유지, 고수를 위해 의례적인 행동만 반복할 뿐이다. 그런 가운데 소피의 모든 시도는 실패한다. 그녀 자신도 결국 JSA라는 공간의 상징적 함의 내에서 통제되는 하나의 대상일 뿐이라는 사실을 직감한다. 이에 대항하던 그녀가 결국 대면하는 것은, 인민군 장교 출신이었으며 휴전 이후 포로 송환의 과정에서 제삼국으로 간 아버지 '장연우'의 과거였다.[3] 적당한 선에서 수사가 종결되고 사건의 본말이

---

3 박상연의 원작 소설 『DMZ』에서는 중립국 수사관이 여자가 아니라 남자로 나오며, 그의 아버지는 한국전쟁 중 거제 포로수용소에서 자신의 의지와는 상관없이 동생을 죽이

은폐되기를 바라던 표 장군은 사건의 실체적 진실을 파헤치려는 소피의 수사에 불만을 품고 있었다. 그래서 그녀의 아버지가 한국전쟁 당시 인민군 장교로 전쟁 포로가 되어 거제도에 수용돼 있었으며, 휴전 이후 포로 교환 때 남한도 북한도 아닌 제삼국으로 송환되길 희망했다는 사실을 밝혀내 그녀를 압박한다. 나아가 그는 그녀의 공정성을 문제 삼아 수사를 중단시킨다. 자신의 정체성을 알게 된 소피는 중립이란 허상이며 누구도 양측의 경계, 중간 지대에 설 수 없음을 깨닫는다. 이로써 그녀가 밝혀낸 진실은 은폐되고,[4] 반대로 그녀는 자신과 직접 관련된 진실과 새롭게 대면하면서 고통에 휩싸인다.

이처럼 아버지 세대에서 시작된 분단과 전쟁의 트라우마는 자식 세대로 계승돼 고통의 순환 고리를 이어간다.[5] 소피 역시 우리나라의 비극적 운명에서 결코 자유로운 존재가 아니었다. 이야기의 진행 과정은 그녀 역시 역사적 트라우마의 희생자라는 정체성을 인지하는 과정이기도 하다. 결국 소피는 남북한 4명의 병사들이 무슨 일을 벌이고 무엇을 욕망했는지에 대한 전모를 알게 된다. 그러나 그녀가 그 모든 진실을 결국 밝히지 못하는 것은 그녀의 아버지 역시 이들과 동일한 욕망을 추구했다는 사실을 알게 되었기 때문이다. 그 당

게 된다. 그 때문에 그는 종전 후 제삼국으로 도피한 것이다. 이수혁 역시 비록 짧은 기간이었지만 친동생처럼 지냈던 정우진을 죽이고 괴로움을 이기지 못해 자살한다. 소설속에서 과거와 현재의 이 두 사건은 비극적 역사의 순환과 반복이라는 메시지 전달을 위해 병치되어 있지만 영화에서는 표현되지 않았다.

4 이수혁은 소피의 수사 내용을 듣고 정우진을 사살한 것이 남성식 일병이 아니고 자신이었음을 알게 되자 자살한다. 이로써 사건의 실체적 진실을 증언할 남측 병사 두 명 모두 영원히 함구하게 된다.

5 이는 '세대 전이적 트라우마(Transgenerational Trauma)'의 문제로 넘어가는 것이다. 전쟁이나 사회적 폭력, 가족 내에서 자행되는 폭력이 1세대 희생자(생존자)와 그 가족, 특히 자녀들의 내면과 상호관계하면서 사회적·문화적 세계 형성에 미치는 영향을 면밀히 조명하고, 트라우마의 세대 간 파급효과(개인, 가족, 공동체, 국가 차원에 이르기까지 미치는 영향)와 대물림 현상을 연구하는 것은 전 세계적으로 아직 초기 단계이다.

시 소피의 아버지는 혼자였기에 제삼국행이라는 '다른 길'을 선택했을 뿐이다. 이들 모두가 이데올로기의 장막을 걷어내고 진정한 통일과 해방을 염원했으나 결국은 그 덫에 걸려 희생자가 될 수밖에 없음을 소피는 확인한 것이다.

이 영화가 관객에게 던지는 질문

공동경비구역은 역사적 공간이자 현재에도 여전히 기능하는 현실의 공간, 분열과 대립의 공간, 충돌과 완충의 공간이다. 이러한 남북 분단을 상징하는 공간인 공동경비구역과 관련해 우리나라 사람들이 가진 잠재적 감정은 무엇일까? 첫 번째는 존재는 하나 접근할 수 없는 장소이거나 접근하기 두려운 곳으로 원초적 두려움, 대결, 증오, 억압의 감정을 느끼는 장소이다. 두 번째는 우리는 한민족이지만 분단되었다는 아픔, 안타까움, 그리움, 향수, 해방을 떠올릴 수 있다. 그러나 한편으로 그곳은 중립국 감독위원회 책임 장교(보타 소장)의 말처럼 남한과 북한 모두 '평화와 안전'을 위해 진실이 은폐되기를 원하는 장소, 현재 상황의 유지와 고착화를 원하는 장소, 휴전 상황이라는 불안정함을 계속 이어가기를 원하는 장소가 돼버렸다. 그곳에서 어떤 무력 충돌이나 여타의 문제가 발생할 경우 진실을 밝히는 것은 예민한 문제가 될 수 있다. 그렇기 때문에 '진실을 덮어둔 채, 진실에 대한 의혹을 서로가 정치적으로 이용하는 것이 JSA의 의미'라고 하는 그의 통찰은(너무나 오글거릴 정도로 '발 연기'를 보여주지만) 강한 설득력을 갖는다.

군사분계선은 금기의 벽이자 이념의 벽, 남과 북을 가르는 경계, 누군가 인위적으로 그어놓은 선이다. 그것을 넘나드는 것은 금기의 위반이 주는 쾌를 수반하고, 개인적으로 보면 너무나 웃기는 것, 그 선을 넘나든다는 것은 아무도 보지 않을(못할) 때는 장난과도 같은 것, 별 의미를 발생시키지 않는 짓, 그러나 반세기 넘게 우리 민족을 갈라놓은 칼끝보다 예리하고 엄혹한 금, 우리 민족을 옭아맨 끈, 발각되는 순간 돌이킬 수 없는 비극을 만들 화근이 되는 금이다. 극의 전반(그리고 엔딩 장면)에 외국인 관광객들이 선 하나를 사이에 두고 대치하는 남과 북의 군인들 모습을 보러 온다. 그중 한 여자가 쓰고 있던 빨간 모자가 바람에 날려 선을 넘어 북측 바닥에 떨어지는 장면이 나온다. 우리 쪽에서 그 모자를 줍기 위해 선을 넘으면 그 순간 '국가보안법' 위반죄가 성립할 수 있다. 모자를 주워 건네주는 북한 병사(오경필)에게 고맙다는 인사를 건네면 적에 대한 동조나 고무, 찬양 행위가 될 수도 있다. 남북한과 아무 이해관계가 없는 제삼국인이 본다면 얼마나 웃긴 노릇인가? 선 하나를 사이에 두고 대치하면서 바람에 날린 모자를 줍기 위해 그 선을 넘어가는 것이 엄중한 법률 위반 행위가 되고, 건너편 병사의 사소한 친절에 대한 의례적인 고마움 표시가 또 다른 죄의 성립 요건이 된다. 이는 이 세상 어디에서도 찾아볼 수 없는 괴상망측한 희비극이자 오직 그 장소에서만 확인할 수 있는 엄혹함이다.

영화를 재미있게 만드는 여러 요소 가운데 가장 중요한 것은 바로 이 선(금)이다. 그리고 그 선을 넘나드는 가운데 인물들 사이에 오가는 동일한 대사의 반복은 마치 탁구공이 오가는 듯한 경쾌함과 감정 상승의 점층 효과를 만든다. 남북한 병사들의 막힘없는 우정과 교감을 나누는 장면들을 연출하면서 감독은 끊어짐 없는 원형의 움직임이라는 촬영 방식을 선택했다. 그러나 그 원형의 움직임이 조금씩 분절되기 시작하면서 비극의 전조가 싹트고, 마침내 인물들이 개별 프레임으로 분절되는 상황에 이르면 상황은 급작스럽게 비극의 나락으로 곤두박질친다.

그러면 역사적(과거)이면서도 실재적(현재)인 이 장소의 영화적 재현(현재화)은 어떤 상징적(미래) 의미와 비전을 구현하는가? 단도직입적으로 말하면 영화에서 재현된 이 공간은 분단과 대립의 현실을 드러내고 남북 통합의 미래 비전을 제시하는 공간으로 기능한다. 특히 북한군 초소는 그곳이 (삼엄한, 엄혹한, 첨예한 대립의 상징으로서)공동경비구역이라는 장소가 갖는 정체성이 붕괴되는 해방의 공간, 탈이념적 만남과 화해의 공간, 금기를 위반하는 외설적 공간이 돼버린다. 그곳은 네 명의 남북한 병사가 금기를 어기며 이룩한 환상의 공간, 형제애[6]를 나누는 통일의 공간이다(이러한 가운데 남북한 병사들이 만나 교감을 쌓고 형제애를 나누는 장면을 컷 없이 360도 트래킹의 원운동을 통해 포착하는 연출, 인물들을 좌우나 상하의 대칭 구도로 나누지 않고 하나로 통합하는 조화와 화합의 시선은 박찬욱 연출의 백미로 꼽힐 만하다).

그곳에서 그들은 총알로 공기놀이를 하고 총으로 호두까기를 하며 권총으로 카우보이 총 뽑기 놀이를 한다. 군인에게 총과 총알은 곧 적군의 목숨과 교환되는 것이다. 그들은 전쟁과 관련된 사물을 유치한 놀이의 방편으로 전유해 사용한다. 이 밖에도 닭싸움, 군사분계선에서 손바닥 밀치기, 침 뱉기 등의 유치한 놀이를 즐기며 지구상에서 가장 첨예한 선을 가장 천진난만한 놀이의 선으로 한순간에 바꾼다. 남북한 병사들이 하는 놀이는 이들 모두가 유년 시절부터 공통으로 하던 것들이다. 아직 이데올로기에 침윤되지 않았던, 순수했던 유년 시절부터 하던 놀이들을 그들은 만남의 자리에서 하고 있다. 따라서 이들의 놀이는 유치함을 넘어 탈정치화·탈군사화의 모습을 보인다. 나아가 대립과 충돌의 공간을 조화와 화합의 공간, 놀이의 공간으로 환치시킨다.

그러나 이것은 남북한의 정치적·사회적 배경에서 볼 때, 특히 반공을 국시로 해온 남한의 상황에서 볼 때, 가장 두려운 금기를 위반하는 것이다. 남북 병사 간의 직접적인 접촉은 곧장 간첩 행위나 이적 행위로 간주될 수 있고, 이들이 만나 놀이를 하는 것은 상대 체제에 대한 고무·찬양 행위가 될 수 있다. 그렇기 때문에 금기를 어긴 자들에게 돌아오는 것은 죽음뿐이다.

그들이 만든 이 공간이 외부에 발각되는 찰나, 그곳은 한순간 지옥으로 바뀐다. 무화되었던 경계선은 순식간에 칼날같이 재설정되고, 그에 따라 피아의 경계 역시 첨예하게 되살아난다. 그들이 함께 나눈 믿음과 우정은 순식간에

---

6 박찬욱 감독은 여기에 동성애라는 코드까지 넣으려고 했으나 제작사 측의 만류로 접었다는 후문도 있다.

의혹과 불신에 포박되면서 그것이 얼마나 부박한 것이었는지를 절감하게 한다. 그 순간, 먼저 상대를 죽이지 못하면 내가 죽는다는 싸늘한 진실만이 모두를 휘감는다. 그들이 금기를 어기며 이룬 일탈과 해방, 통일의 공간은 곧장 이데올로기의 장벽을 허물고 이룩한 곳이었음이 밝혀지고, 그들이 발각되면서 확인하는 것은 도저히 뛰어넘을 수 없는 이데올로기의 장벽이다.

이 영화에서처럼 은폐함으로써 얻게 되는 위장된 평화와 진실을 대면함으로써 얻을 수 있는 고통스러운 치유의 경계선 위에서 우리는 과연 어느 쪽을 선택해야 할 것인가?

Chapter 4

장화, 홍련

/

원초적 두려움은 가족 공동체 안에서 발현된다 [1]

김지운 감독 ㅣ 2003년 개봉

들어가는 말

〈장화, 홍련〉은 지난 2003년 여름, 이른바 납량물 시즌에 개봉해 350만여 명의 관객을 동원하며 한국 공포영화의 새로운 가능성을 제시했다. 자료를 찾다가 당시 ≪씨네21≫을 비롯한 팬 매거진을 통해 많은 평론가들이 이 작품에 다양한 촌평을 가했고, 인터넷에서도 강호의 논객들이 수많은 논쟁을 벌인 사실을 알게 됐다. 그 후 영화 분야뿐만 아니라, 고소설 연구자를 비롯해 문학 진영의 여러 연구자들이 이 영화와 원작을 비교하는 성과들을 내놓은 것도 확인했다. 선행 연구들을 일독하면서 매우 흥미로웠다. 한 편의 영화 텍스트가 이만큼의 담론을 생산하는 단초를 제공했다는 것은 그 자체로 의미심장한 평가를 받을 만하다.

영화 〈장화, 홍련〉은 이야기의 소재나 플롯 구조, 스토리 등 형식과 내용상 고소설 『장화홍련전』과 직접적인 연관이 없다. [2] 오히려 "〈식스 센스〉 〈디 아

---

1 이 글은 "Analyse of Changhwa Hongyon(A Tale of Two Sisters): With A Special Focus On The Narrative And Characters"라는 제목으로, ≪Acta Koreana≫, Vol.9 (2011.6. 20), 73~116쪽에 게재한 논문을 국문으로 번역, 내용을 일부 수정·가필했다.

더스〉〈싸이코〉〈캐리〉 같은 할리우드 취향이 있는가 하면, 〈큐어〉〈오디션〉〈링〉 같은 일본 호러 취향에 〈여고괴담〉의 점프컷과 〈소름〉의 이미지도 빠질 수 없다"라고 신랄하게 비판한 심영섭의 말이 훨씬 더 가까워 보인다.[3]

이야기는 어느 정신병원의 한 병실에서 시작한다. 환자복을 입은 수미가 간호사와 함께 들어오고 의사와 수미가 마주 보고 앉는다. 의사는 수미에게 질문을 하지만 그녀는 반응이 없다. 의사가 다시 수미의 가족사진을 보여주며 '그날' 있었던 일에 대해 재차 질문을 던지자 수미는 고개를 돌리고 생각에 잠긴다. 이는 구로사와 기요시(黑澤淸)의 〈큐어(Cure)〉(1997) 도입부를 연상시킨다.

중반부에서는 〈식스 센스(The Sixth Sense)〉(1999)나 〈디 아더스(The Others)〉(2001)처럼 가족 구성원 중 누군가는 '이미' 죽은 상태라는 의혹을 갖게 한다. 감독은 그것을 작품이 담고 있는 가장 큰 트릭으로 이용한다. 극적 상황의 대반전을 기하기 위해 그가 누구인지 최대한 감추려고 애쓰는 것이다. 그런 가운데 수미와 수연 자매가 계모인 은주와 벌이는 갈등이나 감정의 폭발, 아빠인 무현이 보이는 한결같은 냉담(무심)함은 기묘한 대조를 이룬다.

후반부는 고딕 호러의 전범인 앨프리드 히치콕(Alfred Hitchcock)의 〈싸이코(Psycho)〉부터 시작해 나카다 히데오(中田秀夫)의 〈링(The Ring)〉(1998), 미이케 다카시(三池崇史)의 〈오디션(Audition)〉(1999)에 이르기까지 계승된, 관객의 '왜?'라는 질문에 대한 해답으로 채워진다.

이처럼 김지운 감독은 〈장화, 홍련〉의 내러티브를 구축하는 데 형식이나 내용, 장르 면에서 자신이 알고 있는 공포영화의 모범적 전형들을 활용한다. 이야기의 무대는 호숫가의 외딴집, 일본식 목조 주택에 서양식 가구들이 배치돼 기묘한 부조화를 이루는 집이다. 이러한 바탕에서 김지운 감독은 원전인 고소

---

2 본론을 시작하기에 앞서 이 점에 대해 먼저 상세히 살펴볼 것이고 분명한 선을 그을 것이다. 이것을 전제하는 것은 적어도 이 연구에서는 매우 중요하다.

3 심영섭, 「소녀의 육체에 투사된 한 남성의 불안과 욕망: 수미의 내면 대신 다리에 탐닉하는 〈장화, 홍련〉」, 《씨네21》, 409호(2003.7.1~7.8). 104쪽.

설『장화홍련전』을 중층적 · 복합적으로 또 매우 전략적으로 이용한다. 단지 이야기를 끌고 가는 내러티브 차원뿐만 아니라, 익숙한 서사를 마케팅 차원에서 외피로 두르고 상업적으로 이용하는 것은 많은 인적 · 물적 자원을 투입해 흥행을 노리는 상업 영화의 속성상 매우 유용한 이중의 전략적 포석이 될 수도 있기 때문이다.

김지운의 〈장화, 홍련〉 이전, 고소설『장화홍련전』[4]은 우리나라 영화사상 다섯 차례에 걸쳐 영화로 만들어졌다. 무성영화 〈장화홍련전〉(김영환 연출, 1924)을 필두로, 홍개명이 연출한 〈장화홍련전〉(1936)은 유성영화로 제작되었다. 해방 뒤에는 정창화 감독이 〈장화홍련전〉(1956)을 만들어 흥행에 크게 성공했다고 한다. 정창화 감독은 1962년에 〈대장화홍련전〉이라는 제목으로 이 작품을 다시 한 번 만들었다. 그리고 1972년에 이유섭 감독이 〈장화홍련전〉을 연출했다. 그러나 현재 필름이 남아 있는 작품은 하나도 없고, 일부 작품의 시나리오가 남아 있을 뿐이다. 짐작건대 초기의 영화들은 비교적 원전에 충실하게 영화화되었을 것으로 추측된다. 그리고 나중에 제작된 것일수록 공포영화로서 시청각성을 중시하는 형태로, 원한에 사무친 장화와 홍련의 복수 행위에 초점이 맞춰진 것으로 보인다.

간단히 말하면 김지운 감독의 〈장화, 홍련〉은 단지 고소설과 이전의 영화들이 가지고 있으며 계승한 브랜드 네임과 그 가치들을 흥행을 위해 단순히 가져온 것이라고 볼 수 있다. 한집안, 가족 내에서 벌어지는 원한과 괴담을 공포로 버무려낼 때, 대중에게 가장 친숙한 이름으로 다가갈 수 있는 제목으로 이보다 적절한 것이 또 있겠는가?

---

4 고소설『장화홍련전』은『김인향전』, 『숙영낭자전』과 함께 '아랑형' 계열의 소설로 간주된다. '아랑 전설'이란 남성에게 겁탈당할 위기에 처한 아랑이라는 처녀가 저항하다가 살해당한 뒤 원귀가 되어 현감에게 나타나 자신의 원한을 풀어줄 것을 청원하자 그가 가해자를 찾아내 징치하고 신원한다는 이야기이다. 백문임, 「한국공포영화연구: 여귀의 서사기반을 중심으로」(연세대학교 대학원 박사 학위논문, 2002) 참조.

영화 〈장화, 홍련〉과 고소설 『장화홍련전』의 관계

내가 영화 〈장화, 홍련〉을 본격 연구함에 있어서 기본으로 전제하고, 가장 중요하게 생각한 요점은 이 영화와 원작인 『장화홍련전』의 관계에 대해 분명한 선을 그어야만 한다는 것이었다. 김지운 감독은 자신의 이야기를 만드는 가운데 고소설 원전을 새로 해석해야 할 텍스트로 인식하거나, 이용하지 않았다. 현대적 배경 속에서 엄마의 죽음과 계모의 등장, 그리고 어린 두 자매의 갈등이 좀 더 복잡한 양상을 띠고 그려지기는 했지만 그 자체는 이 영화의 의도라고 할 수 없다. 개봉 당시 여러 평론가들이 대체로 소설 원전과 영화의 괴리에 대해 많이 언급하면서 촉발된 논쟁은 이후 여러 논문에서도 그대로 계승되었다. 그리고 이어지는 내용에서 살펴보겠지만 주로 문학 진영의 연구자들이 영화를 소설의 이본[異本 또는 각편(各篇)]으로, 아전인수식으로 끌어들여 연구하는 모습을 많이 보인다. 따라서 이 글에서는 이 문제에 대해 먼저 분명한 선을 긋고 시작하는 것이 중요한 전제가 된다는 것을 밝히고 싶다.

영화 〈장화, 홍련〉이 개봉될 무렵부터 시작된 여러 논자들의 글 가운데 영화와 원전의 관계에 대한 표현을 발표 순서대로 간략히 살펴보려고 한다. 먼저 유운성은 이 영화가 소설 원작을 포기했다고 본다. 그 이유는 영화가 소설 원작과는 달리 '원귀를 불러들이는 죄의식을 이야기하기 위함이며, 죄의식이란 피학적인 주체가 만들어낸 상상이고, 원귀는 그 상상이 만들어낸 판타지'일 뿐이라고 한다.

> 죄의식은 본디 피학적인 주체의 상상이며 원귀는 그 상상이 만들어내는 판타지에 다름 아니다. …… 결국 김지운의 세 번째 장편영화 〈장화, 홍련〉은, '아주 간절하게' 원귀를 불러들이는 죄의식을 드러내기 위해, 간단히, 원작을 포기한다. …… 대신 김지운의 〈장화, 홍련〉은 원작소설에 직접 대면하기보다는(원작소설 또한 거기 속해 있는) 좀 더 보편적이고 고전적인 원귀 서사의 내부에서 죄의식

을 부각시키는 방식을 택한다.[5]

이효인은 〈장화, 홍련〉을 '극도로 예민한 소녀인 수미의 감정, 즉 질투심과 미래의 공포에 관한 영화'라고 본다. 그러면서 원작과 아무 관련이 없기 때문에 제목을 '장화, 홍련'이라고 지은 것부터 모든 것이 반칙이라고 말한다.

> 수미와 수연, 두 자매는 새장가 든 아빠와 새엄마와 함께 외진 별장 같은 곳에 살고 있다. 그곳에는 죽은 엄마의 영혼인 듯한 귀신도 나오고 불길한 기운 또한 가득하다. 이런 점에서 이 영화는 침대에 죽은 동물이 나오는 것만 빼면 전래 소설 『장화홍련전』과는 아무 관계가 없다. 반칙이다.[6]

영화와 원작 소설의 관계를 비교하며 가장 혹독한 비판을 가하는 것은 정성일이다.

> "장화와 홍련의 이상한 귀환", "무늬만 장화홍련인 공포영화". 김지운은 촬영 현장에 올 때까지 시나리오를 완성하지 않은 것이 분명하고, 영화는 진행되면서 이랬다저랬다 하기 시작한다. 그러니까 다중인격의 불안에 빠진 것은 수미가 아니라 김지운임에 틀림없다. 영화는 이 이야기를 하다 말고 저 이야기를 하고, 영화 중간에 갑자기 사라지는 인물들도 있다. ……『장화홍련전』에서 가장 중요한 모티브는 자매에 있는 것이 아니라 그녀들이 죽어서라도 한을 풀기 위해 돌아오는 데에 있다. 혹은 같은 이야기지만 죽어서라도 돌아오고야 말 정도로 한을 쌓게 만드는 그 구조에 있다. 그녀들은 죽어서도 결코 매장될 수 없는 것이다. 『장화

---

5 유운성, 「이주의 개봉작: 〈장화, 홍련〉」, ≪씨네21≫, 406호(2003.6.10~6.17), 88쪽.

6 이효인, 「〈장화, 홍련〉 전래동화와는 아무 상관없네! 반칙이다」, ≪씨네21≫, http://www.cine21.com/news/view/mag_id/19666(2003.7.1) 참조.

홍련전』의 독자들은 그녀들의 억울한 죽음에 눈물을 흘리면서, 한편으로는 복수하기 위해 돌아올 그녀들을 간절하게 기다린다.[7]

정성일은 이 글을 통해 영화를 아주 이상하게 읽고 있음을 밝힌다. 그 이유는 자명하다. 그의 글 서두부터 위의 인용문에 이르기까지의 주 내용은 그가 이 영화를 보기 전부터 가지고 있던 것과 그 때문에 선험적으로 기대하던 것이 무엇인지를 분명히 보여준다. 이 때문에 그는 원전 이야기를 고려하면서 김지운이 과연 어떤 식으로 그것을 현대적으로 녹여내 변형할지 기대했던 것인데, 그 기대가 무너진 것이다. 정성일이 전제한 바가 원전 이야기에 기초하기 때문에 발생하는 오독은 계속 이어진다. 그 부분은 뒤에서 다시 인용하면서 논박할 것이다.

영화평론가 중에서 원작 소설과 영화의 관계에 대해 나와 견해를 같이하는 사람은 '듀나'이다. 그는 영화에서 원작 소설을 '마술사가 마술 공연을 할 때 관객을 기만하기 위해 흔들어대는 손수건'에 비유하며 분명한 선을 긋는다.

〈장화, 홍련〉에서 가장 중요한 요점 중 하나는 이 영화가 원작인 『장화홍련전』을 새로 해석해야 할 텍스트로 이용하지 않았다는 것이다. …… 이 영화가 직접적으로 다루는 건 가족 간의 갈등이 아니라 심각한 정신적 충격을 받은 한 여성의 마인드 플레이이기 때문이다. …… 이 영화가 정말로 중요시하는 건 그 끔찍한 비극과 이후의 일들이다. …… 영화 〈장화, 홍련〉에서 '원작' 『장화홍련전』은 관객을 기만하기 위해 마술사가 흔들어대는 손수건에 가깝다. 진짜 주제를 담은 드라마와 액션은 전혀 다른 곳에서 전개되는 것이다.[8]

---

7 정성일, 「기이하고 불안한 반 페미니스트 영화」, 월간 ≪말≫, 7월 호(2003), 205쪽.
8 듀나(영화평론가·SF소설가), 「정서적 클라이맥스가 없다: 흥미롭지만 후반부의 빈틈을 채우지 못한 〈장화, 홍련〉」, ≪씨네21≫, 408호(2003.6.24~7.1), 100쪽.

그러나 심영섭은 원전이 가지는 풍부하고도 다양한 미덕을 영화가 제대로 살리지 못했다고 한다. 그뿐만 아니라 원전의 이데올로기 중 가장 시대착오적일 수 있는, 고전적이고 보수적인 이데올로기 하나만 뽑아내 그것을 끝까지 밀고 가는 자폐적인 판타지에 머무르고 말았다는 혹평을 한다.

원전인 『장화홍련전』이 가지고 있는 텍스트의 풍부함, 그것은 가부장제 사회가, 유교사회가 사춘기 소녀들의 성적 성숙과 일탈을 감당해내지 못할 때 생기는 거대한 얼룩이었다. …… 〈장화, 홍련〉은 그저 자폐적인 판타지에서 머무르고 만다. 아주 조금 근친상간과 자매 간의 레즈비언적 욕망을 내비친 뒤, 〈장화, 홍련〉은 서둘러 원전 『장화홍련전』에서 가장 고전적이고 보수적인 이데올로기 하나를 뽑아내 영화의 마지막까지 끌고 가는 것이다. …… 그러나 〈장화, 홍련〉의 이데올로기는 단 한 가지일 뿐이다. '여자들끼리 싸우게 놔두라. 남자는 죄가 없다.'[9]

이 밖에도 ≪씨네21≫ 408호에는 영화평론가 정승훈의 「공포의 형이하학을 넘진 못했지만 눈을 뗄 수 없는 영화 〈장화, 홍련〉」이라는 글도 실려 있다. 그는 영화와 원작 소설의 관계는 아예 논외로 하면서 영화의 디테일한 세부를 면밀히 읽어내는 데 주력한다.

다음으로 연구자들의 논문을 살펴보자. 논자의 세부 전공 영역에 따라서 양 텍스트의 관계에 의견을 표명하는 방식이 매우 다르게 나타나는 면이 흥미롭다. 먼저 영화 〈장화, 홍련〉을 가지고 두 편의 논문과 평론 글을 발표하기도 한 황혜진의 글을 인용한다.

〈장화, 홍련〉은 이야기의 출발을 제외하고는 원작과 거의 유사점이 없다. 그러나

---

9 심영섭, 「소녀의 육체에 투사된 한 남성의 불안과 욕망: 수미의 내면 대신 다리에 탐닉하는 〈장화, 홍련〉」, 105쪽.

상호텍스트성의 측면에서 이 영화의 공포효과가 원작에 상당 부분 빚지고 있다는 사실이 간과되어서는 안 될 것이다. 희생자에 대한 동일시나 원(怨)과 같은 관념의 설득력은 영화 관람의 정서적 환경을 미리 조성하며 일정한 기대를 산출하기 때문이다. 기대한 것과의 차이 또는 이탈은 이 영화에 장르적 새로움을 보증해준다.[10]

그녀의 이 같은 인식은 다른 글(논문)에서도 비슷하게 견지된다. "고소설 『장화홍련전』과 영화 〈장화, 홍련〉은 생모의 병사 · 자살, 홍련(수연)의 살해 · 사고사라고 하는 요소들의 유사성과 차이를 드러내주는 정도"로 보고 있다. 그녀가 영화 연구자이기에 양자 사이의 관계를 이처럼 간략히 선을 그을 수 있었던 것이 아닌가 생각된다. 이에 반해 다음에 인용할 문학 진영 연구자들의 견해는 매우 우려스러울 정도로 심각하다. 대표적인 케이스가 바로 이정원과 조현설이 논문에서 피력하는 다음과 같은 내용이다. 먼저 이정원의 글을 살펴보면, 그녀는 ≪씨네21≫에 실린 일련의 리뷰들, 즉 유운성, 이효인, 정승훈, 심영섭 등의 글과 월간 ≪말≫에 실린 정성일 등의 글을 언급하면서 양 텍스트가 서로 무관하다는 견해들이 부당하다고 일갈한다.

〈장화, 홍련〉이 『장화홍련전』과 무관하다는 언급은 부당하다. 그러한 생각은 〈장화, 홍련〉의 공포영화로서의 독자적인 성취를 강조한 영상중심적 편견이거나 …… 만약 『장화홍련전』이 없다면, 계모 은주의 정체, 수미와 수연 두 자매의 심리적 연대, 그리고 아버지 무현의 무관심 등은 더욱 자세한 영화적 설명이 필요했을 것이다. 하지만 그 많은 설명이 있었다 하더라도 수용의 이질감과 공백은 남았을 것임이 분명하다. 왜냐면, 영화 속 갈등에 대해 은주가 계모이고 그래서

---

10 황혜진, 「공포영화에 나타난 가족서사 연구: 〈장화, 홍련〉과 〈4인용 식탁〉에 나타난 기억의 문제를 중심으로」, ≪영화연구≫, 29호(한국영화학회, 2000), 381~382쪽.

수미와 수연이 마치 장화와 홍련 같다는 '문화적 기억'만큼 효율적이고도 설득력 있게 그 원인을 제시할 수 있는 것은 없기 때문이다.[11]

영화와 소설 양 텍스트의 관계에 대한 비교와 그 밀접한 관계에 대한 완결 판은 조현설의 논문이라고 할 수 있겠다. 그는 영화를 소설 문학의 하위 장르로 보면서, 〈장화, 홍련〉을 고소설 원전의 이본으로 연구해야만 한다고 말한다. 그는 다음과 같은 세 가지 핵심 요소들을 열거하며 양자 사이의 유기성을 강조한다.

① 제목이 유혹하듯 어떤 식으로든 (양자는) 매개되어 있고, ② 공포의 창안에 대한 감독의 과도한 상업적 집착이 기존의 서사를 과감하게 포기하게 만들기는 했지만 관객이 이미 알고 있는 장화와 홍련의 이야기가 영화의 안팎에 배수진을 치고 있다. ③ 영화는 소설이 이미 표현한 바 있는, 가족 내부의 갈등이라는 주제 의식의 연속선상에 있다.[12]

지나친 아전인수라고 생각된다. 그러나 역설적이지만 김지운이 원전 『장화홍련전』을 이용하는 전략적 핵심이 바로 여기에 있다. 사실 김지운 감독은 여러 언론과의 인터뷰 가운데 "『장화홍련전』을 마음껏 훼손하려고 했다"라는 등의 발언을 한 것으로 이야기되고 있지만 그것은 그의 상업적 전략이라고 할 수밖에 없다. 영화 〈장화, 홍련〉은 원전의 이와 같은 사항을 처음부터 고려하지 않았다. 〈장화, 홍련〉은 고소설 『장화홍련전』을 각색한 영화가 아니라 자

---

11 이정원, 「영화 장화, 홍련에서 여성에 대한 기억과 실제: 고소설 〈장화홍련전〉 이본 연구 관점에서」, ≪한국고전여성문학연구≫, 15집(2007), 74~75쪽.

12 조현설, 「고소설의 영화화 작업을 통해 본 고소설 연구의 과제: 고소설 〈장화홍련전〉과 영화 〈장화, 홍련〉의 사례를 중심으로」, ≪고소설연구≫, 17집(한국고소설학회, 2004), 61쪽 참조.

기 혼자서 『장화홍련전』을 연출하고 연기하는 '수미'라는 한 소녀의 이야기이 기 때문이다. 김지운은 옛이야기의 구조나 서사적 완결성, 그리고 독자들 모두가 '알고 있으면서 기다리는' 그녀들을 간단히 포기하고 다른 여자들의 다른 상황을 이야기하는 것이다. 김지운은 자신이 하려는 이야기의 제목을 〈장화, 홍련〉으로 함으로써 앞의 요소들을 아주 경제적으로, 너무나 간단히 가져올 수 있었다. 그런 면에서 김지운은 아주 영특한 이야기꾼이다. 문학 진영에서 〈장화, 홍련〉을 원전의 각편(이본)으로 이해하고 비교 연구까지 하도록 이끈 것은 그 덕분에 갖게 된 별도의 프리미엄이라고 할 것이다.

이야기의 완성도에 대한 논란

〈장화, 홍련〉이 극장 개봉을 하자 관객들의 반응은 '내러티브도 수습 못한 시청각적 깜짝쇼'라는 비판과 '무섭고도 아름다운 한국 공포의 신경지'라는 찬사가 극단적으로 엇갈리는 모습을 보였다. 앞서 살펴본 여러 평론들과 선행 연구들에서도 가장 많이 지적하고 공격한 부분이 바로 내러티브의 모호성이다. 다시 말하면 시나리오 단계부터 문제가 있었다는 것이다. 앞에서 인용했듯이 정성일은 영화가 "이 이야기를 하다 말고 저 이야기를 하고, 중간에 갑자기 사라지는 인물들도 있음"을 지적하면서 "김지운 감독은 촬영 현장에 올 때까지 시나리오를 완성하지 못했다는" 혐의를 노골적으로 표현하면서 "다중인격의 불안에 빠진 것은 수미가 아니라 김지운임에 틀림없다"고 몰아세운다. 가장 많은 논란이 된 것은 '수연'의 정체에 대한 무현의 뒤늦은 폭로와 그 이후의 내러티브 전개이다. 여기에 대해서도 정성일은 "부분적으로는 김지운이 원한 것이고, 부분적으로는 영화적으로 잘못된 구조에서 기인하는 괴로운 술래잡기"라고 본다.[13] 영화평론가 정승훈에 의하면 "영화가 꼬인 것은 문제의 반전(수연의 죽음 _ 인용자 주)이 공포를 해소하기보다 단선적 편집을 비틀며 새로

운 퍼즐 게임을 펼친 탓"이라고 한다.[14]

내가 보기에도 이 영화의 시나리오에는 시간성과 인과관계 또는 화자와 시점의 논리로 볼 때, 심각한 단점으로 지적할 만한 문제점들이 있다. 편집 과정에서 제외된 장면들도 있는 것을 보면 김지운 감독이 몇몇 부분을 놓고 막바지까지 고민과 모색을 계속했음을 알 수 있다. 그러나 관객은 감독의 손을 떠나 스크린 위에 펼쳐지는 '완성된' 작품을 보는 것이고, 그것을 준거로 모든 것을 판단할 수밖에 없다. 그리고 분명한 것은 이 영화가 담고 있는 내러티브의 모호함이나 몇몇 디테일의 결여 또는 과잉으로 빚어지는 문제는 공포 장르의 속성상 충분히 받아들일 수 있다고 본다.[15] 오히려 모호하게 그려지는 내러티브가 관객에게 주는 불안정한 느낌이란 바꿔 말하면 영화가 제공하는 공포 효과의 가장 큰 무기 중 하나라고 볼 수 있다. 김지운 감독이 이런 점을 적극적으로 이용하고 있다는 것은 다음 글을 통해서도 여실히 드러난다.

수미가 계모에게 갖는 혐의는, 그녀가 집에 들어오면서 원죄를 끌고 들어왔다는 적대감, 그리고 생모의 병세가 악화될수록 간병인이던 계모가 가족 중심으로 침투하는 것에 대한 위기의식, 잊고 싶은 참혹한 운명의 날에 그녀에게 퍼부은 저주가 자신에게 돌아오는 아이러니가 혼합된 것이다. 자기 때문에 비극이 벌어졌을지도 모른다는 죄의식을 혼자 감당하지 못하고 다른 대체 인물을 만들어 혐의를 전가하면서 안심하려 드는 복잡한 심리상태다.[16]

---

13 정성일, 「기이하고 불안한 반 페미니스트 영화」, 206쪽.

14 정승훈, 「못다 핀 꽃 한 송이: 공포의 형이하학을 넘진 못했지만 눈을 뗄 수 없는 영화 〈장화, 홍련〉」, ≪씨네21≫, 408호(2003.6.24~7.1), 102쪽.

15 이에 대해 '듀나'가 다음과 같이 적절한 언급을 한 바 있다. "호러 장르는 절제의 장르는 아니다. 과잉이 자기 역할을 한다면 비판의 대상이 되어야 할 이유는 무엇인가"(듀나, 「악몽을 씨앗으로 시를 짓다: 2003 한국 호러의 '예술' 도전 — 절반의 성공, 혹은 시행착오에 대하여」, ≪씨네21≫, 417호(2003.8.26~9.2), 71~72쪽].

이와 같은 진술은 감독이 이 영화의 주인공인 수미의 캐릭터와 극 중 행동 양식에 대한 핵심을 어디에 두고 이야기를 만들었는지에 대한 관점을 명료하게 드러낸다. 사실 감독이라 해도 공포 장르의 이야기꾼은 자기가 하는 이야기 속의 모든 사건의 실체적 진실을 알고 있을 필요는 없다. 설령 다 알고 있어도 이야기 속에서 그 모든 것을 보여주거나 설명할 필요는 없는 것이다. 감독 (이야기꾼)의 주된 관심사는 자신이 알거나 가지고 있는 모든 요소들로 수용자인 관객을 어떻게 통제하느냐이다.

이 영화의 내러티브(또는 드라마)는 매우 독특하고 낯설다. 정성일에 이어 심영섭이 신랄하게 비판한 것과 같이 "반칙, 트릭, 장르 교란, 깜짝쇼"[17]라고 볼 수도 있지만 내가 보기에 그건 아니다. 앞에서도 언급했지만 이 영화가 담고 있는 내러티브의 핵심은 자기 혼자서 『장화홍련전』을 연출하고 연기하는 수미라는 한 소녀의 이야기이다. 따라서 이 영화에서 제시되는 거의 모든 것들은 실재하는 그대로가 아니라 수미의 머릿속에서, 그녀의 해리성 다중인격 (dissociative multiple personality)이 끝도 없이 상징화·유형화하는 환상들이다. 엄마 귀신의 등장, 심지어 수연과 은주의 존재도 모두 수미가 만든 환상이다. 그 환상이 만들어내는 핵심 서사의 축은 수연에 대한 새엄마 은주의 학대, 수미가 은주와 벌이는 일련의 갈등, 엄마의 자살과 연이은 수연의 죽음에 관한 것이다. 중요한 점은 이러한 일련의 사건이 연대기적인 상황으로(즉, 한 방향으로) 흘러가는 것처럼 보이지만, 사실은 과거의 한 시점(즉, 엄마의 자살과 수연의

---

16 김혜리(정리), 「꽃으로 한 번 맞아 볼텨?: 〈장화, 홍련〉 대담: 김지운 VS 윤종찬」, ≪씨네21≫, 407호(2003.6.17~6.24), 68쪽.

17 〈장화, 홍련〉은 겹겹이 둘러친 이야기와 환상의 미로에 갇히는 좌충우돌을 거듭한다. 귀신에게도 인간적인 속성과 관점을 부여하고 꿈 너머엔 또 꿈이, 귀신에게는 또 다른 귀신이, 환상 속에는 또 다른 환상이 존재한다. 이건 현실과 비현실을 지우는, 타자와 자아의 경계를 뛰어넘는 장르의 전복이라기보다 반칙과 트릭으로 가득 찬 장르의 교란에 가깝다. 이건 분명한 깜짝 쇼이다(심영섭, 「소녀의 육체에 투사된 한 남성의 불안과 욕망: 수미의 내면 대신 다리에 탐닉하는 〈장화, 홍련〉」, 105쪽).

사고사)에 고정된, 박제된 경험의 무한 반복이라는 것에 있다.

나는 작품의 스토리를 재구성하고, 내러티브 구조를 철저히 분석해보면서 이와 같은 쟁점들에 대한 나의 논리를 입증하려고 한다. 김지운 감독이 내놓은 작품은 하나지만 내가 보기에 이 작품에 대한 이해와 수용, 그리고 궁극적인 완성은 제각각이다. 그런 면에서 움베르토 에코(Umberto Eco)를 비롯한 현대 기호학, 데이비드 보드웰(David Bordwell)로 대표되는 인지주의 영화 이론에서 '텍스트의 궁극적 완성자는 작가가 아니라 그 수용자'라는 것이 설득력이 있다. 일일이 비교할 수는 없지만 각각의 관객이 작품을 어떻게 이해하는지는 스토리의 개요(synopsis)를 어떻게 정리하는지만 봐도 그 차이를 알 수 있다.[18] 따라서 나의 연구에서는 스토리부터 다시 구성해 제시한 다음, 텍스트의 세밀한 분절까지 수행할 것이다.

스토리 재구성

이야기를 시간순으로 재구성하면 다음과 같다. 인적이 드문 시골, 호숫가에 일본식 목조 가옥이 있다. 원래 이 집에는 아빠(무현), 엄마, 수미, 수연이 살고 있었다. 그런데 엄마의 병이 깊어지자 대형 병원의 약사인 아빠는 같은 병원에서 근무하던 간호사인 은주를 집에 데려와 간호를 하도록 한다. 그사이에

---

18 대표적인 차이는 이정원과 황혜진의 논문에서 제시하는 이야기 개요 정리 내용을 비교해보면 금방 알 수 있다. 특히 이정원의 경우 〈장화, 홍련〉을 분석하는 데 세 가지를 전제한다. 그중 문제가 되는 것은 첫 번째 전제인 "이야기의 순서는 순행적이다"라는 것이다(이정원, 「영화 장화, 홍련에서 여성에 대한 기억과 실제: 고소설 〈장화홍련전〉 이본 연구 관점에서」, 77쪽). 이 말은 영화에서 제시되는 사건들이 시간 순서를 거스르지 않는다는 것(즉, 연대기적)이고, 나름대로의 증거를 제시하고 있지만 타당성이 있다고 보기 어렵다.

아빠와 은주는 불륜 관계로 발전한다. 은주는 자기 동생 부부를 집으로 초대하는 등 그새 이 집의 안주인 노릇을 한다. 이에 수미와 수연은 극도의 적대감을 느낀다. 그런데 은주가 자기 동생 부부를 초대해 식사를 하던 날, 수미는 식사를 하다가 은주와 말다툼을 하며 일어서고, 은주는 수연의 숟가락마저 빼앗는다. 수연은 자기 방으로 올라가 엄마와 함께 울다가 잠이 든다. 그사이 엄마는 수연의 장롱 속에서 목을 매어 죽고, 자고 일어난 수연은 장롱 속의 엄마를 발견한다. 놀란 수연은 엄마의 시신을 흔들며 울부짖다가 장롱이 쓰러져 그 밑에 깔린다. 이 소리를 듣고 올라온 은주는 도움을 청하러 가다가 수미를 만나 신경전을 벌이며 시간을 지체한다. 수미는 은주에게 비아냥거리면서 밖으로 나가고, 은주는 그 모습을 지켜본다. 그사이 수연은 숨을 거둔다. 그 후, 수미는 정신병으로 오랫동안 병원 생활을 하다가 아빠와 함께 다시 집으로 온다. 그러나 돌아온 집에서 수미는 이미 죽은 수연의 환영과 함께 살며, 자신을 은주로 여기는 생활을 한다. 집에 온 이후로 수미의 내적 혼란은 점점 심해진다[영화의 도입부: 무현이 수미, 수연 자매를 데리고 집에 도착한다(사실은 수미 혼자)]. 오랜만에 집에 돌아온 자매는 호수로 달려가 물에 발을 담그고 즐거워한다. 집에 들어가자 계모인 은주가 그녀들을 맞이하지만, 자매는 강한 적대감을 드러낸다. 자매가 집에 돌아온 뒤부터 이상한 일들이 벌어진다. 누군가 수연의 방에 몰래 들어왔다 나가는 기척을 느끼고, 수미는 목을 매고 죽은 엄마 형상을 한 귀신을 본다. 그런 가운데 두 자매와 은주 사이의 갈등은 더욱 첨예화된다. 마침내 은주가 수연을 큰 자루에 넣고 구타하는 지경에 이른다. 외출에서 돌아온 수미는 수연의 방 장롱에서 피 묻은 자루를 발견한 후, 은주와 싸우다가 그녀가 내리친 브론즈 조각상에 맞아 정신을 잃는다(그러나 이 모든 것이 수미의 다중인격이 벌인 일들이었음이 밝혀진다). 마침내 수미가 자해(브론즈 조각상으로 스스로를 내려침)를 하는 상황에까지 이르자 무현은 은주에게 도움을 청한다. 그 후 수미는 다시 정신병원에 입원한다.

내러티브 구조

영화 〈장화, 홍련〉을 신(scene) 단위로 상세히 나눠보니 인서트(insert) 등의 독립 숏들을 포함해 총 150개로 분절되었다. 영화가 시작되며 제시되는 첫 장면(신 1)은 언제나 1차 서사의 출발점이다. 따라서 신 1과 신 114부터 117까지는 1차 서사로 맞닿아 있다. 다시 말하면 이 신들은 일종의 액자 구조를 이루며, 신 2부터 113까지(수미의 해리성 다중인격이 만들어낸 환상)를 둘러싼다. 그리고 신 118부터 150까지는 이 모든 상황의 원인이 된 사건들, 즉 운명의 순간으로 돌아간다. 아빠인 무현이 새엄마인 은주와 함께 밝은 표정으로 집으로 들어오는 모습부터, 엄마의 죽음과 연이어 수연이 사고로 죽게 되는 저간의 사정이 소상히 제시된다. 그리고 수미와 은주를 악몽으로 몰아넣은 비극을 보여주면서 끝이 난다. 그것은 '왜' 라는 이유에 대한 장황한 해설이며 고딕식 공포의 일반적 결말법이다.

여기서 신 2부터 113까지, 즉 수미의 환상이 만들어내는 상황들을 좀 더 세밀히 살펴볼 필요가 있다. 우선 신 2부터 10까지는 도입부이다. 수미와 수연, 아빠인 무현과 새엄마 은주 등 네 가족이 소개된다. 그리고 두 자매가 앞으로 이 집에서 겪게 될 갈등을 설정한다. 집 안은 알 수 없는 공포로 가득하다. 그 가운데 은주와 두 자매의 신경전이 시작된다. 집의 전경(야간)을 보여주는 인서트 장면이 도입부의 상황을 마감하며 새로운 상황으로 안내한다.

신 12부터 77까지 이어지는 상황이 극의 중간부를 이룬다. 무현을 제외한 모든 가족은 환영을 보고, 수미와 수연은 악몽에 시달린다. 자매와 은주의 갈등이 깊어지고, 집에서는 알 수 없는 기괴한 일들이 벌어진다. 수미와 아빠의 관계도 순탄치 않다. 어느 날 은주가 아끼던 새가 죽고, 그 새는 수연의 침대 위에서 발견된다. 두 자매와 새엄마의 대립은 정점까지 치솟는다. 은주는 집 안에서 벌어지는 이상한 일들이 수미와 수연 때문이라고 간주하고 그녀들을 향해 스스로도 제어하지 못하는 분노와 신경증을 분출한다. 수미는 은주가 수연을 계속 괴롭힌다며 무현에게 화를 내고, 무현은 수연이는 죽었다고 말한다. 수연은 혼란스러워하고, 수미는 소리를 지르며 불안한 증세를 보인다. 수미는 수연이가 자신과 함께 있다고 생각하는 정신착란, 분열 상태를 보인다.

신 78에서는 집의 전경(야간)을 보여주는 인서트 장면이 중간부의 상황을 마감하고 새로운 단계로 이행하는 표지가 된다. 그리고 신 79에서 무현이 누군가와 통화를 하며 수미의 증세가 점점 더 심해진다는 말을 한다. 따라서 신 80부터 102까지가 수미의 다중인격이 만든 환상적(분열적) 상황의 결말부가 되겠다. 은주는 수연을 모질게 괴롭힌다. 수미는 복도 바닥의 핏자국과 핏물이 배어나오는 큰 포대를 발견하고 은주가 수연을 죽였다고 생각한다. 수미는 은주와 격투를 벌인다. 무현이 집으로 들어오면서 수미가 환각에서 깨어난다.

이처럼 수연이 이미 죽었음이 확인되면서 첫 번째 극적 반전, 그리고 은주 역시 수미의 또 다른 자아였음이 확인되는 두 번째 반전을 이루면서 관객의 관심은 이제 영화가 주는 공포 자체에서 그것의 기원으로 이동할 수밖에 없다. 수미에게 트라우마를 안긴 근원적 사건에 주목하는 것이다. 그러나 이러한 서사를 구축하는 과정에서 플롯은 난관에 봉착한다. 이제까지 견지된 것으로 인식됐던 선형적 플롯이 해체되며 관객을 혼돈 속으로 몰아넣는 것이다.

신 103부터 113까지는 이전의 상황들이 모두 수미의 머릿속에서 일어난 정신착란이었고, 자아분열이었음을 알려주는 장면들로 이루어져 있으며, 진실을 드러낸다. 그것은 다중적·분열적 시점을 지닌 수미의 입장에서 바라본 현실(환상)에 불과하다고 강변하는 것처럼 보인다. 바로 이러한 혼란이야말로 자의적이고 산만하며 변덕스럽기 짝이 없는 기억이 산출한, 파편화된 현실의 본질 아니냐고 말이다. 실제로 과거와 현재의 유기적 연관을 파괴하는 극도로 주관화된 주체의 기억은 죄의식과 방어기제, 욕망과 분노, 증오와 선망 등으로 가득 찬 내면의 고통의 증거라고 볼 수도 있다.[19] 이 때문에 수미가 다시 병원

---

19 인간에게 기억이란 각자의 정체성을 유지·계승하는 근간이라 할 수 있다. "기억이란

에 입원(신 114~117)하는 것으로 이해할 수도 있고, 이 병원 신들은 앞서 말한 바와 같이 신 1과 연결되는 액자 틀이기도 하다는 인식으로 나아갈 수도 있다. 다만 어느 경우든 수미의 해리성 다중인격장애는 전혀 호전되지 않으며, 이전과 같은 상황은 그녀의 머릿속에서 반복될 것임을 암시한다. 죄의식에 절어 있는 수미는 탈출할 수 없는 공간(자신의 정신) 속에서 고통의 제의를 무한 반복할 것이기 때문이다. 결국 여기까지의 모든 사건은 엄마와 동생을 잃은 수미가 은주에 대한 증오와 시기심 때문에 필사적으로 자신의 죄의식과 타협하고, 싸우고, 무시하는 과정이었다. 이 때문에 〈장화, 홍련〉은 이야기의 구도라는 측면에서 볼 때 연극(가면극)적 속성이 있다고 볼 수도 있다.

이상에서 살펴본 바와 같이 〈장화, 홍련〉의 내러티브 구성은 때때로 너무 성기고 모호한 면이 많으며, 뒤(사건의 진상이 드러나는 과정)에서는 지나치게 친절하고 세밀한 모습을 보이며 힘을 잃어버린다. 수미의 병증은 전혀 차도를 보이거나 치유되지 않은 채 종지되는 것이어서, 이 영화에 대해 언급했거나 연구했던 논자들 대부분이 비판의 목소리를 높였다. 이야기의 정서적 클라이맥스가 필요한데 그런 것이 없기 때문에 이 영화가 "정신 질환 사례에 대한 보고서처럼 보인다"[20]라는 말은 타당성이 있다.

한 주체가 자신의 과거를 현재와 관련짓는 정신적 행위 및 과정이다. 기억은 과거를 한편으로는 지나가버린 것으로 확정 지우면서도 동시에 현재화함으로써 과거의 시간적 지위를 변화시킨다. 기억과 망각은 동전의 양면처럼 붙어 있으면서 인간 정신의 상반된 운동이다"[전진성, 『역사가 기억을 말하다』(휴머니스트, 2005), 44쪽].

20 듀나, 「정서적 클라이맥스가 없다: 흥미롭지만 후반부의 빈틈을 채우지 못한 〈장화, 홍련〉」, 101쪽.

등장인물들 사이의 관계

앞의 내러티브 구조 분석을 통해 드러난 바를 토대로 이 영화에 등장하는 인물 사이의 관계를 그림으로 나타내면 다음과 같다. 수미의 관점에서 도표를 살펴보자. 엄마의 오랜 투병 생활이 모든 사건과 인물 사이의 관계를 인과적

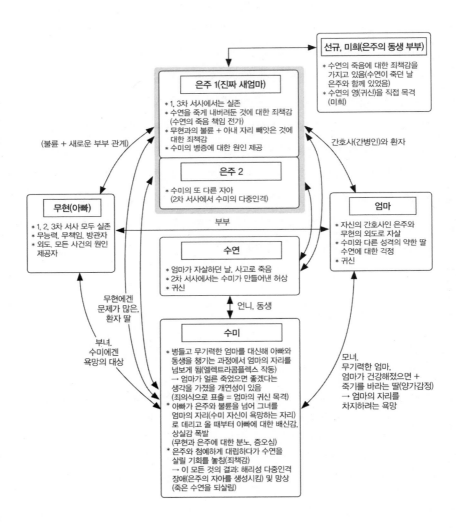

으로 연결하는 단초가 된다. 아빠인 무현은 간호사인 은주를 간병인으로 집에 끌어들이는데, 그 전후에는 이미 양자 사이에 불륜이라는 맥락이 자리 잡고 있다. 그들 사이의 공공연함은 엄마의 비극적 자살을 불렀다. 엄마의 죽음을 제일 먼저 목격한 동생 수연은 충격으로 울부짖다가 넘어진 장롱에 깔려 죽는다. 은주 1(진짜 새엄마)은 2층에서 장롱 넘어지는 소리가 나자 제일 먼저 올라와 그 밑에 수연이 깔려 있는 것을 보지만 수연을 구하지 않는다. 그냥 방을 나간 은주는 복도에서 수미와 마주친다. 수미는 은주와 말다툼 끝에 밖으로 뛰쳐나가며 수연을 구할 기회를 놓쳐버린다. 이때 은주의 동생인 선규와 미희 부부도 이 집에 와 있었고, 수연의 죽음에 대한 일말의 죄책감을 갖게 되었다. 아빠인 무현은 2층에서 무슨 일이 일어났는지 짐작(아내의 죽음)하면서도 즉각적인 반응을 보이지 않는다.

수미의 성장 과정에서 엄마의 오랜 투병 생활은 그녀가 오이디푸스기를 제대로 통과하지 못하는 부작용을 낳았다. 수미는 어린 시절부터 엄마를 대신해 아빠(내복을 챙기는 등)와 동생을 수발하면서 자연스레 엘렉트라적 욕망을 가졌을 것이다. 그렇기 때문에 어린 수미의 내면에는 병든 엄마의 빠른 쾌유라는 선한 마음과 엄마가 얼른 죽었으면 하는 악마적 상상이 양가감정으로 끝없이 교차했을 것이다. 그것이 바로 수미에게 엄마가 귀신으로 나타나는 이유일 것이다. 수미의 죄책감이 엄마 귀신을 자꾸만 자신 앞에 초청하는 것이다.[21]

---

21 이 영화에 등장하는 귀신은 고소설 원전 속의 귀신과는 완전히 다른 존재이다. 원전에 등장하는 귀신들은 한을 품고 나타나지만 영화 속의 귀신은 그런 존재가 아니다. 이 영화에서 귀신을 두려워하는 사람은 은주(계모), 수미, 그리고 은주의 남동생인 선규의 처 등 모두 여자이다. 그녀들은 각자 죄의식을 가지고 있다. 은주는 수미와 수연 자매의 친엄마가 자살한 것과 수연의 죽음에도 관여돼 있기 때문에 죄책감이 있다. 선규의 처 역시 사고가 나던 날 은주와 함께 있었다. 수미의 심상은 이들보다 훨씬 더 복잡 미묘하다. 그렇기 때문에 이들 모두가 죄의식이 있고, 이들이 귀신을 목격하는 것은 자연스럽다(남자들에게는 귀신이 나타나지 않고, 귀신을 보지도 않는다). 따라서 이 영화에 나타나는 귀신들은 복수를 꿈꾸며 스스로 나타나는 원귀가 아니라, 인물들이 가진 죄의식이

그러던 어느 날, 아빠가 은주를 데리고 온다. 그녀는 아빠를 욕망하는 수미의 마음을 산산조각 내며 엄마를 밀어내고, 하루하루 아빠의 곁으로 다가선다. 그리고 엄마의 존재감이 거의 사라지던 어느 순간, 그녀는 아빠의 옆자리를 공식화하기에 이른다. 이에 엄마는 자살(수미가 머릿속에서 그렸던 방식은 아니었지만)로 생을 마감한다.

한편 수연은 수미가 너무나 소중히 아껴온 동생이다. 그런데 어느 날 수연이 초경을 맞이한다. 이제까지 어린아이(성적 미숙아)로만 여겼던 동생이 자신의 잠재적 경쟁자가 될 수도 있는 상황이 닥친 것이다. 수연(그리고 수미)의 생리일이 은주와 같다는 이야기는 생식능력이 있는(무현과 섹스할 수 있는) 사람이 세 명이라는 말과 같다. 이에 수미는 은주가 아끼는 새(잉꼬)를 죽여 수연의 침대에 넣어둔다. 은주가 수연의 침대에서 죽은 새를 발견하는 장면(이 역시 수미의 환상)은 수미가 수연을 어떻게 새롭게 보기 시작했는지 단적으로 보여준다. 따라서 사고로 죽은 수연에 대해 수미가 만들어내는 환상은 겉으로 드러나는 모습(은주로부터 철저히 보호하려는 모습)만이 아니다. 그 이면에 또 다른 양가감정이 숨어 있다는 사실을 나타낸다.

마지막으로 아빠인 무현은 엄마의 오랜 투병에 지쳐 있는 상태에서 자신이 약사로 일하는 병원의 간호사인 은주와 연결되었다. 무현은 아내의 간병을 빌미로 은주와 친밀해지고, 급기야 그녀를 집 안까지 끌어들인다. 수미는 어느 날 갑자기 아빠와 함께 나타난 은주에게 적개심을 드러낸다. 그리고 그러한 행동을 한 아빠에게도 원망과 적대감을 나타낸다. 그러나 수미가 보이는 이런 행동은 아빠의 사랑을 갈구하는 욕망의 외적 표현이며, 은주에 대해서도 증오와 선망이라는 극단적인 양가감정을 갖고 있음을 드러내는 것이다.

그 결과 수미의 머릿속에서는 끊임없이 죄의식과 욕망이 들끓고, 그로 인해 만들어지는 지옥을 무한 반복한다. 따라서 이 인물들 사이의 관계를 규정하고

귀신들을 '간절히' 불러낸 결과라고 할 수 있다.

그들 사이의 인과관계 메커니즘이라는 기계장치를 돌리는 원동력은 수미가 겪은 트라우마와 그로 인한 외상 후 스트레스 장애(Post Traumatic Stress Disorder: PTSD)이다. 즉, 해리성 다중인격장애(Multiple Personality Disorder) 때문에 끝없이 순환 반복되는 정신 분열에 있다. 따라서 이 순환의 사이클에서 어떤 디테일은 세밀하게, 나머지는 삐걱대거나 단락(短絡)적으로 이어지고, 또 다른 맥락은 끊겨버리는 현상은 오히려 정당성을 갖는다.

주요 인물의 캐릭터

수미

수미는 자아가 몹시 불안정하다. 현실을 이성적으로 판단하지 않는 상상계적 인물이면서도 이드(id)가 강한 인물이다. 이성이나 논리의 법칙에 지배되지 않으며 도덕성을 갖추지 못한 모습을 보인다. 이 때문에 수미의 모습은 매우 복합적이다. 동생 수연에게 하는 일련의 언행은 흡사 '엄마'의 모습 같고, 은주에게 대항할 때는 '사춘기 소녀'의 모습이, 아버지에게 분노하면서도 애틋한 감정을 느낄 때는 '아내'의 모습이 보인다. 수미에게는 가족 모두에 대한 양가감정이 투사돼 있다. 엄마와 수연에게는 죄의식과 방어기제, 아빠에게는 욕망과 분노, 은주에게는 증오·응징과 선망이라는 양극단을 오가는 감정이 복잡하게 얽힌 것이다. 이것이 이 텍스트가 제시하는 수미의 캐릭터를 입체적으로 읽어내는 핵심이다.

첫째로 수미가 엄마에게 갖는 양가감정의 맥락을 짚어보자. 수미가 엄마에게 죄의식을 갖는 것은 그녀의 내면 깊숙한 곳에서 엄마를 동성의 경쟁자로 여긴 점에서 비롯된다. 이 때문에 수미는 엄마가 빨리 나았으면 좋겠다는 선한 생각과 엄마가 어서 죽어서 그 자리를 차지하고 싶다는 악마 같은 생각이 충돌한다고 볼 수 있다.

둘째로 수연과의 관계이다. 수미는 수연을 무척이나 사랑했지만 수연에게 이차성징이 나타나자 상황은 전혀 다른 양상으로 진행된다. 그것은 수미가 수연을 자신의 경쟁자로 인식하게 되는 새로운 사건이다. 이제 수미에게 수연은 보호하고 사랑해주어야 하는 딸 같은 존재이면서 다른 한편으로는 경쟁관계가 된 것이다(수미의 양가감정이 촉발됨). 수미는 은주가 예뻐하는 잉꼬를 죽여 수연의 침대 속에 넣어두는 행동으로 은주의 분노를 촉발하고, 이들 두 경쟁자들이 서로 싸우게 만든다. 바로 그런 면에서 "『장화홍련전』에서 껍질 벗긴 쥐가 낙태의 산물이고 방종한 섹슈얼리티에 대한 징벌의 계략이었던 점을 참조하면, 초경을 치른 수연에게 그 계략을 적용한 수미는 그렇게도 아끼던 수연이 생식력을 지닌 어엿한 여자로서, 즉 자신의 잠재적 경쟁자로서 등장할 가능성을 파투내고 싶었는지도 모른다"[22]라는 정승훈의 해석은 정당성을 갖는다.

그런데 막상 엄마가 비극적으로 생을 마감하고, 그 때문에 동생 수연마저 사고로 죽자 수미는 그 트라우마를 제대로 받아들이거나 내적으로 소화(애도작업)해내지 못했다. 2층에서 장롱이 넘어지는 큰 소리가 났을 때, 수미는 엄마의 자살을 어느 정도 예상했던 것으로 보인다. 그러나 아빠를 이성으로 차지하려는 수미에게 친엄마는 없었으면 하는 존재이기 때문에 그 소리가 엄마의 죽음이라는 것을 예상하고 외면하려고 한 것이다. 그것이야말로 수미가 꿈꾸던 엘렉트라적 아버지 소유의 완성이기 때문이다. 그러나 한편으로 엄마의 빈자리에 은주가 들어올 것이라는 불안함에 그녀를 극도로 경계하며 자신이 그 자리를 지킬 것처럼 말한다. 그런데 문제는 다른 곳에 있었다. 수미는 엄마의 죽음을 외면하려고 했지만, 그것이 동생 수연까지 죽게 되는 사건이라고 생각하지는 못했다. 그것이 수미가 외상 후 스트레스 장애로 인한 해리성 다중

---

22 정승훈, 「못다 핀 꽃 한 송이: 공포의 형이하학을 넘진 못했지만 눈을 뗄 수 없는 영화 〈장화, 홍련〉」, 100쪽.

인격장애라는 정신 분열을 겪게 된 근본 원인이라고 할 수 있다. 이 때문에 수미는 엄마와 수연에 대해 죄의식이라는 감정과 그것으로부터 빠져나오기 위해 방어기제라는 양가감정을 만들어낸 것이다. 수미가 만든 방어기제는 두 가지 형태로 드러나는데, 첫째는 그녀의 기억에서 수연의 죽음을 아예 삭제(탈락)시키는 것이고, 둘째는 수연을 살리지 못한 자책감을 덜기 위해 원망(덤터기)할 대상을 끌어들이는 것이다. 바로 그 대상이 은주이며 동생을 괴롭히는 악독한 새엄마의 모습으로 새로운 자아를 형성했다. 이렇게 동일시로 생긴 또 다른 자아를 통해 진짜 수미는 그 동생을 감싸주고 보호해주는 역할을 함으로써 동생을 지키지 못한 자책감에서 벗어나고 용서받으려는 것이다.

셋째로 아빠인 무현에 대한 양가감정을 살펴보자. 엄마의 자리를 차지하고 싶다는 욕망을 가진 수미에게 아빠는 보란 듯이 은주와 불륜 관계를 맺었고, 아직 엄마가 살아 있는 가운데 은주를 집 안으로 불러들인다. 아빠의 이러한 행동은 수미의 과도하게 '순수(순진)한 사랑'의 마음을 짓밟는 처사였다. 그것은 수미가 용납할 수 없을 만큼 추해서 증오를 발생시켰다. 이 때문에 은주가 마치 새로운 안주인처럼 당당하게 부엌을 점령하고, 아빠의 옆자리에 들어선 것을 견디지 못한 수미는 크게 반발하며 튀어나간다. 무현에 대해서도 '더럽다'는 표현을 서슴지 않는다.

마지막으로 은주에 대한 양가감정과 은주와의 동일시 문제를 살펴보자. 수미가 아빠(무현)에 대해 형성한 성적 역할을 알지 못하거나 모호한 상태에 있던 무현은 수미의 마음과는 관계없이 은주를 집으로 끌어들인다. 그것은 수미로서는 새롭고도 강력한 경쟁자의 출현이며 받아들이기 어려운 도전이다. 이전에는 수미가 직접 아내 역할을 할 수 있었지만 예쁘고 젊은 새엄마가 들어오자 자신의 역할에 제한이 생기고 아내의 역할과 딸의 역할 사이에서 정체성에 더욱 혼란이 온 것이다. 그 때문에 수미는 모두가 모여 있는 식탁에서 수저를 내리치며 무언가 폭탄 발언을 했다. 결국 새엄마로 들어와 아버지를 차지한 은주에 대한 경쟁심(증오심)과 부러움(선망)이라는 처음의 양가감정이 이렇게 생겼다.

그런데 이러한 양가감정은 이후의 돌연한 사태 때문에 크게 흔들리며 새로운 양상을 띤다. 바로 앞에서 살펴본 엄마의 자살과 수연의 사고사라는 강력한 트라우마가 그것이다. 그녀는 즉각적으로 방어기제를 작동시킨다. 수연의 죽음을 기억에서 탈락(삭제)시키는 것도 모자라 동생을 살리지 못한 자책감을 덜기 위한 일종의 자기방어로 원망을 퍼부을 대상을 끌어들인다. 그런 면에서 은주는 아주 제격이다. 원망에서 한 걸음 더 나아가 동생을 끝없이 괴롭히는 못된 계모의 모습으로 자신의 새로운 자아(동일시)를 생성해 겹겹이 방어막을 치는 것이다. 따라서 이 부분은 수미가 처음에 은주에게 가졌던 비교적 단순한 경쟁심(증오심)을 넘어 들끓는 복수심(응징)으로 발전한다. 이렇게 수미의 머릿속에 생성된 은주의 자아는 수미 자신과 수연을 끝없이 괴롭히는 못된 계모를 체현하도록 한다. 그리고 진짜 수미는 동생을 감싸고 보호하는 역할을 함으로써 동생을 지켜주지 못한 자책감에서 벗어나고 용서받고 싶어 하는 것이다. 따라서 표면적으로 은주는 엄마와 동생의 죽음을 불러온 직접적인 원인으로, 원망의 대상이 되는 동시에 (수미의 환상 속에서) 수연을 괴롭히는 악마가 된다. 그것은 수미가 동생을 엄마처럼 보호해야 하는 행동의 당위로 은주에게 고전적 악역을 떠맡기는 것이다. 다시 말하면 은주(수미)는 진짜 수미의 죄책감을 덜어주는 적대적 조력자이다.

한편 수미는 이미 자신의 자아 속으로 끌어들인 은주를 다른 지점에서 또 다른 이유로 포섭한다. 그곳은 다시 엄마와 수연이라는 동성의 경쟁자가 한꺼번에 사라진 지점이다. 그곳에서 수미는 무현의 사랑을 독차지하는 은주를 자신의 욕망 충족을 위해 '(욕망의) 매개자'로 새롭게 불러온다. 처음에 가졌던 막연한 부러움(선망)이 이제는 좀 더 확실한 모습을 띤다. 이렇게 만들어진 은주의 또 다른 모습은 교태를 부리며 무현을 유혹하는 요부의 형상을 하고 있다. 이때 매개자로서 은주는 진짜 수미가 욕망하는 자아·이상이며, 경쟁자로서의 은주(증오의 대상)는 그런 욕망을 통제하는 초자아의 모습을 보인다. 그러나 이미 내면에 수연의 인격뿐만 아니라 은주의 인격을 양극단으로 포진시킨 삼중분열로 인한 다중의 기억은 수미를 끝없는 불안과 공포로 이끄는 원동력이다. 그 때문에 그녀가 은주의 인격을 통해 대리 투사하는 욕망은 결코 충족될 수도, 쾌락을 만들어낼 수도 없는 공허한 것이다.

영화 〈장화, 홍련〉이 공포보다 비극적인 면이 우세한 이유는 수미가 가진 환상과 공포의 병증을 누구도 이해하지 못한다는 데 있다. 또 수미는 아무 해결책 없이 치료와 재발의 무한 반복 속에 갇혀 병원과 집을 계속 오갈 것이라는 점 때문이다. 수미는 은주의 자아와 극한의 충돌을 펼치는 가운데 은주의 입을 통해 다음과 같이 말한다. "너 있지, 정말 무서운 게 뭔지 아니? 잊고 싶은 게 있는데, 깨끗이 지워버리고 싶은 게 있는데, 그게 잊히지 못하고 지워지지 않는 거야. 근데 그게 평생 붙어 다녀. 유령처럼." 수미가 지옥 속에서 계속 허우적거릴 수밖에 없는 이유가 이 대사에 모두 함축되어 있다.

무현

무현은 이 영화에서 벌어지는 모든 사건의 원인 제공자이다. 물론 아내의 중병과 장기요양 상태가 그의 탓만은 아니다. 그러나 그는 병이 악화돼 제대로 기동도 못하는 상태로 오랜 기간 누워 있는 아내에 대해 어느 순간 희망의 끈을 놓은 것 같다. 그리고 현실의 무거움에서 벗어나 가벼워지고 싶었던 듯싶다. 김지운 감독도 윤종찬 감독과의 대화에서 다음과 같이 밝힌 바 있다.

자매의 생모는 병이 악화돼 집안 골방에 식물인간 상태로 있는데 아버지는 젊은 여자 간병인과 연애하는 듯한 가벼운 마음으로 시장을 보고 들어온다. 가벼워지고 싶은 건 인간의 보편적 욕망이다. 그는 아내를 바라보며 시종일관 떠안은 무거움을 내심 벗어나고 싶었을 것이다. 경쾌하게 시장을 보고 들어올 때 그네를 타던 두 딸과 눈이 마주치는 장면에 아버지라는 인물의 요체가 다 들어 있다. 내가 너무 가벼운 모습을 보였나? 상처를 줬을까? 설명해야 하지 않을까? 만감이 교차되지만 결국 그냥 집으로 들어가 버린다.[23]

그는 아내의 간병을 위해 은주를 집으로 데리고 온다. 무현이 은주에게 그러한 요청을 하고, 그녀가 그 제안을 받아들인 것이 계기가 돼서 급속히 친밀해졌는지 아니면 그 이전부터 이미 불륜 관계였는지는 알 수 없지만, 후자 쪽이 개연성이 크지 않을까 싶다. 아무튼 이런 일 때문에 그는 한순간에 아내와 두 딸에게 가장으로서의 권위와 신망을 잃는다. 아내의 비극적 자살과 연이은 수연의 사고사는 모두 이러한 일의 결과이다. 수미가 가진 병증에 대해서도 앞서 복잡하고 정밀하게 논의했지만, 가장 큰 원인 제공자는 역시 무현일 수밖에 없다. 좀 더 정확히 말하면 이 가족의 균열은 은주라는 젊은 계모의 등장이 아니라 무현이 가족을 대하는 무기력·무감각·무책임한 방식에 연원한다.

그는 수미의 병세와 그로 인한 일련의 분열적 행동들을 속수무책의 방관자적 입장에서 지켜볼 뿐이다. 그가 할 수 있는 것은 매일 두 알의 약을 수미에게 먹도록 하는 일이 전부인 것처럼 보인다. 무현은 이미 수미가 자신의 내면에 은주라는 새로운 자아와 수연이라는 또 다른 자아를 만들어놓고, 그녀들과 자신을 동일시하며 말하고 행동하는 것을 알고 있다. 그렇기 때문에 수미의 그런 언행을 계속, 어느 정도는 받아주기도 하지만 대체로 무시하는 형태의 반응으로 일관한다. 가령 수미가 은주의 자아를 가지고 무현의 침대에 마치 부부처럼 누울 때 무현은 조용히 일어나 거실 소파에 가서 눕는다. 수미와의 모호한 관계에 대한 그의 도덕적 양심이 선명하게 드러나도록 하는 행동이나, 수미의 건강 회복을 위한 특별한 행동 역시 전혀 하지 않는다. 또 그는 아내의 죽음에 이은 수연의 사고 당시(옷장이 넘어졌을 때)에도 마당에서 이상한 낌새(심각한 사고)를 느낀 듯 2층 쪽을 쳐다보지만 별다른 행동은 하지 않는다. 이는 그

---

23 김혜리(정리), 「꽃으로 한 번 맞아 볼텨?: 〈장화, 홍련〉 대담: 김지운 VS 윤종찬」, 70쪽.

가 집 안에서 벌어지는 여러 일들에 얼마나 방관적이고 무감각하게 지냈는지를 단적으로 보여주는 장면이다. 한마디로 그는 병든 아내의 자살과 작은 딸 수연의 죽음, 큰딸 수미의 정신 질환이나 새로운 아내 은주의 고통 등 어느 것에 대해서도 직접적인 책임이 없다는 듯이 묘사된다. 따라서 그는 죄의식으로 인한 공포에 시달리지도 않으며, 그의 눈앞에는 귀신도 직접 나타나지 않는다. 결국 그는 정서적인 차원이나 구체적인 행동을 통해서거나 간에 가족을 위해 헌신하거나 어떤 감성적 포용력도 보여주지 못한다(않는다). 그는 가족 내에 있으면서도 일체의 것에 무관심한 부재의 형식을 통해 역설적으로 가부장적 권력의 중심에 있다. 바로 이러한 모습, 즉 '무현(아버지 · 가부장)에게 예외적으로 면죄부를 주는 것'처럼 그려진 모습 때문에 앞서 살펴본 많은 선행 연구들이『장화홍련전』과의 연관성을 자꾸 언급하거나 원전의 모순을 되풀이한다는 비판을 하는 것이다. 정성일의 다음과 같은 지적은 여기서 한 걸음 더 나아가는 지독함을 보여준다.

> 그러나 진짜 죄의식은 그렇게 해서라도 딸을 차지하려는 아버지의 이야기가 주는 절망적인 시도이다. 〈장화, 홍련〉은 이 둘 사이를 오간다. 숨길 것인가, 들키는 쪽을 택할 것인가. 딸의 소망에서 멈출 것인가, 아버지의 죄의식까지 갈 것인가. …… 그 사이에서 김지운은 결정을 내리지 못한다. 하지만 어느 쪽이어도 마찬가지이다. 아마도 이것은 매우 은밀하고도 죄의식에 찬 남자들의 욕망에 관한 이야기이며, 혹은 더할 나위 없는 반(反)페미니스트 영화일 것이다. 나는 이것을 우리 시대의 여자들이 어떻게 소비할지 정말 궁금하다.[24]

실상 〈장화, 홍련〉은 관객이 어느 프리즘으로 보느냐에 따라 젊은(어린) 여자들에 대한 김지운의 은밀한 욕망이 투사돼 있다는 것을 알아차릴 수 있는

---

24 정성일, 「기이하고 불안한 반 페미니스트 영화」, 207쪽.

여지는 많다. 그런 면에서 정성일의 이 같은 독서가 지독하긴 해도 설득력을 완전히 잃은 것은 아니라고 할 것이다.[25] 그러나 내가 생각하기에 무현은 처음부터 병석에 오래 누워 있는 아내나 수미, 수연 자매에게 죄의식이 있지 않았다. 이 때문에 그는 어느 순간 이런저런 문제(그리고 그 해결의 번거로움과 짜증스러움)에서 벗어나 '그냥 가벼워지고 싶었을 뿐'이었다는 것이 더 타당해 보인다. 그가 아내나 아이들에게 죄의식을 가진 인물이었다면 은주를 데리고 오는 일에 많은 고민을 하거나 다른 선택을 했을지도 모른다. 그에게 은주는 아내보다 훨씬 젊고 건강하고 매력적인 여자이고, 고민 없이 집으로 데려와도 좋은 상대였다. 그 때문에 그는 자신이 별 생각 없이 선택하고 진행한 일이 이렇게 크게 비화될 줄은 몰랐을 것이다. 그는 아내의 자살, 수연의 사고사, 수미의 정신 분열, 은주의 떠나감 등 일련의 사태 속에서 망연자실한 채 갈피를 못 잡고 있다고 보는 것이 훨씬 개연성이 있지 않은가? 정성일의 글에서처럼 무현에게서 '죄의식에 찬 욕망'이나 '절망적인 시도'를 읽어내려는 것은 지나친 비약이라 할 것이다. 그보다는 오히려 수미가 트라우마를 극복하고 엄마와 수연에 대한 적절한 애도와 떠나보냄, 그리고 궁극적으로 다중인격장애의 미망을 떨쳐버리고 건강을 회복하는 데 그가 가장 적극적이고 섬세한 역할을 해야 한다. 그러나 그가 그러한 모습을 전혀 보이지 않는 것이 더 심각하고 본질적인 문제이다.

나오는 말

영화 〈장화, 홍련〉에 대한 이상의 분석적 접근을 통해 우리는 이 영화가 원

---

25 그 연장선에서 심영섭(앞의 글)의 독해는 시사하는 바가 크다. 그녀는 내러티브 차원이 아니라 영상 기법에서 김지운의 욕망을 읽어내기 때문이다.

전 고소설과는 매우 다른 방향으로 모든 것을 이루었다는 사실을 확인했다. 그러면서도 영화 속에 원전과 비교하여 논의될 수 있는 여지가 많이 들어 있다는 것을 부정할 수는 없다. 양자의 비교를 통한 길항(拮抗) 과정에서 수많은 논쟁거리들이 계속 산출된다는 것이 이 작품의 가장 큰 매력이다. 텍스트 속의 명료한 부분과 모호한 부분들, 정보의 과잉과 지연 또는 결여(공백) 사이에서 에너지가 나온다는 점도 이 영화를 얼핏 보고 넘어갈 수 없게 하는 요인이다. 이는 뜯어볼수록 생산적인 면이 많이 도출될 수 있다는 것을 반증한다. 예컨대 이 영화에서 제공되는 정보의 과잉이나 극적 디테일에 대한 지나치게 세밀한 묘사 등은 불필요한 오해를 불러일으키는 부정적 요인이 되기도 한다. 스타일의 과용, 오버 디렉팅이라는 불만도 쏟아져 나온다.[26] 그러나 그러한 요소들이 만들어내는 오독(誤讀) 역시 텍스트 해석과 수용의 일부분이며 이 작품에 대한 논쟁을 풍요롭게 하는 원천이다. 한마디로 그것은 매우 생산적일 수 있으며 결과적으로 나쁘지 않다.

한편 우리가 아직도 짚어보지 못한 것, 논의의 전면에 올리지 못한 것들이 많다. 새로운 시각과 해석을 기다리는 요소들도 많이 있다. 가령 영화의 배경, 공간에 대한 분석적 접근 말이다. 흔히 제한된 공간에서 이루어지는 사건을 다루는 이야기는 인물의 내밀한 묘사나, 그 인물들의 성격과 배경(장소, 공간) 사이의 환유(換喩)적 관계가 내포하는 의미 해독이 텍스트를 이해하는 키포인트가 되곤 한다. 등장인물들은 공간에 의미를 부여하고 공간은 인물들의 극적 성격을 규정짓는 역할을 한다.[27]

그런 측면에서 영화 〈장화, 홍련〉의 배경이 되는 집은 중요한 읽을거리들로 충만하다. 일본식 목조 가옥, 2층집에 서양식 가구, 꽃무늬 벽지 장식과 기이

26 듀나, 「정서적 클라이맥스가 없다: 흥미롭지만 후반부의 빈틈을 채우지 못한 〈장화, 홍련〉」, 71쪽.
27 서정남, 『영화 서사학』(생각의 나무, 2004), 246쪽.

한 원색풍 색조의 대비 등은 낯설고 폐쇄적인 정서를 자아낸다. 집은 가족 구성원들의 의식과 무의식(개성, 인격, 취향, 인생관, 세계관 등)이 투영된 집합적 장소로 상상과 상징을 아우르는 내면의 세계를 표현하는 공간이다. 기본적으로 안과 밖으로 공간이 나뉘고, 층에 의해 나뉘는가 하면 부엌과 침실 등으로 양분되는 구조이다. 이 공간들이 의미하는 바는 매우 다중 복합적이지만 집 안은 최우선적으로 무의식으로의 회귀이다. 무현을 제외한 모든 인물들은 집으로 들어오는 순간부터 기억하고 싶지 않은, 묘한(uncanny) 죽음 충동에 빠진다. 은주와 무현은 1층에 거주하고 수미와 수연은 2층에서 살게 된다. 엄마와의 추억(엄마에 대한 기억)이 잠들어 있는 공간인 2층은 상상계로 작용한다. 퇴행적인 공간으로도 볼 수 있다. 내재(억압)된 잠재의식들이 되살아나고 수미의 신경증을 더하게 만드는 공간이다. 1층, 그중에서도 부엌은 의식과 무의식이 타협하는 공간으로 상상계와 상징계를 품는 실재계의 역할이 주어진 공간으로 보이기도 한다.

무엇보다도 가장 중요한 상징은 집의 안팎이다. 외관(남성 상징 = 일본식 목조주택)은 가장의 취향을, 내부 장식과 가구들(여성 상징)은 아내의 취향을 대표한다고 볼 수 있다. 그런데 김지운 감독은 이 집을 통해 "무엇인가 깨끗이 청산되지 않은 잔재감을 이야기하고 싶었다. 일본식 목조건물의 내부를 서양식 가구로 채웠는데, 이것은 일본의 잔재와 미군정에서 이식된 문화가 어지럽게 섞인 우리 근현대사의 정신 상태와 비슷하다"[28]라고 말했다. 그러나 김지운의 이 말은 그가 영화 〈장화, 홍련〉과 관련해 인터뷰나 대담에서 밝힌 여러 정보 가운데 가장 어리석은 표현이 아니었나 싶다. 이것은 텍스트 해석의 지평이 무한히 확장될 수 있는 여지를 스스로 차단한 것이다. 그리고 그가 밝힌 이 같은 의도 역시 내러티브와의 유기적 연계성을 결여한 헛발질로 여겨진다.

영화 속 내러티브와의 연관성에 기초해 내가 보기에, 극적 배경이 되는 이

---

28 김혜리(정리), 「꽃으로 한 번 맞아 볼텨?: 〈장화, 홍련〉 대담: 김지운 VS 윤종찬」, 69쪽.

집은 1차적으로 무현과 그 아내의 관계를 상징적으로 보여준다. 한마디로 무현과 그의 아내는 궁합이 잘 안 맞는 부부로 보인다. 이야기가 펼쳐지는 현재 집의 상태가 이러하다는 것은 그들 부부의 삶의 궤적을 그대로 드러내는 것이기 때문이다. 그들은 서로 상이한 취향과 방식으로 자신들의 삶의 터전을 조화롭지 못하게 꾸몄다. 어쩌면 그러한 부조화가 아내의 병인(病因)일 수도 있고, 반대로 아내의 오랜 질병이 그녀로 하여금 신경질적으로 이 집의 내부를 장식하게 했을지도 모른다. 그런데 김지운은 한 번 더 헛발질을 한다.

> 이질적 요소를 혼합할 때 충돌에서 발생하는 기괴한 효과도 염두에 두었다. 가구 하나 들어올 때마다 식탁의 결, 다리의 곡선, 카메라가 식탁 뒤로 갈 때 나오는 의자의 골을 생각하면서 텍스추어에 대해 꼼꼼히 접근했다. 어떤 벽지는 세 번이나 바꾸고 수없이 가구를 넣었다 뺐다 하였다. 설령 영화에 드러나지 않아도 한 숏 안에서 전체의 색감과 조형감을 살핀 뒤 어떤 아우라를 위해 놓아두기도 했다.[29]

이렇게 정성 들여 극적 디테일을 이루는 배경을 장식해놓고, 왜 그것을 내러티브와의 연장선상에서, 이야기의 내용과 맥락화해서 봐줄 것을 요구하지 않는지 도무지 이해할 수가 없다. 매우 이질적이고 기묘하게 아름다우면서도 무언가 조화가 이루어지지 않는 이 집의 안과 밖, 그리고 집 내부의 요소요소는 가족이라는 이름으로 같은 공간에서 살고는 있지만 그 구성원들 사이의 유기성은 결여된 모습을 명료하게 환기해준다. 바로 여기서부터 이야기는 이미 출발한 것이다. 아내가 몸져누울 당시부터, 수미가 엄마를 적대적 경쟁자로 삼고 아빠를 욕망하게 되는 계기, 그러한 욕망이 강화되는 계기, 무현이 은주와 불륜 관계에 빠지고, 결국 그녀를 이 집으로 끌어들이는 것 모두의 근원이

---

29 김혜리(정리), 「꽃으로 한 번 맞아 볼텨?: 〈장화, 홍련〉 대담: 김지운 VS 윤종찬」, 69쪽.

여기에 있다.[30]

결국 수미는 육체적으로나 정신적으로 이 집이라는 공간을 벗어나야만 한다. 그것이 그녀를 치유하는 첫걸음이다. 이 집은 반복적으로 수미의 자아를 분열시키고, 다중인격을 생성시킨다. 그러나 그녀가 집 밖으로 나오면 억압된 과거의 공간을 빠져나오는 것이 된다. 그래야만 그녀는 새롭게 현실을 받아들일 수 있다. 바깥 세계는 수미가 자신을 거울 단계에서 벗어난 불안한 존재로 여기는 곳이지만, 자신이 존재함을 느끼는 공간이기도 하다. 바로 라캉(Jacques Lacan)이 이야기하는 전이의 공간, 유동적인 인식의 공간이다. 전이는 삶의 진실이 얼마나 환상 위에 세워지는지 보여주고 우리에게 어떻게 살아야 하는지를 생각하게 만든다.

---

30 모든 인과관계의 근원에 집이 있음을 추론할 수 있도록 충분히 분위기를 만들어놓고 다른 이야기를 하는 것은 바보짓이다. 텍스트의 해독을 지연시키기 위한 또 다른 트릭이 아니라면 말이다.

Chapter 5

실미도

/

국가가 기른 전사, 국가가 용도 폐기함으로써 괴물로 귀환하다

강우석 감독 | 2003년 개봉

이 영화가 이야기하는 것

〈실미도〉는 지난 1968년 북한 124군부대의 청와대 습격기도 사건(1·21 사태)이 발생하자 그들과 똑같은 방식으로 보복하겠다는 목적으로 중앙정보부가 주도해 결성한 684부대의 실화를 토대로 한다. 역사의 캐비닛 깊숙한 곳에 봉인돼 있던 사건을 들춰내고 솔질을 가해, 충격적이고 드라마틱한 전모를 두 시간짜리 영화로 극화해 2003년 크리스마스이브에 선물로 배달했다. 이에 대해 우리 관객 천만이 응답했다. 한국 영화사상 최초로 천만 관객 시대를 연 작품으로 기록된 것이다.[1]

실미도 사건이 발발한 때는 남북 간의 이념과 체제 대결이 정점에 달한 시기였다. 정치권력(그리고 그 하수인들)이 스스로 국가가 되어 부당하고 위법한 방법으로 사회의 배려나 도움을 받지 못하고 방치된 젊은이들을 비밀리에 서

---

1 서울 관객 326만 4,000명, 전국 1,108만 1,000명으로 2004년도 한국 영화 흥행 순위 1위[영화진흥위원회, 『한국영화연감』(커뮤니케이션북스, 2004) 참조], 역대 한국 영화 흥행 순위 8위(2013년 12월 기준)를 기록했다. 이 영화로 강우석은 청룡영화상 작품상과 감독상, 백상예술대상에서 대상, 대종상과 춘사영화예술제 심사위원 특별상, 허준호가 대종상 남우조연상, 정재영이 청룡영화상 남우조연상을 받았다.

해안의 무인도로 끌어모았다. 그들은 이들의 이름마저 소거한 뒤 마치 일회용 소모품처럼 쓰고 버리려고 했다. 그런데 갑자기 상황이 바뀌고 이들의 용도가 없어졌다. 그러자 그들을 책임져야 할 권력자나 국가는 이들을 방치했다가 결국 '용도 폐기' 수순에 들어가려고 했다. 그러나 동물적인 감각으로 낌새를 알아차린 부대원들의 역공으로 큰 화를 불러일으킨 사건으로 비화되었다. 무력으로 국권을 찬탈한 세력의 오만함, 그 하수인들이 주권자인 국민을 업신여기고, 자신들의 입맛대로 국민을 붙잡아 쓰려다가 효용성이 사라지자 제자리로 돌려놓기는커녕 국가의 한 구성원, 건강한 시민으로 돌아갈 기회도 박탈하고 섬에 고립시켰다가 모조리 사살하는 방식으로 덮으려고 한, 국사독재의 잔인성을 낱낱이 보여주는 상징적인 사건이었다.

1968년 당시 실미도에 들어간 특공 대원 31명은 극비리에 실시된 단기간의 치열한 훈련으로 북한의 124군부대에 필적하는 살인 병기로 거듭난다. 그러나 닉슨독트린이 발표되자 냉전 체제가 완화되고 동서 간의 화해 무드(데탕트)가 조성되어 남북 간의 대결 구도에도 영향을 미치고 커다란 정세 변화로 이어졌다. 그러는 사이 그들은 3여 년간 섬에 유폐된 채 하염없이 임무 투입을 기다리다가 결국 용도 폐기될 상황에 놓였다. 그사이 훈련 중 익사 사고로 1명이 사망한 것을 시작으로 탈영을 시도하다가 2명이 즉결심판으로 처형되었고, 하극상을 벌였다는 이유로 1명이 집단구타를 당하고, 무의도 강간사건으로 3명이 사살되는 등 총 7명의 결원이 발생했다. 그러자 나머지 24명은 조만간 자신들을 몰살시키고 극비리에 부대를 정리하리라는 낌새를 눈치챘다. 결국 1971년 8월 23일, 자신들을 살인 병기로 길렀지만 이제는 몰살시키려는 기간병들과 교전을 벌여 오히려 그들을 몰살했다. 그 과정에서 2명이 사망하고, 나머지 22명은 섬을 탈출했다. 그들은 버스를 탈취해 서울로 진입해 청와대로 가서 자신들의 억울함을 호소하려고 했다. 그러나 군과 경찰은 서울 초입인 대방동 유한양행 앞에 저지선을 구축하고 그들을 막아섰다. 더는 앞으로 나갈 수 없던 그들은 결국 버스 내에서 수류탄을 터뜨려 자폭했고, 그 결과 총 18명이 사망하고 4명이 살아남았다. 그러나 살아남은 4명도 즉각 군법회의에 회부돼 단심으로 사형이 확정되었고 바로 형이 집행되었다. 사건 발생 초기에 정부 당국은 이 사건을 '북한 무장공비'의 침투라고 했다. 그러나 버스에 탑승했던 민간인을 비롯해 684부대원들의 탈출 과정에서 조우했던 여러 사람들 입을 통해 이들이 남파 무장공비가 아니라는 사실이 급속히 퍼져나갔고 언론에서도 취재 보도를 내보내려 했다. 그러자 정부는 사건 다음 날 태도를 바꿔 '군특수범들의 난동사건'으로 정정 발표하며 즉각 언론 통제에 들어갔다. 당시 우리 정부는 북한의 남파 간첩이나 무장 공비에 맞서 우리 쪽에서도 동일한 대응을 한다는 사실을 철저히 비밀에 부치고, '유언비어 유포'를 중대 범죄 취급하며 국민들 입단속을 했다. 그래서 우리 쪽에서 북한에 보내기 위한 '무장 게릴라'를 양성했다는 사실과 그들이 불만을 품고 무장한 채 서울로 진입하려고 했다는 사실이 밝혀지는 것을 완벽히 봉쇄했다. 따라서 당시 언론은 엄청난 파장을 몰고 올 수도 있었던 우리 군 내 '북파 부대'의 존재와 그들이 일으킨 사건의 실체적 진실을 단 한 줄도 보도하지 못했다. 다만 정래혁 국방장관과 김두만 공군참모총장 등 정부와 군 고위간부들이 사건 발생 사흘 만에 책임을 지고 물러남으로써 이 사건의 심각성을 짐작케 했으나 그 정도 선에서 서둘러 마무리되었다. 그러므로 일반 국민은 이 사건의 총체적 맥락이나 전후 사정을 이해하는 것이 거의 불가능했고, 이후에 벌어진 또 다른 충격적 사건들의 연쇄 속에서 조용히 잊혔다.

이렇게 '실미도 사건'은 역사 속으로 사라지는 듯했으나 진실이 땅에 덮이면 자라나는 법이다. 그리고 그렇게 자란 진실은 커다란 폭발력을 갖고 터져 나온다. 시간이 흐른 뒤, 언론에서 이 사건을 처음으로 다룬 것은 1993년 ≪신동아≫에 684부대 창설 멤버로 부대 창설부터 마지막을 지켜본 한 초급 지휘관의 글이 기고되면서이다.[2] 그러나 이후 사건은 다시 수면 아래로 내려가 세간

---

2 박영철, 「실미도 대북침투부대의 최후」, ≪신동아≫, 402호(1993년 4월 호), 394~415쪽.

의 이목을 끌지 못한 채 잊혔다. 그런데 소설가 백동호가 두 권짜리 실화 소설 『실미도』(밝은세상, 1997)를 출간하면서 이 사건은 다시 주목받기 시작했다. 곧이어 MBC 다큐멘터리 〈이제는 말할 수 있다〉가 이 사건에 대한 실체적 조망을 내보내면서 커다란 반향을 일으켰다. 그 후 여러 매체를 통해 이 사건의 직간접적인 관계자들의 증언과 후속 취재가 이루어지면서 진실이 조금씩 드러났다. 그리고 마침내 2003년 12월, 그 사건의 당사자이자 희생자인 684부대 31명의 훈련병이 겪은 3년간의 극비 실화를 쫓는 영화 〈실미도〉가 개봉했다. 그렇게 우리 현대사의 가장 냉혹한 사건이면서 역사 속에 철저히 은폐되고 지워진 '실미도 사건'의 실체가 스크린 위에 펼쳐졌다. 실제 사건을 다루는 만큼 영화는 사실적 재현에 중점을 둔 것처럼 보인다. 그러나 당시의 국내 정치 상황과 국제 정세의 급변이라는 상황적·시스템적 요인을 살피지 못하는 것은 이 영화의 가장 큰 약점이다.[3] 우리나라 근대화 과정에서 역대 정권은 돈 없고, 힘없고, 배경 없는 사람(국민, 주권자들)을 여러 가지 방식으로 이용하고, 업신여기고, 도태시키고, 소모품처럼 이용하다가 폐기처분했다. 실미도 684부대원들도 그 대표적인 케이스 중 하나이다.

---

3 가장 큰 대외적인 요인은 닉슨독트린(1969년 7월 29일)에 있다. 닉슨독트린으로 촉발된 동서 화해 무드, 즉 데탕트, 그리고 그것의 가시적 움직임은 미국과 중국의 핑퐁 외교, 헨리 키신저(Henry Kissinger) 미 국무장관의 중국 방문, 닉슨(Richard Milhous Nixon) 대통령의 중국 방문과 수교로 이어졌고, 닉슨의 소련 방문과 전략무기제한협정(SALT) 진행으로 이어졌다. 이러한 국제 정세의 급변은 박정희에 대한 충성심을 가시적으로 표현하고, 북한에 대해 그대로 돌려주겠다는 복수심에 불타오른 중앙정보부의 성마른 행동에 급제동을 건 요체가 되었다. 게다가 성마른 충성심으로 온갖 무리수를 자행한 김형욱이 1969년 10월 20일 자로 해임되면서 684부대원들의 명운이 걸린 국내 상황 역시 급변했다.

강인찬, 그리고 684부대원이 보여주는 삶의 비극성

영화 속으로 들어가 보면, 월북한 아버지 때문에 연좌제의 족쇄에 걸려 총 열두 차례나 취업에 실패하고 사회 어디에서도 인간 대접을 받거나 발붙일 수 없었던 강인찬(설경구 분)은 폭력 집단의 하수인으로 살인미수의 범죄를 저지르고 체포돼 수감된다. 그런 그에게 최재현 준위가 다가온다. 최 준위가 리포트한 강인찬과 그의 아버지 인적 사항은 다음과 같다. "검도 사범 강민우, 고정 간첩 혐의로 체포, 재판 도중 탈옥, 수색 작전 실패, 월북했을 것으로 추정, 당시 강민우의 독자 강인찬, 나이 15세, 중학교 졸업 후 고교 진학 포기, 그해 다섯 군데 그다음 해 일곱 군데 취직 실패, 17살에 진도파 행동 대원으로 발탁, 1968년 현재 살인미수죄로 사형 확정!" 이처럼 외통수에 걸려 꼼짝 못하게 된 강인찬에게 최재현 준위는 거절할 수 없는 제안을 한다. 만약 자신을 따라가 국가에 몸을 바칠 각오가 돼 있다면 '빨갱이 아들'이라는 꼬리표를 떼어버리고 부와 명예를 누리면서 살 수 있는 기회가 주어질 것이라고 한다. 탈출구도 없고 다른 선택의 여지도 없는 인찬은 그의 제안을 받아들일 수밖에 없다. 그가 비밀리에 끌려간 곳은 인천의 외딴 부둣가이다. 이처럼 인찬을 반민주적이고 반인륜적이며 초법적 악습인 연좌제의 희생양으로 그린 것은 1960년대라는 시대 공기, 당대 우리 사회의 단면을 상징적으로 보여주는 데 매우 적절한 선택이다. 연좌제는 해방과 국토 분단, 전쟁, 그리고 지속되는 북한과의 이념 대결·체제 대결 와중에 생긴 대표적인 차별과 인권유린 사례로 다수의 피해자를 양산했다. 사회에 진출하는 통로 자체를 원천 봉쇄당한 그들은 국가로부터 최소한의 인권조차 보장받지 못하고 철저한 차별 속에서 숨죽이고 살아가야만 했다. 이 때문에 그들은 1950~1960년대 우리 사회 기층민의 한 전형이었다.

한편 전후 내막이 거두절미된 채 막 형장의 이슬로 사라지려던 사형수 '상필(정재영 분)' 역시 인찬과 함께 하고 있다. 그리고 그들 옆에는 깡패나 부랑자, 도둑이나 사기꾼 등 잡범 전력을 가진 것으로 보이는 찬석(강성진 분), 원희

(임원희 분), 근재(강신일 분) 등 기관원에게 차출된 31명의 젊은이들이 모여 있다. 그들은 한 배를 타고 대한민국 서부의 외딴 섬 '실미도'로 향한다.[4] 그러나 실미도는 그들이 상상했던 해방구나 낭만적인 이상향이 아니었다. 1968년 4월에 결성되었다 하여 일명 '684부대'로 불리게 된 이들 앞에는 매 순간 생과 사를 오가며 인간 한계에 도전하는 지옥 훈련만이 있다. 훈련 중이나 대북 침투 시에 낙오된 자는 '즉결심판'으로 처리되며 적에게 체포될 상황이면 '자폭'하는 것을 구호와 신조로 삼는다. 오직 북한 주석궁 침투 및 폭파와 김일성 암살을 목표로 살인 병기가 되기 위한 훈련을 거듭하는 것이다. 또한 자신들의 정체를 철저히 숨기기 위해 군번이나 이름도 없이,[5] 그리고 마치 진짜 북한 인민군인 것처럼 위장하기 위해 어투부터 모든 훈련과 개인화기에 이르기까지 철저하게 인민군의 것으로 준비하고 불과 수개월 만에 북파가 가능한 인간 병기로 완성되었다.

---

4 그러나 영화와는 달리 지난 2006년 7월에 발표된 '군과거사진상규명위원회'의 조사 결과에 의하면 실미도 부대원 모집은 현역 군인에게는 훈련 뒤 장교 임관, 민간인에게는 미군 부대 취직 등을 약속하며 모집한 것으로 드러났다.

5 이 영화에서 '이름'은 아주 중요한 의미가 있다. 그러나 영화 속에서 인물들의 이름은 호명되지 않고 잘 드러나지도 않는다. 주인공 강인찬만이 영화 초반부의 재판 신과 최재현 준위의 프로필 리포트를 통해 드러날 뿐이다. '상필'이라는 이름도 후반부에 두 번 나오는 것이 전부이다. 31명의 훈련병과 그 외에도 많은 기간병들이 등장하지만 그들 중에 이름이 명확히 드러나는 인물은 손에 꼽는다. 이는 실미도에 들어오면서부터 이름과 개인 인적 사항이 말소된 684부대원들의 처지와 연관된다. 그들을 모집하고 실미도로 불러들인 그때부터 국가는 이미 일회용 소모품으로 사용하기 위해 그들의 신원을 알려주는 모든 것, 세상과의 연결 고리가 될 모든 것을 깔끔히 지워버린 것이다. 이 때문에 그들은 절체절명의 순간에 비분강개하며 각자 자신의 이름을 직접 호명해 동료들에게 알리고 버스 안 곳곳에 피로 이름을 새기는 모습을 보인다. 그들이 가장 분노하고 두려워한 것은 이 세상 아무도 모른 채, 아무도 알아주지 않는 상태로 죽음을 맞이하고, 아무도 기억해주는 이 없이 한 줌 흙으로 돌아가는 것임을 영화는 환기시킨다. 그런 면에서 이 영화는 의도한 것보다 큰 정치성과 역사성을 띤다.

영화는 이러한 훈련 과정을 다이내믹하게 그리면서 주인공인 인찬과 상필의 대립 구도에 근재가 균형 추 역할을 하도록 캐릭터를 부여하고 극적 사건과 부가적 에피소드를 배치한다. 여기에 카리스마 넘치는 교육대장 재현 밑에 서로 다른 개성을 가진 조 중사와 박 중사 두 명의 교관을 배치해 교육생들과 또 다른 대립 구도를 형성한다. 맛깔스러운 조연들을 통해서는 서사의 단선성을 피하면서 크고 작은 해프닝 속에 재미와 웃음, 감동과 비극적 정서를 버무려놓는다. 흥행을 최우선 가치로 내세우는 강우석식 플롯 구성법과 인물 캐릭터 창조와 배열, 운용법의 정점을 보여준다. 영화 개봉을 앞두고 평단과 언론의 대체적인 중론은 '상투적인 서사, 신파와 감상주의, 낡은 스타일의 연출'로 모아진 가운데 크게 흥행이 될 것으로 보지는 않았다. 그러나 이제까지의 어떤 영화보다 더 영화 같고 참혹했던 사건이 가진 에너지, 세월의 땅속에 파묻힌 진실의 힘은 커다란 폭발력을 가지고 터져 나왔다. 그리고 대한민국 영화 역사상 최초로 천만 관객을 돌파하는 기염을 토하게 되었다.

영화 속 인찬은 말이 없는 과묵한 성격이다. 그의 이러한 성격은 천성이라기보다는 어려서부터 수없이 들었고 손가락질을 당한 '빨갱이 자식'이라는 차별과 경멸로 인한 상처 때문에 형성된 것일 수 있다. 그리고 누구와 싸워도 결코 지거나 물러서지 않는 싸움닭 같은 면모는 태권도 사범이었던 부친의 운동 감각을 물려받은 것으로 보인다. 그는 내면에서 사고하는 것을 행동으로 옮기는 자존감이 높은 인물이기도 하다. '북한에 가서 김일성의 목을 따는 것만이 명예를 얻는 길이요, 그래야만 평생 고생한 어머니에게 효도할 수 있는 기회가 생긴다'는 생각이 모진 훈련들을 버티는 행동으로 이어지는 것을 알 수 있다. 이렇게 볼 때 인찬을 움직이는 힘은 두 가지이다. 하나는 증오이고, 다른 하나는 어머니이다. 증오의 요체는 자신과 어머니를 무책임하게 버리고 월북한 아버지이다. 그에게 아버지라는 존재는 결국 국가 또는 그가 사는 당대의 정치·권력 체제이고, 그에 대한 증오이다. 그러나 인찬은 국가·통치 권력이라는, 그로서는 짐작도 할 수 없는 체제에 증오를 품을 수 없기에 아버지라는 가시적이고 일차적인 대상에 증오심을 투사한다. 바로 이 지점에서 그가 가진 비극성이 드러난다. 그의 삶이 뒤틀린 것은 1차적으로는 아버지의 사상적 신념과 그에 따라 처자식을 버리고 다른 체제를 선택한 데서 나온다. 그것은 우리나라가 처한 역사적 사건의 비극적 소용돌이 속에서 발생한 희생자의 모습이라는 점에서 개인적 차원을 넘어서는 문제이다. 그리고 그 희생자들을 감싸고 위무해 살길을 마련해주는 것이 국가의 당연한 책무이다. 그러나 국가는 연좌제라고 하는 최악의 제도를 통해 오히려 그들에게 최소한의 인권도 보장해주지 않고, 아무것도 하지 못하게 막아섰다.

인찬을 움직이는 두 번째 힘은 바로 홀어머니에 대한 애잔함이다. 그의 모친은 아버지가 월북한 사실 때문에 연좌제가 적용되어 인찬이 사회에 진출할 통로가 원천 봉쇄되자 잠도 누워서 자지 않고, 한겨울 혹한에도 불을 때지 않은 채 자책의 삶을 산다고 한다. 그런 어머니에 대한 인찬의 애끓는 효심은 사진 한 장으로 설명이 된다. 그리고 몇 개의 신을 통해 반복 환기되는 어머니(사진)와 관련된 극적 상황은 이 영화가 채택한 신파성 멜로 코드의 요체이다. 특히 어머니를 향한 인찬의 마음을 드러내는 다음과 같은 대사는 관객의 눈물샘을 자극하기 위한 계산된 전략이다. "인찬: 전 …… 어머니가 살아계시는 한 딴 마음 품지 못합니다. 살아는 계십니다. 어머니는 …… 아버지가 사라진 이후부터 누워서 주무시지를 않습니다. 방에 불도 안 때고, 그때가 저 4학년 때니까 벌써 10년도 넘는 세월 동안 …… 아마 오늘도 그렇게 주무실 겁니다. 벌레처럼 방구석에 웅크려서 …… 자식 앞길 망친 부모가 다리 뻗고 잘 염치없다고 ……." 이와 같은 인찬의 눈물 어린 고백은 고전 멜로드라마가 익숙하게 반복해온 신파적 통속성과 다르지 않다. 나아가 이러한 감성 코드는 국토 분단과 전쟁, 냉전과 체제 대결이라는 극단적 상황의 틈새에 끼여 희생 제물이 된 인물(들)의 굴곡지고 비극적인 삶의 단면을 멜로적인 통속성으로 치환하고 과장해 관객의 감성을 자극하려는 의도의 전형이다.

인찬(다른 동료들도 마찬가지로, 그리고 교육대장 최재현 준위와 기간병들도 별반 다를 것 없이)의 삶은 비극적이다. 그 이유는 자명하다. 그는 '연좌제라는 족쇄를 차고 세상 감옥에서 옴짝달싹하지 못하는 삶 → 그곳을 탈출하기 위한 몸부림으로 폭력 조직에 들어감 → 살인미수 범죄를 저지르고 교도소에 수감됨' → '사형을 선고받고 수감 생활 → 살기 위해 최재현 준위의 제안을 받아들임 → 육지로부터 떨어져 나온 실미도, 또 다른 감옥에서의 지옥 훈련 → 대북 침투와 주석궁 폭파, 김일성 살해만이 유일한 탈출구 → 그마저 막혀버림 → 기간병 살해하고 실미도 탈출 → 그러나 버스 안에서 자폭으로 생을 마감'한다. '결국 자유로운 세상에 발을 내딛지 못하고 계속해서 감옥만 전전하다가 그 안에서 비극적인 최후를 맞이'한 인물이다. 다른 인물들 역시 인찬과 다를 바가 전혀 없는 공동 운명체라는 점, 그리고 이들을 그렇게 몰고 간 주체가 바로 국가 권력(또는 그 하수인)이라는 점이 이 영화가 보여주는 섬뜩한 비극성의 요체이다.

이렇게 볼 때 이 영화를 통해 우리가 다시 확인하고 기억해야 하는 것은 아이러니하게도 영화가 이야기하지 않는 부분에 있다. 그 내용들을 들춰내고 기억해야만 한다. 그것은 이 영화를 체계적으로 읽어내기 위한 배경 설명일 수도 있고, 이 영화가 배경으로 포함시켰어야 하나 그렇게 하지 못한 역사적 상황과 시스템 문제에 대한 입체적인 조명일 수도 있다. 먼저 그 시대의 역사적 상황을 면밀히 살펴봐야 한다. 당시 한반도와 주변의 국제 정세, 남북한의 정치 상황이 어떻게 씨줄과 날줄로 직조돼 일련의 사건이 터졌는지, 그리고 어쩌다가 실미도 684부대라는 시대의 안타까운 희생자들이 만들어졌는지 제대로 알아야 한다. '역사는 반복된다'는 두려운 명제 앞에서 다시는 이러한 야만을 반복하지 않고, 우리 자신이나 자식, 그 후대에서도 다시는 이 같은 어처구니없는 희생자가 발생하지 않도록 하기 위해서 말이다.

김일성의 통치체계 확립 과정과 1967~1972년 사이의 북한 정세

북한의 초기 정치 구조는 남로당 계열, 갑산파 계열, 소련파 계열, 연안파 계열 등으로 이루어진 연립내각 체제였다. 한국전쟁 이후 김일성은 당시 정적이던 박헌영, 리승엽 등 남로당 간부들을 1차로 대거 숙청했다. 이후 김일성의 지지 기반은 계속 확대되었다. 1956년 8월에는 최창익 등 연안파 세력이 김일성을 끌어내리려고 시도했지만(8월 종파사건) 무산되었고, 얼마 후 주동 세력인 소련파와 연안파는 차례로 숙청되었다. 그 결과 소련과의 관계가 악화되었다. 이어서 김일성은 1967년 5월에 열린 조선노동당 중앙위원회 제4기 15차 전원회의에서의 사상투쟁을 계기로 갑산파 계열 내의 온건 세력을 숙청함으로써 김일성 유일체제의 정치 구도가 확립되었다. 1968년에 북의 대남 도발이 특히 심했던 것은 베트남 파병에 대한 응수로 남한에서 '제2전선'을 펼친다는 의도가 강하게 작용한 결과였다.

갑산파를 숙청한 김일성은 1968년부터 자기의 생일인 4월 15일을 국가 명절(태양절)로 지정하는 등 개인 우상화에 박차를 가했고, 황장엽 등을 동원해 김일성 유일사상인 주체사상을 체계화해 '1당 독재체제'를 '1인 세습 독재체제'로 전환했다. 이로써 조선민주주의인민공화국에서는 '1인 독재'나 '개인 우상화'를 공식적으로 견제할 수 있는 세력이 완전히 제거되었고, 김정일 후계체제가 강화되었다.

주체사상을 현실에 적용하고 이론의 체계화가 본격화되는 1970년대에 들어서면서 북한에서 김일성 유일 지도체계는 더욱 강화되었다. 1972년 새로 제정된 '조선민주주의인민공화국 사회주의헌법'에 따라 김일성은 신설된 국가주석에 취임했다. 주석은 구헌법의 내각수상보다 훨씬 강력한 지위와 역할을 갖는 직책으로 국가의 수반이며 국가주권을 대표하는 직책으로 규정되었다. 이러한 주석 제도의 신설은 당시 체계화되기 시작한 주체사상의 '혁명적 수령관'을 제도화한 것[6]이라고 할 수 있다.

1 · 21 사태

1968년 1월 13일, 북한 민족보위성 정찰국의 124군부대 소속 31명은 조선
인민군 정찰국장인 김정태에게 청와대 습격과 박정희 대통령 암살 지령을 받
았다.[7] 이들은 대한민국 국군의 복장과 수류탄 및 기관단총으로 무장하고, 1월
17일 자정을 기해 휴전선 군사분계선을 넘어 수도권에 잠입했다. 1월 21일에
청운동 세검정고개의 창의문을 통과하려다 비상근무 중이던 경찰의 불심검문
으로 정체가 드러나자 수류탄 및 기관단총을 쏘면서 저항했다. 대한민국 군경
은 비상경계태세를 확립하고 현장에 출동해 소탕 작전을 벌였으며, 경기도 일
원에서 군경합동수색전을 1월 31일까지 전개했다. 현장에서 비상근무를 지휘
하던 종로경찰서장 최규식 총경은 총탄에 맞아 사망했고, 124군부대 소속 31명
중 29명이 사살되고 김신조는 투항했으며, 한 명은 도주해 북으로 넘어갔다.[8]

푸에블로호 나포 사건

1968년 1월 23일 (그러니까 김신조가 포함된 인민군 124군부대의 침투 사건이 벌

6　서정남, 『서정남의 북한영화탐사』(생각의 나무, 2002), 67~70쪽 참조.
7　북한은 1967년 4월에 대남 침투를 목적으로 민족보위성 내에 특수부대 '정찰국'을 창설
　했다. 정찰국장 김정태는 한국전쟁 당시 전선 사령관을 지낸 김책의 아들이며, 북한 군
　부에서 강경파에 속하는 인물이다. 그가 서울 기습을 목표로 창설한 124군부대의 당초
　목표는 청와대를 비롯해 주한 미국대사관과 육군 본부, 사상범들이 수감된 서울교도소
　와 서빙고 간첩수용소 등 여섯 곳을 동시에 습격하는 것이었다. 그러나 너무 무리한 계
　획이라는 판단에 따라 목표를 청와대 한 곳으로 한정하면서 남파 인원도 76명에서 31명
　으로 축소했다.
8　도주한 자는 조선인민군 대장인 박재경 총정치국 부총국장을 역임한 인물로 2000년에
　이어 2007년에 서울에 방문해 송이버섯을 선물하기도 했다. 작전이 전개되는 동안 우
　리 군경 66명, 주한 미군 4명, 민간인 7명이 사망했다.

어지고 이틀 후) 정오 무렵, 동해 원산 앞바다 40km 해상에서[9] 북한의 군사 활동 관련 첩보를 수집하던 미 해군 정보수집함 푸에블로호(號)가 북한군에게 나포되었다. 북한은 미그 17 전투기 2대와 초계정 4척을 동원해 푸에블로호에 위협사격을 가하며 전격 나포에 들어갔다. 당시 이 배에는 함장 로이드 뷰커 중령을 비롯해 83명의 미 해군 병사들이 탑승하고 있었는데 이들은 고스란히 북한군의 포로가 되었다(북한군의 사격으로 1명 사망). 미국은 즉각 제7함대 소속 핵추진항공모함 엔터프라이즈호와 구축함들을 원산 앞바다로 보내 군사적 위협을 가하는 한편 군사정전위원회를 통해 판문점에서 북한 측과 접촉하고, 소련을 통해 북한을 압박하려 했지만 어떤 카드도 제대로 먹혀들지 않았다. 북한은 미국의 허점을 절묘하게 파고들면서 원조 '벼랑 끝 전술'을 선보였고, 미국은 속절없이 끌려갔다. 1968년은 미국에서 대통령 선거가 치러지는 해로 정권 교체기였다. 그리고 미국 내에서 반전 시위가 가장 격렬하게 벌어진 해였으며, 베트남전의 깊은 수렁 속에서 발을 빼지 못하고 허덕이고 있었다. 그러므로 당시의 미국으로서는 한반도에서 또 다른 전쟁이 발발하는 상황을 만들 수 없었고, 그러한 전쟁을 수행할 여력도 없었다. 이에 따라 북한은 미국이 군사적으로 대응하지 못할 것이며, 결국은 정치적 협상을 통해 문제를 해결하려 들 것이라는 판단을 하고 있었다.

북한의 계산은 그대로 적중했다. 처음에는 강경 모드로 군사적·정치적 위협을 가하던 미국은 소련이나 중국의 도움을 이끌어내지 못했고, 전술 핵 사용을 포함한 어떠한 군사적 위협에도 꿈쩍 않고 버티는 북한을 당해낼 재간이 없었다. 오히려 북한은 푸에블로호 승무원들을 협박해 북한 영해 침범 사실을

---

9 사건 당시 푸에블로호가 피랍된 장소에 대해 미국 측 주장은 동경 127도 54분 3초, 북위 39도 25분 지점의 공해상이라고 했으며, 북한 측 주장은 동경 127도 46분, 북위 39도 17분으로 북한 측 수역을 침범했다는 것이다. 양쪽 모두 어느 위치에서 해안의 기점을 잡느냐에 따라 북한 측 영해가 될 수도 있고 공해상이 될 수도 있는, 참으로 애매하고 절묘한 위치에서 사건이 발발했다.

시인하는 자술서를 쓰도록 해서 그것을 협상 테이블에서 증거로 제시하며 미국을 괴롭혔다. 무엇보다도 83명의 승무원은 인질과 다름없었고, 속이 타는 것은 미국이었다. 결국 미국과 북한은 1968년 연말까지 총 28차례의 비밀 협상 끝에 '푸에블로호가 미 해군의 정보수집함이며, 북한 영해를 침범했다는 사실'을 시인하고 그에 대한 보상금을 지불할 것과 재발 방지를 약속하는 한편, 함정의 북한 억류를 인정하는 문서에 서명(1968년 12월 23일)한 뒤에야 생존 승무원 82명과 시신 1구가 판문점을 통해 귀환할 수 있었다.

문제는 미국과 북한 사이에 있었던 일련의 비밀 접촉 과정에서 우리 정부가 철저히 소외되었다는 것이다. 우리 정부는 1 · 21 사태에 대해 북한에 할 말이 많았지만, 미국은 제 발등의 불을 끄느라 여념이 없었던 탓에 이 문제에 대해 아무 관심을 보이지 않았다. 그뿐만 아니라 협상 과정에서 이 문제를 거론하는 것 자체가 공연히 문제를 악화시킬 것이라는 판단하에 의도적으로 의제에서 배제한 측면도 있었다. 결국 1 · 21 사태와 푸에블로호 나포라는 두 가지 연속된 사건은 한국이 미국의 요청을 받아들여 베트남에 전투병을 파견함으로써 조성한 몇 년간의 밀월관계를 파탄 내는 결정적 요인이 되었다. 미국은 즉각 북한과 접촉하고 비밀 대화를 시도하면서 한국을 배제해 박정희 정부와 존슨 행정부 사이가 급속히 냉각되었다. 미국 정부는 83명에 이르는 푸에블로호 승무원의 안전 귀환에 온 신경을 집중하는 가운데 대북 협상 과정에서 한국을 철저히 배제했다. 그뿐만 아니라 그 사건 바로 이틀 전에 일어난 청와대 습격 사건에 미국이 전혀 관심을 보이지 않았기 때문에 박정희 정권으로서는 분노와 함께 미국에 대한 배신감을 갖게 되었다. 이에 따라 한국 정부 단독으로 북한에 보복 공격을 포함한 일련의 비밀 정책이 추진되고 있다는 징후를 포착한 미국은 박정희 정권을 달래기 위해 급히 '사이러스 밴스'를 대통령 특사로 한국에 파견했다.[10]

---

10 당시 한국을 방문하고 돌아온 밴스 특사의 보고 문건과 그에 대한 해설은 '박태균, 『사건

울진·삼척 무장 게릴라 침투사건

1968년 10월 30일부터 11월 2일 사이, 북한 124군부대 소속 게릴라 120여 명이 8개 조로 나뉘어 삼척과 울진 해안으로 침투했다. 미국의 약점을 확실히 파악한 북한 군부 내의 강경파들[11]이 주동이 돼 일으킨 군사 도발이라는 점은 1·21 사태와 다름이 없었다. 하지만 이번에는 수도 서울이 아니라 경상북도 북부와 강원도 남부에 걸친 산악 지역 내 오지의 소읍이 대상이라는 점이 특이했다. 이들 무장 게릴라들은 마치 한국전쟁 전후의 빨치산처럼 산간 오지 마을에 (미 제국주의자들의 압제에서 벗어난) 해방구를 선포하고 주민들을 모아 공산주의 사상교육을 실시하며 남한 주민들이 '인민봉기'를 일으킬 것을 선동 하는 등의 해프닝을 벌였다. 그러나 그들이 기대한 어떤 일도 일어나지 않자 주민을 학살했다.

황당한 것은 당시 북한 지도부와 군부 내의 대남 강경파 중에는 자신들이 불만 당기면 남한 주민들이 봉기하고 대남 적화통일이 가능할 것으로 여기는 자들이 제법 있었다는 점이다. 따라서 그들은 미국이 여러모로 약점을 잡힌 상황에서 자신들이 무력으로 사건을 일으키고 상황을 벼랑 끝으로 몰고 가도 미국이 적절한 대응을 못할 것이며, 남한 역시 별 수 없이 당할 것이라는 계산 을 하고 실행에 옮겼다. 그러나 그들의 무모한 행동은 오히려 북한 내부의 권 력 투쟁 과정에서 김일성에게 결정적으로 유리한 빌미를 제공하게 되었다. 김

으로 읽는 대한민국: 현대사의 그때 오늘』(역사비평사, 2013), 40~45쪽'에 핵심 내용이 게재돼 있다. 당시 밴스 특사와 존슨 대통령의 대화 내용에 따르면 남한 측의 북한 습격 도 매월 2회 꼴로 행해지고 있었으며, 전방 지역 사단별로 각각 200명의 반 침투 부대가 있고, 이와는 별도로 30개 팀으로 구성된 2,400명의 고도로 훈련된 게릴라 부대도 있었 다고 한다.

11 예컨대 이 사건 당시 북한 민족보위상 김창봉, 대남사업국장 허봉학, 인민정찰국장 김 정태 등을 들 수 있다.

일성은 일찍이 갑산파와 연안파 등의 정적을 차례로 숙청하고 영구 집권 체제를 공고히 했으나, 군부 내의 강경 호전파들을 다루기는 쉽지 않았다. 그런데 이번 사건을 계기로 확실한 명분이 생겼다. 한마디로 대남 공작에 대한 판단 착오와 작전 실패의 책임을 물어 김창봉과 김정태, 허봉학을 숙청할 수 있게 된 것이다. 실제로 김일성은 1969년 1월, 자신의 권좌에 도전할 수도 있는 군부의 강경파마저 깨끗이 제거함으로써 이제 누구도 그의 아성에 도전할 수 없게 했다. 김일성은 1972년 남북대화를 위해 평양을 방문했던 당시 이후락 중앙정보부장에게 1·21 사건에 대해서 박정희 대통령에게 사과의 뜻을 전달해 줄 것을 당부하면서 1·21 사건은 자기도 모르게 강경파들이 꾸민 짓이라고 했다. 1·21 사건이 숙청의 명분이 됐음을 밝힌 것이다.

일련의 사건을 통한 북한의 노림수

그렇다면 북한은 전면전까지 불사해가며 대체 왜 그토록 강력하고 무자비한 무력 도발을 일으켰는가? 그들이 달성하려던 목적은 무엇이었을까?

1960년대로 접어들면서 더욱 격화된 동서 진영의 냉전도 남북한 정권이 각자 위치에서 독재 권력을 강화하는 데 한몫했다. 남과 북은 냉전의 최전선에서 첨예한 대립을 이어갔다. 누가 먼저 전쟁의 폐허를 딛고 일어설 것인가. 단기전에서는 통제경제가 빛을 발하기 마련이다. 남한보다 먼저 피해 복구를 마친 북한은 아직 끝나지 않은 전쟁에 관심을 돌리기 시작했다. 북한이 일사천리로 재건을 추진하는 동안 4·19와 5·16 등 온갖 정치적 격변을 겪으며 혼란에서 벗어나지 못하던 대한민국은 베트남 전쟁으로 역전의 계기를 마련했다. 베트남에서 벌어들인 달러는 대한민국 경제 발전의 기틀이 되었고,[12] '브

---

12 1966년부터 1973년까지 베트남에서 벌어들인 외화는 수출 7,630만 달러, 물품 군납 1억 3,930만 달러, 용역 및 건설 부문 2억 3,210만 달러, 장병들의 송금액 1억 7,830만 달러,

라운 각서'에 따라 국군의 각종 전투 장비가 현대화되어 크게 기울었던 남북 간 군사력 격차도 많이 해소되었다.[13]

북한은 베트남 전쟁을 기대와 초조라는 두 마음으로 지켜보고 있었다. 기대는 미국이 아시아에서의 전쟁에 염증을 느끼고 철수할 조짐을 보인다는 것이고, 초조는 남한이 빠른 속도로 쫓아오는 데서 비롯되었다. 북한은 남한이 더 쫓아오기 전에, 그리고 미국이 베트남 전쟁의 수렁에서 허덕이고 있을 때 결판을 내야 한다고 판단했다.

이 때문에 1960년대 후반으로 접어들면서 북한은 대대적으로 도발을 감행했다. 충돌은 휴전선 전방 경비병들의 단순한 총격전으로 끝나지 않았다. 1967년 1월 19일에는 고성 앞바다에서 조업하는 어선들을 보호하던 대한민국 해군 당포함이 북한 해안포의 공격을 받고 침몰하는 사건(우리 해군 39명 사망, 40명 부상)이 발생했다. 한국군도 당하고만 있지는 않았다. 1967년 4월에 7사단 포병대가 북한을 향해 무려 585발의 포격을 가했다. 비무장지대에서의 소규모 총격전이 발단이 되어 급기야 사단 포병대가 화력을 총동원해 북한 지역을 맹폭한 것이다. 언제 어디서 전면전으로 충돌이 발생할지 예측할 수 없는 상황이 휴전선에서 계속되었다. 학자들 중에는 1967년부터 1969년까지를 '제2차 한국전쟁'이라고 부르는 사람도 있는데, 해군 함정이 침몰되고 포격이 이어졌다면 전쟁이라고 해도 무방할 것이다.

기술자들의 송금액 1억 6,620만 달러, 파병 지원경비 6,530만 달러 등 총 8억 5,750만 달러에 이른다[국방군사연구소, 「월남 파병과 국가발전」(1996); 서중석, 『사진과 그림으로 보는 한국 현대사(개정증보판)』(웅진지식하우스, 2013), 311쪽 참조].

13 브라운 각서란 1966년 3월 7일에 주한미국 대사 W. G. 브라운과 대한민국 정부의 이동원 외부무 장관 간에 체결한 각서이다. 정식 명칭은 「한국군 월남 증파에 따른 미국의 대한 협조에 관한 주한미대사 공한」으로 대한민국 정부의 베트남 추가 파병을 조건으로 미국 정부는 대한민국의 국가 안보와 경제 발전, 그리고 한국군 현대화 등을 지원한다는 16개항의 내용이 들어 있다(위키 백과 참조).

동부전선에서 남과 북이 일촉즉발의 대규모 공방을 벌이는 동안 서부전선에서는 소규모 도발이 주로 미군에게 집중됐다. 미군을 전사시켜 미국 국민의 전쟁 혐오증을 자극하려는 의도였다. 가뜩이나 미국에서는 베트남 전쟁에 지친 사람들이 아시아에서 미군이 철수하기를 요구하며 격렬하게 시위를 하고 있었다. 1968년으로 접어들면서 베트남에서의 열전과 한반도에서의 냉전이 동시다발적으로 전쟁에 지친 미국 국민들을 몰아붙였다.

이 같은 상황들이 복합적으로 작용하는 가운데 북한은 대남 도발뿐만 아니라 미국 전함 푸에블로호 나포, EC-121 정찰기 격추 등 미군에 대한 직접적인 공격도 감행했다. 1968년이 미국 대통령 선거가 있는 해라는 사실을 충분히 계산에 넣은 행동이었다. 공화당 후보로 유력시되는 리처드 닉슨(Richard Nixon)은 벌써부터 닉슨독트린('아시아 문제는 아시아인에게')을 내세우며 베트남에서 철수할 뜻을 비치고 있었다. 북한으로서는 놓치고 싶지 않은 좋은 기회였다. 이런 상황에서 한반도에서 긴장을 야기하면 효과는 배가될 것이다. 북한 정권 차원에서 치밀한 국제 정세 분석과 판단에 따른 벼랑 끝 전술(지금도 변함없이 사용 중인)의 일환이었다. 따라서 이러한 도발의 목적은 다음과 같이 크게 세 가지로 정리할 수 있다.

첫째, 북한 수뇌부의 대남 인식과 빨치산 유격대 출신 김일성의 투쟁 방식에서 비롯되었다. 김일성은 1968년 9월 9일, 북한 정권 창건 20주년 기념식에서 "남한 혁명은 주권을 쟁취하기 위한 투쟁이며, 이 주권 쟁취 방법은 무력만이 있을 뿐"이라고 말했다. 이는 1968년 1월 초에 있었던 청와대 기습 사건이 실패한 이후에 나온 발언이어서 더욱 주목해야 한다. 북한의 김일성이 게릴라로 사회주의 활동을 시작했다는 점도 이와 무관하지 않다. 마치 박정희가 만주국 시스템에 대한 향수를 버리지 못하고 한국을 통제 국가로 만들려고 했듯이, 김일성은 게릴라전만을 옳은 투쟁 방식으로 여기고 통일의 제1방침으로 삼았다고 볼 수 있다. 그래서 평화통일을 외치는 집단은 북한에서 일종의 요식을 위한 단체로만 남고, 실제로는 김일성의 빨치산 혁명 전술로 인해 끊임없이 무장 게릴라를 내려보낸 것이다.

둘째, 중국과 소련의 지속적인 대북 군사원조를 이끌어내기 위함이었다. 1968년 전후 미국은 베트남에 대한 폭격을 중지하는 동시에 파리평화협정을 진전시킴으로써 베트남 전쟁을 마무리하고 있었다. 동서 대결의 분위기가 완화되던 추세에 북한은 중공과 소련의 군사 분쟁 속에서도 등거리 외교를 펼치며 양측으로부터 원조를 지속적으로 받기 위해 한반도의 긴장 상태를 다시 한번 부각시키려고 했다.

셋째, 남한 체제의 혼란과 충격을 기도하며 북한 체제 내부 결속과 통치 체제 공고화를 위한 포석으로 사용했다. 1960년대 말부터 1970년대 초에 접어들면서 남한의 지속적인 경제 발전은 북한을 턱밑까지 추격하며 역전은 시간문제로 보였다. 경제 격차가 자꾸 좁혀지거나 역전되면 그들이 기도하는 '적화통일'은 사실상 요원한 일이 되기 때문에 이 같은 사태를 저질렀다는 이야기이다. 또 북한 체제 내부 결속과 혁명 역량 강화, 김일성의 영구 집권은 물론 권력 세습을 위한 유일 영도체제 구축과 개인 우상화로 나아가는 일련의 정치역정에서 주민 반발을 무마하기 위한 것이기도 했다.

1967년부터 1972년 사이 우리나라의 제반 상황 개요

1967년

5월 3일, 제6대 대선이 치러져 박정희가 윤보선을 115만 표 차이로 누르고 재선되었다. 6월 8일에는 3·15 부정선거 이후 최악의 부정이 저질러진 제7대 국회의원 선거가 있었다.[14] 이에 따라 6월 9일부터 15일 사이 대학가에서 부정

---

14 3·15 부정선거 이후 최악의 부정선거로 삼선개헌을 염두에 둔 박정희의 무리수가 공

선거 규탄 시위가 벌어졌고, 6월 16일에는 30개 대학과 148개 고교에 휴교령이 내려졌다. 6월 21일에는 서울대·고대·연대·성대·건대 등의 학생대표가 모여 '부정부패일소 전학생투쟁위원회'를 결성하고 부정선거규탄 성토대회를 개최했다. 7월 3일에는 서울 시내 14개 대학 1만 6,000명이 시위에 참가해 6·3 항쟁 이후 학생운동의 위력을 과시하는 한편, 민주주의에 대한 열망을 보여주었다. 그러나 이날부터 서울 시내 고교가 무기한 휴교에 들어가고 4일부터는 각 대학이 조기 방학을 실시하여 시위는 중단되었다.

7월 8일, 김형욱 중앙정보부장이 '동베를린을 거점으로 한 북괴대남적화공작단사건'(이른바 '동백림 사건'. 작곡가 윤이상, 화가 이응로, 시인 천상병 등이 포함된 유학생 간첩단 사건)에 대한 제1차 수사 결과를 발표했으며 이후 총 3차에 걸쳐 후속 발표를 이어갔다. 이 사건은 건국 사상 최대의 정보 사범 사건으로 구속 107명, 학계·문화계의 저명인사 등 관련자가 194명에 이르렀다. 1967년 12월 13일의 선고 공판에서 관련자들에게 국가보안법·반공법·형법·외국환관리법 등이 적용되어, 조영수·정규명 등 2명 사형, 정하룡·강빈구·윤이상·어준 등 4명 무기징역, 이 밖에 최고 15년까지의 실형 13명, 집행유예 11명, 형 면제 3명, 선고유예 1명을 선고해 피고인 34명이 유죄 판결을 받았다.

1968년

1·21 사태와 푸에블로호 납치 사건(1월 23일)이 연이어 발생했다. 한반도에 일촉즉발의 전쟁이 발발할 수도 있는 일련의 상황이 계속되면서 4월 1일,

공연하게 자행된 결과였다. 대통령부터 여당, 행정부의 고급 관료들이 부정선거에 앞장섰다. 막걸리 선거, 고무신 선거, 돈 선거, 관광 선거, 공무원 선거, 선심 공약 선거 등 할 수 있는 모든 부정을 저지른 끝에 총 의석수 175석 중 129석(지역구 102석, 전국구 27석)을 공화당이 차지, 개헌에 필요한 안정적 의석을 확보하는 압승을 거두었다. 야당인 신민당은 45석(지역구 28석, 전국구 17석), 대중당은 지역구 1석을 얻는 데 그쳤다.

250만 명의 향토예비군을 창설하고, 5월 29일 '향토예비군설치법'을 공포·시행했다. 5월 24일에는 박정희 영구 집권을 위해 김종필과 김용태 등 핵심 계보를 숙청하는 계기가 된, 이른바 '국민복지회 사건'이 일어났다. 공화당 국회의원 김용태가 1971년에 물러나게 되어 있는 박 대통령의 후계자로 김종필 의장을 옹립하려다 당에서 제명된 사건이었다. 당기위원회는 그의 제명 이유를 김종필 의장의 당권 장악을 위해 '국민복지연구회'라는 명목으로 9백여 명의 전(前) 사무국 요원을 규합했기 때문이라고 밝혔다. 국민복지연구회는 박 대통령의 삼선을 허용하는 개헌에 반대하는 전략 문서를 준비하고 있었다. 당내 비주류 의원들은 김용태가 1970년까지 후계자 경쟁을 자제하라는 박 대통령의 명을 거역했을 뿐 아니라, 당중 당을 만들어 분파 행위를 했다고 비난했다. 이에 강력 항의하던 김종필 의장은 5월 30일 당의장직을 사퇴하고 탈당했으며, 비주류가 당권을 장악했다.

8월 24일에는 중앙정보부가 1960년대 최대의 공안사건을 터뜨렸다. 남한의 체제 전복을 위한 지하당 조직사건, 이른바 '통일혁명당 사건'을 발표하며 158명을 검거해 50명을 구속한 것이다. 당시 중앙정보부장 김형욱의 발표에 따르면 "주모급인 김종태가 전후 4차례에 걸쳐 김일성과 면담하고 북의 대남사업 총국장인 허봉학으로부터 지령과 미화 7만 달러, 한화 2,350만 원, 일화 50만 엔의 공작금을 받아 가칭 '통일혁명당'을 결성해 혁신정당으로 위장, 합법화해 반정부·반미데모를 전개하는 등 대정부공격과 반정부적 소요를 유발시키려는 데 주력했다"라는 것이다. 당국은 통혁당 사건을 임자도 간첩단 사건 및 서귀포 간첩선 사건과 더불어 남한에 대규모 지하당 조직을 구축하려는 북한 대남전략의 일환으로 규정했다.

10월 30일에서 11월 2일 사이 '울진·삼척 무장 게릴라 침투 사건'이 발생했다. 자세한 내용은 앞에서 언급한 바와 같다. 이러한 일련의 사태 속에서 11월 21일, 북한의 간첩이나 공작원을 식별하기 위해 전 국민에게 열두 자리의 번호를 부여한 '주민등록제도'가 시행되었다.[15]

1969년

4월 15일, 미 해군 EC-121 정찰기가 북한의 미그 17 전투기에게 격추되었다. 당시 이 비행기에는 8명의 장교와 23명의 엔지니어 등 총 31명이 탑승했는데 미그기의 미사일 공격으로 전원 사망하는 사건이 일어난 것이다. 닉슨 행정부는 전술핵을 사용한 보복 공격을 검토했으나 결국 포기했다.

7월 29일, 미국 대통령 닉슨이 아시아 국가를 순방하던 도중 괌에서 동아시아에 대한 새로운 외교 전략, 즉 닉슨독트린을 발표했다. 베트남 전쟁의 군사적 승리 난망에다가 미 국민들의 반전 여론이 비등하고, 베트남 철수 요구에 더해 아시아 여러 나라에서 벌어지는 공산화에 대한 싸움까지 미국이 책임지는 것은 지나친 개입이라는 비판 등 미국의 세계 정책에 대한 근본적 수정 요구에 해결책을 제시했다. 아시아 안보에 관한 새로운 외교 전략, 우호국과의 협력, 미국의 중대 이익을 위협하는 국가에 대한 힘에 의한 대처, 평화를 위한 필요조건으로서의 교섭 의무 등을 새롭게 규정했다. 핵심은 '아시아 각국은 내란이 발생하거나 침략을 받는 경우 이를 스스로 해결해야 한다'는 것이다. 이로써 세계는 냉전의 시대에서 대화의 시대로 이행(데탕트)하게 되었다.

국제 정세가 이렇게 급박하게 돌아가는 가운데 9월 14일(일요일 새벽 2시), 공화당이 박정희의 삼선을 가능케 할 목적으로 삼선 개헌안을 국회에서 변칙 통과시켰다. 이날 새벽 국회 제3별관에 모인 122명의 여당계 의원(3명의 신민당 의원도 참여)이 기명투표 방식으로 통과시킨 것이다. 개헌안은 10월 17일 국민 투표에 부쳐 총 유권자의 77.1%가 참여해 65.1%의 찬성을 얻어 통과했다. 이 개헌으로 박정희는 1971년 4월 제7대 대통령 선거에 공화당 후보로 다시 출마해 당선되었고, 1972년 유신체제 수립으로 이후 10년간 집권을 연장했다.

---

15 현재와 같은 열세 자리 주민등록번호 체계는 1975년 한국개발연구원(KDI)의 김대영 당시 수석연구원이 미국의 사회보장번호 시스템을 참조해 만들었다고 한다.

1970년

4월 8일, 와우아파트 붕괴사건이 발생했다. 서울 마포구 창전동 와우지구 시민아파트 15동 건물 전체가 붕괴해 33명이 사망하고 40명이 중경상을 입었다. 1969년 12월 26일에 준공하고 불과 4개월 만에 일어난 사고로 박정희식 개발 정책이 초래한 비극이었다. 8월 15일, 광복 제25주년 경축사에서 대통령 박정희가 북한을 향해 8·15 선언을 발표했다. 이것은 이후 남북적십자회담, 7·4 남북공동성명 및 6·23 평화통일 외교정책선언 등으로 이어지는 대북·대외정책의 전환점이 되었다. 9월 29일에는 문화공보부가 김지하의 담시 「오적(五賊)」 게재를 문제 삼아 월간지 ≪사상계(思想界)≫의 등록을 취소하여 이른바 '오적필화사건'이 발생했다. 이날 신민당 전당대회에서 김대중이 김영삼을 누르고 대통령 후보로 선출되었다.

1971년

3월부터 닉슨독트린에 따른 후속 조치로 주한 미군 일부가 철수하기 시작했다. 4월 10일부터 미국과 중국 사이에 이른바 '핑퐁 외교'가 시작되었다. 일본 나고야에서 개최된 제31회 세계탁구선수권대회에 출전한 탁구 선수를 비롯한 미국 선수단 15명과 기자 4명이 같은 해 4월 10일부터 17일까지 중화인민공화국을 방문해 저우언라이(周恩來) 총리와 면담을 가진 데 이어 베이징, 상하이, 광저우 등을 순방하며 교류의 징검다리를 놓은 것이다. 7월에는 헨리 키신저 미국 국가안보담당 보좌관이 극비리에 중국을 방문했다[이것은 1972년 2월, 리처드 닉슨 미국 대통령이 중국을 방문하는 사전 정지작업이 되었고('상하이 공동성명' 발표), 결국 1979년에 미중수교로 이어졌다].

4월 27일, 제7대 대통령 선거가 치러졌다. 박정희는 95만 표차로 김대중을 따돌렸으나 부정불법 관권선거라는 비난이 거세게 일었다. 김대중은 전체 도시 표의 51.5%, 서울에서 58%의 득표율을 보여 박정희의 39%에 비해 도시에서 압도적 지지를 받았다. 이후 김대중은 박정희 정권에 위협적 인물로 부상해 납치 사건이 일어나기도 했다. 5월 25일 제8대 국회의원 선거가 있었다. 총 204석 중 공화당이 113석(지역구 86, 전국구 27), 신민당이 89석(지역구 65, 전국구 24), 무소속 기타가 2석을 차지하는 등 야당세가 약진했다. 김종필이 당 부총재직에 복귀했다. 공화당이 국민의 지지를 받지 못한다는 사실 확인의 계기가 되면서 결국 '유신체제' 등장의 요인으로 작용했다.

8월 10일에는 경기도 광주 철거민 단지(성남시의 기원)에서 5만여 명이 정부의 약속 위반에 항의하며 대규모 소요를 벌였다. 8월 12일에는 대한적십자사 총재 최두선이 남북적십자회담을 제의했고, 이틀 후인 8월 14일 북한적십자사가 이를 수락해 8월 20일에 남한과 북한의 적십자 대표(민간 기관)가 분단 이후 처음으로 다른 외국(인)의 개입 없이 판문점에서 만나 회의(이산가족 상봉이라는 인도적 의제)를 하며 남북 간에 화해 무드가 본격 조성되었다. 8월 23일에 문제의 실미도 사건이 발발했다.

9월 20일, 남북적십자사 간 이산가족 찾기 예비 회담이 판문점에서 처음으로 개최되었다. 이 자리에서 남북 간 상설회담 연락 사무소 설치와 직통전화 가설 등에 합의했다. 9월 22일에는 판문점에 남북 직통전화가 개설되었다. 10월 6일, 남북적십자 제3차 예비회담에서 본회담을 서울과 평양에서 교대 개최하는 것에 합의했다. 10월 15일, 서울특별시에 위수령이 발동되고, 10개 대학에 무장 군인이 진주했다. 중국이 유엔에 가입하고 타이완이 유엔에서 축출됐다.

1972년

2월, 리처드 닉슨 미국 대통령의 중국 방문과 양국 간 평화 원칙에 합의했다. 7월 4일에는 '7 · 4 남북공동성명'이 발표되었다. 8월 3일에는 박정희 대통령이 '경제안정과 성장에 관한 긴급명령 제15호(8 · 3 조치)'를 발표했다. 8월

11일, 미국의 마지막 지상 전투 부대가 남베트남에서 철군했다. 8월 29일, 대한적십자사가 제1차 남북적십자회담에 참석하기 위해 평양에 도착했고, 8월 30일에 제1차 남북적십자회담이 평양에서 개최되었다. 9월에 중일 국교 정상화가 이루어졌다.

10월 17일, 10월 유신이 선포되며 '유신체제'가 시작되었다. 11월 21일에는 유신헌법에 대한 국민투표가 있었다(투표율 91.9%, 찬성률 91.5%). 이에 따라 10월 27일에는 유신헌법이 공고되었다. 12월 23일, 박정희는 통일주체국민회의의 대통령 선거에 단독 출마해 제8대 대통령에 당선되었다. 12월 27일에 유신헌법이 공포되고, 박정희가 제8대 대통령에 취임했다. 같은 날, 북한에서는 '사회주의 헌법'이 제정되었다. 김일성 한 사람에게 모든 권력을 영구히 집중시키는 '수령 유일체제'가 확립된 것이다. 이렇게 남과 북은 서로 같이, 화해 무드를 만들고 그것을 지렛대 삼아 동시에 영구 집권을 위한 체제 구축에 들어갔다.

나오는 말

이와 같은 일련의 사건과 상황 속에서 국민들 반발에 직면한 박정희는 결국 서로 모순돼 보이는 대북 양동작전과 정책, 즉 남북대화 추진이라는 화해의 제스처와 북한의 남침 위협이라는 안보 상황을 씨줄과 날줄 삼아 밀고 당기며 무소불위의 권력 강화에 들어갔다. '국가비상사태'를 선언하는 한편에선 비밀리에 북한과 평화 협상을 추진해 7 · 4 남북공동성명(1972년, 남북의 평화 통일 약속)을 발표하는 양면성을 보였다. 이는 결국 유신체제 성립을 통한 영구 집권을 위한 수순이었다는 사실이 밝혀졌다. 그 이후로 남과 북은 다시 대화의 문을 걸어 잠그고 극렬한 대립 양상으로 회귀했다. 민주주의나 통일에 대한 모든 열망이 수포로 돌아가는 시간이었다. 유신체제를 한마디로 규정하면 '폭력의 제도화'라고 할 수 있다. 유신헌법은 박정희의 영구 집권에 필요한 모든 조치를 담아낸 것이다. 이러한 무소불위의 권력 행사에 국민은 강력히 저항했다. 그러나 언론, 출판, 집회, 결사 등 모든 국민이 마땅히 누리고 찾아야 할 기본적인 권리와 자유가 철저히 짓밟혔다. 박정희 유신정권은 마키아벨리즘의 철저한 구현이었다. 그는 경제 발전과 성장을 모든 정책의 최우선으로 하고, 최고의 가치로 내세웠다. 특히 수출 기업을 육성해 외화 획득과 경제 발전의 견인차 역할을 수행하도록 제도적·금전적 지원을 아끼지 않았다. 그는 기업이 성장하고 발전해 부를 획득하면 그것이 흘러넘쳐서 사회의 기층민들에게까지 온기가 전해질 것이라 여겼다. 그러한 신념하에 분배나 사회복지, 노동자들의 인권(노동삼권) 등은 불온하게 여기며 알레르기 반응을 보였고, 이를 빨갱이에 필적하는 악, 타도의 대상으로 간주했다. 이처럼 철저히 성과를 중시하고, 결과를 위해 모든 원인과 과정을 희생시킨 가운데 기업은 폭발적으로 성장했고, 다수의 국민이 절대 빈곤에서 벗어날 수 있었다. 그러나 이 과정에서 착취당하고 소외되고 존재 자체를 철저히 짓밟혀 이름마저 지워진 사람들이 있다는 것은 어떤 수사로도 정당화할 수 없는 일이다. 이러한 일이 이 땅에서 진정 반복되지 않기를 원한다면, 지금 우리가 해야 할 일은 과거를 기억하는 것이다. 실미도 사건의 당사자들 역시 국민 위에 군림한 정권에 철저히 짓밟히고 파묻힌 대표적인 희생자들이다.

Chapter 6

그때 그 사람들

/

한국 영화사상 권력을 이토록 즉물적으로 조롱한 영화는 없었다[1]

임상수 감독 | 2005년 개봉

충무로, 역사가 곧 이야기임을 눈치채다

충무로가 우리의 역사 특히 질곡의 근현대사와 주체들, 그 틈바구니에 감춰지고 잊힌 일들 자체가 영화의 소재가 되어 영화적 재구성과 재현 과정에서 많은 메시지를 줄 수 있다는 사실에 새삼 주목한 것은 〈실미도〉, 〈살인의 추억〉, 〈그때 그 사람들〉 등의 흥행을 경험하면서부터이다. 특히 베일에 가린 북파 공작원의 실상과 그들의 비극적 삶을 영화화한 〈실미도〉가 국내 영화사상 최초로 천만 관객을 동원하며 영화계에 실화 소재 발굴 바람을 선도했다. 국민의 정부와 참여정부 기간 중 만개했던 표현의 자유와 함께, 제3공화국 시절의 각종 기밀문서들이 보존 시한을 넘기면서 연이은 공개가 이뤄졌다. 이러한 요소들이 인과관계의 중요한 맥락으로 연결된 결과 대중의 커다란 관심과 호응을 얻게 된 것이다.

이 세상에 떠도는 수많은 이야기들을 소재 면에서 범주화하면 다음과 같은

---

1 이 글은 「역사의 영화적 재현과 허구(fiction) · 실제(fact)의 경계 문제: 영화 〈그때 그 사람들〉의 경우」라는 제목으로 ≪영화평론≫ 제17호(2005)에 게재된 것을 약간 수정 · 보완하여 작성했다.

세 가지 그룹으로 나눌 수 있다. 첫째, 개인 또는 사회 구성원들의 공적 역사를 기초로 하는 경우이다('있었던 이야기', 역사 · 전기물). 이 범주에 들어가는 것은 실증적 다큐멘터리, 사건 재현물 등이다. 둘째, 지금 이 순간에도 어디에선가 일어나고 있거나 자신의 일인 듯한 사건을 이야기하는 것이다('있을 법한 이야기', 리얼리즘에 기초한 순수 허구의 산물). 확률적으로 가장 많은 작품들이 이 범주에 속한다. 셋째, 유사 이래 아직까지 이 세상에 존재하지 않거나 사멸한 어떤 것 또는 일어나지 않은 일을 전적으로 상상 · 공상에 의해 만들어낸 이야기이다('있었으면 어떨까 하는 이야기', SF · SFX 등).[2]

물론 이 세 가지 영역의 절충 형태들이 얼마든지 있으며, 그러한 시도들이 새로운 장르 배태의 원천이 되었음은 자명하다. 실제로 첫 번째 범주에 뿌리를 두면서 두 번째와 같은 형태의 허구적 상상력을 가미하는 경우도 있다. 『조선왕조실록』과 『연려실기술』 등 정사와 야사를 기초로 역사를 재해석하는 방식으로 제작되는 일련의 TV 역사 드라마들, 『난중일기』와 『칼의 노래』 등을 참고해 방영한 KBS1의 〈불멸의 이순신〉도 이 범주에 든다. 다른 예로는 윌리엄 셰익스피어의 공적 생애 중 알려지지 않은 18세부터 25세까지의 기간을 마찬가지 방식으로 채우면서 『로미오와 줄리엣』이라는 걸출한 작품을 탄생시킨 대문호의 삶의 단면을 추론한 〈셰익스피어 인 러브(Shakespeare In Love)〉, 모차르트의 죽음을 둘러싼 몇 가지 가설 중 하나인 독살설을 기초로 모차르트의 라이벌 살리에리를 등장시킨 〈아마데우스(Peter Shaffer's Amadeus)〉 등을 들 수 있다. 이러한 형태의 서사, 즉 사실(Fact)과 허구(Fiction)를 결합한 것을 우리는 팩션(Faction)이라고 부른다.

최근 우리 영화계에서도 팩션 계열의 영화가 하나의 흐름을 만들 전망이다. 베일에 가린 북파 공작원들의 실상과 비극적으로 삶을 마감한, 이른바 '실미도 사건'을 영화화한 〈실미도〉가 국내 영화사상 최초로 천만 관객을 동원하며 영

---

2 서정남, 『영화서사학』(생각의 나무, 2004), 11~12쪽 참조.

화계의 팩션 바람을 선도했다. 이어서 무술 하나로 일본을 평정한 〈역도산〉이 주목을 받았고, 자폐 소년과 그 어머니의 눈물겨운 인간 승리 실화를 바탕으로 한 〈말아톤〉이 흥행했다. 박정희 시해 사건이 일어난 1979년 10월 26일 하루의 이야기를 다룬 〈그때 그 사람들〉도 많은 논란과 우여곡절 끝에 개봉해 관객과 만났다. 여기에 우리나라 최초의 여성 비행사 박경원의 삶을 다룬 〈청연〉, 〈무등산 타잔, 박흥숙〉 등은 모두 넓은 의미에서 팩션 영화로 분류할 수 있다.

영화는 정치(또는 예술)가 되고 감독은 고난 속 투사가 되다

우리는 영화 역사상 몇몇 작품이 예술과 외설 사이에서 격렬한 논쟁을 불러일으킨 사실을 알고 있다. 그리고 예컨대 오시마 나기사(大島渚) 감독의 〈감각의 제국(愛のコリダ)〉(1976)이나 피에르 파올로 파솔리니(Pier Paolo Pasolini) 감독의 〈살로 소돔의 120일(Salo O Le 120 Giornate Di Sodoma)〉(1975)과 같은 작품들이 그 이전 세대나 당시의 파시즘 정치권력에 대한 희화화의 방편으로 해석되는 것을 목격했다. 이처럼 어느 면에서 포르노그래피가 정치성을 띠는 이유는 모든 파쇼적 정치권력이 국민을 향해 휘두르는 폭압과 포르노 속의 남성이 여성을 철저히 노예화·대상화하는 성적 위계 관계 설정 사이에 상동성이 크다고 보기 때문이다. 양자의 가장 닮은 점을 꼽으라면 모두 원초의 모습이고 '날것', '야만'이라는 점이다. 너무 원색적이어서 더럽고 추하며 지루하다(움베르토 에코의 지적). 아울러 포르노가 남성 중심 시각으로 대상화한 여성의 몸 보여주기라면 파시즘 권력의 통치 행태는 주로 전시 행정으로 치장된다는 점에서 치졸한 상업주의로 요약할 수 있다. 이러한 이유로 경계에서 교묘한 줄타기를 하는 방식의 잘 만든 포르노그래피 한 편은 파쇼 정치권력을 조롱하는 기제가 되고, 영화의 시대적 배경이 되는 당대의 상황을 패러디하고 있다는 정치

적 해석을 낳으며, 작품의 본령인 포르노그래피를 넘어서 명작의 반열에 오르기도 한다. 다른 한편, 부도덕한 정치권력이 자신들의 도덕성을 은폐·가장하기 위해 사회 정화 운동을 펼치거나 그 일환으로 포르노그래피를 탄압하는 형태를 띠면 포르노그래피는 돌연 투사로 변모하고 정치성을 띠며, 역설적이게도 극 대 극은 서로 동류가 된다는 변증법적 합일의 모습으로 해석될 길을 열어주곤 했다.

임상수 감독의 〈그때 그 사람들〉은 건전한 상식을 가진 사람이라면 명백하게 포르노그래피가 아니라고 할 것이다. 그러나 또 다른 진영의 몇몇 사람은 이 작품을 포르노그래피로 봤다. 아니, 그보다 더 저질이고 악질적인 작품, 작품이 아니라 '쓰레기'로 봤다. 그래서 '그때 그 시절'에는 정말 어려웠지만 다행스럽게도 이제는 제법 법치국가, 민주국가의 면모를 갖춘 대한민국 사법부에 이 쓰레기를 처리해달라고 의뢰했다. 이에 대한민국 사법부는 영화 속 다큐 장면을 삭제하라는 판결을 내리면서 이 영화는 현실 정치의 장뿐만 아니라 대중문화 담론 전체의 장에서 논의의 대상이 되었고, 임상수 감독은 본의 아니게 예술적 자유를 박탈당한 '투사'가 되었다.

여기서 잠시 이 작품을 둘러싼 논쟁의 핵심을 정리하고 넘어가자. 첫째, 표현의 자유와 개인의 인격권(명예)에 대한 논란이다. 그리고 그것을 사법부가 판단할 수 있는(판단해야 하는) 내용인가, 아니면 관객에게 맡겨두어야 하는가의 문제이다. '판단할 수 있고, 또 판단해야만 하더라도 영화 작품을 가위질할 수 있다는 판단까지 가능한 것인가' 하는 점 역시 중요한 쟁점이다. 둘째, 영화의 역사 인식을 둘러싼 논란이다. 이 문제에 관해서는 크게 보아 다음과 같은 두 가지 평가가 엇갈리는 듯싶다. 먼저 긍정적 평가는 이 영화가 역사의 물줄기를 바꾼 국가적 사건을 '꼴통 마초들의 저녁식사'로 조롱했다는 것이다. 부정적 평가로는 '불성실하고 무책임하다'거나, '역사에 대한 감독의 고민과 시각을 찾아 볼 수 없다'는 지적이 있다. 이 정도는 매우 온건한 평가이고, 박지만 씨 측의 생각은 포르노그래피 정도이거나 그 이하일 것이다.

사실 하나의 극영화, 팩션 작품이 논란을 불러일으킨다는 자체가 좀 우습고 재미있는 현상이다. 가령 김재규가 박정희를 쏘면서 '다카키 마사오'라는 일본식 이름을 얘기한 것이 사실이냐 아니냐, 왜 없던 얘기를 하는 것이냐 등등의 논쟁은 쓴웃음을 짓게 한다. 이 논리라면 TV에서 방영되는 사극을 보면서 정말 역사 속 인물이 실제로 그런 대사를 읊조렸는지를 두고 논쟁하는 것과 다를 바가 없기 때문이다. 어느 면에서 우리의 모든 과거는 코미디이다. 한갓 필부인 우리조차 가족끼리 모여서 옛날 앨범을 꺼내 보며 그 시절의 옷매무새나 머리 모양의 촌스러움에 박장대소한다. 또 가장 정성스럽고 진지하게 행했던 일들, 그러한 사고방식이나 행동 양태들 역시 시간이 지나면 코미디가 된다. 가령 영화 〈사랑방 손님과 어머니〉에서 옥희의 모습을 보라. 그 진지하고 리얼한(당시로서는) 대사는 오늘날 그 영화를 보는 관객들이 배꼽을 잡고 웃게 한다. 정말 이 작품을 최대한으로 깎아내려 그 밑바닥에서 건져 올릴 수 있는 평가란 '그 시대의 야만을 약간 조악한 형태의 블랙코미디로 그렸다'는 정도일 것이다. 그렇다고 해서 뭐 그리 수선을 떨고 소란해질 일이 아니라는 점이다.

그 시절 막막한 두려움의 실체들이 너무 허망한 일과성 해프닝 과정에서 스러지고 말았으며, 그러한 실체 없음이 이 나라를 지배한 원동력이었고, 그 신화의 자리, 신비화의 꺼풀이 벗겨졌을 때 그들이 배태한 자식들이 다시 그 자리를 메우며 역사를 형편없이 뒷걸음질하게 했다는 사실을 우리는 알고 있다. 그런데 그러한 역사, 어처구니없고 촌스럽고 슬픈 역사지만 그것도 시간이 지나니 재미있어지는 것이다. 그것을 진지하게 그리면 그릴수록……. 또는 그 시대가 본시 조악한 시대였으므로 그것을 조악한 방식으로 그려낸다는 것 자체가 하나의 전략이 될 수 있다. 인간이라면 누구나 저지를 수 있는 바보 같은 행태들, 우발적이고 일시적인 행동, 어설픈 상황 대처 능력 등은 그들 역시 나약한 한 인간에 지나지 않음을 극적으로 제시해준다. 그것이 극적으로 보이는 것은 그만큼 실존 인물인 그들이 수많은 신비화로 덧칠되었고, 많은 부분이 베일에 가려져 왔음을 반증한다.

다시 앞의 얘기로 돌아가자. 사법부는 나름대로 박지만 씨와 제작사, 임상수 감독 등 소송 당사자 모두를 고려해서 대단히 '정치적으로 합리적인 판결'을 도출해 제시했다. 그것이 순수하게 법리적인 판결이 아니었다는 생각은 양당사자 모두가 갖고 있는 듯하고, 따라서 양측 모두 불만이 있는 사안인 듯하다. 우리는 제삼자이지만 이번 판결(다시 환기하지만, 내가 이 글을 쓴 것은 지난 2005년이다)에 대해 우려하는 바가 있다. 그것은 사법부가 자의적으로 영화를 가위질할 수 있다고 판단하고 그러한 선례를 만들었다는 점이다. 그러한 발상이 나왔다는 것 자체에 충격을 받았다. 박지만 씨 측의 주장대로 만약 이 작품이 고인의 명예를 심각하게 침해했다면 상영중지 결정을 내렸어야 옳다. 또 사법부의 판결에 따라 도입부 영상이 그렇게 잘리고도 영화 개봉을 밀어붙인 제작자와 배급사도 좋게 보이지 않는다. 그저 우스운 일과성 해프닝으로 치부되고 말았기 때문에, 그리고 이 사실을 적당히 즐기고 있다고(왜냐하면 이런 소란스러움도 영화의 흥행에는 도움이 되는, 이른바 '노이즈 마케팅 효과'를 얻고 있다는 생각하에) 생각되기 때문에 더더욱 그렇다.

특히 임상수는 영화를 만들 당시부터 (물론 그 자신이 생각한 규모나 정도 면에서 차이는 있겠지만) 이러한 일이 있을 것이라는 점을 충분히 염두에 둔 것 같다. 그렇기 때문에 현재 이 상황을 상당히 여유롭게 표정 관리를 하며 즐기고 있는 듯하다(이 점에 대해서는 다음 항목에서 더 자세히 다룰 것이다). 그에 비해 박지만 씨 측은 별 소득이 없다고 보인다. 물론 개봉 전 법정 소송으로 문제 장면을 삭제하라는 법원 판결을 얻어냄으로써 일정 부분 승리한 것처럼 보이긴 했다. 그러나 오히려 세간의 관심을 증폭시켜 영화의 흥행에 큰 도움을 주고, 정치나 역사 담론의 장이 아니라 영화를 비롯한 대중문화에서도 박정희 시대를 새롭게 조망하는 기회(바로 오늘과 같은 기회)를 제공했다. 다시 말하면 이 영화에 대처하는 박지만 씨의 행동과 조치는 웬만하면 '신화의 장에 조용히 계신' 그분을 정말 조용히 계시도록 하고픈 본래 의도나 자식으로서의 도리와는 정면으로 배치되는 결과를 빚고 말았다.

우리가 역사적 사건을 대하는 태도와 관점 중 가장 중요한 덕목은 얼마만큼 균형 잡힌 시각에서 보느냐일 것이다. 균형은 한 곳에서 보아서는 기대할 수 없는 복수적·대칭적 의미가 있다는 점에 주목한다면 역사, 그 사건의 제1당사자와 주변 인물들은 객관성과 균형을 결여하는 것이 일반적이다. 그런 면에서 박지만 씨는 객관적 균형을 잃었으며, 임상수의 시선에 필적하지 못한다. 기본적으로 박지만 씨는 한 편의 극영화가 가질 수 있는 사회성이나 상업 영화의 마케팅 기법, 영상 기법, 관객의 수준 등 영화를 둘러싼 제반 조건이나 환경에 너무 무지하다는 생각을 지울 수 없다. 영화에 대한 그의 오해와 편견이 오히려 일을 그르치게 한 면이 더욱 커 보이는 것이다. 오늘의 관객들은 영화 한 편으로 과거 역사를 평가하거나 영화의 내용을 액면 그대로 받아들이는 오류를 범하지 않는다. 제작사와 임상수 감독의 마케팅 전략에 말려든 느낌이다. 그는 지나치게 격앙된 나머지 제작자와 감독이 궁극적으로 원하는 방식으로 자신의 역할과 연기를 훌륭히 소화했고, 두뇌가 별로 명석하지 않다는 사실도 유감없이 드러냈다. 더욱 나쁜 것은 그 아버지가 가벼이 여겼던 바 '표현의 자유'를 그 역시 너무 가벼이 보고 있다는 사실을 만천하에 확인시켜준 것이다. 그가 좀 더 지혜로웠다면 오히려 여유를 가지고 지켜보거나 최소한 그냥 무시해버린 편이 훨씬 나았을 것이라는 아쉬움이 있다.

〈그때 그 사람들〉을 통해 본 사실과 허구 사이의 쟁점

영화 〈그때 그 사람들〉은 실제 사건을 해석하고 가공한 허구이다. 이 작품의 본령 또는 무게중심을 어디에 둘 것인가에 따라 그 해석이나 이해의 범위와 폭이 결정될 듯싶다. 박지만 씨 측에서는 이 작품을 실제 또는 실제의 재현으로 보고 있고, 제작사와 임상수 감독은 그것을 바탕으로 하여 상상력과 해석을 가미한 허구라고 주장한다. 공인은 사생활도 역사의 일부가 된다. 역사관,

인생관, 세계관, 금전관, 연애관 등 그의 삶 전체는 해석과 이해, 연구의 장에서 언제든 논의될 수 있는 것이다. 그러한 논의 가운데 그 대상이 가졌던 어떤 아름다움이나 고귀함만이 아니라 지우거나 감추고 싶었던 치부가 드러난다고 해도 그것은 그의 삶을 이해하고 재구성하는 중요한 자료가 된다.

영화뿐만 아니라 모든 예술적 표현은 창작자의 시각(프리즘, angle of vision)을 통과해 제시된다. 그런데 이 시각이란 360도 전 방향이 아니다. 분명 어느 위치, 어느 지점을 점하고 '편향되게' 바라보는 것이다. 이는 보는 자 또는 그 것을 말하는 자의 이데올로기가 포함되어 있다는 뜻이기도 하다. 과거(19세기 말까지)에는 모든 서사 이론과 비평의 영역에서 이 점을 혼동했을 뿐만 아니라 작가와 이야기 속의 화자(서술자)를 동일인으로 착각했다. 그래서 그 당시에 작품 속 화자의 인격은 곧 이야기꾼(작가)의 인격으로 환치되어 도덕적으로 저열한 인물이 화자일 경우 작가의 인격이 매도되곤 했다.[3]

이 작품으로 촉발된 저간의 논쟁과 법정 소송을 보면서 내가 먼저 한 생각은 바로 이러한 점에 대한 오해와 무지에서 비롯된 해프닝이 아닌가 하는 것이다. 그러나 내가 가장 경악한 것은 법원이 영화의 도입부 타이틀과 엔딩 타이틀 부분에 들어간 다큐 필름을 삭제하도록 한 것이다. 정말 난센스 중의 난센스이다. 이는 단지 영화의 처음과 끝이 잘려 나간 것에 그치지 않는다. 작품을 하나의 전체로, 소우주로 놓고 볼 때 그 영상은 단순한 다큐가 아니라 일종의 자료 화면으로 전체 안에서 다양한 기능을 수행한다. 그것은 일차적으로 작품이 허구의 세계로 들어가면서 극적 리얼리티를 제고하고, 극적 개연성을 담보하는 장치로 기능한다. 나아가 의미론적으로 보면 그 장면들은 박정희 정권 시절 그의 정통성 결여와 불법적 장기 독재에 항거한 사람들의 모습을 대표하거나 무조건적으로 추앙한 사람들의 모습에 대한 기표(signifiant)이다. 나아가 아직도 그 연장선상에서 박정희와 그의 시대를 부정하거나 폄훼하는 사

---

3 이에 대한 상세한 논의는 서정남, 『영화서사학』, 324쪽 참조.

람과 숭앙하는 사람들을 두루 환기하는 초월적 기표가 되는 것이다.

이 영화는 '오늘날 우리에게 10 · 26 사건의 의미는 무엇인가'라는 질문을 던진다. 우리 모두의 현재를 규정하는 과거, 영화는 그 과거를 통해 우리의 현재를 돌아보도록 한다. '그날 밤 무슨 일이 일어났는가?'에 대해서는 누구나 알고 있을 것이다. 그것은 이미 세상에 알려진 사건의 공식 기록에 드러나 있다. 그러나 '그날 밤 그들에게 무슨 일이 있었나?', '그 사건의 전후 맥락과 파장, 결과, 그 사건이 궁극적으로 함의하는 바는 무엇이었나?'에 대해서는 아직도 의견이 분분하다. 아니 〈그때 그 사람들〉로 우리가 실증적으로 확인하는 것은 그때 그 사건이 아직도 냉정(엄정)한 논의의 대상에조차 편입되지 못하고 있다는 점이다.

물리적 · 시간적으로 영화 한 편에 박정희 18년의 역사를 담거나 그 공과를 다 얘기한다는 것은 물론 불가능한 일이다. 그러나 하나를 보고 열을 알 수 있고, 하나를 통해 백을 짐작할 수도 있는 것이다. 임상수는 나름대로의 시각과 안목으로 그의 생애 중 마지막을 장식한 그때, 그 하룻밤의 사건과 인물들을 그리고 있다. 그것은 썩 괜찮은 전략적 선택으로 보인다. 왜냐하면 그는 바로 그 하룻밤의 사건을 통해 그 시대의 정사가 아닌 야사를 간단하게 요약해버리며, 정사와 야사가 모두 그 한사람에게서 나왔다는 점을 새삼스럽게 환기해주기 때문이다. 그 시대의 저열함과 부박함, 시스템 없이 막무가내로 작동되다가 돌연 필름 끊기듯 멈춘 국가 운영과 그들에게 어쩔 수 없이 모든 운명을 맡긴 우리 국민의 실상을 두루 되짚어내고 그 시절 우리 자신들의 모습을 돌아보게 한다.

앞에서 우리의 과거는 모두 코믹하다고 했고, 그래서 그 과거의 모습을 들여다볼 기회가 있을 때 웃음 짓는다고 했지만, 어리석었던 과거 자신의 모습을 뒤늦게 자각하는 것은 시간이 지나도 기분이 나쁘다. 이 작품을 보면서 어쩔 수 없이 낄낄거리다가 나중에 기분 나빠지는 경험을 한 사람이라면 이 말을 이해할 것이다. 자신이 주도적으로 삶을 헤쳐 나오는 과정에서 겪은 실패나

고난은 시간이 지나면 좋은 추억으로 치장된다. 하지만 타의에 휘둘리거나 어리석어서 속았던 일을 뒤늦게 새삼 확인하는 것은 유쾌한 것이 못된다. 특히 그때 그 시절, 그의 죽음을 오직 순수한 열정으로 '나랏님의 비통한 죽음이라 애도하고, 국가의 장래와 민족의 안위를 걱정하며 눈물 흘린 우리의 순진한 민초들', 그들은 영화의 엔딩 타이틀 부분에 삽입된 다큐 필름에 들어 있다. 물론 영화의 도입부의 다큐 필름에 있던 부류의 사람들, 그들 역시 질곡의 역사와 사건이 주는 무게감에 가위눌려 타도의 대상이었던 독재자의 돌연한 죽음에 전혀 기뻐하지 못했다. 그저 어이없어 하며 이것이 꿈인지 생시인지 정신 차리지 못하고 한동안 멍하게 지냈을 뿐이다.

그런데 재미있는 것은 한편으로 생각해보면 다큐 자료 화면을 삭제한 것은 제작자나 임상수로서는 전략적으로 잃은 것이 없다. 사실 그런 장면이 들어가 있었다는 입소문만으로도 충분하기 때문이다. 그 장면들은 이미 오래 전에 TV를 통해 본 익숙한 이미지이며 앞으로도 얼마든지 볼 수 있는 장면이다. 요즘 TV가 어떤가? 그때 그 시절의 사건들, 그 기록 화면들을 '이제는 말할 수 있다'며 다 얘기하고 보여주지 않는가(혹시 그렇다고 해서 사법부가 영화 속에 삽입된 다큐 장면을 삭제하게 한 것을 내가 옹호한다고 생각하지 말길 바란다. 앞서 언급했지만 그것은 한마디로 무지에서 비롯된 야만이기 때문이다).

그 밖에도 작품을 들여다보면 감독 나름대로의 전략이 잘 은폐되어 있다. 가령 10월 26일, 그때 그 사건이 일어나던 날 낮에 박정희가 대통령으로서 마지막 공적 역사의 장에서 행한 일은 삽교천 방조제 준공식에 참석한 것이다. 영화는 헬기를 타고 삽교천을 둘러보는 박정희의 모습을 통해 그 시대의 공적을 간단히 요약한다. 일제하에서 성장하는 과정에서 일본식 교육을 받은 것은 그 시대 선조들의 숙명이었다고 해도, 만주 육사를 거쳐 군국주의 일본 군대에서 성장하고, 그들이 수행한 전쟁에 주도적으로 참여한 것은 그 자신의 자유의지였다. 군사 쿠데타로 집권한 후에는 굴욕적인 한일 외교 정상화를 추진하고, 일제강점기 자신을 가르친 일본 선생들을 청와대로 초청해 성대한 잔치를 벌인 전력으로 미루어 '다카키 마사오'라는 이름의 사용이나, 심수봉이 엔카를 부르는 장면의 제시는 그 시절의 분위기를 개연성 있는 허구로 만드는 데 일조한다. 그리고 그것은 단지 개연성 있는 허구를 넘어서 박정희 시대의 영욕과 명암을 담는, 진실의 언어로 환치되기를 기다리며 숨어 있는 하나의 약호 체계이다.

결국 영화 〈그때 그 사람들〉이 표현하려는 것은 권력의 허망함에 대한 조롱이다. 요즘 말로 좀 생뚱맞은 '거사'('영문도 모른 채 죽어간 이들에 대한 추모곡'이라는 부제의 암시를 보자면)에 허물어진 권력, 조악하고 유치한 작태를 통해 그들의 손에서 국가의 명운이 결정되고, 그들의 하룻밤 해프닝에 나라의 장래가 전혀 다른 국면으로 접어드는 결과를 초래하는 일련의 사건을 시니컬하게 재현한 기막힌 이야기이다.

나오며

모든 역사는 후세 사람들이 평가한다. 당시에는 권력의 힘에 따라 한쪽으로 기울 수밖에 없지만 시간이 지나면 그 때의 정황을 객관적으로 바라볼 수 있기 때문이다. 독재와 밀실 정치로 불린 우리의 과거사를 돌아보는 일은 그래서 더욱 흥미롭다. 그동안 〈하류인생〉, 〈효자동 이발사〉, 〈말죽거리 잔혹사〉, 〈실미도〉 등 몇몇 영화들이 박정희 시대를 직간접적으로 재현하긴 했다. 이 작품들은 저마다 그 시대에 접근한 방식이 달랐다. 그러나 한 가지 공통점은 어느 작품도 박정희와 그의 시대가 함의하는 바를 정면에서 다루거나 재해석하지 못한 것이다. 이 점에서도 〈그때 그 사람들〉은 완성도를 떠나 우리 영화 사상 최초로 박정희와 그의 시대를 정면에서 응시한 작품이라고 평가할 만하다.

이러한 영화들이 정치적 효력을 다하는 날, 충무로는 더 이상 이런 소재에 주목하지 않고, 관객 역시 관심을 갖지 않아 대한민국은 비로소 좀 조용하고 안정된 사회로 나아갈 수 있을 것이다. 많은 진실이 땅에 묻혀 있으며, 이는 에밀 졸라(Émile Zola)의 말대로 "자라나서 무서운 폭발적 에너지를 결국 드러낼 것"이다. 이들이 사회적 이슈가 되고 돈이 되는데, 충무로가 그것이 터지는 것을 두려워하겠는가? 영화에서 경제 논리는 절대적이다. 그것을 부정하고 영화를 생각한다는 것은 어불성설이다. 일찍이 존 포드(John Ford, 본명은 John Martin Feeney) 감독은 "영화감독이 예술적으로 실패하는 것은 사소한 것이다. 그러나 상업적으로 실패하는 것은 매우 중대한 일이다"라고 한 바 있다.

영화가 역사를 꼭 진지하게 그려야 한다는 것도 웃기는 얘기다. 그것에 대해 반대로 생각하는 사람들의 존재를 무시하는 발언이기 때문이다. 아직 우리 사회는 여유와 유머에 취약하다. 이야기꾼이 가진 영화적 상상력이나 감수성마저 정치적 프레임으로만 포섭하려는 경향을 보이곤 한다. 이런 경직성을 보며 새삼 과거 파시즘의 잔재가 얼마나 진하게 우리의 골수 속에 박혀 있는지, 그 독성이 얼마나 강한지를 알 수 있다. 그런 면에서만 봐도 〈그때 그 사람들〉은 이미 두어 가지 미덕을 가지고 있다.

Chapter 7

홀리데이

/

탈주한 잡범의 입에서 시대(5공 · 6공)의 본질이 운위되다

양윤호 감독 | 2006년 개봉

2014년 봄의 길목, 우리 사회의 어떤 풍경들

내가 이 글을 쓰고 있던 2014년 2월 10일, 청주에서 생활고를 비관한 세 모녀가 방 안에 번개탄을 피우고 동반 자살하는 사건이 발생했다. 이어서 2월 26일에는 서울시 송파구 석촌동에 위치한 단독주택 지하 1층에서 세 모녀가 숨진 채 발견되었다. 그들 역시 번개탄을 피워 동반 자살했다. 그런데 놀라운 것은 그들의 시신 곁에 놓인 봉투 속에 집주인에게 쓴 편지(이렇게 떠나게 돼서 너무 미안하다는 내용)와 집세, 밀린 공과금 납부를 위한 돈 70여만 원이 들어 있었다. 남편이 남긴 빚을 감당하기 어려웠던 엄마와 장애가 있는 큰딸, 그리고 신용불량자가 된 작은딸은 벼랑 끝에 몰린 채 결국 동반 자살을 택했다.

이에 대통령부터 나서서 복지 제도의 강화를 부르짖고, 국회의 복지 관련 법안 처리 지연을 비난하는 등의 제스처를 취했다. 하지만 현 정권 출범 첫해인 지난해만 해도 기초생활수급자 3만 7,000여 명이 지원 대상에서 '탈락'했다. 기초생활수급자 수는 최근 10년 만에 최저치(약 137만 명)를 기록한 상황이다. 기존에 기초생활수급자였던 사람들이 가계 소득이 올라서 생활에 지장이 없어졌기 때문일까? 그렇지 않다. 빈곤층 관련 예산이 줄면서 기준이 강화된 탓에 벌어진 일이다.

이 사건 이후 전국 각지의 동사무소에서 사회복지를 담당하는 직원들은 고통의 나날을 보내고 있다고 한다. 복지 사각지대에 있는 새로운 기초생활수급 대상자를 찾아내라는 중앙 정부의 지침이 내려온 것이다. 이 때문에 기존 수급 대상자들도 여기에 포함해 일제히 특별조사를 벌이고 있다. 문제는 새로운 수급 대상자를 찾아내도 예산이 없다는 것이다. 아무도 그에 대한 대답은 주지 않는다. 따라서 예산을 만드는 것도 동사무소 직원들이다. 새로운 수급자를 발굴해 그들에게 지원을 하려면 기존 수급 대상자의 지원비를 삭감하거나 일부 대상자를 탈락시키는 방법으로 새로운 수급자에게 줄 돈을 만들어야 한다.

또 다른 풍경 하나. 지난 3월 22일에는 허재호(72세) 전 대주그룹 회장이 뉴질랜드에서 인천 공항으로 귀국 즉시 체포되어, 광주교도소 노역장으로 이송돼 일당 5억 원짜리 노역에 들어갔다. 그는 2008년 9월 25일, '508억 원의 세금 탈세를 지시하고 100억 원을 횡령한 혐의'로 광주지검에 기소되었다. 그리고 광주지법에서 열린 1심 재판에서 검찰은 그에게 징역 5년에 벌금 1,000억 원을 구형하면서 '탈루 세금을 납부했고 횡령금도 변제 공탁했다'며 이례적으로 벌금을 선고유예해달라고 요청했다. 광주지법 형사2부는 2008년 12월 30일 허 전 회장에게 징역 3년에 집행유예 5년과 벌금 508억 원을 선고했다. 법관의 재량으로 형을 덜어주는 '작량 감경'을 적용해 벌금을 구형량의 반으로 삭감해준 것이다. 항소심 재판부인 광주고법 형사1부(재판장은 당시 광주지법원장이었던 장병우, 2014년 4월 2일 자 사표 수리)는 2010년 1월 21일 허 전 회장에게 징역 2년 6월에 집행유예 4년, 벌금 254억 원을 선고했다. 재판부는 벌금을 1심의 절반으로 깎으면서 '자수 감경'(자수한 죄인의 형벌을 줄여주는 일) 논리를 적용했다.

이에 대해 사회 전역에서 강력한 항의가 일어나자 사법부는 그의 노역형을 철회하는 한편 숨겨놓은 재산 추정에 돌입했다(그러나 그는 닷새간의 노역과 벌금 납부 의사를 밝힌 체포와 압송 기간 하루를 포함해 30억 원을 이미 탕감받게 되었다). 이 일로 장병우 광주고법 형사1부장 판사는 2014년 3월까지 광주지법원장으로 승승장구하다가 낙마했다. 정부에서는 마치 생전 처음 발생한 일인 양대책을 마련한다며 호들갑이고 국회에서도 새로운 법제 정비를 한다고 나섰다. 법이 만인에게 평등하게 적용돼야 하고, 형벌 또한 누구에게나 고통의 크기를 같게 해야 한다는 것은 헌법상의 평등 원칙을 운위할 필요도 없는 자명한 일이다. 그러나 21세기 광명 천지라고 하는 대한민국에서 일반 노역형을 수행하는 범죄자 일당의 1만 배에 달하는, 일당 5억 원짜리 노역형이라는 황당무계한 일이 아무렇지도 않게 일어났다.

우리가 사는 세상이 이토록 불공정하다는 생각을 하니 가슴이 답답해진다. 죽어가면서도 주위 사람들에게 민폐를 끼치는 것에 대한 미안함과 금전적 손해를 최소화하기 위해 마지막까지 손에 쥐고 있던 70여만 원을 남긴 세 모녀. '차라리 그 돈으로 맛있는 것이라도 한번 실컷 먹지……' 하는 생각이 들며 더욱 가슴이 아팠다. 그런가하면 수백억을 횡령하고, 조세 포탈, 자산 해외 도피 등 온갖 부정과 탈법을 저지르고 도처에 재산을 은닉한 채 호의호식하며 사는 사람에게 검찰과 사법부는 면죄부에 가까운 황제 노역으로 길을 열어주는 작태를 보였다. 그들의 모습은 마지막까지 인간적 자존을 지키고 뒤를 깨끗이 하려는 사람들의 모습과는 다른 풍경을 만들어낸다. 허 전 회장과 그의 가족이 이 세상을 떠나는 모습은 어떨지 자못 궁금해진다.

지강헌 일당 탈주 사건의 정치적·사회적 파장

1988년의 정치사적 의미

1988년은 대한민국 현대사에서 여러모로 중요한 전환점이 된 해이다. 1987년 12월 16일에 치러진 제13대 대선에서 김대중과 김영삼이 후보 단일화에 실패했고, 이에 따라 노태우가 36.6%의 표를 얻어 직선제 대통령으로 선출되어 제

6공화국이 시작되었다. 이해 3월부터 해외여행 자유화가 실시되었고, 서울 올림픽이 개최돼 총 33개의 메달을 획득하며 세계 4위의 스포츠 강국으로 발돋움했다. 또 제13대 4·26 총선에서 여당인 민정당이 과반수에 한참 못 미치는 125석을 얻었고, 김대중의 평민당이 70석을 확보해 제1야당으로 부각되었다. 김영삼의 민주당은 총 득표율에서 평민당에 앞서고도 59석으로 제2야당에 머무르게 됐으며 김종필의 공화당은 35석으로 캐스팅 보트를 쥐게 되었다. 이 때문에 노태우는 대통령이 되었지만 야당과 국민의 압력을 견디지 못하고, 광주민주화운동 진상 규명과 제5공화국 비리 전반에 대한 청문회를 열 수밖에 없었다. 전두환의 형 전기환, 동생 전경환, 아내 이순자, 장인 이규동, 처남 이창석 등 본가와 처가의 비리부터 측근들의 전횡까지 광범위한 조사가 이루어졌고, 제일 먼저 동생 전경환이 구속됐다. 그해 11월 23일, 전두환은 언론을 통해 대국민 사과와 전 재산의 국가 헌납을 발표했으며, 12월에는 이순자를 대동하고 백담사에서 유배 생활을 시작했다.

독재정치의 계승과 사회보호법

1979년 10월 26일, 박정희 대통령이 피격되면서 발생한 국가권력 공백기에 정보를 독점하고 12·12 군사 쿠데타를 일으켜 권력을 장악한 전두환과 '신군부'는 자유와 민주주의를 열망하는 온 국민의 노도와 같은 봉기를 무력으로 짓밟았다. 1980년 5월 17일을 기해 전국에 비상계엄을 선포하고, 그 이튿날부터 열흘에 걸쳐 광주를 피로 물들였다. 곧이어 '국가보위비상대책위원회(국보위)'라는 것을 만들어 헌정을 유린하고 초법적 철권통치 체제를 구축했다. 이렇게 법과 정의를 무력으로 짓밟았던 그들은 아이러니하게도 '정의사회구현'이라는 여섯 글자를 새 국정 지표로 내걸었다. 그리고 '사회 정화'라는 명분을 앞세워 사회의 안녕과 질서를 해치는 불량배들을 일제 소탕한다는, 군사작전을 방불케 하는 내용을 담은 '삼청계획'을 계엄사령부에 하달했다. 그러나 이는 반군부 시위와 민주화 운동의 진원지까지 파고들어 마구잡이로 응징하겠다는 저의를 품고 있었다. 이에 따라 1980년 8월 1일부터 1981년 1월 말까지 계엄사령부의 지휘하에 전국의 모든 동네 불량배를 모조리 잡아들이기 위해 연인원 80만 명을 동원한 군과 검경의 합동작전이 펼쳐졌다. 그리고 이 기간에 6만 755명이 단지 불량배(불순 세력)라는 이름으로,[1] 범죄에 대한 증거나 영장, 아무 법적 근거도 없이 체포돼 몇 개의 군부대 내의 '삼청교육대'로 끌려와 감금되어 고문을 당하거나 가혹한 훈련과 강제 노역을 수행해야 했다. 그러나 "당시 검거된 대상자 중 35.9%가 '불량배 소탕'이라는 명분과는 달리 전과 사실이 전혀 없었던 것으로 드러나 자의적이고 무분별한 검거가 자행되었음이 확인"되었고, "그중에는 중학생 17명을 포함한 학생 980명과 여성 319명도 포함"[2]되어 있었다고 한다.

이처럼 삼청교육은 전과자, 우범자, 부랑자, 폭력사범뿐만 아니라 행실이 불량하다고 자의적으로 판단한 일반인까지 마구 잡아들여 실시한 군사독재식 '인간개조' 프로그램이었다. 그러나 더 큰 문제는 이들 중에서 교화가 제대로 되지 않았다고 생각되는 사람들은 재판을 비롯한 아무 법적 근거나 절차 없이 '보호감호소'에 인신 구속을 지속했다는 데 있다. 보호감호제도는 동종 또는 유사한 죄로 2회 이상 금고 이상의 실형을 받고 형기 합산 3년 이상인 자가 다시 유사한 특정의 죄를 범한 때 보호감호시설에 수용해 감호 및 교화하고, 사회 복귀에 필요한 직업훈련과 근로를 과하는 것을 목적으로 하는 제도로 1980년 12월 18일 국가보위입법회의[3]가 제정한 법률이다. 이 보호감호제도는 입법 제

---

1 1980년 당시 '국보위'가 발표한 '삼청교육 대상 불량배'의 기준은 다음과 같다. '현행범과 재범 우려자', '지역 주민의 지탄을 받는 자', '사회 풍토 문란 사범', '사회 질서 저해 사범' 등. 이렇게 매우 자의적·추상적이며 애매한 기준은 귀에 걸면 귀걸이, 코에 걸면 코걸이로 아무에게나 적용해 잡아갈 수 있는 황당무계함 그 자체였다.

2 http://www.sisapress.com/news/articleView.html?idxno=59324 기사 참조.

3 이는 1980년 5·17 비상계엄 전국 확대 조치 직후 계엄업무를 수행할 때 대통령의 자문

정 당시 삼청교육을 받는 사람들에게 소급 적용해 실행했다. 즉, 4주간의 삼청교육과 뒤이은 전방 부대 근로봉사에도 '순화되지 않은' 사람들에게는 '사회보호법' 부칙 규정을 적용해 법원 판결 없이 '사회보호위원회'의 심사를 거쳐 1년에서 5년 사이의 보호감호 처분을 내릴 수 있도록 규정한 법 위의 법이었다. 집행의 현실을 보면 서신을 검열하고 동료나 교도관이 볼 수 있는 상태에서 용변을 보아야 하며, 피감호자들이 수용된 청송 제1, 2감호소는 2.6평의 좁은 공간에서 약 4~6명의 인원이 생활했다. 이곳은 냉난방 시설이 전혀 갖추어지지 않았고 시설 면에서 일반 수형자가 수용된 교도소보다 열악했으며, 운동시간은 물론 선거권까지 전면 제한했다. 이처럼 피감호자에 대한 처우가 형법의 적용을 받는 수용자와 별반 다를 것이 없고, 그들의 사회 복귀를 위한 것이 아니라 격리(사회보호)에 초점이 맞춰져 있었다. 그 결과 피감호자들이 보호감호 기간을 마치고 사회에 복귀해도 정상적인 사회생활을 할 수 없으며, 사회의 냉대를 견디다 못해 결국 또다시 죄를 짓는 상황에 처했다. 또 보호감호제도는 헌법이 명시하는 이중처벌금지의 원칙에 위배되는 것이기도 하다. 전두환 정권은 이처럼 황당한 초헌법적 법률을 제정해 자신들의 권력에 저항하면 어떤 대가를 치르는지 확실히 보여줬다. 이로써 더욱 더 강력하고 효과적으로 국민을 억압하며 자신이 하고 싶은 모든 일을 자기 맘대로 한 것이다. 결국 이러한 사실이 인정되어 1991년 보호감호제도를 규정한 '사회보호법'에 대해 위헌 판정이 내려졌고, 2005년 6월에 와서야 폐지되었다.

전두환 5공 정권은 이 같은 철권통치를 펴는 한편 스포츠, 섹스, 스크린 등 이른바 '3S 우민화 정책'을 펼치며 국민들이 반체제, 반정부 투쟁을 하지 말고 그저 먹고, 놀고, 즐기는 일에 몰두하도록 했다. 그래서 프로야구, 프로축구, 프로배구 등이 연이어 탄생했고, 그 연장선에서 86 아시안 게임과 88 서울 올

에 응하기 위해 대통령령으로 설치된 국가보위비상대책위원회가 모체가 된 의결 기구이다.

림픽 유치에 나선 것이다. 이러한 국제적 스포츠 행사의 서울 유치가 확정되자 전두환 정권은 모든 국민의 관심과 역량을 스포츠 분야에 집중시키면서 자신들의 폭정과 부정부패에 대해서는 귀를 막고 눈을 감도록 해왔다. 그러면서 대통령을 비롯한 그의 친족들은 국가권력을 자신들의 사리사욕을 챙기는 수단으로 사용했다. 국가 공권력부터 지방의 말단 관료에 이르기까지 혼탁하고, 겉은 반듯해 보일지 모르지만 그 이면에서는 악취가 풍겨 나오는 사회, 그것이 독재 정권 시대의 우리 모습이었다.

한편 올림픽 행사 준비의 일환으로 도심 재정비사업이 추진되면서 서울 시내 200여 곳의 판자촌이 철거 및 재개발에 들어갔다. 그중 하나가 상계동 판자촌이었는데 주된 이유는 올림픽 성화가 지나가는 곳이기 때문이다(이 과정에서 빚어진 부작용에 대해서는 추후 이어지는 내용에서 자세히 살펴볼 것이다). 김포공항에서 잠실 올림픽 주경기장에 이르는 주요 이동로뿐만 아니라 올림픽 성화 봉송이 이루어지는 전국의 모든 도로와 인근 지역 일제 정비 역시 같은 맥락에서 이루어졌다. 불과 5분 내외의 짧은 시간에 획 지나가면 끝인 성화 봉송과 방송 카메라의 중계 장면에 배경 그림이 깨끗하게 잡혀야 한다는 이유에서 벌인 웃지 못할 환경 개선사업의 일환이었다. 이는 농어민이나 도시 빈민의 희생을 담보로 한 경제개발 패턴의 지속이었으며, 지강헌 같은 도시 빈민이 범죄자로 전락하는 과정과 그 맥을 같이한다. 일제 식민 지배 당시의 총독이나 권력자들부터 해방 후 들어선 이승만 독재 정권, 이어지는 박정희, 전두환 군사독재 정권은 자신들과 다른 생각을 하는 국민들, 자신들의 이익에 반하는 민중, 자신들이 하려는 일에 반대하거나 저항하는 국민들을 인간 이하의 폭력으로 대했다. 이른바 국가에서, 정권 차원에서 추진하는 모든 일은 절대 선이며, 그것에 반대하거나 저항하면 악이라는 흑백논리를 현실 정치에 그대로 적용해 자신들이 원하는 대로 일을 추진했던 것이다. 이러한 논리의 희생자들은 대부분 힘없고, 돈 없고, 배경 없는 서민 대중이 되기 십상이었다. 한국전쟁 이후 복구 기간을 거쳐 산업화를 이루며 경제 발전을 가속화하는 가운데, 농사를 지어서는 도저히 살 수가 없게 된 사람들이 대거 서울로 밀려들어 왔고, 서울을 비롯한 수도권은 폭발적으로 비대해졌다. 그러자 주택난, 교통난 등은 가장 중요한 현실적 해결 과제가 되었다. 이에 대한 박정희 정권 시절의 해결책은 이른바 '광주 대단지(지금의 성남시 구시가 일원)'에 수십만 명을 '내다 버린' 형태로 표출됐고, 전두환 정권에서는 그나마의 대책도 없이 마구잡이로 '내쫓는' 형태의 재개발로 일관했다. 그 결과 국가와 사회에 원한을 품은 사람들이 양산되었다. 바꿔 말하면 독재 정권의 철권통치와 인권유린이 '정의사회 구현'과는 정반대로 반사회적 괴물을 키우는 환경과 입지를 조성해준 것뿐이었음을 지강헌 사건은 웅변하고 있다.

결국 이러한 일련의 일들을 독재자의 입맛대로 먼저 벌이고(저지르고) 추후에 국회 차원에서 법적 근거를 마련하다 보니 헌법 정신에 위배되는 각종 법률이 양산됐다. 그리고 도시 빈민을 비롯한 다수의 서민 대중, 전과자 중 동일·유사 범죄를 다시 저지른 사람에 대해서는 가중 처벌하는 것도 모자라 보호감호라는 옥상옥의 처벌로 장기간 사회에서 격리하는 부작용을 낳았다. 이는 지강헌이라는 한 잡범과 그의 동료들이 온 사회를 떠들썩하게 했던 희대의 탈주 및 인질극을 벌인 배경이 되었다.

시대의 아픔을 기록한 다큐멘터리 〈상계동 올림픽〉

5공 정권은 '아시아인의 축제인 86 아시안 게임과 인류의 축제인 88 서울 올림픽은 단군 이래 최대의 국가 행사요, 우리 민족의 영광'이라 부르며 정권 기간 내내 그 준비로 법석을 떨었다. 서울시에서만 200여 곳에 달하는 달동네, 판자촌이 강제로 철거되었다. 올림픽을 취재하러 온 외신 카메라에 행여 빈민가의 남루한 모습이 포착될까 두려워한 전두환 정권이 서울 시내 빈민가들에 대한 대대적인 철거 작업을 서두른 결과였다.

어쩌면 빙산의 일각에 불과할지 모르지만 그 시대의 아픔을 영상 기록으로 남기고, 이를 다큐멘터리 영화로 만든 김동원 감독의 〈상계동 올림픽〉이 있다. 이 작품은 1986년 10월 6일부터 1988년 서울 올림픽 직전까지 김 감독이 직접 상계동 173번지 일대(현재 그곳은 지하철 4호선 상계역이 들어섰고, 상계벽산아파트가 있다) 철거민들과 함께 생활하면서 촬영한 다큐멘터리 형식의 단편영화로 총 상영시간은 27분이다. 서울 올림픽에 오는 외국 손님들에게 가난한 서울의 모습을 보이면 안 된다는 관점에서 달동네 재개발사업이 진행됐다.[4] 이 때문에 상계동 주민을 비롯한 서울 200여 곳의 달동네 세입자들은 아무 대책도 없이 몇십 년씩이나 살던 집에서 쫓겨났다. 김동원 감독이 이러한 상황을 영상으로 기록하고 다큐멘터리까지 만들게 된 계기는 평소 알고 지내던 가톨릭 사제의 부탁 때문이었다. 서울 시내 도처에서 동시다발적으로 이루어지던 대규모 철거와 재개발 과정에서 법적 보호나 보상은커녕 막무가내로 밀려나는 달동네 사람들의 최소한의 인권을 지켜내기 위해 나섰던 천주교정의구현사제단 측에서 향후 철거로 인한 법적 다툼(소송 · 재판) 때 증거 자료로 쓸 수 있도록 파손된 가재도구나 집기 등을 그에게 동영상으로 촬영해달라고 요청했다.

그가 촬영을 위해 상계동에 발을 딛는 순간부터 목격한 것은 충격 그 자체였다. 우리 사회의 한쪽에서 벌어지는 초법적 · 탈법적 인권유린 현장을 보게 되었기 때문이다. 국가 공권력의 비호하에 자행되는 철거 용역들의 무자비한 폭력과 젖먹이를 등에 업은 젊은 아낙이 그에 맞서 대치하는 모습, 70대 노인이 몸을 날려 굴삭기를 막으려는 모습 등이 그의 목전에서 생생하게 벌어지고 있었다. 이 때문에 김동원 감독은 상계동을 떠날 수가 없었고 철거민들을 3년

---

4 1985년 1월 14일 자 경향신문 1면 톱에는 당시 서울시장이었던 염보현이 전두환 대통령에게 서울시 업무 보고를 하는 가운데, 서울 올림픽의 성공적 개최를 위해 88대교 건설과 상계동 일대 28만 평 부지에 신시가지를 건설하는 등의 계획을 보고했다. 이 밖에도 강변도로 건설, 여의도 체육공원 조성을 비롯해 한강변에 11개 고수부지 공원 조성, 한강대교에서 잠실 사이 3개 코스에 유람선 운항 등이 있다.

넘게 따라다니면서 그들의 고단한 삶과 속절없는 투쟁을 영상으로 담았다. 상계동에서 쫓겨난 철거민들 80가구가 처음 정착한 곳은 명동성당이었다. 그러다가 그중 40가구가 부천시 고강동에 850평의 땅을 사서 이주했다. 그런데 부천에서도 경인고속도로를 통해 서울 올림픽 성화가 지나간다는 이유로 가건물조차 철거되는 아픔을 겪게 되었다. 제도권의 어떤 언론도 그들을 주목하지 않았다. 불과 1분 남짓의 극히 짧은 시간에 휙 지나가버릴 올림픽 성화 봉송 때문에 달동네 주민 수십 가구가 몇 년 전부터 집을 철거당하고 쫓겨나 거리에 내몰렸다. 겨울의 극한 추위와 여름의 극한 더위를 몇 년 동안 견뎌야 했던 황당한 아픔이었다. 김동원 감독은 훗날 '상계동에서 세상의 절반을 알게 되었노라'는 고백을 했다.

이러한 일들은 비단 과거 군사독재라는 광기의 시대에만 국한된 문제가 아님을 우리는 분명히 알고 있다. 지난 용산 참사가 그것을 똑똑히 확인시켜 주었다. 서울 올림픽이 끝나고 20여 년의 세월이 흘러 우리 사회는 민주화를 이뤘고, 선진국의 문턱에까지 왔다고들 한다. 하지만 그때나 지금이나 변하지 않은 것이 있다면 그것은 역대 정권 또는 공권력이 국민을 대하는 방식이다. 돈 없고, 힘없고, 배경 없는 기층민들은 '우리' 안에 포함되지 않는 '그들'일 뿐이다. 있는 자들의 입맛과 논리, 이해관계에 따라 국민을 밀어내고 소외시킬 수 있다는 것을 필요하면 언제든지 행동으로 보여주고 있다.

우리는 이러한 일들이 남에게 닥친 문제이고, 내 일이 아니라는 이유로 너무 쉽게 이해하고 무신경하게 넘어간 다음 금방 잊어버리곤 했다. 이러한 일들이 어제는 그들에게, 오늘은 내 이웃에게 일어났지만 내일이나 모레, 미래의 어느 날에는 내게도 닥칠 수 있다. 모두의 문제라는 예민한 현실 인식과 모든 권력의 주체는 국민이란 것을 명심해야 한다. 이러한 확인에 기초해 특정인이나 특정 집단의 이익을 위해 필요하면 언제든지 유린해오는 인권 문제에 모두가 나서서 내게 닥친 일처럼 공분하고, 함께 고쳐나가야 한다. 그러지 않는다면 이는 우리 사회의 고질적인 병폐로 자리 잡을 것이다.

한편 〈상계동 올림픽〉의 하이라이트는 철거민들이 부천시 고강동에 가건물을 짓던 중 부천시 공무원들이 들이닥쳐 철거하는 과정에서 빚어진 일에 대한 기록이다. 당시 이들에게 항의하다 떠밀려 쓰러진 어머니를 구하려다가 집단 구타를 당한 고등학생이 몸부림치며 절규하는 "억울해, 너무 억울해", 그리고 "엄마 괜찮아, 엄마 하나도 안 맞았어"라고 말하는 어머니의 모습. 여기서 중요한 것은 이 젊은이가 그 후 어떻게 성장했을까이다. 어느새 40대 중반의 나이에 들어섰을 그는 우리 사회의 건강한 일원으로 제도권에 무사히 안착했을까? 그래서 자신만의 삶을 힘차게 꾸려가고 있을까? 아니면 세상에 대한 원망과 복수심에 불타서 인생을 망치지는 않았을까? 혹여 지강헌 같은 범죄자가 돼 있지는 않을까? 만에 하나라도 그렇게 되었다면 그의 굴곡진 삶은 과연 그자신만의 문제일까? 이러한 질문들을 이어가다 보면 다시 만나는 것이 바로 썩은 사과와 사과 상자의 논리이다.

온 나라를 뒤흔든 서울 올림픽의 또 다른 얼굴 〈상계동 올림픽〉은 뉴타운과 재개발 열풍에 디자인 서울, 한강 르네상스를 부르짖으며 부동산 광풍을 부채질한 이명박과 오세훈 콤비의 합작품인 용산 참사의 화인이 아직도 식지 않은 오늘의 한국에 여전히 유효한 경고이다. 돈 없고 힘없고 배경 없는 국민은 국민으로 인정하지 않으려는 권력자들과 우리 사회의 모든 기득권 세력은 폭력과 야만의 지난 역사에 비추어볼 때 인간을 배려하지 않는 건설을 다시 생각해야만 한다.

흥미롭게도 2008년 베이징 올림픽을 준비하던 기간에 〈상계동 올림픽〉과 판박이 같은 일이 중국에서도 일어났다. 중국 정부는 베이징 인근의 빈민가와 노동자 집단 거주지를 강제 철거하고 국민들을 강제 이주시켰다. 심지어 미관상 좋지 않다는 이유로 높은 담장을 쌓아 그 지역을 가려버려 많은 논란이 일었다. 중국의 이러한 올림픽 준비 과정에 세계의 많은 언론과 인권 단체들이 문제를 제기했고 한때 상당한 이슈가 된 기억이 있다. 전 세계 모든 독재 정권의 한결같은 인본 정신 빈약과 상상력 제로의 모습이다.

지강헌 일당의 탈주 사건 개요

사건 발생과 경과

1988년 9월 17일에서 10월 2일까지 제24회 서울 올림픽이 개최되며 대한민국 전체가 들썩였다. 우리나라는 총 33개의 메달을 획득하며 세계 4위에 올랐다. 그 흥분이 채 가시기도 전인 10월 8일, 한낮에 탈주 사건이 벌어졌다. 당일 오전 9시 30분 미결수 25명을 호송 버스에 태우고 영등포 교도소에서 대전 교도소로 이감하던 도중, 지강헌 등 12명은 사전에 준비한 흉기로 교도관을 위협해 권총 1정과 실탄 5발, 버스를 탈취해 서울로 돌아와 낮 12시경 서초동 공무원 교육원 앞에 버스를 버려두고 흩어졌다. 지강헌 등 7명, 한재식 등 3명 그리고 최철호와 손종석이 각기 분산해 탈주했는데, 이날 최철호는 탈주 도중 자수하고, 손종석은 남태령 고개에서 체포된다. 그리고 한재식 등 3명은 10일 새벽, 한남동 소재 룸살롱에서 술을 마시다가 주인의 신고로 출동한 경찰에 새벽 3시경에 체포되었다.

지강헌 등 7명은 곧바로 시내버스를 타고 신촌으로 이동해 각기 흩어져 옷을 산 후, 연세대 뒤 봉원사에 모이고 다시 흩어져 버스 편으로 이동, 서울대 의대 앞에서 재집결했다. 그리고 택시를 이용해 고대 뒷산에서 머물다가, 10월 9일 새벽 2시 20분 안암동 손병록 씨(55) 집에 침입해 잠자던 손 씨 등 일가족 6명을 인질로 하여 다음 날(10일) 오전 6시경까지 지냈다. 지강헌 등 7명은 손 씨 집에 침입하면서, 당초 오후 8시에 나가기로 약속을 하지만 취기가 오르자 일부는 며칠 더 묵고 가자 하여 자신들끼리 의견 충돌을 벌이기도 했다. 손 씨의 딸이 '내일 시험 보기 때문에 꼭 등교해야 한다'고 애원하고 손 씨가 이들에게 부탁을 하자 '사람은 안 해치고 내일 새벽에 나간다'는 약속을 하고는 실제로 다음 날인 10일 오전 6시 5분에 강영일 등 4명이 1차로 집을 빠져나가고, 나머지 3명은 5분 뒤에 집을 나갔다. 손 씨는 이들이 나간 후 1시간여가 지난

다음에야 경찰에 신고를 했다.

이들 7명은 한양대 뒷산에 다시 집결해 대학생 등으로 위장한 채 그곳에서 밤을 지새고, 11일 새벽 4시 30분경 행당동 박진수 씨(54) 집에 침입했다. 박 씨 등 4명을 인질로 하여 여기서 25시간을 보낸 후, 12일 오전 5시 30분경 이들은 "행복한 가정이 되기를 빕니다. 진심으로 사죄를 드립니다"라는 쪽지 한 장을 남기고 박 씨 집을 빠져나갔다. 훗날 박 씨는 이들을 위해 서울지검에 탄원서를 냈다. 그 내용 중에는 "이들이 가고 난 후 솔직히 우리 네 식구 모두 울었습니다……. 이렇게 정겹고 착한 이들이 탈주범이라니 믿을 수가 없었습니다"라는 글귀가 있었다고 한다.

이들은 박 씨 집에서 나와 2개조로 나눠 택시를 타고 곧바로 명동성당으로 이동하는데, 천주교 신자인 김동련은 새벽 미사를 보고 나머지 6명은 성당 구내 벤치에서 김동련을 기다리면서 마음이 흔들리던 김동련을 따돌리기로 했다. 지강헌 등 5명은 우선 오전 9시 남산도서관에서 만나기로 약속하고는 사라진 뒤, 김동련과 같이 있던 한의철 또한 이들을 찾아보겠다고 한 후 사라지면서 김동련은 혼자 남게 됐다. 김동련은 도봉산, 미아리 등지에서 숨어 있다가 다음 날인 13일 오후 9시 50분에 자수했다.

한편 김동련을 따돌린 지강헌 등 6명은 서울대 병원 쪽으로 이동해 오후 1시경 정해진 씨(34)를 납치한 후 정 씨 집(문정동)으로 이동한다. 오후 9시경에 대구 친정집에 갔던 정 씨의 부인과 두 자녀가 돌아오면서 이들 또한 인질로 삼아 여기서 52시간을 지냈다. 다음 날 13일 오후 1시쯤 장롱 속에 숨긴 다이아반지 2개를 빼앗아 30만 원에 전당포에 저당 잡혀 갈취하고, 도피 자금을 마련하기 위해 지강헌 등 3명은 오후 10시쯤 정 씨 집에서 나와 논현동 및 자양동에서 두 차례의 출장 강도를 벌이고는 14일 오전 8시경 정 씨 집으로 다시 돌아왔다. 이들은 정 씨 집에서 법무부 장관에게 보내는 탄원서를 작성했으나 곧 찢어버렸으며, 정 씨와 함께 술을 먹으면서 많은 이야기를 나눴다. 정 씨는 훗날 "이들은 굉장히 인간적이었으며, 우리에게 전혀 피해를 주지 않았고, 우리 집에 머무는 동안 인간적인 교감을 나누었다"라고 증언했다.

14일 오후 3시경 지강헌 등 3명이 먼저 정 씨 집에서 나와 정 씨 승용차를 타고 마포로 이동했다. 지강헌은 정 씨 집에 남아 있는 강영일 등 나머지 3명에게 전화를 걸어 마포 가든호텔에서 합류할 것을 통보했다. 오후 5시경 정 씨 집에 남아 있던 강영일 등 3명은 "나중에 전화로 승용차의 위치를 알려주겠다"며 미안하다는 사과와 함께 정 씨 집에서 나와 그의 차로 오후 7시에 마포 가든호텔에서 지강헌 등 3명과 합류하고는 곧바로 신촌으로 이동했다. 운전을 하던 손동완은 저녁을 먹으려고 창천동 형제갈비집 앞에 지강헌 등 5명을 내려주고 주차할 곳을 찾다 순찰 중이던 경찰에 걸려 체포됐다. 이때 김길호는 무리에서 이탈해 독자적인 탈주를 시작했다. 반면 지강헌 등 4명은 오후 8시경 창천동 임석이(70) 씨 집에 침입해 임 씨 등 가족 3명과 임 씨 친구의 딸인 여중생 이옥경 양을 인질로 삼아 25시간을 지냈다. 기독교 신자인 임 씨가 탈주범인 자신들을 위해 기도하자 지강헌은 눈물을 흘리기도 했으며, 15일 아침이 양이 오늘 시험 보는 날이라 꼭 학교에 가야 한다고 하니까 순순히 이 양을 학교에 보내주었다. 지강헌(35), 안광술(22), 강영일(21), 그리고 한의철(20) 등 4명은 15일 오후 9시 임 씨 집에서 나와 북가좌동으로 이동했다.

고영서 씨 집 침입과 인질극

10월 15일 밤 9시 40분경, 지강헌 등 네 명은 북가좌동에서 대문이 열려 있던 고영서 씨 집으로 들어갔다. 당시 집에는 고 씨의 부인과 1남 3녀가 있었는데 그들을 위협해 안방으로 몰아넣었다. 잠시 후 10시경에는 큰딸(고선숙, 22세)이, 12시 30분경에는 술에 취한 고영서 씨가 귀가했다. 이들은 폭력적 행동은 없었고, 고 씨가 집에 있던 양주를 꺼내 권하자 이를 마시며 1명씩 불침번을 서고 씨 가족을 감시했다. 그러나 8일간의 도피 행각으로 극도로 피곤했던 이들은 모두 잠이 들었고, 그 틈을 타 밖으로 나온 고 씨는 인근 파출소에 신고했다.

경찰과의 대치 상황

신고를 받은 경찰 기동타격대 1천여 명이 고 씨 집을 겹겹이 포위했다. 16일 새벽 4시 30분경 잠에서 깬 지강헌은 밖에서 들려오는 무전기 소리에 경찰이 집을 포위한 것을 알고 권총 2발을 발사하며 대치했다. 경찰은 지강헌 일당이 인질로 있었기에 설득과 협상을 위해 지강헌과 강영일 등의 가족을 불러왔다. 그러나 지강헌은 형의 간곡한 설득에도 불구하고 자신에게 총이 있다며 강경한 태도를 취하면서 경찰 철수와 봉고차 한 대를 집 앞에 대기할 것을 요구했다. 안광술은 고 씨 둘째 딸의 목에 식칼을 들이대고 장독대 위로 올라와 자신은 폭력으로 교도소에 들어갔는데 강도범이 되었다고 주장했다.

오전 10시 46분 지강헌은 심장 질환을 앓고 있던 고 씨의 부인과 당시 11살이던 막내아들을 석방하고, 오전 11시 47분에 만일 봉고차가 없으면 자수하라고 강영일에게 권고하면서 강영일과 고 씨의 셋째 딸을 내보낸다. 오후 12시 2분 봉고차가 없음을 확인하고 다시 고 씨 집으로 들어오려는 강영일에게 지강헌이 권총 1발을 발사하면서 제지하자, 안광술과 한의철은 "왜 자기 마음대로 하느냐?"면서 지강헌과 몸싸움을 시작한다. 오후 12시 5분 안광술이 지강헌을 붙잡고 있는 사이, 한의철이 권총을 들고 안방으로 들어가 자살한다. 이어 안광술 또한 안방으로 들어가서 권총으로 자살한다. 오후 12시 16분 지강헌이 자살하려고 깨진 유리창으로 자신의 목을 찌르자 경찰이 진입해 권총 4발을 발사해 지강헌을 사살하고, 마당을 서성이다 옆집으로 도망가려던 강영일을 체포한다.

TV 생방송 중계

아시안 게임과 올림픽을 치르는 가운데 엄청난 장비와 인력을 확보하게 되었으며, 세계적 수준의 방송 제작 능력까지 갖추게 된 우리 방송사들은 정보력에서도 수준급이었다. 상황을 눈치챈 그들은 모든 기자재와 장비를 갖추고 새벽부터 달려와 장사진을 쳤다. TV 방송들은 즉각 현장 생중계 체제에 돌입해 일가족을 인질로 잡은 탈주범들이 경찰과 대치하는 기가 막힌 특종 사건을 전국에 실시간으로 생중계했다. 특히 총까지 탈취했던 이들이 신출귀몰하며 8일간이나 잡히지 않았던 터여서 온 국민의 관심과 이목이 집중돼 있었다. 게다가 10월 16일은 일요일이었고, 영화보다 더 생생하고 드라마틱한 광경이 TV 안에서 펼쳐진 것이다. 뉴스 등에서 탈주범들을 흉악범으로 묘사했기 때문에 많은 사람이 당시 숨죽이며 사건 전개 추이를 지켜보고 있었다. 이때 지강헌이 한 여러 말들 중에서 특히 자신이 훔친 돈의 액수와 전경환의 횡령액, 그리고 형량을 비교하며 "유전무죄 무전유죄(有錢無罪 無錢有罪)"라고 외쳤던 것에 많은 이가 공감했다.

비극적 결말

사건이 발발하자 경찰은 연인원 3만 명을 동원해 이들의 검거에 나섰다. 그러나 8박 9일간이나 잡히지 않고 이어지던 탈주 사건은 결국 자살과 사살로 마무리되었다. 경찰과 대치 중일 때 강영일이 지강헌에게 경찰에 투항하자는 의견을 냈으나 받아들이지 않았다. 지강헌은 경찰에게 요구했던 봉고차를 확인하기 위해 강영일을 밖으로 내보냈다. 그가 다시 집으로 들어가려고 하자 자신의 마지막 선물이라며 강영일의 발 앞에 총을 발포하며 집 안으로의 재진입을 제지했다. 이 때문에 한의철과 안광술이 지강헌에게 '살아도 같이 살고 죽어도 같이 죽어야 하는 게 아니냐'고 대들며 몸싸움을 벌였다. 이 과정에서 한의철이 총을 빼앗아 들고 방으로 뛰어 들어가 자살하고, 뒤이어 안광술도 방으로 들어가 한의철이 자살한 것을 보고 그 역시 자살했다.

지강헌은 경찰들에게 한과 안이 자살했음을 말하고 비지스(Bee Gees)의 「홀리데이(Holiday)」가 든 카세트테이프를 요구한다. 카세트에 「홀리데이」를 틀어

놓고 권총을 든 오른손은 머리에 댄 채 왼손으로 유리 조각을 들어 자신의 목을 찌른다. 이를 보던 첫째 딸이 비명을 지르자 특공 대원이 진입해 지강헌을 사살했다. 이 사건의 생존자는 강영일뿐이며, 인질극과는 관계없이 홀로 탈출했던 마지막 탈주범 김길호는 사건 발생 1년 9개월만인 1990년 7월 1일 체포되었다.

한편 사건 종료 후, 박진수 씨와 마찬가지로 고선숙 씨 또한 10월 28일 서울 지검에 이들을 위한 탄원서를 제출했다. 고선숙 씨는 탄원서에 다음과 같이 썼다. "아버지의 신고에도 불구하고 단 한마디의 폭언도 없었다. 오히려 불안에 떠는 저희들을 진정시키며, '신고한 아버지는 믿지만 너희는 지금 이 순간이 고생스럽더라도 아버지를 미워하거나 원망하지 말라'는 말과 함께 정말로 미안하다는 말을 수시로 했었습니다." 또 고선숙 씨는 한국을 떠나 미국으로 이민 가기 전 ≪마드모아젤≫이라는 여성지에 「충격과 혼란의 16시간, 그들은 인간적이었다」라는 글을 남기기도 했다. 여기서 고선숙 씨는 "탈주범들은 실제로도 매우 인간적이었다. 오죽하면 내가 '나를 인질로 삼아 빠져나가'라고 요구했을까"라고 했다.

탈주 계기

범인들이 탈주한 계기에 대해서는 여러 이야기가 있으나 지강헌의 말 가운데 그 원인을 찾을 수 있다. 유전무죄 무전유죄(有錢無罪 無錢有罪)! 돈 있으면 죄가 없고 돈 없으면 죄가 있다. 왜 이 말이 나왔을까? 지강헌은 상습 절도범으로 그는 탈주 당시 징역 7년에 보호감호 10년 등 총 17년의 형기를 복역해야 했다. 동일 범죄를 3회 이상 저지른 이들을 사회로부터 격리·감호한다는 목적하에 더 오래 복역하도록 하는 '사회보호법' 때문에 지강헌은 돈 500여만 원을 훔친 벌로 17년의 형기를 받은 것이다. 그런데 1988년 3월 30일, 전두환 전 대통령의 동생 전경환 씨가 해외 재산 도피 및 공금횡령, 세금 탈루 등으로 검찰에 소환되는데 그가 편취한 금액은 총 600억 원에 가까웠다. 그러나 그가 받은 형량은 7년이었다. 지강헌은 자신에 비해 1만 배가 넘는 금액을 도둑질한 사람은 돈과 힘이 있다는 이유로 가벼운 벌을 받는다고 생각한 듯하다.

지강헌에 대해

지강헌은 형편이 어려워 초등학교 졸업을 끝으로 학업을 이어가지 못했다. 그러나 그는 책 읽기를 좋아하고 과묵하며 생각이 많은 사람이었다고 한다. 그리고 그의 꿈은 시인으로 신춘문예에 두 번 응모했었다고도 한다.

지강헌은 탈주범들 중에서 가장 나이가 많고 심지가 깊어, 비록 약간의 마찰을 빚었지만 시간이 갈수록 나이 어린 동료들이 그를 전적으로 믿고 따랐음을 알 수 있다. 지강헌을 제외한 나머지 탈주범들은 모두 20대 초반의 혈기 왕성한 젊은이들이었는데 오랫동안 감옥에 있다 탈주한 젊은이들이 술에 취했으면서도 욕정을 억제하고 자신의 감정을 누를 수 있었던 것은 아마도 지강헌의 리더십 덕분이었을 것으로 추정된다. 물론 나머지 탈주범들 또한 성정이 나쁘지 않았을 것이다.

지강헌을 비롯한 탈주범들은 인질 가족과 많은 대화를 나눴는데 그들 대부분이 이들을 동정하고 이해했다. 이것으로 봐서는 다른 전과자들과 달리 어느 정도의 교양을 갖추고 있었고 당시의 시대상에 관해 서로 깊은 대화를 나눌 수 있을 정도의 상식 또한 갖고 있었음이 분명하다.

지강헌은 전과 7범의 전과자 및 탈주범이기도 했지만 당시 560만 원 정도의 도둑질을 한 죄로 7년 형에 보호감호 10년 등 총 17년을 복역해야 했다. 잡범이기는 했지만 이 정도로 장기간 감옥에 있어야 할 정도의 중죄인은 아니었다. 게다가 탈취한 실탄 다섯 발이 모두 소모된 상태에서, 깨진 유리창으로 자살을 기도하던 그를 TV로 전국에 생중계 되는 가운데 총으로 사살한 것은 독재 정권 시대에나 가능한 과잉진압의 전형이다.

그의 비참한 죽음과 탈주 행각에서 드러난 인간적인 면모 때문에 세상 일각에서는 그를 미화시키고 일부는 영웅화하기도 했다. 그러나 지강헌은 결코 의인도, 의적도, 그리고 영웅도 아니다. 그는 다만 전과를 일곱 차례나 저지른 상습범이며 무고한 시민을 인질로 삼아 탈주극을 벌인 범죄자이다. 다만 그는, 인권과 법이 돈과 권력에 유린되어 소외된 자들이 극단의 피해를 본, 병든 사회의 전형적인 희생양이었다. 그로부터 26년이 지난 지금도 "유전무죄, 무전유죄"라던 그의 외침이 우리 사회에 여전히 유효하고 생생하게 살아 숨 쉬고 있기에 서글플 따름이다.

영화 〈홀리데이〉의 문제

이상과 같이 장황하게 지강헌과 그 일당의 탈주 사건과 배경을 서술한 것에 비해 영화 자체에 대해서는 허무할 정도로 할 얘기가 별로 없다. 좋은 음식재료를 가지고 할 수 있는 요리 중 거의 최악으로 나왔다는 것 말고는……. 특히 요리 재료 중 너무 강한 맛을 내는 한 가지가 음식 전체의 균형을 완전히 망쳐버렸다. 그것은 재료 자체의 문제라기보다 그 재료를 제대로 통제하지 못하고 잘못 사용한 요리사의 과실이라는 것만큼은 지적하고 넘어가야 한다.

한 가지 더, 이 영화를 계기로 해야만 했던 이야기, 하고 싶었던 이야기는 이 사건을 촉발했던 위와 같은 당대 사회의 분위기였다. 지강헌 일당은 썩은 사과였나? 아니면 교도소 등의 환경이라는 사과 상자가 썩었기 때문이었나? 그도 아니면 5공이라는 군사독재 정권, 전두환이라는 부도덕하고 폭력적인 권력자의 전횡으로 인한 국가 차원의 시스템 문제였나?

이 영화의 치명적 약점은 지강혁과 김안석(부소장: 최민수)의 대결로 모든 것을 치환한 것에 있다.[5] 시대의 악을 김안석이라는 악인 하나로 결집한 것은 상상력의 결여로 보일 뿐이다. 여러 형태의 구악들을 몇 개로 나누어 분산시키고 유형화해서 표현할 필요가 있었다. 86 아시안 게임, 88 서울 올림픽 때문에 도시 미관 정비 사업을 추진한 것, 그 과정에서 판자촌에 거주하던 강혁과 그의 가족이 대책 없이 밀려나게 되었다는 것, 여기에 더해 용역들의 철거 과정에서 동생까지 잃음으로써 강혁이 갖게 된 분노와 세상에 대한 적개심, 특정인(김안석)에 대한 복수심이 생성되었다는 것은 주인공의 캐릭터와 그가 처한 상황을 이해하는 데 꼭 필요한 설정일 수 있었다. 문제는 철거 현장에서 모든 상황을 통제하는 책임자가 김안석이고, 그에 저항하던 강혁의 동생을 죽이는(그것도 총으로 처형하듯이 죽이는 행위는 아무리 독재 정권 시절이지만 현실성 제로이다) 것도 김안석이다. 지강혁이 범죄를 저지르고 영등포 교도소에 수감되었을 때, 그곳 부소장으로 부임해 악연을 이어가게 되는 것도 김안석이다. 대체 김안석이라는 인물은 도심 재개발을 위한 철거 현장을 진두지휘하는 일반 행정 공무원인지, 아니면 철거 용역들을 비호하는 경찰 간부인지, 교도행정 전문 공무원인지 그 정체가 의심스럽다. 게다가 그는 교도소장(영화에는 전혀 모습을 드러내지 않는다)을 능가하고도 남을 법한 무소불위의 권력을 교도소 내에서 행사한다. 강혁 일당이 대전과 공주 교도소로 이감되는 날, 버스에도 호송 책임자로 김안석이 타고 있으며, 그는 강혁 일당이 탈주할 것을 충분히 예상하고 있었다는 듯이 행동한다. 권총을 뽑아들고 어설프게 설치던 그가 강혁에게 총을 빼앗기고 나자 갑작스레 태도를 바꿔서 목숨을 구걸하는 장면에서는 실소가 아니라 차라리 탄식이 흘러나온다. 그는 강혁이 쏜 총알을 한 방 맞고도 죽

---

5 실제 사건 당시 지강헌은 김안석이라는 경찰관 총에 맞아 사망한 것으로 공식 발표되었었다. 그러나 실상은 사건 즉시 신촌 세브란스 병원으로 후송된 지강헌은 과다출혈로 쇼크 상태였지만 의식이 있었고, 어느 정도의 의사소통도 가능했다고 한다. 따라서 정확히 말하면 그는 병원에서 적절한 조치를 취하지 않아 쇼크사한 것이다. 이와 같은 사실은 당시 신촌 세브란스 흉부외과 전공의로 응급실에서 지강헌을 만났던 전 대한의사협회 회장(제37대) 노환규 박사의 증언을 통해 확인된 바 있다("노환규의 골든타임", ≪한겨레신문≫, 2013.2.22, 토요판 의료·건강 면 참조).

지 않았을뿐더러 끝까지 그들을 추격해 북가좌동 인질극 진압을 진두지휘하기까지 한다. 정상적인 행정 절차가 진행됐다면 그는 죄수들을 제대로 호송하지 못한 책임자로 모든 책임을 떠맡고 즉시 파면조치되었을 뿐만 아니라, 법적인 책임까지 져야만 했을 것이다. 검찰 등 당국에 신병이 구속된 상태에서 강도 높은 조사를 받는 것이 여러 정황상 가장 타당한 모습일 것이다. 그러나 그는 어느새 인질극 현장에 나타나 대테러 진압을 위해 조직된 경찰 특공대 지휘부의 모습을 비웃으며 감 놔라 대추 놔라 참견을 할 뿐만 아니라 지강혁이 유리 파편으로 자살을 기도하는 순간 집안으로 뛰어들어 그를 사살하기까지 한다. 이것이야 말로 '지강혁에 대한 무한 책임응징!'이 아니고 무엇인가? 이야기를 이렇게까지 무리하게 이끌어가야만 했을까? 작심하고 장난을 치려는 심사가 아니고서야 어떻게 이렇게까지 극적 상황을 무리하게 끌고 갔을까? 한마디로 개연성이 전무하고 웃기는 대립 구도일 따름이다. 이 영화 속에서 지강혁이 맞서야 하는 것은 김안석이라는 한 개인, 극단적인 한 명의 악이 아니다. 더구나 사적인 원한 관계로 엮인 개인적 복수와 또 다른 되갚음으로 엎치락뒤치락하는 관계여서는 답이 안 나온다. 지강혁이 진정으로 맞서 싸우고, 탈주하고 목숨을 던져 가며 알리고 싶었던 바는 너무나 답답하고 팍팍한 사회구조와 억압, 가진 자와 없는 자의 극명한 대비와 차별에 대한 까발림이었으며 우리 사회의 극단적 모순성과의 싸움이어야 했다. 그러나 영화는 너무나 단편적이고 웃기는 적을 앞에 두고 벌이는 일차원적인 싸움으로 모든 것을 환치해버렸다. 이로써 말도 안 되게 웃기는 영화가 돼버렸다.

게다가 김안석을 극단적인 악으로 그려냄으로써 지강혁은 자연스레 선의 대표자가 되고, 그와 동료들의 탈주 행각은 영웅적 모험이 돼버렸다. 이야기를 이렇게 몰고 가는 것은 그 시대를 함께 통과한 관객들로서는 전적으로 동의하기는 어려운 문제가 된다. 앞서 말했듯이 그들은 그냥 잡범이었고, 사회를 혼란에 빠뜨린 탈주범이었으며 무고한 사람들을 인질로 잡은 인질범이었다. 영화는 이러한 문제에 대해 훨씬 더 진지한 성찰이 필요했고, 다소 건조하게 그리는 것이 훨씬 나았을 것이라는 생각이 든다.

백번 양보해 김안석의 극 중 역할은 그렇다 치더라도, 그 캐릭터로 분(扮)한 최민수의 연기는 정말 눈 뜨고 보기 힘든 가관의 연속이었다. 기본적으로 그 당시 공무원이라고는 도저히 믿을 수 없는 기상천외한 꽁지머리 헤어스타일부터 리얼리티를 방해하기 시작한다. 그리고 마치 전두환의 목소리, 그의 억양과 어조, 어투, 음색을 모방한 듯한 대사 처리는 민망함을 넘어 손발이 다 오그라들 지경이다. 이 두 가지, 즉 김안석이라는 캐릭터의 극 중 역할과 비중, 그리고 그를 연기한 최민수의 '발 연기'(라는 말로는 부족하다. 어이상실 연기라고나 할까?)는 영화를 망친 주범으로 지목되어야만 한다. 물론 최종 책임은 이 모든 것을 디렉팅한 감독에게 있지만 말이다.

어느 시대를 막론하고, 누구나, 심지어 반사회적인 범죄자들이라도 주어진 삶의 조건 속에서 자신들만의 방식으로 그 시대를 살아내는 것이고, 그들 삶의 조건 가운데서 범죄를 저지르며 살아가는 것이다. 그들이 저지른 범죄의 양상에는 그들의 일그러진 성격이나 잔혹한 행동 특성이 표출되고 있을 뿐만 아니라 종종 그 시대의 민낯도 여지없이 드러나는 경우가 있다. 화성 연쇄 살인사건이 그랬고, 대도 조세형 사건(그 역시 탈옥해 세상을 떠들썩하게 했다), 탈옥수 지강헌 사건, 탈옥수 신창원 사건 등이 그랬다. 지강헌 일당의 탈옥 사건이야말로 시대의 공기를 가장 극적으로 표출한 상징적 사건이었다.

영화는 지강헌 사건이라는 좋은 소재를 집어 들었고, 그것을 가지고 기본만 했어도 역사성·사회성·정치성을 얻을 수 있었을 것이다. 그런데 어떤 영화보다도 더 영화적인 이야기를 가지고 엉망진창을 만들었다. 최고의 요리 재료를 가지고 국적불명의 곤죽을 만들어버린 형상이다. 탈주를 시도한 잡범의 입에서 '우리 사회의 환부, 시대의 본질'을 건드리는 말이 튀어나왔다는 것은 그 자체로 얼마나 아이러니한 일인가. 우리 사회에 만연한 불평등, 불공정함, 총체적으로 부패한 5공 정권의 말기적 증세가 그 연장인 6공의 도입에서, 곪았던 환부가 터져 나온 것이 아닌가.

Chapter 8

박찬욱과 복수 3부작

/

야만의 정의, 복수! 박찬욱식 설욕과 앙갚음의 세 가지 변주곡

박찬욱 감독 | 〈복수는 나의 것〉(2002), 〈올드보이〉(2003), 〈친절한 금자씨〉(2005)

박찬욱식 이야기의 세계

박찬욱의 초기 작품들(〈삼인조〉부터 〈공동경비구역 JSA〉까지)은 장르의 기본 공식에 비교적 충실하고 영상구문법적으로도 과도하게 멋을 부리지 않는 선에서 대체로 정직하게(정공법으로) 대중의 눈높이에서 서사를 진행했다. 그러나 〈복수는 나의 것〉에서는 극적 전개 과정에서 치명적 실수를 저지르면서 인과관계의 파탄을 초래했다. 그는 〈공동경비구역 JSA〉를 통해 얻은 자신감을 토대로 조금씩 흥행이나 대중과의 눈높이 교감보다는 자신만의 예술 세계 구현에 더욱 비중을 높여간 것으로 보인다. 많은 생각들을 꾸역꾸역 집어넣고 해독을 기다린다는 듯 수많은 약호들로 충만한 이미지들을 내세우면서 지적 유희에 빠진 것으로 보이기도 한다. 〈올드보이〉에서 이우진의 캐릭터를 꽁꽁 숨겨 재미를 봤고, 전 세계 영화계로부터 극찬을 이끌어냈다. 감독이 하고 싶은 거의 모든 것(유희)을 하고도 흥행에서도 좋은 반응을 얻었고, 칭찬도 많이 받았다. 이어서 〈친절한 금자씨〉에서는 오선 웰스(Orson Welles)의 〈시민 케인 (Citizen Kane)〉과 같은 다층적 조망으로 금자라는 인물의 캐릭터를 보여주었다. 그러나 백 선생은 희극적이고 단선적으로 극히 일부만 그리다 보니 그가 저지른 극악무도한 영유아 유괴살인, 시체 유기 등의 사건들은 너무 간단히,

짧은 시간 동안 스케치하듯 빠르게 처리된다. 그러다 보니 백 선생이 반인륜적 범죄자이며 마땅히 처절한 심판을 받아야 한다는 당위가 현저히 약화된 채 휙 지나간다. 이 때문에 여러 희생자 부모들이 모여서 백 선생을 어떻게 처리할지 회의를 하는 장면부터 복수를 실행하는 모든 과정이 희극적으로(감독은 전혀 의도한 바가 아니라고 여러 차례, 기회가 있을 때마다 정색을 하고 밝혔으나) 보일 수밖에 없다.

이렇게 볼 때, 박찬욱의 영화 중에서 너무 멋을 부리려다가 이상한 이야기가 돼버린 작품은 〈복수는 나의 것〉에서 그 단초를 보이기 시작했고, 〈올드보이〉에서는 활짝 피어났으나, 국제적으로 호평받고 흥행에도 성과를 보이며 그것이 오히려 박찬욱식 이야기하기의 미학이나 특장점처럼 인식이 돼버렸다. 그런데 〈친절한 금자씨〉에 와서는 밸런스가 크게 무너지기 시작했고, 그러한 면이 많은 이들의 눈에 본격적으로 들어오기 시작했으며, 〈사이보그지만 괜찮아〉의 값비싼 놀이를 거쳐 〈박쥐〉에 가서는 파탄 지경에 이르렀다.

일반적인 극 구성에서 빈번하게 운위되는 것은 개별 신들에서 서사 정보들이 (질적·양적인 면에서 공히) 골고루 배분될 때 플롯의 균질성과 전체적인 밸런스를 담보할 수 있다는 점에 대한 강조이다. 그러나 박찬욱의 이야기에서는 파격에 가까운 시간적·공간적 점프를 통한 휘황한 압축과 전치, 그리고 몇몇 디테일에 대한 현미경적 관찰과 극사실적인 상황 제시가 교차된다. 관객이 롤러코스터에 타고 있는 느낌을 받게 하는 형태의 극적 구성과 전개를 즐기고 있다는 징후들이 자주 목격된다. 이야기의 전개에서 (감독 자신이 보기에) 재미있는 극적 상황들을 과도할 정도로 세밀하게 그려내서 신들을 만들어나가는 듯싶고, 나머지 요소들은 시간적·공간적으로 과감한 압축과 생략을 통해 속도감을 배가시킨다. 이것이 즐거움을 주기도 하는 반면, 때로는 안전장치 없는 롤러코스터를 탄 것처럼 도처에서 위험천만하게 느껴지는 부분들이 목격되고, 때로는 너무 손발이 오그라드는 느낌도 받으며, 도중에 그만두고 싶은 맹렬한 저항감 같은 것이 생기게도 하는 것이다. 극적·미학적·상징적으로 보석 같고 공들인 것이 역력한 장면들을 보는 즐거움도 있지만, 그것들이 쌓인 전체는 위태롭게 서 있는 상황이어서 보는 이를 걱정스럽게 하기도 한다. 이것이 나의 잘못된 관점에서 나온 기우에 불과함을 박찬욱 감독은 조만간 다른 작품을 통해서 증명해 보여주기를 바란다.

〈복수는 나의 것〉

〈복수는 나의 것〉은 두 개의 플롯 축, 즉 류의 복수와 동진의 복수가 연이어 나오는 극적 구조이다. 먼저 류의 복수를 살펴보면 그 대상은 류의 신장과 전 재산이나 다름없는 1,000만 원을 갈취한 장기 밀매업자이다. 그들이 류의 누나를 직접 죽이지는 않았고, 그녀는 자살했다. 누나의 직접적인 자살 이유는 류의 범죄(중병을 앓고 있는 누나의 수술비 마련을 위해 유선이를 유괴) 사실 때문이다. 따라서 누나의 죽음에 대한 직접적 책임은 류에게 있다. 류는 누나의 죽음에 대한 죄의식을 품은 채 복수에 임한다.

다음으로 동진의 복수 플롯이다. 그의 복수 대상은 자신의 딸 유선이를 유괴해 죽게 한 류와 영미이다. 유선의 죽음은 의도적 살인이 아니라 우발적 사고였다. 그러나 유선의 죽음의 원인은 유괴였으며, 그 아이가 유괴당한 이유는 아버지가 부자여서이다. 결과적으로 동진이 유선이를 잃게 된 간접적인 이유와 책임은 동진 자신에게서 찾을 수 있다. 유선이가 죽은 강가에서 사건 수사를 맡았던 '최 반장'은 동진과 대화를 나누던 중 아이 문제로 전화를 건 아내와 통화를 한다.[1] 이때 그는 "유괴 당해서 죽는 아이도 있어. 그래도 우린 행복한 거야. 가난하니까 노리는 놈도 없잖아"라고 한다. 이런 대사를 통해 감독은

---

[1] 동진은 최 반장에게 자신의 복수에 대한 묵인을 요청하며 그를 돈으로 매수한다. 처자식 부양을 위해 돈이 필요했던 그는 간단히 매수된다.

유선이의 죽음에 대한 원인은 동진의 돈(부유함)에 있음을 환기한다.

류와 장기 밀매업자들 사이의 대결은 류가 그들 3명을 간단히[2] 처리하는 과정을, 그러나 세밀히 그려내고 있다. 동진과 류(영미)의 대결 역시 일사천리로 간단히 진행되고 끝난다. 동진은 전기기술자 경력을 살려 영미를 전기고문으로 죽이고, 류도 손쉽게 잡아서 간단히 죽인다. 그 과정에서 류와 동진 사이에는 아무런 몸부림이나 탈출 시도, 격돌과 같은 물리적 충돌이 일어나지 않는다. 한마디로 감독은 일반적인 복수 과정에서 나올 법한 격렬한 부딪침을 통한 감정의 상승작용을 만들지 않는다.

류는 '착한 사람'으로 그려진다. 영화의 도입부, 라디오에서 흘러나오는 편지 사연에서 류는 "전 착한 사람입니다"라는 말로 소개된다. 이어지는 일련의 장면들은 그가 얼마나 착한 사람인지를 길게 소개한다. 그는 선천성 청각·언어 장애인이다. 부모는 없으며 하나뿐인 누나와 함께 생활한다. 그러나 그의 누나는 신부전증을 앓고 있으며, 신장이식수술을 하지 않으면 목숨이 위태로운 지경이다. 그는 자신의 신장을 누나에게 주려고 하지만 혈액형이 달라서 그마저도 불가능하다. 이런 최악의 상황에서 그는 일하던 공장에서 해고당한다. 여기에 더해 장기 밀매업자에게 사기를 당해 그동안 고되게 일해서 모은 돈 1,000만 원은 물론 신장 한쪽까지 적출당한 채 버려진다. 이렇게 당하고도 그는 공권력에 의지해 범인을 잡거나 돈을 되찾으려는 노력은 하지 않을뿐더러 누나가 자살하기 전까지는 복수에 관한 꿈도 꾸지 않은 것처럼 행동한다.

동진은 아내와 이혼하고 혼자서 딸을 키우는 아버지이다. 그 역시 '착한' 인물이다. 최 반장이 유선의 유괴와 죽음을 놓고 '누구에게 원한 산 일 없느냐'고 묻자 그는 "나름대로 착하게 살아왔다고 생각합니다"라고 한다. 자본주의 사

---

2 류가 그들의 은거지를 찾아가는 과정이나 습격을 위한 적절한 타이밍을 잡는다거나, 복수를 위한 무기를 준비하는 과정과 같은 것은 모두 생략된다. 다만 3명의 장기 밀매업자들을 처치하는 장면 자체는 너무나 세밀하게, 극사실적으로 제시된다.

회에서 돈 없고 착하기만 했던 류와 돈은 있는데 나름대로 착하게 살아온 동진은 결국 돈으로 인해 악연으로 얽인다. 그들은 돈 때문에 가장 소중한 사람들을 잃는다. 그리고 그들은 '눈에는 눈 이에는 이'식으로, 당한 대로 되갚음하는 처벌로서의 복수를 행한다. 그러나 영화 전반부에서 류가 얼마나 착하고 불쌍한 인간인지 너무 세밀하게 강조했다. 흥미롭게도 이 때문에 류가 장기밀매업자들에게 복수하는 것은 그로테스크하지만 묘한 쾌를 동반한다. 하지만 류에 대한 동진의 복수는 관객에게 쾌감을 주지 못할 뿐만 아니라 오히려 불편함을 가중시킨다. 류와 동진 모두 착한 인간들이지만 복수심에 사로잡히면, 그러한 상황에 빠지면 복수가 이끄는 대로 끌려갈 수밖에 없다. 아무리 착한 인간일지라도 상황에 따라 범죄를 저지를 수밖에 없는 것이다. 그런데 영화는 여기서 한 번 더 비튼다. 동진의 고문에 의해 죽어가던 영미가 경고했던 일이 일어난 것이다.[3] 느닷없이 동진 앞에 나타난 남자들은 동진을 칼로 마구 찌르고 자신들의 판결문을 동진의 가슴팍에 꽂고 유유히 사라진다.

그런데 〈복수는 나의 것〉에는 인과관계나 시간성의 허점들, 극적 개연성의 문제점이 다수 발견된다. 이 영화가 개봉되었을 당시, 이야기의 충격성뿐만 아니라 흥행의 참패를 놓고도 말들이 많았다. 내가 보기에 이 영화가 가진 문제의 핵심은 결국 보통의 관객을 납득시키지 못할 정도로 허술하고 앞뒤가 맞지 않는 이야기 그 자체에 있다. 어떤 장면은 지나치게 상세하고 극사실적·연극적으로 전시되지만, 어떤 (극적 인과관계 면에서 반드시 설명돼야만 하는) 장면은 이유 없이 생략돼 전후 맥락을 잃어버리게 한다. 그리고 어떤 극적 상황은 좀 더 소상한(친절한) 부연이 필요했으나 너무 간략화돼서 관객의 반응을

---

3 죽어가던 영미는 동진에게 '자신을 죽이면 무정부주의자 동맹원들에게 처절한 복수를 당할 것'이라고 말한 바 있다. 그런데 영화의 앞부분에서 영미는 무정부주의자 동맹의 '유일한' 동맹원이라는 얘기도 있어서 마지막 장면에 등장한 동맹원들의 출현과 복수는 앞뒤가 맞지 않는 작위적 설정으로 비판받을 여지도 다분하다.

얻지 못하고 넘어가는 것을 수시로 목격하게 된다.

가령 류가 장기 밀매업자들에게 사기를 당하는 것과 후속 시퀀스를 살펴보자. 류는 그들에게 속아 신장 하나를 빼앗기고 벌거벗긴 채 공사장 건물 안에 버려진다. 이 상황은 전후 관계가 모두 생략된 채 지나치게 간단히 처리된다. 그로부터 21일 후, 장기 기증자가 나왔다고 한다. 그런데 차영미 집에 간 류는 그녀에게 마구 얻어맞는다. 둘은 연인 사이다. 영미는 류가 신장 한쪽을 빼앗긴 것보다 돈 1,000만 원 사기당한 것에 분통을 터뜨린다. 이러한 중요한 일이 일어났던 지난 3주 이상 그녀는 류를 만나지 못했다. 대체 그동안 그녀는 어디서 무얼 하고 있었는가? 인과관계가 설명이 안 된다.

박동진 사장의 딸 유선이를 납치하는 과정도 생략된 채, 류와 영미가 납치한 유선이와 고무줄놀이를 하며 즐겁게 노는 장면이 곧바로 제시된다. 그만큼 아무 문제없이 쉽게 납치에 성공했다는 것은 이해하고 받아들여줄 수 있다. 누나와 유선이가 방에서 노는 장면이 이어진다. 아이가 자신이 유괴되었다는 사실을 전혀 모르고 있다는 방증이다. 그러다가 누나는 류에게 유선이 엄마가 어느 병원에 입원해 있느냐고 묻는다. 그것은 다시 말하면 유선이에게 '엄마가 병으로 입원해 있으며, 그 때문에 자신들이 얼마 동안 유선이를 맡아 돌보게 되었다'는 거짓말로 아이를 꾀어냈다는 사실을 알려주려는 의도를 담고 있다. 문제는 이때 저쪽 의자에 앉아 이들의 모습을 지켜보던 류가 누나의 말을 즉각 알아들었다는 듯이 반응하는 것에 있다. 류는 너무나 즉각적으로 아이는 그 사실을 모른다며 수화로 누나의 말과 행동을 제지하고 나선다. 이때 류의 반응과 행동은 장애인이라고 믿을 수 없다.

누나의 자살 과정도 지나치게 간략히 처리된다. 자살이라는 극단적인 행동에 이르기 이전에 누나는 류와 말다툼이나 저간의 경과에 대해 아무것도 직접 물어보지 않는다. 장기 기증자가 나섰고, 유선을 유괴까지 한 상황에서 동생에게 민폐 끼치지 않겠다고 간단히 자살해버리는 것은 황망하다. 그다음 상황으로 이어가기 위해 한 인물의 목숨을 너무나 쉽게 '처리'한다는 느낌을 지우기 어렵다. 하지만 정작 더 큰 문제는 그다음이다. 이 영화 전체의 극적 맥락과 관련해서도 가장 큰 허점이 이때부터 드러난다. 류로서는 이 세상에 하나밖에 없는 혈육이 병으로 고통받다가 갑자기 자살로 생을 마감한 것이다. 엄청난 충격이 닥쳐온 상황이다. 그런데 그는 잠시 슬퍼하는 듯하더니 곧바로 몸과 마음을 추스르고, 무엇이 그리 급했는지 누나의 시신을 강가에 암매장하러 간다. 유선이까지 데리고. 이러한 상황에서 류의 애인인 영미는 대체 어디서 무얼 하고 있는 것일까? 류에게 초유의 사태가 닥쳤는데 대체 류는 왜 영미에게도 알리지 않고 혼자 누나의 죽음을 애도하고, 혼자 장례와 매장에 나서며, 게다가 어린 유선이까지 대동하고 강변엘 가야 했을까? 최소한 유선이를 영미에게 맡기고 나섰더라면 아이가 죽을 일은 생기지 않았을 터이다.[4]

아무튼 류는 영미의 도움도 받지 못하고(도움을 요청할 생각조차 하지 않고) 혼자서 누나의 시신을 강변에 암매장한다. 이 장면에서 뇌성마비 장애인(류승범 분) 청년이 느닷없이 나타난다. 그는 나중에 류의 자동차 차종과 번호를 동진에게 알려주는 인물이요, 유선의 죽음에 간접 원인을 제공한 사람이기도 하다. 그리고 유선이가 물에 빠져 익사하는 장면을 목격한 유일한 증인이지만 그의 존재와 그 장면에서의 출연 자체가 좀체 납득하기 어렵다. 게다가 유선이는 류가 듣지 못한다는 사실을 알면서도 섶 다리 위에서 왜 그렇게 한사코 '오빠'를 부르는지, 그러다가 결국 물에 빠지고야 마는지, 도무지 납득하기 어려운 극적 설정에 코웃음을 칠 수밖에 없다. 이야기의 진행 과정에서 때때로 사용되는 '우연'은 극적 전환점을 만들어주는 명약이 될 수도 있지만, 독약이 되는 경우도 많다. 무리한 극적 설정을 한두 번도 아니고 세 번, 네 번 연이어 가면서 그것을 받아들이라고 하는 것은 이야기의 수용자에게 바보가 되라고

---

4 물론 그렇게 되면 그다음 얘기로 나아갈 수가 없다. 감독은 이유 없이 영미를 어딘가에 꽁꽁 숨겨놓고 유선이가 죽는 상황을 억지로 만든다. 관객을 바보로 만들 생각이 아니었다면 이러한 인과적 허점은 이야기꾼이 사전에 치밀하게 채워줬어야 하는 부분이다.

하는 것과 같다.

반면에 다음과 같은 장면들은 너무나 과하게, 극사실적으로 그려서 거부감을 주는 요인으로 작용한다. 먼저 류와 누나가 살고 있던 집 옆방, 네 명의 정체 모를 청년들이 누나가 아파서 몸부림치는 소리를 섹스하며 내지르는 감창으로 오인해 일렬로 앉아 자위하는 모습을 공간을 넘나들며 보여준다. 이 정도는 그냥 블랙코미디로, 웃어달라고 작심하고 넣은 장면인줄 알겠다. 그리고 동진이 류의 집을 찾아갔을 때, 라디오 방송에 나오는 류의 편지를 읽는 진행자의 목소리와 그들의 널브러져 있는 모습이 나온다. 그중에 하나가 주파수를 맞추기 위해 오디오를 들고 방 안 이리저리 돌아다니는 모습이 제시되기도 한다. 이러한 상황은 동진이 이금희 아나운서를 찾아가서 류의 편지를 확보하는 계기가 되긴 한다.

문제는 유선의 사체 부검 장면이다. 복부 절개뿐만 아니라, 톱을 사용해 개복하는 소리까지 지나치게 상세하게 들려온다. 아버지(박동진)의 충격과 복수심을 설명해준다고 볼 수 있으나 그렇게까지 디테일하게 그려야 했는가, 과연 그럴 필요가 있었나 하는 의문이 든다. 이어서 유선의 장례식 장면에서도 관 속에 들어 있는 인형과 시신 일부, 불타는 모습까지 보여준다.

한편 유선의 장례식장에 몰래 갔던 류가 지친 기색으로 (비로소)영미에게 간다. 영미는 류와 섹스를 한다. 이 장면에서 제일 중요하게 제시되어야 할 것이 있다면, 그것은 그동안(류의 누나가 죽고, 유선이마저 죽는 어처구니없는 사건이 이어지는 동안) 영미는 대체 어디서 무얼 하고 있었는지에 대한 설명이다. 그러나 둘 사이에 그런 이야기는 전혀 오가지 않는다. 따라서 관객은 지나온 일들 가운데 영미는 대체 왜, 어디에 숨어(방치돼) 있었는지에 대한 답을 알지 못한다. 영미와 류의 섹스는 저간에 그가 겪은 커다란 아픔을 위무하고 감싸주려는 의도로 미루어 짐작해볼 수도 있겠다. 그러나 이 장면에서 두 사람이 나누는 수화 내용이나 표정은 매우 밝아서 전후 맥락과 연결되기보다는 돌올하게 튀어나와 있다. 그저 아무 문제도 없는 다정스러운 연인의 행복한 합일로밖에 보이지 않는다는 것이다. 그래서 대체 그 장면이 왜 거기 들어가야 하는지조차 납득하기 어렵다.

이 영화에서 가장 문제적 장면은 장기 밀매업자에게 복수하러 간 류를 그려 내는 방식이다. 먼저 류가 장기 밀매 유인책의 머리를 야구방망이로 가격해 쓰러뜨리고 안으로 들어갈 때, 내부에서는 '철승'이 장기 채취를 위해 마취한 여자를 침대에 눕히고 성폭행하려고 바지를 내리고 있다. 류가 들어오자 그를 향해 가는데, 바지를 올리지도 않고 그 상태로 걸어간다. 그의 엄마는 의자에 앉아 미동도 않고 그러한 모습 전체를 바라본다. '철승'이가 류의 목을 잡고 숨통을 조여오자 류는 그의 목 부분 경동맥을 드라이버로 찌른다. 철승이가 자신의 목에 꽂힌 드라이버를 뽑아내자 피가 분수처럼 솟구친다. 그는 바닥에 쓰러져 경련을 일으키며 죽어간다. 이어서 류는 거간꾼 덩치의 머리를 야구방망이로 십여 차례 넘게 가격한다. 너무나 그로테스크하고 연극적이면서 극사실적이어서 섬뜩하고 낯설다. 그런데 이 장면에서 의자에 앉아 있던 철승이 엄마가 수술용 메스를 들고 류에게 다가오는데, 그 이후 상황은 보여주지 않고 (마치 잊고 있었다는 듯이) 차영미가 중국 음식점에 자장면 배달 전화하는 장면으로 넘어간다. 그러고 나서 차영미 집에 들이닥친 동진이 그녀를 의자에 포박하기까지의 과정은 간단히 생략된다. 그런데 그가 그녀를 전기 고문하는 장면은 너무나 세밀하다. 전기가 더 잘 통하라고 그녀의 귀를 입술로 빨아서 침을 묻히고 집게를 부착하는 상황 같은 것 말이다. 그리고 동진이 자장면 배달온 것을 먹고 있을 때, 영미가 싼 오줌물이 흘러나와 바닥에 흐르는 것을 보여준다. 그러고 나서 다시 류에게로 넘어가면, 그가 입 주위에 피범벅을 하고 무언가를 씹고 있는 장면이 제시된다. 이 장면은 잠시 제시되고 말지만, 나중에 확인되는 바에 의하면 장기 밀매업자들의 신장을 꺼내 먹는 상황이었다.

이와 같이 양극단을 오가는 박찬욱식의 복수 이야기는 충격과 논란을 야기하는 데는 성공했으나 이야기의 서사적 시간성이나 인과관계 면에서 커다란 허점을 보이며 관객들로부터 철저히 외면당했다.

⟨올드보이⟩

　원한은 생존기제다. 성격으로 굳어진 원한은 한 인간의 남은 삶 전체를 소
진시킬 위험이 있다. 위험이 가시면 구명조끼를 벗듯 원한도 벗어버려야 하건
만……. 이 영화에서 박찬욱이 구사하는 서사 전략의 핵심은 정보의 위계 설
정 방식에서 나온다. 이우진은 바라봄의 주체이고, 오대수는 관찰 대상이다.
러닝 타임 두 시간에 이르는 이 영화를 3장 구조로 보면, 제1장은 20분, 제2장
은 70분, 제3장은 30분으로 구성돼 있다. 제1장인 도입부부터 제2장의 끝부분
까지 영화의 대부분은 당하는 오대수 보여주기 위주로 진행된다. 즉, 관찰자
이우진의 시점을 견지하면서 그의 위치에서 오대수를 관찰하는 모습을 취하
며 폐쇄되었던 정보를 조금씩, 점진적으로 공개하는 미스터리의 형태를 띤다.
　'오늘만 대충 수습하며 산다'는 모토로, 하루하루 별 볼일 없는 중하류의 평
범한 소시민으로 사는 오대수! 그런데 그를 극도로 증오하는 이가 있다. 어느
날 그를 붙잡아 사설 감옥에 15년이나 감금한 사람. 오대수와 관객은 대체 '누
가', '왜' 이런 일을 벌이고 있는지에 대해 밝혀야 한다. 미스터리 수수께끼 장
르의 전형으로 보인다. 그런데 '누가'와 '왜'라는 수수께끼를 풀어가는 과정에,
바로 그 '누구'는 계속해서 단서를 조금씩 제공해준다. 결국 '누구'는 '이우진'이
라는 인물임이 밝혀진다. 그리고 '왜'라는 의문에 대해서도 답이 나오는 순간
반전이 일어난다. 그때까지 오대수는 프로타고니스트(protagonist)로서 흔들림
없는 위상을 가지고 관객의 지지를 받으며 관객과 함께 '누구'와 '왜'를 추적했
다. 그는 안타고니스트(antagonist)인 이우진으로부터 이유도 모른 채 일방적으
로 (복수를) 당해왔다. 따라서 이제부터는 오대수가 되갚을 차례라고 생각한
것이 오대수와 관객의 자유로운 착각이었음이 드러나는 것이다. 그리고 이우
진이 진짜로 하고 싶었던 복수는 바로 지금부터라는 것이 밝혀지면서 이뤄지
는 반전이다.
　이것은 다시 말하면 시점과 정보의 주체가 누구인지를 감추는 동시에 이우

진이라는 인물의 캐릭터를 철저히 숨기는 전략이다. 이로써 관객은 복수심에 불타는 오대수의 사고와 행동을 주목하면서 그와 함께 비밀의 열쇠를 구하는 여정 위주로 따라갈 수밖에 없다. 그러나 이 영화에서 진짜 중요한 포인트는 진짜 괴물인 이우진에 있음을 알아야 한다. 이우진이라는 인물의 정신 상태와 캐릭터를 자세히 읽어야 한다. 그는 사촌 누나인 이수아와의 근친상간에 대한 소문의 압박을 견디지도 못했고, 그것을 극복하지도 못한 유약한 인물이다. 그의 유약함은 이수아를 소문으로부터 보호하거나 죽음으로부터 지켜내지 못했으며, 더 적극적으로 말하면 이수아가 죽도록 방조했다. 그는 자신의 목전에서 죽어간 누나로 인한 트라우마, 그에 대한 방어기제로 '회피'와 '전가'의 방법을 이용한다. 즉, 그가 트라우마로부터 생존하기 위해 채택한 복수는 방어기제로서 책임의 회피와 전가를 위한 방편이었던 것이다. 그는 누나가 죽은 순간부터 모든 지적·정서적 성장을 멈춘 채 오직 다른 대상에게 누나 상실에 대한 원망과 책임을 전가하고, 복수를 준비하고 실행하기에 이르렀다. 그 대상은 소문을 낸 오대수이다.

이우진은 오대수를 납치해 15년 동안 감금한 것도 모자라, 감금 1년 차에 오대수의 아내를 죽이고 그 범죄를 오대수에게 뒤집어 씌웠다. 그런데 오대수가 풀려났을(풀어주었을) 때 미도를 만나고 그녀와 연인 사이로 발전한 것은 사실 이우진의 조종에 의한 것이었다. 이우진은 근친상간을 했던 사촌누나 이수아의 죽음에 대한 책임을 오대수에게 전가하고 그에 대한 복수를 치밀한 계획에 의거해 착착 진행한 것이다. 마침내 이우진을 만나 피의 복수를 가하려던 오대수는 이우진의 진짜 복수가 이제부터라는 것을 알고 황당하고 기가 막힐 노릇이다. 근친 연애에 대한 소문을 퍼뜨린 것이 그렇게 끔찍한 범죄인지, 그토록 길고 깊은 앙갚음을 당할 만큼 커다란 잘못이었는지 오대수는 납득할 수가 없다. 게다가 근친상간이라는 금기를 위반한 것은 이우진 그 자신이면서, 그는 소문이 외부에 퍼졌을 때 그것을 감당할 자신이나 강단도 없었기에 (그가 원하면 위로 끌어당길 수도 있었을) 누나의 손을 놓아버린 것이다. 그러므로 누나를 죽인 것은 결국 그 자신이다. 그러나 그는 누나 수아의 죽음에 대한 책임을 소문의 진원지인 오대수에게 전가하고 있다. 한마디로 자신의 유약함과 죄책감을 모두 오대수에게 전가하는 방식으로 트라우마의 고통에서 회피하고 벗어나려는 정신 도착적 행동을 보인다.

나아가 그는 오대수가 "이제는 내가 복수할 차례"라고 하는 것을 인정하지 않고 마지막 카드를 내민다. 그것은 오대수가 연인 관계로 발전해 성관계를 가진 미도가 사실은 오대수의 딸임을 밝히는 것이다. 이처럼 이우진은 오대수를 자신과 마찬가지로 근친상간을 한 동일 유형의 범죄자, 자신과 동일한 인간 말종이 되도록 모든 상황을 통제·조종했으며, 순진한 오대수에게 그 사실을 알려주는 것으로 자신의 복수에 마지막 화룡점정을 더한다. 그 말을 들은 오대수는 즉각 자신의 혀를 잘라내고 개처럼 굴신하는 모습을 보인다. 오대수의 참회는 이렇게 처절하게 발현된다. 그렇다면 이로써 이우진의 복수는 완성된 것인가? 사실 이우진이 더욱 철저하게 오대수에게 복수를 하려고 한다면, 그는 미도를 죽여야 한다. 근친상간과 그로 인한 죽음이라는 면에서 봤을 때, 이우진 쪽에서는 이수아가 죽었듯이 오대수에게서 미도를 빼앗아야(죽여야) '되갚음'이라는 대립 쌍이 형성될 수 있다. 그러나 이우진은 미도를 죽이는 대신에 그 자신이 죽어버린다. 오대수에게 복수할 기회를 주지 않고 스스로 자신의 목숨을 회수한다.

복수의 과정을 통해 그는 트라우마가 주는 고통을 어느 정도 해결할 수 있었는지 모른다. 그러나 마침내 복수가 완성되었다고 생각하는 순간 그는 트라우마가 주는 고통을 치유하는 데 이전의 모든 것들이 아무 도움이 되지 못했음을 처절하게 깨달은 것이다. 그는 되살아난 압도적인 고통을 이기지 못하고 (아니 그 고통이 다시 자신을 압도하기 전에) 서둘러 목숨을 끊어버린다. 이 영화의 시나리오 중 신 44에는 이우진의 다음과 같은 대사가 있다. "상처받은 자한테 복수심만큼 잘 듣는 처방은 없어요. 한번 해봐. 십오 년 동안의 상실감. 처자식을 잃은 고통. 이런 거 다 잊어버릴 수 있을 거야. 다시 말해서 복수심은 건강에 좋다! 하지만 …… 복수가 다 이루어지고 나면 어떨까? 아마 …… 잊고 있던 고통이 다시 찾아올 걸?"

그는 이미 알고 있다. 복수의 허망함을, 복수가 아무것도 해결해주지 못한다는 사실을, 다시금 끝없는 자학과 고통만이 엄습해올 것임을. 그러면서도 그는 복수의 도정을 멈출 수 없었다. 지적·정신적으로 성장하지 못한 채 나이만 먹은 괴물, 어느새 복수가 그의 성격(성정), 그 자체가 돼버린 괴물이 되어 있기 때문이다.[5] 오직 죽음만이 복수심을 멈출 수 있으며, 복수심을 제거한다는 것은 곧 존재 이유를 상실하는 일이 된다. 가엾고 안타깝지만 그것이 복수의 본질임을 감독은 웅변하는 것이다. 그래서 앞에서 인용한 이우진의 대사는 그의 입을 빌려 자신의 주제 의식을 표출하는 감독의 목소리나 다름없다.

〈친절한 금자씨〉

이 영화에서 박찬욱 감독은 거의 모든 장면을 클로즈업으로 시작한다. 이제까지 하나의 장면, 극적 상황을 제시하는 가장 익숙한 방식은 사건이 일어나는 장소의 공간성과 시간성에 대한 정보를 최대한 안정적으로 보여줄 수 있는 숏(마스터 숏)에서 출발해 (눈에 보이지 않게) 디테일로 커팅해 들어가는 것이었다. 그러나 박 감독은 관객들의 관습적 기대를 단숨에 무너뜨리고, 통념을 깨버리며 도발하는 그만의 방식으로 클로즈업을 사용한다. 한 인물에 대한 친화감이나 극적 상황에 대한 묘사적·설명적 숏 없이 단박에 친숙하지 않은 한 인물의 클로즈업을 화면 가득 담아 보여주는 것은 분명 모험이다. 그것은 커다란 에너지를 가진 내적 동력원이 될 수도 있지만 관객을 향한 거침없는 도발이기

---

5 사실 '복수가 자신의 성격 그 자체가 돼버린 것 같다'는 말은 오대수가 미도와 대화 중에 튀어 나온 것이다.

도 한 양날의 검이다. 특히 금자와 교분이 있는 주변 인물의 사적 회상을 통해 재현되는 금자의 모습, 과거의 일화를 보여주는 데 이 같은 낯선 방식은 한마디로 '거두절미'하고 핵심만 간단히 하겠다는 포고처럼 보인다. 이로써 각각의 회상 주체들은 자신과 금자와의 인연을 간단명료하게 소개한다. 자신이 왜 교도소에 가게 되었는지, 그곳에서 어떤 계기로 금자의 도움을 받았고 그녀를 전폭적으로 신뢰하게 되었는지를 밝힌다. 그리고 현재, 자신을 찾아온 금자를 돕기 위해 무엇을 준비했는지 또는 무엇을 해야 하는지를 이야기하는 형식을 취한다.

그런데 문제는 여기서 발생한다. 각각의 회상 주체들은 이제 막 교도소에서 나와 사회에 적응하고 복수에 들어가야 하는 금자를 위해 한 가지씩 도움을 주는 것으로 소임을 다하고 사라진다. 그러나 그 도움이라는 것이 극적으로 꼭 설명이 필요한가, 꼭 그 방식이어야 했는가라고 묻는다면, 대답은 그냥 생략하고 넘어가도 전개에 큰 무리가 없을 '부차적 에피소드의 만발'일 뿐이다. 이는 메인 플롯의 빠른 전개를 상당히 지연시키고 주변부를 크게 맴돌며 관객의 일반적 기대를 무너뜨리고 지적 게임의 유희를 펼치려는 감독의 치밀하게 계산된 전략이다. 문제는 이런 유희의 위험천만함이다. 감독은 이것을 자신만의 예술행위로 인식할 수 있으나, 영화를 만드는 데 투자한 사람들에게 이런 놀이는 답이 안 나오는 장난일 수 있기 때문이다.[6] 전체 극 구성의 3분의 1 이상을 이런 방식의 반복과 변주로 금자라는 인물의 다중적 캐릭터를 소개하고, 일회성으로 지나치는 인물들을 그리는 데 사용한 것은 아이러니하게도 서사적 과잉이라고 할 수밖에 없다. 그토록 간결하게, 거두절미하고 요점만 간단히 한 것들이 사실은 유사 반복성을 가진, 일종의 지적 유희였다면 허탈할 수밖에 없다.

---

6 이러한 일이 지속된다면 길은 두 가지로 귀결될 것이다. 하나는 감독 자신의 예술을 위해 사재를 털어 영화를 만들어 극소수의 관객과 그 예술을 공유하든지, 아니면 더 이상의 투자 유치를 못해서 영화를 못 만들든지.

한편 〈친절한 금자씨〉에서도 박찬욱은 이전의 두 작품, 〈복수는 나의 것〉과 〈올드보이〉에서와 마찬가지로 인물의 복수를 추동하는 한결같은 힘을 '죄의식'에서 찾는다. 그리고 그 때문에 복수란 허망한 것이며, 그것으로는 결코 영혼의 구원에 이르지 못한다는 사실을 강조한다.[7] 이러한 배경하에 박찬욱은 이전에 보여주고 이야기했던 것들 중에서 많은 것들을 되짚고 변형하고 재활용한다. 작은 극적 디테일부터 소재·주제 의식을 계승·반복하기도 하고, 등장인물의 캐릭터를 변형하거나, 이전 작품에 출연해 연기를 펼쳤던 배우들이 카메오로 출연하는 방식으로 깨알 같은 재미를 추구하기도 한다. 그런데 이렇게 복수 3부작이 진행되는 과정에서 등장인물뿐만 아니라 영화적으로도 점점 더 말이 많아지고, 박찬욱이 좋아하는 연극적 장면들의 세밀한 전시(상연)와 그에 대한 데코레이션은 밀도를 더해 간다. 〈복수는 나의 것〉은 인물들의 대사가 최소화되어 있다. 류가 청각·언어 장애인이기 때문이기도 했지만, 다른 인물들의 경우도 과묵하기는 마찬가지이고, 주로 말보다 행동 위주로 성격이 표현됐다. 그런데 〈올드보이〉에 오면 (오대수의 내면의 목소리까지 포함해서) 좀 더 말이 많아진다. 〈친절한 금자씨〉에 오면 아예 해설자의 상황 중계와 등장인물의 심상 전달에 이르기까지, 더욱 많은 말들이 쏟아진다. 금자가 행하는 행동들의 배경에 대한 설명, 의미 부여, 복수의 희화화, 결론 도출에 이르기까지 다양한 층위를 갖는 화자의 목소리는 영화의 엔딩에 가면 그것이 금자의 딸 제니였음이 드러난다. 그러나 아무리 제니가 어른이 되고 난 미래의 어느 시점에서 엄마의 과거를 회상하는 관점이었음을 알려준다고 해도 납득하기 어려운 점이 많다. 가령 제니의 제한적인 지식이나 관점, 위치를 넘어 신적인 지위까지 종횡무진으로 넘나드는 것은 결국 이야기꾼 자신의 목소리가 된다

---

7 이에 대해 박찬욱은 "자기 죄로부터 구원받기 원하는 인간이 더 큰 죄악을 수단으로 삼으려 하는 어리석음을 본다"라고 했다[박찬욱, 「여섯 개의 명장면」, 『박찬욱의 몽타주』(마음산책, 2005), 126쪽].

(이 점은 별도의 연구 주제가 될 수 있을 정도이다). 이처럼 많은 말로 극적 행동과 상황, 인물의 심상을 표현하려는 것은 결국 박찬욱 감독의 통제되지 않은 자의식이 전폭적으로 투영돼 있기 때문이며, 감독의 주제 의식 표명에 대한 강박일 수도 있다. 박찬욱 감독은 자신의 전작들에서 한 이야기들과 메시지를 그 스스로 다시 인용하고 논평하고 일부 수정과 변형을 가하면서 자신의 논리를 좀 더 정교하게 가다듬으려는 의도를 꾸역꾸역 담아내다 보니 말이 많아졌다.

무엇보다 문제가 되는 것은 극적 플롯이나 등장인물의 캐릭터 형상을 통해 주제를 표현하고 주제 의식을 감추고 보여주는 것이 아니라, 이야기꾼이 자신의 서술 대리인인 화자(서술자)를 동원해서 자기가 제시하려는 주관, 해답, 메시지를 직설적으로 주려는 데 있다. 그것은 영화가 진행되는 동안 깨알 같은 재미와 웃음을 줄 수 있지만, 마지막에 가서는 결국 거부감을 주는 요체가 돼버렸다. 박찬욱의 영화들에 대해 '화려하게 포장된 영상 스타일뿐', '오직 스타일로만 승부'하려 한다는 세간의 평가들은 그래서 설득력 있게 들린다.[8] 그의 영화가 그리는 이야기 속의 등장인물들은 영감과 예지력과 통찰력을 갖춘 캐릭터와 그의 극적 성격이 입체적으로 그려지는 것도 아니고, 그가 가진 인간 본성에 천착하는 것도 아니다. 박찬욱의 이야기 속 등장인물들이 마치 생동감을 잃은 꼭두각시, 마네킹, 로봇, 복수 기계처럼 보이는 것은[9] 다른 이유가 아니라 바로 감독 자신이 만들어놓은 예정된 플롯 구조를 따라가고 미리 예정된 결말로 이끌어가기 때문에 발생한다.

다른 한편으로 금자의 복수가 이전의 류나 동진, 오대수나 이우진의 것과

---

8 가령 "이미지를 서사에 정교하게 꿰지 않고 그저 나열하는 듯한 박찬욱 영화"라는 평가를 참고하라[안시환, 「강력하다. 하지만 그뿐이다」, ≪씨네21≫, 703호(2009.5.12~5.19), 99쪽].

9 가령 〈복수는 나의 것〉이 "복수의 시선으로 바라본 꼭두각시극"이라는 지적[「영화 읽기: 〈복수는 나의 것〉 찬반 논쟁 1, 복수에 의한 복수에 대한 공감 – 유운성의 지지론」, ≪씨네21≫, 347호(2002.4.9~4.16), 98~99쪽].

다르게 보이는 이유는, 그것이 속죄의 방편으로 행해진다는 것 때문이다. 박찬욱 감독 자신도 금자의 복수에 대해 '속죄 행위로서의 복수', '영혼의 구원을 모색하는 인간에 의해 수행되는 복수'라고 밝힌 바 있다. 금자는 죄의식을 강렬하게 표출하는 인물이다. 그래서 겉으로 드러나는 그녀의 캐릭터는 이전의 복수 시리즈에 등장한 인물들과는 다르다. 그녀가 죄의식을 느끼는 가장 큰 이유는 '원모'의 죽음에 관한 것이다. 감옥에서 출소한 그녀가 가장 먼저 한 일은 원모의 부모에게 찾아가 칼로 손가락을 자르는 자해를 하며 용서를 구하는 일이다.[10] 금자가 가진 죄의식의 근원은 자신이 백 선생을 도와 원모의 죽음에 일조했다는 것이다. 그러나 그녀는 그 정도에서 그치지 않고 자신이 백 선생 대신 죄를 뒤집어쓰고 감옥에 감으로써 백 선생이 그 이후에도 네 명의 아이들을 죽이는 것을 막지 못했다는 사실에까지 확장되고 강화된다. 아울러 금자는 자신이 죄를 뒤집어쓰는 것을 묵인한 '최 반장'에게도 책임감과 죄의식을 느끼도록 요구한다. 금자는 죄를 지으면 속죄해야 한다고 부르짖는다. 가령 시나리오 신 117에는 금자가 딸 제니에게 과거사를 설명하는 가운데 '속죄'의 중요성에 대해 다음과 같이 강조한다.[11] "금자: 엄마의 죄는 너무 크구 너무 깊어서 너처럼 사랑스러운 딸을 가질 자격이 없거든. 넌 아무 죄두 없는데, 니가 엄마 없이 자라게 해서 …… (말을 잇지 못하고 잠시 숨을 돌렸다가) …… 근데 그것까지두 내가 받아야 될 벌이야. (또박또박 말하려고 노력하며) 잘 들어줘. 사람

---

10 그녀는 감옥에서 나오자마자 속죄를 위해 가장 먼저 '원모'의 부모를 찾아가 죄의 용서를 빌며 자신의 손가락을 절단해서 그 부모에게 바친다. 그것은 그녀만의 속죄 방식이지만, 어느 날 느닷없이 찾아와 속죄라는 이름으로 자해를 하는 이 여인의 모습을 목격하는 원모의 부모는 용서의 염을 갖기보다는 아들 원모의 죽음 이래 참으로 오랜만에 새롭고도 강력한 충격에 휩싸인다(그것은 그들이 안고 살아온 고통스러운 트라우마를 되살리는 방아쇠(trigger)일 뿐이다).

11 자신이 저지른 죄가 무엇인지, 왜 감옥에 가게 되었고, 왜 제니와 함께 살 수가 없었는지 등등. 그리고 무엇보다 재미있는 것은 금자가 제니에게 해주는 이러한 설명을 다름 아닌 백 선생이 금자에게 붙잡혀 포박당한 채 영어로 통역해주고 있다는 사실이다.

은 누구나 실수를 해. 하지만 죄를 지었으면 '속죄'를 해야 되는 거야. '속죄' 알아?(통역하는 소리를 귀담아 듣고) 어토운먼트, 그래 어토운먼트를 하는 거야. 큰 죄를 지었으면 크게, 작은 죄를 지었으면 작게, 알았지?"

지나치게 민감한 죄의식을 가진 금자의 '지나친 내 탓이오!' 때문에 그녀의 복수는 외견상 매우 부자연스러워 보인다. 물론 백 선생 때문에 감옥에서 13년이라는 긴 세월을 지내야 했고, 딸아이(제니)를 멀리 떠나보내야 했던 아픔 등이 있지만, 그녀의 딸 제니는 죽지 않고 잘 살고 있다. 나아가 그녀는 감옥에서 배운 제과 · 제빵 기술을 활용해 고급 제과점 '나루세'에 취직해 성공적인 사회 복귀도 이루었다. 게다가 젊고 매력적이며 이해심도 많은 연하의 애인까지 생겼다. 그녀는 스스로 원하기만 한다면 복수를 포기하고 조용히 살아갈 제반 여건이 조성돼 있는 것이다. 그러나 그녀는 자신을 죄인으로 만든 백 선생을 용서할 수 없고, 자신의 예민하고 과도한 죄책감을 해결할 길이 없어 복수의 길을 걷는다. 이처럼 금자의 복수는 속죄의 일환으로 행해지지만 그럼에도 그녀는 구원을 얻지 못했다고 한다. 시나리오 신 154부터 156 사이에 이어지는 내레이터(여자 성우)의 말이다. "이금자는 어려서 큰 실수를 했고 …… 자기 목적을 위해 남의 마음을 이용하기도 했지만 …… 그토록 원하던 영혼의 구원은 얻지 못했다 …… 그래도 …… 그렇기 때문에 …… 나[12]는 금자 씨를 좋아했다."

금자의 복수는 개인적 차원에서 집단의 차원으로 갑작스레 방향을 선회해 여러 사람(희생자 가족)에게 기회를 개방해 각자 자신들의 방식으로 복수를 집행하도록 한다. 폐교에서 복수 방식을 놓고 갑론을박하는 희생자 아이들의 부모 모습은 그 자체로 블랙코미디이다. 그러나 한편으로는 죽은 아이들의 부모

---

12 여기서 '나'라고 지칭하는 내레이터의 목소리는 '제니'의 목소리로 바뀐다. 다시 말하면 이 영화의 주요 사건이 일어나는 장면들에서 시종 목소리를 내고 상황을 설명한 화자가 제니였다는 것이 이때 비로소 밝혀진다. 그리고 지나온 이 이야기는 제니가 성인이 된 미래의 어느 시점에서 엄마의 과거를 회상하는 화자 초점화 전략을 구사하고 있다는 것을 관객은 비로소 알게 된다.

에 대한 금자의 '또 다른 형태의 복수'로 읽을 수도 있다. 이것이 무슨 말일까?

이쯤에서 우리는 다시 물어봐야 한다. 그것은 '금자는 왜 복수의 장소로 폐교를 선택한 것일까'가 아니다. 그보다 훨씬 근원적인 물음이 있다. 그 문제를 해결하면 앞의 질문에 대한 답은 간단히 나온다. 그것은 '금자는 왜 백 선생의 부당한 요구에 응했을까?'이다. 물론 백 선생이 어린 제니를 죽이겠다고 겁박한 것도 이유가 될 수 있다. 그러나 그 이면엔 우리의 가정과 학교에서 훈육한 것들이 도사리고 있다. '말 잘 듣는 아이가 착한 아이' 말이다. 우리와 마찬가지로 금자 역시 아주 어렸을 때부터 어른들의 말을 잘 듣는 착한 사람이 되어야 사랑받을 수 있다고 배우면서 자랐을 것이다. 가령 우는 아이에게 울지 말라고 했는데 말을 듣지 않으면 '산타 할아버지가 선물을 안 주신다'고 노래한다. 전 세계 모든 아이들에게 선물을 배달한다는 그 마음씨 좋아 보이는 산타 할아버지조차 어른의 말을 듣지 않는 아이에게는 냉정하다는 것을 우리는 노래를 통해 훈육받았다. 학교에서도 '선생님 말씀 잘 듣고 따르는 학생이 착한 학생'(군사부일체라 하여 신성시하기도 했지 않은가?)이라고 들으면서 자랐다.[13] 말 잘 들어야 착한 사람이고 사랑받을 수 있다는 믿음은 우리는 물론, 금자에게도 착한 사람 콤플렉스를 만들었다. 이 때문에 금자는 자신에게 가해지는 부당한 폭력이나 비합리적인 명령에 적극적으로 저항하지 못하고 복종했다. 한마디로 백 선생의 비합리적인 명령에 금자가 복종한 더 근본적인 이유는 바로 금자의 마음속에 자리 잡은 '착한 사람 콤플렉스' 때문이었다. 사실 우리는 모두 정도의 차이만 있을 뿐 조금씩은 착한 사람 콤플렉스가 있다. 착한 사람으로 인정받고 싶은 욕구는 거의 본성에 가깝다. 문제는 착한 사람 콤플렉스

---

13 2014년 4월 16일, 진도 앞바다에서 세월호가 침몰할 때, 제주로 수학여행을 가던 배 안의 학생들과 선생님들, 그리고 착하고 순진한 300여 명의 사람들은 너무나 말을 잘 들었다. 그들은 배가 급격히 기울며 침몰하는 상황에서도 선원들의 불합리한 명령에 순종했다. 그 결과는 너무나 참혹했다.

가 다른 사람의 요구를 거절하는 걸 어렵게 만든다는 데 있다. 착한 사람은 말을 잘 듣는 사람이기 때문이다. 착한 사람 콤플렉스는 비합리적인 요구도 당당하게 거절하지 못하게 만든다. 너무 아니다 싶어서 거절하고 나면 후회와 죄책감이 밀려온다. 그래서 복종의 습관이 길러지고, 거절 못하는 사람이 된다. 궁극적으로는 비합리적이고 폭력적인 명령도 거절하기 힘들어진다. 문제는 복종의 결과가 생각보다 참혹할 수 있다는 데 있다. 거절하거나 저항했다면 쉽게 제거되었을 작은 악의 씨앗이 시간이 지날수록 점점 몸집을 키우기 때문이다. 만약 금자가 처음에 백 선생의 부당한 요구와 명령을 단호하게 거절했다면 원모는 죽지 않았을 것이다. 아울러 이후에 추가로 발생한 4명의 아이들의 죽음도 막아낼 수 있었을 것이다. 금자의 복종은 백 선생이 처음에 가졌던 악을 키워서 통제 불가능한 악마로 성장시킨 결과가 되었다. 금자가 갖는 죄책감은 이러한 현실의 부조리함을 깨달은 데서 오는 감정으로 읽을 수 있다.

금자는 자신을 그렇게 훈육한 친부모에게 복수할 수는 없었다. 그들은 이미 이 세상에 없기 때문이다. 그러나 그는 죽은 아이들의 부모를 모아놓고 복수를 하도록 한다. 복수의 과정을 통해서 그녀는 아이들의 부모가 상실의 트라우마를 벗어던지도록 하는 것이 아니라, 그들에게 새로운 트라우마를 안긴다. 놀랍게도 그것은 죽은 아이들이 백 선생의 꾐에 넘어갈 수밖에 없도록 '말 잘 듣는 아이, 착한 아이'로 키운 것에 대한 금자의 징벌일 수도 있다는 점이다. 또 그 장소가 폐교라는 사실은 아이러니하게 보였지만 답은 이미 다 나와 있다. 그곳 또한 자신을 '말 잘 듣는 아이, 착한 아이'로 훈육한 학교에 대한 복수이다. 나아가 금자는 학생 시절에 만난 어떤 남자로부터 성행위를 제안받았을 터이고, 그녀는 거절하지 못했다. 그 결과 그녀는 임신을 하게 되었고, 그것은 부모에게 받은 순결 교육에 대한 불순종이 돼버렸다. 그 때문에 그녀는 집으로 갈 수 없었다. 이처럼 학생 시절에 그녀는 이미 자신의 인생을 망쳤고, 이어서 아주 망가지는 계기가 된 백 선생을 알게 된 장소 역시 학교였다. 학교는 모든 순수의 상징이자 동시에 잃어버린 금자의 시간에 대한 상징이기도 하다. 폐교에서 벌어지는 피의 복수는 그가 자신에게서 앗아갔던 모든 것을 되돌려받길 원하는 금자의 (황폐한) 마음과 이미 돌이킬 수 없는 시간들에 대한 속죄이다. 흘러간 시간은 돌이킬 수 없고 복수의 장소인 폐교에 아이들이 다니던 시간도 모두 과거일 뿐이다. 금자의 욕망, 시간을 돌이키고 용서를 받으려는 욕망이 그녀와 인물들을 폐교로 인도한 것이다.

Chapter 9

가을로

/

압축 성장의 값비싼 대가, 참사의 상처는 치유될 수 있는가

김대승 감독 | 2006년 개봉

트라우마는 어떻게 치유될 수 있는가? 길 위에서, 아픔을 공유하고 함께 나누고 보듬을 사람을 만남으로서 …… 먼저 떠나간 민주는 혼자 남을 현우를 위해 대자연과 만나는 여행을 예비해두었다(그리고 세진까지).

이국에서 보고 들은 우리의 재난 참사들

온 나라를 뒤흔들어 놓는 온갖 사건과 사고들, 전쟁 중도 아니고, 전체주의의 광풍이 시대를 휩쓸고 있지도 않건만 마치 대량 학살처럼 무고한 사람들이 영문도 모른 채 떼죽음 당하는 사태를 어떻게 이해하고 받아들여야 하는가? 인간의 탐욕과 무사안일, 극단적 이기주의와 온갖 부정부패의 연쇄고리들이 완벽한 생태계를 이룬 가운데 벌어지는 재난과 그 속에서 죽어가는 사람들의 모습은 그 사회의 모든 감춰지고 가려져 왔던 본질을 백일하에 드러내는 기가 막힌 퍼포먼스 같다.

나는 1986년 서울 아시안 게임과 1988년 서울 올림픽 당시 조직위에서 일을 했다. 건국 이래 최대 규모의, 세계인의 축제 개최라는 수식어가 붙은 거창한 이름이 붙은 행사에 미력이나마 일조했다는 자부심을 안고 1989년 1월에

프랑스로 향했다. 그 무렵 우리 사회의 분위기를 떠올리면 먼저 정치적으로는 국민의 힘으로 군사독재 정권을 물리쳤고(결과가 모두에게 만족스러웠던 것은 아니지만), 직접 선거를 통해 새로운 대통령을 뽑았으므로 민주화를 이룩했다는 자부심이 충만했다. 사회적으로는 올림픽을 성공적으로 치러냈다는 뿌듯함에 들떠 있었으며, 해외여행 자유화가 이루어지면서 너도나도 지갑을 열고 돈 쓰는 재미에 빠져들었다. 경제 상황도 국제 유가, 환율, 물가 등 이른바 3저의 안정된 국면 속에서 장기 호황을 지속했다. 이 모든 것이 상승작용을 일으켜 우리나라가 마치 한강의 기적을 이루고 선진국에 완전히 진입한 것처럼 여기면서 샴페인을 터뜨리는 분위기가 완연했다.

프랑스에서 공부하면서 사귄 제3세계 친구들은 한국의 눈부신 발전에 놀라움과 부러움을 표했다. 어깨에 절로 힘이 들어갔다. 그런데 유럽 선진국에서 온 친구들, 그리고 프랑스 친구들은 대체로 한국에 대해 여전히 무관심하거나, 기껏해야 동방의 한 귀퉁이에 위치한 개발도상국가에 지나지 않는다는 정도로만 알고 있어서 속이 상하기도 했다. 그래서 당시 한국의 국제무역 규모나 개인소득 수준 등 몇 가지 경제지표들을 거론하며, 이 정도면 너희를 바짝 따라온 것이고, 수년 내에 너희를 능가할 것이라고 호언하곤 했다. 그러면 그들은 노골적으로 드러내고 이야기하진 않았지만, 경제 규모로만 선진국이 되는 것은 아니라는 투로 간단한 반응을 보였다. 세월이 지나고 곱씹어 보니 그 당시 그들이 한(또는 하길 꺼렸던) 말 속에는 어느 정도 경멸이 포함돼 있었던 듯싶기도 하다. 그들이 보인 반응의 기저에는 한국이라는 나라가 선진국 수준에 도달하려면 앞으로도 오랜 세월 동안 많은 것을 갖춰야 할 것이라는 (그들의 경험을 바탕으로 한) 인식이 깔려 있었던 것이 아닐까 하는 생각도 든다.

그런데 나의 이러한 자부심을 송두리째 뒤흔들고, 나중에는 쥐구멍에라도 숨고 싶게 하는 황당무계한 대형 참사들이 망신 도매상 개업을 축하하는 폭죽놀이라도 하듯이 줄줄이 터졌다. 1993년 7월 26일, 승객과 승무원 등 106명을 태우고 오후 2시 27분 김포공항을 출발해 3시 15분에 목포공항에 착륙할 예정이던 아시아나 항공 733편 보잉 737기가 기상 악화로 시계가 극히 불량한 가운데 무리하게 세 차례의 착륙을 시도하다가 균형을 잃고 전남 해남군 화원면 마산리 뒷산에 추락해 66명이 사망했다. 이 사건은 프랑스의 뉴스 속보에도 주요 뉴스로 다뤄졌다. 오랜만에 들려오는 고국의 소식이 항공기 사고로 인한 다수의 희생자가 발생한 것이어서, 그저 멀리서 안타까운 마음뿐이었다. 1993년 10월 10일 10시 10분에는 전북 부안군 위도면 위수도 부근 북서쪽 3km 해상에서 위도 파장금항을 출발해 부안군 변산면 격포항으로 항해 중이던 서해 페리호가 침몰했다. 당시 높은 파도로 운항이 어려워지자, 회항하려고 무리하게 배를 돌리다가 전복됐다. 정원이 221명인 배에 362명이 승선했고, 그중 292명이 사망했다. 안전 불감증 문제가 도마 위에 올랐다. 프랑스 언론에서도 이 사건을 비중 있게 다뤘고, 멀리서 안타까운 마음에 기도하는 심경으로 사태의 추이를 지켜볼 수밖에 없었다.

1994년 10월에는 성수대교가 붕괴되었다. 이 다리는 동아건설[1]이 1977년 4월 착공해, 1979년 10월에 준공(박정희 전 대통령의 '마지막 작품'이라 불렸다)되었다. 나 역시 유학 오기 전 무수히 건넜던 그 다리의 5번과 6번 교각 사이 48m가 1994년 10월 21일 오전 7시, 한순간에 붕괴됐다. 그 때문에 버스 등 차량 6대와 시민 49명이 한강으로 추락했다. 이 사고로 출근·등굣길 승객 32명이 숨지고 17명이 부상했다. 프랑스 언론은 이 사건을 한국 유수의 건설 회사가 국가 공권력에 뇌물을 주고, 그들의 권력을 이용해 사익을 추구하려다가 터진 재앙이라고 설명했다. 그동안 빠르게(압축) 성장 가도를 달린 한국 사회에 만연한 부정부패가 이 사건의 배경이라고도 했다. 그러면서 그들은 '한강의 기적'

---

1 동아건설은 1994년 당시 국내 도급 순위 3위의 굴지의 건설 회사였다. 사건 당시 연간 국내외에서 약 1조 원 상당의 건설 공사를 진행 중이었다. 세계에서 가장 큰 공사인 리비아 송수관 공사로 유명세를 얻기도 했다. 한강에 성수대교 외에 천호대교, 원효대교를 만들기도 했다.

이 이러한 부실과 부패의 토대 위에서 이뤄진 것은 아닌지 의심했다. 한편으로 그들은 사건이 발발하자 서울시장이 책임을 지고 사임하는 모습을 이해하기 어려워했다.[2] 왜냐하면 이 불행한 사건의 원인은 1977년부터 1979년 사이에 심어진 것인데, 왜 현재의 시장이 제일 먼저 책임을 지고 물러나야 하며 그는 지금 일어난 재난을 성실히 수습하고, 상황을 처리해야 하지 않느냐는 것이다. 물론 정부와 서울시의 안전 검사 및 지속적인 사후관리 체계 미흡이라는 문제가 드러나긴 했다. 하지만 일이 터질 때마다 재앙의 씨앗을 심고 키운 사람들보다 그 재앙이 하나의 결실처럼 터져 나올 때 그것을 거두는 사람들이 '먼저' 책임을 진다면서 물러나는 모습은 이해하기 힘들다는 반응이었다. 그 속에서 나는 어떤 반론이나 변명할 거리도 찾아낼 수가 없어서 심한 부끄러움을 느꼈다.

이 사건을 계기로 한국 사회에서는 사회 전반에 만연한 부패에 대한 전반적인 문제 제기가 처음으로 이루어지기 시작했다. 부정부패의 관행을 줄이기 위한 노력이 정부, 학계, 시민·사회단체 차원에서 활발하게 이루어져 한국 사회가 한 걸음 투명해지고 건강한 길로 나갈 기회가 제공됐다. 그러나 참사 이후 부실시공 업체와 관리 소홀로 행정 당국의 책임 공방은 길게 이어졌지만, 그것이 유사한 사건의 재발 방지를 위한 생산적인 시스템 마련으로 이어진 것은 아니었다. 그리고 서울시 하위직 공무원 15명이 구속되면서 사건은 꼬리 자르고 덮어버리기로 마무리됐다. 이 재난과 참사들은 우리나라가 이룩한 급속한 경제성장의 이면에서 우리가 간과하고 지나온 것들이 무엇이었는지를 조목조목 짚어주고 일러주는 것이었다. 그러나 우리는 그러한 의미를 제대로 헤아리거나 반추하지 못했고, 그 사건들로부터 별다른 교훈을 얻은 것 같지도 않다. 그저 서둘러 사건을 수습하고, 험한 꼴이 더는 언론에 드러나지 않도록 통제하

---

2 이 사건으로 당시 서울시장이었던 이원종 씨가 책임을 지고 물러나고 그의 뒤를 이어 최병렬이 서울시장으로 취임했다.

고, 관련자 몇 명을 처벌하는 선에서 모든 일을 매듭지은 다음, 언제 그런 일이 있었냐는 듯 그 사건에 대해서는 입도 뻥끗 않는 것이 일종의 불문율처럼 돼버렸다. 성수대교는 1998년 새로운 다리가 세워졌고, 2004년 8차선으로 확장 개통됐다.

박사학위 청구 논문을 쓰던 막바지인 1995년 4월 28일 오전 7시 52분경, 대구광역시 달서구 상인동 영남고교 사거리 지하철 1호선 제 1~2구간 공사장에서 가스가 폭발했다. 사고 발생지역 남쪽 지점에 있는 롯데백화점 상인지점 신축 공사장에서 그라우팅을 위한 천공 작업의 일환으로 75mm 구멍 31개를 굴착하던 중 실수로 천공기가 도시가스 배관을 관통해 구멍이 뚫렸다. 이 때문에 가스가 누출되고, 누출된 가스가 인근 하수구를 통해 지하철 공사장으로 유입돼 원인 미상의 불씨에 의해 폭발한 사고였다. 폭발음과 함께 약 50m의 불기둥이 치솟았으며, 등교하던 학생 42명을 포함해 101명 사망, 202명이 부상을 입었다. 또 차량 통행을 위해 공사장 위에 임시 설치한 복공판 400m가 무너졌고, 건물 346채, 자동차 152대가 파손되었다. 이는 역대 세계 지하철 참사 가운데 사상자 규모에서 3위에 오를 정도이다. 그 당시 전쟁터를 방불케 하는 어지러운 현장의 모습, 그러나 정말 오랜만에 보는 익숙한 거리 풍경과 한글로 된 간판 글씨들, 사람들의 두런거리는 우리 말소리를 프랑스 TV를 통해 보면서 이 상황이 악몽이어도 좋으니 그저 화창한 봄날의 개꿈이기를 간절히 바랐다. 그러면서 이전보다 훨씬 더한 안타까운 마음에 부끄러운 마음이 더해졌다.

이 사건의 충격이 가시기도 전인 1995년 6월 29일, 서울 강남의 초호화 백화점이 아무런 외부 충격도 없는 가운데 순식간에 붕괴했다는 뉴스가 또다시 프랑스 언론을 도배했다. 당시에는 논문 마무리를 위해 허우적거리며 거의 매일 새벽 3~4시까지 책을 보고 글을 쓰다가 잠들었다. 아침 10시 가까이 돼서야 자리에서 일어나 마른 바게트 빵과 커피 한 잔으로 아침을 들며 잠시 TV에 눈길을 주는, 지극히 단순한 생활을 반복하고 있을 때였다. 그런데 6월 29일,

그날은 목요일이었던 것으로 기억한다. 지도 교수가 기나긴 여름 바캉스를 떠나기 전에 마지막으로 논문 진척 사항을 보여드리고 새로운 지침을 받기 위해 그날 오후에 만나기로 약속을 했기 때문에 나는 그 전날부터 30시간 이상 눈을 붙이지 못한 채 계속 논문에 매달려 있었다. 그러다가 간이 소파에 널브러져 두어 시간 쪽잠을 자고 있는데 전화벨이 울렸다. 프랑스인 친구였다. 시간을 보니 낮 12시 반을 지나고 있었다.[3] 빨리 TV를 켜보라는 것이다. 너희 나라에서 또 대형 참사가 일어났다고……

삼풍백화점[4] 붕괴 사건은 1995년 6월 29일 오후 5시 55분에 일어났다. 지상 5층, 지하 4층의 백화점 건물 2개 동 중 하나가 삽시간에 폭삭 내려앉았다. 이 사고로 502명이 사망하고, 937명이 부상을 입었다. 이제 생면부지의 사람들도 얼굴 노란 동양인만 지나가면 '너 한국인 아니냐? 너희 나라에서 이런 사고가 연달아 일어나는데 이유가 뭐냐?'라고 물어봤다. 관심을 가져주고, 안타까워 해주는 것조차 부담스럽고 부끄러워 고개를 들 수가 없었다. 쥐구멍이라도 있으면 들어가 숨고 싶은 심정이었다. 그리고 이해 연말에 나는 귀국했다.

이와 같은 일련의 사건들은 우리나라가 금방이라도(또는 이미) 선진국에 진입할 것처럼 샴페인을 터뜨리는 상황에서 연이어 일어났다. 아시안 게임과 올림픽을 치른다고 서울 시내는 물론이고 올림픽 성화가 지나가는 자리, 각국 선수단을 태운 차량이 지나는(그럴 가능성이 있는) 지역과 그 인근의 노후화된 또

---

3 프랑스와 한국은 봄부터 가을 사이 서머타임이 실시될 때는 7시간, 서머타임이 해제되는 늦가을부터 이른 봄 사이는 8시간의 시차가 발생한다. 그러니까 프랑스 시간으로 6월 29일 낮 12시 30분은 한국 시간으로는 6월 29일 오후 7시 30분이다.

4 삼풍백화점은 붕괴사고 당시 단일 쇼핑몰로는 전국 2위의 규모를 가진 초대형 건축물이었다. 건물 외관은 콘크리트와 유리가 조화를 이룬 디자인으로 당시에는 파격적이었다. 게다가 1980년대 이후 신흥 부촌으로 명성을 날리던 강남·서초 지역의 중산층 이상 고객들을 주된 타깃으로 한 고급 수입품과 각종 명품들을 진열·판매하면서 초호화 쇼핑몰로 입지를 탄탄히 구축하고 있었다.

는 정돈이 안 된 곳은 모두 도시 미관을 해친다는 이유로 허물고, 눈에 보이지 않는 곳으로 치우고, 칠하고, 덮고, 막고, 가렸다.[5] 이렇게 치러진 올림픽. 그래서 밝고, 역동적이고, 화려한 면모만 부각시킨 채 치러진 올림픽. 그러고 나서 마치 우리가 진짜 한강의 기적을 이뤘고, 선진국이 된 것처럼 호들갑을 떠는 순간, 콩 심은 데 콩 나고 팥 심은 데 팥 나는 자연의 이치처럼, 배가 침몰하고, 가스가 터지고, 다리가 끊기고, 아무 외부 충격도 없는 가운데 멀쩡해 보이던 건물이 순식간에 붕괴한 것이다.

그중에서도 삼풍백화점의 어처구니없는 붕괴는 당대 한국 사회의 실체를, 짙은 화장발을 깨끗이 지우고 완벽하게 드러낸 맨 얼굴이었다. 그런데 그 모습은 너무 흉측하고 온갖 악취가 진동했다. 대한민국 성장과 발전의 상징인 수도 서울, 그중에서도 강남 한복판 노른자위라는 지정학적 위치, 많은 사람들이 선망하는 화려함과 부의 상징인 백화점, 자본주의 선진 소비의 상징이기도 한 백화점. 그중에서도 대한민국에서 넘버 1, 2를 놓고 자존심 경쟁을 벌인 그 최고의 백화점이 마치 폭약을 터뜨려 건물을 해체하듯이 불과 수십 초 사이에 폭삭 내려앉는 기상천외한 일이 벌어졌다.

이로써 대한민국이라는 나라는 어떤 나라인지, 그 본질과 민낯이 어떤 모습인지, 그동안 남들을 의식해 얼마나 짙은 화장으로 떡칠을 하고 본질을 가리고 있었는지가 만천하에 명명백백히 드러났다. 나아가 하나하나의 재난이 결코 우연이거나 운수 없는 사고가 아니었으며 사필귀정의 필연이었음도 알려졌다. 짙은 화장이 일상이어서 오히려 그것이 원래 얼굴인지 착각하고 지내다가 재난이 그 자체로 우리 자신을 비추는 거울이 되고, 재난 상황이 우리의 화장

---

5 김동원 감독의 다큐멘터리 〈상계동 올림픽〉에 담긴 영상들은 당시 우리 사회가 어떤 상황적 토대 위에서 무슨 일을 벌이고 있었는지에 대한 일단을 보여준다. 하지만 이런 모습은 비단 상계동만의 특별한 케이스가 아니라 서울 올림픽 준비 과정에서 전국 도처에서 벌어졌다.

발을 순식간에 거두어버림으로써 갑작스레 드러나는 우리 자신의 본 얼굴, 민낯을 볼 때의 생경함이란……. 그러나 그때서야 비로소 자신의 본 얼굴이 어떤 것인지 인정할 수밖에 없었다. 재난의 유형, 원인과 근인, 사건 진행 경과, 그에 대한 구호와 대응 시스템 작동 방식, 사건 종료 후의 뒤처리와 재발 방지를 위한 시스템 정비와 새로운 매뉴얼 보강에 이르기까지 어느 하나 제대로 정비되는 것 없이 그저 창피함에 얼굴 붉히며 서둘러 사태를 수습하고, 사건을 일으킨 당사자를 인간 말종, 악의 화신으로 매도하고, 관련 공무원 몇 명 처벌한 뒤, 사안의 중요성에 따라 장관급 한두 명 경질하는 선에서 봉합하곤 끝이었다. 매번의 참사에서 문제는 썩은 사과라고 하는 반사회적 개인 또는 집단의 일탈적 행위이며 따라서 그에 대한 징벌을 가하는 것으로 일단락하고, 그다음은 시간 속에서 서둘러 기억을 털어버리는 일만 남았다. 그러한 사태가 발생한 원인인 부패한 사과 상자라는 환경에 대한 문제 제기와 개선 노력은 없었다. 아울러 정치 시스템, 경제 시스템, 사법제도, 사회 안전망, 국민 의식의 개혁 등 시스템 구축과 매뉴얼 마련이라는 문제는 제대로 짚은 적이 없다. 위정자들은 매번 책임자에 대한 강력한 처벌과 재발 방지를 위한 노력, 뼈를 깎는 자성 등을 운운했지만 그것이 공허한 울림이었음은 다음 사고가 발생했을 때 여지없이 다시 확인할 수 있었다. 그리고 우리나라는, 우리 사회는 그렇게 같은 자리에서 같은 방식으로 계속 넘어지면서 아무 교훈도 얻지 못하고 발전적 변화를 이룩하지 못했다는 사실을 확인하며 자괴감에 빠져들었다.

참여정부 시절의 국가 위기관리 시스템

이와 같은 재난과 참사들은 인명 손실, 재산 손실, 그 모든 것을 처리하고 정리하는 데 드는 비용뿐만 아니라, 모든 국민에게 주는 유형·무형의 피해와 금전으로 환산할 수 없는 엄청난 심리적 파장들을 몰고 온다. 게다가 참화의 생존자들, 희생자의 남겨진 유족들, 구조에 참여했던 사람들, 그 밖의 직간접적으로 관여된 사람들이 갖는 온갖 유형의 트라우마를 치유하는 비용은 또 얼마가 되겠는가? 그런데 우리나라는 이런 면에 대해서는 거의 개념이 없었고, 지금까지 방치 상태나 다름없이 지금까지 지냈다. 결국 이와 같은 후진적 재난을 반복하지 않기 위한 유일하고도 당연한 방법은 국가 차원의 입체적인 시스템과 매뉴얼을 구축하여 반복된 숙달 훈련을 하고, 부정·부패·불법·탈법의 여지를 근본적으로 일소하고 차단할 법제를 정비하고 공정한 사법권을 확립해 투명하고 열린사회로 나아가는 길 뿐이다.

사실 이러한 일은 지난 참여정부 시절에 제대로 추진된 바 있었다. 참여정부가 출범하기 약 한 달여 전인 2003년 1월 15일, 이른바 인터넷 대란이 발생했다. 서울 혜화동 전화국을 기점으로 사이버 네트워크 마비 사태가 벌어진 것이다. 당시 국가 기간망이 일시 마비 상태에 들어가면서 금융, 통신, 항공권 예약과 같은 전산 서비스들이 모두 멈추는 대란이 일어났다. 참여정부 출범 일주일 전인 2월 18일에는 대구 지하철 화재 참사가 빚어졌다. 이 사고로 192명이 사망하고, 151명이 부상을 당하는 등 총 343명의 인명피해가 발생했다. 당시 대통령 당선인 신분이던 노무현 전 대통령은 사고 발생 사흘만인 2월 21일 대통령직 인수위 회의에서 "희생자 가족들과 국민에게 머리 숙여 사과한다. 하늘을 우러러 보고 국민에게 죄인이 된 심정으로 사후 대처하겠다"라고 밝힌 바 있다. 이렇게 보면 참여정부는 사실상 대형 참사에 대한 대응으로부터 시작했다고 해도 과언이 아닐 것이다. 그런데 그해(2003년) 9월 12일, 초강력 태풍 '매미'가 한반도에 상륙해 경상도 일원을 쑥대밭으로 만들면서 사망자와 실종자가 132명에 6만여 명의 이재민이 발생했고, 약 4조 7,000억 원에 달하는 재산 피해를 남겼다. 이러한 일련의 사건을 계기로 새로운 차원의 '국가 위기관리 시스템'이 필요하다는 광범위한 공감대가 형성되었다.

이쯤에서 우리는 국가 위기관리에 대한 참여정부의 철학과 실천을 진중하게 되짚어야 한다. 당시 우리 사회 보수 진영 일반에서 참여정부 기간 내내 '이

정부는 준비가 안 된, 형편없는 아마추어들'이라며 매우 거칠고도 줄기차게 매도했다. 사실 그들은 아마추어였다. 그러나 그들은 자신들이 아마추어임을 인정했다. 그렇지만 그들은 대한민국호가 21세기에 나아갈 바람직한 방향에 대한 비전을 제시하고, 우리의 미래 성장 동력을 어디서 찾을 것인가에 대한 모색부터 대한민국이 해방되고 정부가 출범한 이후 한 번도 제대로 수행하지 못한 일제 잔재 청산 작업, 즉 '친일본반민족행위자'에 대한 역사적 심판이라는 과거사 정리 작업까지 입체적으로 전개했다. 이로써 식민 시절부터 오랜 군사 독재 정권 시기는 물론 현재까지 매번 현란하게 변신하며 한 번도 기득권을 잃은 적 없는 사람들의 광범위한 유착 관계의 고리를 끊고 민본주의에 입각한 사람 살 만한 세상을 만들려고 했다. 그것은 왜곡되고 굴절된 또는 유명무실한 각종 법제와 행정 서비스 체제를 정비하고, 투명하고 효율적인 국가 운영 시스템과 매뉴얼 계발을 통해 열린사회를 지향하는 것이었다.

아울러 외교·안보·통일·국방에 한정했던 당시까지의 보수적이고 전통적인 국가 안보의 개념을 크게 확장했다. 천재지변 등의 자연 재난은 물론 국민의 일상적인 활동 가운데 불시에 벌어질지도 모를 인재도 모두 포함하는 것으로 혁신하려고 한 것이다. 이런 배경에는 국민의 생명과 재산을 위협하는 모든 분야를 두루 국가 안보의 영역으로 포괄하려던 참여정부의 국정 철학이 있었다. 참여정부가 출범하자마자 노무현 대통령은 대통령령으로 국가 위기 관리 기본지침을 만들 것을 지시했다. 그리하여 김대중 정부에서 처음 설치한 국가안전보장회의(NSC)와 사무처를 확대 개편했다. 특히 NSC 사무처 밑에 통일·외교·국방 분야가 모여 큰 방향의 국가 안보 전략을 짜는 전략기획실, 통일·외교·국방 분야 업무를 공유하고 조정하는 정책조정실, 각종 정보를 통합 관리하는 정보관리실, 그리고 위기관리센터를 뒀다. 이로써 군사 안보 위협뿐만 아니라 재난 사태 등 국가 위기를 청와대가 통합 관리하는 시스템이 구축되었다.

마침내 2005년, 참여정부는 국가 위기를 모두 33개(군사·외교·통일 등 전통적 안보 13개, 자연·인적 재난 11개, 국가 핵심 기반 마비 관련 9개)로 유형화하고, 33개의 표준 매뉴얼을 작성했다. 그리고 1개의 위기당 보통 9개 정도의 정부 부처와 기관이 관여하는 것으로 하여, 그에 따라 280여 개의 위기 대응 실무 매뉴얼을 만들었다. 나아가 각각의 위기 현장에 투입되는 기관과 조직들이 현장에서 해야 할 세부 조치들을 일일이 규정한 현장 조치 매뉴얼을 만들었는데, 모두 2,800여 권에 달했다.

대한민국 정부가 수립된 이후 참여정부에 이르는 60년 동안 일어난 온갖 재난과 참사에서 정부의 대응은 매번 한 치도 달라짐 없이 우왕좌왕했다. 정작 필요한 곳은 공백이고, 어느 곳에는 과잉과 중복되는 현상이 일상이었다. 시간 다툼 속에서 반드시 해야 하지만 사후에 많은 책임이 뒤따르거나 비판을 받게 될 것 같은 일에는 뒷짐만 지고 있고, 체면을 세우고 자랑할 만한 것(곳)에는 서로 하겠다고 달려드는 일을 반복한 것이다. 참여정부는 이러한 혼란과 직무유기가 일어나는 근본 원인을 특정 위기 상황에서 정부 부처 간의 기능과 역할이 명확히 규정돼 있지 않기 때문으로 파악했다. 그리고 그러한 일들을 미연에 방지하고 실제로 사고가 발생했을 때, 효과적으로 대응하기 위해서 방대한 실무 매뉴얼을 만든 것이다. 따라서 어떤 재난 상황에서건 매뉴얼을 살펴보면 누가 해야 할 일을 제대로 했는지, 아니면 그렇지 못했는지 즉각 파악할 수 있었다. 감사원이나 사정 기관을 동원하지 않고도 책임 소재가 분명히 드러나도록 했다. 이에 따라 공무원들이 항시 긴장하고 뜻하지 않은 재난에 언제라도 즉각 대비할 수 있도록 했던 것이다.

이처럼 국가 위기관리는 정부의 철학적 기반, 즉 국민 한 사람 한 사람을 사랑하고 그들의 생명과 재산을 보호하려는 정신, 국민이 아픔을 겪지 않도록 대비하려는 마음에서 비롯됐다. 그리고 그것을 온전히 반영한 위기관리 시스템과 매뉴얼을 개발해 지속적인 수정과보완, 실무교육과 훈련이 이뤄졌다. 참여정부에서는 '을지훈련(연습)'[6]을 전시 대비용 훈련을 넘어 재난에 대비한 대민 보호 프로그램인 '위기대응 통합 연습'까지 실시했다. 그것도 보수 언론과 보수 단체 등에서 문제를 삼으며 난리를 칠까 봐 매번 5일간의 훈련 중 2일간에 걸쳐 조용히 이 훈련을 했다고 한다.[7] 그러나 불행하게도 그러한 기반 위에서 모두가 행복한 사회, 사람이 살 만한 사회를 만들자는 그들의 충심은 악의로 가득한 비토와 반대에 부닥쳐 좌절하고, 국민들에게도 제대로 받아들여지지 않은 채, 미완의 개혁으로 끝나버렸다.

모든 형태의 위협으로부터 국민의 생명과 재산을 적극 보호하기 위한 위와 같은 국가 위기관리는 참여정부에서 의미 있게 추진되었으나 참여정부와 함께 끝이 났다. 그리고 후임 정부에서 철저히 부정되고 이전 시대로 되돌려졌다. 우리 사회는 급속히 과거로 되돌아갔고, 그 결과 대형 참사는 계속해서 일어나고 있다. 막대한 생명과 재산 피해를 거듭하고 있으며, 도저히 계산할 수 없는 엄청난 사회적 비용을 다시 지불하고 있다. 우리 사회의 강고한 기득권 세력 중 많은 이들은 어떤 시스템이나 매뉴얼을 통해 나라가 정비되고 투명해지는 것을 원치 않는다. 메기나 미꾸라지 같은 물고기는 깨끗한 물보다 오히려 진흙 펄과 흙탕물을 더 좋아하듯이 모든 물고기가 1급수에서만 사는 것은 아니다. 세상이 너무 맑고 투명해지면 불편해지는 사람들이 우리 사회에는 너무 많다. 해방과 전쟁의 혼란 중에 일제와 장기 독재 정권하에서 국민을 수탈하는 데 협력하며 기득권을 얻고, 계속되는 독재 정권하에서 민주 인사들을 핍박하며 독재자들에게 빌붙고 협력해 기득권을 이어 온 사람들, 그들은 사회 혼란과 혼탁 사이에서 기회를 얻고, 기득권을 누리고, 대물림까지 했다. 그런데

---

6 공식 명칭 '을지 포커스 렌즈 훈련'은 지난 1968년 1월 21일, 김신조 일당의 청와대 강습 기도사건, 이른바 1·21 사태가 발생한 후, 박정희 정권이 만들어 시행하고 있다. 핵심 내용은 북한과의 전쟁에 대비한 정부 부처의 대응 방안에 대한 훈련 프로그램이다. 이후 역대 정권에서 이 훈련을 지속했고, 현재도 정부 차원에서 모든 국가 공무원을 대상으로 정기적으로 실시하고 있다.

7 송호진, "이명박·박근혜의 '노무현 지우기', 위기관리 매뉴얼까지 지웠다", ≪한겨레신문≫, 2014.4.29, 정치면. 류희인 전 '국가안전보장회의' 사무차장과의 인터뷰 기사 참조.

사회가 유리알같이 투명해지고, 국민이 똑똑해지면 자신들의 은밀한 행동에 제약이 따르고, 이제까지 저지른 온갖 부정과 탈법과 유착 관계, 비리의 카르텔이 백일하에 드러날 수 있다. 그 때문에 이를 극도로 싫어하고 방해하려고 적극 나선다. 그래서 이들은 김대중의 국민의 정부와 노무현의 참여정부 시절에 추진된 과거사 정리와 투명 사회로의 이행을 위한 사회구조 개혁 추진 과정을 '잃어버린 10년'으로 규정했다. 그것은 바꿔 말하면 자신들의 기득권을 처음으로 뺏긴 10년이었다. 예전부터 계속 해왔던 자신들의 삶의 방식이 통하지 않게 되었고, 강고한 기득권의 카르텔이 무너질 위기에 처했으며, 모두가 함께 살 만한 세상은 원치 않는데 계속 그런 얘기를 하는 정권이 너무 미웠던 것이다. 그래서 그들은 정권을 되찾자마자 모든 것을 10년 전으로 되돌렸다.

국가안전보장회의와 관련해서만 보더라도, 이명박 정부는 안보·통일·국방·외교 분야만 남기고 나머지 재난 분야, 핵심 기반 분야는 해체해 정부 각 부처로 되돌렸다. 게다가 통합·조정 기능을 수행하던 상임위원회와 사무처를 폐기했다(차관급의 사무처장 직제도 모두 폐기하고 청와대 2급 행정관 한 사람만 간사로 배치했다). 이렇게 국민의 안전과 직결된 문제, 생명과 재산을 지켜줄 문제를 정부 각 부처로 돌려놓은 결과는 어떻게 나타났을까? 우선 이명박 정권하, 2010년 10월부터 시작해 1년 넘게 전국에서 약 300만 두가 넘는 돼지와 소를 살처분한 어처구니없는 사태를 야기한 '구제역 파동'이 대표적인 사례이다. 일이 걷잡을 수 없이 커지게 된 배경, 호미로 막을 것을 가래는커녕 무엇으로도 막지 못하고 속수무책으로 전국의 수많은 가축을 오로지 생매장하는 방식으로 불을 끄려 했던 정부의 무대책과 무능을 되짚어보라. 참여정부 시절에 만든 매뉴얼에 기초해보면 당시의 정부 부처들은 기본 절차도 지키지 못했고, 상황 통제를 위한 콘트롤 타워도 없거나 명확치 않았다. 무엇보다도 국민의 생명과 재산을 지키고, 재난으로 아파하는 국민이 없도록 하려는 국정 철학 자체가 없었기 때문에 확산된 재앙이었다. 그리고 해가 바뀌고 정권이 계승돼 박근혜 정부가 들어섰다.

박근혜 정부는 2014년 1월 10일에 국가안전보장회 조직 내에 상임위원회와 사무처를 다시 설치했다. 그러나 현 정부도 참여정부 시절에 갖춘 재난 통합형 위기관리 시스템과 세부 매뉴얼을 캐비닛 깊숙한 곳에 방치하고 있는 듯하다. 2014년 4월 16일에 안산 단원고 2학년 수학여행단을 비롯한 승객 476명을 태운 세월호가 진도 앞바다에서 침몰했다. 그리고 사고 발생 후 현 정부가 마땅히 긴급하게 조치했어야 하지만 그러지 못한, 그리고 해서는 안 될 일들을 벌이는 와중에 살릴 수 있었던 수많은 생명이 차가운 주검으로 돌아왔다.

이런 어처구니없는 참사를 가능케 한 부정·불법과 비리의 카르텔, 그 완벽한 생태계[8]는 시간이 흐르면 속속 밝혀질 것이다. 마치 고등동물이나 섬세한 유기체 같은 우리 사회 속 어둠의 생태계는 어느 하나도 빠질 수 없고, 빠져서도 안 될 필연적 인과관계로 엮여서 세월호 참사를 만들었다. 그중 어느 하나라도 빠지거나 혹시 이랬다면 또는 저랬다면 하면서 안타까운 심정으로 이런저런 가정을 해본다. 하지만 완벽한 유기체 같은 인적·물적 조건, 주변 환경, 국가 시스템과 매뉴얼 등 대응 체계의 부재는 어느 것 하나 빠짐없이 공교롭게 맞물려 참화를 빚어내는 데 각자의 역할을 충실히 수행했다.

---

8 이 생태계를 가능케 한 조건은 다음과 같다. 연안 여객선 선령이 20년 이내로 묶였던 규제가 30년까지로 완화되면서 일본에서 20년 사용한 배를 수입해 국내 항로에 투입, 배의 구조와 특성을 무시한 (불법)개조, 화물 과적을 위한 균형 수 빼버리기, 나쁜 기상 조건에서 무리한 출항, 기름 값을 절약하기 위해 안전 항로를 버리고 위험 항로 선택, 트라우마 생존자인 선장의 적격 심사 부재, 선장을 비롯한 선원들의 안전 교육 미흡(미실시), 긴급 상황 시 즉각 조치 및 대응 훈련 전무, 배가 기우는 위급한 상황에서 적절한 조치나 구조·구난 신고 미흡, 해경의 초기 대응과 조치 미흡, 초기 구조 상황 난맥, 이후 국가 차원의 즉각적인 재난 대응 부재, 우왕좌왕하면서 상황 파악 부재, 재난 대응 콘트롤 타워 부재, 대통령의 헛발질……. 이는 결국 침몰 이후 단 한 명의 생존자도 구조하지 못하고 모두 주검으로 돌아오게 했다. 그리고 사태가 장기화되고, 온 국민을 패닉 상황에 빠지게 했으며 돈으로 환산할 수 없는 천문학적 사회적 비용을 초래했다.

영화 〈가을로〉가 이야기하는 것

3장 구조로 분절한 극적 사건의 내용

① 1장(신 1~31)

삼풍백화점 붕괴사고 직전의 현우와 민주의 평온한 상황부터 사고가 일어나는 순간까지 그려진다. 중심 등장인물(주인공)을 설명해준다. 사법연수원을 마치고 마침내 고대하던 검사가 된 현우가 민주와 함께 신혼살림을 차릴 집(아파트)으로 그녀를 불러 로맨틱하게 청혼한다. 민주는 자연 다큐를 전문으로 하는 방송국 PD이고, 그녀는 모든 사물과 환경, 자연에서 존재의 의미를 찾아내는 따뜻한 감성을 지닌 여자라는 것을 보여준다. 현우는 급히 처리해야 하는 업무 때문에 혼자 가기 싫다고 하는 민주를 반 강제로 먼저 백화점에 보낸다. 이것이 후에 닥칠 사건의 복선과 자책의 핵심이 된다. 백화점에 도착해 여기저기 둘러보던 민주가 현우와의 약속 장소인 지하 커피숍에 내려가 음료를 주문하고 기다리는 순간, 건물 전체가 삽시간에 붕괴한다. 그 시간 현우는 백화점 건너편에서 횡단보도를 건너려는 순간, 그의 목전에서 건물이 붕괴하고 주변이 아수라장이 되는 상황을 목격한다. 이어 사랑하는 여자를 잃은 현우의 참담한 모습을 보여준다.

② 2장 전반(신 32~49)

사건 발생 10년 후의 모습. 세진의 일상 가운데 그녀가 가진 '외상 후 스트레스 장애' 증상이 그려진다. 이어서 현우의 모습이 제시된다. 그는 민주를 죽인 것이 자신이라는 자책감 속에 오직 일에 파묻혀 10년을 살아왔다. 그사이 착하고 해맑은 청년이었던 현우는 웃음을 잃고 차갑고 냉정한 검사로 변해버렸다. 그는 자신이 수사하던 사건 때문에 여론의 비판과 압박을 받고, 그로 인해 상관들은 그에게 휴직처분을 내린다.[9] TV 뉴스에 나온 현우의 모습을 본 민주 부친이 상경하고 그와 어색하게 만난다. 민주의 결혼 선물이자 신혼여행 계획을 담은 다이어리는 그때서야 현우에게 전달된다.[10] 이로써 현우에게 여행의 동기가 부여된다.

③ 2장 후반(신 50~81)

세진의 여행 출발, 그리고 현우의 여행 출발 모습이 제시된다. 제일 먼저 우이도에서 세진과 현우는 첫 번째로 조우하지만 두 사람은 서로 전혀 모르므로 아무렇지 않게 엇갈린다. 그 사실은 관객만 알고 있다. 소쇄원에서 두 번째, 그리고 횟집에서 세 번째 스쳐 지나가고, 둘이 같은 민박에 머물지만(관객은 알지만) 둘은 조우하지 않는다. 내연산 관음폭포에서 네 번째 조우한다. 다음 날 새벽, 호텔 앞에서 히치하이킹을 하던 세진이 현우의 차를 불러 세우려 하나 그냥 지나쳐 다섯 번째 조우와 엇갈림이 일어난다. 해맞이 공원에서 여섯 번째 조우하면서 두 사람은 마침내 서로를 알아보고 대화를 시작한다. 이후 현우의 차를 같이 타고 7번 국도로 이동한다. 도중에 터널 안에서 일어난 교통사고를 목격한다. 그 모습을 보고 세진은 트라우마의 기억이 되살아나 더는 견디지 못하고 터널 밖으로 뛰쳐나간다. 그녀의 모습을 본 현우는 놀라움과 의아함에 어안이 벙벙하다. 터널 밖에서 웅크린 채 울고 있는 세진을 발견한 현우가 그녀를 다시 차에 태운다. 그들은

---

9 이 부분을 좀 더 세밀하게 가져가지 못한 것이 매우 아쉽다. 가령 현우가 대형 마트나 백화점 등의 신축을 둘러싼 건설 회사의 비리 사실, 부실 공사 등에 대해 전문적이고 집요하게 파고드는 검찰로 그려졌다면, 그리고 그 과정에서 정치 거물의 견제, 검찰 조직 상부에서의 압박 때문에 휴직이나 정직 처분을 받는 것으로 그려졌다면 완성도가 높아졌으리라 생각한다. 그런데 이 영화에서 현우가 휴직 처분을 받는 것은 모호하게 그려진다.

10 민주의 아버지는 왜 10년이나 지난 지금에서야 서울로 오는 것일까? 물론 졸지에 딸을 잃고 그동안 필설로 다할 수 없는 극한의 아픔을 조용히 견딘 것은 이해가 되고, 또 잊고 지냈던 현우의 모습이 TV 뉴스를 통해 나오면서 그의 근황을 알게 된 것이 민주의 아버지가 현우를 찾아가게 하는 동기가 된다 한다. 여하튼 그는 민주의 유품인 다이어리를 놓고 간다. 그 다이어리는 부모가 보관할 수도 있지만, 좀 더 일찍 현우에게 전했어야 하는 물건 아닌가? 너무 오랜 시간이 지난 후에 전달되는 것이 개연성을 떨어뜨린다.

불영사로 이동한다. 현우가 가진 다이어리의 존재를 보고 세진이 놀란다. 울진 소광리 숲 입구에서 세진이 한 말 때문에 그녀의 존재가 궁금해진 현우. 그러나 거기서 멈추고 두 사람은 헤어진다. 뒤늦게 그녀의 존재가 너무나 궁금해진 현우는 중산역으로 달려간다. 세진은 그가 바로 붕괴 사고 당시 민주가 얘기해주었던 현우임을 알고 있다. 그녀는 열차 안에 앉아 현우가 다가오는 것을 보지만, 그에게 모습을 보이지 않고 오히려 숨는다. 이로써 두 사람은 엇갈리게 된다. 그러나 결국 전나무 숲에서 두 사람은 일곱 번째로 조우한다. 여기서 민주를 매개로 두 사람이 어떻게 연결돼 있는지가 비로소 밝혀진다. 그러나 관객은 훨씬 전에 이미 눈치 챘을 뿐만 아니라 다 알고 있는 사실이다. 관객보다 반걸음 정도는 앞서 가줘야 이야기가 흥미로운데, 그보다 느린 극적 행보는 답답함을 자아낸다. 그렇다고 해서 그 뒤에 어떤 극적 반전이 있는 것도 아니어서 이러한 전개는 이 영화의 치명적인 약점이 되고 만다.

④ 3장(신 82~103)
삼풍백화점 붕괴 당시 매몰 공간에서 민주와 세진의 상황, 그리고 둘 사이의 대화 장면이 제시된다. 그때 상황을 세진은 현우에게 들려준다. 여행을 마치고 현우는 세진과 헤어진다. 현우가 민주 부모를 찾아간다. 일상으로 돌아온 세진과 현우의 한결 편안해진 모습이 그려진다. 현우는 세진의 소재를 은밀히 파악한다. 그리고 다시 만난 현우와 세진, 두 사람이 함께 걷는 메타세쿼이어 길(엔딩).

현우는 세진으로부터 민주의 마지막 모습이 어땠는지에 대해 이야기를 들으며 마음이 아프다. 하지만 민주가 죽어가는 그 순간에도 현우를 원망하지 않았다는 것과 현우만을 생각했다는 것에 마음의 짐을 조금씩 내려놓게 된다. 세진과 현우는 함께 여행하는 가운데 10년 동안 가지고 있던 마음의 짐을 내려놓고 홀가분하게 여행을 마친다(그러나 그것이 그들이 가진 트라우마의 근본적인 치유책이 될 수 있을지는 여전히 미지수이다). 그리고 에필로그 장면에서 메타

세콰이어 길을 걷는 민주의 모습이 나온다. 그리고 민주의 보이스 오버 내레이션이 들려온다. "새로 포장한 길인가 봐요. 전에 있었던 길들의 추억이 다 이 밑에 있을 텐데……. 사람들은 이제 그 추억을 안고 이 새 길을 달리겠죠? 좋은 길이 됐으면 좋겠다." 이어서 그 길을 걷는 현우와 세진이 등장한다. 이를 통해 민주와 현우의 사랑과 추억은 '옛 길', 세진과 현우가 함께 걸어갈 길은 '새 길'이 된다. 현우와 세진이 이 길을 함께 걸어감으로써 두 사람의 새로운 인연과 이야기가 시작될 것을 예상할 수 있다. 두 사람의 과거 트라우마를 치유하는 의미와 민주에 대한 죄책감과 애도를 끝내고 그녀를 평안히 떠나보냄, 더불어 새로운 사람과의 만남과 새 출발을 한다는 의미를 부여하고 있다.

영화 속에 그려지는 인물들의 캐릭터

현우 캐릭터

부모나 형제 등 가족관계나 여타의 배경이 일체 드러나지(그려지지) 않는다. 다만 민주가 한적한 시골에서 태어나고 자란 여자임에 반해, 그는 서울(도회지) 출신인 것으로 여겨진다. 사법고시를 통과하고 사법연수원을 거쳐 초임검사로 부임한 초기, 바쁜 와중에도 사랑하는 연인인 민주에게 서프라이즈 프러포즈를 준비하고 실행한다. 결혼해서 함께 살 아파트를 몰래 준비한 것이다. 그는 이제 막 조직 사회에 적응하는 중이다. 정시 출근은 하지만 정시 퇴근은 생각하기 어려운 조직 사회, 그중에서도 검찰이라는 권력기관에서 일하고 있다. 그는 명예나 출세에 대한 욕구를 가지고 자신에게 배당된 사건을 처리하고, 상부의 업무 지시에 응하며 바삐 움직인다. 이 때문에 그는 퇴근 후에 사랑하는 연인 민주와 만나서 신접살림을 준비하기 위해 함께 쇼핑을 하자던 약속을 지킬 수가 없었다. 그는 남은 일처리를 위해 민주에게 먼저 백화점에 가서 쇼핑을 하고 있으라며 그녀의 등을 떠민다. 그것은 결국 그녀를 사지로 내몰았다는 자책의 근거가 된다. 대형 재난 상황을 겪은 트라우마 생존자들이 일반적으로 맞닥뜨리게 되는 것은 '나만 살았다는 죄책감' 또는 '함께 죽지 못했다는 죄책감'이다. 그런데 여기에 더해 현우에게는 '싫다는 사람을 억지로, 떠밀어서 사지로 내몰았다는 죄책감'이 덧붙여진다.

이러한 심리적 외상을 안고 현우는 일에 파묻혀 독신으로 10년 세월을 지낸다. 그사이에 그는 오직 일밖에 모르는, 그리고 그에게 배정된 모든 사건을 철저히 사무적으로만 대하는 냉정하고 융통성이 결여된 인물로 변한다. 그러던 어느날 그가 수사하던 사건의 문제점이 언론에 노출되고, 언론의 비판을 받게 되면서 코너에 몰린다. 검찰 조직 상부에서는 그런 그에게 잠시 휴직 명령을 내린다. TV를 통해 그의 모습을 보게 된 민주의 부친이 그때서야 그에게 나타나 민주가 생전에 준비했던 결혼 선물인 '다이어리'를 전해 준다. 그 속에는 민주가 현우와 결혼하면 신혼여행으로 가고 싶은 여행지들과 일정이 마치 보물지도처럼 빼곡하게 정리돼 있고 각각의 여행지들을 모두 사전답사 했던 민주의 소회가 기록돼 있다. 현우는 민주가 계획해 놓은 일정에 따라 여행을 시작하면서 순간순간 그녀와 함께했던 추억을 떠올리며 치유의 길에 들어선다.

민주 캐릭터

민주는 조용한 산골 마을에서 태어나고 성장한 여자이다. 부모가 모두 생존해 있으며, 아버지는 윤도(輪圖: 풍수를 보는 사람이나 지관이 사용하는 우리나라 전통 나침반)를 만드는 장인(匠人)이고 어머니는 그 곁을 지키는 조용한 내조자이다.

민주는 TV 방송국 프로듀서로 일하고 있으며, 특히 자연(생태, 환경) 또는 여행(지) 관련 다큐멘터리를 전문으로 연출한다. 그녀의 일은 주로 팀원들과 함께 영상 제작 프로젝트 단위로 움직이고 있는 것으로 생각되고, 따라서 현우에 비해 상대적으로 시간 사용이 불규칙하지만 때때로 자유 시간이 많이 허락되는 것처럼 보인다.

그녀는 매우 섬세하고 치밀한 성격의 소유자이다. 자신이 맞닥뜨렸던 자연의 풍광 하나하나, 그곳에서 느낀 소회, 그리고 그곳에서의 소중한 추억들을 사랑하는 사람과 함께 여행하면서 다시 느끼고, 공유하려고 다이어리에 빼곡하게 여행 루트와 일정을 기록한다. 그러나 그녀의 아름다운 마음씨와 멋진 여행 계획은 참혹하고 잔인한 붕괴 사고로 콘크리트 더미에 파묻힌다. 그리고 10년 세월이 지난 후에야 사랑하는 사람에게 전달된다. 그녀의 모든 감각과 사유의 결정체인 다이어리는 그녀의 성격을 고스란히 담고 있는 유품이자 내비게이션이 되어 현우의 여정을 이끈다. 그러면서 도처에서 생생하게 되살아나와 현우와 동행한다. 여기에 더해 자신의 여행 계획과 삶의 비전을 전수해준 세진이라는 새로운 도반을 현우의 곁으로 인도하는 역할까지 수행하고, 현우의 내면에 있는 죄책감과 트라우마를 어루만진다. 엔딩에서는 현우와 세진 두 사람이 함께 손을 잡고 새로 난 길을 걸어가며 옛 길을 추억하도록 하는, 두 사람의 새로운 삶을 예비한 선견지명과 그들의 장래를 축복하는, 천사 같은 마음씨를 보여(들려)준다.

세진 캐릭터

세진은 삼풍백화점 붕괴사건 당시 갓 스무 살이 된 사회 초년생(대학생)으로 백화점 지하 커피숍에서 아르바이트를 하고 있었다. 사고 후 건물 잔해 속에서 사투를 벌이는 가운데 근처에 있던 민주와 대화를 나누면서 현우와 민주의 러브 스토리부터 신혼여행 계획, 다이어리의 존재에 대한 정보를 듣는다. 그로부터 10년의 세월이 흐른 후, 세진의 가정환경을 살펴보면 부친의 부재 가운데 홀어머니가 힘겹게 가족의 생계를 책임지는 모습이다. 세진에게는 대학생인 듯한 남동생이 하나 있다. 그러나 그는 아르바이트를 하는 것 같지도 않고, 아버지가 부재한 가정의 기둥 노릇을 전혀 하지도 못하며, 돈이 필요할 때면 누나의 지갑을 뒤지는 행동을 통해 대책 없는 룸펜의 모습을 보일 뿐이다.

처음 등장하는 세진의 모습은 홀어머니가 어렵게 일하며 살림까지 이끌어 가는데 철없는 남동생과 함께 가계에 아무 도움도 되지 않고, 오히려 엄마만 힘들게 하는 딸, 그러나 나름 열심히 구직 활동을 하는 처녀로 보인다. 다만 특이점이 있다면 그녀가 밤에 잠을 잘 때에도 불을 켜놓는다는 것 정도이다. 엄마와 남동생의 행동과 대사에 의해 그녀의 이러한 모습이 오래전부터 이어진 습관적이고 문제적 행동(버릇)이라는 것이 드러날 뿐이다. 그러나 그녀가 어느 회사의 면접장에 가서 복도에서 대기하고 있다가 급작스러운 불안감 고조와 출입문이 쿵쾅거리며 닫히는 소리를 참지 못하고 뛰쳐나가는 모습(외상 후 스트레스 장애로 인한 병증의 발현)을 통해, 그녀에게 제대로 치유되지 못한 트라우마가 있음을 관객은 짐작할 수 있다.

이로써 그녀는 안정적인 돈벌이와 인간적인 자존을 지키며 가정과 사회에서 정상적인 생활을 해나가기 위해 필수적인 직업이나 직장을 제대로 잡지 못한 채 매우 불안정한 삶을 지속한다. 그녀는 여러모로 불비한 가운데 어렵게 구직 전선에 나가지만 면접시험의 압박감을 끝내 이기지 못하는 모습을 보인다. 이것은 영화 속에서 한 번 제시될 뿐이지만 이전에도 그러한 상황이 여러 차례 지속 · 반복되었을 것이라는 추정을 할 수 있다.

결국 그녀는 턱밑까지 차올라 숨통을 조이는 듯한 심리적 질식 상황을 이기지 못하고 배낭을 메고 밖으로 나온다. 이전에 민주(언니)가 일러준 대로 대자연에 들어가 여행하면서 그녀는 안정감을 되찾고 그 길 위에서 조금씩 치유와 회복의 기미를 엿보게 된다.

서사 전개에서 드러낸 상처 치유의 방식과 한계

먼저 삼풍백화점에 대해 잠시 살펴보자. 백화점은 두말할 나위 없이 현대 도시의 꽃이요, 자본주의 사회 속 '욕망의 집어등'이다. 특히 삼풍백화점은 사고 당시 단일 매장으로는 전국 2위 규모를 자랑하면서, 대한민국의 헤게모니가 결집된 수도 서울에서도 강남의 새로운 부촌 한복판에 자리 잡고 서서 소비의 미덕을 한껏 부추기고 있었다. 그런데 그 화려하고 번듯해 보이던 건물이 어느 한순간(불과 20여 초 만에) 거짓말처럼 콘크리트 더미의 폐허가 되었다. 북한의 미사일이 날아온 것도 아니고, 강도 7 이상의 지진이 일어난 진앙도 아니었다. 설계부터 문제가 많았고 건설 과정에서도 여러 차례에 걸친 무리한 설계 변경과 무단 증축·개축이 감행되었으나 제대로 된 감리가 이뤄지지 않았다. 게다가 이후의 유지·관리마저 엉망이었고 계속되는 구조 변경과 개축이 이어졌다. 한마디로 총체적 난국이 부른 예고된 참사였다. 사망 502명, 실종 6명, 부상자 937명이 발생해 해방 이후 가장 큰 인적 재해로 기록되었다. 그 희생자들 속에 민주가 포함돼 있으며 유가족이라고 할 수 있는 현우, 그리고 부상자(생존자) 중에 세진이 있다는 것이 이 영화의 기본 배경이다.

이러한 극적 배경 속에서 〈가을로〉가 선택한 서사 전개의 가장 큰 특징은 하나의 장소에 과거와 현재의 시간을 중첩·공존시키고 교차시키는 것이다. 현우와 세진의 여정 위로 민주의 목소리가 흐르고 이따금씩 민주의 모습이 현우와 세진의 공간에 들어온다. 이 세 사람은 한 공간에 있지만 민주의 시간은 나머지 둘의 시간과 어긋난다. 민주가 배를 놓치고 발걸음을 뗀 그 자리에 세진이 서서 떠나는 배를 하염없이 쳐다보는 식으로 민주의 몸은 언제나 한발 앞서 왔다가 떠나고, 그녀의 목소리(내레이션)는 언제나 그곳에 있다. 세진의 입에서는 민주의 글귀가 마치 자기 것인 양 새어나오고 현우와 세진의 시선은 언제나 민주의 목소리가 이끈 지점, 딱 그 정도에서 멈춘다. 말하자면 이 여정의 목적은 민주와 자연 사이에 묻혀 있던 대화 또는 기억을 복원하는 것이며 현우와 세진은 그 대화를 엿듣는 사람들이다. 민주의 과도한 내레이션과 영혼의 무게는 이 영화를 민주의 이야기로 만든다. 우연의 일치가 계속됨을 이상하게 여기던 순간 세진은 현우가 바로 민주가 사랑하던 그 '현우'임을, 현우는 세진이 민주와 같은 곳에 매몰되었던 사람인 것을 알게 된다. 민주라는 이미 죽은 인물을 두고 둘은 슬퍼하기에, 민주는 죽은 사람이지만 관객에게 민주의 존재감은 둘보다 더 크게 다가온다.

세진과 현우가 여행을 시작하면서 찾는 첫 장소는 우이도이다. 사라져가는 모래 언덕, 사구. 그것은 어느 날 뜻하지 않게 주검으로 현우의 곁을 떠나게 될 민주, 그녀 자신의 환유였다. "사라지는 게 아쉽지 않아요?" 우이도의 모래산 앞에서 생전의 민주는 그렇게 말했다. 아직 몇십 년은 충분히 그 자리에 있을 자연을 두고 그녀는 조금은 오만하게 벌써 그것의 사라짐을 슬퍼한다. 사라짐을 붙들기 위해 사진을 찍고 누군가와 함께 다시 돌아올 것을 기약한다. 그러나 그녀는 그곳에 다시 돌아가지 못했다. 모래 알갱이가 다 흩어지기 전에, 그녀의 삶이 먼저 흩어졌다. 그런 면에서 이 이야기는 마치 손가락 사이로 빠져나가는 모래알처럼 시나브로 사라지고 잊히는 것에 대한 슬픔을 언급하며 사라짐과 망각에 저항하려고 한다. 민주는 그 사라짐을 그저 미리 안타까워했을 뿐이지만, 아무 준비도 없이 사랑하는 이를 잃고 살아남은 자들의 상실감은 그저 안타까움으로 그치지 않는다. 그사이 망각의 세월을 살아왔다는 자성도 이 지점에서 다시 환기된다.

다이어리 속 두 번째 여행지는 담양의 소쇄원이다. 이곳에서 현우는 민주의 음성을 듣고, 그녀와 함께했었던 이곳에서의 시간을 생생히 추억한다. 그러면서 현우와 세진은 두 번째 조우하지만 서로의 존재를 전혀 의식하지 못한 채 엇갈린다. 이어서 세 번째 여행지는 내연산이다. 이곳에서 세진과 현우는 세 번째 조우하게 되고, 이때부터 세진은 현우를 조금씩 의식하기 시작하나 현우는 그녀의 존재를 전혀 알아채지 못한다. 다이어리 속 네 번째 여행지인 월송정 해맞이 공원에서 두 사람은 네 번째 조우하고, 두 사람이 처음으로 간단한 대화를 주고받는다. 그리고 서로의 사연은 모른 채 다섯 번째 여행지인 울진 불영사로의 여정에 동행하게 된다. 카메라에 담긴 모든 여행지의 풍경은 실제로 그곳에 들어 있는 듯 선명하게 다가온다. 그 속에 애잔한 민주의 여행, 여전한 자책으로 흔들리는 현우의 여행, 그리고 헤어날 수 없는 과거의 트라우마를 안고 사는 세진의 여행이 겹치고 교차한다. 지난 사랑에 대한 기억으로의 여행이자 슬픈 과거로의 여행이 된 것이다.

영화는 이와 같이 과거와 현재를 공존·교차시키고 한 사람 속에 다른 사람을 투영시킨다. 민주의 마음을 세진에게 투영시키고, 민주가 적어놓은 노트의 말이 세진의 입에서 나오게 하며 민주의 내레이션을 통해 극적 정서를 고양시킨다. '사랑하는 이의 죽음, 그리고 그녀와 동일한 감성을 가진 이와의 새로운 만남'이라는 플롯에, 10년이 지나도 그대로인 남자 주인공의 순정이 중심을 흐른다. 쓸쓸한 여정에 현우와 세진, 그리고 민주가 동행한다. 이 불가능한 동행을 가능하게 만들기 위해 〈가을로〉가 선택한 방식은 과거와 현재를 교차시키고 공존시키는 것이다. 현우와 세진의 여정 위로 민주의 목소리가 흐르고, 이따금씩 민주가 현우와 세진의 공간에 들어온다. 이 세 사람은 한 공간에 있는 듯했지만 민주의 시간은 나머지 둘의 시간과 어긋난다. 이처럼 민주의 목소리를 따라 홀로 여행을 시작한 현우 앞에 민주와 같은 감성을 지닌 모습으로 등장한 세진은 민주가 현우에게 보내준 선물일까? 결국 민주가 설계해놓은 여행지도와 대자연을 배경으로 현우는 세진에게서 민주를 보고 세진은 현우에게서 민주를 본다.

영화가 이야기하지 못하는 것, 그러나 생각해봐야 할 것

영화는 살아남은 자가 그 끔찍한 상실을 받아들이는 과정을 공식처럼 보여주는 듯해서 너무 아쉽다. 이 영화에서 감독은 지나치게 친절하거나 관객보다 두 걸음 늦게 극적 상황을 풀어놓는다. 이것은 치유로서의 여정이 갖는 느림이나 찬찬함과는 별개의 문제이다. 계속되는 극적 우연 속에서 뒤늦게 현우가 세진에게 '당신 누구야?'라고 다그칠 때, 관객은 이미 여러 신 전에 그런 물음을 던졌어야 했다고 생각하기에 전혀 놀랍지 않고, 현우가 갖는 기이한 감정에 동의할 수도, 수긍할 수도 없다.

10년의 세월이 경과하는 과정에서 세진이나 현우가 어떻게 살아왔는지는 각각 한두 신을 통해 제시하는 극적 상황으로 미루어 짐작할 수 있게 해준다. 그러나 여전히 여러 아쉬움이 남는다. 가령 세진이라는 캐릭터의 과거 모습, 삼풍백화점 붕괴 상황 이전의 모습, 그녀의 가정환경이나 아르바이트를 하게 된 동기(그날이 첫 출근이었다거나) 등을 도입부(1장)에 한두 신 넣어 관객이 미리 알고 들어갈 수 있도록 배려해주었으면 좋았을 것으로 보인다. 그런데 영화에서는 그렇게 하지 않고 2장(중간부) 초입에서 느닷없이 그녀의 모습을 다음과 같이 제시한다. 어느 회사의 신입 사원 채용 면접장에 있는 세진, 그곳을 뛰쳐나오는 세진, 그리고 집에 와서 줄넘기를 하는 모습이다. 그녀의 모습은 힘든 줄넘기를 통해 육체적 고통을 스스로에게 가하면서 자학하는 것처럼 보이기도 하고, 그렇게 해서라도 어떤 심리적 고통에서 벗어나려는 안간힘으로 보이게도 한다. 이어서 그녀가 살고 있는 집안의 정경과 엄마, 그리고 남동생 등 가족 구성원을 보여준다.

그러니까 2장(중간부) 초입에서는 삼풍백화점 붕괴 사건이 일어난 후 10여 년의 세월이 흐른 뒤의 모습이 그려지고 있다. 그러나 영화 속에서는 시간 경과에 대한 정확한 표지가 자막이나 내레이션 등 어떤 방법으로도 직접 고지되지 않는다. 다만 이 이야기가 2006년 가을에 개봉되었으므로 관객은 그 당시의 타이밍을 극 중 현재의 시간적 기점으로 자연스럽게 받아들이고 인식한다. 이렇게 볼 때 영화는 서사적이고 인과적인 측면에서 몇 가지 시간 경과 표지를 사용하거나 세월의 흐름 속에서 살아남은 또는 남겨진 사람들이 어떻게 살아왔는지를 좀 더 세밀히 그려낼 필요가 있었지만 그렇게 하지 못하고 지나갔다. 물론 영화는 몇 개의 장면을 통해 10년이 지난 지금, 현우가 어떻게 살아가는지 보여주긴 한다. 그리고 세진이라는 여자가 누구인지는 모르겠으나 2장에서 갑작스레 등장할 때 아주 예민한 관객이라면 그녀가 삼풍백화점 붕괴 당시 민주가 있던 지하 커피숍의 여종업원으로 함께 사고를 당한 여자라는 사실을 기억할지도 모른다. 그러나 이러한 사실을 전혀 짐작하지 못하고 새롭게 등장하는 제3의 인물로 그녀를 대하는 것이 일반적일 것이다. 따라서 세진이 극적으로 핵심이 되는 중요한 인물이라는 사실을 좀 더 미리(1장에서) 친절하게 알려줄 필요가 있었다.

아무튼 세진이 2장의 초입, 즉 사고 후 10년이 경과한 시점이 제시되는 상황에서 갑자기 등장하고 그녀는 언뜻 이해하기 힘든 특이한 모습을 보인다. 이후 그녀의 가정과 가족 상황을 소개한 다음, 그제야 지난 10년 동안 하지 못한(또는 참아온) 여행에 비로소 나서는 모습을 보여준다. 문제는 현우도 지난 10년간 하지 못했던 여행을 이제야 떠나도록 상황을 그려낸다는 점이다. 이렇게 되니까 관객이 가질 수 있는 의문은 자연스럽게 하나로 귀결될 수밖에 없다. '대체 이들은 지난 10년 동안 왜 일만 하며 또는 고통 속에서 헤어나지도 못하고, 적절한 치유나 회복을 위한 노력도 없이 그냥 견디고만 있다가, 왜 10년이 지난 시점에야 비로소 그것도 두 사람이 거의 똑같은 시간(기간)에 거의 똑같은 일정으로 여행을 떠난단 말인가?'라는 의문을 갖게 된다는 것이다. 아울러 이렇게 전제되고 그려지기 시작한 극적 우연은 이후의 극 전개 과정에서 필연적으로 수많은 우연을 양산하기 때문이다. 여기서도 우연히 만나고, 저기서도 우연히 만나고……. 총 일곱 차례 이상의 우연한 만남과 엇갈림이 지속된 후에 서로의 존재를 알아차리는 플롯 구조는 극적 개연성이 0%에 가까울 정도로 희박하다. 대체 이것이 어떻게 가능할지에 대해 이 영화의 시나리오 작가와 감독, 그리고 제작진은 더 많은 고민을 했어야 한다. 그러나 이 부분을 너무 쉽게 넘어가버렸다. 결과는 리얼리티 상실이다. 황망한 참사로 사랑하는 사람과의 별리를 겪고 혼자 남은 남자, 그가 상대를 잃은 지 10년 후에야 비로소 여행을 떠난다. 여행길에서 우연인지 필연인지 계속해서 마주치는 한 여자가 어쩌면 사고로 먼저 떠난 사랑이 지금의 그에게 보내준 소중한 사랑의 징표요, 대체제요, 치유를 위한 선물이라고 하는 인식으로 유도하고, 그러한 인식에 도달하도록 하는 것이다. 이는 너무나도 달콤하고 아름다운 결과여서 일견 매혹적으로 보인다. 그러나 결과에 대한 매혹은 과연 무리한 과정까지 모두 용서하고 덮어줄 만큼의 위력을 발휘하는가? 슬픈 노릇이지만 내가 보기에는 그렇지 않다.

영화는 삼풍백화점 붕괴 희생자와 유족들의 아픔에 대해 어떤 입장을 취하는가? 삼풍백화점 붕괴라는 기막힌 사태가 우리 사회에 끼친 영향이나 그 사건의 정치적·사회적 파장을 어떤 형태로 반영하는가? 또는 반영하지 못하고 있는가? 재난의 생존자들이 겪는 트라우마 치유의 길로 나아가고 있는가? 트라우마 치유의 비전이나 방향을 제시하는가?

삼풍백화점 붕괴 사건이 일어난 지 10여 년이 흐른 후, 이 사건을 배경으로 한 영화 〈가을로〉가 이와 같이 제작되었다. 영화는 '남녀의 로맨스를 위해 삼풍백화점 참사를 끌어왔을 뿐', 이 사고의 의미를 정면에서 바라보지 못한다. 재난 현장을 지킨 인물의 눈으로 우리나라가 살아온 사회의 발자취를 돌이켜보고, 그 시간을 반면교사로 삼아 오늘의 대한민국 사회와 그 속에서 사는 우리들의 모습을 돌이켜보지도 못한다. 그러한 역할은 오히려 소설 진영에서 이루어졌다. 문홍주의 소설 『삼풍, 축제의 밤』(선앤문, 2012)은 그날의 참혹함과 잔혹함을 생생하게 재구성한다.[11] 정이현의 『삼풍백화점』(현대문학, 2005)은 사

---

11 잔해를 걷어낼 때마다 솟구치는 먼지를 가라앉히기 위해 소방관들은 쉬지 않고 물을 뿌리고 있었다. 그때 예상치 못한 일이 벌어졌다. 소방호스의 물이 뚝 끊겨버렸다. …… 이 촌극 혹은 사건의 진상은 이랬다. 소방관들은 삼풍 붕괴 후 빌딩 소화전에서 물을 끌어 쓰고 있었는데 치솟는 수도요금을 걱정한 건물 주인이 밸브를 잠가버린 것이었다. 소방본부장은 뒤늦게 직접 건물 주인을 만나 협조를 구하고 물 값은 시에서 보전해 주겠다고 약속했다. 건물 주인은 마뜩잖은 얼굴을 감추지 않고 종이 한 장과 볼펜을 내밀었

고 당시를 회상하는 화자·주인공의 이야기를 통해 그와 우리 모두가 통과한 삶을 돌아보게 한다.

삼풍백화점 붕괴 사고는 우리 국민 모두가 품어 왔던 자존감의 제1의 근거인 '압축적 근대화'에 대한 브레이크였다. 차후에 폭로된 부실 설계, 부실시공, 부실 관리, 부정부패와 뇌물 관행 등은 현재진행형인 압축 근대의 이면이 발현된 것이다. 압축 근대를 향한 질주는 이례적인 풍요를 낳기도 했지만 결과적으로 수많은 시련을 남겼다. 즉, 삼풍백화점이 차지하는 자리는 압축적 근대화의 카니발과 파국이 공존하는 자리이다. 압축적 근대화의 양면성과 모순성이 한자리에 엉켜 있는 것이다. '성장에 대한 광기'를 근간으로 하는 압축 근대로의 발걸음은 기본적인 안전 원칙마저 무시했고, 그 결과 우리 모두가 기억하는 재난들을 남겼다. 압축 작업은 필연적으로 일부 데이터를 손상시키는데 그 손상과 희생은 결국 일반 시민의 몫으로 돌아갔다.

참사가 벌어졌던 자리에는 현재 대림 아크로비스타라는 건물이 있다. 이는 유가족과 협의가 채 끝나기도 전에 부지를 매각함으로써 만들어진 결과이다. 그와 같이 충격적인 사건은 잊히고, 참상의 기억은 영원한 부재의 자리로 추방당했다. 그러므로 '대림 아크로비스타'는 망각의 기념비가 된 셈이다. 우리가 이처럼 쉽사리 악몽과 파국을 묻어버리고 망각의 강으로 흘려버렸기 때문에 그 후로도 비극의 역사는 반복해서 귀환을 거듭하고 있다. 1990년대의 트라우마, 삼풍의 충격을 잊은 결과로 우리는 2014년 진도 앞바다에서 또다시 무너지는 새로운 삼풍백화점, 세월호를 목도했다. 이번에도 우리 국민은 이 사태의 본질을 어떻게든 밝혀보려고 몸부림치는 사람들과 한사코 덮어버리고 기억에서 지워내려는 세력들과의 지난한 싸움을 내내 지켜보고 있다.

다. "확인서 한 장 써주세요." 본부장은 빚보증을 서는 기분으로 확인서를 써줬다. 그리고 나서야 방수(放水)를 할 수 있었다[문홍주, 『삼풍, 축제의 밤』(선앤문, 2012), 202쪽에서 인용].

덧붙이는 말

삼풍 회장 이준(李樽, 1922년~2003년 10월 4일)

그는 1940년대 제국주의 일본의 정보부대에서 활약하다가 해방 이후 육군 정보국 창설 멤버가 되었다. 한국전쟁 당시 미군 통역장교를 지냈다. 5·16 이후에는 김종필을 도와 중앙정보부를 창설한 멤버였다. 예편한 후(1963년) '동경산업'(미군 군납건설과 전기공사업)을 창업하고, 1967년 '삼풍건설산업'으로 명칭을 변경했다. 그는 군과 중앙정보부 근무 시절 쌓은 인맥들을 활용해 당시로서는 굵직한 공사였던 서울 중구 을지로 삼풍상가, 여의도 순복음교회, 청계천 청평화시장 공사를 따내고 1970년대에는 부동산 투자에 눈을 돌려 거대한 부를 축적했다. 1970년대 요르단에 진출했으나 별 재미를 못 보고 현지에 나가 있던 장남이 사망(1979)하면서 사업을 철수했다. 그러나 1995년 삼풍백화점 붕괴 사고가 일어나며 결국 이준에게는 엄청난 비난이 쏟아졌고, 삼풍그룹은 해체되었다. 이준은 1996년 징역 7년 6개월의 실형을 선고받고 복역했다. 출소 후 얼마 지나지 않은 2003년 10월 4일 노환으로 사망했다.[12] 그리고 그의 인간성을 단적으로 보여주는 한마디가 있다.

'건물 붕괴 조짐이 보였을 때, 왜 대피 방송도 없이 자신들만 빠져나왔느냐는 기자의 질문에 대해 이준은 이렇게 대답한다. "여보쇼! 무너진다는 것은 다시 말해서 손님들에게도 피해가 가지만, 우리 회사의 재산도 망가지는 거야."[13]

---

12 한국어 위키백과 및 엔하위키 미러 참조.
13 1995년 7월 4일 자 〈MBC 뉴스데스크〉 인터뷰 내용 참조.

Chapter 10

화려한 휴가

/

대한민국 현대사의 도저한 참극, 1980년 5월의 광주

김지훈 감독 | 2007년 개봉

한국 영화와 광주민주화운동 재현

1980년 5월 18일부터 27일까지 열흘간 빛고을 광주에서 벌어진 민주화운동 (민중항쟁)은 한국전쟁 이후 최대의 희생자를 낸 우리 현대사의 가장 큰 트라우마이다.[1] 그래서 1980년대 중반까지, 5공 시대 내내 광주는 정치적 금기의 상징이었다. 12·12 쿠데타와 5·18 광주 만행을 통해 집권한 신군부 세력들에게 광주는 자신들의 정치적 정당성에 치명타를 가할 수 있는 뇌관이었다. 박정희 독재가 종언을 고하면서 온 국민이 진정한 자유 민주 시대의 개막을 열망했다. 그러나 신군부 세력은 또다시 무력을 사용하며 등장했고, 만행을 저질렀다. 광주민주화운동은 그에 따른 시민들의 저항이다. 이는 국지적인 내전의 양상을 띠고 있었고 무자비한 양민 학살을 동반했다. 모름지기 군대의 존재이유란 외부의 적을 막고 자국의 영토와 국민을 보호하는 데 있다. 그런데 그 군대의 무력이 자국민을 향했다. 그 과정도 우발적이거나 어떤 오인(오판)에 따른 것이 아니다. 한 곳을 특정해 외부와 철저히 고립시킨 후, 확고하고 구체적인 작전 계획(작전명 '화려한 휴가')하에 압도적인 무력을 동원해 집중적이

---

1 1988년에 제6공화국에서 공식적으로 밝힌 바에 따르면 사망 191명, 부상 852명이었다.

고 야만적으로 행사되었다. 내전과 동일한 수준의 상황이 진행됐지만 그에 대한 정보는 항쟁 기간 내내 철저히 통제·봉쇄되었고 외부 세계에 전달되지 않았다. 단지 '광주에서 폭도들이 무장을 하고 날뛰므로 그들을 진압하기 위한 작전이 수행되고 있다'는 내용의, 철저히 통제되고 조작된 정보가 제도권 언론을 통해 극히 제한적으로 흘러나올 뿐이었다.

그 이후 5공화국 7년 동안, 우리 사회의 안녕과 질서를 어지럽히려는 '폭도들'의 무장 난동이라는 것 외에 광주에 대한 어떤 것도 알려주지 않았다. 마치 판도라의 상자와 같았던 광주의 진상에 대한 통제는 철저하기 이를 데 없었다. 그들은 오직 불법 체포와 구금, 언론에 대한 폭압적 통제, 국가 안보 상황에 대한 과장이나 용공 조작 같은 이데올로기 공세 등을 통해서만 권력을 유지할 수 있기 때문이었다. 그러나 광주에서 일어난 일에 대한 정보와 증거들이 외신 보도와 영상, 사진 자료를 통해 멀고도 험난한 길을 돌아 국내에 조금씩 유입되었고, 수많은 광주 시민들의 증언을 통해 확인되고 재구성되었다. 그러면서 이 거대한 사건은 어떤 형식으로든 결코 합리화하거나 정당화될 수 없는, 권력욕에 사로잡힌 신군부의 천인공노할 만행임을 확인하게 되었다. 그들은 광주에 1차로 엄청난 트라우마를 안겼고, 그 이후에도 본질을 호도하고 펌훼하면서 영원히 아물 수도 지울 수도 없는 2차, 3차 외상을 남겼다. 상식이나 합리성의 영역 바깥에서 발생한 참극이었을 뿐만 아니라 만행의 당사자들이 모두 살아 있고, 그들이 여전히 권력을 이용해 광주의 명예를 훼손하거나 기억을 지워버리려는 시도를 하고 있다. 30년이 훌쩍 지난 지금도 여전히 싸움이 남아 있는 민족사적 충격의 경험이다.

1980년 5월의 광주가 '폭도들이 일으킨 폭동 또는 내란'에서 '민주화운동(민중항쟁)'으로 공식 복권된 것은 1997년 4월 17일의 일이다. 그날, 5·18의 가해자와 주범들에 대한 반란 및 내란죄가 확정됐다. 이에 따라 당시 문민정부는 5월 18일을 '광주민주화운동 기념일'로 제정·발표하고, 그해 5월 18일에 정부 주관으로 첫 기념일 행사를 가짐으로써 가해자에 대한 형사처분과 함께 제도적 차원에서 역사적 평가와 정당성을 공식 인정했다. 그러나 이와 같은 공식 복권과 기념일 제정 등의 제도적 조치는 아이러니하게도 매우 형식적인 애도 행위에 지나지 않았으며, 광주를 기억하기 위한 것이 아니라 서둘러 떠나보내고 망각하기 위한 제스처이기도 했다.[2]

〈화려한 휴가〉는 바로 이 항쟁을 정면에서 재현한 최초의 한국 영화라고 할 수 있다. 물론 그동안 몇 편의 영화들이 그 당시 광주의 이야기를 하려고 시도했다. 〈황무지〉(김태영, 1988), 〈오! 꿈의 나라〉(장산곶매, 1989), 〈부활의 노래〉(이정국, 1991), 〈꽃잎〉(장선우, 1996), 〈박하사탕〉(이창동, 2000), 〈오래된 정원〉(임상수, 2007) 등이 그 작품들이다. 이 중에서 〈황무지〉와 〈박하사탕〉은 가해자의 죄의식이라는 관점에서, 〈꽃잎〉은 외상 후 스트레스 장애에서 벗어나지 못하고 허우적거리는 피해자의 악몽을, 〈오! 꿈의 나라〉와 〈부활의 노래〉, 그리고 〈오래된 정원〉은 도피해 살아남은 자의 모멸감을 통해 그때의 광주를 직간접적으로 그려낸다. 그러나 어느 작품도 그 당시의 광주라고 하는 역사의 현장 안으로 온전하게 들어가지 못하고 압도적인 역사적 무게감에 짓눌리는 모습만 보여줄 뿐이다. 어느 영화도 사건의 전모를 제대로 재현하거나 재구성하지 못하고, 주저하고 망설이며 그 주변부를 서성이고 있다. 이 영화들 속에서 1980년 5월의 광주는 격심한 트라우마인 나머지 총체적이고 연속적인 맥락에서 온전히 재현되는 것이 아니라, 비균질적이고 분절적으로 토막

---

2 과거 국민의 정부나 참여정부 시절에 광주에 대한 국가원수 차원의 기념과 예우, 그리고 과거사 진상 규명을 위한 범정부적 차원의 활동에도 불구하고 명백히 밝히지 못하고 덮이거나 망각된 많은 것들에 대한 안타까움이 있었다. 그러나 이명박 정부는 광주에 대한 기념이라는 것이 얼마나 형식적인 애도이며, 서둘러 망각의 강을 건너기 위한 최소한의 제스처인가 하는 것을 여실히 보여 왔다. 취임 첫해에 광주의 분위기를 직접 접한 이명박 대통령은 그 이후 임기 4년간 5·18 기념식에 계속 불참했다. 그리고 그 뒤를 이은 박근혜 대통령 역시 취임 첫해인 2013년 기념식에 참가해 '임을 위한 행진곡'까지 따라 불렀으나 분위기는 썰렁했고, 2014년에는 '세월호 참사' 국면에서 경질 예정이었던 정홍원 총리를 보내는 것으로 마감했다.

난 채 되짚어지는 악몽의 이미지였다. 이야기는 언제나 플래시백을 통해 현재 진행형인 트라우마를 재현했고, 극 중 어느 누구도 죄의식과 트라우마에서 벗어나지 못한 채 유리방황하는 모습을 보였다. 그동안 우리 영화는 끊임없이 그때 그곳을 주목하고 이야기해야만 한다는 것을 강박적으로 드러내긴 했다. 그러나 광주가 갖는 역사적 의미를 균형 잡힌 시각에서 온전히 재현한다는 것이 불가능하다는 것만을 반복적으로 실토했다. 그때 그곳으로 돌아가 무슨 일이 있었는지를 이야기해야만 한다는 강박과 정작 그때 그곳을 정면으로 응시하고 재현하는 것에 부담을 느껴 주저하는 것이 공존하는 근본적 이유는 무엇일까? 그것은 비단 한국 영화(계)만의 문제가 아니라 우리 사회 전체의 구조적 맥락 속에서 원인을 찾아야 할 문제이다.

앞에서 거칠게나마 잠시 언급한 바와 같이 우리 영화에서 여전히 드러나는 것은 그 애도의 형식성이나 애도 자체의 불가능성을 두고 고민한 것을 볼 때 분명해진다. 제도권의 복권과 기념일 제정으로 아직은 더 기억하고 계승돼야 하는 것들이 있는데, 그것이 지워지고 망각된다는 생각. 이것이 우리 영화와 예술계가 끊임없이 광주로 되돌아오는 이유이다. 그럼에도 그 작품들은 광주 안으로 온전히 들어가지 못하는 역설을 보여주는 데 그치고 말았다. 그만큼 광주는 우리 모두에게 진정 부담스럽고도 민감한 역사이자 현실인 것이다.[3]

---

3 그런 면에서 임철우의 장편소설(전 5권) 『봄날』(문학과지성사, 1997~1998)은 타의 추종을 불허한다. 그는 압도적인 사실성을 기반으로 5월 18일부터 27일까지, 열흘 간의 투쟁 전모를 입체적으로 그려낸다. 아울러 지난 2005년 4월 23일부터 9월 11일까지 MBC에서 제작 · 방영한 41부작 드라마 〈제5공화국〉(임태우 · 김상래 연출)은 매우 과감한 도전이었다. 1979년 10 · 26 사건부터 시작해 제6공화국 성립에 이르는 전 과정을 팩트(fact)에 기초해 충실히 재현했다는 평가를 받으며 세간의 많은 관심을 받고 높은 시청률을 기록했다. 특히 15회부터 19회까지 총 5회에 걸친 광주민주화운동 재현은 세간의 우려를 불식시키고 기대한 것 이상의 전모를 보여준 것으로 평가할 만했다. 이처럼 소설과 TV 드라마에 비해 영화 진영은 많이 늦었으면서도 여전히 무게감에 짓눌리는 모습만을 보였다.

한국 영화는 〈화려한 휴가〉를 통해 비로소 1980년 5월의 광주, 그 10일 내부로 들어간다. 그렇지만 이 영화가 '그때 그 사실(fact)'을 단순히 기록·재현하는 것은 아니다. 영화는 '순진했던 그들이 어떻게 시민군이 되었는지', 그리고 '그들이 왜 끝까지 전남도청에 남아 최후를 맞이했는지'에 집중하며 나름대로 진지하게 '그때 그곳의 진실(truth)'을 담아냈다. 그것은 이전의 어떤 영화도 하지 못한 작업이다. 그때 그곳은 야만적 살육이 자행된 곳이지만 그에 맞서 스스로를 지키기 위해 무장하고 계엄군을 몰아낸 '해방의 공간'이었다. 식량의 자급자족은 물론 약탈이나 방화와 같은 범죄가 일어나지 않도록 자경단을 조직해 예찰 활동을 펼쳤으며, 헌혈에도 앞장서서 생명을 살려내는 지극히 '윤리적인 공간'이기도 했다. 또 절대 고립으로 인한 충격과 공포, 절망과 분노, 탄식과 눈물만 있었던 것은 아니다. 그곳 사람 모두가 하나 되어 이룩한 대동 세상의 해방 공간이었으며, 합심해 계엄군을 물리치는 등 자잘한 승리의 기쁨과 자부심, 슬픔을 함께 나눈 공간이었다. 참다운 자유와 민주주의가 꽃피는 세상에 대한 염원과 소망의 웃음도 있었음을 보여준다. 그런데 영화가 개봉되었을 당시 정치적으로나 사회적으로 아직은 민감한, 현재진행형의 트라우마라는 사실 때문에 많은 논란이 있었다. 그 핵심을 추려보면 작품의 형식과 내용에 대한 비판과 긍정적 반응 두 가지로 정리해볼 수 있다.

우선 비판의 핵심은 이 영화가 광주의 역사를 상업적·정치적으로 악용한 측면이 있다는 것이다. 〈화려한 휴가〉의 5·18에 대한 사실적 재현이 역사적 진실에 얼마나 충실했으며, 이를 얼마나 효과적으로 기록했는가? 사실적 재현이 가져오는 미학적·문화적·정치적 효과는 무엇인가? 더 궁극적으로는 외형적 사실의 복원이 5·18의 진실을 담보할 수 있는가? 이러한 질문들에 영화는 제대로 된 답변을 하지 못하고 있다.

〈화려한 휴가〉는 과거를 현재화하는 데 급급할 뿐, 과거를 기억하는 방식을 새롭게 하지는 못한다. 물론 광주항쟁은 여전히 미학적 기준을 들이대기에 부담스러울 정도로 강한 트라우마다. 하지만 27년 만에 다시 그 아픈 기억을 끄집어냈다면, 적어도 그것을 단순한 기억술을 넘어서는 기억의 예술(ars memoria)로 승화시켰어야 하지 않을까? 4

진중권의 말처럼 5·18 광주민주화운동은 강력한 트라우마이기 때문에 어떻게 만들어도 비판받게 되어 있다. 그런데 김지훈 감독과 제작진은 5·18을 하나의 역사적 실체로서 인식 가능한 것으로, 너무 쉽게 생각한 것이 아닌가 싶다. 물론 그들은 한국현대사사료연구소가 엮은 『광주민중항쟁사료전집』(풀빛, 1990)이나 5·18광주의거청년동지회가 엮은 『광주여 말하라: 광주민중항쟁 증언록』(광주, 1987) 등의 많은 실증 자료를 확보하고, 그것을 바탕으로 5·18의 역사적 진실성을 충실히 재현할 수 있으리라 생각하고 접근한 것 같다. 그들은 1980년의 광주 금남로와 전남도청 건물을 있는 그대로 재현하려고 했고, 그것이 진실을 담보해주리라 믿은 것이다.5 그러나 한편으로 그 트라우마는 당시 우리 정치사회의 특수성, 극단적 폭력의 야만성, 이제까지 우리가 알고 있는 어떤 지식 체계로도 풀 수 없는 이해 불가능성 또는 예외성 때문에 그 어떤 합리적 이해나 재현도 가능하지 않으며 끊임없는 부정을 요구한다는 점을 간과했다. 개봉 당시 〈화려한 휴가〉에 쏟아진 비판들은 바로 이 후자의 문제에서 비롯된 것이라고 볼 수 있다. 그러나 한편으로는 다음과 같은 의미를 부여하며 이 이야기가 계속해서 확대 재생산되어야 한다는 의견도 많았다.

---

4 진중권, 「기억을 어떻게 기록할 것인가?」, ≪씨네21≫ 홈페이지, 진중권의 이매진, http://www.cine21.com/do/db/cineDbArticleList(2007.8.16).
5 이러한 면에 대해 일찍이 프랑스의 수학자이자 천문학자였으며 역사에도 해박한 지식을 가지고 있던 라그랑주(Joseph-Louis Lagrange)의 다음과 같은 잠언은 의미심장하다. "역사란 부정확한 기억이 불충분한 문서와 만나는 지점에서 빚어지는 확신이다!" 이 말을 이 영화에 적용해보면 텍스트가 실제 역사의 자리를 강탈함으로써 실제 역사를 더욱 빈곤하게 만드는 우를 범할 수도 있다는 말처럼 받아들일 수 있다.

〈화려한 휴가〉가 그저 자본에 종속되어 물화된 상업적 이미지만을 생산하고 있다고 비난하기는 힘들기 때문이다. 5·18을 감히 재현하려 했다는 시도만으로도 충분히 찬사를 받을 만한 것이었으며, 이는 사회적으로 반드시 필요한 작업이었고 이런 작업을 통해 우리는 더 많은 〈화려한 휴가〉를 즐겨야 할 의무가 있다.[6]

이와 같은 논쟁을 참고하며 이 영화가 이룩한 성취와 미진했던 부분들에 대해 좀 더 면밀한 평가를 하려고 한다. 아울러 향후에 다른 이야기꾼이 광주민주화운동을 다른 방식으로 이야기한다면 그것은 어떤 방식과 모습으로 우리에게 다가오면 좋을지 생각하는 계기로 삼고 싶다.

영화의 핵심 사건 시퀀스 전개 과정

① 순진무구의 광주: 평화로운 광주의 5월과 등장인물들의 소개로 영화가 시작된다. 광주민주화운동의 표본을 보여주듯 택시 기사, 고등학생(대학생은 두드러지는 인물이 없다는 점이 매우 의아하다), 건달 등 각계각층의 사람들이 소개된다. 주인공인 민우, 진우, 신애, 흥수를 위주로 인봉과 용대 등 조연들의 캐릭터가 부여된다. 핵심 인물들은 김 신부가 교역하는 성당을 중심으로 평화로운 생활을 한다. 그런 가운데 간호사인 박신애를 연모하는 민우는 동생 진우를 통해 그녀에게 다가가려는 모습을 보인다. 화평하고 안정되고 만사 여일해 보이는, 계절만큼 따뜻하고 포근한 5월, 순진무구한 광주의 모습을 보여준다. 이처럼 감독은 광주 시민들이 당대의 정치 상황에 무관심하다는 것을 보여주며 시작한다. 나아가 그러한 면을 더욱 두드러지게 나타내기 위해 몇 가지 장치를 첨가했다. 그 일례로 인

---

6   임경규, 「문화산업과 5/18의 재현: 〈화려한 휴가〉의 한계와 가능성」, ≪라깡과현대정신분석≫, 12권 2호(2010.12), 77쪽.

봉이 '시위보도'가 방송되는 텔레비전을 "시끄럽다, 꺼 달라"고 하는 장면을 볼 수 있다. 이처럼 당대의 정치 상황에 무관심했던 순진한 시민들이 자신들을 향한 계엄군의 무력 사용과 양민 학살을 보면서 총기를 들고 그들에게 맞서게 된 상황을 극적으로 강화하기 위한 장치로 설정되었다.

② 사태의 심각성을 깨닫는 계기: 전남대학교 학생들이 계엄군에게 구타당하는 장면을 전후로, 그리고 민우가 계엄군에 쫓기는 신애를 구해주는 장면으로 이어지면서 순진한 광주 시민(주인공)들은 비로소 사태의 심각성을 깨닫는다.

③ 신군부의 야욕이 드러나고 무고한 시민들에게까지 확대되는 계엄군의 무차별 학살과 이로 인한 데모의 확대, 그리고 핵심 등장인물들이 사건에 가담하는 과정이 제시된다. 진우의 반 친구 상필이 계엄군의 폭행으로 사망한다. 이를 확인한 진우와 학생들은 데모에 참여하려 하지만 선생님들에게 저지당한다. 한편 민우는 부상당한 학생을 태우다가 계엄군에 연행된다. 군용 트럭에서 감시가 뜸해진 사이 간신히 탈출한다. 진우의 데모 가담 사실을 알고 분노해 뺨을 때린다. 계엄군의 살육에 분노한 학생과 시민들은 금남로로 몰려든다.

④ 정오를 기점으로 광주에서 철수하겠다던 계엄군은 돌연 광주 시민들에게 무차별적인 사격을 가한다. 이 과정에서 진우가 사망하고, 민우는 하나 뿐인 혈육인 동생을 지켜내지 못한 자괴감과 복수심에 시민군이 된다. 5월 21일에 자행된 무차별 살육은 시민군이 만들어지는 결정적인 계기가 되었다. 인근 부대의 무기고를 털어 무장한 시민군은 도청을 점령한다. 계엄군의 살육은 날이 갈수록 심해지지만 언론은 사실을 철저히 왜곡하고 시민군의 분노는 격해진다. 한편 계엄군이 시민들이 탄 버스를 공격하는 만행을 저지른다. 이에 분노한 민우는 계엄사령부로 TNT를 보낸다. 금남로에서 자행된 계엄군의 무차별 살육과 진우의 죽음이 사건을 증폭시킨다. 믿을 수 없는 처참한 현실. 시민군은 결사 항전을 다짐한다.

⑤ 최 준장의 권유로 정 소장은 무력으로 도청을 탈환할 것을 결심한다. 계엄군의 공격 시한 통보에 시민군의 가족이 몰려오고, 이를 통해 상당수의 시민들이 집으로 귀환한다. 폭풍 전야의 고요함. 홍수는 딸 신애와 민우를 도청에서 내보내기로 결심한다. 도청을 나선 민우는 터널에서 신애에게 작별을 고하고 도청으로 되돌아온다. 신애의 애절한 방송에 도청을 떠났던 시민군은 물론 많은 광주 시민들이 되돌아와 합류하고, 홍수는 시민군과 함께 최후의 일전을 다짐한다.

⑥ 5월 27일 04:00. 계엄군의 무차별적 공격이 시작되고 시민군은 전멸한다. 열흘간에 걸친 시민군의 결사 항쟁이 실패로 끝나면서 막을 내린다. "그들은 왜 도청에 남아야만 했나?" 영화는 사건의 진전을 통해 표면적 해답을 제시하지만, 심층적인 답은 신애의 눈물 어린 호소에서 유추할 수 있다.

⑦ 신애의 애절한 목소리가 광주 하늘에 울려 퍼진다. "우리는 폭도가 아닙니다. 우리를 잊지 말아주세요. 제발 우리를 잊지 말아주세요." 엔딩으로 '결혼식 환상' 장면 사진이 제시된다. 결혼식 사진 속에서 모두가 웃고 있는 가운데 유독 신애만이 어두운 표정을 하고 있다. 이들 중 살아남은 사람은 신애뿐이고 웃는 사람들은 모두 산화해갔다. '살아남은 자의 벗을 수 없는 고통과 광주의 참된 진실을 알려야 한다는 책무를 말해주는 것'처럼 보인다.

등장인물의 캐릭터 설정과 역할 설계의 문제

앞의 시퀀스 전개 과정에서 확인할 수 있듯이 이 영화가 펼쳐 보이는 스토리 라인의 중심 사건은 1980년 5월 18일부터 27일까지, 열흘간 광주에서 벌어진 민중항쟁의 과정과 결과에 대한 극적 재현이다. 그러나 열흘 동안 펼쳐진 광주 민중항쟁의 총체적 양상을 영화가 그대로 재현하지는 못하며, 그것을 목표로 하는 것도 아니다. 허구적 인물 간의 욕망과 갈등이 빚어내는 드라마를 중심으로 하면서 그 배경에서 전면으로, 운명적으로 덮쳐오는 항쟁이라는 도저한 상황에 휘말려간 인물들이 투쟁하는 모습을 그리는 데 집중하는 모습이다.

이 때문에 핵심 등장인물들을 지나치게 수동적이고 순진하게 그렸을 뿐만 아니라 당시 항쟁에 참여한 각계각층의 시민들에 대한 상징성이나 대표성을 부여하지 못했다는 비판을 면하기 어려워 보인다. 무엇보다 광주항쟁의 전개과정 그 자체, 원인과 과정의 정치성이나 역사성에 대한 세부로 들어가지는 못하는 것이 〈화려한 휴가〉의 가장 큰 특징이자 한계라고 볼 수도 있다. 그리고 핵심 인물들은 가족 구성원 중에서 누군가의 부재(결핍) 속에서 서로의 존재를 소중히 여기며 작지만 예쁜 꿈들을 키우며 살고 있다. 민우와 진우 형제는 부모가 없다. 박흥수에게는 아내가 없다. 그에게는 딸 박신애가 있다. 그러한 가운데서도 인물들은 밝고 활기차게 생활한다. 계엄군이 밀어닥쳤을 때, 인물들은 두려움 가운데서도 '결국' 분연히 일어난다. 여기서 '결국'이라는 것은 바꿔 말하면 '어쩔 수 없이'라는 피동의 의미가 있음에 주목하기 바란다. 이 영화 속 인물들은 모두가 처음부터 역동성을 가지고 움직이지는 않는 공통점이 있다. 다들 정치에 무관심하고 오직 자신과 가족의 안위만이 소중하고, 서울과 마찬가지로 광주에서도 연일 벌어지는 민주화 시위에 철저히 무관심한 모습을 보인다. 따라서 영화는 광주의 평범한 사람들에게 어느 봄날 닥친 극단적 폭력과 광기의 열흘이라는 시간이 만들어내는 드라마 그 자체로만 받아들여질 수도 있다는 생각을 해본다. 먼저 인물 하나하나 면면을 살펴보면서 이와 같은 문제를 살펴보자.

이 영화의 주인공은 강민우(김상경 분)이다. 그는 택시 기사이다. 광주민주화운동 당시 버스와 택시 기사들은 초기부터 금남로를 비롯한 광주 시내 주요 간선도로를 점거하고 차량 경적 시위부터 시민의 발, 정보 전달자 역할을 했다. 나아가 계엄군의 무력 진압을 차단하는 데 중심 역할을 했고, 사망자와 부상자 호송, 전남도청 사수에 이르기까지 민주화 항쟁 기간 내내 대학생들과 함께 중추 역할을 수행했다. 그러므로 민우가 택시 기사로 나오는 것은 의미가 있다.[7] 그는 부모를 일찍 여의고, 고등학교에 다니는 똑똑한 동생 진우(이준기 분)의 보호자로 부모가 해야 할 모든 역할을 한다. 동생의 안위를 위해서라면 목숨도 기꺼이 내놓을 수 있는 다정다감함과 주위 사람 모두에게 듬직한 모습을 보이는 성실남으로 그려진다. 그리고 매주 일요일이면 성당에서 만나는 천사 같은 여인, 간호사 박신애에 대한 연정을 품고 있다. 그는 1980년 당시의 정치 상황이나 사회 전반에서 분출하는 민주화의 열망에는 아무 관심이 없다는 듯이 행동한다. 그러므로 민우에게 중요한 것 또는 시민군으로서 항쟁에 뛰어든 것은 민주화에 대한 열망이나 군부독재 타도가 아니다. 그가 손에 총을 잡고 시민군이 된 것은 단지 사랑하는 동생 진우의 상실로 인한 복수심과

---

7 영화 속 '강민우' 캐릭터는 광주민주화운동 당시 전남도청 앞 시위 현장에서 계엄군의 총격에 사망한 택시 기사 '김복만(당시 28세)'과 가톨릭농민회 회원들과 함께 시위에 참가했다가 전남도청 진압 당시 사망한 '홍순권(당시 20세)'을 복합적으로 결합해 만들었다고 볼 수 있다. 그러나 엔딩 신에서 결혼식 사진 장면을 놓고 보면 그는 광주민주화운동을 이끌었던 윤상원(1950년 8월 19일~1980년 5월 27일)을 간접적으로 형상화한 인물로 보이기도 한다. 윤상원은 노동 운동가이자 5·18 광주민주화운동 당시 시민군 대변인으로 활약했다. 전라남도 광산군(현 광주광역시 광산구)에서 태어나 전남대학교 정치외교학과를 졸업했고, 1979년에 들불야학 1기부터 참여했다. 동료였던 박기순의 갑작스러운 사망 후에는 야학을 실질적으로 지탱했다. 1980년 5월 5·18 광주민주화운동이 발발하자 윤상원은 그 투쟁의 기획자이자 실행자이며 활동가로 나서게 되었다. 그는 항쟁 기간 내내 광주 시민의 눈과 귀와 입이었던 『투사회보(광주 시민 민주투쟁 회보)』(5월 19일부터 27일까지, 9회 제작 배포)의 발행인으로 활동했고, '민주투쟁위원회'의 대변인으로 내외신 기자들을 모아놓고 항쟁의 의미를 역설했다. 그는 마지막까지 전남도청을 사수하다가 본관 2층 민원실에서 5월 27일 새벽에 계엄군의 총에 맞아 절명했다(박호재·임낙평, 『윤상원 평전(개정판)』(풀빛, 2007) 참조). 어쨌거나 강민우라는 하나의 캐릭터에 최소한 두세 계층의 광주 시민을 대표하도록 한 것이 아닌가 하는 의구심을 떨치긴 어렵다. 한편, '박신애'나 '박흥수' 등 주요 캐릭터 역시 5·18 당시 실재했던 인물에서 모티프를 제공받아 형성한 캐릭터이다. 그러나 그들 중 누구도 역사를 기록하고 재현하는 주체로서의 기능을 텍스트 안팎에서 수행하고 있지는 않다.

흠모하는 여인, 신애를 지키기 위한 것이다. 민우가 전남도청에 끝까지 남은 것 역시 '진우에 대한 복수'와 회사의 사장이자 사랑하는 신애의 부친(장인이 될 수도 있는) 홍수 곁을 지킴으로써 '신애의 신임을 받기 위한 것'으로 한정적으로 받아들일 수밖에 없다. 즉, 민우는 건전한 자의식과 민주 의식을 갖춘 시민으로서가 아니라 '주체적 자아'는 결핍된 채 단지 통제·조절되지 못하는 극단적 복수심 때문에 항쟁에 뛰어든 것이 된다. 그리고 그 와중에 사랑하는 여인과 그녀의 아버지마저 잃고 싶지는 않다는 1차적 욕구에만 충실한 인물처럼 그려진다는 것으로까지 논의가 이어질 수 있다. 아울러 계엄군이 (민우를 비롯한) 시민군을 '폭도'라고 규정한 것에 대해 민우가 대단히 강한 거부감을 표시하면서 민감하게 반응한다고 해서 그의 위와 같은 정체성이 확장되거나 확대 해석될 여지가 새롭게 발생하는 것도 아니다.

민우는 '사랑하는 사람'을 지키기 위해 도청에 남았다. 영화는 역사적 실체를 상업적 코드에 맞추기 위해 지나치게 '사랑'을 강조하는데, '진우'가 죽은 뒤 "사랑하는 사람을 먼저 떠나보내지 않을 겁니다"라는 말이 반복적으로 나오는 것이 이를 증명한다. 관객은 이러한 상황을 보며 한국 현대사를 뒤흔든 광주 민주화운동의 주체 세력이 '동생에 대한 복수'나 '연인을 지키기 위한 희생'이라는 단순한 흥행 코드를 위해 희생된다는 느낌을 받을 수도 있다. '영화는 단지 영화일 뿐이라'는 명제를 가진 감독의 의도는 이해되나, 사실을 곡해했다는 비난은 수용해야 할 것으로 보인다.

이처럼 지나칠 정도로 순진한 인물들은 갑작스레 주위의 친구가 죽거나 다치고, 계엄군의 느닷없는 위해 상황에 직면하고, 동생이 시위 현장에서 피습돼 사망한 뒤에야 비로소 구체적인 행동에 나선다. 먼저 고교생인 진우의 행동을 촉발하는 것은 같은 반 친구의 죽음이다. 아직 어리고 정의감에 불타는 진우는 형 민우의 마음은 아랑곳없이 학생 시위대의 전위에 선다. 이때 민우가 두려워하는 것은 돌연한 사태로 진우를 잃는 것이다. 그러한 두려움은 곧 현실로 닥쳐온다. 자신의 목전에서 동생 진우가 계엄군의 총격을 받고 죽어간 것이다. 자신의 목숨보다 소중히 여겼던 동생의 주검 앞에 민우는 이성을 잃고 복수심에 불타올라 총을 잡고 거리로 나선다. 신애 역시 친동생처럼 아끼던 진우의 죽음과 병원으로 끊임없이 밀려오는 주검들과 환자들을 보면서 민우를 지지하고 시민군 대열에 합류한다. 그러니까 진우부터 민우, 신애로 이어지는 일련의 행동은 모두 주체의 자발적 각성에서 비롯된 선제적 행동의 발현이 아니다. 소중한 사람을 잃은 것에 따른 상실감과 분노로 인한 반응으로 일어났다. 이러한 것이 문제가 되는 이유는 '만약 주인공들의 안전에 문제가 없었고 아무 일도 일어나지 않았다면?'이라는 가정을 해보면 분명해진다. 간단히 말해서 그들의 안위에 아무 문제가 발생하지 않았다면 그들은 처음에 제시된 캐릭터가 변모하지 않았을 것이고, 그에 따라 당연히 수수방관자가 될 수도 있다는 말이기 때문이다.

반면에 박흥수는 영화에 나오는 모든 인물 중에서 가장 신중하고 자의식이 깨어 있으며, 전체 상황을 두루 살피면서 주도적으로 문제를 해결하려는 의지를 실천하는 인물이다. 그는 특전사 출신 예비역 대령으로 광주에서 택시 운수업을 하던 중에 1980년 5월을 맞이하게 된다. 신군부 핵심 멤버 중 하나인 특전사 여단장 최 준장과 그는 (사관학교?)동기이며 김 대위는 휘하의 부하였던 것으로 나온다. 흥수는 어떻게든 유혈 참사를 막기 위해 동분서주하며 노력하지만 결국 신군부의 양민 학살이 시작된다. 이에 분노한 시민들이 광주 일원과 인근 도시의 무기고를 습격해 무장을 시작했을 때 그는 오합지졸에 불과한 시민군의 실질적인 리더가 된다. 그는 시민군 병력의 무기 배치와 사용법, 부대 편성과 배치 등에서 지도력을 발휘한다. 그리고 전남도청에서 장렬한 최후를 맞는다. 그는 다가오는 죽음을 직감하고 아내 없이 키운 딸 신애를 민우에게 부탁하며 전남도청에서 두 사람이 빠져나가게 한다. 그러나 민우는 다시 도청으로 돌아오고 신애는 시민군의 대변인처럼 광주 시민을 향한 가두방송을 지속한다.

가톨릭 사제인 김 신부는 극 중에서 등장하는 빈도나 비중은 약해 보이지만 민우와 진우 형제, 박홍수와 신애 부녀 등 핵심 인물들의 중앙에 위치하며 민주화 항쟁 과정에서도 정신적 지주 역할을 수행한다. 이렇게 보면 민우는 혈기왕성하며 정의감에 불타 분연히 일어난 젊은 광주 시민군의 전형을 보여준다. 홍수는 그들을 훈련하고 조직해 진압군에 맞서는 시민군 총사령관의 모습을 보이며, 김 신부는 이들 모두가 기대고 이들을 보듬는 정신적 지도자로서의 면모를 갖췄다.

이 밖에 인봉과 용대는 갈등과 헤어짐, 시위 과정에서 재회와 동지적 관계 형성하고, 끝까지 함께하는 가운데 둘도 없는 콤비(전우)가 된다. 상업성을 염두에 두고 깨알 같은 웃음과 재미를 제공하며, 이들 역시 앞의 주인공들과 마찬가지로 광주의 순진무구함을 드러내기 위한 재료로서의 기능도 한다.

이렇게 이야기 전체의 흐름과 등장인물들의 캐릭터와 감정선을 살펴보면, 이 영화가 그려내려는 이야기의 의도와 한계가 분명히 드러난다. 무엇보다 극의 도입부에서 광주와 광주 시민을 지나치게 순결하게 그리고 있다는 점이다. 신 6에서 36까지, 그리고 후속 신들에서도 그러한 면모는 세밀하게 그려진다. 다시 말하면 그들을 순진무구한 탈이데올로기적 주체로 만들어버렸다. 이것은 어쩌면 당시의 진압군과 신군부가 그들을 '폭도'로 규정한 것에 대한 반작용일 수도 있고, 남은 우리 모두의 부채 의식이 5·18을 신화화하는 가운데 빚은 순결 이데올로기가 아닐까 싶다. 한편으로는 이야기를 극단적 선악 간의 첨예한 대립 상황으로 몰아가기 위한 극화의 과정일 수도 있다. 여하튼 광주 시민의 정치성(이데올로기성)을 거세하고 있다는 점은 몹시 아쉽다. 특히 신 12는 이러한 면모를 노골적으로 드러내고 있어서 역설적이게도 정치적으로 읽힐 수 있는 장면이 된다. 기사식당에서 민우와 인봉이 소주잔을 기울이는 장면이 나온다. 민우는 인봉에게 신애와의 연애에 대한 자문을 구하고, 인봉은 연애학 개론을 강의한다. 이때 배경의 TV에서는 최규하 대통령의 하야를 요구하는 학생들의 시위에 관한 뉴스가 나온다. 그러자 인봉은 대화에 방해가 된다며 주인에게 TV를 꺼달라고 말한다. 이러한 의도는 작품 전편을 통해 노골적으로 드러나며 광주 시민들이 정치에 무관심했던 무고한 양민들이었다는 것을 재차 강조하기 위한 이데올로기적 장치로 기능한다. 이로써 영화는 너무나 선량하고 무고한 시민들이 어느 날 갑자기, 느닷없는 권력의 폭압을 당했으며, 속절없이 희생됐다는 말을 하고 싶었던 것으로 보인다. 그러다 보니 마치 할리우드 영화에서 익숙하게 본 '조용한 마을에 침입자가 들어와 쑥대밭을 만들어버리고, 주민들은 역부족이지만 일치단결해 그 침입자와 일전을 벌이는 이야기'와 다를 바가 무엇이며, 영화가 전하는 슬픔 또한 일반 전쟁 영화에서 어느 한쪽이 죽어서 연인이 헤어지게 되는 슬픔과 크게 다르지 않음을 목도하게 돼 참으로 아쉽다. 그 당시 광주 시민들이 그렇게 정치적으로 무관심하고, 정치성이 결여돼 있었을까? 왜 그렇지 않았다고 볼 수 없었는지, 왜 그렇게 뒤로 물러서야만 했는지 이유를 모르겠다.[8] 역설적이게도 이러한 물러섬은 1980년 5월의 광주가 아직 끝나지 않은 아주 민감한 현실의 문제이며, 더욱 많은 논의가 필요하다는 것을 반증한다. 많은 국민들에게 광주는 여전히 치유되지도, 해결되지도 않은 트라우마로 세월 속에서 조금씩 망각되고 있다는 것, 그리고 이따금 어떤 계기로 인해 되살아나는 아픔임을 기억나게 해주는 것이다.

이 작품이 야기한 몇 가지 구조적 문제점과 한계

이와 같은 요소들을 종합적으로 고려해보면 영화 〈화려한 휴가〉의 주요 등

---

8 감독은 영악스럽게도 우리 사회의 보수와 진보, 영남과 호남, 구세대와 신세대 등 모두가 공감할 수 있는 그 위치에서 '재미있게' 영화를 만들었다. 그러나 한편으로 이런 역사적 사건, 이런 주제를 건드려도 장사가 된다는 점, 이런 이야기를 제작하는 데 투자할 가치가 있다는 점을 확인시켜준 것은 고무적인 일이기도 하다. 그래야만 천문학적 비용이 들어가는 영화를 통해 굴곡진 우리의 현대사 속 여러 사건들을 영화화할 수 있는 계기가 마련될 것이기 때문이다.

장인물들의 캐릭터는 다음과 같은 구조적 특징이 있다. 먼저 영웅의 역할을 하는 인물이 뚜렷하지 않다. 주인공 민우의 표면적 목표이자 대상은 '사랑하는 사람을 지키는 것'이다. 그런데 '광주민주화운동'은 누가 주체라고 할 것도 없이 민주화를 열망한 광주 시민 또는 시민군 모두가 주체가 된다. 따라서 시민군 대장 홍수도, 플롯 구성상 중심이 되는 민우도 영웅으로 볼 수는 없다. 그리고 주인공이 끝까지 살아남거나 서사가 완벽히 '닫힌 형식'으로 종결되지 않는다. 이 때문에 영화를 본, 광주의 참상에 대한 사전 지식이 없고, 그저 이 이야기가 역사적 사실에 허구를 가미한 상업 오락영화라는 인식을 한 순진한 관객들은 '이 영화의 장르가 비극은 아닌 것 같은데 왜 주인공이 그렇게 비참하게 죽는가?'라는 질문을 던지며 당황스러워하는 모습을 보였다. 고전적 할리우드의 서사 구조에 익숙한 이들에게 주인공이 죽는 것은 매우 생소하고 허무하게 느껴질 수도 있을 것이다.

더구나 서사의 종결 없이 민우와 신애의 '결혼식 환상'으로 끝을 맺는 것은 더욱 낯선 엔딩으로 받아들여졌다. 민우의 환상으로 그려진 결혼식 장면은 죽은 시민군은 물론 그동안 등장한 주요 인물들이 총출동한다. 모두가 행복한 웃음을 짓지만 신애만은 어두운 표정이다. 살아남은 자의 고뇌, 아직 끝나지 않은 민주화의 열망은 영화에 마침표를 찍을 수 없게 한다. 이 때문에 '내러티브의 평형 → 불균형 → 재평형(평형의 회복)'이라는 장르 문법에 충실한 전형적 서사가 보이지 않는 것이다. 앞에서 언급했듯이 민우의 '결혼식 환상'은 결코 재 평형이라고 볼 수 없다. 그들이 찍은 기념사진은 자부심의 소산으로 보기에는 다소 무리가 있기 때문이다. 역사는 그것이 지금의 우리에게 영향을 주는 이상 현재적 속성을 지닌다. 영화는 내러티브의 평형 상태에서 출발해 광주 시민의 평화로운 시위에 압도적인 무력을 동원한 유혈 진압과 그에 대한 시민군의 대두와 내전이라는 내러티브의 불균형을 보여준 다음, 내러티브의 균형 회복으로 나아가지 못한 채 끝맺는다. 그들은 폭도가 아니라 평범한 소시민이었음을 이야기하고, 불의의 압제에 분연히 일어나 항거하다 산화해갔으며, 이생에서 맺어지지 못한 부부의 인연에 대한 영혼결혼식 주선과 그 자리에 관객을 초대한다는 제스처를 보이는 것으로 끝맺음한다. 그 초대에 응할지 여부는 관객이 알아서 해야 한다. 이것이 한계다. 과거에 이러한 일이 이 땅에서 일어났고 그렇게 끝맺음되었다는 이야기로 받아들일 가능성이 농후하다. 다시 말하면 현재의 시점에서 과거와의 관계를 단절한 채 단지 과거만을 되살리고 있을 뿐이다. 역사를 재구성하고 재현해 과거를 현재화하려고 했지만, 그 주체는 역사의 무대에 실존했던 인물의 시점이 아니라 단지 '영화자본과 영화적 장치로 무장한 영화 생산자'이다.

이 영화는 과거의 사실에 대한 공적 역사를 비중 있게, 정면에서 다루며 재현하려고 애썼다. 그러나 나머지 절반은 그것을 개인적 경험 차원으로 환치시켜 개인적 원한으로 인한 무장봉기처럼 보이게 했다. 5·18에 대한 대중의 기억을 사회적 차원으로 확장시키지 못하고 개인의 사적 경험과 기억의 영역에 머물도록 한다. 이 때문에 (영화가 그것을 전혀 의도하지 않았더라도) 관객이 이 영화를 통해 과거를 역사적으로 해석하는 번거로움 없이 단지 지나간 과거 어느 때, 광주에서 발생한 충격적인 사건으로만 받아들이게 한다는 점이다. 그러나 우리는 이쯤에서 다음과 같은 면을 함께 생각해봐야만 한다.

5월 18일부터 본격 자행된 계엄군의 무자비한 폭력은 폭죽처럼 터져 나왔다. 난무하는 최루탄 가스에서 시작해 시민들의 머리를 향해 주저 없이 진압봉(당시 군에서는 '충정봉'으로 불렸다)을 휘둘렀고, 대검, 거리 곳곳으로 날아든 소총탄과 기관총탄으로 도처에서 수많은 인명을 살상했다. 『광주민중항쟁사료전집』과 『광주여 말하라: 광주민중항쟁 증언록』에 들어 있는 수많은 잔혹행위와 무고한 시민 살해에 관한 특별한 삽화 중 세 가지만 언급하고 넘어가려고 한다.

5월 21일, 그날은 부처님 오신 날이었다. 집 앞에서 남편을 기다리던 임신 8개월의 24세 가정주부 최미화 씨는 공수부대원의 조준사격으로 머리에 총상을 입고 뱃속의 아기까지 한꺼번에 절명했다. 당시 전남여고 3학년이던 박금희 양은 총상을 입은 환자들로 아비규환의 지옥 같은 병원에서 과다 출혈로 죽어가는 생명들을 살리기 위해 헌혈을 하고 집으로 돌아가는 길에 계엄군의 사격을 받고 현장에서 사망했다. 이틀 후인 5월 23일, 주남마을에서 학살 사건이 발생했다. 당시 공장에 다니던 여공들과 여고생을 포함한 마을사람 18명은 부족한 관을 구하려고 화순으로 가기 위해 차를 타고 나섰다. 그러나 11공수 소속 계엄군의 집중사격을 받고 15명이 현장에서 즉사했고, 살아남은 세 명 중 남자 두 명은 총살을 당하는 등 차에 탔던 한마을 사람 18명 전원이 몰사했다. 이들의 맥락 없는 참혹한 죽음 앞에 대체 어떤 정치적 이데올로기라도 틈입할 여지가 있을 것인가? 내가 보기에 광주의 순결성, 그 무구함에 대한 설명은 이들의 모습을 잠시 보여주는 것만으로도 충분했을 것이다.[9]

한편 이와 같은 계엄군의 만행을 보고 시민들이 느낀 최초의 경악은 공포와 함께 그것을 뛰어 넘는 분노가 있었다. 그들은 자신들 앞에서 피를 흘리며 쓰러진 많은 사람들을 생생하게 지켜보았다. 그래서 총을 들었고 그뿐이다. 어떤 고상하거나 거창한 생각은 틈입할 여지도 필요도 없었다. 그저 그들의 눈앞에 펼쳐진 현실이 무자비하고 추악했기에 그들을 용서할 수 없었을 뿐이다. 그러므로 점차 그들의 얼굴에는 두려움이 사라지고, 그 저항이 대열을 이루었을 때, 그들은 비극적 경험을 함께했다는 것, 이렇게 한자리에 같이 있다는 것만으로도 가슴 벅찬 공동체적 유대감을 느낀 것이다. 항쟁의 마지막 날 도청을 사수하기로 결심한 몇몇 인물들의 내면은 끝내 포기할 수 없는 자유와 민주의 소중한 가치를 위해 목숨을 바쳐 싸우겠다는 숭고한 정신의 절정이었다. 당시 도청을 지키던 시민군은 채 300명이 안 되었다. 그런데 이들에 대적하기 위해 투입된 계엄군은 특전사 병력을 위시한 정규군 8,700명이었으며, 그들은

---

9 물론 이 영화 속에도 이와 비슷한 살육 장면들이 분명 포함돼 있기는 하다. 그러나 그것이 너무 빠르게, 그리고 메인 플롯이 아니라 단지 배경의 삽화들처럼 지나가고 흩어져 버려서 거의 아무런 의미를 발생시키지 못한다는 것이 문제이다.

탱크와 장갑차를 앞세우고 들이닥쳤다. 상황이 이러했으니 그에 대한 저항의 결과가 죽음뿐이라는 사실은 자명하다. 그렇지만 열흘 동안의 그 길고 힘들었던 싸움을 하면서도 그들은 희망과 믿음을 버리지 않고 버텼다. 그들이 죽음으로 버텨낸다면 서울과 부산, 대전과 대구에서 사람들이 달려오리라는 희망과 믿음이 있었다. 그러나 광주는 외부로부터 철저히 고립됐고 통제됐다. 누구도 광주의 진실을 제대로 알릴 수가 없었고, 광주로 접근하거나 들어갈 수도 나올 수도 없었다. 그렇게 버티던 그들은 결국 참담한 절망감을 느꼈을 것이다. 무참하게 좌절된 희망 앞에서 그들은 절규하며 죽어갔다. 바로 이러한 문제, 이러한 상황적 맥락은 그 당시의 광주를 향해 아무 도움도 주지 못하고 무엇도 할 수 없었던 살아남은 자, 타 지역의 젊은이들, 우리 모두가 광주에 대해 무한한 부끄러움과 부채 의식을 갖게 된 요체이다. 영화는 이러한 상황을 제대로 그려내지 못했다. 그러나 이러한 모습은 임철우의 소설에 생생하게 나와 있고, 우리는 그 상황을 너무나 절절하게 볼 수 있다. 그 막막한 공포와 비탄을, 그리고 전율과 함께 찾아오는 가슴 먹먹한 채무 의식을……

결국 이렇게 끝나고 마는 것인가. 그 어디서고 끝내 구원의 손길 하나 내밀어주지 않은 채로, 이렇게 우리들만 죽어가야 한다는 말인가. 이 도시만 끝끝내 버림받고 마는 것인가 …… 처음부터 그 모두가 헛된 환상이었을까. 서울이여! 부산, 대전, 인천, 대구여! 당신들이 달려와 주기를 우리는 기다렸다. 저들의 총칼에 쓰러져가면서도, 맨주먹만으로 수백 수천의 총구를 향해 미친 듯 달려 나아가면서도, 참혹하게 죽어간 자식의 시신을 껴안고 가슴이 찢어지도록 몸부림치고 통곡하면서도, 그래도, 그래도 그 기다림이 있었기에 우리는 절망하지 않을 수 있었다. 우리가 이 외로운 싸움을 포기하지 않는다면 마침내 당신들이 곳곳에서 떨쳐 일어나 주리라고, 그리하여 저들의 포위망을 부수고 우리들의 도시를 이 악몽으로부터 건져내어 주리라는 사실을 우리는 한 번도 의심하지 않았다. 그 가슴 벅찬 해방의 순간을 기다리며, 저 악몽의 열흘 동안 이 도시의 시민들은 지금껏 피

투성이가 된 채로 버텨왔다 …… 그런데, 그런데 당신들은 끝끝내 아무도 달려와 주지 않았다. 마침내 이렇게 최후의 순간이 눈앞에 닥쳐왔는데도, 당신들의 손길도 목소리조차도 영영 확인할 수가 없다 …… 아아, 지금 이 순간 당신들은 도대체 무얼 하고 있는가. 왜 이 도시를 잊어버렸는가. 우리는 이렇게 죽어가고 있는데, 지금 당신들의 잠자리는 평안한가. 당신들이 꾸는 꿈은 아름다운가. 그대들과 우리들은 이 순간 얼마나 아득하게 멀리 떨어져 있는 것인가 …… 10

이처럼 소설을 읽을 때 느껴지는 절절함과 현재성! 그때 그 자리에서 죽음을 맞이하던 사람들의 모습이 지금의 나(우리 모두)와 어떻게 연결될 것이며 무슨 상관이 있는지에 대한 맥락화, 즉 광주의 현재성에 대한 이야기로까지 나아가고 있지 않은가? 그런데 영화는 이 단계의 성취를 보여주지 못했고, 그것이 이 영화의 가장 큰 한계가 아닐까 싶다.

결론적으로 〈화려한 휴가〉는 아쉽게도 광주민주화운동이 있었던 방향만 단순 지시하는 인덱스(index) 기능 이상을 수행하지 못했다. 플롯의 중심축을 이루는 요소는 역사의 저편에서 열심히 하루를 살아가는 평범한 택시 기사 민우이다. 그는 두 명의 사랑하는 사람이 있다. 하나는 그의 동생, 다른 하나는 연인 신애이다. 영화는 그런 그가 계엄군의 총격에 동생을 잃고, 시민군이 되어 역사의 주인공으로 변모해가는 과정을 그렸다. 민우의 변화 과정을 이끄는 주요 모티프는 동생과의 형제애와 신애에 대한 사랑이다. 시작과 중간과 끝이 너무 분명한 발전적 변모의 플롯 형식을 취하는 이러한 내러티브 구조 속에서 5 · 18이라는 역사의 문제(본질)는 슬그머니 뒤로 빠져버렸다. 이렇게 되자 역사는 이제 단지 한 개인이 역사적 주체로서 자각과 사랑의 성취를 위한 인간적 드라마를 펼쳐나가는 배경으로만 존재하게 되었다. 트라우마로서 역사가 배제되면서 남는 것은 한 개인의 영웅담과 감상적 로맨스, 그리고 극단적 선과

---

10 임철우, 『봄날(5권)』, 398~399쪽.

악의 투쟁으로 치환된 시민군과 계엄군 간의 치열한 전투이다. 여기에다가 개별 시퀀스 사이사이에 눈물과 웃음을 심는 배려(?)까지 있어서 관객은 처음부터 끝까지 스크린 밖으로 나가지도, 스크린의 균열 지점을 통해 그 뒤에 존재하는 실제 역사를 조망할 기회도 갖지 못한다. 관객은 그저 영화의 수동적인 소비자로서 스크린이 지시하는 방식대로 울고 웃으며 5·18에 대한 실재적 경험을 대신하도록 설계된 내러티브 프로세스를 따라갈 뿐이다. 이러한 방식으로 영화는 광주의 트라우마를 절실하게 성찰하고 섬세하게 표현하는 것을 포기하고 시장에서 팔릴만한 상품으로서 자기 정체성과 내적 완결성을 확립한다.

한 가지 더 첨언하면 영화의 마지막 장면은 독립 숏, 한 장의 사진 이미지로 민우와 신애의 영혼결혼식을 보여준다. 이 장면의 모티프는 당시 광주 시민군 대변인으로 활약하며 끝까지 전남도청을 사수하다 사망한 윤상원, 박기순 열사의 영혼결혼식(1982년)에서 가져온 것으로 보인다. 사진 속 박신애를 제외한 모든 사람들은 1980년 5월, 광주를 지키다 죽은 자들로 자신들의 소임을 다했다는 듯 행복한 표정이다. 그러나 오직 한 사람, 살아남은 자 박신애만이 웃지 않는다. 신애의 슬픈 표정은 살아남은 자들의 아픔과 그 시대로부터 살아남았다는 죄책감에서 비롯된 것이다. 감독은 신애의 얼굴을 클로즈업해서 그녀의 슬픈 눈동자와 관객의 눈이 마주치도록 한다. 살아남은 자들의 몫을 생각하라는 것이다. 그러나 이런 연출은 이제까지 영화가 보여준 전체 분위기와 달라서 관객을 어리둥절하게 할 뿐이며, 감독의 자의식 과잉이라고밖에 말할 수 없다.

이 때문에 인물들의 죽음마저도 영웅의 비극적 죽음으로 환치, 승화해버렸다. 죽어야만 영웅이 될 수 있는 내러티브 구조의 특성 때문에 인물들의 죽음은 이미 그 자체로 보상(영웅됨이라는 보상)을 받았기에 슬퍼하지 않아도 되는 죽음이 되었다. 따라서 그들의 죽음은 트라우마에 대한 경험이 아니라 하나의 상품으로 치환된 죽음일 뿐이라는 것이 이 작품의 무게감을 현저히 떨어뜨리는 결과를 초래했다.

이와 함께 영화는 '가족애의 중요성을 일깨워주는 영화'라는 마케팅 슬로건에 충실하게 가족애, 동료애, 이성애 등 인간의 보편적 감정에 초점을 맞추어 5·18이라는 정치적 사건이 보통 사람들의 삶을 어떻게 파괴시켰는지 보여준다. "평범한 광주 사람들을 주인공으로 삼는 영화를 만들고 싶었다"라는 감독의 말처럼 영화는 '평범한' 시민에 초점을 맞췄다. 이들은 나라의 정치적 격변이나, 경제, 안보 상황에 대해서는 아무 관심이 없다. 그들은 세상 잡사로 시끄러운 뉴스보다는 〈전설의 고향〉이 더 재미있고 유익하며, 민주화로 나아가는 길을 막아선 신군부의 쿠데타보다 연애 상담이 더 중요한 사람들이다. 광주의 순진무구성[11]을 드러내기에 적합한 인물 캐릭터 설정이라고 할 수 있다. 그리고 영화 속 드라마를 선과 악의 충돌이라는 대립 구도로 만들기 위한 전략이라고도 할 수 있다. 한편으로 영화의 목적이 신군부가 일으킨 정치적 사건이 개인의 삶을 어떻게 파괴했는지를 보여주기 위함이었다면 또는 광주민주화운동을 이끌었던 사람들이 지식인이나 사회지도층 인사가 아니라, 지극히 평범한 광주 시민들이었음을 말하려 했다면 그 점에 대해서는 일정한 성취를 보여줬다고 할 수 있겠다. 그러나 광주의 짓밟힘과 파괴를 가족주의에 기대어 호소하려는 영화적 시도는 관객의 눈물샘은 자극하지만, 대체 왜, 무엇을 위해 1980년 5월의 광주 시민들이 목숨을 바쳐 광주를 지키려 했는지에 대해서는 충분한 설명이 되지 못했다. 이런 비극적인 일이 무엇 때문에 광주에서 일어났는지, 왜 그래야만 했는지 영화적으로 전혀 설명하지도 않았다.

극 중 주인공 민우가 시민군이 되어 계엄군에 맞서게 된 이유는 동생 진우가 그들의 총탄에 맞아 죽었기 때문이다. 그러나 그는 그들과 싸우는 가운데

---

11 이것은 매우 민감한 사안이다. 당시 민중항쟁에 뛰어든 시민군에 대해 제5공화국 당사자들과 계엄군은 '폭도'로 규정했다. 국가 전복을 꾀하는 불순분자들이 일으킨 폭동이라는 것이다. 이에 대한 반박과 반발을 염두에 둔 탓에 이후의 모든 광주 재현에서 시민들은 순진무구한 모습으로 등장한다. 이러한 면에 대한 좀 더 세밀한 성찰이 필요하고, 차후에 새롭게 광주를 다시 이야기하려는 시도가 있다면 이러한 면에 대해서도 재고해봐야 할 것이다.

한 번도 "내 동생을 살려내"라고 외치지는 않는다. 그 역시 계엄군의 총탄에 죽게 되었을 때, 마지막으로 "우리는 폭도가 아니야!"라며 처음으로 정치적 발언을 한다. 그러나 그들이 폭도가 아니면 무엇이었는지, 그리고 왜 우리가 그들을 기억해야만 하는지에 대해 감독은 이야기하지 못했다. 광주민주화운동을 기억해달라고 하고 있지만, 실제로는 평범한 사람들이 무고하게 죽어간 수많은 사건 중의 하나로 그 의미를 회석해버린 것이 영화 〈화려한 휴가〉가 보여주고 이야기하는 핵심이 돼버렸다. 광주 시민군은 죽어가면서 마지막 순간까지 "우리를 기억해주세요(신애의 목소리를 통해)"라고 호소한다. 살아남은 자들의 문제는 단지 기억하는 것이 아닐 것이다. 그보다 중요한 것은 무엇을 어떻게 기억할 것인가의 문제이다.

5 · 18을 반성하고 기억하라는 메시지를 전달하기에 〈화려한 휴가〉는 내러티브의 극적 구성과 전개, 주제 의식에서 아쉬움과 부족함이 많은 영화이다. 그러나 새로운 젊은 세대에게 그에 대해 관심을 갖게 하는 계기를 마련해 주었다는 점에서 의미 있고 고무적이다. 하지만 여기서 그쳐서는 안 된다. 새롭고도 분방하며, 총체적인 시각을 가진 새로운 〈화려한 휴가〉가 지속적으로 만들어져야 할 것이다.[12] 그것을 통해 우리가 잊지 않고 기억하고 있음을, 그리고 무엇을 어떻게 기억할 것인지, 무엇을 어떻게 기억하고 있는지를 확증해야만 한다. 그렇지 않다면 우리의 파편화된 기억 속에는 단지 그때 그곳, 전남도청에서 총에 맞아 죽은 사람들에 대한 분절된 이미지만이 남을 것이다. 730만 관객을 동원한 〈화려한 휴가〉는 1980년 5월의 광주에 100% 빚지고 있는 영화이다. 관객이 영화를 보고 감흥을 느낀 것은 광주 덕분이지 영화 자체가 아님

---

12 영화 〈화려한 휴가〉의 극적 구성은 극작가 김정숙에 의해 각색되고, 연출가 권호성에 의해 뮤지컬 공연으로 재탄생해 지난 2010년, 5 · 18 30주년에 맞춰 무대 위에서 펼쳐졌다. 아버지와 사랑하던 남자가 묻혀 있는 5 · 18 묘역에 헌화하는 박신애의 회상을 통해 과거와 현재를 넘나드는 극적 구성으로 영화가 갖지 못했던 부분을 메워주는 면이 있지만 이 작품 역시 극적 완성도 면에서 보완해야 할 점이 많다.

을 제작자와 감독은 분명히 인식하고 겸손해야 할 것이다.

그리고 다시 2014년 5월을 보내며

　2014년은 5·18 광주민주화운동이 발발한 지 34주년이 되는 해이다. 국가가 공인한 기념일이고 국가 차원에서 공식 행사가 이루어진다. 그러나 실상은 정부가 '5·18 정신' 훼손에 앞장선 지 오래이다. 역사에 대한 콤플렉스가 있는 5·18 가해자 세력들이 아직도 도처에서 기득권을 쥐고 있기 때문이다. 과거사 청산이 충분히 되지 않은 가운데 기득권 구조에 온존한 세력들이 점차 퇴색되는 존재감을 재확인하려는 데서 이런 움직임이 일어나는 것이다. 그들의 준동으로 광주는 다시 고립되고 있다. 이명박 정권에서 박근혜 정권으로 이어진 지난 7년여의 시간 동안 5·18 행사는 광주에서만 이뤄지고 있으며 다른 지역에서는 아무 관심 없는 채로 잊히는 지엽적인 행사에 그치고 있다. 지난 1983년 이래 기념행사에서 매번 5·18의 혼을 담아 제창된 「임을 위한 행진곡」[13]을 공식 식순에서 제외시킨 것은 지난 이명박 정권 시절인 2009년과

---

13 "사랑도 명예도 이름도 남김 없이/한평생 나가자던 뜨거운 맹세/동지는 간 데 없고 깃발만 나부껴/새날이 올 때까지 흔들리지 말자/세월은 흘러가도 산천은 안다/깨어나서 외치는 뜨거운 함성/앞서서 나가니 산 자여 따르라/앞서서 나가니 산 자여 따르라." 소설가 황석영이 마무리를 한 이 노랫말은 본래 백기완의 시 「묏비나리」(1980년 12월)에서 따온 것이었다. '묏비나리'란 순우리말이다. 말 그대로 산신제를 치르는 과정에서 영혼을 달래는 염원을 담은 일종의 위령곡이라고 할 수 있다. 이 시를 작가 황석영이 노랫말로 만들고 김종률(윤상원의 전남대 후배)이 작곡해 완성했다. 1982년 2월 20일, 광주 망월동 묘역에서는 아주 특이한 결혼식이 있었다. 1980년 5월 27일 전남도청에서 사망한 신랑 '윤상원'과 광주 지역 최초의 노동 야학인 '들불야학'을 개설하는 데 중심 역할을 하다가 1978년 12월 27일 사망한 신부 '박기순'의 영혼결혼식이 양가 친지와 지인들이 모인 가운데 엄숙히 거행된 것이다. 바로 그날, 그 자리에서 「임을 위한 행진곡」은 결혼식

2010년의 일이다. 그 이면에 광주를 다시 고립시키고 쿠데타를 획책하려는 세력들의 음모가(아니면 그들의 행동을 지지하는 세력들이) 있음을 웅변한다. 광주광역시와 5 · 18 관련 단체들이 「임을 위한 행진곡」의 위상 되찾기에 나서면서 2011년에 다시 식순에 포함시켰지만 제창이 아니라 합창의 형식으로였다. 그 이후 상황은 점점 더 나빠지고 있다. 박근혜 정부가 들어선 첫해인 2013년 6월에는 국회가 발의한 「임을 위한 행진곡」 5 · 18기념식 공식곡 지정 결의안을 정부가 거부했다. 5월 단체들이 내놓은 이 노래의 기념식 제창 요구도 받아들여지지 않았다. 게다가 아예 박승춘 국가보훈처장이 직접 나서서 약 4,800만 원의 예산을 들여 「임을 위한 행진곡」을 대체할 공식 기념곡을 공모 형식을 통해 새로 만들고 지정하겠다고 나서기까지 했다. 대체 정부는 왜 5 · 18의 주체들의 요구나 주장, 그리고 국민 다수의 여론과는 동떨어진 일을 벌이며 소모적인 논란을 부추기는가?

한마디로 지난 34년간 다져온 민주화운동의 대명사로서 5 · 18의 위상과 의미를 폄훼하고 역사의 흐름을 거꾸로 돌리려는 시도라고 밖에 생각할 수가 없다. 심지어 작년(2013년)에는 TV조선(〈장성민의 시사탱크〉)과 채널A(〈김광현의 탕탕평평〉) 등의 종편에서 5 · 18의 가치를 마구 훼손하고 아무 근거도 없이

축가이자 이 땅에 살아남은 자들의 새로운 다짐과 염원으로, 대중 앞에서 처음으로 공식적으로 불렸다. 그리고 그해 봄에 〈넋풀이 – 빛의 결혼식〉이라는 음반에 수록 · 제작되면서 세상에 알려졌다. 이처럼 「임을 위한 행진곡」에는 윤상원에 대한 기억과 그의 아내 박기순의 뜻이 담겨 있고, 광주민주화운동 과정에서 산화한 모든 열사들의 피로 성취해낸 자유와 민주의 의미가 담겨 있다. 따라서 이 노래를 제창하는 것은 항쟁의 정신을 잊지 말고 후세에도 이어가길 바라는 윤상원을 비롯한 모든 열사들의 영혼을 달래고, 그들의 처절한 당부를 실천하는 것이다. 나아가 역사의 뼈저린 교훈을 상기하는 일이기도 하다. 그러므로 여기에 「임을 위한 행진곡」 갈등의 본질이 있다. 기억하고 계승하려는 자와 한사코 폄훼하고 호도하고 지워내려는 자 모두가 이 노래의 본질을 잘 알고 있는 것이다. 그 때문에 그들 사이에는 아직도 싸우고 헤쳐 나갈 많은 싸움이 남아 있다.

600여 명의 북한군이 광주에 침투해 일으킨 난동쯤으로 이야기하는 탈북자와 일부 극우 인사들의 터무니없는 주장을 그대로 방영해 물의를 일으키기도 했다. 이에 대해 역사학계는 역사에 대한 콤플렉스가 있는 5·18 가해자 세력이 아직도 기득권을 쥐고 있기 때문이라고 설명한다. 과거사 청산이 충분히 되지 않은 가운데 기득권 구조에 온존한 세력들이 점차 퇴색되는 존재감을 재확인하려는 데서 이런 움직임이 일어난다는 것이다. 5·18을 앞둔 광주에서는 당시의 정신을 계승하기 위한 행사가 한창이다. 광주 곳곳에 고스란히 새겨진 5·18의 흔적들. 살아 있는 역사요, 진실인 5·18 광주민주화운동의 가치를 다시금 되새겨볼 시점이다.

한편 5·18 당시의 강력한 트라우마 때문에 30년 이상 커다란 고통 속에서 살아온 희생자의 유가족과 생존자들을 위해 2012년 10월 17일에야 '광주 트라우마센터'가 문을 열었다. 광주의 참상이 일어난 지 32년 반이 지나서야 비로소 트라우마 치유의 길이 열린 것이다.

1980년 5월의 광주에 대해서 왜곡과 폄훼를 일삼는 세력에 맞서 광주를 다시 기억해야 하는 이유는 자명하다. 그들이 말하는 거짓과 허위에 맞서지 않고, 반박하지 않으면 그것은 진실에 균열을 내고 그 틈새로 기어들어와 마치 그 자체가 또 다른 진실인 양 자리를 차지한 채 굳어질 수 있다. 그들이 노리는 바가 그것이기 때문에 그러한 여지를 차단하고 제대로 대응하는 것이 중요하다. 그들은 아무 죄의식 없이 수백 명의 동족을 무참히 학살할 만큼 비인간적인 일을 벌인 사이코패스거나 그들의 비행을 정당한 것처럼 호도하는 일종의 소시오패스임을, 처음부터 인간에 대한 예의나 인간으로서의 염치 같은 것은 찾아볼 수 없는 존재임을 우리는 기억해야만 한다. 그것은 이 땅에 다시는 그와 같은 비극이 재연되지 않도록 하기 위한 모두의 다짐을 재확인하는 과정이기도 하다. 광주는, 5·18은 아직도 투쟁해나가야 할 싸움이 남아 있다는 사실, 슬프지만 이것이 오늘 우리의 현실이다. 과거사에 대한 냉철한 정리와 인적 청산이 제때 이루어져야 하는 것이 바로 이러한 연유 때문이다.

Chapter 11

밀양

/

회개와 죄 사함, 용서와 구원은 '밀양'에서 어떻게 이루어지는가 [1]

이창동 감독 | 2007년 개봉

들어가는 말

지난 1980년 11월 13일이었다. 당시 청계천에서 전기상을 하는 이정식 씨의 2대 독자이며 경서중학교 1학년이던 이윤상 군은 오후 3시 50분쯤 학교에서 돌아온 직후, 기념우표 구입 대금을 우체국에 예치하러 나간 뒤 괴한에게 납치되었다. 3살 때 소아마비를 앓은 후 왼쪽 다리가 불편한 윤상 군은 범인으로부터 쉽게 도망칠 수 있는 처지가 아니었다. 이날 밤 8시쯤 한 남자가 윤상 군의 집에 전화를 걸어와 납치와 감금 사실을 알리고 '4,000만 원'을 요구하며 "경찰에 신고하면 아들의 목숨은 없어진다"라고 협박했다. 유괴 다음 날인 11월 14일, 이윤상 군의 부모는 경찰에 신고했고 경찰은 소년의 신변 안전을 위해 비밀리에 수사를 진행했다. 그러나 별다른 성과 없이 수사가 장기화되자 가족의 계속된 요청과 경찰의 결단으로 사건 발생 105일 만인 1981년 2월 26일에 공개수사로 전환했다. 1981년 4월 6일까지 유괴범은 총 6차례의 편지와 62통

---

1   이 글은 ≪영화연구≫ 제43집(2010)에 「영화 〈밀양〉과 소설 『벌레 이야기』의 서사전략에 대한 비교 연구」라는 제목으로 게재되었던 원고를 바탕으로, 소설과 영화의 바탕이 된 실화 사건에 대한 소개와 '용서'라는 관점을 추가, 가필했다.

의 전화를 통해 협박을 계속했다. 그런데 그중 세 번의 편지는 가지런한 여자의 필적이었고 나머지는 거친 남자의 필적으로 확연히 다르다는 사실로 미루어 경찰은 범인이 여자와 남자가 섞인 3~4인조로 추측했다.

사건이 장기화되자 윤상 군의 어머니 김해경 씨가 TV 방송에 나와 "아들을 돌려달라"며 눈물로 호소하면서 이 사건은 온 국민에게 초미의 관심사가 되었다. 마침내 최고 권력자 전두환이 이 사건에 관심을 넘어 직접 관여하기에 이르렀다. 제5공화국의 공식 출범을 일주일여 앞둔 시점에서 전두환은 '대국민 담화'라는 이름으로 '대범인 담화'를 통해 윤상 군 유괴범에게 직접 선전포고를 했다. 그 요지는 제5공화국 출범일(1981년 3월 3일) 이전까지 자수하면 관용을 베풀겠다는 내용이었다. 특히 "윤상 군을 살려 보내면 너도 살 것이고, 죽이면 너도 죽는다"는 직설적인 내용이 포함돼 그의 성격을 그대로 드러냈다(한편으로 그는 윤상 군의 집을 직접 방문해 가족을 위로하기도 했다). 그러나 범인은 끝내 나타나지 않았고, 대통령 전두환은 경찰력을 동원해 반드시 범인을 검거해 사형시킬 것을 명령했다. 용의선상에 들 만한 자들은 모두 잡아들여 고문이나 최면 등의 수법을 포함한 강도 높은 수사를 진행했으나 범인을 잡지 못했다. 그렇게 여름이 가고 가을도 다 지나가고 있었다.

그런데 범인이 생각보다 훨씬 가까이에 있다는 걸 알게 된 것은 사건이 발생한지 1년여가 지난 뒤였다. 윤상 군의 어머니가 최면 요법의 도움으로 1년 전, 윤상 군이 했던 말과 장갑을 끼고 외출했던 사실을 기억해낸 것이었다. 결국 범인은 유괴 당일 윤상 군을 상담 차 불러냈던 체육 교사 주영형이었다. 주교사는 도박으로 1,000만 원가량의 빚을 지고 채권자들에게 독촉을 받자 범행을 계획했던 것으로 경찰 조사 결과 밝혀졌다. 그동안 그가 경찰의 강도 높은 수사망을 벗어날 수 있었던 것은, 윤상 군의 학교 교사였으며 외모가 준수했고 서울대 출신에 고려대 대학원 과정을 이수하던 엘리트였던 까닭에 별 의심 없이 용의선상에서 제외했기 때문이었다. 충격적인 것은 그가 전에 근무하던 중학교를 졸업한 여고생 제자 두 명이 공범이었다는 사실이다. 그뿐만 아니라 그는 부인과 두 아이가 있는 유부남이었지만 공범인 두 여학생 외에도 여러 명의 여 제자와 성관계를 맺고 있었다.

윤상 군은 유괴당한 다음 날 이미 사망한 상태였으며, 사체는 북한강변에 암매장돼 있었다. 사회적으로 큰 파장을 불러일으킨 이윤상 군 유괴 살해사건은 정권 차원에서는 국민의 관심을 돌리기에 적당한 '호재'였으므로 모든 언론을 통해 연일 대대적으로 보도되도록 했다. 이에 편승한 전두환 정권은 주영형의 범행이 살인인지 감금치사인지 불분명한 경우에 사형이 내려지지 않을 수도 있는 상황이었음에도 국민들의 법 감정을 빌미 삼아 사형을 선고하도록 사법부에 지시했다. 마치 자신이 '대범인 특별담화'에서 했던 약속을 확실히 관철시키겠다는 듯이 "자수하지 않으면 죽는다고 내가 말하지 않았나? 아동 납치는 무조건 죽음이야!"라고 선포하듯이 재판은 속전속결로 진행되었다. 1982년 2월 16일, 주영형에게 사형이 선고(이해 11월에 대법원에서 사형 확정판결)되고, 1983년 7월 9일 서울구치소에서 사형이 집행되었다. 이때 그는 두 눈(안구)과 신장을 남기고 세상을 떠났다. 구치소 내 교회에서 세례를 받은 그는 제자의 넋을 위로하고 다소나마 속죄하는 뜻으로 4명의 환자에게 새 삶과 빛을 주고 갔다. 당시 그에 대한 거의 모든 것이 언론의 도마에 올라 인구에 회자되었기 때문에 이와 같은 사실 또한 많은 이들에게 알려졌다. 흥미로운 점은 그가 사형 직전 유언에서 "체육인으로서 86 아시안 게임과 88 서울 올림픽을 보지 못하고 가는 것이 억울하다"라는 말이 포함돼 있음이 알려지면서 그가 과연 진심으로 뉘우쳤는지를 두고 설왕설래했던 기억이 지금도 선연하다. 한편 그와 함께 범행을 모의·실행했던 두 여 제자는 협박 편지나 전화 등 범인에게 이용당한 것을 감안해 각각 징역 2년과 3년을 선고받았다.

이처럼 1980년대 초반 우리 사회에 충격과 커다란 파장을 몰고온 이윤상 군 유괴·살해사건은 그로부터 몇 년 후, 소설가 이청준에 의해 되새김질 돼 소설로 나왔다. 「벌레 이야기」가 그것이다.[2] 그런데 그로부터 20여 년이 지난 후, 이 이야기는 이창동 감독에 의해 영화로 다시 변주된다. 간단히 말하면 소설과 영화라는 두 텍스트의 핵심 메시지, 즉 주제는 동일하다. 소설은 단편이고, 영화는 장편이다. 양자 간의 호흡과 흐름이 다를 수밖에 없다. 그것은 수용자가 텍스트를 받아들이는 데 사용되는 시간적 길이에서 오는 차이만을 의미하는 것이 아니다. 같은 주제를 이야기하는 방식 자체가 근본적으로 다르기 때문이다. 이 문제 역시 단순히 매체의 차이에서 발생하는 괴리만을 의미하는 것이 아니다. 소설은 전적으로 이청준의 상상력이 빚어낸 산물이라면, 영화는 원재료를 가지고 출발했다. 양자 사이의 시차도 20년이 넘는다. 그사이에 소설은 다양하게 읽히고 2차, 3차 담론이 형성되었으며, 해석적 지평도 넓어졌다고 할 수 있다. 그것들을 이창동 감독이 두루 참고했을 수도 있고, 아닐 수도 있다. 여하튼 숙성의 시간은 충분했다고 할 수 있다.

그 자신이 소설가로 출발한 이창동 감독이 원작의 미덕을 훼손하지 않고 '서사의 변형'을 이룬 점은 높이 살 만하다. 그는 원작의 시간(이미 완결된 사건들을 회상하고 묘사, 서술 재현했던 시간)을, 관객이 영화를 관람하는 그 '현재(지금 여기, 내 앞에)' 눈앞에서 펼쳐지는 이야기로 바꾸었다. 원작의 모호했던 지리적·공간적 배경을 현재의 밀양으로 변형하고, 주인공에게 이름을 부여했으며, 주변 인물들을 새롭게 추가해 에피소드를 풍요롭게 만들었다. 그리고 이야기의 시점과 화법을 변형했다. 소설에서 1인칭 관찰자의 회상 시점은 아들과 부인을 잃은 '남편의 것'이다. 반면에 영화에서의 화자는 텍스트의 안팎 어디에서도 드러나지 않는다. 그리고 주로 신애를 중심으로 발생하는 상황들을 보여주고 들려주지만, (신애가 그 자리에 없더라도) 필요에 따라 종찬이나 여타의 주변인물의 모습을 보여주고 있기도 하다. 한마디로 객관 간주관적·주관적 장면들이 뒤섞여 있는 것이다.[3] 이 때문에 이 영화은 소설에서보다

2 이청준의 소설은 본래 계간 ≪외국문학≫ 제5호(1985년 여름 호)에 발표된 바 있다.
3 영화에서 이러한 문제는 너무나 일반적이고 광범위하게 용인된 것이어서 이것이 이창동 감독의 특징을 보여주는 것은 절대 아니라는 점을 명확히 해둔다.

훨씬 안정적으로 신애의 모든 상황을 지켜볼 수 있다.

소설 「벌레 이야기」와 영화 〈밀양〉의 핵심 사건 비교

소설 「벌레 이야기」는 알암이를 잃은 엄마의 심리묘사와 행동 방식, 그리고 김 집사와의 논쟁을 통한 기독교적 신앙심, 즉 믿음과 구원, 회개와 용서라는 문제에 집중한다. 그 때문에 극적 배경이나 여타의 요소들에 대한 디테일한 설명은 최대한 소거해버렸다. 특히 알암이의 아버지인 '나'가 1인칭 회상 형식의 관찰자로서, 모든 일이 매듭된 이후의 상황을 담담하게 그리고 있다는 서술적 특성과 민감한 주제의 밀도 있는 제시라는 목표 달성에 집중하는 것이다.

반면에 모든 영화의 1차 기능은 '보여주어야 하는 것'이고, 이 때문에 필연적으로 지리적·공간적·시간적 디테일을 세밀하게 가져가야 한다. 〈밀양〉역시 여기서 예외일 수 없다. 그러나 이야기의 배경이 '왜 굳이 밀양이었어야 했는가'는 매우 중요한 문제이기 때문에 별도로 다룰 것이다. 여하튼 영화의 도입부에서 신애는 자력으로 밀양에 진입하지 못한다. 그녀는 종찬의 손에 이끌려(그의 견인차에 이끌려) 들어간다. 신의 비밀스러운 섭리의 시작이다. 그녀는 밀양에서 하나뿐인 아들을 잃고, 전 재산을 잃고, 심신의 건강마저 피폐해지며, 죽음 직전의 상황까지 내몰리지만(그녀 스스로 자초한 면도 있고, 그곳의 분

구분	벌레 이야기	밀양	비고
작가	이청준	이창동	
주제	기독교적 믿음과 용서, 그리고 구원	기독교적 믿음과 용서, 그리고 구원	
등장인물	나(남편: 약사), 아내(이름 없음), 김도섭(주산학원 원장), 알암(한쪽 다리 불편): 초등학교 4학년, 김 집사(이불구게 운영)	이신애, 종찬, 준(미취학 아동), 박도섭(웅변학원 원장), 김집사·강장로 부부(약사), 민기(신애 남동생), 정아(박도섭의 딸), 목사, 전도사, 오 집사, 교우들, 종찬 친구들 그 외	「벌레 이야기」는 단편소설인 데 반해 영화는 장편. 따라서 영화에서는 좀 더 다양한 인물들이 모습을 드러낼 필요와 여유가 있음.

위기가 자존심 센 그녀를 그렇게 몰고 간 면도 있다) 목숨만은 남아 있다. 그녀는 거의 모든 것을 잃었지만 결코 혼자는 아니다. 그녀 곁에는 처음부터 끝까지 종찬이 있다.

먼저 소설의 핵심 사건은 '알암이의 실종 → 처참한 시신 발견(유괴·살해) → 범인 김도섭 체포와 재판 과정에서 아내의 절망과 분노, 복수심 → 주님 영접 → 마음의 평화 → 범인 용서 결심 → 범인 면회 → 절망 → 비극적 자살로 생을 마감'이다.

반면 영화의 사건 전개는 '신애와 준이 밀양에 옴 → 피아노 학원 운영 → 준의 유괴와 범인의 협박 → 돈은 빼앗기고 준은 살해됨 → 범인 박도섭 체포 → 준의 장례 후 신애의 고통 → 주님 영접·마음의 평화 → 용서를 위해 범인 면회 → 절망 → 주님을 부정하고 대적함 → 자살 기도 → 정신병원 입원 치료 → 종찬과 함께 집에 돌아옴'이다.

주인공의 캐릭터 분석

「벌레 이야기」의 알암이 엄마

이 작품의 주인공은 화자인 '나'의 아내이며, 김 집사 등에게 대외적으로 호칭되는 이름은 '알암이 엄마'로, 이름이 없다. 약사인 남편과 다리가 불편한 자식을 묵묵히 뒷바라지 하며 사는 평범한 가정주부이다. 여염집 주부들처럼 자신의 이름(고유명사)을 잃고 누구의 아내 또는 누구 엄마(인칭 대명사)로 살아왔고, 비극적으로 생을 마감하는 인물이다. 알암이가 실종되었을 때는 아이의 무사 귀환을 염원하는 '기복 신앙'을 가졌지만, 그 아이가 유괴·살해 후 암매장되었던 사실을 알고부터는 범인에 대한 원한(분노·저주)과 복수심에 사무쳐서 지낸다. 그러다가 '김 집사'의 끈질긴 전도로 아이 영혼의 구원을 위해 교회를 찾고 믿음을 갖기 시작한다. 그녀는 마음의 평화와 기쁨을 회복한다. 그러자 김 집사가 끈질기게 범인에 대한 용서를 그녀에게 종용한다. 마침내 그녀는 범인을 용서할 것을 결심한다. 그리고 그녀는 범인을 직접 면회하겠다고 한다. 그 이유는 범인 김도섭에게서 '자기 용서의 증거를 구하려는 것'이었다. 그러나 그녀는 김도섭 면회 후 절망에 빠진다. 그녀가 절망에 빠진 비밀의 열쇠는 '주님으로부터 용서의 표적을 빼앗기고, 용서의 기회를 잃어버린 것'에 있다. 그리고 '왜소하고 남루한 인간의 불완전성' 때문이기도 했다. 그녀의 심장은 주님의 섭리와 자기 '인간' 사이에서 두 갈래로 무참히 찢겼고, 다시 봉합될 여지가 없다는 생각에 결국 자살로 생을 마감한다. 그녀의 자살은 '모든 것을 포기해 절망의 뿌리를 끊어버린 것'으로 이해된다. 이처럼 소설에서 그녀의 캐릭터는 변모하지만 영화와 비교해보면 상대적으로 단순한 캐릭터라고 할 수 있다.

〈밀양〉의 이신애

영화의 주인공 이신애는 남편을 잃은 과부이다(남편이 그녀를 두고 외간 여자와 바람을 피우다 교통사고로 사망했다는 사실은 나중에 그녀의 동생 민기를 통해 드러난다). 따라서 그녀는 밀양에 오기 이전에 이미 강력한 트라우마를 겪었다. 이 문제는 이신애라는 인물의 캐릭터를 읽어내는 핵심 코드이다. 그녀는 자존심이 세고, 자신이 남들에게 어떻게 평가되는지에 대해 매우 눈치가 빠르고 예민하다. 그녀는 밀양 토박이들의 속물성과 배타적 보수성을 금방 읽어낸다. 피아노 학원 개업을 알리는 떡을 돌리면서 만난 문구점과 양장점 주인의 반응을 통해서이다. 그리고 그녀에 대한 소문이 벌써 동네에 파다하게 났을 뿐만 아니라 그들에게 자신이 어떻게 평가되고 있는지도 금방 알게 된다.

은혜약국 김 집사는 (종찬을 빼고) 밀양에서 거의 유일하게 신애에게 직접적인 관심과 호의를 표명한다. 그러나 김 집사의 입을 통해서 평가되는 그녀의 모습은 "불행한 일을 당하고 밀양에 내려온", 아무리 봐도 "불행한 과부"일 뿐이다.[4] 자존심에 상처를 입은 그녀가 "자신은 불행하지 않으며 잘 살고 있다"라고 하지만, 그들이 보기에 그녀의 모습은 그 이상이 아니다. 미용실에서 양장점 여자가 동네 아줌마들에게 신애에 대해 이야기하는 말(신애는 그녀들의 대화를 다 듣고 있다)은 사실을 넘어 음해로까지 나아간다.

> 인테리어 말만 들어도 나는 마 기분 찝찝하대이. 요 밑에 〈준피아노학원〉인가 새로 생긴 학원 원장 안 있나? 그 여자 얼마 전에 난데없이 우리 가게 들어와가 안카나. 인테리어 바꾸라고. 안 그라마 망한다고 …… 내가 보이께네 생기기는 멀쩡해도 약간 정상이 아닌 것 같애. 정신이 살짝 간 거 같애. 죽은 남편 고향이라꼬 아 데리고 밀양까지 내리와 산다는 것도 좀 이상한 거 아이가, 상식적으로 …….[5]

신애는 여자들의 이러한 평가가 있기 이전부터 종찬에게, 그리고 웅변학원 원장 박도섭에게 좋은 땅 있으면 사서 집도 짓고 멋지게 살아볼 것이라며 소개 좀 해달라고 한다. 남편은 없지만, 누구도 자신을 무시할 수 없을 정도의 재력과 생활 능력을 갖추고 있다는 듯이 말하고 행동한다. 신 27은 웅변대회를 마친 후, 신애를 비롯한 학부모들과 원장 박도섭이 함께 식사하는 장면이다. 이때 신애에게 종찬의 전화가 걸려오고, 땅 주인인 '회장님'이 자기를 보잔다는 그런데 자기는 지금 바빠서 한 시간 밖에는 시간을 못 내겠다는 말을 하면서 주위의 반응을 집중시킨다. 그리고는 좌중에게 "있는 돈 은행에 넣어놓아 봤자 요새는 이자가 너무 싸잖아요. 전 먼저 일어나봐야겠네요. 땅 주인 마음 바뀌기 전에……"라고 한다. 이어서 신 30부터 32까지는 이전에 미장원에서 신애 자신에 대한 뒷담화를 하던 양장점 주인과 아주머니들에게 한턱내는 신

---

4 〈밀양〉 시나리오 신 17 참조.
5 〈밀양〉 시나리오 신 25 참조.

애의 모습이 제시된다. 자존심을 넘어 신애의 허세 가득한 속물적 모습이 정점을 이루는 부분이다. 바로 그 시간에 아들 준은 유괴된다. 그녀의 허세 때문에 비극이 초래된 것이다.

그런데 이러한 상황이 펼쳐지기 직전인 신 29에 이창동 감독은 다소 생뚱맞게 여겨지는 장면(독립 신)을 하나 배치해두고 있다. 그 내용은 다음과 같다. 신애는 꽤 넓은 평수의 아파트에 제법 살림을 갖추고 사는 어느 집 거실에서 40대 중반의 주인 부부와 두 남자아이, 그리고 종찬이 지켜보는 가운데 시범 연주를 하고 있다. 신 27에서의 통화 내용대로라면 그녀는 땅 주인을 만나 가격을 흥정하는 모습이어야 하겠지만, 그와는 전혀 관계가 없는 장면이 제시된 것이다. 추정컨대 앞서 종찬과 통화하는 가운데 운위되었던 그 '회장님'이 땅 때문이 아니라, 자녀들의 피아노 교습을 위해 신애를 만나자고 했던 것이었다면 시퀀스 연결이 된다. 그렇지 않다면 이 신은 전후 맥락상 어느 부분과도 인과적으로 연결되기 어려운, 그야말로 독립적인 장면이다. 어쨌든 이 신은 3장 구조로 구성된 이 영화의 제1장을 마감하고 2장으로 넘어가는 명확한 터닝 포인트가 된다.[6] 흥미로운 것은 바로 이 장면에서 신애가 연주하는 피아노곡이 바로 리스트(Franz Liszt)의 「탄식(Un Sospiro)」이라는 점이다. 그녀는 악보도 없이 갑작스럽게 연주하는 곡이라며 두어 차례 실수 끝에 중단하고 만다. 잠시 어색한 침묵이 흐른 후, 종찬의 박수와 함께 모두가 인사치레로 박수를 보내지만 맥이 빠진다. 대단히 의미심장하다. 이미 남편의 외도와 죽음이라는 트라우마가 있었지만, 이제 그녀는 이 익명의 도시에서 하나뿐인 아들마저 잃는, 비탄으로 빠져드는 길목에 있다. 바로 이 지점에서 이창동 감독은 음악을 통해 교묘하게 그녀의 운명을 예시하고 있는 것이다. 전적으로 감독의 상상력이 발현된 에피소드라고 할 수 있다.

신애에게 닥친 비극은 비단 준의 유괴와 처참한 살해뿐만이 아니다. 또 다

---

6 이 영화의 1장은 신 1~28, 2장은 신 29~90, 3장은 신 91~121로 구분된다.

른 비극적 상처는 자존심과 허세를 앞세워 굳이 감추려 했던 자신의 본모습이 세상에 노출된 것에도 있다. 남편도, 가진 것도 없는 별 볼일 없는 여자가 자존심은 있어서 무언가 있는 척 했다는, 이른바 속물성이 여지없이 드러났다는 점 말이다.

한편 준을 유괴한 범인이 협박 전화를 했을 때 그녀의 대응 방식은 전혀 지혜롭지 못했고 너무나 아마추어적이었다. 꼼짝 없이 당할 수밖에 없는 방식으로 말하고 행동한 것이다. 만약 그녀가 곧바로 경찰에 알리거나 종찬의 도움을 받았더라면 상황은 전혀 다른 국면으로 흘러갔을 것이다(물론 그것은 감독이 원하지 않은 방향일 터이다).

준을 잃은 신애는 모든 고통을 홀로 짊어지고, 누구의 도움도 원치 않은 채 내면에 쌓아둔다. 결국 가슴이 터질 듯한 고통 가운데 김 집사의 정보 제공과 자신의 의지 발동으로 '상처받은 영혼을 위한 기도회'에 참석해 비탄에 젖어 통곡한다. 그리고 부흥 목사의 안수를 받으며 마음의 평화를 얻게 되고, 신앙을 받아들인다. 마음의 평화를 얻은 그녀는 신앙 간증과 주위 사람들에게 전도를 하며, 밀양 역 앞 노방전도까지 적극 참여한다. 그러나 때때로 예고 없이 찾아오는 애도 반응을 보이기도 하는데 그때마다 기도하며 슬픔을 다스린다. 마침내 범인 박도섭에 대한 용서를 결심했다고 말하는데, 그 말을 들은 주위 신자로부터 대단하다는 평가를 받는다. 이에 고무된 그녀는 남들에게 자신의 신심을 보여주려는 만용을 부린다. 이것이 또 다른 화와 비극을 부른다. 그녀는 주위의 우려와 만류에도 불구하고 박도섭을 직접 만나 용서를 하겠다는 말을 행동으로 옮긴다. 그녀는 면회 후 절망에 빠지는데 그 핵심 이유는 소설과 동일하다. 그러나 극적 상황은 소설보다 간결하면서도 강렬하다. 박도섭의 뻔뻔스러운 모습이 강조되기 때문이다. 잊히는 듯했던 트라우마가 되살아난다. 범인이 준을 유괴하고 협박했던 당시의 환청을 듣기도 한다. 이제 그녀는 교회에 찾아가 신자들의 기도를 훼방하고, 강 장로를 유혹하고, 옥외 부흥집회를 훼방하는 등 일련의 사건을 저지른다.

결국 그녀는 자살 기도를 하기에 이른다. 그러나 진짜 죽고 싶지는 않은 듯한 말과 행동을 한다. 얼마간 정신병원에 머무른 그녀는 동생인 민기와 종찬의 도움으로 퇴원한다. 그리고 머리를 자르겠다며 간 미장원에서 박도섭의 딸과 조우한다. 그녀는 종찬에게 약간의 히스테리 반응을 보인다. 그리고 마침내 집에 돌아와 스스로 머리를 자른다. 종찬이 거울을 들어준다. 그녀 곁에는 언제나, 언제까지나 종찬이 함께 할 것이라는 비전을 주며 종영된다. 그것은 결국 신애의 치유와 구원은 종찬을 통해서 이루어지리라는 비전이다. 이처럼 영화 〈밀양〉에서의 이신애는 다중 복합적 캐릭터이다.

범인(김도섭 · 박도섭)의 모습

「벌레 이야기」의 김도섭

소설에 등장하는 범인 김도섭의 직업은 주산학원 원장이다. 그는 돈을 노리고 알암이를 유괴했으나 사건이 금방 대외적으로 크게 알려졌기 때문에 아무런 요구를 하지 못한다. 그는 알암이를 살해한 다음, 재개발 지역 어느 건물의 지하실 바닥에 암매장했다. 그리고 건물이 철거되는 과정에서 알암이의 시신이 발견(2개월여 만에)되며 붙잡힌다. 그는 잔혹한 유괴 · 살인을 저질렀지만, 자신의 죄과가 얼마나 컸던가에 대한 자각이 있었던 인물이다(그는 재판에서 상급 법원에 항소나 상고를 하지 않고 1심의 사형선고를 받아들인다). 알암이 엄마가 용서하겠다고 면회를 갔을 때 그의 상황은 김 집사가 알려주는데 "그는 자신의 모든 잘못을 순순히 시인하고 애 엄마에게 간절한 용서를 빌었고, 애 엄마의 책벌을 자청하고 나섰으며, 그것으로 애 엄마 마음의 위로가 될 수만 있다면 자기가 저지른 죄과에 대해 어떤 책벌도 기꺼이 감수하겠노라"고 했다고 한다. 그러면서 그는 "주님의 용서와 사랑 속에 마음의 평화를 누리고 있으며,

참회의 증표와 주님의 사랑에 대한 보답으로 사후에 신장과 안구 기증을 약속했다고 한다. 아울러 "사형 날짜를 담담히 기다리고 있는데, 그날이 바로 주님께 가는 날이기 때문"이라고 한다. 영화에서보다 훨씬 덜 뻔뻔한 인물이며, 그만큼 그의 신앙에 진정성이 느껴지도록 제시되고 있다.

〈밀양〉의 박도섭

영화에 등장하는 범인 박도섭은 웅변학원 원장이다. 그는 상처(喪妻)했고, 가출해 비행을 저지르는 중학생 딸 '정아'를 키우고 있다. 그 역시 신애의 돈을 노리고 준을 납치했으며, 소설에서보다 훨씬 주도면밀하게 신애를 협박해 돈을 갈취하고 준을 살해한 다음 시신을 유기했다. 경찰이나 종찬이 빨리 알았다면 상황은 달라질 수도 있었을 것(최소한 돈이라도 잃지 않았을 것)이라는 안타까움을 주지만, 감독의 극적 장치는 달리 작동된다. 준의 시신은 불과 며칠 만에 발견되고, 박도섭도 금방 잡힌다. 그는 체포돼 경찰로 압송되면서도 신애를 똑바로 쳐다보기까지 한다(오히려 신애가 그의 시선을 외면해버린다).

신애가 용서하겠다며 면회(신 84)를 갔을 때에도 박도섭은 뻔뻔하게 여겨질 정도로 평온하고 안정된 모습을 보인다. 이 점은 소설과는 다른 모습이다. 한마디로 그의 태도는 '난 주님께 회개했고, 주님이 이미 용서했으며, 그 결과 난 평화를 얻었다는 것'이다. 그러면서 그는 신애에게는 일말의 미안함도 없다는 듯이 말한다. 신애를 절망하게 만들기 충분한 모습이다. 이창동 감독은 이러한 상황을 위해 신 74에 예시적인 상황을 넣어두고 있다. 신애가 차를 몰고 가다가 횡단보도를 건너는 부부를 칠 뻔하는데, 이때 여자가 신애에게 "미안하다면 그만이가? 응? 사람 쥑이놓고도 응? 미안하다 말만 하마 되겠네?"라고 한 것이다.

주변 인물들

「벌레 이야기」의 김 집사

소설에서 김 집사는 알암이 엄마에 준하는 핵심 인물이다. 그녀는 알암이가 사고를 당하기 전부터 알암이 엄마에게 꾸준히 전도를 한다. 그리고 알암이의 실종을 계기로 전도의 강도를 높인다. 알암이가 처참하게 피살되고 암매장되었던 사실과 김도섭의 범행이 밝혀지는 등의 일련의 과정에서 알암이 엄마와 가장 많은 대화(전도 목적)를 하는 인물이기도 하다. 그리고 알암이 엄마가 믿음을 갖고 상처를 치유할 수 있도록 이끌어준 장본인이다.

여기까지의 역할은 순기능이었다. 그러나 알암이 엄마에게 더욱 높은 믿음, 가장 높은 경지에까지 이르도록 요구한다. 그것은 바로 범인 김도섭을 용서하도록 종용하는 것이다. 그러나 막상 알암이 엄마가 김도섭을 만나기 위해 교도소에 가겠다고 하자, 그녀는 조심스러워하며 화자인 '나(알암이 아빠)'와 상의하기도 한다. 그리고 알암이 엄마가 김도섭을 면회할 수 있도록 주선하는 한편, 실제 면회가 성사되었을 때는 동석해서 모든 상황을 지켜보기도 한다. 그녀는 알암이 엄마가 범인을 용서하지 못한 것은 신심이 부족한 때문이라고 단정한다. 주님의 사함을 받은 사람을 용서하지 못한다고 나무라기까지 한다.

그녀는 알암이 엄마의 마음속에 들끓는 인간적인 면, 즉 인간의 불완전성에 대해 함께 고뇌하고 함께 아파하지 못하면서 믿음만을 강조하며, 기독교적 믿음과 구원의 원리(원칙)만을 고집스럽게 내세우는 인물로 그려진다. 결국 그녀의 모습은 한국 기독교의 현주소에 대한 알레고리의 기능을 수행한다.

〈밀양〉의 종찬과 김 집사, 그 외 인물

소설에서 종찬이라는 인물은 존재하지 않는다. 그러나 영화에서 종찬은 신

애와 더불어 핵심 역할을 수행한다. 한마디로 그는 매우 속물이다. 종찬의 속
물적 모습은 다양하게 나타난다. 차 심부름을 하는 다방 아가씨를 대하는 장
면, 영문으로 된 상장을 만들어 와서 피아노 학원에 걸어주는 모습, 그리고 그
과정에서 누군가와 통화하며 피아노 학원을 소개하는 가운데, "준(June), 7월,
공부 좀 하세요"라며 낄낄대는 모습, 땅을 많이 가지고 있다는 사람과의 통화
나 그의 존재를 신애에게 설명하는 모습, 실제로 땅을 보러 갔을 때 신애에게
설명하는 모습, 준이 유괴되고 협박전화를 받은 신애가 그에게 도움을 요청하
려고 갔을 때, 정비소에서 혼자 노래방 기기를 틀어놓고 노래 부르는 모습, 교
회에서 교통정리하는 모습, 노방전도 과정에서 친구들과 흡연하고 노닥거리
는 모습, 모친과의 통화 내용, 신애와 모처럼 식사 약속을 한 후 중국 음식점에
서의 들뜬 모습 등등. 수많은 장면에서 제시되는 그의 일상적 모습은 속물성
을 그대로 드러낸다. 종찬을 잠시 만났던 신애의 동생 민기는 그의 이런 모습
을 단숨에 간파하고 "저…… 제가 한 가지 힌트를 드릴까요? 사장님은요, 우리
누나 취향이 아니에요. 절대 아니에요. 혹시 도움이 될까 해서 말씀 드리는 거
예요"라고 한다. 한마디로 종찬은 속물이지만 스스로의 모습을 구태여 감추고
치장하거나 누구에게도 거짓된 모습으로 보일 필요를 느끼지 않는다. 그의 이
러한 모습은 삶 자체이며, 그만큼 순수하기도 하다. 그는 신애의 일이라면 헌
신적인 모습을 보인다. 신애의 고통과 심경을 잘 이해하고 다독여주는 인물이
다. 그렇기 때문에 그는 신애의 트라우마와 인간적 고뇌, 그리고 그 모든 것이
폭발적으로 드러나는 히스테리 증세를 어루만져 치유해줄 수 있는 유일한 인
물이다. 김 집사, 목사나 전도사, 교인들, 친동생 등 어느 누구도 신애를 진정
으로 보듬어주지 못한다. 그 몫은 종찬의 것이다.

　다음으로 김 집사를 살펴보자. 영화에서 김 집사의 역할은 소설처럼 전폭적
이지 않고 매우 제한적으로 보인다. 신애를 믿음의 길로 인도하는 역할은 소
설에서와 동일하나 이 역시도 부분적이다. 그녀는 주위 사람들에게 이야기를
들었다면서 종찬을 제외하고는 밀양 사람 최초로 신애에게 관심과 호의를 표

명한다(신 16). 그러나 그녀는 신애가 '불행한 일'을 당하고 밀양에 온 '불행한 사람'이라고 단정하며, 그렇기 때문에 믿음을 가져야 한다는 말로 (결과적으로 신애의 자존심에) 상처를 준다. 악의가 아니라 그저 순수한 신앙적 열정이 전도의 말과 행위로 표출된 것이지만, 이를 받아들이는 사람의 입장이나 내면까지 세세히 헤아리지는 못한 것이다. 그렇기 때문에 김 집사(그녀의 남편인 강 장로 포함)는 양적 성장 위주로 달려온 한국 기독교의 실상을 환기하는 인물이 된다. 아무튼 그녀는 신애의 아픔을 이해하고 보듬어주려 애쓰며, 자신의 신앙과 양심에 따라 신애를 믿음의 길로 인도하는 안내자 역할을 (제한적으로)수행한다(신 60). 그녀는 신애가 믿음을 갖고 평화를 얻은 것에 기뻐하고, 생일 등 소소한 일상에서 그녀를 지켜보는 역할만 수행한다. 그리고 신애가 범인을 직접 만나는 것에 대해서 회의적인 모습을 보이고, 면회에 동행하지도 않는다(그 역할은 종찬과 오 집사, 그리고 다른 신자가 맡는다).

강 장로는 김 집사의 남편으로 약사이며, 은혜약국을 경영한다. 그는 신애의 트라우마를 이해하지 못하고, 꼬임에 넘어가 '실족'하는 모습을 보인다. 그는 아내인 김 집사 출연 장면의 배경 역할을 수행하고, 또 출연하는 장면 자체도 매우 제한적이지만 신애와 함께 하는 그의 모습은 한국 기독교의 (물욕에 대한)취약성과 인간 자체의 불완전성을 동시에 환기해주는 매우 중요한 역할이다.

이 밖에 신애의 남동생 민기는 신애의 과거 트라우마, 즉 남편과의 사별에 대한 정보를 제공하는 역할, 그리고 종찬은 신애에게 어울리지 않는다는 충고를 한다. 그러나 나중엔 그가 신애를 보살펴주리라는 점을 묵시적으로 인정하는 인물이다. 그리고 그는 속물근성을 탈색한 대도시인으로서 밀양이라는 도시를 낯선 시각으로, 이해 불가능한 곳(이상한 동네)으로 바라보는 외지인의 전형이 된다.

범인 박도섭의 딸 '정아'는 신애가 밀양에서 갖게 된 새로운 트라우마의 '트리거(trigger)'이다. 말 그대로 신애의 트라우마를 반복 환기시키는 방아쇠 역할을 수행한다. 우연인 듯 신애와 몇 차례 조우하면서 밀양이라는 곳이 중소 도시(좁은 바다)임과 신애가 그곳을 떠나지 않는 한 계속 마주쳐야 한다는 점, 그리고 그것이 좋은 인연이건 악연이건 궁극적으로 신의 섭리임을 환기한다.

이야기의 배경 또는 '밀양'의 함의

소설의 극적 배경은 명확하지 않다. 아마도 서울 등 대도시의 재개발 지역 근처로 추정된다. 실상 소설에서 극적 배경은 그다지 중요한 문제가 아니었다. 어디서 일어난 일이건 주제를 구현하는 데 중요한 변수가 될 수 없기 때문일 것이다. 반면에 영화는 제목부터 '밀양'이라고 하는, 실재하는 배경 안에서 펼쳐진다.[7]

그렇다면 밀양은 어떤 곳인가? 일차적으로는 신애 남편의 고향이며, 남편이 생전에 그토록 와서 살고 싶었던 곳이라고 한다. 신애에게 그곳은 익명의 도시이며, 자신의 실상(처지)을 알고 있는 사람들을 떠나 비밀스레 숨어 지내기 알맞은 곳으로 여겨져 선택한 공간이다. 또 이름대로 새롭고도 따스한 햇볕을 비밀스레 비춰줄 약속의 땅이 되리라는 희망을 신애에게 부여한 곳이 아닐까 싶다. 이 때문에 영화의 도입부에서 신애는 종찬의 견인차로 밀양에 들어오며 '밀양은 어떤 곳'이냐고 묻는다. 종찬은 밀양의 1차적 지표들[표층구조, 기표(記標)]을 중심으로 이야기 한다(경기 엉망, 한나라당 도시, 부산 가깝고, 급하고, 인구가 줄고 있고……). 그러나 신애는 '밀양의 심층 의미, 즉 기의(記意)'에 대해 아는 체를 한다. 이에 대해 종찬은 "뜻요? 우리가 뭐 뜻 보고 삽니꺼? 그냥 사는

---

7 앞서 살펴본 것처럼 영화의 가장 큰 특성은 기록과 재현이다. 매 순간 무엇인가를 시각적으로 보여주어야 하는 것이다. 그렇다고 해서 아무것이나 보여줄 수는 없는 노릇이다. 필요한 부분만 정제해서 제시하지 않으면 작가의 의도와는 무관한 오해를 무수히 불러일으킬 수 있는 것이 영화이다.

기지"라고 한다. 한마디로 밀양은 별 볼 일 없는 도시이고, 그 자신이 이 동네에서 이름 보고 사는 것도 아니다. '그냥' 별 생각 없이 평범하게 살아가고 있음을 이야기한다.

그러나 막상 신애가 밀양에 피아노 학원을 내고 정착하는 과정에서 새롭게 발견하는 밀양은 사람들이 매우 배타적이고, 그렇기 때문에 일견 자신에 관해 아무 관심이 없는 것처럼 보였지만, 사실은 그녀에 관한 외적 정보들을 자기들끼리 은밀히 소통할 정도로 의뭉스럽고, 뒤로 쑥덕거리기 좋아하는, 이웃에서 돌아가는 웬만한 일들은 금방 소문이 퍼지는 손바닥만 한 동네이다. 그리고 하나뿐인 아들마저 잃고 절망으로 가득 찬 동네이자, 그녀의 궁극적·세속적 평화와 구원의 땅이 되리라는 유추가 가능한 땅이기도 하다.

정신병원에서 퇴원한 후, 신 119에서 신애는 종찬에게 머리를 자르고 싶다고 한다. 두 사람은 근처의 미용실에 간다. 그런데 그곳에는 박도섭의 딸인 '정아'가 일하고 있다. 신애는 정아에게 머리를 맡기고 있다가 갑자기 밖으로 뛰쳐나간다. 황당해하며 뒤따라 온 종찬에게 신애가 묻는다. "왜 날 그 집에 데려갔어요?" 이에 종찬이 "머리 자르고 싶다고 안 했십니꺼? 머리 할라면 미장원에 가야지예". 그러자 신애가 말한다. "그런데 왜 하필 그 집이냐고요? 왜 하필 오늘, 하필 그 집이냐고요?" 그러면서 그녀는 하늘을 올려다본다. 그녀에게 정아와의 만남은 가까스로 치유의 기미를 보이는 상처를 다시 덧내는 트리거이자 마치 운명의 장난과도 같은 것이었으리라. 수개월 동안 병원에 입원해 치료 후, 식사도 거른 채 먼저 들른 미용실에서 범인의 딸과 마주친 것에 대해 그녀는 종찬에게 여전히 히스테리 증상을 보이지만, 그것은 신의 섭리에 대한 저항감과 반발심이 아직 완전히 가시지 않았음을 암시한다. 그러나 한편으로는 그녀가 밀양이라는 인간세계(어디나 다 똑같은),[8] 신이 주관하는 피조물의

---

8 신 115에서 종찬은 밀양에 내려온 신애의 동생 민기를 만난다. 이때 민기는 종찬에게 밀양이 어떤 곳이냐고 묻는다. 종찬은 "그 질문은 신애가 밀양에 처음 올 때도 똑같이

세계에 존재하는 한, 신의 계획과 섭리를 벗어날 수는 없는 노릇이라는 것에 대해 어느 정도는 체념적으로 자각하는 모습처럼 보이기도 한다. 한마디로 밀양은 비밀스러운 햇볕에 포획되어 있는 곳이며, 신의 비밀스러운 계획과 운행을 벗어날 수 없는 곳이다. 여하튼 신애는 종찬에게 쏘아붙인 후 돌아서다가 양장점 주인 여자와 만난다. 그녀는 자기 가게 앞을 지나가는 신애를 보고 반갑게 인사하며 신애의 충고대로 인테리어를 바꾸었고, 그 후부터 장사가 잘 된다면서 한턱내겠다고 한다. 이것은 신애에게는 절대로 변모하지 않을 것 같던, 배타적이고 보수적인 밀양의 미세한 변화로 받아들일 만한 것이다. 비로소 신애를 자신들의 일원으로 인정하고 받아들이겠다는 제스처로 인식할 수 있기 때문이다. 바로 이 장면이 의미심장한 이유는 그 속에 이창동 감독이 비판하려는 대상이 숨어 있기 때문이다.

외지인의 대명사인 신애의 동생 민기가 바라본 밀양은 서울과는 판이하게 다른, 이전에 경험해보지 못한, 무언가 이해할 수 없고 이상한 동네일뿐이다. 그가 세 번째로 밀양을 찾을 때까지 밀양은 그에게 여전히 알 수 없는 동네이다. 그는 종찬에게 '밀양은 어떤 도시냐'고 묻는다. 종찬은 신애가 처음 밀양에 오던 날 똑같은 질문을 했다고 하면서, 그러나 이번에는 '다른 동네랑 똑같다'고 한다. 사람 사는 동네가 다 똑같지 다를 것이 무엇이 있겠는가 반문하는 투다. 바로 이 지점이 매우 흥미로운 부분이다. 종찬으로서는 밀양이 고향이며 그곳에서의 일상은 그냥 별 생각이나 고민 없이, 그저 물처럼 공기처럼 밀양을 호흡하며 살아가는 지극히 자연스러운 곳이고, 다른 곳과 별반 차이 없는 곳일 뿐이다. 그러나 외지인의 눈에 포착된 밀양은 배타성과 보수성으로 똘똘 뭉친 중소 도시이다. 우리 사회에서 보수성이 가장 강하다는 '우리가 남이가'[9]로 대

했던 질문"이라며, 대답하기를 주저하다가 다음과 같이 말한다. "똑같아예. 딴 데하고 ……. 사람 사는 데 다 똑같지예".

9 또 다른 표현으로는 '우리가 다르가'라는 말이 있다. '우리가 서로 다른가?'의 경상도 버

표되는 영남의, 그것도 대구와 부산 사이에 끼어 있는 중소 도시 밀양이 사실 여부와 상관없이 보수성을 대표하는 기표로 사용되었다는 점을 지적해야 한다. 이야기의 주제 전개상 사건이 일어나는 배경은 소설과 마찬가지로 대한민국 어느 도시에서 일어나도 상관없는 문제였다. 하지만 이창동 감독이 굳이 밀양이라는 도시로 그 배경을 가져간 것은, 이처럼 단순히 지명이 갖는 다의성 때문만도 아니었음을 알 수 있는 대목이다.

한편 소설 「벌레 이야기」에서의 '벌레'란 신의 절대성 앞에 너무도 하찮은 미물과도 같은 인간의 존재를 피학적으로 벌레에 비유한 것으로 미루어 짐작할 수 있다.[10] 그런데 영화 〈밀양〉에서의 '밀양'은 '비밀의 햇볕(secret sunshine)'으로 언표화(言表化)되었다. 그것은 '햇볕의 비밀(The secret of sunshine)'로 바꾸어 부를 수도 있을 것이다. 그것이 바로 이창동 감독의 노림수였을 수도 있다. '비밀'은 추상명사이고, '햇볕'은 '해'라는 고유명사 + '볕(빛)'이라는 보통명사의 결합이다. 중요한 것은 비밀이 햇볕을 꾸며주느냐, 아니면 햇볕이 비밀을 수식하느냐에 따라 뉘앙스 차이가 발생한다는 점이다. 미세한 듯하면서도 확연한 균열[데리다(Jacques Derrida)의 용어로 차연(differance)]이 발생한다. '해'의 상징성을 기독교의 '신'(여호와 하나님)에 둔다면, '볕'은 그의 '은총'일 것이다. 그렇다면 '비밀'은 말씀으로 천지 우주 만물을 지으신 그분이 세상과 인간을 치리해나가는 '내밀한 방식'이리라. 그러므로 '비밀의 햇볕'은 피조물인 인간의 턱없이 부족한 분별력과 인내심으로 그분의 '은총으로 역사(役事)하심'을 이해한다는 것은 도저히 불가능한 일이라고 읽을 수 있다. 그렇다면 '햇볕의 비밀'은 세상과 인간에 대해 신이 은총으로 역사(work hard)하시는 방식은 인간의 분별력이나 인내심을 뛰어넘고, 피조물의 신에 대한 사고(思考)나 염원(기복 신앙)과는 다른, 비밀스러운 방식으로 작동한다고 읽을 수 있다.

전으로, 사석에서 자신들의 동질성을 확인하는 중요한 언표로 자주 사용된다.
10 실제로 찬송가 143장에 '이 벌레 같은 날 위해'라는 가사가 있다.

이것이 어떤 함의가 있을까? 신앙의 본질, 즉 진리란 오직 하나지만 그것의 해석과 적용은 얼마든지 달라질 수 있다는 것이다. 환언하면 진리는 오직 하나님께 있지만, 그에게 다가가는 인간의 진실은 사람 수만큼이나 많다고 할 수 있다. 바로 이러한 균열의 틈새에 이창동 감독은 신애를 내려놓는다. 그리고 트라우마를 겪은 한 인간의 개별적이지만 보편성을 가질 수 있는 진실이 신앙이라는 이름 안에서 치유되거나 위무되지 못하는 모습을, 인간의 보편적인 감정과 정의를 초월한 믿음에 대해 '당신은 어떻게 생각하느냐'고 묻는다. 그와 함께 작금의 한국 기독교가 세속화·권력화되고, 수구적 기득권 세력의 가치를 일선에서 옹위하는 역할을 자임하면서, 세상의 뒷전에서 온갖 상처를 끌어안고 절망하는 사회적 타자들을 위해서는 무엇을 해주고 있는가를 묻고 있다. 교회에서는 장로지만 간단한 유혹에도 속절없이 넘어가고, 삶의 여러 길모퉁이에서 넘어지고 깨지며 무수한 트라우마를 겪은(겪고 있는) 양떼들의 눈물을 제대로 닦아주지 못하는 종교가 무슨 의미가 있는가에 대해 비판적으로 묻고 있다.[11] 그리고 이런 질문들은 바로 앞에서 살펴본 바와 같은 '밀양'이라는 공교로운 지명이 다중적으로 함의하는 바에 절묘하게 의지한다.

여기서 멈추는 것이 아니다. 신애가 겪는 불행과 절망스러움, 불신이나 신에 대한 원망, 저주와 상관없이 그녀가 원하는 방식은 결코 아니었지만, 신은 그러한 신애에게 처음부터 종찬을 예비해두셨다는 점이다. 소설 원작에는 없는 종찬의 존재는 전적으로 이창동 감독의 상상력의 소산이다. 그 자신이 '이야기라고 하는 또 다른 세계(천지)'의 창조자로서, 신의 성품을 누구보다 잘 이해하고 있다는 방증이다. 그녀가 밀양에서 어떤 모습으로 살아가든지, 그녀 곁에는 언제나 종찬이라는 듬직한 사람이 있어 그녀의 눈에 흐르는 눈물을 닦

---

11 한국 기독교 신앙의 양적 팽창과 배타적 보수주의에 대한 비판은 소설을 통해 이청준이 먼저 문제 제기를 했다고 충분히 읽을 수 있다. 그리고 이창동 감독은 바로 그런 면을 소설이 가진 미덕이라고 보고 영화에서 이를 계승해서 더욱 정교하게 가다듬었다.

아주고, 거울처럼 마주 보며 살아가게 되리라는 약속이다. 신애도 죽기 전 어느 순간엔가 그토록 내밀한 신의 섭리(진리)를 깨달을 날이 있으리라. 관객인 우리들도……. 이창동 감독은 관객에게 '밀양'이라는 지명과 제목, 영화 속에서 바로 그러한 메시지를 읽을 것을 요구한다.

주제의 변주, 외상 후 스트레스 장애의 문제[12]

소설에서는 알암이 엄마의 '외상 후 스트레스 장애(이하 PTSD로 표기함)'의 모습에 대한 묘사나 에피소드가 없다. 소설이 쓰일 당시 우리나라에는 이러한 개념 자체가 일반화되지 않았다는 것에 대한 반증일 수도 있겠다. 아마도 이 부분이 소설과 영화가 근본적으로 결별하는 지점이 아닐까 싶다. 소설과 달리 영화 속 신애의 모습은 이런 면에 깊이 천착하고 있음을 알 수 있기 때문이다.

신애에게는 남편의 배신과 죽음이라는 1차 트라우마가 있다. 남편은 다른 여자와 바람을 피우다 사고로 죽었으며, 그것은 신애로서는 견디기 어려운 깊은 상처가 되었다. 그녀가 밀양에 와서 정착하는 가운데 드러나는 모든 말과 행동은 바로 이 트라우마와 무관하지 않다. 이 점은 곧바로 '그녀의 속물적 모습이나 허세의 근원이 어디에 있는가'의 물음으로 넘어가는 것이다. 그것은 그녀의 천성이라기보다는 제대로 치유되지 못한 트라우마에 대한 일종의 '방어기제'[13] 형태로 허세(자기 합리화)를 부리는 것일 수도 있기 때문이다. 신애의

---

12 '외상 후 스트레스 장애'라는 진단명은 1980년에 처음으로 미국 정신과 학회에서 질병으로 인정되었다고 한다. 김준기, 『영화로 만나는 치유의 심리학』(시그마북스, 2009), 30쪽 참조.

13 이 용어는 "방어의 신경·정신증(The Neuro-Psychoses of Defence)"(1894)이라는 프로이트(Sigmund Freud)의 소논문에서 처음 사용되었다. 프로이트 이후의 정신분석학자들이 임상을 통해 분류한 주된 방어기제로는 억압(repression), 반동형성(reaction

동생 민기마저도 자신의 누나가 서울을 떠나 숨어들듯이 밀양이라는 낯선 도시에 와서 살려고 하는 것이나, 죽은 남편이 자신을 사랑했다고 합리화하는 모습,[14] 그리고 허세를 부리는 모습 등을 모두 낯설어 하는 것을 보면 알 수 있다.

그러나 신애에게 새롭게 닥친 준의 처참한 죽음과 가지고 있던 얼마 되지 않는 돈을 모두 빼앗김, 그리고 탄로 난 허세와 그로 인한 자존심의 상처는 돌이킬 수 없는 새로운 트라우마를 만들었다. 심리학·정신분석학에서 밝힌 트라우마 생존자들의 공통된 모습은 "신경전달물질의 결함, 파괴된 두뇌 경로, 가공되지 않은 감각 신경적 기억, 초기 과정 사고, 왜곡된 사물 관계, 분열된 격한 감정, 원시적인 방어, 그리고 전이 관계와 통제되지 않은 재 경험적 행동을 분명히 나타낸다"고 한다.[15] 신애에게서 이런 모습은 두루 나타난다. 그녀가 믿음을 갖고 평화를 얻기 전의 PTSD 반응은 전형적으로 드러나지만, 상대적으로 약한 편이다.[16] 그녀는 준의 사망 신고를 위해 동사무소에 가는데 자신의 주민등록 번호를 기억하지 못한다. 갑자기 몸이 가렵다는 듯 몸을 긁적이

---

formation), 투사(projection), 퇴행(regression), 승화(sublimation), 부정(denial), 합리화(rationalization) 등이 있다. 가령 신애가 동사무소에서 자신의 주민등록번호를 기억하지 못하는 것은 '억압'으로부터 비롯된 '히스테리성기억상실증'이라고 할 것이다. 이 밖에도 영화에서 신애가 준을 잃고 난 후, 믿음을 갖기 전, 그리고 범인 면회 후에 보이는 일련의 행위들은 PTSD에 따른 위와 같은 방어기제들의 표출이라고 할 수 있다.

14 김준기, 『영화로 만나는 치유의 심리학』, 37쪽. 이 책에서 김준기는 신애의 이러한 행동을 '회피'로 풀이한다. 그러나 그녀가 부모와 형제를 비롯한 지인들을 떠난 행위는 회피일지라도, 굳이 밀양에 와서 정착을 결행하는 것은 '합리화'가 아니면 달리 설명하기 어렵다고 본다.

15 켈러만·허긴스, 『트라우마 생존자들과의 심리극: 고통에서 벗어나기 위한 행동』, 최대헌·조성희·이미옥 옮김(학지사, 2008), 12~13쪽 참조.

16 신애를 위로하기 위해 모인 교인들 앞에서 썩는 냄새가 난다고 하는 장면(신 90)이나, 신애가 남의 집 아파트에서 떨어지려는 모습(신 95에서 신애의 자살 충동을 보여준다)은 영화에서는 볼 수 없다. 편집에 의해 잘려나간 것이다. 이창동 감독이 이 부분을 의도적으로 톤 다운(tone down)하려고 잘랐다는 사실을 알 수 있다.

며 매우 불안정한 모습을 보이다가 가방을 떨어뜨린다. 그녀는 허둥지둥 흩린 물건을 주워 담는데 주위 사람이 도와주려고 하자 과도하게 신경질적인 반응을 보이고, 고통을 내면화하다가 호흡 곤란 증세를 보인다. 그녀의 PTSD 반응이 더욱 격렬하고 전이된 형태로 드러나는 것은 범인 박도섭을 면회하고 나서이다. 심리학·정신분석학 연구에서 밝힌 또 다른 사실은 PTSD의 많은 증상이 "무의식적이고 비언어적이며 실제로 대화치료로는 접근할 수 없는 우뇌적인(right-brained) 경험이라는 것이다. 무의식적인 행동 표출과 가공되지 않은 트라우마의 재경험은 트라우마의 희생자들에게 항상 일어난다"는 것이다.[17] 그녀의 PTSD는 신앙으로, 믿음으로 치유된 것이 아니었다. 그녀는 신앙을 갖고 마음의 평화를 얻었다고 간증하지만 밥을 먹다가도, 비행 청소년들에게 마구 두들겨 맞는 박도섭의 딸 정아의 모습을 보면서도, 그리고 운전을 하다가 횡단보도를 건너던 행인을 칠 뻔했던 상황에서도 어쩔 수 없는 '애도 반응'에 쩔쩔매는 모습을 보인다. 그러나 박도섭의 뻔뻔스러운 모습과 신앙 안에서도 자신이 할 수 있는 일(용서)이란 없다는 것, 불가능하다는 사실을 체감한 후에는 이전보다 훨씬 심각한 PTSD 반응을 보이는 상태로 떨어진다.

신애가 겪는 용서 충동과 용서자 신드롬

신애가 아들 준이를 데리고 밀양에 올 때, 그녀는 이미 1차 트라우마를 안고 (감추고) 왔다. 그녀의 남편은 혼인의 순결의무를 저버리고 외간 여자와 바람이 나서 돌아다니다가 교통사고로 죽음으로써 신애에게 커다란 배신감과 함께 강력한 트라우마를 안기고 떠났기 때문이다. 이것이 매우 중요하다. 그녀가 밀양에서 보여주는 모든 말과 행동의 기층에서 작동하는 것이 이 트라우마

---

17 켈러만·허긴스, 『트라우마 생존자들과의 심리극: 고통에서 벗어나기 위한 행동』, 13쪽.

와 그에 대한 방어기제에서 비롯된 것이기 때문이다. 따라서 그녀가 밀양에서 겪는 모든 일들은 제대로 치유되지 못한 트라우마로 인한 잘못된 선택들이 자승자박을 만들고 돌이킬 수 없는 화를 불러들이는 원동력이 된 것이다. 그 결과 그녀는 아들 준이를 잃음으로써 자신의 모든 것이 송두리째 파괴되고 모든 것을 잃는 고통을 겪는다. 신애에게 닥친 이러한 일련의 사건을 통해 이창동 감독이 드러내려는 메시지의 핵심은 '용서'라는 글귀와 관념(특히 기독교적 입장에서), 그리고 '용서가 자신 앞에 닥친 현실이 되어버린 사람들의 실제 경험' 사이의 괴리에 관해 깊이 숙고하도록 하는 것이다. 아울러 다음과 같은 여러 질문들을 포함해 수많은 질문과 해답을 요구하고 있기도 하다. 삶이 송두리째 파괴되고 가슴이 찢기는 고통을 겪은 사람이 과연 용서라는 것을 할 수 있을까? 도저히 용서가 안 되는 일을 당한 피해자를 곁에서 지켜봐야 하는 사람은 피해자의 치유를 어떻게 도울 것인가? 용서 자체가 당장 불가능한데도 마치 의무라도 되는 양 심리적 압박을 느끼는 사람들은 어떻게 해야 할까? 우리가 바로 그 피해자라면 어떻게 극복해야 할까?

어떤 신앙이나 특정 종교의 교리를 떠나서 이웃이나 세상에 해악을 끼치고 그 당사자가 아니라 신에게 용서를 구하는 것은 기본적으로 이치에 맞지 않는 행동이다. 가령 기독교에서 말하는 '회개(悔改)'란 단지 돌이켜 반성하는 것(과거 지향적 개념)만을 의미하는 것이 아니라 자신이 잘못한 모든 것을 고쳐나간다(미래지향적 개념)는 구체적 실천 행위가 밑받침되고 있음을 알려준다. 이것은 한 사람이 자신의 죄를 신 앞에 고백하고 회개한다고 할 때, 단지 말로 끝나는 것이 아니라 그에 대한 구체적 실천을 통해 '회개에 합당한 열매'를 보여야 함을 의미한다. 따라서 이웃의 물건을 훔치고 나서 그 훔친 물건을 되돌려 줄 마음은 없으면서 이웃을 찾아가 반성을 표하고 용서를 구한다는 것은 가당한 일이 아니다. 문제는 이러한 낮은 정도의 가해와 위해 상황이 아니라, 자식이 유괴되어 살해당한 경우에 적용할 수 있는 특별한 논리란 무엇인가이다. 용서에 대한 결심이나 그것을 행동에 옮기는 것은 피해자로서는 내면으로부터의 변화, 즉 정신, 감정, 마음, 영혼, 어쩌면 존재 전부를 쏟아붓게 만드는 어렵고 지속적이며 상당한 시간을 요하는 지난한 과정과 결과이다. 이 때문에 버나딘 비숍(Bernardine Bishop)은 진정한 용서의 어려움에 대해 다음과 같이 말한다. "진정한 용서란 처절한 몸부림이며, 극단으로 요동치는 감정의 기복과, 필설로 다 헤아리지 못할 깊은 번민과 고뇌와 갈등의 결과이다."[18] 매우 적절한 표현이다. 그러나 가해자에게 요구되는, 가해자에게 필요한 변화는 자신이 저지른 일에 대한 '진정한 뉘우침'뿐이다.

신애의 아들 상실은 돌이킬 수 없고, 무엇으로도 보상받을 길 없는 상처요, 피해이다. 박도섭으로서는 무엇으로도 갚을 길이 없는 빚이다. 그럼에도 박도섭은 자신을 용서하겠다고 찾아온 신애에게 자신이 저지른 일에 대한 참회나 용서를 구하는 어떤 제스처도 하지 않는다. 그런 면에서 〈밀양〉은 오늘 우리에게 '잘못' 전파되고, 삶에서 잘못 적용되는 기독교 신앙의 허점을 종심 깊숙이 찔러 들어가며 해부해 보여주는 작품이다. "용서란 상대의 마음과 정신세계로 걸어 들어가는 일이다. 그 과정에서 서로를 인지할 수 있는 가능성이 생겨나고, 용서의 밑바탕이 되는 일종의 '관계'가 맺어지게 된다."[19] 그러나 박도섭은 신애의 고통에 대한 최소한의 죄책감도, 아무 연민도 없다는 듯 초탈한 모습을 보인다. 이로써 그는 다시 한 번 신애의 자존심과 정체성을 마구 뒤흔들어 놓는다. 그를 대면한 신애가 느끼는 감정은 신에 대한 배신감, 그리고 그로 인한 트라우마의 재경험이다. 그녀는 깊은 고뇌를 가슴에 품은 채 그 자리에서 물러난 후 실신해버린다. 그녀는 박도섭을 찾아가 그녀의 내면에 들어 있는 가장 선하고 진실한 마음을 길어 올려 용서라는 호의를 전하려고 했다.

---

18 Bernardine Bishop, "'The Visage of Offence': A Psychoanalytical View of Forgiveness and Repentance in Shakespeare's Plays," *British Journal of Psychotherapy*, Vol. 23, No. 1(2006), p. 30.

19 스티븐 체리, 『용서라는 고통』, 송연수 옮김(황소자리, 2013), 80쪽.

그녀의 그러한 행동은 곧 상대인 박도섭의 내면에 남아 있을지 모를 일말의 선하고 진실한 마음이 메아리가 되어 그녀에게도 전달되기를 바라는 마음을 안고 그에게 간 것이라고 할 수 있다. 그러나 이 사건이 신애에게 돌려준 것은 오히려 그녀가 믿는 신의 존재가 둘 사이에 끼어들어 그녀의 진실한 마음과 목소리가 한 순간에 부정당하고 딜레마에 봉착하게 했다는 기막힌 깨달음뿐이었다. 이 때문에 그녀는 자신이 용서의 주체가 될 수 없음, 즉 자신에게 강력한 트라우마를 안긴 범인 박도섭에게조차 주체적인 인격체로 존중받기는커녕 다시 한 번 배제되는 고통을 맛봐야 했다. 이것이 그녀에게 또 다른 상처가 된 것이다.

신애의 이러한 실패의 원인은 어디에 있을까? 이 부분이 정말 중요하다. 오늘날 기독교인들이 가장 쉽게 빠질 수 있는 오류와 그로 인한 실패의 메커니즘은 바로 성경, 그중에서도 신약성서 마태오 복음 18장이나 주기도문에서 언급하는 '용서'라는 개념을 성경 전체 또는 신앙 전체의 입체적인 맥락에서 이해하고 받아들이려는 것이 아니다. 마치 무조건적인 도그마처럼 받아들이거나 지나치게 단순화해서 의무감이나 강박관념처럼 받아들이는 데서 비롯된다. 그것은 트라우마의 생존자에게는 또 다른 괴로움과 고통을 가중시키는 일이 될 수 있다. 용서해야만 하는데 그럴 마음이나 능력이 없다고 하는 자책 때문이다. 그런 면에서 신애는 용서를 너무 간단히, 낭만적으로 본 것이 아닌가 하는 생각이 든다. 성급하고 섣부른 용서가 불러올 역풍, 즉 '박도섭이 어떤 반응을 보이는가'와는 상관없이 그녀는 그를 용서할 수 있을지에 대한 확신을 갖지 못한 채 용서에 임했다. 그리고 그녀는 그 일이 피해자인 자신을 새롭고도 강력한 고통 속으로 밀어 넣을 수도 있다는 사실을 간과했다. 그녀의 이런 행동이나 모습은 가해자인 박도섭에게도 바람직하지 않으며, 나아가 그녀가 속한 교회 공동체에도 해가 될 수 있다는 것을 그녀는 알지 못했다. 그녀가 몰랐던 또 다른 것은 용서라는 말이 상징하는 '종교적인 도그마 속에 들어 있는 가식'에 그녀 자신이 포섭돼 있고, 그녀 자신이 바로 이 도그마로부터 자유롭지 못하다는 사실이다. 그러나 우리가 오해하지 말아야 할 것은 용서에 관한 예수의 가르침이 지향하는 본질이다. 그것은 "'용서할 수 없을 때에도 무조건 용서하라'가 아니라, '악의 소용돌이에서 벗어나 사랑의 소용돌이로 들어가라'는 뜻"[20]으로 이해할 수 있어야만 수용 가능한 실천 강령이 될 수 있다.

그러므로 우리는 여기서 다음과 같은 질문을 해봐야 한다. 이신애는 과연 용서가 가진 이러한 측면들을 제대로 고려한 끝에 용서를 결심했고, 그것을 실행하려 했던 것일까? 그녀는 '용서 충동'과 '용서자 신드롬'에 빠진 것은 아니었을까? 용서 충동이란 "용서하려는 마음이 쉽사리 들지 않는 데서 느끼는 강박이 아니라, 반대로 용서하려는 열망이 지나치게 앞서는 데서 오는 충동에 관한 문제이다. 자기 자신을 훌륭한 '용서자'로 보려는, 그리고 다른 사람에게도 그런 사람으로 비치고 싶다는 열망은 도덕적 우월감과 뒤섞이게 마련이다. 스스로를 용서자로 본다는 것은 잠재적으로 자기 자신을 매우 좋은 사람으로 여긴다는 뜻이다."[21] 여기서 더 나아가 가해자를 용서할 거리를 억지로 찾고 "가해자에게 뉘우치는 기색이 없더라도 용서해줄 만큼 관대하고 훌륭한 모습을 보여야 하지 않을까를 고민"하는 것이 "용서자 신드롬(forgiver syndrome)"이다.[22] "일반적으로 용서자 신드롬에 빠진 사람들은 첫째, 자신은 도덕적 흠결이 전혀 없으며, 둘째, 스스로 훌륭한 용서자라는 이중적 환상에 사로잡힌다."[23] 이것이 용서 욕구의 두 가지 극단적인 예이다.

그렇기 때문에 신애는 용서하기에 앞서 자신이 가진 상처의 의미에 대해 여러 단계에 걸쳐 깊이 숙고하면서 자신의 내면에서 요동치는 감정의 기복을 심도 있게 이해하는 것이 필요했다. 용서의 욕구, 특히 기독교 신앙 안에서 갖게

---

20 같은 책, 96쪽.
21 같은 책, 216쪽.
22 같은 책, 217쪽.
23 같은 책, 218쪽.

되는 신자로서의 용서 욕구(용서의 의무에 대한 강박관념)에 대해 스스로 철저히
경계해야 했다. 용서란 그저 잊어버리거나 봐주거나 털어버리거나 참아내는
것이 아니다. 이러한 태도는 정당하지도, 적절하지도 않을뿐더러 아무 도움도
되지 않는다. 오히려 피해자의 삶을 더욱 비참하게 만들 수 있다. 그중에서도
특히 지나치게 앞서나가는 '용서 충동'의 문제에 대해서 철저한 주의가 필요했
으나, 그녀가 속한 신앙 공동체 안에서는 누구도 그러한 문제에 대해서 적절히
제동을 걸어주지 못했다. 그런 면에서 그녀가 소규모 기도 모임의 회중 앞에
서 신앙 간증을 하고, 그에 대해 모두가 칭찬과 격려를 아끼지 않는 모습이 제
시되는 것은 매우 의미심장하다. 새로운 커뮤니티에서 차별받거나 배제되지
않으려는 신애의 노력은 그녀가 밀양에 내려와 정착하던 초기부터 반복한 것
이다. 준이가 유괴되던 날 밤에도 그녀는 동네 여자들로부터 배척당하지 않
고, 그녀들의 환심을 사기 위해서 저녁 식사부터 노래방에 이르는 이른바 풀코
스로 한턱내느라 너무 늦게 귀가했다. 이것이 화를 부른 또 다른 요소였음을
상기해보라. 그런데 그녀는 기도 모임에서도 자신의 믿음이 어떻게 성장하고
있으며 자식을 잃은 막막한 슬픔을 떨쳐내고 어떻게 마음의 평화를 얻게 되었
는지를 이야기하는 가운데, 모든 이들의 주목과 찬사를 한 몸에 받는 것을 즐
기고 있다는 징후를 발견하게 된다.

　아울러 영화 속에서 명확히 드러나지는 않으나 위와 같은 신애의 행동 이전
에 혹시 있었을지도 모를 다음과 같은 상황에 대해서도 생각해봐야 한다. 그
것은 신앙심을 빌미로 주위에서 용서를 부추기거나 은연중에라도 그와 같은
분위기를 조성해 신애를 압박하거나, 그 정도로 직접적이지는 않더라도 눈치
빠른 신애가 최소한 그러한 분위기에 압박감을 느꼈을 수 있다는 점 말이다.
이러한 것들은 신애로서는 아직 용서에 대해 전혀 준비되지 않은 상황에서 그
녀가 스스로를 돌아보며 용서할 수 없음을 자책하게 만들었을 수도 있기 때문
이다. 기독교 신자라면 이와 같은 일은 매주 있는 예배나 미사에서 (목사들의
설교 또는 사제들의 강론을 통해서) 실제로 흔히 맞닥뜨릴 수 있는 문제이다. 그

런데 신자들이 접하게 되는 특별하고 극적인 용서의 사례들은 대부분 과대평가되었다고 볼 수 있다. 그것들은 신앙적 모범의 사례로 칭송이 자자한 가운데 반복적으로 회자되면서 신화화되고, 그 주체는 우상화되기 십상이다. 지극히 예외적이었던 하나의 용서 사례가 그것의 희소성 때문에 오히려 교회 안에서 더욱 강하게 부각되면서 하나의 모범적 전형으로 자리를 잡음과 동시에 모두에게 일반화되도록 비춰지는 아이러니가 발생한다. 때로는 미완의 용서, 과정과 단계로서의 용서가 전파되고 운위되는 과정에서 용서의 완결판으로 윤색되고 미화되는 경우도 발생할 수 있다. 설교나 강론 과정에서 성경 구절을 인용하는 가운데 이런 사람들의 이야기를 '신의 계시와 명령에 대한 믿음이 발현'된 케이스로 제시하면, 그것은 받아들이기에 따라 용서 부추기기의 한 형태가 될 수도 있다. 그러나 "용서의 소명에 귀를 기울이라고 피해자들을 몰아세우는 것은 그들을 또다시 용서의 피해자가 되도록 하는 것과 다름없다. 왜냐하면 그것은 피해자로 하여금 소명에 부응하지 못한다는 죄책감으로 인해 더 큰 낙담과 실의에 빠지게 하기 때문이다".[24]

따라서 신애의 행동 이면에 이러한 가르침이 공공연하게 또는 암묵적으로 작용하지 않았을까 하는 추측도 가능하다고 본다. 용서란 두말할 나위 없이 인간이 도달할 수 있는 가장 높은 경지의 숭고한 가치이다. 그렇기에 누구나 그러한 관념에 가치를 부여하고 소중히 여길 수 있으며 주위에도 권면할 수 있다. 그러나 그러한 일이 정작 자신에게 부과되기 전에는 그 말이 함의하는 엄청난 무게감을 피부로 느끼지 못한다. 그렇기 때문에 이러한 일은 교회 안에서 때로는 은밀하게 때로는 공공연하게 운위되곤 한다. 이에 대해 일찍이 루이스(C. S. Lewis)는 다음과 같이 지적했다. "사람들은 용서가 아름다운 일이라고 말한다. 정작 자신이 용서할 일을 당하기 전까지는……"[25] 이 때문에 용

24 John Swinton, *Raging with Compassion: Pastoral Responses to the Problem of Evil* (Grand Rapids, MI: Eerdmanns, 2007), p.167.

서를 강요하는 것은 피해자의 삶을 더 불행하게 만들 수도 있다는 점을 반드시 유념해야 한다. 아울러 "용서 충동 또는 너그러운 사람으로 보이고 싶은 욕구는 더 신중하게 다뤄질 필요가 있다. 절제된 용서의 자세는 가해자의 변화는 무시한 채 용서자의 우월감과 미덕만 과시하는 소위 '영웅적 용서'"[26]의 모습으로 드러날 수 있다.

신애는 자신이 가해자보다 우위에 있다는 착각(힘의 우위, 도덕적 우위, 나아가 신애 자신에게 박도섭에 대한 사면의 권한이 있다고 착각)을 하고, 그렇게 행동함으로써 그녀의 실패는 사전에 노정돼 있었다고 할 수 있다. 그녀의 실패는 이 같은 착각과 한국의 기독교가 용서와 관련해 잘못 만들어놓은 수많은 가식들, 즉 "악행이 만들어내는 모든 불행을 극복하게 해줄 손쉬운 해결책은 용서라는 가식, 상처를 치유하려는 사람들 모두가 시도할 수 있는 편리한 접근법이라고 하는 가식, 도덕적으로 온전하다는 가식, 따라서 어떤 상황에서도 용서에 반대할 만한 도덕적 근거는 전혀 없다고 하는 가식"[27]에서 비롯된 것이다.

이 영화를 보면서 우리가 새삼 깨닫고 느끼는 바는 용서가 참으로 어려운 일이라는 것이다. 그리고 많은 이들에게 그것은 아예 불가능한 일이기도 하다. 아울러 기독교에서 말하는 용서의 진실은 그리스도인들이 (성경에 대한 또는 신앙에 대한 '지식'으로) 알고 있고 전파하려는 이른바 '용서에 대한 신화'보다 훨씬 더 어둡고 어려우며 고통스럽다. 그럼에도 우리는 영국의 극작가 '피터 쉐퍼(Peter Shaffer)'의 희곡 『고곤의 선물(The Gift of the Gorgon)』에서 '헬렌(Helen)'의 대사 중 다음 구절 역시 되짚어봐야 한다. "피비린내 나는 참극을 끊임없이 부추기며 우리 옆구리를 파고드는 이 뾰족한 창을 우리 스스로 뽑아 버리지 않으면 안 돼요. 그것도 아주 조심스럽게 빼야 하죠. 그 속의 창자까지

---

25 C. S. Lewis, *Mere Christianity*(London: Fontana, 1952), p.101.

26 스티븐 체리, 『용서라는 고통』, 208쪽.

27 Eve Garrard and David McNaughton, *Forgiveness*(Durham: Acumen, 2010), p.29.

같이 딸려 나오게 해서는 안 되니까요."[28] 여기서 옆구리를 파고드는 뾰족한 창이란 '분노에 찬 복수심'이다. 그런데 그 복수심이라는 광적인 열정을 거부하고 통제하는 것 역시 또 다른 열정이며, 오직 인간만이 그것을 통제하고 변화시킬 수 있다는 말이다. 그러므로 복수심을 거두고 용서와 화해로 나아가는 길은 아주 조심스러운 일이지만 반드시 해야 한다. 그것은 트라우마의 생존자 또는 희생자의 유가족이 자신의 옆구리에 박힌 창을 스스로 뽑아내야 하는 것에 비견될 수 있다. 더불어 그 속에 들어 있는 자존심, 감수성, 삶의 원칙과 균형감, 치유의 미래에 대한 소망 등이 다치지 않게 뽑아내야만 하는, 매우 조심스럽고 지난한 일이다. 신애는 과연 그런 길로 나아갈 수 있을 것인가? 그리고 결국 "용서만이 불가역성의 곤경으로부터 헤쳐 나오게 해주는 유일한 방법"[29]이라는 깨달음에 도달할 것인가?

영화는 그에 대한 대답의 비전을 제시한다. 영화의 첫 장면(숏)에서 하늘을 올려다보던 카메라는 마지막 장면에서 땅을 지향한다. 바람에 날려 흩어지는 신애의 머리카락들(세속의 모든 상처와 방황과 번뇌의 가닥들)을 따라 카메라는 천천히 움직인다. 마당 한쪽엔 깨진 시멘트 바닥, 지저분한 것들이 떨어져 있는 가운데 빗물도 고여 있다. 그 수면 위에 신애의 머리카락들이 떨어져 바람에 여리게 흔들린다. 카메라는 그 모습을 비추고 영화는 종영한다. 트라우마를 안고 밀양에 처음 들어서던 신애의 마음은 허공의 뜬구름 잡는 것처럼 막연하고 공허한 것이었을지도 모른다. 그런데 밀양에서 맞닥뜨린 그녀 삶의 모든 순간들은 진흙탕에 발을 내딛고 구르는 것보다 비루하고 고통스러웠다. 그러나 신은 그에게 종찬을 예비해두었다. 그녀의 아픔은 여전한 채 가시지 않았지만, 이제 새롭게 두 사람이 서로 마주 보며 끌어안고 굳건히 그 땅을 밟고

---

28 Peter Shaffer, *The Gift of the Gorgon*(London: Viking, 1993), p.57.
29 Hanna Arendt, *The Human Condition*(Chicago: University of Chicago Press, 1958), p.237.

일어설 수 있도록 말이다. 그러면 그녀는 새로운 비전을 향해 나아갈 수 있을 것이다. 그것은 마치 그녀가 이전에 읊조리던 신의 '뜻이 하늘에서 이루어진 것 같이, 이제 땅에서도 이루어지이다'라는 주기도문이 현실에서 성취된 모습과 다름이 없다.

덧붙이는 말

칠레 출신 작가인 아리엘 도르프만(Ariel Dorfman)이 쓴 희곡 「죽음과 소녀 (Death and the Maiden)」라는 작품이 있다.[30] 이 작품은 미국과 영국 등지에서 지난 1990년대 이후 연극 무대에서 자주 공연되었다. 그리고 로만 폴란스키 감독이 〈죽음과 소녀(Death and the Maiden)〉(1994)라는 제목 그대로 영화로 만들기도 했다.[31] 구체적으로 명시되지 않은 남미의 한 나라를 배경으로 군사 독재 정권에 대항해 시위를 벌이다 체포돼 눈이 가려진 채 잔혹한 고문을 당

---

30 이 작품은 수년 전에 우리말로도 번역되었다[아리엘 도르프만, 『죽음과 소녀』, 김명환·김엘리사 옮김(창작과 비평사, 2007)]. 작가는 1942년 아르헨티나에서 출생했고, 미국에서 유년기를 보냈으며 이후 칠레에 정착해 산티아고의 칠레대학에서 교편을 잡고 글을 써 왔다. 이후 피노체트의 쿠데타 때문에 미국으로 망명했다. 현재 듀크대학 교수로 재직 중이다.

31 우리나라에서는 B급 영화 취급 받으며 〈진실〉이라는 제목을 달고 소리 소문 없이 개봉(1995년 10월)했으나 이렇다 할 주목을 받지 못했다. 이어서 곧장 비디오로 출시되었는데, 여주인공인 '시고니 위버'를 앞세워 주목을 끌어보려는 듯, 〈시고니 위버의 진실〉이라는 가당치 않은 제목을 붙였다. 〈에일리언〉 시리즈를 통해 우리 관객들에게 강렬한 여전사 이미지로 각인돼 있던 시고니 위버가 독재 정권 치하에서 반정부 활동을 하다가 붙잡혀 고문을 당하고 그 트라우마 때문에 정상적인 생활을 영위하지 못하는 가련한 여인 역을 맡고 있어서 미스 캐스팅 느낌이 강했던 영화로 기억한다. 한편 국내 연극 무대에서는 극단 '미추'에서 지난 1992년에 이 작품을 무대에 올렸으며, 최근에도 몇몇 극단에서 이 작품을 공연했다.

한 여자(파올리나: 시고니 위버 분)가 등장한다. 그로부터 15년 후, 군사독재 정권이 무너지고 자유를 회복한 가운데 이 여자는 반독재 투쟁의 동지였던 남자(에스코바: 스튜어트 윌슨 분)와 결혼해 교외의 조용한 단독 주택에 살고 있다. 그녀의 남편은 새로운 민주정권하에서 '인권침해진상규명위원회'를 맡고 있다. 그러던 어느 날, 일을 마친 뒤 차를 몰고 집으로 돌아오던 남편은 폭풍우 속에서 타이어가 펑크나 인근에 살고 있는 한 남자(닥터 미란다: 벤 킹슬리 분)의 도움으로 귀가하게 된다. 남편은 고마움의 표시로 그를 집 안으로 데리고 온다. 그의 음성과 고유의 체취를 맡은 아내는 그가 바로 15년 전에 자신의 눈을 가리고 슈베르트의 현악곡 「죽음과 소녀」를 틀어놓고 전기고문과 성폭행을 했던 당사자임을 직감한다. 그녀는 즉시 호신용으로 집안에 두고 있던 권총을 꺼내 그를 포로로 붙잡는다. 그녀의 집은 도심이나 주택가로부터 떨어져 있는 독립 주택이며 밖에는 폭풍우가 몰아치고 있는 밤이다. 사람 하나 죽여도 아무도 모를 완벽한 상황 속에 꿈에도 잊지 못할, 자신을 처참하게 무너뜨렸던 고문 가해자가 독 안에 든 쥐처럼 들어와 있는 것이다.

그러니까 이 영화와 희곡(연극)의 핵심은 이것이다. '만약 당신이 자신에게 강력한 트라우마를 안긴 가해자의 생사 여탈권을 갖게 된다면, 당신은 그를 어떻게 할 것인가?' 예전에 당신을 잔혹하게 고문했던 당사자를 당신이 붙잡고 있는데, 그는 일말의 가책도 느끼지 않고 자신이 한 일을 정당한 행위로 인식하고 있으며, 따라서 용서를 구하지도 않는다면 당신은 그에게 어떻게 할 것인가? 파올리나는 먼저 끓어오르는 복수심에 떨며 그녀 자신이 당했던 그대로 여러 도구를 써가며 똑같은 방식으로 고문을 가할 것을 다짐한다. 남편인 에스코바는 확신이 없다. 벌써 15년의 세월이 흘렀으며, 고문당할 당시 그녀는 눈을 가린 채여서 범인 얼굴을 볼 수도 없었다는 이유 때문이다. 그러나 그녀는 똑똑히 기억하고 있다. 그의 목소리, 억양, 어조, 음색, 그리고 그의 체취까지도. 그리고 그녀는 미란다의 차를 뒤져서 슈베르트의 「죽음과 소녀」 카세트 테이프를 찾아낸다. 그러한 과정을 겪으며 파올리나의 복수 욕구는 미란다로부터 어떻게 해서든지 진실한 자백을 받아내고야 말겠다는 욕구로 점차 방향을 돌린다. 그리고 그를 협박하면서 결국 그의 자백을 받아내기는 한다.

그런데 여기서 새로운 문제가 불거진다. 왜냐하면 그가 비록 자백은 했지만 그것은 빠져나갈 수 없는 상황에서 강요에 의한 불가피한 자백의 형태를 띠기 때문이다. 더욱이 그는 과거의 고문 행위에 대해 일말의 뉘우침이나 파올리나를 향한 아무 죄책감도 보이지 않는다. 그뿐만 아니라 그의 뻔뻔스러움에 치를 떨던 파올리나가 죽이겠다고 총을 들이대자 그는 자신이 했던 자백마저 간단히 철회해버린다. 그러나 극의 진행 과정에서 그녀를 고문했던 가해자만이 알 수 있는 정황을 그가 언급한 바 있고, 그로 인해 파올리나의 심증은 더욱 굳어진다. 결국 그녀는 자신에게 극악한 고문을 자행하고도 아무런 사죄나 반성의 기미조차 보이지 않는 그를 총으로 쏘아 죽이겠다고 위협하며 열까지 세기 시작한다. 그리고 아홉에 이르자 갑작스레 막을 내린다. 그리고 잠시 후, 다시 막이 오르면 대형 거울이 나타나 관객을 비춘다. 관객들 각자가 스스로에게 질문을 던지도록 유도하는 것이다. '만약 당신이 파올리나의 입장이라면?' 그런데 영화에서는 좀 다른 결말을 보여준다. 남편과 함께 미란다를 데리고 해안가 절벽 끝으로 간 파올리나는 미란다의 진심어린 자백과 회개를 촉구한다. 그러나 그의 입에서 나오는 마지막 말은 "나는 할 수 있었고, 그 때문에 했을 뿐이다"였다. 만약 우리가 파올리나가 당한 것과 동일한 고문의 생존자라면, 그 깊은 트라우마를 안고 15년을 살아온 당사자라면, 이러한 반응을 보이는 가해자를 과연 용서할 수가 있을까? 용서라는 것은 이만큼 고통스러운 일이라는 것을 이 이야기는 새로운 각도에서 환기시킨다.

Chapter 12

똥파리

/

트라우마 원천으로서의 가족, 폭력의 대물림[1]

양익준 감독 | 2009년 개봉

들어가는 말

지난 2000년에서 2005년 사이 한국 영화는 매년 60~80편이 제작되고 개봉했다.[2] 그러던 것이 2006년에는 110편(개봉 108편), 2009년 138편(개봉 118편), 2011년 216편(개봉 150편)에 이르더니 2012년에는 229편(개봉 175편)으로 급증했다. 매우 흥미로운 것은 편당 평균 제작비(총제작비) 규모인데, 지난 1990년대 중반과 후반부터 가파르게 상승하기 시작해 2003~2004년 연속 41.6억으로 정점을 찍은 뒤 2007년까지 비슷한 규모를 유지해왔다. 그러나 2008년부터 30억 선으로 후퇴하더니 2012년에는 20.3억까지 내려갔다. 또 다른 데이터를 보면 2000~2007년 사이 총제작비 10억 미만의 저예산 영화의 비중은 28~32%였다. 그런데 2008년에는 35.2%로 약간 상승하는 듯하더니 2009년 54.2%(총 개봉편수 118편 중 10억 미만은 64편)로 치솟았고, 2012년에는 62.6%(174편 개봉작 중

---

1 이 글은 ≪한국문학이론과 비평≫ 제59집(2013)에 「영화 〈똥파리〉: 우리 사회의 일상적 파시즘과 그로 인한 트라우마, 폭력의 전이와 그 희생자들」이라는 제목으로 실린 것을 바탕으로 대폭 수정하고 가필했다.
2 이하 각종 수치에 대한 내용은 영화진흥위원회의 각종 통계자료를 참조했다.

109편)로 전체 한국 영화 개봉작 중 3분의 2가 총제작비 10억 미만의 저예산 영화였다.

이것이 함의하는 바는 무엇인가? 간단히 말하면 영화제작 전반에 걸쳐 디지털화가 급격히 진행되면서 제도권으로의 진입 장벽이 낮아졌다. 다시 말하면 영상 제작도구의 디지털화는 제작 과정의 편의성과 예산 절감 효과라는 경제성을 제공해준 것이다. 이러한 매체 환경의 변화는 장편의 호흡을 가지고 이야기를 생산할 능력은 있지만, 비용 조달 등의 이유로 실행에 옮기기 어려웠던 인디 진영, 언더그라운드 출신 감독들에게 복음이 될 수 있었다. 이렇게 고양된 창작 의욕은 저예산 영화 붐으로 이어져 우리 영화의 제작·개봉 편수가 급증했고, 편당 평균 제작비 규모도 급감하는 결과로 나타났다.[3] 이런 현상 가운데 고무적인 것은 젊은 감독들이 자신의 경험과 성장 과정을 반영하는 이야기를 가지고 세상과 소통하려는 경향이 두드러진다는 점이다. 〈워낭소리〉(이충렬, 2009), 〈낮술〉(노영석, 2009), 〈로맨스조〉(이광국, 2012), 〈지슬: 끝나지 않은 세월2〉(오멸, 2013)로 이어지는 일련의 작품들은 2013년 현재, 우리 영화가 보여주는 다양성과 에너지, 주관적 경험을 객관화하려는 이야기꾼들의 서사 구성 능력과 수준을 보여주는 시금석 같은 작품들이다. 이 글에서 텍스트로 삼고 있는 영화 〈똥파리〉(양익준 각본·주연·감독, 2009) 역시 이러한 사례의 대표 작품으로 분류할 수 있다. 이 작품은 흥행에도 성공하고, 유수의 해외 영화제에도 잇달아 초청되면서 저예산 독립영화의 한계를 뛰어넘어 예술성과 흥행성을 두루 갖춘 수작으로 평가돼 왔다. 그럼에도 이 작품에 대한 연구는 지금까지 단 두 편에 불과하다.[4] 그나마도 텍스트를 정면에서 분석하며 극 중

---

3 이러한 최근의 상황은 산업적으로나 정책적 측면 모두에서 새로운 패러다임 구축과 시장 질서(제작, 배급, 상영 등 모든 면에서) 재편, 그리고 그에 대한 새로운 법제 정비라는 과제를 우리에게 던져주고 있다. 그리고 이러한 문제에 대한 심도 있는 연구와 정책 제안의 필요성이 절실한 시점이다.

4 이 영화가 담고 있는 우리 사회의 구조적 문제점 등에 대한 다양한 함의나 인물 캐릭터

인물들의 캐릭터에 대한 심층 연구로 나아가거나, 텍스트 속에 포함된 한국 사회의 어두운 이면을 현상적 부분뿐만 아니라 통시적 차원에서 읽어내는 연구는 아니어서 아쉬운 마음을 가지고 있다가 기회가 돼 연구하게 되었다.

이 연구의 목적은 작품 속에 등장하는 인물들의 캐릭터에 대한 분석적 접근을 하고, 그들의 캐릭터를 형성한 가족사의 문제, 그리고 이들 가족을 둘러싼 시대의 공적 역사와의 환유적 연관성을 고찰하는 데 있다. 나아가 우리 사회에 광범위하게 만연하고 개개인의 삶 속에 천착해 있는 파시즘적 광기가 본인은 물론 그 가족을 어떻게 파탄으로 몰고 가는지 추적해본다. 이어서 파시스트 가부장의 폭력이 어린 자녀에게 어떠한 트라우마를 안겼으며, 그것이 아이의 성격을 어떻게 형성했는지, 그러한 폭력은 가족 내에서 또는 사회적으로 어떻게 대물림(계승)되는지를 살펴보려고 한다. 양익준 감독은 이 작품 말미에서 상황 개선의 여지를 제시하는 듯하지만, 결국 전망은 없으며 폭력은 계승된다는 비관적 상황으로 끝맺음을 한다. 외형으로만 본다면 제작비 1억 안팎을 들인 저예산 영화이고, 전국 관객을 10만 정도 동원한, 잠시 반짝하고 사그라지는 볼품없는 언더그라운드 상품 같은 형상을 하고 있다. 그러나 제법 규모를 갖춘 주류 영화 중에서도 우리 사회의 어두운 이면을 이만큼 문제적으로 담아

의 특별함에 비해 작품에 대한 체계적 조망은 너무 빈약하다. 지금까지 이 작품을 텍스트로 하여 이루어진 연구는 다음 두 편뿐이다. 김수남, 「〈똥파리〉에 나타난 민족지성(Ethnographicness) 고찰」, ≪영화연구≫, 45호(한국영화학회, 2010), 59~78쪽; 신병식, 「영화 〈똥파리〉를 통해 본 정신분석적 권력 개념」, ≪라깡과 현대정신분석≫, 12권 1호(한국라깡과현대정신분석학회, 2010.8), 65~87쪽. 그러나 이 중 김수남의 연구는 '민속지(ethnography)'와 '민속지성(ethnographicness)'이라는 개념을 토착성이 강한 영화 텍스트에 어떻게 적용해 연구할 수 있는지에 대한 하나의 시론(試論)적 차원의 접근이다. 그리고 신병식의 연구는 이 영화 텍스트에서 작동하는 미시적 권력 개념과 슬라보예 지젝, 자크 라캉 등의 방법론을 원용해 상훈 등 주요 인물들의 캐릭터에 대한 정신분석적 접근을 보여주고 있으나, 인물들의 캐릭터를 형성한 물적 토대 또는 역사적·사회적 배경에 대한 통시적 접근에는 이르지 못한 아쉬움이 있다.

낸 영화를 찾기가 쉽지 않다는 점을 고려한다면 이 작품의 위상은 그리 간단히 취급하고 넘어갈 일이 아니다. 국민의 소득 수준이 얼마이고, 국가의 위신이 어떤지 말하기 전에, 영화가 들춰내고 있는 비극성과 우리 사회의 구조적 모순은 정말 바뀔 여지가 없는지, 주류 담론의 영역에서 심각하게 되짚어봐야 할 화두가 아닌가 싶다.

인물들이 실재하는 극적 배경

지리적 배경

인물들이 살고 있는 지리적 공간·환경과 그들의 극적 캐릭터 사이의 환유적 관계(metonymic relation)에 대해서는 서사학 진영 일반에서 규명해왔다.[5] 인물들의 캐릭터는 그들이 살고 있는 물리적 조건과의 유비(analogy) 관계 속에서 선명하게 부각된다. 이 영화의 지리적 배경은 난곡으로 서울의 대표 달동네 중 하나이다. 상훈을 비롯한 이곳 사람들은 빈민층으로 하루하루를 힘겹게 살아간다. 그들 대부분은 일제 치하나 그 이전 또는 자본주의 거대도시 서울이 형성되는 과정에서 주류사회에서 벌어지는 승자독식 게임에서 졌거나 이러저러한 이유로 그곳까지 떠밀려 왔다. 그곳에서 그들은 대한민국의 헤게모니가 결집된 서울의 끝자락을 겨우 붙잡고서 하루하루를 용케 버텨나가며 마음만은 도심을 지향하는 ─ 그것이 얼마나 허황된 꿈인지 그들도 알고 있는 ─ 삶을 산다. 그렇기 때문에 그들은 저마다의 사연을 뒤로 한 채 그곳에 낮게 엎드려 숨어 살면서 용역 깡패들에게 처참히 짓밟히는 삶을 살거나 그런 사람들을 등치는 용역 회사의 깡패 하수인으로 살아가고 있다. 이런 극적 배경은 공권력

---

5 서정남, 『영화 서사학』(생각의 나무, 2004), 246쪽 참조.

의 치안이나 사법권이 제대로 작동하지 않는 후미진 곳, 도심에서 제법 멀리 떨어진 쓰레기장에 비견되는 곳이다. 즉, 효용성을 상실했거나 버려진 것들, 상류로부터 배설돼 떠밀려 온 것들이 모인 곳이며, 똥파리들이 서식하기 좋은 공간이다.

인물들을 둘러싼 이 같은 외적 · 물질적 배경은 곧바로 그들의 마음속에 깊은 상처를 남기고 덧나게 했으며, 분출의 통로를 잃은 그들은 자신들의 내부에서 서로 물고 뜯으며 피를 빠는 '똥파리'의 형태로 살아갈 수밖에 없다. 도시빈민, 부모 없는 고아, 결손 가정의 구성원, 육체적 · 정신적 질환자 등의 소외계층 사람들, 자본주의 사회의 패자들. 한마디로 그들은 사회적으로 똥 취급을 받고 살았으며, 변방으로 내몰린 그들의 생존 공간(심리적 입지를 포함)은 지극히 협소했다. 기껏해야 대도시 변두리의 후미진 자리, 온갖 오물이 처리되거나 슬그머니 버려지는 장소와 운명을 같이했다. 똥파리들은 그곳에서 나고 그곳에서 에너지를 공급받으며 성장하고, 그곳에서 스러졌다.

허술하고 낙후된 주거 시설들이 밀집한 가운데 주요 인물들의 주거 공간은 그중에서도 반지하이다. 인물들은 그 속에서 '살고 있다'기보다 차라리 견디고 있다. 인물들의 주요 동선은 곧게 뻗고 잘 닦인 길이 아니라 온통 좁고 굽이지고 가파르게 경사진 골목길들이거나 복잡한 시장통 안이다. 특히 이 골목길들은 인물들이 지금까지 살아온 인생을 환기하고 있으며 미로 같은 그곳에서 절대 빠져나오지 못하리라는 암시로 해석될 수도 있다.[6] 그 많고 많은 골목길 중 한 곳에서 상훈과 연희가 처음 만나게 된다. 그 골목길 언덕 모퉁이 슈퍼마켓

6　실제로 영화 전체에서 상훈과 연희가 골목길을 벗어나 탁 트인 공간인 한강에서 만나는 장면은 단 한 번뿐이다. 상훈은 아버지의 자살 기도 때문에, 그리고 연희는 정신 나간 아버지의 칼부림 때문에 다시금 큰 상처를 받는다. 둘은 한강변에서 만나 처음으로 서로의 속내를 드러내고 서로의 아픔을 감싸 안고 다독여준다. 그러나 그곳은 그들로서는 도저히 건널 수 없는 건너편의 화려한 상류 세계를 그저 먼발치에서 바라보며 박탈감을 느껴야 하는 장소이다.

앞에서 상훈은 조카 형인이 나타나기만을 기다리며 서성인다.[7] 그리고 상훈은 그 골목길에서 영재에 의해 살해된다. 영화 속에서 그의 죽음은 아무 문제도 일으키지 않는다. 그저 주위 사람들의 안타까운 눈물 속에서 '아무 문제없음'[8]으로 처리된다. 영재는 상훈이 쓰러진 그 자리, 미로 속 같은 골목길 안에서 새롭고도 본격적으로 상훈(의 자리)을 대체한다.

가정과 가족, 그리고 사회적 · 심리적 배경

이 영화에 등장하는 인물들이 가진 공통점 중 하나만 찾으라면 그것은 가족 구성원의 결핍(부재)이 아닌가 싶다. 상훈과 연희 · 영재 남매 모두 어머니가 이 세상에 없다. 만식은 고아 출신이다. 이복 누나는 남편과 이혼했고, 따라서 형인이는 아버지가 곁에 없다. 정상적인 가족 구성이 세상 보통 사람들에겐

---

7 이복 누나의 아들인 형인이는 상훈이 가족 중에서 유일하게 보살핌을 주고 싶어 하는 존재이다. 형인은 하루 종일 집에서 엄마가 오기만을 기다리며 혼자 있다. 상훈은 그런 사실을 알고 있지만 누나의 집으로 가지는 않는다(못한다). 상훈이라는 캐릭터의 비극성은 그가 다른 보통의 사람들처럼 집이라는 공간에서 가족을 대할 수가 없다는 데에서도 찾을 수 있다.

8 이 영화에서 상훈이 영재의 망치 가격에 두개골이 함몰되어 죽어가는 장면과 유치원 재롱잔치 장면이 교차된 후, 이어지는 극적 상황은 상훈이 죽은 뒤 제법 시간이 경과한 때이다. 형인이는 상훈이 선물로 준 게임기를 가지고 엄마(상훈 누나)와 놀고, 할아버지는 뒤에서 지켜보며 즐거워한다. 연희는 학교로 돌아가 학업을 계속하고, 분식집에서 아르바이트도 계속하고 있다. 그리고 만식은 그새 음식점 개업을 준비해 오픈한다. 상훈의 아버지와 누나, 형인, 연희가 모두 모여 개업을 축하하며 즐거운 시간을 갖는다. 이들의 즐거워하는 모습은 상훈의 장례식장에서 오열하던 이들의 모습으로 잠시 되돌아간다. 이때 이미지는 슬퍼하는 사람들을 보여주면서 사운드는 그들의 목소리를 들려주지 않았으면 훨씬 완성도가 높아지지 않았을까 하는 아쉬움이 남는다. 그저 조용히 '소리 없음'으로 처리되는 모습 말이다.

평범한 일이지만 이들에겐 그런 평범함마저도 주어지지 않았다. 상훈은 아버지의 광적인 폭력 때문에 여동생과 어머니를 하룻밤 새 잃는 연쇄 트라우마를 겪는다. 동생과 어머니를 살리기 위해 아무 역할도 못했다는 것, 그 이전에 아버지의 폭력이 두려워 전면에 나서지 못했고, 그가 휘두른 칼을 막아내지 못해 동생이 칼에 찔리고, 어머니가 죽게 되었다는 것, 아버지의 폭력을 힘으로 제지하지 못했다는 것. 이러한 일련의 생각들은 상훈의 뼛속 깊은 곳에 크나큰 죄책감을 새겨놓는다. 상훈의 아버지가 갖게 된 폭력성의 기원은 명시적으로 제시되지 않는다. 그러나 그의 트라우마를 후속 항에서 우리의 근대 역사적 전개 과정과 비교하며 유추보려고 한다. 아무튼 그는 폭력성은 물론 바람기까지 있었던 모양이다. 이복 누나의 존재가 그것을 말해준다. 그러나 이복 누나 쪽을 살펴보아도 그녀를 낳은 어머니는 현존하지 않는다. 그녀의 과거도 텍스트에 명시적으로 제시되진 않으나 그 성장 과정 역시 상훈 못지않게 가혹했을 것이다.

성장한 상훈이 일상 가운데 행하는 폭력적 행위들이 함의하는 바에 대해서는 뒤에서 상세히 살펴볼 것이다. 그러나 그가 행한 폭력의 결과 중 하나로 연희와 영재 남매는 어머니를 잃는다. 이들 남매 역시 전쟁의 트라우마를 겪으며 정신이상이 된 아버지의 광기와 폭력을 일상적으로 목격하며 성장하던 중, 어머니마저 잃게 된 것이다. 아버지의 모습은 나날이 거칠어지고, 이를 견디기 어려운 영재는 밖으로 돌다가 용역의 세계에 발을 넣는다. 영재의 그러한 모습은 상훈의 사춘기 모습을 그대로 반영한 것으로 읽도록 설계했다고 봐도 무방하다. 왜냐하면 영재는 상훈의 궤적을 그대로 따라가다가 어느 순간, 상훈을 때려눕히고 그 자리에서 자신이 새로운 상훈으로 거듭나기 때문이다. 폭력성의 전이와 대물림, 확대 재생산이라는 문제가 이 작품의 주제를 형성하고 있다면, 그 배경에는 가장 평화로워야 할 가정을 지옥으로 만든 아버지, 가부장이라는 파시즘 권력이 있고, 다시 그 배경에는 이러한 가부장들에게 폭력을 행사한 상처투성이의 국가·사회가 버티고 있다.

또 하나 고찰해야 할 것은 바로 인물들의 사회적 특성과 극적 성격을 규정해 주는 심리적 배경의 문제이다. 오늘 우리가 살아가는 자본주의 사회의 가장 큰 권력은 돈, 즉 금권이다. 사람들의 모든 세속적 욕망은 결국 돈을 향해 있고, 돈은 무엇이든 움직일 수 있다. 우리가 상상하기도 어려운 가장 난감하고 구질구질한 일이라도 돈은 그런 문제를 해결하는 원동력이 될 것이다. 특히 자본과 노동의 대립으로 빚어진 사태라든지, 첨예한 이해관계의 충돌 상황에서 마키아벨리를 신봉하는 파시스트들이 가장 쉽게 유혹에 빠지는 것이 바로 똥파리들을 동원한 상황 정리이다. 그들은 충돌하는 이해관계에 대한 지리멸렬한 협상이나 갈등 조정을 위해 상대방의 인격을 존중해가면서 대화와 타협을 길게 이어가는 것을 견디지 못한다. 이노베이션보다 레볼루션을 훨씬 가까이 두고 싶어 하거나 쉽게 여긴다. 이 때문에 과정보다 결과를 중시하는 수장(首長)이 득세하는 날에는 공권력까지도 때론 자신들의 주변에 누군가가 싸놓는 난감한 똥을 대신 처리해줄 똥파리를 필요로 한다. 똥이 없는 도심에서 활개 치는 똥파리는 없애버려야 하는 해충일 뿐이지만, 돌연히 발생한 난감한 똥을 처리하는 데는 똥파리만 한 게 없다. 그래서 때로는 금권을 가진 몇몇 자본가들은 자신들이 싸지른 똥마저도 스스로 처리하기 난감해하며 똥파리들을 불러들여 처리를 부탁하기도 한다. 그래서 법이 시퍼렇게 살아 있다고 믿고 싶은 오늘날 법치국가 선진 한국 사회에서도, 그 법보다 빠르게 작동하는 돈은 똥파리들을 유혹하는 최고의 냄새이다. 그렇게 몰려든 똥파리들이 백주 대낮에 활개를 쳐도, 금권과 결탁한 공권력은 분명 봤지만 못 본 척, 적당히 거리두기를 하면서 일정한 선만 넘지 않는다면 눈감아주는 일을 반복하는 것이다.[9]

일상의 폭력이 새로운 폭력으로 전이되고, 앞의 똥파리가 죽어 넘어간 자리에서 새로운 똥파리는 죽은 선배의 역할을 대신한다. 이러한 메커니즘 속에서 똥파리들의 삶은 변화되거나 개선될 여지없이 순환 반복된다. 그것은 다시 말

---

9 MBC 〈시사매거진 2580〉 822회, '경찰, 폭력에 눈감다', 2012년 8월 19일 방영분 참조.

하면 전망의 부재이다. 이 영화가 진정 비극적인 이유는 바로 이 지점에 있다. 그들의 삶(패턴)은 단조롭기 그지없다. 사회적으로 적절히 분출하거나 해소되어야 할 불만족과 억눌린 감정은 가장 손쉬운 상대인 가족을 향해 폭력의 형태로 드러나고 전가된다. 가족의 부양을 책임지는 가장의 무지와 그에 상응하는 경제적 무능, 그들로서는 그 근원을 짐작할 수도 없는 부조리한 사회 속에서 자꾸만 변방으로 내몰리며 받게 되는 심리적 압박과 박탈감, 적절한 해소 방안을 찾지 못한 채 압력을 더해가는 스트레스는 가장 소중하지만 가장 손쉬운 상대인 가족에게 무자비한 폭력과 욕설의 형태로 표출되는 것이다. 심리학자 데보라 로즈(Deborah Rose)는 외상에 대한 광범위한 문헌을 조사한 후 "우리가 피난처라고 이상화하는 가정이야말로 가장 위험한 장소"[10]라고 결론지었다. 사회적으로는 왜소하고 무능하지만, 집에서는 더할 나위 없는 폭군이 되는 파쇼적 가부장의 일상화된 폭력이 가족 구성원에게 어떤 트라우마를 남기는지, 그것이 어떻게 대물림되고 사회적으로 전이되는지에 대한 사회학적 고찰을 이 영화는 적나라하게 담아낸다. 난무하는 폭력과 욕설을 어릴 적부터 보고 겪으면서 성장한 아이, 가령 상훈과 같은 트라우마를 가지고 그와 동일한 삶의 과정을 통과한 상황이라면 그가 이 영화에서 보여주는 것과 다른 언행을 기대하는 것은 불가능해 보인다. 그만큼 상훈의 모습은 리얼하다. 가난과 폭력의 반복과 세습, 확대 재생산의 적나라한 모습을 지켜보는 것은 슬프고 괴롭지만 매우 사실적이다.

한편 영화의 결말부는 다소 희망을 이야기하는 것처럼 보이는, 관객이 오해할 수 있는 부분을 포함하고 있다. 그것은 우선 상훈의 심리적 변모에 대한 것이다. 그의 변모가 희망적 비전을 향해 나아가는 듯이 보이는 순간 '영재'라는 새로운 상훈이 출현해 그의 자리를 대체한다. 상훈의 빈틈을 메우는 새로운 대체재의 출현은 근원적 전망 부재의 현실을 고스란히 드러내는 것이다.[11] 여

---

10 존 G. 알렌, 『트라우마의 치유』, 권정혜 외 옮김(학지사, 2010), 41쪽.

기서 끝이 아니다. 영화는 장르 문법에 길들여진 관객의 기대 어린 예측을 한 번 더 비웃으며 다른 결말을 제시한다. 상훈의 죽음으로 아버지와 누나, 형인 이 등 삼대가 한집에서 웃고 살 수 있게 되고, 만식이 상훈을 대체하는 새로운 가장으로 자리매김할 가능성이 열린 것이다(옆의 그림에서 점선으로 표시된 부분 참고). 그것은 이전과는 전혀 다른, 상훈의 생전에 한 번도 맞이해보지 못했던 심리적 안정, 즉 새롭고 평화로운 가족이 형성될 수 있다는 희망이다. 그러나 그러한 가능성을 보고 미소를 머금은 채 집으로 돌아가는 연희 앞에 벌어지는 광경은 새로운 상훈으로 확실히 자리매김한 영재의 활약상이다. 어제 한 똥파리가 죽었고, 오늘 그의 빈자리를 채운 새로운 똥파리가 자신의 본분을 다하기 위해 맹렬히 덤벼드는 그 광경은 참으로 비극적이다. 상훈의 남겨진 가족이 새로운 희망을 향해 나아간다고 해도, 연희의 집은 사태가 더욱 악화될 것이다. 똥파리 사회에서 누구 하나 기적적으로 그곳을 탈출해도 그(들)의 빈자리는 금방 다른 똥파리, 다른 '상훈', 다른 '가족'에 의해 메워질 것이다. 비극이다.

---

11 상훈이라는 괴물, 그리고 영재라는 새로운 후속 세대의 출현과 대물림 현상은 일찍이 프랑스의 사회학자 '피에르 부르디외(Pierre Bourdieu)'가 '아비투스(habitus)'라는 개념을 앞세워 한 인간 또는 동일한 집단이나 계급 구성원 모두가 갖고 있는, 사회적으로 틀 지워진 일정한 성향에 대한 설명과 그 궤를 같이한다고 볼 수도 있다. 부르디외에 의하면 이러한 성향은 특정한 방식으로 구조화된 인식, 판단, 행동 양식들의 혼합물이다. 그 것은 학교교육, 가족생활, 사회생활, 직장생활 등을 통해 만들어진 사고, 인지, 행동, 그리고 습관 등이 망라된 무의식적 틀이다. 즉, '사회적으로 구성된 인식 및 행위 고조 체계'인데 일상적 삶을 통해 형성되고, 그렇게 형성된 아비투스는 다시 일상적 생활을 규정한다는 것이며 이는 대물림(상속)되기도 한다[삐에르 부르디외, 『구별짓기: 문화와 취향의 사회학(상·하)』, 최종철 옮김(새물결, 1995)].

주요 인물의 성격과 그 근원에 대한 정신분석적 접근

극적 전개 과정에 등장하는 인물들 사이의 관계망을 살펴보면 다음과 같다.

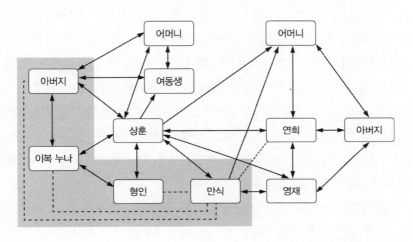

두 아버지들 또는 파시즘의 다른 이름

영화 〈똥파리〉에 등장하는 인물들의 캐릭터와 행동 양태를 이해한다는 것은 그들이 가지고 있는 폭력성과 그것으로 촉발되는 트라우마의 확대 재생산이라는 문제의 근원을 탐색하는 과정이다. 인물들은 국가나 사회, 가족 등 누구에게도 배려받지 못하며 성장하고, 사회생활을 하는 과정에서 험난한 세파에 떠밀리며 열등의식과 억눌림·분노·복수심이라는 복합적 심리를 가진 괴물이 된다. 무지와 가난을 대물림 받은 이들은 이와 같은 복합 심리를 가족에게 투사하고, 그로 인해 외상을 입은 후속 세대는 폭력의 외연을 가족을 넘어 사회 전 방향으로 확대해나간다. 따라서 후속 세대에게 폭력은 그 자체로 존재의 자기증명 행위가 되고 만다.

논의의 편의를 위해 먼저 상훈과 연희의 아버지들을 짚고 넘어가자. 이 영화에 등장하는 아버지라는 존재는 전형적인 폭군, 파시스트 가부장들이다. 한마디로 그들은 파시즘의 다른 이름이면서, 그들 역시 또 다른 파시즘의 희생자이다. 특히 상훈에게 과거의 아버지는 온 가족을 위험에 빠뜨리고 죽음에 이르게 한 파시스트이며 현재는 아버지의 존재 자체가 트라우마 트리거(트라우마를 되살리는 방아쇠)이다. 상훈의 아버지가 가진 폭력성의 근원은 무엇일까? 그 역시 아버지라는 이름의 파시즘의 압제를 통과했을 수 있다. 또는 자신의 목표나 계획이 사회적으로 통하지 않는 상황에 대한 좌절이나 부당한 대우, 불공평한 사회구조에 대한 인식이 분노와 공격성을 촉발하는 주요 인자가 되었을 것으로 추정할 수 있다. 일반적으로 밖에서 자기가 하려는 것(행동이나 표현 등)을 못하는 사람들은 자신과 가장 가까운 사람, 즉 가족에게 구타와 욕설 등의 폭력 형태로 전가하고 표출하는 행위를 한다.[12]

한편 연희 아버지는 과거 베트남전 참전 용사이며, 그 자신이 전쟁이라는 파시즘적 광기의 희생자로 외상 후 스트레스 장애를 가진 환자이기도 하다. 그가 가진 질병과 후유 장애는 정상적인 사회생활을 불가능하게 했고, 그 때문에 연희의 엄마는 가족을 부양하기 위해 포장마차를 열고 돈벌이에 나섰다가 용역 깡패들에게 구타·살해되었다. 그는 현재 병세가 더욱 심해져서 연희와 영재를 괴롭히면서 아내의 죽음을 기억하지도, 인정하지도 못하고 있다.

상훈, 그리고 영재

영화의 도입부에서 벌어지는 일련의 무자비한 폭력 장면을 통해 관객은 용

---

12 "간접적인 대상, 주로 지위가 낮거나 힘이 없는 사람을 공격하는 것을 전치된 공격성(displaced aggression)이라고 부른다. 일례로, 여러 가지 다른 일로 스트레스를 받은 남성은 자신의 아이를 학대하거나 배우자를 구타하기 쉽다"(존 G. 알렌, 『트라우마의 치유』, 112쪽).

역 깡패들, 그중에서도 상훈이라는 인물에 대해 적대적인 마음을 품게 된다. 그는 전형적인 반영웅(Anti-Hero)의 모습으로 등장한다. 상훈에게 구타와 욕설 등 일련의 폭력 행위는 그 자체로 하나의 제의적 굿판이다. 관객이 상훈의 폭력과 욕설을 견디고 넘어서 그와 동일화하는 과정은 연희를 매개로 하여 움트고, 상훈 자신의 회상 장면을 통해 성취된다. 즉, 상훈이라는 인물의 무의식의 심연에 자리 잡고 있으나 억압돼 있어서 드러나 보이지 않는 죄의식에 대한 '속죄제'일 수도 있다. 그가 겪은 트라우마[13]와 그에 대한 억압이 만들어내는 '외상 후 스트레스 장애'가 병적 증상으로 드러나는 것의 기원이 어디에 있는지 알려주며 이해를 넘어 동화(同化)를 구하는 것이다. 이처럼 상훈이라는 캐릭터가 특별히 문제적으로 보이는 가장 큰 이유는, 자신이 폭력을 행하는 것에 대한 죄의식이 전혀 없거나 최소한 죄의식에 사로잡히지 않아 보인다는 점에 있다.

> 아동의 신체적 학대는 이중으로 불행을 초래하는데, 화가 났을 때 공격적 행동을 하는 모델을 학습할 뿐만 아니라 아이의 공격성을 자극하기 때문이다.[14]

> 성인기에 반복적인 외상을 경험하게 되면 이미 형성된 성격 구조가 파괴된다. 그러나 아동기에 반복적인 외상을 경험하게 되면 성격이 단지 파괴되는 것만이 아니다. 이것은 성격을 만들어 낸다.[15]

---

13 어머니를 마구 폭행하는 아버지를 제지하지도 못했고, 칼에 찔린 동생을 살리지도 못했으며, 어머니가 교통사고로 사망하기에 이르는 일련의 사태를 속수무책으로 지켜보는 가운데 발생한 심리적 외상과 무력감 등이 복합적으로 작용하고 있다. 그렇기 때문에 이제 성인이 되고 육체적으로 강인해진 그는 일련의 폭력 행위를 통해 자신이 더 이상 무기력한 존재가 아니라는 사실을 끊임없이 재확인하는 모습을 보인다.
14 존 G. 알렌, 『트라우마의 치유』, 112쪽.
15 주디스 허먼, 『트라우마』, 최현정 옮김(열린책들, 2012), 169쪽.

이 두 인용문은 내가 영화 〈똥파리〉를 다시 주목하고, 이 글을 쓰게 된 직접적인 계기가 된 화두이다. 바로 상훈이라는 괴물의 도저한 폭력성을, 그리고 그의 뒤를 잇는 영재라는 새로운 괴물이 탄생하는 기원을 이보다 적확하고 간결하게 설명해줄 수 있는 표현은 없을 것이다. 상훈의 폭력 성향은 여성을 폭행하는 남자, 그 남자에게 얻어맞고 있는 여자, 지나가던 여고생, 구역을 순찰하는 경찰관 등 상대를 가리지 않고 드러난다. 하지만 그중에서도 그가 일상적으로 행사하는 폭력은 주로 용역 회사에 들어오는 채권 추심의뢰를 받아 채무자들을 상대하는 과정에서 발생한다. 채무자들과 상훈 사이에서 일상적으로 이루어지는 적대적인 대면은 자신이 혐오받아 마땅한 사람이라는 점을 스스로에게 매번 확신시킨다.[16] 자신의 분노를 안전한 대상[17]에게 폭력의 형태로 행사하며 분노를 대체하는 형태의 방어기제를 작동시키는 것이다. 바꿔 말하면 그는 오직 살아남기 위한 방어기제로 폭력을 일상화한다. 그런데 정작 그 자신은 이러한 일련의 메커니즘에 대한 자의식을 획득하지(자신의 말과 행동이 함의하는 바를 스스로 깨닫지도) 못하고 있다. 그 결과 분노가 일시적으로 사그라진 후, 되돌아오는 것은 부당한 폭력의 이행에 따른 자기 비난과 자기 모멸감이다. 이와 같은 일이 반복되고 재경험되면서 이 같은 감정은 점점 더 커

---

16 학대받은 경험이 있는 아동의 심리에 대한 주디스 허먼의 다음과 같은 연구 결과도 이 영화 속 상훈이 보이는 일련의 폭력성을 이해하는 데 매우 중요한 단서와 지침이 된다. "학대받은 성인과 마찬가지로, 학대받은 아동은 분노에 차 있으며 때로는 공격적이다. 이들은 갈등을 해결하는 언어적·사회적 기술이 부족하고, 늘 적대적인 공격을 예상하면서 문제에 접근한다. 학대받은 아동에게서 예상되는 이러한 분노 조절의 어려움은 자기 본성이 악하다는 아이의 확신을 더욱 강화시킨다"(같은 책, 182쪽). "학대받은 아이는 보통의 미덕과 봐줄만한 결점을 동시에 가지고 있는 자기상을 결합시키지 못한다. 학대 환경 속에서 '보통'과 '봐줄만함'이란 불가능하다. 이렇게 피해자의 자기 표상은 경직되고, 과장되고, 분리된 상태로 남아 있게 된다"(같은 책, 185쪽).
17 채무를 이행하지 못한 사람들, 그들은 항거하지 못할 것이며 설령 상훈이 폭력을 사용해도 큰 부작용이 없을 것이라는 사실을 알고 있다.

지고 악화된다. 그렇기 때문에 후속되는 폭력은 더욱 극단적인 자기 학대의 형태로 가열차게 진행되는 악순환이 만들어질 수밖에 없다.[18] 이러한 폭력의 무한 반복, 그리고 그 굴레에서 벗어날 수 없음이라는 비극성의 진술 역시 학대받은 아이였던 상훈이 표현하는 무언의 언어이다.[19]

이처럼 상훈이 하는 일과 그 속에서 폭력이 일상적으로 반복되는 상황이 문제적인 이유는 자명하다. 과거에 아버지에게 학대받은 상훈이 현재 사회적 약자를 폭력으로 굴복시키고 착취를 하는 관계망 속에 포섭돼 있다는 것, 다시 말하면 과거의 외상이 현재를 지배하고 위력적으로 재연되는 일종의 '놀이'이기 때문이다. 이러한 유형은 일찍이 프로이트가 지칭한 '반복 강박(compulsion to repeat)'[20]의 한 형태라고도 볼 수 있다.

그는 대인 관계에도 기본적인 장애가 있다. 동업자이자 사장인 만식과의 관계에서 항시 공격적인 자세와 말투로 일관한다. 동료 용역 깡패들과도 어울리지 못하고 홀로 게임방에서 소일한다. 이복 누나를 금전적으로 도와주면서도 그녀와 혈육의 정으로 엮이거나 필요 이상으로 친근해지는 상황은 극도로 경계

---

18 "어른이 된 아동 피해자에게는 마치 늘 외상 경험을 반복해야 하는 운명이 주어진 것만 같다. 단지 기억에서뿐만 아니라, 실제적인 삶에서조차"(같은 책, 194쪽).

19 "어린 시절에 고압적인 아버지 때문에 무력감을 느껴온 아이는 어른이 돼서 다른 사람을 위협하는 것에 흥미를 느낄 수도 있다. 더구나 공격성은 원하는 것을 얻는 데(단기적으로) 효과적일 때도 있다. 다른 사람을 괴롭히거나 위협함으로써 자신이 원하는 대로 할 수 있기 때문이다. 따라서 파괴적인 공격성은 매우 강화적이다. 권능감은 무력감을 능가한다. 최악의 경우 강렬한 공격성에 중독될 수도 있다. 다른 중독과 마찬가지로 파괴성은 즉각적인 만족감, 심지어 고양감을 유발할 수 있지만, 그 결과로 죄책감, 수치심 및 자기혐오의 여파가 남는다. 그 후에는 파괴성이 자기혐오를 유발하고, 자기혐오가 다시 파괴성을 유발하면서 돌고 도는 악순환에 빠진다"(존 G. 알렌, 『트라우마의 치유』, 115~116쪽).

20 Sigmund Freud, "Beyond the Pleasure Principle"(1920), by J. Strachey(Translated and edited), *The Standard Edition of the Complete Psychological Works of Sigmund Freud*, Vol.18(London: Hogarth Press, 1964), pp.7~64 참조.

한다. 조카인 형인이가 낮 시간 동안 돌봐줄 사람이 없어 집에 혼자 있음을 알면서도 찾아가지 않고, 동네 슈퍼마켓 앞에서 아이가 나오기를 기다린다. 이런 모습에서 알 수 있듯이 그는 자신과 가장 가까운 사람들 사이에서조차 자존감을 안정적으로 확립하지 못하고, 타인과의 관계 설정 자체를 힘들어한다.[21] 이 때문에 그는 폭력의 강도를 나날이 더해가지만 그 사슬의 악순환이라는 연쇄 고리를 스스로 끊어낼 수가 없다. 이것이 바로 상훈이 지닌 비극성의 요체이다. 그가 여기서 벗어나는 유일한 길은 죽음뿐이기 때문이다.

한편 상훈이 남을 폭행하며 얻게 되는 일종의 병리적 정서 조절의 형태가 변형되는 조짐을 보이기 시작할 때, 즉 상훈이 폭력을 주저하는 모습을 보이는 상황에서 영재가 보이는 폭력의 형태[22]는 상훈의 폭력을 대체하며 등장하는 새로운 폭력의 모습을 극적으로 보여준다. 영재는 연희의 남동생으로 주인공 상훈의 삶의 궤적을 그대로 따라가는 후속 세대이자 상훈의 페르소나이다. 영재는 처음에는 사람을 때리는 것을 주저하지만 시간이 지나면서 무감각해진다. 상훈과 영재라는 두 캐릭터가 보여주는 공통 특성은 폭력과 학대의 기원이 비슷하다는 점, 그리고 그로 인한 외상 후 스트레스 반응, 즉 증상이 동일한 방식으로 표출된다는 점이다.[23] 영재의 초기 모습은 상훈과 많이 다른 것 같지만, 아마도 사회에 첫발을 내딛을 당시 상훈의 모습 또한 영재와 다르지 않았을 것이라고 추론하는 것이 더 현실적이다. 영재의 캐릭터 변모는 그만큼 극

---

21 "만성적인 아동기 학대 아래, 파편화는 성격 조직의 주요 원리가 된다. 의식의 파편화는 지식, 기억, 정서 상태, 그리고 신체 경험의 건강한 통합을 방해한다. 자신에 대한 내적 표상이 파편화되면서, 정체성이 통합되지 못한다. 다른 이에 대한 내적 표상이 파편화되면서, 타인과의 연결 속에서 든든한 독립성을 발달시키지 못한다"(주디스 허먼, 『트라우마』, 187쪽).

22 "어느 순간 아이가 반격하면서 비행 행동을 하면, 그때는 돌이킬 수 없는 지점에 다다랐다는 뜻이다"(같은 책, 198쪽).

23 "증상은 기원을 감추는 동시에 드러낸다. 증상은 말로 하기에는 너무나 끔찍한 비밀을 위장된 언어로 전한다"(같은 책, 170쪽).

적이다. 처음에 그는 가족 중에서 가장 약하고 만만한 존재인 누나(연희)에게 욕설과 폭언을 일삼는다. 아직 그녀를 폭행하는 단계에는 이르지 않았으나 그런 일은 언제든 일어나리라는 것을 짐작할 수 있다. 실제로 상훈의 폭력에 의해 일깨워지고 북돋워진 영재의 잠재된 폭력성은 아이러니하게도 상훈의 심리가 변모하려는 짧은 틈새에서 폭발적으로 발현된다. 그렇게 해서 한 마리의 똥파리는 후속 세대에게 똥파리로서의 삶을 전수하고, 그렇게 성장한 후속 세대는 선배를 쓰러뜨리고, 그를 넘어서는 것으로 자신만의 삶을 시작한다. 이 때문에 영화는 해피엔드라는 환상적 결말에 이르지 못하고, 우리 사회의 기층에서 벌어지는 실존적 삶의 비극성은 변함없이 계승·반복되고 있음을 보여주는 것으로 끝맺음한다.

연희와 만식, 그리고 형인

연희는 아직 여고생이지만 이 영화의 등장인물 중 자아의식이 가장 강하고 균형감을 가진 조숙한 인물이다. 그녀는 엄마를 잃고, 아버지의 정신이상과 학대, 그리고 동생 영재가 엇나가는 상황을 지켜보면서도 묵묵히 집안 살림과 학업을 계속하고 부족한 생활비를 벌기 위해 아르바이트까지 한다. 그녀는 온갖 폭력적 위협과 폭언 등의 상황에 둘러싸여 있다. 그러나 결코 주눅 들지 않고 건전한 상식에 기초한 중심을 유지하고, 학업을 포기하지 않는다. 비극적인 이 영화가 담아내는 몇 안 되는 희망의 끈 중 하나가 바로 연희이다. 그녀로서는 오직 공부만이 자신을 이 똥파리들의 서식처이자 비루한 현실에서 탈출시켜줄 유일한 희망의 끈일 터이다.

용역업체 사장 정만식은 고아 출신으로 근본적인 결핍과 아픔을 안고 매우 험난한 삶을 헤쳐 왔지만, 성장하는 과정에서 그는 적어도 핏줄에 의한 트라우마 생성은 없었다. 그는 아버지를 증오하는 상훈에게 고아인 자신과 비교하며 핏줄과 가족이 어떤 것인지 그 존재 의미를 부여하는 중재자 역할을 한다. 그는 가족이 없다고 하는 철저한 결핍 상황 때문에 오히려 상훈의 처지를 부러워한다. 그는 자신의 사업과 관련된 일련의 행위들에 대한 죄책감을 가지고 있다. 먹고 살기 위해 어쩔 수 없이 하고는 있지만 최소한의 염치와 균형 감각은 있는 것이다. 그는 할 수만 있다면 현재의 일을 털어버리고 죄책감에서 벗어나려고 하는 모습을 도처에서 보인다. 그렇기 때문에 그는 기회만 주어진다면 언제든 일상적 삶에 편입될 수 있는 조건을 갖추고 있다고 할 것이다. 실제로 그는 상훈이 용역 일을 그만두겠다고 할 때, 그 역시 용역 사업에서 손을 털고 제도권 세상으로 나가 떳떳하게 살아갈 결심을 실천에 옮기겠다고 한다. 앞에서 제시한 인물관계 도표를 참고해보면, 그는 상훈의 빈자리를 메우며 새로운 가장으로 등장할 가능성을 열어 두고 있는 인물이다. 그를 구심점으로 아버지, 누나, 형인이 새로운 가족의 형태로 묶일 가능성이 이 작품이 보여주는 가장 확실한 희망이다. 그가 개업한 음식점은 그러한 희망의 출발점이 될 것이다.

마지막으로 이 영화에서 형인은 상훈의 거울이며 새로운 가능성에 대한 희망의 아이콘이다. 그러한 맥락에서 상훈이 조카 형인에게 보이는 일련의 행동을 우리는 이해할 수 있다. 상훈은 약한 사람을 괴롭히는 사람을 제일 증오하며 성장했을 것이다. 그래서 자신이 어른이 되면 약자를 괴롭히는 사람을 그 자신이 나서서 똑같은 방식으로 징벌하리라고 마음먹었을 터이다. 그런데 어느 순간, 약한 사람을 괴롭히고 강한 사람 편에 서는 용역 깡패가 된 자신을 발견한다. 자신이 제일 증오하는 모습이 돼버린 것이다. 스스로의 모습에 화가 난 상훈은 모든 문제의 근원인 아버지에게 무차별적 폭력을 가하며 화를 쏟아낸다. 그러한 모습이 어느 순간 형인에게 목격된다. 형인이는 울며 '할아버지 때리지 말라고, 아빠도 엄마를 그렇게 때렸었다고' 한다. 형인이라는 거울을 통해 상훈은 비로소 자신의 근원, 즉 트라우마는 있었으나 이후 상황 전개나 주변의 보살핌 여하에 따라 치유가 가능했던 당시의 자신과 대면하게 된 것이다. 따라서 그는 자신의 마음속 '아이'를 지키지 못했고, 아버지를 용서하지 못

했지만 형인이를 어떻게든 지켜내 자신과 같은 길을 가지 않게 해주고 싶어한 것이다.[24]

이 영화를 통해 생각해봐야 할 또 한 가지: '용역 회사'라는 집단과 우리 사회구조 속에 온존하는 파시즘

우리 사회에 '용역'이라는 이름의 깡패 집단 또는 똥파리들이 생겨난 것은 언제부터일까? 아마도 그 연원을 거슬러 올라가자면 왕조시대까지 소급해야 할지도 모른다. 그러나 지난 20세기 100년간에 걸친 우리의 근현대사만 봐도 상실과 오욕으로 점철된 질곡의 역사였고, 그 틈바구니에서 똥파리들이 출현할 여건은 도처에 있었다.

대한제국의 국권 상실과 일제강점, 해방과 국토 분단, 동란, 그리고 민주주의가 착근하기도 전에 그 싹을 짓밟으며 등장한 군사독재 정권, 5공 신군부 등장과 광주민주화운동. 그리고 지난 세기의 끝자락에 이르러서야 천신만고 끝에 대통령 직선제를 통한 참여민주주의가 제도적으로 시행되기에 이르렀다. 그러나 21세기로 접어든 지 벌써 10여 년이 훌쩍 지난 현재, 대한민국을 살고 있는 우리에게 지난 한 세기의 온갖 상흔들은 지워내기 힘든 트라우마로, 다수의 구성원들의 삶 속에서 여전히 '외상 후 스트레스 반응'으로 발현되고 있다. 국가는 남의 손에 넘어갔었고, 국민은 누구에게도 보호받지 못한 채 수탈만 당했으며, 전쟁의 와중에 상실과 이산의 고통을 당했다. 군사정권이 들어서며 이른바 조국 근대화의 과정, 개발 과정에서 소외되고 산업화 과정에서 뒤늦게

---

24 "많은 생존자들은 아이가 자신과 비슷한 운명으로 고통스러워하지 않을까 무참히 두려워하고, 이를 방지하기 위해 무엇이든 하려고 한다. 아이들을 위해, 생존자는 스스로에게는 절대 베풀지 못했던 보살핌과 보호의 능력을 끌어모으기도 한다"(같은 책, 198쪽).

이농(離農)해 도시로 왔지만 노동력만 착취당하고 빈민으로 전락한 세대에게 국가가 해준 것은 아무것도 없었다. 한마디로 지난 세기 질곡의 역사를 관통해오는 가운데, 우리네 민초들은 상황과 종류는 서로 다르지만 본질은 같은 여러 형태의 파시즘적인 구속과 폭력에 무방비로 노출돼 있었다. 일제라고 하는 파시즘, 전쟁이라는 극단적 광기와 폭력, 반공주의 이데올로기, 군사독재 정권이라는 파시즘, 신군부가 보여준 새로운 폭력과 강화된 파시즘……. 생각하기에 따라서 이 모든 과정은 상호 독립적일 수도 있다. 그러나 나의 생각에 역사의 흐름과 맥락이란 하나의 인과관계로, 통합적으로 해석될 때에야 비로소 입체성이 있다고 본다. 그런 면에서 일제의 식민 지배는 5, 6공까지 이어지는 군사독재의 원조이며, 압제와 수탈, 전쟁과 상실의 체험, 통치라는 이름의 억압과 강제는 우리 사회 구성원들의 뇌리에 구조적으로 내재화되었다.

민주주의 체제가 정착된 21세기에 들어와서도 이러한 역사의 트라우마는 국가 차원에서 제대로 치유되거나 위무된 적이 없다. 김대중, 노무현 정권에서 친일·반민족행위자에 대한 역사적 심판과 과거사 진실규명, 의문사 진상규명 등을 위한 노력이 있었으나 수구 기득권 세력의 강력한 반발과 비협조 때문에 미완으로 끝났고, 정권이 바뀌면서 오히려 퇴행하는 모습을 보였다. 그러나 분명한 사실은 오늘을 살고 있는 우리가 겪는 제반의 현실 상황들은 과거 우리의 전 세대가 겪은 역사의 경로 속에서 발현된 원인과 경과들의 결과라는 점이다.

이와 같은 시대 역사적 배경을 바탕에 두고 다시 첫 질문, '우리 사회에 똥파리들이 언제부터 생겨났는지'에 대한 해답을 찾아보자. 해방 이후 국가 체제가 제대로 정비되거나 권력이 국민으로부터 나오지 못하고 갈팡질팡하는 사이, 힘 있는 자들의 권력투쟁의 전위에서 활동했던 서북청년단[25] 같은 극우 폭력

---

25 서북청년회(西北靑年會) 또는 서북청년단(西北靑年團, 약칭: 서청)은 미군정 당시(1946년) 이북 출신 청년회를 통합해 조직되었다. 해방 정국에서 반공주의 우익 청년단체로 활동

집단, 동란 이후 자유당 정권의 비호 하에서 활약했던 임화수와 이정재 같은 정치 깡패들, 그리고 5공 시절 야당 탄압과 와해를 목적으로 동원된 용팔이와 호국청년연합회(호청련)와 같은 정치 폭력 집단이 있었다. 그런데 이들의 후예들은 우리 사회가 민주화 바람을 타자 노골적인 정치성을 배제하고, 자유주의 시장경제체제하에서 '경비용역업체'라는 이름을 가지고 합법적인 이윤을 추구하는 기업 형태로 변신해 활약하고 있다. 특히 이들은 IMF 외환위기 이후 수많은 기업이 도산하고 구조 조정, 기업 간 인수 합병 등의 과정에서 불거진 노사 간 수많은 갈등 현장과 부동산 경기 활성화에 힘입어 대규모 재개발사업이 벌어지는 현장에서 공사 시행사와 이주민 사이에 발생하는 온갖 갈등의 해결사로 권력의 비호하에 맹활약했다. 대표적인 몇 건의 사례를 살펴보자.

경비용역업체가 각종 쟁의 현장에서 폭력을 휘두른 일이야 그 기원을 따지기도, 숫자를 헤아리기도 어려운 노릇이다. 하지만 노동계는 이들이 제법 체제를 갖춘 기업 형태로 조직돼 대규모 인력을 동원, 파업 현장을 급습해 폭력을 휘두르며 위력을 발휘한 첫 번째 사례를 지난 2001년 5월의 울산 효성공장 사태로 보고 있다.[26] 당시 10개 이상의 용역업체가 일종의 컨소시엄 형태로 전국에서 700명에 달하는 인력[27]을 끌어모아 공권력에 준하는 무장을 하고 현장에 난입해 무차별 폭력을 휘둘렀다고 한다.

이후 노무현 정부 시절인 지난 2006년 4월 26일, KBS의 〈추적60분〉에서는 '2006 용역실태보고, 폭력을 서비스해드립니다'라는 제하의 리포트를 통해 경

했고, 대한민국 정부 수립 이후에도 존속하며 군과 경찰 요직에도 조직의 세력이 미쳤으며, 4·19 이후 해체된 것으로 알려졌다. 제주 4·3 사건에서도 좌경분자 처단이라는 명목하에 개입했고, 백범 김구를 암살(1949년 6월 26일)한 안두희 역시 이 단체 소속이었다. 네이버 지식백과 참조.

26 정종권, 「정치폭력에 관한 한 보고서: 울산 효성사태를 통해 본 용역경비업체의 실태」, ≪사회운동≫, 사회진보연대, 17호(2001년 7·8월 호).

27 같은 글, 11~12쪽 참조.

비용역업체가 어떻게 기업형으로 진화·발전해오고 있으며, 노사분규를 겪고 있거나 도심 재개발사업과 같이 많은 사람들의 이해관계가 첨예하게 대립되는 다수의 사업장에서 어떤 활약을 하는지에 대해 입체적인 취재 결과를 방영해 충격을 안겼다. 특히 이런 문제를 적은 비용으로 손쉽게 해결하려는 유혹이 얼마나 달콤한지, 그리고 이들이 얼마나 일상적이고 광범위하게 '관 작업'을 하는지도 밝혔다. 관 작업이란 사측과 용역업체가 경찰을 상대로 로비를 벌여 사전 정지작업을 하는 일을 말한다. 이렇게 로비를 받은 경찰은 신고를 받아도 늑장 출동을 하고, 용역업체의 폭력을 눈감아 주는 것이다.

그나마 노무현 정권(참여정부)하에서는 비교적 음성적으로 암약하던 경비용역업체들의 활동이 지난 이명박 정권에서 만개했다. 일일이 열거하기 어렵지만 대표적인 세 가지 사건만 살펴보자. 지난 2009년 1월 20일, 이른바 '용산 참사'가 있었다. 용산 4구역 재개발의 보상대책에 반발한 철거민과 전국철거민연합회 회원 등 30여 명이 적정 보상비를 요구하며 2009년 1월 19일 새벽 용산구 한강로 2가에 위치한 남일당 건물을 점거하고 경찰과 대치하던 중 화재가 발생해 6명이 사망하고 24명이 부상당했다. 검찰은 사건 발생 3주 만에 철거민의 화염병 사용이 화재의 원인이었고, 경찰의 점거 농성 해산 작전은 정당한 공무집행에 해당한다는 수사 결과를 발표했다. 경찰의 과잉 진압 책임은 묻지 않고 철거민 대책위원장 등과 용역업체 직원 7명을 기소했고, 전원 유죄 판결을 받았다.[28] 그런데 중요한 것은 폭력을 휘두른 용역 깡패와 경찰 특공대, 그들은 어느 누구도 기소되거나 처벌받지 않았다.

또 다른 참사가 있다. 바로 '쌍용차 사태'이다. 이 역시 지난 2009년 봄부터 2014년 상반기까지 5년 넘는 세월을 끌어오다가 어렵게 해결 국면으로 접어들었다. 쌍용차 노조원들은 회사의 구조조정에 항거하다 공권력에 무자비하게

---

28 용산 참사에 대해서는 이 책의 14장 〈두 개의 문〉(377쪽 이하)에서 상세하게 다시 다루고 있다.

폭력 진압됐다. 그 이후 대책 없이 거리로 내몰린 노조원과 그 가족 등 23명이 연이어 죽음으로 항거해왔다.

지난 2012년 7월 27일, 경기도 안산시 소재의 자동차 부품회사 SJM에서 파업 중이던 노조원들에게 회사는 직장 폐쇄를 결정하고, 경비용역업체 '컨택터스'에 의뢰해 무자비한 폭력 진압을 실행한 사건이 벌어졌다. 당시 컨택터스 측은 300여 명을 투입해 전격적인 진압 작전을 벌였으며, 노조원 다수가 중상을 입는 아비규환의 폭력 진압이 이뤄졌는데도 현장에 출동한 경찰들은 이를 말리기는커녕 회사 정문 밖에서 꼼짝 않고 대기한 것으로 드러났다. 현장에 출동했던 안산서장이 아무 조치를 취하지 않았던 것으로 드러나면서 명백한 '관 작업'이 있었던 것으로 추정돼 경질되고, 국회 차원의 국정조사가 이루어지는 등 엄청난 사회적 파장을 일으켰다.[29]

21세기를 맞이한 대한민국. 자유민주주의를 표방하고는 있지만 자본 권력에 의해 철저히 위계화(계층화)된 사회 구조 속 어딘가, 법과 제도의 사각지대에서 파시즘적 광기는 여전히 작동하고 있다.[30] 그리고 용역 회사와 용역 깡패들이 운신할 수 있는 여지도 얼마든지 있다. 어느 면에서는 이들의 존재가 오

---

29 이 사건은 각종 언론 매체에서 즉각적으로 이슈화하여 국회 차원에서 국정조사를 벌일 정도로 정치적 이슈가 되었다. 정원식, "노조에 폭력 행사한 컨택터스, 용역깡패인가 민간군사기업인가", ≪주간경향≫, 988호(2012.8.14); SBS 〈그것이 알고 싶다〉, '야만의 새벽', 858회(2012.8.18); MBC 〈시사매거진 2580〉, '경찰, 폭력에 눈감다', 822회(2012. 8.19) 등.

30 여기서 한 걸음 더 나아가, 임지현은 우리 사회에 광범위하게 온존하고 있는 파시즘의 형태를 다음과 같이 설파한다. "파시즘의 유산은 우리 안에 넓고 깊숙이 잔존해 있다. 권력자만이 아니라 그에 저항하는 자들까지도 매료시키고 사로잡는 권력의 위력. 모든 것을 가격으로 환산해야 직성이 풀리는 물신주의. 살아남기 위한 나날의 각박한 생존 경쟁. 승리자가 되지 않고는 삶을 영위하지 못한다고 생각하는 초조함과, 승리하면 모든 것을 짓밟을 수 있다고 생각하는 권위주의. 이 모든 것 속에 파시즘은 오늘도 살아 있다"[임지현, 『우리 안의 파시즘』(삼인, 2000), 255쪽 참조].

히려 자본주의 시장경제체제, 자유민주주의의 한 축을 떠받치고 있거나 일익을 담당하는 것처럼 여겨지기까지 한다. 과거 군사독재 시대의 용역 깡패들이 정치 무대의 이면에서 그들을 떠받쳤다면, 현대의 용역 깡패는 자본 권력이라는 새로운 봉건적 영주를 위해 헌신을 한다는 차이 정도가 있을 뿐이다. 이들은 공권력이 법 때문에 해결하지 못하는 문제들, 뜨거운 감자들을, 공권력의 비호 속에서 대신 해결해주는 고마운(?) 존재들이기도 하다.

공정한 법 집행과 논쟁, 토론, 첨예하게 대립되는 이해관계에 대한 끈질긴 조정과 합의에 이르는 지난한 과정, 그러나 철저히 민주적인 과정을 너무 지루하거나 무익하고 혼란스러운 일로만 치부하는 세력들이 있다. 자신들의 이익에 반하는 세력을 물리적으로 단번에 쓸어버리고, 일사천리로 일을 진행해 오직 '결과'로 심판 받겠다는 '마키아벨리스트들(파시스트들)'에게 용역 깡패는 손 안대고 코 풀 수 있고, 수족으로 부릴 수 있으며, 방패막이로 삼을 수 있는 고마운 존재이다. 그 때문에 이들의 존재와 불법적 행위는 타도의 대상이 아니라 관리의 대상이고, 필요시에는 동원의 대상이 된다. 따라서 이들이 활동하는 시공간은 공권력의 눈에 잘 안 보이는 것으로 돼 있다. 오직 언론 등의 견제장치가 작동할 때만 하는 수 없이 공식적으로 개입하는 모양새를 잠시 갖춰줄 뿐이다.

그렇다면 영화 〈똥파리〉가 담아내는 비극성을 이해하는 씨줄과 날줄은 무엇일까? 먼저 씨줄이 되는 한 축은 억압과 오욕의 역사를 애오라지 부딪쳐 깨지며 살아온 우리네 밑바닥 민초들의 각박한 온몸과 마음에 새겨진 트라우마이다. 그것은 시대와 세상이 바뀌고 새로운 세기가 열렸음에도 여전히 치유되지 않는, 국가적으로나 사회적으로 누구에게도 위무받지 못하고 개개인이 스스로 다독여야 하는, 전적으로 개인화된 외상 후 스트레스 반응으로 치부되었다. 날줄이 되는 또 다른 한 축은 우리 사회의 계층적 위계 속에서 작동하는 파시즘적 권력관계에서 찾을 수 있다. 이 영화에서 그려지는 계층적 위계와 권력관계는 세 단계로 설정된다. 첫째, 경찰로 대표되는 국가 권력이다. 그들은 편의에 따라 또는 통치권자의 기호에 따라 언제든 국가와 안보라는 이데올로기를 앞세워 특정 사안들에 대해서는 용역 회사와 용역 깡패들의 집단행동에 대해 적당한 선에서 통제와 방임 사이를 오가는 모습을 보인다. 둘째, 용역 회사와 용역 깡패라는 집단화된 소사회 권력이다. 이들은 폭력을 동원해 사회적 타자들을 희생 제물로 삼아서 살아가는 집단이다. 셋째, 가족 내에서 행해지는 가부장의 사적 권력과 사적 폭력이다. 이들 가부장은 사회에 나가 정상적으로 발붙이지 못하고, 사회 내에서 발언하지 못하는 것들을 모두 가족의 탓으로 돌린다. 그럼으로써 필연적으로 가족 내에 희생자가 발생한다. 여러 인물의 캐릭터를 형성한 것이 대부분 가족 내에서 벌어진 가부장의 파시즘적 폭력과 광기로 인해 그 자녀들에게 전가된 형태로 그려지고 있다면, 집단으로서 용역 깡패들과 용역 회사는 우리 사회가 여전히 파시즘의 틀 안에서 작동되고 있다는 증거이다.

이렇게 볼 때 영화 〈똥파리〉가 문제적인 것은 바로 역사적 트라우마가 어떻게 사회와 개인을 황폐화시켰으며, 그 이후의 외상 후 스트레스 반응과 결과가 어떻게 드러나는지를 이야기한다는 점에서 찾을 수 있다. 아울러 우리 사회의 계층적 위계와 권력관계 속에서 이리 치이고 저리 떠밀린 사람들이 있고, 그러한 상황 속에서 희생만 강요받은 집단과 개인이 있다는 것을 다시 환기시킨다는 점에 있다. 따라서 이 영화에 등장하는 인물들이 보이는 다양한 형태의 폭력, 그리고 그것의 전이와 대물림의 과정, 그 근원이 어디에 있는지를 (비록 이 작품이 거기까지는 들어가지 않고 있더라도) 유추하고 사유해야 한다.[31]

---

31 실제로 양익준은 이 작품이 표현하는 폭력성에 대해 "태생의 폭력성이 세대에 걸쳐 어떻게 작용하는지에 대해 보여주는 중요한 소스로서 폭력을 표현한 것"[양익준·지승호, 『Let's cinema party? 똥파리!: 양익준 감독의 치열한 영화 현장과 폭력에 대한 성찰』(알마, 2012), 60쪽 참조]이라고 밝힌 바 있다. 그러나 그러한 폭력성의 기원까지 추론해 밝혀야 하는 것은 이 작품을 텍스트로 하여 후속 담론을 만드는 비평가, 분석자, 연구자의 몫이라고 생각한다.

나오는 말

이 영화는 폭력 자체를 전경화하는 방식으로 그 희생자들을 극사실적으로, 정밀하게 재현해내면서 폭력의 위험성을 경고한다. 이것은 양익준 감독 개인의 경험이 밑받침되었기 때문에 가능한 일이라고 생각한다.[32] 감독이 이야기하려는 바는 비단 가족 내에서 벌어지는 폭력과 그로 인한 트라우마의 대물림 또는 파쇼적 가부장의 폭력이 어떻게 사회적으로 전이될 수 있는지에 대한 사회학적 고찰만이 아니다. 똥파리들의 삶이 가진 비극성을 정면에서 다루면서 우리 사회의 일상적 파시즘과 그 폭력성에 대한 공론화까지 나아가려는 것이다. 영화 속 똥파리들, 상훈과 영재의 삶이 비극적인 이유는 이들이 자신들의 근거지가 어떻게 형성되었는지, 자신들이 왜 그곳에서 살아야 하는지 그 근원을 알지 못한다는 데 있다. 그들은 알지 못하기 때문에 그곳을 벗어날 의지를 발동하지 못하고, 그 속에서 허우적거리며 목숨이 다할 때까지 오직 무차별적

---

32 양익준의 개인적 경험이란 다음과 같은 것이다. "집안에서 위안을 받을 수가 없고, 아늑함을 느낄 수가 없고, 대신 고함과 욕지거리와 비명이 있었으니까요. 이미지적인 기억으로는 거의 매일이었던 것 같아요. 늘 불안했죠. 평수도 크지 않은 손바닥만 한 집에서 여러 명이 같이 사는데, 항상 뭔가 터질 것 같은 불길한 기운이 느껴졌어요"(같은 책, 91~92쪽 참조). 그러나 주디스 허먼이 지적하듯이, 아동기에 학대를 당했던 생존자들이 모두 상훈과 같은 가해자가 되는 것은 아니다. "아동기 학대의 생존자들은 스스로 다른 사람을 가해하기보다는 또다시 피해자가 되거나 스스로를 해치게 될 가능성이 더 높다. 놀랍게도, 생존자들이 가해자로 성장하는 경우는 사실상 그리 흔하지 않다"(주디스 허먼, 『트라우마』, 196쪽 참조). 양익준 역시 주디스 허먼이 주장하는 것과 거의 동일한 진술을 하는데, 이는 결코 우연이 아니라 그 자신의 산 경험과 통찰을 통해 획득한 자연스러운 결과이다. "제가(양익준) 누구를 해할 수 있는 사람이 못 돼요. 폭력적인 환경에 있던 친구들을 보면 한쪽 축은 폭력을 행할 가능성이 높고, 다른 한쪽 축은 폭력을 굉장히 겁내는 정반대의 인간군이 있는 것 같아요. 저는 후자죠. 사실 전 폭행당하는 것도 싫고, 폭력을 휘두르는 것도 싫거든요"(양익준·지승호, 『Let's cinema party? 똥파리!: 양익준 감독의 치열한 영화 현장과 폭력에 대한 성찰』, 89쪽 참조).

인 폭력을 통해서만 '코기토'를 증명하며 살아간다. 자신을 옥죄는 고통의 실체를 알지 못한 채, 자신과 가장 가까운 사람들에게 폭력을 휘두르는 방식으로 일상의 스트레스와 세상을 향한 막연한 분노를 대리 배설해온 것이다. 그러한 폭력은 가족 구성원, 특히 어린아이들에게 씻을 수 없는 상처를 남기고, 어린 자녀들에게 가해진 폭력성은 그 아이로 하여금 그 자체를 성격으로 만들어버려 불특정 다수에게 새로운 폭력의 형태로 전가되는 악순환 고리를 만든다.

이처럼 양익준 감독은 하나의 폭력적인 인간이 어떤 환경에서 어떠한 과정을 통해 탄생하고 성장해 괴물이 되는지 보여준다. 우리에게 남겨진 책무는 텍스트를 통해 명시적으로 드러낸 요소들과 텍스트가 암시하는 요소들을 재구성해 사회적 담론을 이끌어내고 이러한 문제의 심각성을 제도권에서 정면으로 다뤄주기를 바라는 것이다. 대체 이처럼 끔찍한 폭력은 왜 멈추지 않고 계속되는가? 우리의 일상에 폭력은 이처럼 만연해 있는데 무엇이 우리로 하여금 이러한 폭력을 민감하게 받아들이지 못하게 하는 것일까? 우리는 어디에서, 어떻게 이 폭력을 소멸시킬 방법을 찾아낼 수 있을까? 우리 개인 각자와 사회는 어떻게 폭력을 극복하고 상생과 화합을 모색해나갈 것인가? 등등. 우리나라가 진정으로 선진 문화국가, 세계 일류 국가를 지향한다면, 이런 문제들을 주류 담론의 영역에서 심각하게 다루어야 할 것이다.

Chapter 13

마더

/

온갖 트라우마 속에서 대한민국을 낳고 기른 엄마, 그녀는 누구인가

봉준호 감독 | 2009년 개봉

들어가는 말

지난 2008년부터 2009년 상반기, 영화 〈마더〉의 제작 소식이 들려올 때만 해도 여러 매스컴과 평단의 대체적인 시각은 봉준호 감독이 이전의 두 작품, 즉 〈살인의 추억〉(2003)과 〈괴물〉(2006)로 연타석 홈런을 날린 다음 잠시 쉬어가기 위해 만든 소품처럼 인식했다. 제작비의 규모나 극적 스케일 면에서 전작들보다 크기가 훨씬 작아 보였기 때문이다. 개봉을 하고 실체가 확인되자 팬 매거진 ≪씨네21≫을 주 무대로 하여 일련의 비평 칼럼과 리뷰들이 속속 올라왔다. 특히 김영진, 허문영, 정한석, 이지현 등의 글이 그 깊이나 무게감에서 다른 지면의 짧막한 리뷰 기사를 압도했다. 그런데 그들 모두 봉준호 감독의 신작을 어떻게 받아들이고 어떻게 읽어야 할지에 대체로 난감해하는 기색이 역력했다. 이전 작품들처럼 텍스트 속에 무언가를 깊이 숨겨놓긴 한 것 같은데 그 실체가 모호하고, 몇몇 사건과 그것을 표현하는 이미지 속에 다의성이 들어 있어 보이기는 하는데 그것을 전체로 통합하려니 여의치 않았던 것이다. 이전 작품들에서처럼 정치적 성향이 포함된 것 같기도 하고, 그것과는 전혀 무관한 순수한 가족 또는 모자간의 이야기인 것 같기도 한, 매우 당혹스러운 이야기로 비쳐졌던 것이다.

이 작품에 대한 내 생각을 한마디로 압축해 표현한다면 '봉준호 감독은 〈마더〉를 통해 이야기꾼으로서 자신이 우리 한국 사회를 향해 발언할 것은 모두 다 했다'이다. 그랬기 때문에 그는 홀가분한 마음으로 〈설국열차〉를 만들며 더 큰 세상을 향해 나아갈 수 있었다. 그가 우리나라의 정치적·사회적 문제를 가지고 계속 이야기를 할지는 미지수이다. 그러나 적어도 봉준호는 영화 〈마더〉를 통해 지난 70여 년의 우리 근현대사를 모두 아우르는 이야기를 해냈다. 비록 겉 이야기는 소품 같아 보이지만 시간적·공간적·역사적·정치적 측면에서 보면 그의 이전 세 작품 모두를 모아도 필적하지 못할 가장 웅대한 스케일을 보여주는 영화를 만든 것이다.

이 글을 쓰기 위해 봉준호 감독의 〈마더〉를 오랜만에 다시 보면서, 영화 텍스트는 그 자체로 완성된 것이 아니라 마치 하나의 집을 짓기 위해 마련한 터전과 건축 자재들의 집합 같다는 생각을 또다시 하게 되었다. 특히 이 작품이야말로 감독이 마련해놓은 여러 재료를 가지고 웅장하고 기막힌 집을 지을 수도 있고, 몰골이 빈약한 집을 지을 수도 있다. 또 소박한 우리네 한옥 같은 전통가옥을 만들 수도 있고, 정갈한 양옥을 만들 수도 있다. 누가 무슨 생각으로 들어와서 어떤 방식으로 재료를 사용하든, 그가 가진 역량만큼의 집은 만들 수 있을 만큼 충분한 재료들의 보고처럼 여겨질 수도 있다. 반대로 도대체 어디에 사용해야 할지 모를 재료들도 있는 것처럼 보일 수도(따라서 자신이 지으려는 집에는 잘 맞지 않는 쓸모없는 재료들 투성이로 보일 수도) 있다.

이 글은 영화 〈마더〉에 등장하는 주요 인물들의 극적 역할 수행과 그 과정에서 보여주는 성격적 특성들을 면밀히 읽어내는 것을 목표로 한다. 이야기 텍스트 속의 등장인물·캐릭터에 대한 지금까지의 서사학적 연구는 주로 '극적 사건을 일으키고, 이끌어가고 완성하는 주체로서 그 인물 자체가 가지는 심성, 인성의 문제'에 한정되었다. 그것은 인물의 성격적 특성을 표현해주는 여러 지표들, 예컨대 인물의 다양한 행동 양태와 대사가 제공하는 정보들(억양, 어조, 음색 등을 통한 출신 지역 추정, 지적 능력이나 교양 수준 등)을 근간으로 한 분석과 종합을 통해 얻을 수 있다. 여기에 인물의 이름과 성격 또는 그의 환경과 성격 사이의 유비 관계를 부가적으로 고려하는 정도였다. 그러니까 작가는 이야기 텍스트 속에 등장하는 인물의 성격적 특성을 어떤 방식으로 표현하고 있으며, 수용자는 어떤 방법으로 이야기 속의 인물이 가진 성격적 면모를 제대로 읽어낼 수 있을지에 대한 방법론적 연구에서 기존의 서사학은 한계가 있었다. 그런데 짐바르도는 그의 저서 『루시퍼 이펙트』에서 다음과 같이 말한다.

> 우리가 삶을 영위해 나오는 가운데, 우리 자신이나 다른 이들의 당혹스럽고 이상한 행동을 이해하려고 한다면, 우리는 상황적 분석부터 시작해야 한다. 상황에 기초한 분석 작업이 그 불가해한 상황을 설명하는 데 실패했을 때에 우리는 비로소 기질적 분석(유전자, 성격 특징, 병적 경향, 기타 등등)으로 눈을 돌려야 한다. …… 우리는 어떤 행동을 설명할 때 개인의 인성을 지나치게 강조하면서 동시에 상황의 영향은 과소평가한다.[1]

짐바르도의 이 같은 언급은 우리의 일상적 현실에서뿐만 아니라, 소설이나 영화와 같은 허구적 서사물에 등장하는 캐릭터 분석에도 동일하게 적용할 수 있는 중요한 지침이다. 나아가 그가 진행한 바와 같은 '사회심리학'적 관점에서의 인간 연구는 이 연구에도 수많은 영감을 주었다. 가령 어떤 영화에 한 극악무도한 범죄를 저지른 인물이 등장한다고 할 때, 우리는 그가 저지른 범죄 행위에 압도돼 무조건 그를 비난하고 보는 경향이 있다. 그러나 그러한 행위자를 비난하기보다 먼저, 그 행동에 대한 상황적 결정 요인을 추적해 보는 것이 중요하다. 그것이 합리적임에도 불구하고 말이 쉽지 실천에 옮기기는 쉽지 않은 일인데, 그 이유는 바로 우리 모두의 내면에 합리적인 사고를 가로막는 강력한 심리적 편향성이 있기 때문이다.[2] 따라서 우리가 이러한 오류를 시정

---

1 Philip G. Zimbardo, *The Lucifer Effect*, p.212.

하고 합리적이고도 균형 잡힌 시각을 가지고 일상 가운데 만나는 사람들을 인격적으로 대하는 자세를 갖춰야 함은 물론, 허구적 서사물에 등장하는 인물의 캐릭터를 연구할 때도 동일한 원리를 적용하는 것이 매우 중요하다.

이처럼 사람의 말과 행동은 복잡하고 다양한 요소들이 원인이 되어 촉발된 결과가 행동으로 표현될 때가 매우 많다. 개별 캐릭터의 기질적 특성에 더해 이야기가 펼쳐지는 시대적·역사적·정치적·사회적·지리적·공간적 배경 요소들, 인물이 처한 가정·가족, 물리적·심리적 배경 요소들을 두루 살펴봐야 한다. 다양한 내적·외적 동기와 주변 인물들 사이의 역학 관계로 인해 빚어지는 말과 행동들, 개인의 단순한 행위로 보이는 것조차도 그의 기질적(성격적) 특성에 상황적 요인, 시스템적 요소가 결합돼 나온 결과이다. 따라서 그러한 준거 틀 안에서 한 인물이 가진 개성적 매력의 총체성을 판단해야 그가 이야기 안에서 벌이는 이러저러한 사건들의 의미망을 제대로 포착할 수 있다. 〈마더〉에 대한 나의 연구는 인물들이 발 딛고 서 있는 토대, 즉 정치·경제·사회·역사적 배경 등 상황적 맥락에 대한 중요성 인식과 그에 대한 리뷰의 결과이다. 그것은 우리의 역사와 함께한 우리 자신을 비교 고찰하고 종합하는 일이 되었다.

---

2 Lee Ross, "The Intuitive Psychologist and His Shortcomings: Distortions in the Attribution Process," in L. Berkowitz(ed.), *Advances in Experimental Social Psychology*, vol.10(New York: Academic Press, 1977), pp.173~220. 이 글에서 리 로스는 인간이 보편적으로 가지고 있는 이와 같은 편향성을 "fundamental attribution error(근본적 귀속 오류)"라고 명명한다. 이것은 사람의 어떤 행동에 대해서 상황적인 요소들은 고려하지 않고, 그 사람이 가진 내면적 성향, 즉 성격이나 태도, 가치관 등에서 원인을 찾으려는 경향을 말한다. 부연하면 인간의 사고 체계는 대체로 쉽고 가능성 높은 가설을 고심 없이 그대로 채택하는 단순화 방식으로 작동하는 경우가 일반적이라는 것이다. 따라서 우리는 눈앞에 직면한 어떤 일에 대해 다른 사람들도 자신과 같은 방식으로 반응할 것이라고 가정하고 행동하지만, 사람들은 같은 상황에서도 저마다 다른 방식으로 반응한다. 그런 데서 수많은 오해와 착각이 일어날 수 있다.

선행 연구 리뷰

이 글의 서두에서 말했듯이 영화 〈마더〉는 다의적 해독과 완성이 가능한 텍스트이다. 그래서 누가, 어떤 마음으로, 어떤 각도에서, 어떤 프리즘을 통해 보느냐에 따라 제각기 다른 형태의 집을 완성할 수 있다. 다만 어느 한쪽을 집중해서 읽다 보면 필연적으로 다른 쪽을 놓칠 수밖에 없다. 이야기에 대한 해석적 지평을 어떻게 열어젖히느냐에 따라 그 종착점은 전혀 다른 곳이 될 수 있다.

이 영화는 기본적으로 '모성의 근원과 본질'이라는 관점에서 접근할 수 있다. 자녀가 심신 건강하게 성장하고, 남들에게 뒤지지 않고 원활하게 학업을 성취하여 명문대 입학, 사회적 성공으로 이어지도록 하기 위해 모든 것을 희생하는 '한국적 엄마와 자녀 사이의 관계가 갖는 구조적 특성'으로 읽을 수도 있다. 이와 같은 측면에서 본다면 다음과 같은 해독이 가능할 것이다. 혜자의 모습을 볼 때, 처음에는 험한 세상에서 건강한 사회인으로 살아가기 어려운 문제적 아들을 둔 엄마의 분투, 그런 아들을 위해 전폭적인 헌신을 보이는 희생적 엄마가 보인다. 남편 없이 혼자서 세상에 맞서 싸우며 아들을 지켜내고 키우려는 전사 같은 엄마의 모습 말이다.[3] 이와 같은 관점의 연구들로는 문소정의 「한국 가족변동의 역사적 맥락에서 상상한 〈마더〉의 가족욕망」, 박선아의 「영

---

3 영화 속 혜자의 모습이나 그녀가 처한 상황과는 많이 다르지만, 오늘날 우리 사회에서 발견할 수 있는 다수의 엄마들은 자녀의 방과 후 학습 플랜을 비롯해 24시간 365일, 자녀의 모든 일과를 매니지먼트한다. 아빠의 무관심과 엄마의 기획력, 추진력, 지도력이 자녀의 명문대 진학과 성공의 키포인트로 얘기된 지 오래다. 그런데 이러한 엄마의 주도라는 것이 어느 순간 자녀를 위해 모든 것을 희생하고 종노릇하는 엄마의 모습으로 보인다. 자녀는 엄마가 하라는 대로 순종하는 모습이지만, 어느 순간 모든 면에서 엄마를 종으로 부리고 있다는 인식을 하게 된다. 헤겔이 이야기한 주인과 노예의 변증법은 오늘 우리네 가정에서 이처럼 쉽게 관찰된다.

화 〈마더〉에 나타난 수행적 모성 정체성에 관한 연구」, 백지연의 「시간 속을 여행하는 어머니: 봉준호의 〈마더〉를 중심으로」, 송효정의 「모성, 그 축축한 초록빛 마성: 봉준호의 변두리 느와르 〈마더〉론」, 전문희의 「〈마더〉: 모성의 괴기함 또는 신성함」 등이 있다. 이 밖에 김경욱의 「〈마더〉와 〈시〉, 소녀의 죽음에 응답하는 한국영화의 두 가지 방식」, 정우숙의 「봉준호 영화의 소녀상 연구」, 그리고 그녀의 후속 연구인 「영화 〈마더〉와 〈시〉의 모성 구현 양상」 등도 큰 틀에서 봤을 때 앞의 연구들의 연장선상에 있다.[4]

그런데 이와 같은 한국적 엄마들의 비정상적인 모습에 대한 비판적 성찰을 넘어서는 특별한 영화 읽기로 주목을 받은 연구가 있었다. 유인호의 「미친 엄마들을 위한 변명: 〈마더〉의 안과 바깥의 아들들의 카르텔에 대하여」가 바로 그것이다.[5] 그는 우리 엄마들이 미친 것은 그녀 자신의 욕망 때문이 아니라 그녀의 "등골을 휘게 하고 뼛골까지 우려먹으려는 아들들", 즉 "어른이 되기를 무한 연기하고 엄마를 등쳐먹는 아들들" 때문이라고 본다. 엄마와 아들의 관계를 변증법적인 관점에서 뒤집어본다는 면에서 의미가 있는 연구이다. 그러

---

4 문소정, 「한국 가족변동의 역사적 맥락에서 상상한 〈마더〉의 가족욕망」, ≪여성학연구≫, 20권 1호(부산대학교 여성연구소, 2010); 박선아, 「영화 〈마더〉에 나타난 수행적 모성 정체성에 관한 연구」, ≪영화연구≫, 55호(한국영화학회, 2013); 백지연, 「시간 속을 여행하는 어머니: 봉준호의 〈마더〉를 중심으로」, ≪안과밖≫, 27호(영미문학연구회, 2009); 송효정, 「모성, 그 축축한 초록빛 마성: 봉준호의 변두리 느와르 〈마더〉론」, ≪문예연구≫, 16권 2호, 통권 61호(문예연구사, 2009); 전문희, 「〈마더〉: 모성의 괴기함 또는 신성함」, ≪한중인문학연구≫, 31권(한중인문학회, 2010); 김경욱, 「〈마더〉와 〈시〉, 소녀의 죽음에 응답하는 한국영화의 두 가지 방식」, ≪영화연구≫, 46권(한국영화학회, 2010); 정우숙, 「봉준호 영화의 소녀상 연구」, ≪여성문학연구≫, 제23호(한국여성문학학회, 2010), 「영화 〈마더〉와 〈시〉의 모성 구현 양상」, ≪한중인문학연구≫, 36권(한중인문학회, 2012).

5 유인호, 「미친 엄마들을 위한 변명: 〈마더〉의 안과 바깥의 아들들의 카르텔에 대하여」, ≪문화/과학≫, 59호(문화과학사, 2009년 가을 호).

나 그의 해석은 흥미로워 보이지만 정신의학의 기본에 대한 무지에서 비롯된 왜곡된 내용도 많이 포함돼 있다. 예컨대 그는 도준이 다섯 살 때 경험한 삶과 죽음을 오가는 고통의 외상 사건이 이 아이가 가졌던 건강한 정신적 기능들을 와해시켰던 점을 배제한다. "외상 사건은 건강하게 통합했던 기능들을 뿔뿔이 잘라낼 수 있다. …… 건강하게 기능하는 정교한 자기 보호 체계는 외상에 의해 찢겨진다. 이러한 파편화는 과거 외상 후 스트레스 장애에 관한 설명의 핵심이었다. …… 기억을 통합시키는 능력을 잃은 것이다."[6] 도준은 자신에게 안심과 보호를 제공했던 최초의 원천인 '엄마'로부터 생명의 위협을 받았다. 이렇게 볼 때 도준이 트라우마의 기억을 잃었다가 되찾는 장면은 중요한 극적 장치이자 서사 전개의 터닝포인트가 된다. 도준은 고통스러운 트라우마 기억에 대한 억압과 해리라는 방어기제를 통해 둔감화에 성공했던 것으로 보인다. 고통스러운 기억의 상실과 함께 그는 정상적인 인지 활동을 수행할 능력도 함께 잃은 것이다. 그랬던 것이 구치소에서의 구타 사건, 즉 새롭고도 강렬하며 압도적인 고통의 경험을 통해 그는 억압했던 기억을 재생하게 되었다. 핵심 인물(도준: 아들)이 가진 이러한 성격적 측면을 간과하고 "아들들의 카르텔"이 엄마를 미치게 한다는 해석은 수긍하기 어렵다.

이 밖에 영화의 내러티브 구조에 대한 분석을 시도하는 신철하의 「서사적 욕망과 형식: 〈마더〉와 정신분석」, 심재욱의 「봉준호 영화의 서사 구조 연구: 정신분석학적 접근을 통해」, 이주봉의 「〈마더〉에 나타난 영화의 성찰성: 클로즈업과 얼굴을 중심으로」는 봉준호 감독의 연출과 영상미학적 관점에서 텍스트를 바라본다. 최병학의 「사실, 인식, 망각의 연대: 봉준호 영화에 나타난 비도덕적 사회의 우발성 유물론」은 '루이 알튀세르'의 '우발성의 유물론' 개념과 '질 들뢰즈와 펠릭스 가타리'의 '기계'라는 개념을 봉준호 감독의 영화들에 대입해 읽고 있다. 그리고 흥미롭게도 영화 연구자나 인문학 진영 연구자가 아

---

6 주디스 허먼, 『트라우마』, 69쪽.

니라 한의학 분야(침구의학) 종사자들이 영화 〈마더〉에서 '혜자'의 침과 침통의 의미를 중심으로 하여 텍스트를 읽어내는 흥미로운 연구도 있었다. 김송이 · 박규택 · 이학민 · 박히준 · 이혜정 · 채윤병의 「영화 〈마더〉를 통해 본 침의 의미 분석: 영화인들을 대상으로 하여」는 나의 이 연구에도 영감을 주었다.[7] 나의 연구와 직접 관련된 선행 연구로는 김금동의 논문이 유일하다.[8] 이 논문 은 〈마더〉 속에 감독이 알레고리로 숨겨놓은 '우리 역사의 비극성에 대한 통 찰'을 비교적 잘 해독하고 있으며, 앞에서 언급한 선행 연구들과는 완전히 다 른 특별한 관점을 보여준다. 특히 '도준과 진태를 해방 이후 남과 북에서 쌍둥 이처럼 태어난 남한과 북한 정권'[9]으로 읽는 것을 비롯해 여러 면에서 나의 관 점과 일치하는 모습을 보여서 매우 흥미롭다. 그러나 그의 연구는 몇 가지 한 계가 있다. 세밀하지 못한 부분과 반드시 논의되어야 하지만 포함되지 못한 부분들이 있다. 예컨대 인물들의 극 중 기능과 역할을 지나치게 역사성에 견 주다 보니, 역설적이게도 역사의 상처가 개인(우리 국민들 및 영화 속 인물들)에 게 미친 영향, 그리고 그것이 다시 성격적으로 표출되는 부분은 간과하는 우를 범하고 있다. 무엇보다도 그의 연구는 이 영화 속 인물 간 관계 구도에서 봉준 호 감독이 전략적으로 배제한 존재, 즉 '아버지(가부장)'에 대해 전혀 언급하지

---

7 신철하, 「서사적 욕망과 형식: 〈마더〉와 정신분석」, ≪어문논집≫, 63권(민족어문학회, 2011); 심재욱, 「봉준호 영화의 서사 구조 연구: 정신분석학적 접근을 통해」, ≪어문연 구≫, 40권 2호(한국어문교육연구회, 2012년 여름); 이주봉, 「〈마더〉에 나타난 영화의 성찰성: 클로즈업과 얼굴을 중심으로」, ≪문학과영상≫, 14권 2호(문학과영상학회, 2013); 최병학, 「사실, 인식, 망각의 연대: 봉준호 영화에 나타난 비도덕적 사회의 우발성 유물 론」, ≪인문과학≫, 46집(성균관대학교 인문과학연구소, 2010); 김송이 · 박규택 · 이학 민 · 박히준 · 이혜정 · 채윤병, 「영화 〈마더〉를 통해 본 침의 의미 분석: 영화인들을 대 상으로 하여」, ≪대한침구의학회지≫, 26권 6호(대한침구학회, 2009).
8 김금동, 「알레고리 영화로서의 〈마더〉: 영화에 나타난 대한민국 현대사의 비극성」, ≪영 화연구≫, 45권(한국영화학회, 2010), 7~33쪽.
9 같은 글, 15쪽.

못하고 있다. 이 점이 가장 큰 한계라고 할 수 있다.

나는 이런 문제들에 대한 체계적인 사유를 비롯해, 인물들이 가진 실제적이고도 상징적인 트라우마의 배경과 그로 인한 '외상 후 스트레스 증후'로서의 캐릭터 발현을 중심으로 텍스트를 다시 읽어나갈 것이다. 이를 위해 심리 · 정신분석학적 방법론을 동원해 도준과 혜자를 비롯한 주요 인물들의 행동과 그들의 말을 통해 표출되는 '심리적 증상'을 살펴볼 것이다. 왜냐하면 주디스 허먼도 분명히 하고 있거니와, "진실은 은폐될 때가 더 많다. 그렇기 때문에 외상 사건은 언어화 된 이야기가 아닌 증상으로 떠오르기" 때문이다.[10] 그들의 증상, 징후들을 통해 그들의 현재를 지배하는 과거, 살아온 역사적 궤적을 살펴봐야 한다. 그러기 위해서 먼저 인물들의 삶의 터전과 공간적 배경부터 살펴보자.

〈마더〉의 지리적 · 공간적 배경: 아들과 엄마의 심리적 배경

이야기의 배경을 살펴보기 전에 이 영화를 제대로 읽기 위해 두 가지를 짚고(전제하고) 넘어가자. 먼저 그것은 봉준호식 이야기하기(보여주기)의 출발에 관한 것이다. 장편 데뷔작인 〈플란다스의 개〉(2000)부터 〈마더〉에 이르기까지, 봉준호는 지금까지 자신이 한 이야기들 속에 등장하는 인물을 한결같은 방식으로 제시 · 소개하고 있다. 그것은 인물들이 정면(카메라, 그리고 궁극적으로는 관객)을 응시하도록 하는 것이다. 이와 같은 방식은 일부 실험 영화나 예술 영화에서 주로 관객을 도발할 목적으로, 영화가 의도한 핵심 메시지를 일깨우기 위한 전략으로 가끔씩 사용되긴 했다. 그러나 주류 상업 영화 진영에서는 관객을 불편하게 할 수 있다는 우려 때문에 금기시했던 것이다. 그런데 봉준

---

10 주디스 허먼, 『트라우마』, 17쪽.

호는 자신의 영화들에서 이 방법을 즐겨 사용한다. 그 이유는 다음과 같다.

여기 한 인물이 있다. 그는 지금부터 내가 할 이야기의 핵심 인물이다. 그가 당신을 응시하고 있다. 당신은 어두운 곳에 숨어서 스크린이라는 창문을 통해 그 너머에서 벌어지는 일을 몰래 훔쳐보려고 극장에 왔을 것이다. 그러나 창문 너머에 있는 그, 당신이 훔쳐보려는 그가 먼저 당신의 존재, 당신의 훔쳐보려는 시선을 알아버렸다. 부담스럽겠지만 지금부터 그를 눈여겨보라. 그는 이미 당신의 존재와 시선을 알고 있지만 이후부터는 당신의 존재와 시선은 꿈에도 모른다는 듯이(또는 아랑곳하지 않고) 말하고 행동할 것이다. 그는 자신의 내밀한 모든 것을 스스로 드러낼 것이고 당신은 그의 일거수일투족을 모두 목격할 것이다. 따라서 이것은 당신에게도 매우 흥미로운 놀이이거나 게임이 될 수 있다. 만약 당신이 적극적으로 나설 의지만 있다면 말이다. 그는 자신의 모든 행위에 대해 당신의 해석과 심판을 기다릴 것이다. 그러나 만약 당신이 애인과 함께 앉아서 팝콘을 먹으며 매우 산만한 자세로 뇌의 반쪽만 사용하며 이 영화를 본다면, 당신은 흘러가는 겉 이야기는 그럭저럭 따라갈 것이다. 하지만 이 영화 속 인물의 본질이나 그가 숨기고 있는 진짜 이야기, 그 심연에 이르거나 약호들을 해독하거나 그것을 조립하고 완성하는 데에는 결코 이르지 못할 것이다.

다음으로 영화의 제목이 '엄마'나 '어머니'가 아니라는 사실, 오로지 제 새끼만을 보호하기 위해 혈안이 된 동물적 기표로서의 '어미(에미)'도 아닌 '마더'라는 사실을 다시 한 번 환기하고 들어가야 한다. 앞서 언급한 여러 선행 연구에서도 확인할 수 있듯이 많은 이들이 '마더'에서 '머더(살인자)'를 손쉽게 유추했고 그에 대해 비슷한 요지의 논의들을 하고 있다. 그러나 내가 보기엔 엄마나 어머니라는 기호 속에 들어 있는 신성함, 어떤 판단이나 비판도 무력화시키는 힘을 가진, 그 기호 속에서 작동하는 기의를 봉준호는 너무 잘 알고 있다. 그래서 그는 우리에겐 비교적 낯선, 외래어 '마더'라는 기표를 통해 '낯설게 하기', '거리두기', '소격효과'를 발생시키는 전략을 쓴다. 이것은 매우 중요한 선택이다. 그렇게 함으로써 마더(혜자)는 모두의 관찰과 판단과 비판이 가능한 객관화된 기호로 탈영토화·재문맥화될 여지가 생기기 때문이다. 이로써 우리는 혜자를 제대로 관찰하고 비판할 수 있게 되었다. 혜자는 극도로 편향된 시각을 가졌고, 남의 집 아이는 아랑곳 않는 극단적 이기주의와 편 가름을 하는, 정치적 성장과 발전을 멈추게 한 근본 원인이다. 즉, 정치적으로나 사회적으로 청산되고 극복돼야 하는 문제투성이의 마더이다.

이렇게 보면 영화 시작부터 봉준호는 분명 관객을 향해 아주 세게 도발을 한다. 자신이 전제하고 심어 놓은 약호들에 대해 체계적인 해독과 재구성을 요구하는 도발이다. 그렇기 때문에 우리는 두 눈 크게 뜨고 두 귀 활짝 열고, 오감을 두루 깨어 일어나도록 한 다음, 제대로 살펴봐야 한다. 이제 〈마더〉의 배경 속으로 들어가보자.

영화의 배경이 되는 도시(동네) 이름은 명시적으로 제시되지 않으나, 지방의 소도시(읍이나 면)인 것만은 분명하다. 그 중심지에 혜자가 약재상과 무허가 침술[11]을 병행하며 아들 도준과 함께 살고 있다. 건너편에는 사진관을 운영하는 미선이 살고, 도준이 들르는 술집 '맨하탄'도 가까이 있다. 아정이가 죽임을 당하고 전시되듯 걸쳐져 있는 건물 옥상은 이 소도시 어느 위치에서도 가장 잘 보이는 지점에 있다. 그러나 아정이가 치매를 앓는 할머니와 함께 사는 집은 중심으로부터 떨어져 있는 것으로 보인다. 특히 진태의 집과 고물상 노인의 고물 창고는 마을에서 멀리 떨어진 독립 공간이다. 그리고 이 소도시의 다른 변두리 배경에는 골프장도 있고, 공원 묘지도 있다. 이렇게 설정된 영화적 배경과 공간은 인물들이 실재하는 현실적 공간이기도 하지만, 여기에는 감독의 치밀한 계산과 전략이 깔려 있다. 특히 이 영화를 우리나라 근현대사의 전개 과정이라는 역사와 맥락을 같이하며 볼 때 더더욱 그러하다.

---

11 혜자는 이따금 방문하는 상가 건물주인 여자로부터 이러한 문제로 일을 크게 만들지 말라는 협박성 경고를 듣기도 한다.

그런 면에서 영화의 메인타이틀 이후 제시되는 첫 번째 사건 시퀀스는 이 영화가 제시하는 이야기, 그 심층 구조 속에 무엇을 숨겨놓고 있는지를 엿볼 수 있는 최초의 단서가 언뜻 모습을 드러내는 지점이다. 외지인들이 벤츠를 타고 골프장으로 가는 길에 도준을 스치고 지나간다. 진태와 도준은 그들을 쫓아 골프장에 온다. 그리곤 골프 코스 페어웨이 옆 벙커에서 그들과 싸움을 벌이는데, 그 벙커의 형상이 한반도 지도와 매우 닮아 있다. 그리고 그 오른쪽에는 워터해저드가 있는데 그것이 꼭 우리의 동해 바다처럼 여겨진다. 마치 우리나라를 강탈한 일본에 맞서 독립을 되찾기 위해 투쟁했던 우리 민족의 모습처럼 보인다. 그런데 도준과 진태가 이 외지인들과 싸우는 방식이나 태도가 사뭇 다르다. 진태는 그들이 타고 온 벤츠 자동차의 백미러를 파손하고, 골프장에서의 싸움에서도 야무지게 맞서면서 그들을 혼쭐낸다. 그리고 그런 와중에도 값비싼 골프채를 빼돌려 감춘다. 그러나 도준의 모습을 보면 액션 동작은 크지만 온통 헛발질에다가, 목소리는 크고 높으나 공허한 외침일 뿐 도무지 실속이 없다. 골프장에서도 도준은 워터해저드 속에서 외지인들이 버리고 간 잔재인 골프공 줍기와 거기에 자기 소유라는 뜻의 이름쓰기에만 정신이 팔려 있다. (후속 항목에서 면밀히 살펴보겠지만) 이러한 모습은 해방 이후의 남과 북이 서로 다른 방식으로 일제 잔재 청산에 나선 모습과, 남북의 서로 다른 정치 상황을 환기하는 것으로 읽을 수 있다. 다시 말하면 도준의 태도와 행동 방식을 남한의 모습으로, 진태의 그것은 북한의 모습으로 환치해 생각해볼 수 있다는 말이다.

한편 엄마인 혜자와 아들 도준은 모두 과거에 씻을 수 없는 트라우마를 경험했다. 도준이 다섯 살 때, 혜자는 도준과 함께 '동반 자살'을 기도했다가 실패했다.[12] 그 후유증(외상 후 스트레스 장애)으로 여러 심리적·정신적 병증에

---

12 그때 도준이 다섯 살이었다는 것은 의미심장하다. 해방 후 5년 뒤인 1950년에 일어난 한국전쟁은 골육상쟁, 동족상잔으로 우리 민족 모두로 보면 마치 자살행위 같았던 참극

빠져 있다. 먼저 도준의 상태를 살펴보자. 한 아이가 태어나고 성장하는 과정에서 "세상이 안전하다는 느낌, 즉 기본신뢰(basic trust)는 생애 초기에 첫 양육자와의 관계 속에서 습득된다. 이러한 신뢰감은 삶과 함께 시작되어, 전 생애에 걸쳐 한 사람을 지탱해준다. 이것은 관계나 신념과 관련된 모든 체계의 기본을 형성한다".[13] 그런데 도준은 '아빠'가 부재하는 가운데, 그 자신에게 안심과 보호를 제공했던 최초의 원천인 '엄마'로부터 생명의 위협, 즉 애착 외상(Attachment Trauma)을 받았다. 그로 인해 어린 도준은 엄마와의 애착 유형에 있어서 '혼돈 애착(Disorganized Attachment)'[14]을 갖게 된 것으로 보인다. 아울러 앞에서 언급한 도입부 사건에서 그가 보이는 일련의 행동은 '주의력결핍과 잉행동장애(Attention-Deficit/Hyperactivity Disorder: ADHD)'[15]의 모습을 보인다. "ADHD의 두 가지 핵심증상은 부주의와 과잉행동 — 충동성이다."[16] 여기에 더해 그는 "간헐적 폭발성 장애(Intermittent Explosive Disorder)"도 있는 것으로 보인다. 이것은 "공격적 충동이 조절되지 않아 심각한 파괴적 행동으로 가끔씩 나타나는 경우"[17]를 일컫는다. 도준은 어려서부터 엄마로부터 '누군가가 자신

이었다.

13 주디스 허먼, 『트라우마』, 98쪽.

14 혼돈애착이란 엄마 — 유아 관계에서 방임이나 학대를 받은 유아가 "엄마에게 다가가는 행동, 회피 행동, 저항하는 행동을 번갈아 한다"(존 G. 알렌, 『트라우마의 치유』, 76쪽). 실제로 청년이 된 도준이 엄마와의 관계에서 보이는 행동은 매우 모순적이다. 엄마가 먹을 것을 챙기는 것은 매우 귀찮아하며 회피하는 모습을 보이고, 때로는 엄마의 말이나 행동에 저항하며 밀쳐내는 모습을 보이기도 하는데, 잠잘 때는 엄마의 품을 파고드는 모습을 보인다.

15 "주의집중의 어려움과 더불어 매우 산만하고 부주의한 행동을 나타낼 뿐만 아니라 자신의 행동을 적절히 통제하지 못하고 충동적인 과잉행동을 나타내는 경우에 진단된다"[권석만, 『현대이상심리학(제2판)』, (학지사, 2013), 123쪽].

16 같은 책, 576쪽.

17 같은 책, 589쪽.

을 바보라고 놀리면 즉각 응징하라'는 가르침을 받으며 자랐다. 그는 엄마의 그러한 가르침을 마치 '정언명령'처럼 수행하는 데, 영화 속에서 그가 이러한 응징의 반응을 보이는 것은 세 번이다. 그중에는 자신에게 바보라고 한 문아정을 돌로 쳐서 살해한 것도 포함된다.[18] 그리고 구치소에서 자신을 놀리는 미결수에게 덤벼들었다가 흠씬 두들겨 맞는 과정에서 과거의 트라우마 기억이 되살아나는 경험을 하기도 한다.

엄마 혜자의 경우, 영화의 첫 장면부터 범상치 않은 모습으로 관객에게 어필하는 모습을 보인다. 그녀는 도준이 다섯 살 되던 해에 아이와 함께 죽기 위해 농약을 마신 경험이 있다. 그녀 혼자 어린 도준을 데리고 험한 세파를 헤치며 살아가는 것은 너무 힘든 일이었다. 결국 한계에 다다른 그녀는 어린 도준과 함께 자살을 기도했다. "그때 내가 얼마나 힘들었으면……. 너는 난데……." 도준이 트라우마 기억을 되살렸다는 말을 들은 엄마 혜자가 하는 말이다. 이후 도준과 함께 험한 세파를 이겨 나오는 과정은 모든 면에서 불안정했을 것이다. 경제적 궁핍 가운데 살기 위해 닥치는 대로, 충분한 휴식 없이 일을 해야 했을 것이다. 게다가 일반적인 아이들보다 지적 능력이 현저히 떨어지고 산만해서 한시도 눈 밖에 내놓을 수 없는 도준을 24시간 보살펴야 하는 그녀의 삶은 너무나 팍팍했을 것이다. 그녀의 삶은 늘 과민하고 긴장된 상태에 놓여 있

---

18 간헐적 폭발성 장애를 가진 사람은 "마치 공격적 발작을 하듯이 폭발적인 행동을 나타낸다. 이러한 폭발적 행동을 하기 전에 심한 긴장 상태를 경험하며 공격적 행동을 하고 나서는 즉각적인 안도감을 느낀다. 대부분의 경우, 이들은 공격적 행동을 하고 나서 후회를 하거나 당황스러워한다"(같은 책, 589쪽). 도준도 문아정에게 바보 소리를 듣자 즉각적으로 반응을 보이며 공격 행동에 나서는데, 그의 일격에 문아정이 쓰러지자 당황스러워하며 그녀를 옆 건물 옥상으로 끌어올려 놓는다. 그리고 아무 일도 없었다는 듯이 집에 들어와 엄마 곁에 누워 아이처럼 잠든다. 다음 날 아침, 그는 자신이 문아정을 죽인 일을 완전히 잊는다. 이러한 모습은 "해리성 기억상실증(Dissociative Amnesia)"의 전형적인 증후이다. "특정한 사건에 대한 부분적 또는 선택적 기억상실증"(같은 책, 267쪽)의 형태로 나타나는 것이다.

을 수밖에 없었으며, 만성적 불안과 과도한 걱정, 우울감에 휩싸여 살아가는 '범불안장애(Generalized Anxiety Disorder)'의 증후를 가지고 있다. 그녀는 그러한 불안이 극에 달해 가슴이 답답해 숨조차 쉬기 어려워지고, 소화가 되지 않고 어지러워지는 등의 증상을 해소하는 자신만의 비방을 가지고 있다. 허벅지 안쪽의 혈에 스스로 침을 놓는 것이다. 마치 동지섣달 긴긴밤을 독수공방해야 했던 과부들이 자신의 허벅지를 송곳으로 찌르며 외로움을 달랬다고 하는 옛날이야기를 그녀 스스로 체현하는 듯하다. 그런데 그녀는 여기에 더해 또 한 가지 매우 특징적인 일련의 모습들을 보인다. 도입부의 느닷없는 춤사위를 필두로, 문아정의 살인범으로 도준이 체포돼 현장검증이 벌어질 때, 현장에서 보여주는 그녀의 모습은 위험에 처한 새끼를 구하려는 어미 짐승의 몸짓처럼 연극화되어 있다. 문아정의 장례식장에 뛰어들어 문상객들에게 도준의 죄 없음을 강변하는 모습에서도 연극적 과장의 제스처를 보이는데 이는 '히스테리성 인격장애(Histrionic Personality Disorder)'[19]의 증후를 드러내는 것이다.

아무튼 이들 모자가 가진 심리적 증상의 공통점은 방어기제에 있다. 해리성 기억상실증을 통한 불편한 기억 지우기(망각)와 자신들에게 유리한 상황만 선택적으로 기억하기이다. 이들 모자는 이 두 가지 이율배반에 빠져서 지난 삶을 성찰하지도, 반성하거나 고쳐나가지도 못한다. 그들은 때때로 서로의 아픈 과거, 트라우마가 반복 환기될 때마다 압도적인 고통과 죄책감에 몸부림친다. 그리곤 그것을 회피하거나 마비시키기 위해 모성이라는 이름의 광적인 보호 본능과 엄마 품에의 안전한 귀의를 강화한다. 광적인 모성과 그 품속으로의 회귀라는 이들 모자의 변증법적 관계는 트라우마를 왜곡, 은폐, 망각하도록 하며 계속해서 순환 · 반복되는 비극의 울타리를 벗어나지 못하게 하는 기본 구도를 이룬다.

---

19 지나치게 연극적이고 반응적이며 행동의 지나친 표현 및 특유한 대인 관계의 장애를 주로 하는 정신 질환이다[지제근, 『알기 쉬운 의학용어 풀이집』(고려의학, 2004)].

그러나 다른 한편으로 생각해보면 아무런 성찰과 반성, 개선의 의지를 갖지 못한 채 마치 시시포스(Sisyphos)의 비극처럼 동일한 궤적을 반복적으로 그리는 이들 모자의 모습은 근대화 시기부터 오늘에 이르기까지의 우리 현대사와 동일한 맥락을 보인다. 일제강점기를 벗어나고 미군정을 거쳐, 한국전쟁, 이승만 독재, 5·16 군사 쿠데타와 박정희 정권, 12·12 군사 쿠데타와 5·18 광주민주화운동, 전두환·노태우 정권, 그리고 이명박 정권으로 이어진 우리 정치 역사의 굴곡진 모습 말이다. 거의 동일한 방식으로 순환·반복된 독재 정권, 그러한 정권의 창출과 유지에 헌신한 우리 국민들의 모습은 복합적인 심리적·정신적 병증에 빠진 엄마와 아들의 모습과 매우 흡사하다. 따라서 나는 이 영화 속 등장인물들의 이야기와 일제강점을 벗어나 해방 이후 오늘에 이르는 우리나라 헌정사 사이의 환유적 관계를 비교 고찰하는 방식으로 읽어나가고, 나름의 방식으로 완성해보려고 한다. 해방 이후 우리나라와 우리 국민의 관계가 이 영화 속 혜자와 도준 모자의 관계와 같다는 점이 먼저 눈에 들어왔기 때문이다. 우리가 지나온 정치 현실과 국민들의 삶의 관계, 그리고 우리의 과거 역사와 이들 모자의 삶이 중첩돼 보인다. 한마디로 대한민국의 근현대사와 영화 〈마더〉 속 인물들의 모습은 환유적 관계(metonymic relation = 유사성과 대조 관계)에 있거나, 그 자체로 하나의 알레고리(allegory = 풍유, 우의)이다.

아버지의 부재, 모든 인물은 애비 없는 후레자식이다

여기서 잠시 이 영화에 등장하는 모든 인물들이 표방하는 국가적·국민적, 역사적·정치적 역할을 간단히 정리하고 들어가는 것이 좋을 듯하다. 먼저 도준과 진태는 해방과 동시에 마치 쌍둥이처럼 태어난 남한과 북한의 정권을 각각 상징한다고 할 수 있다. 그렇다면 미국 또는 주한 미군을 상징하는 인물은 누구일까? 바로 술집 '맨하탄'의 여주인과 그녀의 딸 '미나'이다. 아울러 제문을 비롯한 경찰도 이 역할을 일부 수행한다. 엄마인 혜자는 우리 국민, 바로 우리 자신의 모습을 환기하고 있다. 그리고 희생자들, 여고생 문아정과 고물상 노인, 그리고 종팔이는 우리 근현대사의 전개 과정에서 희생된 사람들을 상징한다. 사진관 주인인 '미선'은 보수 언론의 모습을 반영하고 있고, 변호사는 권력의 하수인 역할을 해온 법조계 또는 자본주의 우리 사회의 기업(인)들을 표방한다고 볼 수도 있다. 제문을 비롯한 경찰(들)은 팍스아메리카나 신제국주의를 표방하며 세계를 주름잡는 미국(주한 미군)을 상징하는 한편 역대 독재 정권 시절부터 현재에 이르기까지의 통상적인 공권력의 모습을 반영한다.

그런데 이 영화 속의 인물 캐릭터 설정에 있어서 봉준호 감독이 사용하는 또 하나의 전략적 특징이 있다. 그것은 어느 인물도 완전한 가족의 형태를 이루지 못한다는 점이다. 혜자와 도준의 경우는 모자가정으로 가부장, 남편, 아버지가 부재한다. 문아정은 치매에 걸린 할머니와 조손가정을, 술집 맨하탄 여주인은 딸인 미나와 모녀가정을, 그리고 사진관 주인 미선은 아기를 가지려고 하는 것으로 보아 남편이 있는 것으로 생각되나 그의 모습은 한 번도 등장하지 않는다. 진태, 고물상 노인, 종팔과 나머지 모든 인물들은 모두 혼자, 즉 파편화된 개별적 존재들이다. 우리는 아버지 없이 자란, 즉 가부장의 훈육을 받지 못하고 자란 자녀들을 '후레자식'이라고 부른다. 이 영화에 등장하는 인물들 모두가 이 세상에 존재하기 위해서는 아버지의 존재가 반드시 있었을 터이다. 그러나 이 영화 속에서 그들을 낳은 엄마(모두의 엄마는 아니지만 어쨌든)는 모습을 드러내는 반면, 아버지는 누구도 모습을 드러내지 않는다. 마치 그들 존재 자체가 처음부터 없었다는 듯이. 이것이 우연일까? 아니면 감독의 계산된 전략일까? 그것이 우연이든 필연이든 상관없이 이러한 가부장의 부재와 결핍을 우리는 어떻게 해석하고 전체 구조 속의 중요한 부분으로 통합해낼 수 있을까?

만약 왕조시대가 계속되었다면 또는 최소한 입헌군주제 같은 통치 구조를 가진 나라에서라면 국민의 아버지라는 존재를 명확하게 그려낼 수 있을 것이다. 그러나 일본 제국주의자들을 물리치고 해방된 공간엔 미국과 소련이 북위 38도 선을 경계로 남과 북에 새로운 제국주의 점령군으로 자리를 대체했다.[20] 이 상황에서 우리 모두의 아버지, 새로운 국가를 탄생시키는 위대한 '국부(國 父)'가 되어줄 존재는 없었다. 설령 남북한 정권이 출범하는 데 미국이나 소련 이 양쪽에서 결정적 기여를 했다 하더라도, 그들이 새로운 국가 탄생의 아버지 가 될 수는 없는 노릇이다. 그것은 남과 북 모두 심리적으로 받아들일 수 없는 문제이다. 따라서 봉준호 감독은 아버지의 존재 자체를 처음부터 지워냄으로 써 이들 쌍둥이의 탄생에 대해 '근본을 모른 채 얼결에 태어난 후레자식들'로 그려낸다. 그 때문에 혜자 역시 얼결에 자식을 낳기는 했으나, 양육 준비는 안 된, 제대로 키워낼 자신도 없었던 미숙한 엄마였다. 그래서 그녀는 아이를 데 리고 자살을 기도했었고, 그것은 이후의 삶을 지배하는 트라우마가 되었다.

물론 일제강점기에 '대한민국 임시정부 주석'으로 독립운동을 이끌어온 '백 범 김구'와 '김규식' 같은 어른이 있었다. 그리고 우리나라가 해방을 맞이하여 미군과 소련군이 한반도에 들어오기 전에 건국준비위원회를 결성해 자주적이 고 주체적으로 나라의 토대를 세우려고 했던 '여운형' 같은 어른도 있었다. 이 처럼 온 국민의 추앙을 받는 아버지이자 남편이 될 수 있었던 어른이 없었던 것은 아니다. 그러나 그런 어른들은 일찌감치 테러범의 흉탄에 스러져 갔다.[21] 그 이후 대한민국 헌정사에 누구도 국부가 되지 못했고, 될 수도 없었다. 그만

---

20 도준이 미나 엄마가 운영하는 술집 '맨하탄'에서 술에 취해 엎드려 있을 때, 카메라는 매 우 느리게, 자의적으로 움직여 테이블 위에 놓여 있는 술병을 정초점으로 잡아낸다. 'Imperial'이라는 글자가 선명히 드러난다. 바로 이 땅 한복판에 새로운 제국주의자로 미국이 들어 앉아 있다는 함의를 감독은 이렇게 간단히 표현해두고는 관객의 해독을 기 다린다.

21 여운형 선생은 1947년 7월 19일, 김구 선생은 1949년 6월 26일에 각각 암살됐다. 김규 식 선생은 한국전쟁 때 납북되어 1950년 12월 10일, 평안북도 만포진 부근에서 생을 마 감했다.

한 자격과 자질, 능력을 갖춘 이가 없었고, 그와 같은 역할을 수행한 이도 없었다. 우리 국민 모두가 마땅히 국부로 추앙하고 존경하고 따를만한 인물이 없는 것은 불행하고 슬픈 우리 현대사의 모습이다. 아비 없는 후레자식들처럼 근본 없이 태어난 나라, 제멋대로 자란 우리 국민, 제대로 된 울타리 없이 위태롭게 성장해온 것이 우리의 모습이라는 것이다. 이와 같은 이해 속에서 하나하나의 인물이 갖는 극 중 역할과 그들이 표현하는 역사성 · 정치성 · 사회성을 짚어보자.

진태: 북한

먼저 진태는 어떻게 북한 정권의 성립과 현재에 이르는 모습을 반영하고 표현하고 있다는 것일까? 앞서 언급한 장면에서 진태가 외지인들에게 행한 일련의 강단 있는 행동들은 북한 정권이 집권 초기부터 강력한 일제 잔재 청산, 사회주의 · 공산주의 체제 정비를 위해 유한계급의 토지와 재산을 몰수하고 재분배를 실시했던 것과 일맥상통한다. 이어서 진태의 집은 마을로부터 멀리 떨어져 있는 외딴 가옥이다. 우리 국민들이 볼 때 심리적으로는 미국보다 훨씬 멀리 떨어져 있는 듯이 보이는 존재가 바로 북한이라는 것이다. 진태는 도준과 친구로 지내기도 하지만, 혜자가 보기에 그는 막돼먹은 종자요, 상종할 수 없는 존재이다. 혜자는 도준에게 다음과 같이 말한다. "걔하곤 놀지 마. 진태 걘 근본이 틀려먹었어. 종자부터 날 샌 종자야!" 우리 국민 다수가 북한에 대해 갖고 있는 인식과 동일하지 않은가?

혜자가 진태의 집을 찾아갈 때 그녀는 높다란 강둑 또는 호수의 제방처럼 보이는 길을 걸어간다. 그 길은 휴전선을 상징한다고 볼 수 있고, 다리도 보이는데 그 역시도 '돌아오지 않는 다리'처럼 보인다. 그 너머에 진태의 집이 있다. 혜자는 진태가 집에 있는지 전화를 걸어본다. 자동 응답기가 부재중을 알린다. 그런데 그 내용 중에 '낚시 도구나 미끼' 이야기가 나온다. 북한은 그동안 남한과의 접촉이나 국제 관계, 핵 협상 등에 나서면서 수많은 미끼를 던져왔고 상습적인 낚시질과 벼랑 끝 전술을 사용했다. 그리고 집안에는 군복을 입은 진태의 모습을 찍은 사진들이 걸려 있다. 그것은 오늘까지도 군대의 무력을 근간으로 주민들을 통치(이른바 '선군정치')하는 북한 정권의 모습을 상징한다. 그리고 도입부 장면에서 진태는 골프장 워터해저드에 골프채를 숨겨놓았다가 밤중에 혼자 가서 그것을 손에 넣는다. 그때 진태는 워터해저드에서 동쪽을 바라보며 크게 스윙을 한다. 마치 북한이 대륙간 탄도 미사일 발사(일본, 미국 쪽을 향해서) 실험을 하는 듯한 모습이다. 진태는 그 골프채를 방 안 커튼 뒤에 숨겨놓는다. 그 커튼은 군에서 사용하는 위장망을 연상케 하는 국방색 얼룩무늬이다. 그것은 다시 북한의 핵미사일을 상징한다. 나중에 혜자는 진태를 의심해 그의 집에 몰래 잠입했다가 골프채를 발견하고, 그것을 문제 삼았다가 오히려 진태에게 위자료로 500만 원을 물어주게 된다. 그것은 북한 핵개발 중단을 위해 우리가 비용을 부담했던 모습과 맞아 떨어진다. 그리고 알고 보니 그 골프채에 묻어 있던 빨간색 물감은 피가 아니라 미나의 립스틱이었다는 것이 밝혀진다. 미나와 진태가 골프채를 마이크 삼아 함께 놀다가 입술에 발랐던 립스틱이 묻었던 것이다. 그러한 그들의 모습은 북한 핵을 놓고 6자 회담을 해오면서도, 남한을 배제하고 북한과 미국이 지속적으로 양자 회담을 벌여왔던 것을 떠올리게 한다.

도준: 남한의 역대 정권

그렇다면 도준이 표방하는 캐릭터와 남한 정권의 모습 사이의 환유적 관계는 어떤가? 해방 이후 1948년 8월 15일, 대한민국 정부가 공식 등장하기 이전 3년 동안 남한은 미군정이 통치를 했다. 미군정은 남한 내에서 공산주의자들을 몰아내고 미국식 자유민주주의를 표방하는 정부를 세우려고 했다. 이 때문에 미군정은 공산 세력에 대항할 국가 체제 구축을 위해 일제강점기의 통치 구조를 그대로 되살리고, 그 당시에 군인, 공무원, 경찰로 활동하며 친일 반민족 행위를 했던 사람들을 대거 불러들여 그들이 과거에 했던 일을 다시 맡겼다. 이 때문에 남한에서는 친일 반민족 행위자들을 청산할 기회를 처음부터 잃었을 뿐만 아니라, 오히려 그들이 정부, 군, 경찰 등 알짜배기 요직에 다시 기용되는 엄청난 특혜가 베풀어졌다. 이처럼 남한 내에서는 민족정기를 회복하고, 제대로 된 국가 체제의 기틀을 하나씩 차곡차곡 쌓아갈 기회나 여유를 갖지 못했다. 그것은 도준이 골프장 워터헤저드에서 외지인들이 버리고 간 골프공을 주워 거기에 자기 이름을 쓰고, 남이 버린 찌꺼기를 주워 제 것인 양 차지하는 유치한 모습을 보이는 것과 같다. 그리고 이승만 대통령의 독재와 자유당 정권의 부패와 무능, 박정희·전두환의 군사독재 정권이 이어졌다. 이들은 반공 이데올로기를 국시(國是)로 하여 북한과의 체제 대결과 새로운 전면전쟁 가능성이라는, 지속적인 공포 분위기를 조성하며 장기 집권과 권력 남용의 정당성을 강변했다.

도입부 사건 시퀀스에서 도준이 보여준 일련의 행동은 진태에 비해 소리만 요란할 뿐 실속이 없고 공허한 외침만 보였다. 이어지는 장면들 속에서 도준은 착하고 순진무구하고 아둔하고 모자란 면모를 보인다. 예컨대 혜자는 외출하는 도준의 뒤를 약사발을 들고 쫓아가 기어이 먹이고야 마는 장면이 나온다. 그러면서 아들의 오줌 누는 장면을 물끄러미 바라본다. 혜자와 도준의 관계가 어떤 것인지를 단적으로 보여주는 장면이다. 엄마가 위로는(아들의 입에) 몸에 좋다는 온갖 것을 다 넣어서 우려낸 보약을 채워주지만, 아래로는 줄줄 새버리는 헛짓이라는 함의가 이렇게 표현된다. 그는 자기가 한 행동에 대해 아무것도 스스로 책임지지 못하는 인물이다. 이쯤에서 문제의 근원을 되짚어 보자. 도준의 이러한 면모의 근원은 무엇 또는 누구인가? 앞서 밝혔듯이 그것은 엄마가 그에게 준 농약 때문이다. 그는 죽지 않고 되살아났지만 어린 나이에 너무 큰 육체적 고통과 정신적 데미지를 입은 것이다. 다른 말로 하면 애초에 자식을 바보로 만든 것은 엄마이다. 그런데 그 엄마는 자식에게 '세상 누구든 바보 아들보고 바보라고 놀리면 징벌을 가하도록' 교육을 시킨다. 엄마의 교육은(엄마의 의도와는 달리) 아들의 살인으로 귀결된다. 세상 모든(정상적인) 엄마는 자식을 위해서라면 목숨도 기꺼이 내놓을 수 있다. 그런데 이 영화 속의 엄마는 크나큰 고통 속에서 자식을 죽이고 자신도 목숨을 끊으려고 했다.[22] 그러나 죽지 않고 질긴 목숨을 이어가게 된 엄마는 이번에는 아들에 대한 죄책감과 연민 때문에 광적인 집착을 보인다. 엄마 혜자는 언제나 아들 도준을 자신의 통제 범위 안에 두려고 한다. 오직 그녀만이 자식 안전에서 최후의 보루가 되기 때문이다. 그렇지만 정도를 지나친 광적 집착은 자식의 홀로서기를 가로막는 가장 큰 걸림돌이 될 수 있고, 도준의 경우처럼 엉뚱한 문제를 야기할 수도 있다. 이 영화의 표면적 이야기는 이러한 딜레마의 기초 위에 세워졌다. 그리고 그 딜레마의 메커니즘 속에서 점점 더 미쳐가는 엄마와 대책 없는 아들 사이의 끝없는 제로섬 게임 또는 시시포스적 반복을 보여준다.

모자란 아들이 아는 유일한 세계이자 대상은 엄마뿐이다. 그 엄마가 자신의 '모든 필요를 공급해주는 자'라는 사실 하나만큼은 동물적으로 잘 아는 아들이 있다. 그러나 알고 보면 그것은 엄마 스스로가 원해서 아들에게 학습시킨 결과이다. 아무 생존 능력이나 방어 능력이 없는 자식을 챙겨줄 최후의 보루로서 자신이 버티고 있다는 사실을 엄마는 끊임없이 자식에게 확인시켜주고 반복 학습시켰다. 자식은 어느 순간, 바깥세상에서는 전혀 통하지 않지만 엄마에게는 자신이 무슨 짓을 해도 다 받아들여진다는 사실을 깨달은 결과, 엄마는 노예가 되고 자식은 엄마의 지배자가 되었다. 이제 아들은 독재자처럼 엄마

---

22 우리나라에서 이른바 '동반 자살 기도'라고 통칭되는 것인데, 이는 매우 적절하지 못한 표현이다. 부모가 자식을 자신의 소유라고 생각하는 데서 비롯된, 자신(들)이 죽고 나면 이 험한 세상에서 어린 것(들)이 어떻게(정상적으로) 살아갈 것인가에 대한 염려(다시 말하면 국가 · 사회 차원의 안전망이 극도로 미미한 상황에서 비롯된 불안)가 부모로 하여금 자식을 먼저 죽이게(명백한 살인 행위를 저지르게) 하고, 그런 다음 자신은 스스로 목숨을 끊는 것이다.

위에 군림하고 엄마를 착취한다.

이러한 모습, 이러한 역학 구도는 우리나라의 역대 독재 정권들과 국민의 관계를 너무나 적확하게 잘 반영하고 있어서 소름이 돋는다. 독재 정권들은 반공을 국시로 채택해 북한과의 대결을 첨예화했다. 그것은 국민을 꼼짝 못하게 하고, 불평불만의 목소리가 나오지 못하도록 하는 데 아주 유용한 전략이었다. 매번 선거철이 돌아오거나 정권이 어떤 문제로 국민의 지탄을 받을 때면 잊었다는 듯이 터져 나오던 북한의 국지적 도발 뉴스, 간첩단 일망타진 뉴스들이 있었다. 우리 국민이라면 누구나 기억하고 있을 것이다. 지금까지도 명맥을 유지하는 민방위 훈련, 그것은 대의와 명분에서 정당성이 있는 것이다. 그러면서도 한편으로 생각해보면 국민 모두에게 지속적으로 불안감을 심어주고, 심겨진 불안감을 반복 환기시키는 훌륭한 선동의 도구이기도 하다. 그렇게 함으로써 자신들의 통치 체제를 공고히 하고, 자신들이 원하는 대로 국정을 운영했다. 그들의 비민주적인 통치 행태에 반대하는 국민들에게는 마치 도준이 보이는 것과 같은 종류의 신경증적인 모습을 보였고, 정권의 하수인인 공권력은 그에 충성하려고 무자비한 탄압과 고문 등을 일삼았다. 짐바르도의 다음과 같은 통찰은 눈이 번쩍 뜨이게 하는 힘이 있다. 아울러 이러한 문제가 비단 우리의 지난 역사에서만 일어난 것이 아니라 제3세계 독재국가에서 거의 동일한 패턴으로 광범위하게 자행된 일이라는 것을 확인시켜준다. 이른바 '안보 장사'라는 것 말이다.

지중해 지역에서 라틴아메리카에 이르는 세계에서 국수주의적 군사정권이 통치하던 1960년대에서 1970년대에 이르기까지 독재자들은 사회주의자나 공산주의자들이 야기하는 '국가안보에 대한 위협' 때문에 무력에 의존한 방어수단을 택했다. 그리고 그와 같은 위협을 제거한다는 명분하에 군대와 경찰은 국가의 인가를 받아 고문을 자행했다. 또 암살단을 조직해 '국가의 적'으로 의심되는 자들을 제거해버렸다.[23]

이와 함께 도준이 보이는 또 다른 중요한 행동 특성은 해리성 기억상실증이다(이 부분은 혜자 역시 마찬가지이다). 도준은 자신이 저지른 일에 대한 법적·도덕적 책임이 돌아오거나 곤란해질 수 있는 문제를 저질러놓고는 그것을 기억에서 지워버린다. 방어기제를 작동시키는 것이다. 그리고 나서는 자신이 필요한 부분에 대해서만 선택적으로 기억을 되살리는 영악한 모습을 보여준다.

해방 이후 이제까지 우리의 모든 위정자들은 전쟁의 트라우마를 겪은 사람들이었다. 그들 중 대부분, 특히 무력으로 정권을 찬탈한 사람들, 국민들뿐만 아니라 대외적으로도 정통성을 인정받기 어려웠던 독재자들은 더더욱 해리성 기억상실증을 앓는 환자들이었다. 그들은 도준이 혜자에게 보이는 것과 동일한, 망각과 선택적 기억이라는, 신경·정신 병리적인 증세를 앞세워 자신들이 저지른 일에 대한 책임을 국민들이 떠맡도록 했다. 그러고는 자신들은 모든 책임에서 자유로운 무책임한 모습을 보인 것이 한두 번이 아니었다. 혜자는 도준이 저질러 놓은 일을 돈으로 해결하고 수습한다. 우리 국민 역시 정권이 잘못을 저질러서 생긴 문제들을 국민 혈세로 뒷감당을 해왔다. 영화의 도입부에서 외세를 상징하는 벤츠가 도준을 치고 달아나는 순간에도 정작 피를 흘리는 것은 혜자이다. 도준은 멀쩡히 일어나 달아나는 차를 뒤쫓지만 혜자는 작두에 손을 다쳐 피를 흘리면서도 그 아픔을 모른다. 이처럼 불합리한 일방적 사랑과 보호 본능은 더 큰 사건을 야기한다. 도준이 문아정을 살해하고, 혜자는 그 뒷수습을 위해서 또 다른 살인을 저지른다. 자신이 낳고 기른 아들이 그랬을 리가 없다는 혜자의 절대적인 믿음, 그리고 그 믿음이 잘못된 것이었음을 확인하는 순간 살인이라는 새로운 범죄가 일어난다. 자신의 맹신을 정당화하기 위한 혜자의 살인 범죄와 그에 대한 간편한 처리, 즉 해리성 기억상실이라는 방어기제의 작동이 이어진다. 그러나 혜자가 도준과의 관계에 대해 불합리하다고 생각하지 않듯이, 우리 국민들도 역대 정권의 불합리와 부조리한 모

---

23 Philip G. Zimbardo, *The Lucifer Effect*, p.226.

습들, 무책임한 정책들에 대해 온갖 뒷감당은 다하면서도 그 모든 것을 당연하게 받아들이고 있다. 자신이 잉태하고 낳은 정권이 잘못을 했을 리가 없다는 정권에 대한 국민의 맹신과 맹종은 비민주적인 정권의 오랜 지속을 불렀고, 아무런 성찰이나 혁신 없는 그들의 반복과 재등장을 초래했다.

아무튼 반공이라는 문제, 북한과의 대결이라는 상황, 사상적 투명성의 문제는 지나온 세월뿐만 아니라, 지금 여기의 우리 모두에게도 '정언명령'처럼 작동한다. '당신의 사상적 정체성은 무엇인가?' 조금만 삐끗하고 조금만 나와 생각이 다르다 싶으면 순식간에 '좌빨' 또는 '종북주의자'로 낙인을 찍고 배척하려 한다. 즉각적인 응징 수순에 들어가는 것이다. 영화 속에서 도준이 이러한 응징의 반응을 보이는 것은 세 번이다. 그중에는 자신에게 바보라고 한 문아정을 돌로 쳐서 살해한 것도 포함된다. 그리고 구치소에서 자신을 놀리는 미결수에게 덤벼들었다가 흠씬 두들겨 맞는 과정에서 과거의 트라우마 기억을 되살리게 된다. 그 트라우마의 기원은 두말할 나위 없이 남북 분단이고, 미군정하에서 잘못 놓고 잘못 쌓아 올린 대한민국의 기초이다. 그 때문에 제대로 청산되지 못한 일본 제국주의의 잔재이고, 타도의 대상이었던 사람들이 오히려 새로운 기득권을 쥐고 앉아 국정을 농단하기 시작한 것으로부터 비롯된다. 그러한 환경에서 맞이한 동족상잔의 비극이 한국전쟁이다. 도준은 이러한 트라우마 때문에 자신이 이렇게 되었고, 이렇게 행동할 수밖에 없노라고 혜자에게 강변하는 듯한 태도를 보인다. 트라우마를 반복하지 않기 위해 방어기제를 작동시켜 왔는데 어쩌겠느냐고?

혜자: 국민, 우리 자신

여기서 우리는 영화 〈마더〉의 도입부로 잠시 돌아가보아야 한다. 도입부를 관통하는 키워드는 '풀'이다. 오프닝 시퀀스에서 혜자는 '풀밭'에서 춤을 춘다. 메인타이틀 후의 첫 신에서 혜자는 '약초(풀)'를 작두로 썰며 도로 건너편에서 놀고 있는 아들 도준을 응시하고 있다. 그리고 도준을 스치고 지나간 외제차를 쫓아 진태와 도준이 도착한 곳은 골프장(잔디밭 = 풀밭)이다. 대한민국 국민이라면 '풀'하면 즉각 떠올릴 수 있는 시가 있다.[24] 바로 시인 김수영의 「풀」이다. 바람보다도 더 빨리 눕고, 울고, 더 빨리 일어나는 우리의 민초들! 그런데 봉준호의 〈마더〉에서 혜자가 서 있는 곳의 풀들은 혜자와 더불어 바람에 흔들리며 춤춘다. 김수영이 본 (왕조시대, 식민시대, 파시즘 독재시대)민초들은 바람에 순응하는 듯하지만 저항하며 일어서는 정치성을 지닌 존재들인데 반해, 봉준호가 그리는 (민주시대) 민초는 탈정치성이 있는 존재들이다. 매우 흥미로운 변모이다. 이어서 혜자는 '약초를 작두로 썬다. 풀을 절단하는 그 행위는 그 풀을 삶아서 그 진액을 약으로 쓰기 위함이다. 민초가 민초를 거절하고 배신한다. 이어지는 신의 골프장 잔디는 풀의 수직성(각자의 개성)이 절단된, 즉 바람보다 먼저 눕거나 먼저 일어날 일이 없어진, 이전 신에서 혜자가 잘라버린 결과로 드러난 풀의 평면성(하향 평준화)이다. 바람의 영향을 받을 일 없는 또는 완전하게 제압당한[순치(馴致)된] 민초를 상징한다고 읽을 수도 있다.

결국 혜자와 도준의 모자관계는 '국민이 정권을 창출했다', '국민과 정권은 모자관계와 같다', 그리고 '엄마(국민)는 언제나 아들(정권)에 쩔쩔맨다', '아들은 이제 독재자로 엄마 위에 군림하고 착취한다'로 변형·압축할 수 있다. 엄마는 아들의 행동에 문제가 있다고 생각하지 않는다. 자기가 낳은 새끼니까. 엄마는 그러한 일방적이고 광적이기까지 한 사랑을 주고, 모든 책임까지 기꺼이 떠맡는 것에 대해 한 번도 불합리하다고 생각하지 않는다. 그런데 영화를 들여다보고 있으면 때때로 혜자와 도준은 다른 듯 하지만 같기도 한, 동일체의 모습을 종종 보인다. 혜자가 도준에게 하는 말처럼, "너는 난데……"와 같은 상황 말이다. 두 사람은 같은 트라우마를 경험했고(주고받았고), 서로 다른 방

---

24 대학입학 수학능력시험 언어영역을 준비할 때 반드시 한 번은 짚고 넘어가는 시인만큼 고등교육 이상을 받은 대한민국 국민이라면 이 말에 동의하리라고 본다.

어기제를 작동시켰지만, 그로 인해 드러나는 궁극적 증상은 동일한 형태를 띤다. 그것은 바로 해리성 기억상실증과 선택적 기억 왜곡이다. 두 사람은 자신들에게 불리한 일에 대해서는 즉각 기억을 상실하고, 자신들에게 필요하고 유리한 정황에 대해서는 선택적으로 잘 기억하며, 자신들이 유리한 방식으로 왜곡해서 기억해낸다.[25]

혜자가 자신을 죽이려 했다는 도준의 기억 회복은 혜자에겐 엄청난 상처(트라우마)의 재생과 재경험이며, 그것은 곧바로 압도적인 죄책감에 대한 반복 환기이다. 그리고 그녀가 트라우마를 해결하기 위해 회피하고 그 고통을 마비시키기 위해 채택한 방어기제이자 대체재는 '광적인 보호 본능 강화'이다. 그것은 혜자로 하여금 세상의 모든 도덕률이나 이성과 같은 가치는 안중에도 없으며, 오로지 동물적인 보호 본능만 남아 있는 괴물이 되게 했다. 그 결과 그녀는 고물상 노인을 죽였고, 그것은 다시 도준이 혜자를 더 효과적이고 완벽하게 조종할 수 있는 새로운 빌미(도구)로 활용될 것이라는 점을 영화는 분명히 하고 있다. 혜자의 살인을 도준이 알고 있다는 것, 그것은 혜자로서는 이전보다 더욱 크고 새로운 상처와 죄책감의 부메랑을 되돌려 받는 것과 같다. 그녀는 또다시 이 문제를 해결하기 위해 '회피'와 '마비', '억압' 등의 방어기제를 작동시킬 것이고, 그것은 해리성 기억상실증의 도움으로 망각될 터이다. 그리고 그 터전 위에 새로운 외상 후 스트레스 증후군은 '광적 보호 본능 강화'의 형태로 변형·반복되며 나타날 것이다.

도준 역시 해리성 망각과 선택적 기억을 통해 혜자가 가진 상처와 죄책감을

---

25 예를 하나 들어보자. 멀리 갈 필요 없이, 지난 대선 캠페인 과정에서 불거진 에피소드 하나. '민청학련 사건'에 대한 박근혜 후보의 입장을 묻는 기자들의 질문에 대해 그녀는 '두 가지 판결이 있었잖느냐?'라고 반문했다. 과거 아버지가 대통령을 하던 시절, 당시 재판부의 유죄 판결과 과거사 진상 규명과 당사자 명예 회복 차원에서 참여정부 시절부터 이어진 재심과 그들의 죄 없음과 명예 회복이라는, 새로운 확정 판결에 대해 박근혜 당시 대통령 후보는 여전히 왜곡된 기억을 가지고 있음을 분명히 했던 것을 상기해보라.

반복 환기시키면서 혜자를 더욱 옭아매고, 혜자는 결국 도준의 덫에서 벗어나지 못할 것이다. 그녀가 광적 모성과 보호 본능을 떨쳐버리지 못하는 한 말이다. 아니 그녀 스스로 그것을 덫으로 인식하지도 않을뿐더러, 도준을 향한 그녀의 강박적 보호 본능의 발현은 그녀의 삶의 이유이자 존재의 목적으로 아무 의심 없이 계속해서 받아들여질 것이기 때문이다. 비극의 변증법적 반복이다.

기억에 장애가 있던 도준이 구치소에서 두들겨 맞는 과정에서 회복한 트라우마의 기억, 그리고 아정이 살인 현장에 고물상 노인이 있었다는, 기억의 선택적 발현을 통해 도준은 혜자를 원격 조종하기 시작한다. 도준이 정보의 우위를 점하고 혜자를 감시하고 통제하며 자신이 원하는 방향으로 이끌 수 있게된 것이다. 이렇게 두 모자는 공모해 새로운 범행을 저지르고, 진실을 왜곡하는 일에 함께 나선다. 두 사람 모두 해리성 기억상실을 통한 망각의 습성을 가지고 있고, 자신들에게 필요한 기억만 선택적으로 불러올 수 있게 최적화되었다. 그러므로 이들에게 선과 악을 판별할 수 있는 최소한의 '윤리나 도덕성'을 기대하는 것은 애초부터 불가능한 일이다.

엄마 혜자에 대해서 한 가지 더 언급한다면 그것은 바로 그녀가 가지고 있는 침과 침통이다. 침이란 양면성을 가진 도구이다. 치료의 도구이자, 잘못 사용하면 상해를 입히는 흉기가 될 수도 있다. 이 도구를 혜자가 가지고 있다는 것은 곧 혜자 역시 양면성이 있다는 것이다. 그녀가 가진 가장 확실한 양면성의 모습은 모성이다. 그리고 모자관계의 변증법적 양면성이다(이 부분에 대해서는 나중에 별도로 세밀히 언급할 것이다). 아울러 침과 침통이라는 소품은 혜자라는 캐릭터의 입체화에 가장 큰 기여를 한다. 그것은 단순한 소품을 넘어 영화 안에서 핵심 플롯의 진행과 연결 고리로까지 사용되며 매우 중요한 역할을 수행한다. 그것은 첫째, 생업의 도구이다. 그녀는 쇠락한 소도시에서 약재상을 운영하면서 무허가 침술사로 생업을 이어가고 있다. 따라서 침은 그녀의 생계에 핵심이 되는 도구요, 수단이다. 경제적인 도구이며 사람들의 고통을 치료하는 도구, 동네 아낙들과 친분관계를 지속시켜주고 필요할 땐 돈을 빌릴 수 있도록 해주는 매개체가 되기도 한다. 아울러 아정이를 죽인 진범을 잡아 도준을 구해내기 위해 필요한 정보를 수집하는 데에도 중요하게 활용된다. 둘째, 침은 그녀가 가진 본능들, 즉 성적 욕구와 세속적 욕망을 억제하고 다스리는 도구이다. 그것은 동지섣달 긴긴밤을 홀로 독수공방하던 청상과부들이 바늘로 자신의 허벅지를 찔렀다는 옛 이야기를 즉각 떠올리게 한다. 셋째, 그것은 세상 모든 시름과 고통, 모든 것을 잊고 평화를 회복시켜주는, 치유와 쾌락의 도구로 사용되기도 한다.[26]

이처럼 침은 혜자가 여러 가지 면에서 의지하는 물리적이고 심리적인 도구이며, 자기 치유와 구원의 도구이자 주술적 도구이기도 하다. 가부장의 부재 속에서 스스로 모든 문제를 해결하고 생업을 이어가며 자식을 책임져야만 하는 엄마의 '정상적이지 않은 삶'을 지탱해주는 도구이기도 하고, '정상적이지 못한 삶'을 살고 있는 엄마의 위치를 설명해주는 도구이기도 하다. 관객으로서는 혜자라는 캐릭터를 심층적으로 이해할 수 있도록 감독이 설계해 놓은, 해독을 기다리는 상징적(기호화된) 도구로 받아들일 수도 있다(결국 세상의 모든 엄마들은 자신의 허벅지를 찌르며 살아간다는 것으로 읽을 수도 있다).

그렇다면 대체 이 침과 침통은 무엇의 알레고리인가? 한마디로 그것은 '사물화된 우리의 국회'를 상징한다. 혜자라는 국민, 우리 모두가 선출해 국회로 보낸 사람들이 침통 안에 든 침들처럼 국회 안에 모여 있다. 그들의 존재 이유는 국민의 가려운 곳을 긁어주고, 아픈 곳에 적정한 처방과 처치를 해주는 데 있다. 국민의 먹고 사는 문제를 해결해주고, 국민의 다양한 욕구를 받아들이고, 조정하고, 해소해주는 역할, 그리고 지속적인 평화와 번영을 위해 노력을

---

26 혜자의 침과 침통에 관한 위와 같은 해석과 논의 전개는 김송이 · 박규택 · 이학민 · 박히준 · 이혜정 · 채윤병, 「영화 〈마더〉를 통해 본 침의 의미 분석: 영화인들을 대상으로 하여」에서도 소상히 논의하고 있으며, 이 논문에서 많은 영감을 받았음을 밝힌다. 그러나 이 논문은 침과 침통이 사물화된 우리의 국회를 상징한다는 데까지는 이르지 못했다.

기울여야 하는 것이다. 국민들로서도 그들의 용처를 제대로 알고 제대로 사용할 수 있는 능력을 키워야만 그것이 오히려 독이나 흉기가 되어 자신에게 돌아오는 우를 막을 수 있다.

결국 혜자의 분신인 침들이 빼곡히 들어 있는 침통은 불탄 고물상, 그녀가 저지른 범죄의 현장에서 아들 도준에 의해 발견되고 회수돼 그녀에게로 되돌아온다. 버스 정류장에서 도준으로부터 침통을 되돌려 받는 그녀의 얼굴은 시나리오에 표현된 것처럼 '형언할 수 없는 표정'으로 일그러져 있다. 그것은 도준이 그녀의 범행을 알고 있다는 사인이다. 그녀는 농약 박카스의 기억을 되살려낸 아들의 모습을 보며 소스라쳤던 것 이상의 충격을 새로이 받는다. 그리고 그 트라우마의 기억을 되살려낸 아들이 자신의 범행까지 알고(눈치채고) 있다는 사실에 어찌할 바를 모른다. 불에 그을린 침통은 이제 혜자의 일상 생활 가운데 등장하던 소품에서 범죄 행각의 움직일 수 없는 증거이자 트라우마 트리거로 도준과 혜자의 기억 속에 제2의 농약 박카스 병으로 각인되었다가 언제고 반복 환기되는 역할을 할 것이다. 그런 이유로 형언할 수 없는 고통에 답답해하던 혜자는 관광버스 안에서 마침내 자신의 허벅지에 스스로 침을 놓는다. 지금까지 그러며 살아왔듯이, 삶의 모든 신산들, 근심, 걱정, 고통을 잠재우는 침, 스스로에게 망각과 평화 회복의 침을 놓은 그녀는 마침내 일어나 정신없이 춤을 춘다. 여행에서 돌아온 그녀는 다시 예전의 모습으로 돌아가 도준을 닦아 세우고, 광적인 모성을 보이며 똑같은 모습으로 살아갈 것이다. 우리 국회의 모습도 이와 다르지 않게 계속해서 과거의 구태를 반복하며 동일한 방식으로 존재할 것이다.

역사의 희생자들: 문아정 · 고물상 노인 · 종팔이

이들은 도준과 혜자에게 희생되는 인물들이다. 그들의 억울한 희생의 진실은 끝내 밝혀지지 못하고 역사의 뒤안길에 묻혀버린다. 그들의 주검은 도시의 중심이 아니라 변방 또는 경찰서 지하의 어두운 취조실에서 쥐도 새도 모르게 처리된다. 여고생 아정의 죽음은 잠시 세간의 이목을 끌지만 이내 잦아들고, 그녀를 떠나보내는 장례식장엔 오직 몇몇 피붙이만이 자리하고 있다. 그나마 혜자가 와서 재를 뿌리는 통에 잠시 소란스러워졌을 뿐이다.[27]

먼저 아정의 모습과 그녀의 죽음이 무엇을 환기하는지 살펴보자. 늦은 밤, 술집 '맨하탄'에서 나온 도준은 때마침 지나가던 아정을 뒤따라가며 치근덕거린다. 그때 아정은 생계를 위해 고물상 노인과 원조교제할 만남의 장소로 가던 중이었다. 도준은 그녀를 따라가며 '남자가 싫으냐'고 묻는다. 그 말은 아정의 콤플렉스(트라우마)를 건드리는 것이었다. 그녀는 발걸음을 멈추고 휙 돌아서서 도준에게 쏘아붙인다. '남자가 끔찍이도 싫다'고. 그녀는 그를 향해 커다란 돌을 집어 던진다. 그러면서 무심코 도준의 콤플렉스(트라우마)를 건드리는 말을 한다. '바보새끼'라고. 이들은 이렇게 무심결에 서로의 콤플렉스(트라우마)를 환기시키는 방아쇠를 당겼고, 그 결과는 참혹한 살인으로 이어졌다. 그것은 마치 무력으로 정권을 찬탈한 사람들이 가졌던 '정통성 콤플렉스'와 상통한다. 그들은 자신들이 창출한 권력의 태생적 한계를 스스로 알고 있었기에 콤플렉스를 가질 수밖에 없었다. 그래서 누구든 그 문제를 거론하는 사람에게는 가혹한 탄압을 가했다.

나중에 밝혀지는 그녀의 삶은 비참했다. 치매로 정신이 오락가락하는 할머

---

27 혜자의 이런 모습은 지금도 우리 사회 도처에서 벌어지고 있다. 각종 시국사건의 시위 현장, 정부 정책에 반대하는 집회 현장엔 어김없이 군복 차림에 가스통까지 들고 나오는 나이 지긋한 장년·노년의 어른들이 있다. 그들은 마치 '이 나라는 자신들만이 지금 껏 지켜왔다는 듯이, 앞으로도 자신들만이 지켜낼 수 있다는 듯이' 생각하고 말하고 행동하는 것처럼 보인다. 머리카락은 하얗게 세고, 얼굴엔 세월의 흔적이 가득하지만 오만과 아집과 편견으로 가득 찬, 결코 어른이 되지 못한, 유치한 어린이 훼방꾼의 행색을 한 이들이 때로는 가엾게 느껴지기도 한다. 스스로의 사고와 행동과 언사에 대해 한 번도 성찰해보지 못한, 자신이 틀릴 수도 있다는 자각이 없으므로 아무 변화를 기대할 수 없는 완고함! 그것이 그들을 가엾게 보게 하는 요체이다. 우리의 아버지, 삼촌 세대!

니와 살아가던 그녀는 생계를 위해 돈뿐만 아니라 쌀 같은 식재료까지 받고 원조교제에 응해야 했다. 아정은 우리 사회 안에서 정치적·경제적으로 소외된 계층, 누구로부터도 보호나 도움을 받아본 적 없는 빈민층을 대변한다. 그녀는 자본주의 사회에서 이리저리 착취당하다가 희생된 노동자일수도 있다. 또는 가장 기본적인 생계를 보장받을 권리, 인권을 요구하는 사람들, 사회 부정과 비리, 착취구조에 대한 개선을 요구하는 사람들, 독재와 권력 남용에 항거하던 젊은이들, 정적으로 몰려 희생된 사람들을 상징하기도 한다. 아정 이전에도 노동 운동가, 민주 열사들의 수많은 희생이 있었다는 것을 감독은 어떻게 표현하고 있을까?

혜자가 아정의 장례식장을 찾아가는 길엔 공원 묘지가 있다. 마치 광주 망월동 묘역 같기도 하고, 제주 4·3 사건의 희생자 또는 4·19 희생자들이 누운 자리를 떠올릴 수도 있겠다. 그 밖에 여러 민주열사들을 한 자리에 모신 듯한 그 즐비한 묘지(주검)들 사이로 굽이 돌아가는 길을 거쳐서 그녀는 장례식장(아정의 주검)에 당도한다. 그리고 아정의 유족 중 임신한 젊은 여자로부터 호되게 뺨을 맞은 혜자는 다시 그 길로 되돌아온다. 이와 같은 혜자의 같은 길 왕복은 과거 누군가의 주검이 현재 아정의 주검과 시간적 연속성을 이루고 극적 통일성을 구축하도록 설계한 감독의 전략이다. 게다가 돌아오던 길에 혜자는 무덤들을 배경으로 하고 잠시 멈춰서 정면을 응시하는가 싶더니 거울을 꺼내 얼굴을 보며 빨간 립스틱을 바른다. 이 나라가 지금 여기까지 오는 동안 정권에 의해 수많은 희생자들이 나왔고, 또 나오고 있지만, 무덤 속 주검들은 비통한 사연들을 품고 자신들의 억울함을 누군가 풀어주고 명예를 회복시켜줄 날을 고대하고 있을 터이다. 그러나 그에 대해 눈 하나 깜짝하지 않는 그녀, 마치 먼 나라의 일인 양 아무 감정의 동요 없이 화장을 고치는 그녀는 누구일까? 바로 그 수많은 주검들에 대해 침묵으로 동조했고, 망각으로 악의 편에 섰던 우리 자신을 돌아보게 한다. 도중에 카메라에 정면으로 서서 관객을 응시하던 그녀의 모습은 바로 우리 자신을 향한 것이다. '당신 역시 나와 다르지 않았어!

마찬가지야!'라고 하는……. 이처럼 생각하기에 따라서는 부가적인 에피소드 같기도 했던, 그래서 간단히 커팅해버리고 넘어갈 수도 있었을, 장례식장을 오가는 이 장면의 반복은 굉장히 중요한 의미를 내포한 감독의 전략적 포석으로 이해할 수 있다.

한편 진태의 행동과 대사 속에서도 아정의 죽음이 정치적 희생이었음을 암시하는 내용이 포함돼 있음을 발견할 수가 있다. 진태는 혜자에게 누가 그녀를 죽였을까에 대한 자신의 추론을 이야기하면서 '치정'이나 '원한' 관계 때문이었을 것이라고 한다. 그러면서 그는 아정의 시신이 그 소도시의 어느 위치에서나 다 볼 수 있는 건물 목상에 널려 있는 이유에 대해 다음과 같이 설명한다. "젤루 이상한 게 뭔 줄 알아? 옥상. 시체를 옥상에다 올려놨잖아. 그 죽은 애. 보통은 죽이면 파묻잖아! 근데 이건 위루다 올려. 무슨 시체를 전시한 것도 아니고 말야. 빨래 널듯이. 봐라, 동네 사람들! 이 씨발년 이거 내가 죽여 버렸다! 시체 잘 보이냐? 뭐 이런 거?!"[28] 이처럼 장면의 모든 연출을 통해 감독은 그녀의 죽음이 정치적 희생이었다는 것을 암시하고 관객의 해독과 전체 의미망에의 통합을 기대하고 있다. 과거 독재정치 권력과 그 하수인 역할을 했던 공권력이 공공연하게 민주 인사들에 대한 테러를 자행하고[29] 인권을 유린하면

---

28 진태의 상황 설명 가운데 카메라는 점점 진태에게 다가가고, 그가 "봐라, 동네 사람들~ 뭐 이런 거"까지 읊조리는 대사는 카메라 정면, 즉 관객을 향해 말하는 것이다. 다시 말하면 이 장면의 시작은 진태가 혜자를 보면서 자신의 추론을 이야기하는 것으로 출발하지만, 결국은 배경에 있는 혜자가 아니라 관객을 향해 직접 말을 거는 것으로 바뀐다. 마치 이 대사가 숨기고 있는 심층 의미를 관객이 해독해주길 바란다는 듯이. 매우 의미심장한 연출이다.

29 예컨대 '인혁당 사건(1964)', '김대중 납치 사건(1973)', '민청학련 사건(1974)', 박정희 정권의 '유신철폐 100만 서명운동'을 벌이다 1975년 8월 17일 사망한 '장준하 선생' 의문사 사건, 그리고 5공 정권에 들어와 자행된 김근태 고문 사건, 박종철 고문치사 사건 등등 일일이 열거하기도 힘들만큼 공포정치의 희생자가 속출했다. 심지어 1980년 5월에는 광주를 피로 물들이기까지 하지 않았던가.

서 그러한 사실을 세상 모두가 보고 공포를 느끼도록 한 것에 대한 환기로 해석할 수 있다. 또는 아정이 자본주의 사회에서 쌀을 위해, 밥을 위해 몸을 팔다가 희생되었다는 점에서 노동운동의 희생자로 읽을 수도 있겠다. 아직도 해결되지 않은 쌍용차 사태의 희생자들, 용산 참사의 희생자들, 밀양의 희생자들을 떠올릴 수도 있을 것이다.

한편 그렇게 죽어간 아정에게는 핸드폰이 있다. 그 속에는 그녀가 상대했던 남자들의 사진과 동영상 자료들이 저장돼 있다. 그것은 혜자의 손에 들어간다. 이는 진실 규명의 열쇠가 될 것이다. 언제고 우리 국민이 제대로 시민의식을 갖추고, 아정처럼 억울하게 정권의 희생자가 된 사람들의 의문의 죽음에 대해 진실을 규명하고 명예를 회복해주며 남은 유족들을 위로하고, 다시는 이와 같은 일이 재발하지 않도록 경계를 삼아야 할 단초가 될 것이다.

다음으로 고물상 노인을 살펴보자. 그의 집도 소도시 중심에서 외따로 떨어져 있다. 그는 남들이 쓰다가 용도 폐기한 고물들을 모아서 생계를 꾸린다. 세상이 버린 물건들을 끌어모으는 사람. 그러면서 그는 도준의 범행을 알고 있는 유일한 목격자이다. 역사의 전개 과정에서 남들이 외면하고 잊어버린 사건을 끌어모으는 사람, 역사의 불편한 진실을 알고 있는 사람이다. 그러나 도준과 혜자로서는 입을 막아야 하는 대상이고, 그러기 위해서는 제거(폐기)해야만 하는 대상이다. 자신들의 진실을 알고 있는 노인을 살해하고 방화함으로써 증거인멸을 시도하는 혜자. 그녀의 행동은 역사의 진실을 왜곡하고 은폐하는 것이다. 혜자가 노인을 죽이고 고물상에 불을 붙일 때, 벽에 걸려 있는 일력의 날짜는 '15일'이다. 그 밑에는 한자로 '남일당(南一堂)'이라는 상호명이 써 있다. 참 우연 치고는 기가 막힌 우연이고 필연이라면 기가 막히게 정교한 필연이다. 자신이 연출하는 영화의 모든 장면에서 프레임 안에 들어오는 미장센 요소들, 배경 소품 등 세세한 것 하나하나까지 꼼꼼하게 설계하고, 배치하고 챙긴다고 해서 봉준호 감독의 별명이 '봉테일'이고 보면, 이것이 우연은 아닐 것이다. 그렇다면 우리는 이것을 어떻게 해석할 수 있을까? 우리 민족의 해방일 15일, 그리고 용산 참사가 벌어졌던 건물 이름이 '남일당'이었다. 해방 이후부터 용산 참사에 이르기까지[30] 순환 반복적으로 자행된 역사의 비극들. 그 비극들은 모두 정권과 그 하수인들이 자행하고, 은폐했으며, 진실을 묻어버렸다. 그리고 우리 국민들은 그 사건들에 잠시 반응을 보이는 듯하다가 이내 망각했다.

마지막 희생자인 종팔이는 누구인가? 경찰 조사 과정에서 그는 문아정의 남자 친구라고 한다. 그리고 아정이가 자주 코피를 흘렸는데 그것을 자기가 닦아주다가 옷에 피가 묻은 것이라고 한다. 관객은 그의 말이 사실임을 안다. 그러나 경찰에게 종팔의 옷에서 나온 아정과 동일한 혈액형의 혈흔은 움직일 수 없는 증거물일 뿐이다. 그는 아정이를 죽인 진범으로 체포됐으며 그가 빠져나갈 길은 없다.[31] 혜자는 경찰인 제문이 와서 아정이를 죽인 진범이 잡혔다고 전했을 때, 곧바로 도준에게 달려가는 것이 아니라 종팔이를 보겠다며 그에게 간다. 혜자가 첫눈에 보기에도 종팔이는 도준이보다도 지능이 떨어지는 '다운 증후군' 장애를 가진 청년처럼 보인다. 한마디로 도준이보다 더 불쌍한 녀석인 것이다. 그러한 사실을 간파한 혜자가 그에게 "부모님은 계시니? 엄마 없어?" 라고 묻는다. 이게 무슨 소린가 싶어서 멀뚱히 자신을 보는 종팔이의 모습을 보던 혜자는 흐느껴 운다. 그를 희생양으로 하여 아들 도준을 무사히 구출하게 된 혜자는 긴장이 풀려버린 것이다. 자신이 만난 종팔이가 적어도 진태 정도의 강단이나 똑똑함이 있었다면 그녀는 아마도 울지 않고 웃었을 것이다.[32]

---

30 용산 참사는 2009년 1월 20일에 일어났고, 영화 〈마더〉는 같은 해 5월 28일에 개봉되었다. 봉준호 감독이 이 영화를 제작하던 중에 사건이 일어났고, 감독은 어떻게든 이 참사를 자신의 영화 속에서 표현하고 싶었던 것으로 이해할 수 있다.

31 공안사범, 시국사범들에 대해서는 그토록 집요하게 추적하고 끝내 잡아들여서는 법이 규정한 최대한의 징벌을 내리던 공권력과 사법기관. 그러나 민생 치안을 해치는 살인범이나 성폭행범, 강도·절도범 등은 제대로 잡아들이지 못하던 5, 6공 시절의 우리 공권력의 모습은 봉 감독이 〈살인의 추억〉에서 이미 철저하게 다룬 바 있다.

32 또는 그가 완강하게 범행을 부인하며 덫에 걸린 짐승처럼 울부짖었다면 혜자 역시 그에 대해 표독스럽게 맞대응에 나섰을 것이다.

부모, 엄마가 있는지 물어볼 필요도 없었을 것이다. 그토록 어리숙한 모습에 최후의 보루인 엄마마저 없는 종팔이를 보았을 때, 어느새 인간으로 돌아와 있던 혜자는 그를 향한 걷잡을 수 없는 연민(그와 비슷한 아들을 둔 엄마로서)과 죄책감이 한꺼번에 밀려와 참을 수 없이 눈물을 쏟는다.

사실 이 험한 세상에 장애를 가지고 홀로 떨어져 있던 종팔이로서는 문아정이 단순히 여자 친구가 아니라 엄마처럼 의지할 대상이기도 했을 것이다. 아정이 입장에서도 여러모로 자신보다 못한 종팔이에게 관심을 보인 것은 또 다른 모성의 발현 때문이 아니었을까 생각된다. 그런 종팔이에 대한 아정의 관심과 돌봄은 그 자체로 세상에서 상처받은 자존심을 회복하고 스스로의 존재 이유를 되찾는 정서적 효과를 발휘한 것은 아닐까? 그러나 그것이 만든 결과는 종팔이 어쩌면 평생을 감옥에서 보내야만 하는 굴레를 씌운 꼴이 되었다. 마치 함께 민주화 운동 또는 노동운동에 나섰다가 공안당국에 체포돼 고문당하고 조직 계보를 그리라는 요구를 견디지 못하고 엉뚱한 친구 이름을 집어넣어 무고한 사람이 엮여 들어가 곤욕을 치르던 지난 시절의 모습이 종팔이에게 투영돼 있다.

미디어의 역할: 사진관 주인 미선

혜자가 운영하는 약재상 건너편에 자리하고 있는 사진관의 여주인인 미선 역시 중요하고 의미심장한 역할을 수행한다. 영화의 도입부에서 도준이 벤츠에 스치는 사고를 당했을 때, 뛰쳐나온 혜자를 붙잡아 진정시키는 여자가 그녀이다. 그녀는 결혼을 한 듯하고, 남편이 있다는 징후도 있지만 남편의 존재는 그림자도 보이지 않는다. 다만 그녀는 '도준이 같이 예쁜 얼굴'을 가진 아이를 낳고 싶어 한다. 그녀는 혜자와 지근거리에 살면서 가장 빈번한 소통을 하는 존재이다. 그리고 도준이 문아정을 죽인 범인으로 잡혀서 범행 현장 검증을 할 때, 혜자를 도와서 도준의 결백을 주장하는 피켓을 들고 함께 나선 여인이다. 그리고 혜자가 도준의 다섯 살 때 사진을 가져와 얼굴 부분에 있는 구겨진 흠집을 제거해서 새로 사진을 만들어 달라는 부탁을 하자, '누워서 떡먹기'라 며 포토샵 프로그램을 이용해 간단히 수정 작업을 해준다. 우리가 현실의 한 단면을 기록하고 재현하고 있다고 믿는 사진의 기록도 간단히 왜곡하고 원하 는 대로 고칠 수 있는 사람이다.

이와 같은 그녀의 역할을 다른 인물과의 관계와 발맞춰 우리나라의 정치 적·역사적 전개 과정에 대입하면 그녀는 과연 무엇 또는 누구일까? 도준의 무죄를 주장하는 혜자를 도와 함께 피켓을 들고 나서는 역할을 우리 헌정사에 서 수행했던 자가 누구였는지 자문하면 답이 나올 것이다. 그것은 다름 아닌 언론, 미디어이다. 일제강점기에는 친일 매국행위에 앞장섰고, 해방 이후에는 독재 정권의 나팔수, 기득권 세력의 대변자 역할을 자임한 언론들. 미선은 역 사를 왜곡하고, 정권의 잘못을 은폐하고, 각종 시국사건의 진실을 묻는 데 앞 장선 보수 언론들의 모습을 상징한다.

나머지 인물들: 제문과 형사들, 변호사, 문아정의 유족들

제문은 혜자를 어머니라고 부를 정도로 소도시의 같은 동네에서 서로를 잘 알고 오래도록 함께 살아온 인물이다. 그는 도준과 진태가 외지인들과 싸움을 벌이다 함께 경찰서에 왔을 때는 중재자 역할을 자임하고 나선다. 경찰로서의 통상적인 임무와 역할로 볼 수도 있지만, 일본으로 대표되는 외세와의 마찰이 발생할 때면 남과 북이 함께 대응을 했던 것을 상기하면, 이때의 제문은 미국 또는 유엔의 역할을 한다고 볼 수 있다. 이후 여러 사건과 상황 속에서 제문과 경찰들은 극적 상황 전개에 따른 본연의 역할 수행만으로 제한해볼 수도 있고, 때로는 세계 질서를 자신들의 방식대로 관리하고 통제하려는 팍스아메리카 나, 신제국주의자로서의 미국을 상정할 수도 있다. 특히 해방 이후 남과 북의 분단과 두 개의 정권이 출범하는 것부터 지금까지 우리 한반도에서 미국이 갖는 지위나 의미는 변함없이 절대적이다. 한편 아정을 죽인 범인에 대한 수사와 관련해볼 때, 경찰은 사건을 지나치게 단순하게 보고 수사를 종결해버리지만, 그에 비해 진태의 추리는 매우 예리하고 개연성 있다. 그렇기 때문에 진태는 경찰을 우습게 보면서도 정작 자신은 경찰이 되지도 못한다. 미국과 북한의 관계도 그와 같지 않나 생각된다.

도준이 범인으로 체포돼 구치소에 수감되었을 때, 혜자는 아들을 구하기 위해 백방으로 노력하는 가운데 법적 도움을 받기 위해 변호사 사무실을 찾아간다. 이 변호사는 또 누구일까? 바로 우리의 사법부 모습이 아닐까? 그는 혜자의 소원대로 도준의 무죄 방면을 돕는 것이 아니라, 여러 편법을 동원해 형량을 낮출 수 있는 방안만을 혜자에게 제시한다. 그리고 자신과 고등학교 동창인 검찰과 정신병원 원장을 매수할 로비 자금을 혜자에게 요구한다. 학연, 혈연, 지연 등의 관계가 거미줄처럼 엮인 우리 사회의 모습을 환기한다. 역대 독재 정권하의 시국 사건들뿐만 아니라 일반 송사에서도 법은 만인에게 공평하지 않았다. 특히 시국·공안사건에서는 사법부가 앞장서서 권력의 하수인 역할을 했다. 1988년 10월에는 지강헌이라는 범죄자가 법이 만인 앞에 공평하게 적용되지 않는 것에 불만을 품고 탈옥해 자신의 모습이 TV로 전국에 생중계되는 가운데 '유전무죄, 무전유죄'라는 말을 외쳤다. 이 변호사의 캐릭터 속에는 자본주의 우리 사회의 부도덕한 기업가들 모습 역시 어느 정도 포함돼 있다는 생각도 든다.

마지막으로 문아정의 할머니와 장례식장에 모여든 유족들이다. 치매 때문에 정신이 온전치 못한 할머니는 종일 막걸리만 찾는다. 할머니는 누군가를 향해 욕설을 퍼붓고 막걸리를 뿌리기도 하고, 자신의 요구를 아무렇게나 지껄이며 빈 술병을 내던지는데, 그것은 시국 데모에서 사용하는 화염병을 닮았다. 여기서 할머니와 막걸리는 무엇을 말하려는 것일까? 그것은 과거 독재시대에 치러졌던 수많은 부정선거를 우선 떠올리게 한다. 할머니가 신고 있는 하얀 고무신과 함께 막걸리는 선거판에서 민심을 얻기 위해 수없이 뿌린 밑밥의 대명사, 부정의 대명사였다. 다른 한편으로 그것은 '국가보안법'과 '반공법'을 의미하기도 한다. '국가보안법'은 이승만 독재시대부터 오늘까지 살아 있고, '반공법'은 지난 1987년 이후 사라졌지만 독소조항들은 여전히 국가보안법으로 통합·계승되고 있다. 지난 시절, 하루의 힘든 일과를 마친 일반 시민들이 술집에서 막걸리를 마시고 시국에 대해, 정권에 대해 울분을 토로하다가 경찰에 연행돼 곤욕을 치르거나 실형을 선고받는 일이 종종 발생했다. 그래서 이른바 '막걸리 반공법', '막걸리 보안법'[33] 하는 말들이 있었는데 봉준호 감독은 이러한 모티프까지 기가 막히게 집어넣고 해독을 기다리는 것이다.

한편 장례식장에 있던 유족 중에서 임신한 여자의 모습이 인상적이다. 그녀는 장례식장에 나타나 소란을 피우는 혜자의 뺨을 사정없이 때리는 강단이 있다. 무엇보다 그녀가 새로운 세대를 잉태하고 있다는 점은 이 영화가 그려내는 암울함을 비집고 나와 언뜻 보이는 소망이다. 내 자식만 소중하고 내 자식 문제만 간절하다는 극단의 이기주의에 빠져서, 남의 자식 죽음과 남은 유가족의 아픔은 헤아리지 못하고 막무가내로 뛰어들어서 제멋대로 행동하는 혜자. 그녀에게 정신이 번쩍 들도록 뺨을 후려치는 정도의 강단이라면, 그녀는 제 자식을 제대로 키워낼 것처럼 보인다. 우리의 신인류를 낳고 키울 신세대 엄마! 기성세대들이 보면 삐딱하고(그녀는 담배를 피운다), 버르장머리 없어 보이지만 적어도 그녀는 기성세대의 이중성과 음험함만은 배제하고 있다. 정직한 생각, 올바른 가치관을 가지고 불의에 참지 않고 행동으로 항거하는 모습을 보여준다는 면에서 소망을 갖게 한다. 봉준호는 그렇게 은밀한 곳에 우리 미래의 소망을 심어 놓았다.

---

33 서중석, 『사진과 그림으로 보는 한국 현대사』, 325쪽 참조. 이 책에는 과거 우리 사회에서 술김에 사회에 대한 불평이나 불만을 토로했다가 반공법과 보안법에 저촉돼 실형을 선고받았던 여러 케이스들이 소개되고 있다. 우리가 어떤 체제 속에서 살아왔는지를 단적으로 보여주는 사례들이라고 할 수 있다.

나오는 말

해방 이후 우리나라의 사회적 분위기, 정치적 상황, 경제적 상황, 국가 시스템, 교육의 문제, 국민의 의식주 문제, 문화생활……. 이 모든 것은 우리 국민 모두에게 삶의 조건과 기본 환경이 되었고, 각자의 타고난 인성과 결합해 사회적 성격을 형성하도록 해준 원동력이 되었다. 혜자와 도준뿐만 아니라 우리들 각자의 사고와 행동 패턴 역시 이러한 환경과 시스템 속에서 만들어지고 표출된다. 21세기 대한민국에서조차 사상 논쟁이 끊이지 않는 이유가 단지 분단 상황으로 인한 트라우마의 지속 때문만일까? 군사독재 정권 시절부터 그것을 계속 자극하고 돌이켜서 통치의 핵심 수단으로 삼았고, 그 밑에서 아부하고 충성하며 한 번도 흔들림 없이 이득을 본 세력들이 있다. 우리 사회의 수구 기득권자들, 그들은 자신들의 잣대를 너무 오랜 세월 동안 변함없이 쓰면서 동지와 적을 가리는 척도로 사용했고, 국민을 훈련시켰다. 언제든지 알아보기 쉽도록 간단한 잣대, 리트머스 시험지로 이용했다. 들이대기만 하면 금방 적인지 아군인지, 낙인찍어 타도해야 할 대상인지 아닌지 알아차릴 수 있도록…….

북한의 도발과 전쟁이라는 불안감을 지속적으로 조성해 상황을 자신들이 원하는 대로 통제하려는 사람들이 이 땅에는 아직도 많다. 우리나라는 세계 유일의 분단국가이며, 종전된 것이 아니라 휴전 상태로 무력 대치를 계속하고 있다는 현실을 누구라서 인정하지 않는단 말인가? 그러나 우리에게는 그러한 특별한 사태를 통제하고 대응할 만한 충분한 시스템을 이중 삼중으로 갖추고 있기도 하다. 적당한 긴장을 유지하며 가능한 모든 시나리오에 대비를 하면서 국민을 안심시키는 것이 국가 운영자들이 해야 할 일이다. 바로 이러한 환경 속에서 남편 없이 혼자 문제적 아들을 데리고 생업을 꾸리는 엄마는 어떻게 세상을 대하고, 어떻게 세파를 헤쳐 나가야 할까? 파도에 밀려나지 않고, 죽지 않고 살아가기 위해서는 모자간 무한 이기주의와 때때로 짐승의 차원까지 오갈 수 있을 정도의 광적인 모성과 보호 본능의 작동이 필요하다. 인간은 환경과 유리돼서 살 수 없고, 그 시대의 환경과 시스템은 그 시대를 살아가는 사람들의 성격과 행동 방식을 규정하고, 또 사람들 하나하나의 의식구조와 행동 패턴은 다시 그 시대를 움직이는 집단 지성과 시대정신이 된다.

아픈 역사를 지금 여기로 불러내 현재화하는 작업은 정말 중요하고 지적인 작업이다.[34] 그 역사의 희생자, 피해자들로서는 생채기에 다시 소금을 뿌리는 듯한 아픔일 것이다. 그러나 이는 슬픈 역사를 반복하지 않으려는 우리의 최소한의 노력이요, 치유로 나아가는 길이다. 무엇보다 고통스러운 것은 그냥 잊히는 것이다. 하지만 역사를 모르면 역사는 반복된다. 소설도 영화도 역사에 기댈 때 비로소 의미가 발생한다. 소설과 마찬가지로 영화도 인간 삶의 총체적 모습에 대한 이해, 인간에 대한 탐구와 인식을 새롭게 함을 목표로 한다.

봉준호! 이 괴물 같은 이야기꾼이 우리의 현재를 있게 한 지난 역사, 우리 모두의 삶과 함께 하면서 우리의 살과 뼈에 각인된 아픔의 세월, 지난 60여 년의 역사를 자신의 이야기 틀 속에 집어넣고 풀어내는 방식들을 보노라면 발터 베냐민을 따라 '결을 거슬러 역사를 솔질'하고 그 역사를 우리 자신에게 되돌려 놓으려는 한 역사유물론자의 외로운 싸움이 보여서 소름이 오싹오싹 돋는다. 그와 동시대를 살아가며 그의 이야기를 만날 수 있다는 것은 분명 큰 축복이요, 더할 나위 없는 즐거움이다.

---

34 참혹했던 우리의 여러 과거사들, 의식의 저편에 조용히 묻어두고 잊어버렸던 굴곡진 여러 사건들, 그것을 우리 의식의 전면으로 불러내 되짚어보고, 그 사건들에 대한 기억을 되살리는 일은 매우 중요한 지적 작업(과정)이다. 왜냐하면 "기억은 우리로 하여금 실수로부터 배우게 해주고 우리의 지식을 기반으로 더 나은 미래를 창조할 수 있게 해주기 때문"(Philip G. Zimbardo, *The Lucifer Effect*, p.230)이다.

Chapter 14

두 개의 문

/

용산 참사, MB 정권의 맨 얼굴을 드러내다

김일란 · 홍지유 감독 | 2012년 개봉

두 개의 글을 인용하며 나의 글을 시작하려고 한다.

끔찍한 사건을 기억하고 진실을 이야기하는 것은 사회 질서의 회복과 개별 피해
자의 치유를 위한 필수 조건이다. …… 외상을 경험한 사람들처럼 우리는 현재와
미래를 회복하기 위하여 과거를 알아야 한다. 그러므로 심리적 외상을 이해하는
일은 역사를 재발견하는 일에서부터 시작한다.[1]

냉전 반공주의가 헤게모니적 영향력을 갖는 정치적 대표 체제에서 서민의 이익
은 대표되지 못한다. 서민층이 정치 수준에서 대표되지 못한 결과, 사회 수준에
서 서민층에 대한 상층계급의 오만과 차별은 강화되고 못사는 사람에 대한 공공
연한 비하가 가능해진다.[2]

---

[1] 주디스 허먼, 『트라우마』, 16~18쪽.
[2] 최장집, 『민주화 이후의 민주주의: 한국 민주주의의 보수적 기원과 위기(개정 2판)』(후
    마니타스, 2010), 34쪽.

'용산', 천지개벽의 청사진이 불러온 장밋빛 꿈

좀 멀리 에두르는 듯하나 2009년 1월 20일에 발생한 '용산 참사(용산 4구역 철거 현장 화재 사건)'를 이해하기 위해서, 용산지역에 관한 지난 역사를 잠시 뒤돌아보는 것도 나쁘지 않으리라 본다. 우리나라 수도 서울의 한가운데에 자리한 용산구, 그 중심에 미군기지가 60여 년간 있었다.[3] 서울시가 급속히 팽창하면서 용산은 사대문 밖 변두리에서 어느새 중앙의 노른자위가 되었지만, 그 자리에 점령군처럼 버티고 앉은 미군 부대는 꿈쩍하지 않았다. 그리고 서울시 대부분 지역이 도심 재정비라는 명목으로 재개발되는 와중에도 그곳은 마치 섬처럼 배타적 공간으로 남았다. 그러던 것이 용산기지의 평택 이전이 추진되면서[4] 새로운 전기를 맞이하게 되었다. 2006년 당시 건설교통부는 용산 미군

---

3 그 자리에 외국군이 자리한 역사는 지금으로부터 120여 년 전으로 거슬러 올라간다. 잘 차려 놓은 밥상 같은 형상의 1890년대 초 조선, 수도 한양을 지키는 관군의 병영에 청나라 군대가 주둔하면서부터 시작해 1894년 청일전쟁에서 승리한 일본 군대가 한반도를 식민지화하고 만주까지 진출하며 태평양전쟁을 수행하는 내내 이곳을 병참기지로 삼았다. 해방 후에는 미군이 이를 접수해 주둔하며 주한 미군의 거점으로 활용하는 형태로 계승됐다.

4 지난 1987년 말 노태우 대통령 후보가 용산 미군기지 이전을 공약으로 제시했었고, 이 듬해 이 문제를 '한미 연례안보협의회의(SCM)'에서 처음으로 공식 의제에 올렸다. 그리고 1990년 6월 한미 양국은 용산기지 이전에 대한 기본 합의를 도출해 용산기지를 1996년까지 평택으로 이전하기로 했다. 그러나 미군기지 이전에 따른 천문학적인 비용 부담 문제로 1993년 6월 우리 정부는 용산기지 이전 사업의 추진을 보류했다. 2001년, 용산 미군기지 안에 미군 숙소 건립 문제가 불거지면서, 양국 간에 용산기지 이전에 관한 논의가 재개됐다. 그해 11월에는 양국 국방장관 주재하에 전국의 주한 미군 시설을 통폐합하고 불요불급한 시설과 토지를 한국 측에 반환한다는 내용을 담은 '연합토지관리계획(LPP)'을 체결했다. 이에 따라 2002년 3월 양국은 '용산기지이전추진위원회'를 구성했고, 2003년 5월에 열린 한미 정상회담에서 이전 사업에 대한 합의가 이뤄졌다. 주한 미군의 한강 이남, 즉 평택으로의 이전 문제는 당시 노무현 정부의 자주국방 정책과 미국의 해외 주둔군 재배치 계획이 맞아떨어져 모든 주한 미군을 평택으로 집결시킨다는 결

기지 이전 후 이를 기념 공원으로 조성하고 주변 지역을 체계적으로 정비하기 위해 '용산 민족·역사공원 조성 및 주변 지역 정비에 관한 특별법'을 제정, 2007년 국회비준을 거쳐 발효되었다. 이에 따라 미군기지 이전 부지는 '용산공원 조성지구', '복합개발지구', '주변 지역'으로 세분돼 '용산공원 정비구역'으로 지정되었다. 그런데 이명박 서울시장은 재임 기간(2002.7~2006.6) 중 서울시의 도시환경 정비를 역점 사업으로 펼치며 부동산 투기 광풍에 크게 기여했다. 그중에서도 법이 정한 정비구역지정 요건에 미달하는 곳까지 마구잡이로 예정구역으로 선지정해서 공표하는 바람에 부동산 가격 상승을 부채질하는 등 구조적인 부작용을 초래했다. 『서울통계연보』(2003~2006년도) 자료를 참고해보면, 이명박 전 서울시장의 재임 기간 중에 지정된 뉴타운 지구만 해도 26개, 2,405만m²에 이르고, 재개발과 재건축 정비예정 구역도 서울시 전역에 걸쳐 618곳, 2,318만m²에 달했다. 용산 참사를 부른 것과 같은 도시환경 정비사업은 467곳 239만m²가 지정됐다. 결국 그는 한나라당 대선 후보로 나서 '한반도 대운하 사업'과 이른바 '747(세계 7대 강국, 국민소득 4만 달러, 연간 경제성장률 7%)'을 핵심 공약으로 내세워 대통령이 되었다.

그의 뒤를 이은 오세훈(2006.7~2011.8) 시장은 수도 서울을 환골탈태에 가깝게 바꾸고 싶어 했다. 그러한 시대적·정치적 분위기에 편승한 코레일 측은 용산역 주변 '철도정비창' 부지를 중심으로 역세권 개발 계획을 발표했다. 이에 따라 사실상 용산구의 거의 모든 지역을 재개발하는 거대 프로젝트, 즉 '남산 르네상스'와 '한강 르네상스', '국가상징거리 조성사업(광화문에서 한강 노들

정을 내린 것이다. 국내 35개 장소에 흩어져 있는 미군기지와 훈련장을 한군데로 집결함으로써 미군은 집적성과 효율성을 높이겠다는 전략, 우리 정부는 기존에 미군이 사용하던 부지를 돌려받겠다는 목적이었다. 지난 2004년 12월, 제17대 국회에서 '미군기지 이전협정(UA)'을 비준할 당시 평택기지 완공 시기는 2008년 말이었다. 그러나 2006년 '대추리 사태'를 겪으며 2012년 말로 연기됐고, 증가하는 비용 문제 때문에 다시 2016년으로 늦춰졌다.

섬에 이르는 7km 구간에 조성)'이라는 이름의 각종 개발 프로젝트를 계획하고 급박하게 추진했다.

용산을 개조하고 나아가 서울시의 랜드마크를 재설정한다는 계획은 건설과 개발로 흥한 사람들, 그것을 발판으로 대통령과 시장 자리에 오른 사람들로서는 더할 나위 없는 호재였다. 내수 경기 진작을 통한 경제성장은 물론 사업이 완료되면 자신들의 재임 기간에 이룩한 가장 큰 치적으로 홍보할 수도 있을 테니 말이다. 특히 땅 주인인 코레일도 개발이 성공적으로 완료되면 손해 볼 일 없이 최대 수혜자가 될 것이므로 절호의 기회라 여겼다. 이에 따라 코레일이 땅을 내놓음으로써 용산 역세권(국제업무지구) 개발사업이 시작되었다. 오세훈 시장의 '한강, 남산 르네상스 사업'과 맞물리고 중앙정부가 뒷받침해준 덕에 파이를 점점 키워 용산 철도정비창 부지뿐만 아니라 서부 이촌동 일대 56만 8,000m²를 통합 개발하는 대규모 사업으로 추진되었다.[5] 중앙부에 지상 106층(620m) 높이의 랜드마크 타워를 건립하는 것을 필두로 업무·호텔·상업·주거·국제 학교·문화시설을 집적한 복합 타운을 건설할 계획이었다. 사업비만 해도 건국 이래 최대인 28조 원에 이를 것으로 추정됐고, 2016년 완공 예정이었다. 나아가 국제여객선터미널을 지어 서해 뱃길과 연결하고, 미군 기지 이전 터 267만 3,000m²(81만 평)에 뉴욕의 센트럴 파크를 능가하는 대규모 도심 공원을 조성(남산 르네상스 사업, 당초 2015년 1단계로 개장 예정)하는 사업과 연계하는 프로젝트는 사람들 눈을 뒤집어놓기에 충분했다. 용산역 전면의 집창촌 주변에도 주상복합 아파트나 오피스 빌딩 등이 들어설 계획이었다. 나아가 이태원 일대부터 한남동, 보광동을 포함하는 109만여m²도 뉴타운 건

---

5 서울시는 서부 이촌동 일대에 국제여객터미널을 세우는 방안을 추진했다. 서울 용산에서 배를 타고 상하이, 천진, 청도 등 중국의 주요 연안 도시로 갈 수 있고, 중국 관광객들이 배편으로 서울에 올 수 있도록 여객터미널을 조성하겠다는 것을 골자로 한, 이른바 '한강 르네상스 프로젝트'의 일환이었다.

설 계획으로 들썩였고, 서울역과 가까운 청파동, 서계동, 원효로 일대도 뉴타운 방식으로 재정비될 것이라는 기대감에 싸여 있었다. 한마디로 천지개벽을 추진하는 용산일대 재개발 계획이었다. 각종 장밋빛 호재가 넘치는 사업으로 누구나 뛰어들기만 하면 부동산 불패의 신화를 따라 엄청난 수익을 올릴 수 있을 것이라는 환상을 가지기에 충분했다. 특히 개발에 참여하는 건설 회사나 토지와 건물을 소유한 조합원들의 경제적 이익에 대한 기대치는 하늘을 찌를 듯했다. 모든 언론들도 나팔수를 자청하며 연일 개발 계획 소식과 추진 과정, 주변의 각종 호재들을 자극적인 헤드라인으로 장식하며 전하기에 바빴다. 그리고 이 사업이 초래할 부작용이나 사업 실패 가능성에 대해서는 일체 언급이 없었다. 혹여 있다 하더라도 시대의 압도적인 분위기는 그것을 묻어버리기에 충분했다.

이렇게 개발 이익이라는 한 방향을 향해 일사불란하게 달려가는 사람들이 있었다. 그들은 소시민의 삶의 근간을 뿌리째 뒤흔들 수도 있는 정책을 입안하고 추진하는 권력자들, 그들이 발주한 사업을 수주하고 집행하는 건설 회사들, 토지와 건물 주인들로 구성된 조합(원)들이다. 그들의 눈에는 이 지역을 근간으로 낮게 엎드려 삶을 이어가는 세입자들, 소상공인들의 모습은 전혀 보이지 않았다. 용산 참사의 희생자들이 죽음 앞에서 최후까지 외친 "여기 사람이 있다!"라는 절규는 이익에 눈멀어 그들을 보지 못하고 모든 것을 허물어버리는 자본가, 힘 있는 자들에 대한 항의이자 같이 살 방안을 찾자는 마지막 호소였다. 그러나 돈의 논리 앞에 인명은 중요한 가치가 아니라는 천박한 자본주의의 잔인성과 이를 효과적으로 조정·통제하기는커녕 오히려 조장한 권력이 공모해 그들의 목소리를 화마 속에 묻어버렸다. 그뿐만 아니라 희생자와 생존자들을 도심 테러리스트로 규정하고 법의 심판까지 받도록 했다. 참으로 광포한 자본의 무한 증식 욕망과, 사람이 우선이 아니라 오직 성과주의에 입각한 전시효과를 노리는 권력의 속성을 여지없이 드러낸 사건이었다.

용산 4구역 철거민 보상을 둘러싼 갈등, 철거 용역의 역할

용산역 맞은 편 옛 국제빌딩 주변, 즉 용산구 한강로 3가 63~70번지 일대의 5만 3,442m²는 '용산 4구역'으로 이명박 시장 시절인 2006년 4월 20일 도시환경정비 구역으로 지정돼 재개발사업이 추진되었다. 지구 내 모든 건물을 철거하고 그 자리에 지상 40층 규모의 주상복합 아파트 6개동(493가구, 전용면적 164~312m²)을 새로 짓는 것이 골자였다. 부동산 광풍이 몰아치던 그 무렵, 재개발지구 지정 소문만 나도 금방 주변 부동산 시세가 들썩이는 것은 불문가지여서 실제 재개발이 추진되기도 전에 부동산 호가가 상승해서 상가 전세·월세 가격까지 덩달아 올랐다. 이런 상황에서 용산 일대는 온갖 개발 호재가 중첩된 지역이었다. 그러니 그 일대에서 세를 얻어 장사하는 사람들로서는 어수선한 분위기 속에서 전세·월세 가격은 상승하는데 주민들과 고객들은 떠나가 수입이 줄어들 수밖에 없었다.

마침내 서울시가 삼성물산, 대림산업, 포스코건설 등 3개사(대표 업체는 삼성물산)를 시공 업체로 지정해 강제 철거 등의 작업 계획을 관리하도록 승인했다. 이에 따라 그 지역의 토지 및 건물 소유자들로 구성된 재개발 조합 측은 도시정비사업과 관련한 각종 법률[6]의 복잡함과 세입자들이 관습적으로 주고받는 상가 권리금에 법적 근거가 없다는 등의 맹점을 이용해 이주민, 특히 상가 세입자들이 요구하는 보상을 해주지 않아 갈등을 키웠다.[7] 세입자들이 철

---

6 이와 관련한 법률로는 '국토의계획및이용에관한법률', '도시개발법', '도시및주거환경정비법', '도시재정비촉진을위한특별법', '공익사업을위한토지등의취득및보상에관한법률(약칭 토지보상법)' 등이 있다. 문제는 관련 법률이 다종다양한 만큼 상호 간에 일관되지 않는 점도 있고, 주무 관청이 법률에 입각해 행정적인 판단을 하는 것이 너무 복잡하게 되어 있는 부분도 있었다.

7 현행 '토지보상법' 시행규칙 제47조는 "영업 휴업에 따른 손실 평가를 3개월 이내의 영업이익에 기간 중 고정비용, 이전비용, 재고 등 매각 손실액을 더한 금액으로 평가한다"

거에 저항하며 시위를 벌인 주된 이유는 조합이 주는 보상비로는 생계를 이어 갈 수도, 새로운 곳으로 주거를 이주해 정착할 수도 없다는 절박함에 있었다. 토지보상법 등 관련 법규상의 보상 항목과 내용을 보면 주택 세입자는 철거 시 임대주택 입주권과 함께 주거 이전비 4개월분(4인 가족 기준 1,400만 원)을 받는다. 이는 대체로 받아들일 만한 것이다. 문제는 상가 세입자들이다. 법규 상 이들은 휴업 보상비 3개월분(음식점 132m² 기준, 1억 원)만을 받게 되었다.[8] 그러나 그들이 받게 될 보상비로는 서울 시내 어느 지역에서도 같은 규모의 가게나 전셋집을 구하는 것이 사실상 불가능하다. 특히 상가 세입자에게 가장 민감한 것이 '권리금' 문제이다. 그들이 상가 입주 당시 이전 세입자에게 지불 한 일정 금액의 권리금은 아무 법적 근거가 없고, 그 문제에 관한 한 상가 주인 과 돈을 주고받은 관계도 아니어서 마지막 세입자는 마치 그동안 돌려오던 폭 탄을 혼자 고스란히 받아야 하는 억울함이 있는 것이다. 결론적으로 상가 세 입자들은 이전 세입자에게 비싼 권리금을 주고 들어와 지금까지 충분하지는

라고 되어 있다. 그런데 권리금은 임차인 간에 관행적으로 수수되고 산정하기 어렵다는 이유로 보상 대상으로 인정되지 않는다. 일반적으로 통용되는 권리금에는 세 가지 종류 가 있다. 첫째, 단골 고객 및 명성의 대가 또는 장소적 이익의 대가 등 무형적 요인에 의 한 권리금이다. 둘째, 임차 목적물의 내부에 설치된 각종 시설물, 즉 편의시설, 상업기 구 등이 설치돼 있을 때, 그 설비 투자비용에 대한 권리금이다. 셋째, 신개발지나 신축 상가, 아파트나 공공건물의 신축 예정지 등에서 발생하는 투기적 요인에 따른 권리금이 다. 이들 각자는 독립적일수도 있지만 복합적으로 고려되기도 해서 계산이 복잡해진다. 이처럼 권리금의 내용이 막연하고 적정 금액 산정도 어려우며, 각종 부작용에 대한 우 려로 객관화가 어렵다. 순전히 관행에 의해서 규율되는 문제를 입법을 통해 법률적 지 위를 부여할 수 있는가는 전문가들 사이에서도 해묵은 논쟁거리였다. 2014년 9월 말 현 재, '상가권리금 보호에 관한 특별법'이 입법 추진 중이다.

8 그리고 재개발사업 승인에 따른 법적 절차와 근거상 이들의 보상 기준일은 상가 세입자 의 경우 2007년 6월 7일, 주택 세입자는 2006년 12월 21일이었다. 즉, 이 기준일 이전부 터 철거 지역에서 살았던 사람들은 관련법에 따라 보상을 받을 길이 있지만, 그 이후에 세입자로 들어온 사람들은 그나마 보상을 받기도 어렵게 되었다는 말이다.

않지만 그럭저럭 생계를 꾸려갈 만했는데, 이제 재개발 때문에 삶의 터전을 잃게 되었다. 그러니 세입자들로서는 막대한 개발 이익을 누리게 될 조합(부동산 주인) 측에서 자신들의 처지를 생각해서 권리금에 대한 적정한 보상을 해달라고 했지만 간단히 묵살되었다. 당장 생계를 이어갈 대체 상가를 마련하는 등의 대책을 세워달라며 항의와 농성이 이어졌지만 전혀 받아들여지지 않은 채 강제 철거가 진행되었다.

한편 서울시로부터 사업 승인이 나고 시공사가 선정되자 재건축 조합은 2007년 10월 31일, 51억 원에 호람건설 및 현암건설 컨소시엄과 철거 계약을 체결했다. 용산 참사 직후 ≪서울신문≫이 이 계약서 사본을 입수해 특종 보도한 바에 따르면,[9] 계약기간은 2008년 6월 30일까지로 이 기간 내 용역업체는 재개발 지역 안에 있는 모든 건물을 철거하도록 돼 있었다. 그러나 참사가 일어난 2009년 1월 19일까지 전체 상인과 세입자 890명 중 85.7%(763명)의 보상과 이주가 완료되었고, 건물 철거도 80%가량 이뤄졌으나 그중 100여 명이 2008년 4월부터 철거민대책위원회를 만들어 용산구청 등지에서 보상요구 시위를 벌였다.

계약서는 천재지변 등이 아닌 경우, 기한 내 철거를 완료하지 못하면 용역업체는 지체보상금으로 하루에 계약금액의 1000분의 1(510만 원)을 조합에 내도록 했다. 계약 지연 기간은 철거민들이 참사가 난 남일당 건물에 올라가 농성을 시작했던 지난달(2009년 1월 _ 인용자) 19일까지로, 지체보상금은 10억 3,500여만 원에 이르는 것으로 알려졌다. 이 때문에 용역업체는 지난(2008년) 3월부터 용산 4구역 철거민(세입자)들에게 건물에서 나가도록 종용했으며 보상 문제 등이 해결되지 않아 세입자들이 버티자 협박 등을 일삼아왔다. 철거민들은 "경찰도, 구청도 모두 용역업체의 불법행위를 묵인하는 상황에서 선택할 수 있는 것은 목숨

---

9   장형우·임주형, "용산 참사 부른 무리한 철거시한", ≪서울신문≫(2009.2.7), 6면.

을 걸고 농성하는 것밖에 없었다"고 말했다.

또 조합과 함께 삼성물산·대림산업·포스코건설 등 관련 시공사들도 이 계약에 '갑(甲) — 을(乙)' 관계가 아닌 '병(丙)'으로 참여해 경험이 부족한 조합을 대신해 용역업체를 관리한 것으로 확인됐다. 시공사들은 "용역업체의 활동은 우리와 무관하다"고 주장해왔다. 하지만 계약서에는 '시공사는 조합을 대리해 각종의 업무를 수행한다.'고 규정돼 있고 '용역업체는 업무 추진을 위한 일정을 수립하고 계획에 따른 추진실적을 시공사에 보고해야 한다'고 명시돼 있다. 또 '시공사는 용역업체가 하는 공사에서 계획서에 적합하지 않은 부분이 있으면 시정을 요구할 수 있으며, 용역업체는 지체 없이 이에 응해야 한다'는 조항도 들어 있다.[10]

이처럼 용산 화재 참사가 발생한 데는 조합과의 철거 계약 기간을 지키지 못한 용역업체가 한겨울 철거를 강행하고,[11] 그 과정에서 무차별 폭력을 자행(무법천지)하면서 다급하게 세입자들을 몰아내려는 가운데 촉발된 측면이 큰 것으로 파악됐다. 철거 작업 추진 이전에도 용역들의 공공연한 영업 방해가 있었고, 공식 철거 진행 과정에서는 무자비한 폭력이 일상적으로 자행됐다는 것이다.[12] 그러나 이 사건의 본질은 재건축 조합, 시공사인 삼성물산·대림산

---

10 같은 글 참조.

11 서울시 조례에도 겨울철 강제 철거를 금지하는 행정지침이 있지만 처벌 규정이 없거니와 철거 현장에서 지도·감독도 이루어지지 않았다.

12 철거 용역 회사에서 일하는 한 호남 출신 조직폭력배는 "철거민들이 망루를 만들어 올라가면 철거 작업이 복잡해진다. 망루에서 철거민들이 올라가려는 우리를 상대로 두더지 잡기 게임을 하듯 버티면 작업이 장기화한다"라고 말했다. 철거 회사의 다른 동료는 "망루를 정복하는 것은 원래 용역의 몫인데 이번에는 손에 피 안 묻히는 경찰이 직접 나섰다. 매우 특이한 경우다"라고 말했다. 재개발이 진행되는 지역은 폭력의 치외법권 지대다. 철거가 추진 중인 용산 거리는 "비열한 폭력이 일상화되어 있었다"고 한다. 아울러 "철거를 거부한 세입자가 운영하는 식당에는 매일 아침 오물과 음식 쓰레기가 수북이 쌓였다. 벽에는 섬뜩한 낙서가 가득했다. 빈집에는 밤마다 불이 났다. 용역들의 소행

업·포스코건설,[13] 그리고 행정 주체인 서울시와 용산구청[14]이 합작해 원인과 과정을 이끌었기 때문에 일어난 재앙이다.

우리 시대의 야만 용산 참사

용산 참사는 용산 4구역 재개발의 보상대책에 반발한 철거민과 전국철거민연합회 회원 등 30여 명이 적정 보상비를 요구하며 2009년 1월 19일 새벽 용산구 한강로 2가에 위치한 남일당 건물 옥상을 점거했으며, 망루를 짓고 철거반에 저항하면서 시작되었다. 처음에는 농성하던 철거민들과 용역 철거반 사이에 공방이 있었고, 경찰은 3개 중대 300명을 투입해 외곽 경비만 맡은 채 상황을 지켜보는 양상이었다. 그러나 1월 20일 오전 6시 12분경부터 경찰이 망루에 직접 물대포 살수를 시작했고, 농성하던 철거민들을 강제 진압하기 위해

이었다. 철거민이 떠나고 찾아오는 손님이 줄어들수록 폭력의 수위는 높아만 갔다. 어렵게 식당 문을 열면 험악한 용역들이 들이닥쳐 손님과 시비를 벌였다. 편의점에서 손님이 술을 마시면 술 먹는다고 때리고, 쳐다보면 쳐다본다고 때렸다. 갈비뼈가 부러지고 머리가 터지는 일이 용산에서는 다반사였다"라고도 했다[주진우, 「용산 철거 용역 목포 조폭과 관련」, ≪시사IN≫, 제74호(2009. 2. 7)].

13 참사의 원인 제공과 참사 발생 책임에 대해 시공사 측은 "조합이 세입자 이주보상을 마무리 짓지 못한 책임이 있기 때문에 용역업체가 지체보상금을 물어야 할 의무는 없다"면서 "시공사들도 조합에 건축물 해체 및 잔재처리 공사에 대해서만 관리위임을 받았기 때문에 이번 참사와는 관계없다"고 주장했다(장형우·임주형, "용산 참사 부른 무리한 철거시한").

14 재개발·재건축 등의 정비사업은 민간 주도의 다른 개발사업과 달리 행정 주체가 정비구역을 지정하고 시공사를 선정하며, 직접 사업시행자가 되거나 사업시행자인 조합의 설립 과정에서 인가·허가권을 갖고 사업에 관여한다. 따라서 향후 이 사건의 체계적인 진상 규명이 이뤄진다면 서울시와 용산구청은 이 사건의 배후로 법적·도의적 책임에서 자유로울 수 없을 것이다.

경찰 특공대가 출동해 6시 45분부터 작전을 개시했다. 경찰 특공대는 크레인 으로 견인되는 컨테이너에 탑승해 옥상으로 접근했으며, 7시 무렵부터 본격적 인 진압이 시작되었다. 7시 20분에 특공대를 실은 두 번째 크레인이 올라가자 망루 내부에 불길이 번졌다. 금방 꺼지는가 싶었던 불길이 다시 치솟고 7시 45분에는 망루가 무너졌다. 8시 30분에 소방관들이 옥상에 올라가 망루를 해 체했다. 11시 45분 경찰은 망루를 수색해 사망자 5명(세입자 2명, 전철연 회원 2명, 경찰 특공대 대원 1명)을 발견했으며, 23명(경찰 16명, 농성자 7명)이 부상했 다고 발표했다. 12시 20분 농성자 시신 1구가 추가로 발견되었다. 이로써 총 6명이 사망하고 23명이 크고 작은 부상을 당하는 대참사가 벌어진 것이다. 이 에 대해 검찰은 사건 발생 3주 만에 철거민의 화염병 사용이 화재의 원인이었 으며, 경찰의 점거 농성 해산 작전은 정당한 공무집행에 해당한다는 수사 결과 를 발표했다. 그리고 경찰의 과잉 진압 책임은 묻지 않고 오직 철거민 대책위 원장 등과 용역업체 직원 7명만을 기소했다.

이 모든 과정에서 공권력은 철거민 대표와의 면담이나 대화를 통한 요구 조 건 확인, 협상, 법의 집행을 위한 강제 진압에 대한 경고 등 제반 과정이나 절 차를 모두 생략했다. 그리곤 전격적인 진압 작전을 실시해 참극을 자초했다. 경찰 특공대는 남일당 건물 옥상의 망루 가구조물의 구조, 사용된 자재, 인화 물질의 존재 유무, 농성자의 숫자와 그들이 가진 저항(투쟁) 도구나 수단, 강제 진입 시 중요하게 고려되어야 할 안전 수칙, 농성자들 역시 대한민국 국민이라 는 사실에 대한 재확인(비인간화될 여지 차단), 망루로 진입하기 위한 출입문의 구조와 상태 등등 사전에 파악하고 수행해야만 했던 수많은 요소들을 무시하 고 매우 급격하고 단순무식하게 달려들었다. 특공대가 가진 압도적인 무력으 로 손쉽게 진압할 수 있을 것으로 지나치게 낙관적으로 본 것이다. 특공대에 게 농성을 하는 철거민들은 우리 국민이 아니라 도심 테러리스트였다. 따라서 그들은 안전을 보장하고 보호해야 하는 인격체가 아니라 사물화되고 비인간 화된 타자, 무가치한 존재로 마땅히 타도하고 진멸해야 하는 대상이었다.[15]

이러한 이유로 경찰 특공대를 절대 악으로 몰아붙이는 경향이 있다. 법정 다툼에서도 누가 가해자이고 누가 피해자인가에 대한 논란이 많았다. 그러나 정작 중요한 것, 이 사태의 본질은 이 문제가 아니다. 오직 명령에 순종하는 것만을 배운 특공대에게 그토록 급작스럽게 진압 명령을 내린 자, 그리고 현장의 여러 정황을 보면서도 무리하게 진압을 밀어붙여 강행한 지휘관에 대한 심판이 중요하다.[16] 그리고 중요하게 생각해야 할 또 한 가지는 경찰 특공대의 제복과 특별한 복장, 안면 보호대를 포함한 투구에 관한 것이다. 이러한 전투 복장은 대원들 각자의 평상시 모습을 가려줘 익명성을 조장하고 탈개인화시킨다.[17] 그것은 진압에 투입된 대원들 각자가 가질 수도 있는 도덕적 부담감이나 사고 발생 시의 책임감을 현저히 경감시켜주는 상황적 힘의 작동을 보여준다.[18] 그러므로 재판 과정에서 그들의 증언은 자신들이 그렇게(자기 합리화의

15 우리가 다른 인간에게 할 수 있는 최악의 일 중 하나는 비인간화라는 심리적 절차를 통해 그들의 인격을 박탈하고 무가치한 존재로 전락시키는 것이다. '타인'이 우리와 같은 느낌, 생각, 가치, 삶의 목적을 가지고 있다고 생각하지 않을 때 이러한 일이 벌어진다. …… 비인간화는 전형적으로 대상화된 사람에게 가학적이고 파괴적인 행동을 촉진하게 된다(필립 짐바르도, 『루시퍼 이펙트』, 356~357쪽).

16 어떤 인간이 저지른 행동은 그것이 아무리 끔찍하다고 해도 우리 모두가 저지를 수 있는 것이다. 적절한, 아니 부적절한 상황만 형성된다면 말이다. 그렇다고 해서 그와 같은 사실이 악에 대한 변명이 될 수는 없다. …… SPE(Stanford Prison Experiment)의 가장 중요하고 단순한 교훈은 '상황의 중요성'을 인식하는 것이다(같은 책, 341쪽).

17 탈개인화는 가해자에게 익명성을 부여하고, 그래서 개인적 책무와 책임 그리고 스스로에 대한 감시가 줄어든다. 이 때문에 가해자는 양심의 제약을 받지 않고 행동하게 된다. 비인간화는 희생자의 인간성을 박탈해 그들을 동물 또는 아무것도 아닌 존재로 여기게 한다(같은 책, 453쪽).

18 어떤 상황에서 자신이 익명의 존재라고 느낄 때, 그러니까 그의 진정한 정체를 아무도 알지 못할 때(따라서 아무도 그에게 신경 쓰지 않을 때) 그는 좀 더 쉽게 반사회적으로 행동하도록 유도될 수 있다. 특히 그의 충동을 행동에 옮기거나 평상시라면 경멸할 만한 명령이나 암묵적 지침을 따르는 것을 가능하게 하는 상황일 경우에 더욱 그러하다(같은 책, 351쪽).

형태로) 나올 수밖에 없음을 재확인하는 것 이외에는 의미가 없다.[19] 처음부터 재판은 짜고 치는 고스톱처럼 요식행위에 불과했다. 오히려 처음부터 김석기와 경찰 지휘부를 기소했어야 했다. 그러나 검경은 한통속이었고 정권의 하수인일 뿐이므로 이는 기대하기 어려웠다.

용산 참사와 공권력의 역할을 한마디로 규정한다면 '직무유기와 직권남용'이라는 양극단의 진자 운동이 빚은 황당무계한 참사'라고 할 수 있다. 철거민들이 용역의 무자비한 폭력을 당했으나 공권력은 그들을 보호하지 않았고, 그들이 폭력을 피해 남일당 건물 옥상에 망루를 짓고 보루로 삼을 때까지 경찰은 철저하게 직무유기로 일관했다. 그러나 경찰청장 내정자의 지시로 이뤄진 서울지방경찰청 차장의 전화 한 통화는 상황을 180도 뒤집는다. 경찰 특공대의 급작스러운 출동과 진압 지시로 이어진 것이다. 대통령에 대한 충성 욕구, 경찰청장에 대한 충성 욕구, 서울지방청장에 대한 충성 욕구로 이어지는 일련의 충성 욕구와 진급 · 신분 상승에 대한 갈망은 무리한 진압과 직권남용으로 이어져 참사를 불렀다.

다큐멘터리 〈두 개의 문〉: 기억하려는 자와 지우려는 자 사이의 투쟁 '기록'

다큐멘터리 〈두 개의 문〉은 바로 이 참사, 그 참혹한 열매를 놓고, 우리 사

---

19 설령 진압 임무에 투입되었던 대원 각자가 자신의 신념과 배치되는 명령을 어길 수 없어 수행한 경우, 즉 그의 '행동과 신념 간에 불일치'가 있을 때, 행동이 그와 관련된 적절한 태도를 따르지 않을 때 '인지 부조화(cognitive dissonance)' 상태가 형성된다. …… 만일 우리가 누군가에게 해를 입혔는데 우리에게 그럴 만한 이유가 충분하다면 — 우리의 생명이 위협받고 있다거나 군인이라는 직업을 수행하는 과정의 일부였거나, 강력한 권위를 지닌 인물로부터 그렇게 하라는 명령을 받았다거나(할 경우_인용자) …… 부조화의 정도가 줄어들 것이다(같은 책, 352쪽).

회의 썩은 사과가 누구인가를 가리는 재판을 참관하던 두 젊은이가 만든 다큐멘터리 영화이다. 영화는 두 개의 시간 축을 바탕으로 서사적 논점들을 제시해나간다. 먼저 2009년 1월 19일부터 20일 사건 발생과 종료 시점까지 25시간의 기록에 대한 순차적 제시이다. 당시 사건 현장을 기록한 경찰 측의 채증 영상과 인디 언론, 영상 작가들이 기록하고 인터넷을 통해 방영했던 영상 기록물을 통해 사건 당시 '있는 그대로의 현장'을 복원하는 시간 축 하나. 그리고 또다른 시간 축은 경찰 특공대원의 초기 진술서와 법정에서의 진술 등 객관적자료, 관객의 이해를 돕기 위한 일부 재연 장면으로 구성돼 있다. 이렇게 두 개의 시간 축을 교차시키는 가운데 감정을 배제하고 객관성을 유지하면서 법정드라마 형식으로 풀어나가는 극적 구성을 통해 공감과 설득의 폭을 배가시켰다. 이러한 방식으로 사건을 재구성해 '국가 공권력'이 어떻게 작동하고 있으며, 그것이 용산에서 어떻게 '국가 폭력'으로 뒤틀리고 왜곡되었는지를 밀도있게 천착한다. 그리고 그 속에서 대중의 기억에서 침윤되고 망각되어가는 우리 시대 공권력의 광기와, 그 결과 빚어진 무참한 인권유린 사건인 용산 참사를 재조명한다. 그 과정에서 공공의 안녕과 법질서를 유지한다는 공권력에 대한 규제와 통제가 해체될 경우, 공권력이 어떻게 폭력과 공포와 죽음의 화신으로 변신하는지 자연스럽게 날것 그대로 드러난다. 영화는 바로 이것을 고발한다. 김일란·홍지유 감독이 작품의 제작 의도에서 밝힌 것처럼,[20] 이 작품을

---

20 김일란·홍지유 두 감독은 작품의 제작 의도를 다음과 같이 밝혔다. "우리는 용산 참사가 있던 그날 망루로 돌아가 결코 잊지 말아야 할 진실을 다시 묻고 동시에 답하려고 한다. 이러한 과정은 용산재판이 시작되면서 더욱 극명해졌다. 용산재판은 용산 참사가 발생하게 된 배경과 그 사건이 은폐되는 과정이기도 했기 때문이다. 2009년 한국 사회 인권의 리트머스지였던 용산 참사를 가해자와 피해자라는 이분법적 구도를 넘어 타인의 고통에 공감하는 능력으로서의 인권의 상실을 겪고 있는 우리 모두의 문제로 통감하도록 만드는 것이 다큐멘터리 〈두 개의 문〉의 목적"이라고. 참으로 대견하고 기특하다. 이들이 가진 관점의 건강성은, 우선 영화가 사건 당시 무슨 일이 있었는지를 재현해 알려주려 하거나 관객의 분노를 촉발하기 위한 한쪽 편들기나 선동을 표방하지 않는다는

통해 우리가 도달해야 하는 인식의 지향점은 "과연 썩은 사과가 문제인가? 아니면 사과가 썩기 이전에 사과 상자가 먼저 썩어 있었던 것은 아니었는가? 나아가 사과 상자가 보관된 환경이나 시스템 자체가 부패하기 좋은 온도와 습도를 만들어주었던 것은 아닌가?"라는 질문까지 나아가야 하고, 그에 대한 대답을 찾는 데 이르러야 한다.

그러니까 〈두 개의 문〉은 참사가 발생하게 된 경위를 좇거나, 철거민의 투쟁 과정을 담은 것이 아니다. 참사 당시 진압 작전에 참여했던 경찰 특공대원의 시선으로 사건을 재구성해 2010년 8월부터 진행된 법정 재판 과정을 충실히 담아냄으로써, 새로운 각도, 새로운 관점에서 용산 참사를 바라보게 한다. 국가 폭력이 자행된 '용산 참사'라는 사건에서 '철거민'의 증언을 배제한다는 것은 참으로 어려운 선택이었을 것이다. 당시의 진압 작전이 얼마나 무리한 작전이었는지를 가장 효과적으로 알릴 수 있음은 물론, 관객의 정서적 반응을 유도할 때도 반드시 필요한 장면이라고 생각할 수 있다. 그러나 유가족의 인터뷰나 생존 철거민들의 진술 등은 객관적인 정황 자료로 필요할 때를 제외하고는 철저히 배제하여 이 다큐가 지향하는 바를 분명히 한다. 한마디로 감성적 편향성을 소거하고 철저히 객관적이고 합목적적이며 이성적인 관점에서 용산 참사라는 우리 시대의 참화를 입체적으로 기록하고 기억하기 위한 사료(史料)가 되려는 것이다. 아울러 언제고 역사의 법정에서 이 사건을 재조명하게 되는 날, 이 다큐는 가장 확실한 증거물이 되려고 한다. 냉철한 이성을 바탕으로 사건의 실체적 진실 규명에 다가가는 것뿐만 아니라 국민으로부터 권력을 위임받은 위정자, 권력자, 권력 기관들이 어떻게 연합해 국민에게 새로운

데서 발견된다. 나아가 이들은 영화를 통해 국민으로부터 권력을 위임받은 정부와 공권력의 폭력성과 '내 일이 아니'라고, 그래서 '외면하고 모른 체' 하는 다수의 국민들 사이에 서려고 한다. 아울러 이 영화로 타인의 고통에 대한 공감과 폭력성의 극복을 향한 변화와 개혁, 발전의 방향을 모색하려 한다는 점이 아름답게 여겨진다.

폭력을 휘두르고 진실 은폐를 하는지 드러내는 데 큰 의의가 있다. 그것을 통해 대한민국이라는 나라가 어떤 나라인지, 국가란 무엇이며 국민은 어떤 존재인지 똑똑히 보여준다. 영화 관람은 그 자체로 섬뜩한 진실 은폐 과정에 대한 목격임은 물론, 영화가 재현하는 재판 과정은 그 자체로 국가가 진실을 은폐하는 과정에 대한 중계이며, 재판정은 또 다른 국가 폭력의 생생한 현장이었음에 대한 증언이다.

사건의 원인과 과정(경과)에 대한 체계적인 규명 없이 결과만 놓고 누가 가해자고 누가 피해자인지, 누가 선이고 누가 악인지를 가리는 재판이 있었다. 그 결과는 철거민 농성자 중 생존자들이 가해자, 경찰 특공대는 피해자, 철거민 농성자는 악, 결찰은 선이라는 것을 미리 예단한 상태에서 열린 재판이었다. 따라서 철거민 농성자 중 화재 사망자는 악이 선의 정당한 법 집행을 방해하다가 화재로 죽었으니 그 스스로 죗값을 치른 것으로 봤다. 원인 규명이나 그들의 죽음에 대한 책임을 묻기 위한 일환으로 마땅히 행해져야 하는 '기소'를 누구에게도 하지 않았다. 용산 참사는 그 자체로 트라우마적 사건이지만, 이후의 재판 과정은 본말을 전도해 가해자와 희생자, 그리고 생존자를 반대로 만듦으로써 참사 자체와 직접 연결돼 있는 사람들에게 새로운 트라우마를 안겼다. 그것은 바꿔 말하면 국가라는, 정권이라는 시스템이 용산 참사에 직접 공모한 사실을 감추기 위해 청와대가 직접 나서 사법부는 물론 언론까지, 모든 것을 총동원한 결과이다. 영화는 2008년 3월에 있었던 이명박 대통령의 법무부 순시 및 업무 보고 장면으로 시작한다.

MB 정권 출범 초기인 2008년 3월 19일, 이명박 대통령은 법무부를 직접 방문해 김경한 장관으로부터 업무 보고를 받았다. 이 자리에서 그는 "법과 질서를 지키면 GDP(국내총생산) 1%가 올라갈 수 있다. 그런데 우리 국민은 '법과 질서보다 떼를 쓰면 된다', '단체행동하면 더 통한다'는 의식을 갖고 있는 것 같다"라고 말했다.[21] 그리고 '법과 질서를 지키는 일이야말로 법무부의 가장 중요한 역할'이라며 분발을 촉구했다. 그뿐만 아니라 시위 진압을 위한 공권력의 무력 진압에 사실상의 면책권을 부여하겠다고 공언했다. 이쯤 되면 대통령의 '대국민 선전포고'나 다름없다. 법과 질서의 가치를 누가 모르며 뉘라서 부정하랴. 법이 만민 앞에 동일하게 적용되고 그로부터 공의와 형평이 편만해질 때, 바로 그 법과 질서는 저절로 존중받고 모두가 지킬 것이다. 공의와 형평성을 잃은 법이나 제도가 완력과 무관용을 쓴다고 해서 다시 세워질 수도 지켜질 수도 없다. 법이 권력자, 대기업, 언론, 가진 자들에게는 너무나 '프렌들리'하고, 서민이나 힘없는 사람들에는 '적의(敵意)'를 가지고 적용된다면 그 법은 결코 존중받을 수 없고, 오히려 저항을 불러일으킬 것이다.

대통령의 이 같은 지시는 법무부를 비롯한 사법 당국과 공권력에 매우 부적절하고 위험한 시그널을 보낸 것이었지만, 이 발언 자체의 불법성과 위험성을

---

21 실상 이 대통령이 한 이 발언의 요지는 그의 머리에서 육화돼 있던 것이 어느 날, 기회가 되어 튀어나온 것이 아니다. 흥미롭게도 그것은 남이 만들어서 주입해준 위험천만한 생각이었다. 그런데 대통령은 그것을 아무 비판 의식 없이, 통계자료 확인이나 검증 절차도 없이 그대로 '금과옥조'로 받아들였다. 그리고 그것이 마치 자신의 지식과 경험에서 우러나온 매우 쓸 만한 아이디어인 것처럼, 연기자의 대사가 아니라 실제인 것처럼 천연덕스럽게 읊었다. 다음의 기사를 확인해보라. 김덕한·정세영 기자, "한국 업그레이드[2] 원칙 지키는 게 경쟁력이다: 첫째, '떼쓰면 된다', 이제 그만", ≪조선닷컴≫, 2008.3.6, 사회 면 기획기사(http://news.chosun.com/site/data/html_dir/2008/03/06/2008030600142.html). 이 기사 내용 전체가 참으로 가당찮게 흥미진진하지만, 그중에서도 특히 흥미로운 부분은 다음 문장이다. "'떼쓰는 소수'들은 아직도 우리 사회 곳곳의 강자(强者)다. 학교뿐만 아니라 산업현장, 문화계, 시민 사회의 일부 소수파들은 '떼법'과 '정서법'으로 경쟁력을 허물고 있다." 그러니까 이 논리에 의하면 용산 철거 현장에서 처절한 죽음을 맞이한 희생자들은 우리 사회의 강자이다. 이러한 일련의 인식과 흐름, 그 맥락이 현실 정치에서, 그리고 우리 국민 모두에게 어떻게 영향을 미치고, 그 결과가 어떻게 드러났는가? 그것이 멈추지 않고 박근혜 정부로 이어지며 '세월호' 사태로 계속해서 계승되며 일어나고 있다. 앞으로도 얼마나 더 끔찍한 일이 일어날지…… 이렇게 언론은 대통령의 국정 철학과 할 일을 가르치고, 대통령은 그러한 가르침을 충실히 국정에 반영했으며, 대통령의 입에서 나온 말들은 언론이 충실히 받아서 확대 재생산하는, 참으로 '충실한' 유착 관계가 지금까지 지속되고 있다.

비판하고 견제해야 할 언론은 오히려 그의 궤변에 찬동하고, 이를 확산하고, 논리적 정당성을 부여하는 데 혈안이 되었다. 이에 따라 법무부는 즉각 올해 (2008년)를 법치 확립의 원년으로 만들겠다며, 특히 '떼법 문화' 청산을 위해 '무관용 원칙(Zero Tolerance)'을 관철할 것이라고 보고했다. 불과 몇 달 전 대선 캠페인 과정에서 입만 열면 '국민을 섬기겠다'고 했던 그는 대통령이 되자마자 국민을 '떼쟁이'로 만들어버렸다. 입으로는 서민을 위한다고 침이 마르게 떠들었지만 법과 질서는 돈과 권력 있는 사람들 앞에서는 힘을 쓰지 못하고, 국가가 나서서 보호해야 할 돈 없고 힘없는 사람을 핍박하기 위해 오히려 떼를 쓰는 형국이었다. 우리 사회의 서민들, 기층민들의 생존을 위한 몸부림에만 엄정한 법 집행과 무관용 원칙을 들이댔다. 기업의 정당한 노조 활동과 합법적인 파업도 정당한 기업 활동을 방해했다는 명목을 들어 '벌금 폭탄'을 되돌리는 전략을 쓰기 시작한 것도 이때부터다. 5공 시절에 백골단이 있었다면 MB 정권에서는 '고액 벌금형'으로 비즈니스 프렌들리를 관철하기 시작했다.

용산 참사는 한마디로 이명박 정권의 본질을 드러낸 사건이다. 경찰과 검찰의 수사과정, 재판과정, 청와대의 언론 플레이 등 그 이후의 모든 전개 과정은 정권의 본질을 철저히 은폐하기 위해 벌인 또 다른 사건들의 연쇄였다. 정권이 '국가'라는 이름을 앞세워 국민에 대한 폭력과 탄압을 해도 국민이 아무 반응이 없었다면 결과가 어떤 형태로 이어졌을까? 이 정도로 폭력을 사용해도 국민들이 분노하지 않고 받아들인다고 판단(학습 효과)한, 오만해진 권력은 점점 더 폭압적으로 국민을 몰아붙였다. 쌍용차 사태, SJM사 파업 강제진압, 제주 강정 마을, 밀양……. 한 치도 다르지 않은 판박이 사건들이 연이어 일어났다. 당장 내 일이 아니라고, 나만 아니면 된다고 생각하며 우리 모두가 외면하고 눈감아주고 용서한 결과 더 오만해진 권력은 내일이나 모레 또는 가까운 장래 어느 날, 우리 자신에게 무자비한 몽둥이질을 가할지도 모른다.[22] 망각

---

22 지난 이명박 정권 시절에 국민의 사랑을 가장 많이 받은 예능 프로그램은 〈1박2일〉이

잘하는 우리 민족, 우리 민초들. 국민으로부터 권력을 위임받은 위정자, 공권력이 국민에게 폭력을 휘두를 때, 그것을 용서하고 쉽사리 잊을 때, 그 폭력은 돌고 돌아 결국은 내게로 온다. 그것이 오만한 권력의 핵심 속성이다. 우리가 불의에 항거해야 하는 이유가 바로 여기에 있다.

늦었지만 이제라도 우리가 불의에 항거하는 몇 가지 방법이 있다. 그 첫째는 불의한 사건의 과정과 결과, 그 본질에 관심을 갖고 입체적으로 접근해 제대로 이해하는 것이다. 불의가 왜 불의인지, 불의의 주체는 누구인지, 그들이 어떤 불의를 저질렀는지, 누가, 왜, 어떤 이유로, 어떻게 하다가 불의에 희생됐는지 등등. 수많은 '왜?'라는 질문을 던지고 답을 찾아가야 하며, 제대로 된 이해의 기반 위에 서야만 한다. 둘째, 그러고 나면, 만약 우리가 건전한 슈퍼에고를 가진 건강한 민주시민이라면 불의에 대해 분노하는 마음이 일어날 것이다. 그 양심이 명령하는 대로 행동하면 된다. 그런데 실제로 행동하는 것이 어디 말이나 생각처럼 쉬운 일인가? 실천에 옮기는 것은 각자가 가진 많은 것을 포기해야 하므로 쉽지 않다. 그러나 제3의 방법이 없는 것은 아니다. 가장 쉽고 편하게 불의에 저항하고 분노를 표출하는 방법이 있다. 그것은 불의한 자들을 결코 잊지 않는 것이다. 그리고 선거를 통해서, 투표에 참여함으로써 불의의 당사자와 그 세력들을 심판해야 한다. 이러한 메커니즘을 과소평가해서는 안

었다. 2009년 1월, 혹한 속에서 이 프로그램의 출연자들은 리얼 야생을 표방하며 추운 곳에서 고생했고, 우리는 따뜻한 집에서 최대한 편안한 자세로 이 프로그램을 즐겼다. 그 와중에 용산 참사가 일어났고, 우리는 잠시 눈길을 주는 듯하다가 이내 관심을 거두어버렸다. 그런데 여기서 이 예능 프로그램을 새삼 운위하는 이유는 다음과 같다. 당시 리더였던 강호동을 비롯한 멤버들은 매번 행해지는 복불복 게임에서 '나만 아니면 돼!'라는, 무한 이기심을 모토로 큰 웃음을 선사했다. 이 프로그램이 암암리에 국민에게 끼친 해악은 바로 이 '무한 이기주의'이다. 이렇게 말하면 그들은 또 '웃자고 한 일에 죽자고 덤빈다'는 방어막을 칠지 모르겠다. 그러나 생각해보자. 가벼운 웃음과 오락을 표방하는 프로그램이지만, 오늘 우리 국민의 생각과 행동의 이면을 형성하는 집단 무의식의 본체가 바로 이러한 모토에 기초하는 것은 아닐까에 생각이 미치면 소름이 끼치지 않는가?

된다. 이 일이 제대로 이루어지지 않기 때문에 불의의 역사가 계승되고 반복되는 것이다.

이 영화의 엔딩 자막은 다음과 같다. "이 다큐멘터리는 용산 참사의 역사적 진실을 위해 기억과 기록의 투쟁을 멈추지 않는 이들과 함께 하려고 합니다." 모름지기 모든 기록은 기억하려는 자들과 지우려는 자들 사이의 투쟁을 촉발한다. 그래서 정치적·사회적이고 역사적인 사건은 그에 대해 이름을 붙이는 방식, 그리고 그것을 호명하는 것부터 정치적일 수밖에 없다. 누가, 어떤 입장에서 바라보느냐에 따라 의로운 일이 되기도 하고, 테러행위가 되기도 한다(가령 만주 하얼빈에서 이토 히로부미를 저격한 안중근을 우리는 아무 의심 없이 '의사', 우리 민족의 영웅으로 생각하지만, 최근 일본 위정자들의 발언을 보면 그는 '테러범'으로 규정되고 있다). 용산은 아직도 '이름 붙이기'를 위한 싸움이 진행 중인 현장이고 사건이다. 누구에게는 '용산 살인 진압'으로, 다른 이들에게는 '용산 참사'로 호명되는 이 사건에 대한 현재의 공식 명칭은 '용산 4구역 철거 현장 화재 사건'이다. 이미 '사법적 재판'에서는 결론이 난 용산 참사에 대해 〈두 개의 문〉은 '사회적 재판'을 제기하는 공소장과도 같다. 그만큼 힘이 있는 기록이다. 이 작품이 많은 사람들의 마음을 움직이는 것은 '기록자의 시선'에서 이유를 찾을 수 있다. 철거민과 경찰 특공대, 양측 중 어느 편에 설 것이냐를 묻지 않는다. 우리가 알지 못하고 있는 특공 대원들의 진술을 통해 당시의 상황을 따라가며, 철거민과 특공 대원의 죽음과 고통이 궁극적으로 누구의 책임인지 묻는다.

이 참사에서 환경을 조성하고 제공한 악은 두말할 나위 없이 재건축 조합, 시공사, 그들이 고용한 용역 회사 직원들과 철거 시행과정에서 제대로 관리·감독을 수행하지 못한 '행정 악(administrative evil)'[23]으로 용산구와 서울시이

---

23 정부를 비롯한 국가기관이나 공공기관의 부패·무능·태만함 등으로 인해서, "사람들에게 고통과 심지어는 죽음까지 초래할 수 있다. 이러한 상황에서는 항상 목적이 수단을 정당화하게 된다"(필립 짐바르도, 『루시퍼 이펙트』, 557쪽).

다. '시스템 악'으로는 용산경찰서장, 서울지방경찰청 차장과 청장, 경찰청장, 서울지방검찰청 특별수사본부장, 서울지검장, 검찰총장, 행정안전부 장관, 법무부 장관, 대통령에 이르는 일련의 명령 지휘 계통이다. 이 중에서도 이명박 대통령은 가장 큰 역할을 한 직접적인 주체로 책임을 면하기 어렵다. 〈두 개의 문〉 영상이 대통령의 담화 발표로 시작하는 것은 그래서 의미심장하다. 그 영상에서 대통령은 정부(대통령 자신)가 추진하려는 정책에 반대하는 것은 모두 "떼쓰는 행위"로 간주하고 그러한 자들에게 "엄정한 법 집행"을 할 것임을 분명히 밝힌다. 이는 명백한 대국민 선전포고이며, 대통령의 뜻을 받들어 모든 정책을 추진하는 행정부, 청와대 참모들, 여당인 한나라당과 그 소속 국회의원, 그리고 권력의 하수인인 사법기관에 이르기까지 골고루 전파되고 수행돼야 할 이데올로기로 천명한 것이다. 따라서 대통령은 자신이 하고 싶은 대로 밀어붙이겠다는 것이고, 누구든 반대하면 혼내주겠다는 단순 엄포를 넘어선 선전포고를 했다. 그리고 그것이 용산에서 현실화됐다는 점은 명백하다.

건설 회사 현장 실무자에서 시작해 샐러리맨 성공 신화를 써나가며 사장에 올랐고, 국회의원을 거쳐 서울시장으로 눈부신 신분 상승의 에스컬레이터를 탄 사람. 그가 건설 회사 직원으로서 성장하는 가운데 수많은 도심 재개발 현장에서 맞닥뜨렸던 사람들, 그들은 자신이 추진하는 일을 막아서는 장애물, 자신의 출세가도 앞에 놓인 걸림돌에 지나지 않았다. 막무가내 '떼쟁이들'이고, 공사를 기한 내에 수행하기 위해서는 수단과 방법을 가리지 않고 치워버려야 하는 골치 아픈 존재들일 뿐이었다. 법만 아니라면 확 쓸어버리고 싶은 백해무익한 자본주의 사회의 쓰레기 같은 존재로 여기지 않았을까 싶다. 그런 그에게 사장이나 시장보다 더 높고 나라의 운명까지도 좌지우지할 수 있는 막강한 권한, 대통령이라는 자리가 주어졌다. 자기가 하고 싶은 대로, 그러나 법의 테두리 안에서 해야만 했으므로, 그는 법의 잣대를 자의적으로 해석하고 자기 마음대로 들이댔다. 그러한 법 집행은 국민들에게 법이라는 것이 만인 앞에 결코 평등하지 않다는 사실, 권력자들이 마음먹은 대로 집행되고 움직이고 결정된다는 사실을 다시 한 번 각인시켰다. 그러나 헌정 질서까지도 무력화시킨 사람들을 국민은 이번에도 용서했다. 그들과 그 후계자에게 투표함으로써.

어느새 5년여의 세월이 훌쩍 지났다. 당시 이 사태를 TV 화면으로 언뜻언뜻 지켜보며, 그리고 앞서 열거했던 일련의 비슷한 사태를 목도하면서 가장 먼저 드는 생각은 '대체 대한민국이라는 나라는 어떤 나라인가? 국가란 무엇이고 법은 무엇인가? 주권재민, 즉 나라의 주된 권력은 백성에게 있다는 자유민주주의의 기본 모토는 오늘, 이 나라에서 유효한 말인가? 법 앞에 만민은 평등한가?'였다. 이러한 생각들 속에서 죽처럼 잠시 끓어올랐던 분노와 무참한 심경은 시간이 흐르면서 언제 그랬느냐는 듯 차갑게 식어버렸다. 우리의 허약하기 짝이 없는 인식과 기억은 망각이라는 편리한 당의정의 약효로 새롭고 자극적인 일들에 금방 관심을 이동해갔다. 역사적 사건의 기록과 재현, 재조명이라는 작업은 그렇기 때문에 굉장히 중요한 지적 작업이다. 대중의 집단적 망각을 일깨워 생생하게 되살리고 그 속에서 사건의 모든 전후 맥락과 인과관계를 입체적으로 조망해 실체적 진실을 규명하는 일은 숭고한 작업이다.

사건 당시의 책임자들은 지금 어디에?

김석기 당시 서울지방경찰청장. 그는 2009년 1월 16일, 청와대로부터 차기 경찰청장 내정 사실을 통보받았다. 그런 그가 출세욕에 눈이 멀어, 뭔가 보여주고 싶은 마음에 성급히 진압 지시를 하고 경찰 특공대를 갑자기 출동시켰다. 치밀한 작전 계획이나 상황 판단 없이 성급하고 무리하게 크레인에 컨테이너 박스를 달고 경찰 특공대가 망루에 진입했다. 두 개의 문 중 어느 쪽으로 진입해야 망루 안으로 들어갈 수 있는지조차 몰랐다는 사실은 시작부터 대단히 우발적이고 위험한 요소를 내포한 작전임을 알 수 있다. 참화를 피할 수가 없었다. 자신들 손에 피 묻히기 싫어서 용역들을 앞세우고 딴전 부리던 경찰이 갑자기 나서서 일을 저지른 이유를 용역 회사도 이해하지 못했다.

김석기는 19대 총선에서 경주시 국회의원 새누리당 예비 후보로 나섰으나 공천에 실패하자 무소속으로 나섰다가 낙선[그러나 경주 시민 28.8%(33,975표 득표, 2등)가 그에게 표를 주었다는 사실을 주목해보기 바란다]했다. 그가 새누리당 후보였다면 문제없이 당선되었을 것이다. 그는 이명박 정권에서 승승장구하며 2011년부터 주오사카 총영사를 거쳤고, 박근혜 대통령은 그를 2013년 10월, 한국공항공사 사장으로 발탁했다.

2014년 1월 16일에는 정병두 법무연수원 연구위원이 대법관 후보로 오르기도 했다. 그는 용산 참사 당시 특별수사본부장이었다(서울지검 제1차장검사). 아울러 이 사건 수사를 지휘한 천성관 서울중앙지검장은 2009년 6월 21일 검찰총장에 내정됐다. 그러나 그는 인사청문회에서 각종 비리 의혹으로 인해 낙마하고 검사장 자리에서 물러났다(소망교회, 스폰서, 위장 전입, 장남의 병역 비리, 장남 결혼식). 그렇다고 그들의 부나 사회적 지위, 명예가 훼손됐을까? 천만의 말씀이다. 우리 사회 최상위 0.1% 기득권의 이너서클(inner circle)은 자신들만의 회전문을 들락거리며 한 번도 자신들의 지위를 잃은 적이 없다. 다만 정권이 교체된 시기에 자신들이 가졌던 기득권을 마음대로 행사하지 못했기에 그 시절을 잃어버린 10년이라고 부른 것이다. 그리고 자신들의 소망대로 정권을 되찾아오자 그 10년을 되돌리고 만회하려고 맹렬히 덤벼들지 않았던가. 용산 참사는 그 과정에서 그들의 본질, 맨 얼굴을 보여준 사건이다. 그리고 국민들이 눈치챌까 봐 총력을 다해 서둘러 덮어버렸다.

그리고 또 한 사람, 철거왕 이금렬

이 영화와 관련해 우리가 기억해야 하는 사람이 또 한 명 있다. 우리 사회 기층민의 한과 눈물을 바탕으로 휘황한 변신과 성공을 이룬 '이금렬'이다.

1970년대 '광주대단지 사건'과 '와우아파트 붕괴사고' 등의 상징적 사건과 참사를 만들어가며 본격화한 서울 재개발은 1986년 서울 아시안게임과 1988년 서울 올림픽을 기점으로 폭발적으로 증가했고, 1990년대 중반 정점에 이르렀다. 우리가 살고 있는 대부분의 아파트들이 당시 재개발의 산물이며, 철거 용역업체의 주 무대이기도 했다. 서울 곳곳의 달동네와 산동네는 재개발로 홍역을 치르지 않은 곳이 없었다. 무일푼에서 재벌이 된 철거왕의 인생 스토리를 통해 누군가에게는 신분 상승의 기회였고, 누군가에게는 잔혹했던 서울 도시 팽창의 역사를 살펴보자. 우리의 치열한 근대화 과정에서 재개발이 사회 계층에 어떤 영향과 변화를 가져왔는지 잠시라도 살펴보고 기억해야만 한다.

다시 말하지만 1986년 아시안 게임과 1988년 서울 올림픽을 앞두고 전두환 5공 정부와 서울시는 불량 주택과 도시 환경을 정비하려는 차원에서 대대적이고 통합적인 도시 정비와 재개발을 추진했다. 그 과정에서 정부와 지자체, 공권력을 대신해 악역을 맡아줄 다수의 철거 용역업체가 필요했다. 이 당시 생긴 '입산개발(1986)'은 수많은 철거 현장을 누비며 숱한 부작용을 일으켰지만 누구에게도 제재받지 않고 폭발적으로 성장했다. 1990년으로 접어들면서 입산개발에서 근무하던 사람들 중 일부가 나와 '적준개발용역'을 설립한다. 이들은 이후 '적준토건(현 다원토건)', '적준환경(현 다원환경)', '적준산업' 등 철거와 폐기물 처리 관련 자회사를 줄줄이 세우면서 철거 업계의 다크호스로 떠올랐다.[24] 그 와중에 청년 이금렬이 이쪽 세계에 발을 들였다.

---

24 적준 시절 상근 직원은 10여 명 내외였지만 점조직의 '조직폭력단' 형태로 필요하면 언제든 100명 이상을 상시 동원할 수 있었다. 이들은 또다시 각자 자신들의 인맥을 통해 300~500명까지 '아르바이트 용역 직원'을 고용할 수 있는 체제를 갖추었다. 철거 현장에 인력을 투입하는 방식은 보통 50명 내외의 선봉대를 정면에 세운 뒤 20~30명 단위의 기습조와 실행조가 성동격서식으로 일을 처리하는 전략을 쓰곤 했다. 이들이 1990년대 내내 수다한 철거 현장에서 저지른 일련의 폭력과 범죄 행각은 이미 지난 1998년, '인권운동 사랑방'과 '천주교인권위원회', '민주사회를 위한 변호사 모임(민변)' 등 12개 시민

이금렬은 누구인가?[25] 그는 1970년 전라남도 완도군 금일도, 평범한 어촌 가정에서 출생했다. 완도에서 고등학교 졸업 후 18세에 무작정 상경했다. 달동네 단칸방에서 어렵게 서울 생활을 시작한 그는 고향 선배의 소개로 우연찮게 철거 용역 일을 시작하면서 인생의 큰 전환점을 맞이한다. 군 복무(해병대)를 마치고 다시 이 세계에 본격 복귀한 1990년 당시 만 20세의 청년 이금렬은 왕성한 혈기와 깔끔한 일처리 능력을 인정받아 적준토건 사장(정모 씨) 형제의 운전기사로 출발해 철거 현장 총감독으로 급부상했다. 적준의 실제 소유주인 정모 형제는 일명 '바지 사장'을 앉혀 놓은 채 자신들은 모습을 드러내지 않는 형식으로 경영에 관여했다. 그러나 1990년대 중반 이후 회사 경영을 두고 바지 사장과 갈등을 겪게 되자 1998년 들어 전격적으로 대표 교체에 들어갔다.

사회단체가 작성한 『다원건설 철거범죄 보고서』(다원건설 사법처리를 위한 공동대책위원회, 1998)를 통해 세상에 알려졌다. 이 보고서에 따르면 1991년에서 1998년 철거 현장 31곳에서 83건의 폭행 사건이 있었다. 이 과정에서 철거민 2명이 숨지고 490여 명이 부상을 당했다. 1995년 봉천6동 철거 사업 당시에는 철거 대책위원장을 맡고 있던 여성을 집단 폭행한 후 속옷을 벗기며 성추행한 의혹도 받고 있다. 이러한 성추행뿐만 아니라 기물 파손, 방화 등도 100여 차례 자행했다. 따라서 이 보고서는 '다원건설', 즉 '적준'의 폭력에 희생당한 노인들, 여성들, 어린이들에 대한 생생한 범죄 보고서이다. 그리고 그 속에는 철거왕 이금렬이 이룩한 황금의 제국에 대한 비밀이 담겨 있다. 서울 재개발 지역 곳곳에서 폭행을 일삼고, 심지어 사람들을 죽음으로까지 내몰면서 부를 축적한 철거왕의 민낯과 가난한 사람들의 고통스러운 아우성이 고스란히 담겨 있다. 철거왕이 이룩한 눈부신 황금의 제국, 그러나 그 추악한 성공 스토리는 1980년대와 1990년대 도시 재개발로 쫓겨난 달동네, 산동네 사람들의 피와 눈물의 잔혹사이다.

25 이하 이금렬의 회사 내 입지 구축과 현란한 변신, 그리고 영욕의 전 과정은 다원건설 사법처리를 위한 공동대책위원회, 『다원건설 철거범죄 보고서』; 박준우 연출, '철거왕', 〈SBS 스페셜〉(2013.10.20); 최종호, "용역에서 재벌까지 …… 악명 떨친 '철거왕'의 말로", 《연합뉴스》(2014.2.19)의 내용을 참고해 재구성했다. 한 문장으로 표현하자면 철거 용역 깡패가 재개발 광풍의 과정에서 오직 무자비한 완력만을 밑천으로 재벌로 성장한 것이다. 이런 일이 가능한 것은 그 자체로 천박하게 일그러진 한국 사회의 현실을 함축적으로 환기해준다는 점에서 매우 의미심장하다.

이때 신임 대표로 임명된 사람이 바로 정씨 형제의 운전기사로 일하다가 서울 지역 철거 현장을 진두지휘하던 이금렬이었다. 당시 그의 나이는 28세였다.

신임 대표가 된 이금렬은 즉각 회사명을 악명 높은 적준 대신 '(주)다원건설'로 바꾸고 그 산하에 여러 계열사를 만들어 철거뿐만 아니라 철거 과정에서 나오는 폐기물 처리 쪽으로 사업 영역을 확장해 관련 일감을 독식하다시피 하며 매출을 크게 늘렸다. 이후 정모 형제는 자연스럽게 다원건설 사업에서 멀어졌고, 회사 전체를 손에 넣은 그는 '다원그룹'으로 명칭을 변경하고 형제들을 비롯한 친족을 끌어들여 사업 영역을 급격히 확장하며 하나의 왕국을 건설했다. 그가 경영 전면에 나선 1998년 당시만 해도 국내 철거 용역 사업의 80%를 독점하며 철거로만 500억 이상을 벌어들였다. 이후 그는 철거 용역 업계를 평정했을 뿐만 아니라, 더 나아가 각종 도시 재개발사업에 직접 뛰어들었다. 그는 철거 용역업, 재개발 시행사, 시공사, 건설사, 골프장에 이어 강남에 7층 규모의 빌딩에서 음주가무와 성매매를 모두 할 수 있는 일명 '풀살롱'도 운영한 것으로 알려졌다.

막강한 현금 동원력을 바탕으로 수천억대의 자금을 굴리며 10억 원을 호가하는 외제차를 몰고 다니는 등 왕처럼 군림했다. 그러나 무리한 사업 확장으로 손해를 보기 시작하자 사업 자금, 로비 자금을 마련하기 위해 회삿돈에 손대기 시작했다. 지난 2006년부터 2013년까지 회삿돈 884억 원과 아파트 허위 분양으로 대출받은 168억 원 등 1,052억여 원을 빼돌렸고 이사회 결의 없이 담보도 받지 않은 채 경기 지역 도시 개발 사업에 나선 계열사에 150억 원을 부당 지원해 회사에 피해를 입혔다. 그리고 부도 위기에 놓인 중견 건설 업체 (주)청구건설을 1,000억여 원에 인수한 뒤 이 회사 자금을 빼돌려 회사를 파산시킨 것으로 전해진다. 나아가 각종 공사를 따내기 위해 정계·관계·법조계 등에 전방위 로비를 벌이기도 했다. 이 씨의 범행은 다원그룹의 한 직원이 2008년 세무조사를 선처해주는 대가로 전직·현직 세무 공무원 3명에게 5,000만 원을 건넨 정황을 검찰이 포착하고 수사에 나서면서 줄줄이 드러났다. 그는 검찰

수사가 시작되자 달아났다가 체포되었다. 그가 체포될 당시인 2013년 9월 현재, 그는 중견 건설 회사 청구를 비롯해 계열사 17개를 거느린 살아 있는 업계의 신화이자 전설이었다. 전남 금일도에서 무일푼으로 서울에 올라온 한 청년이 불과 20여 년 만에 자신만의 눈부신 황금의 제국을 완성한 듯했다.

그러나 2013년 9월 11일, 회삿돈 1,052억여 원을 빼돌린 혐의(특정경제범죄가중처벌에 관한 법률상 횡령)로 이금렬은 구속기소됐다[수원지검 특수부(부장검사 김후곤)]. 그리고 2014년 2월 19일, 1심 재판에서 법원은 특정경제범죄가중처벌법상 횡령·배임·사기·뇌물공여 등 이 씨의 모든 혐의를 유죄로 인정해 징역 7년을 선고했다(그가 우리 사회에 끼친 수많은 악에 비해 이 형량은 턱없이 낮아 보인다). 이로써 전국의 재개발·재건축 현장에서 무소불위의 철거폭력을 휘두르며 서민들을 등치고 가슴에 못 박아가며 돈 벌고, 고향에서는 통 큰 기부 천사로 이중생활을 하던 '철거왕' 신화는 막을 내렸다.

부정부패한 정치권력이 일으킨 무분별한 재개발 광풍과 눈앞의 이익만을 좇는 집주인·땅 주인 등 이른바 있는 사람들, 그리고 그들의 이익을 충실히 반영하며 더 큰 이득을 챙기기 바쁜 토건 재벌 기업의 맹활약! 철거 깡패 이금렬은 그 전위에 서서 공권력과 자본의 충실한 개가 되어 날뛰었다. 그는 생계가 막막해진 수많은 도시 빈민들의 피눈물을 에너지원 삼아 승승장구했고 다원그룹 회장으로 성공가도를 달렸다. 대한민국이 부동산 재개발 광풍에 빠져 있고, 공권력이 직무를 유기하고 철거 용역업체들의 폭력을 묵인·방조·비호하는 한, 또 그들과 공무원, 용역업체 간의 비리 사슬과 뇌물, 리베이트라는, 마치 살아 있는 유기체처럼 완벽한 생태계가 조성돼 있는 한,[26] 제2의 이금렬은 언제든 다시 만들어질 것이다.

---

26 재개발(재건축) 조합과 용역업체의 결탁 방식은 간단하다. 업체는 조합과 철거 계약 시 전체 철거 비용의 10%를 리베이트로 (몰래)되돌려주겠다고 약속한다. 이금렬이 이 방법을 업계 최초로 도입해 1990년대부터 2000년대에 걸쳐 국내 철거 현장의 80%를 독점했다.

나오는 말

이상에서 살펴봤듯이 분명한 것이 하나 있다. 그것은 공권력의 무자비한 진압 패턴의 반복은 비단 진압 현장에서 법과 규율을 어긴 용역이나 경찰 특공대의 행동만이 문제가 아니라는 사실이다. 그것은 우리나라가 민주화되고 정권 교체를 겪으면서 국민적 합의에 따라 최선을 다해 마련한 법규들을 왜곡하고 무시한 이명박 대통령의 독단과 청와대·행정부의 후속조치가 만들어낸 초법적 시스템과 통치 이데올로기, 하부 권력기관장 등의 과잉 충성 욕구에서 비롯되었다. 이명박 대통령은 국민이 법을 잘 지키면 GDP가 1%가 올라갈 것이라고 말했다. 그러나 그 자신이 사회적 성공을 거듭하는 과정에서 10여 차례 이상 저지른 불법과 탈법의 기록을 상기한다면 과연 그 말이 가당키나 한가? 오히려 대통령이 조금만 더 국민을 생각하고 국민을 위한 정치를 했다면, 수십조의 국민 혈세를 더 생산적인 일, 국리민복이 되는 정책을 펼치는 데 사용하지 않았을까 싶다. 아름다운 금수강산을 파헤치는 일 말고…….

우리 사회의 많은 양심적 지식인들이 나서서 이명박 정권의 민주주의 후퇴에 대해 경고하고 목소리를 낸 것을 기억한다. 국민의 정부(김대중 정부)와 참여정부(노무현 정부) 10년을 잃어버린 10년이라고 말한 사람들이 있음을 기억한다. 이들은 이전까지 한 번도 기득권을 잃어본 일이 없고, 자신들이 하고 싶은 대로 하면서 살아왔다. 자유당부터 5·16 군사 쿠데타를 거쳐 5, 6공으로 이어지는 동안 계속해서 힘 있는 여당 쪽에만 줄을 섰고, 그들에게 협력했고, 그들만을 지지했다. 그들은 민주국가의 정체(政體)를 부정하는 마키아벨리스트들과 함께 기득권을 누렸고 힘의 논리에 편승했다. 그들에게 돈 없고, 힘없고, 백 없는 별 볼일 없는 사람도 국민의 일원으로 마땅히 존중받고 대우받아야 한다는 이야기는 코웃음을 불러일으킬 뿐이다. 오히려 국가가 나서서 마땅히 보호해야 할, 우리 사회의 가장 취약한 계층의 사람들을 향해 공권력은 압도적인 무력을 사용하며 공격했다. 대테러 진압 작전 투입을 위해 훈련받았다는 그들을 민간인 농성자 진압을 위해 어설프게 투입하고 마구잡이로 몰아붙인 끝에 다수의 희생자를 만들었다. 그뿐만 아니라 사건의 본말을 전도해 희생자들을 두 번 죽이는 선택을 했다. 그들을 희생양 삼아 정권의 안위를 꾀하는 용서 못할 부도덕을 저질렀다는 것이 이 사건의 핵심이다. 아직도 대한민국은 결코 약자를 위한 나라가 아니다.

Chapter 15

범죄와의 전쟁: 나쁜 놈들 전성시대

/

비(卑)와 굴(屈) 또는 아버지. 시대의 진정한 범죄자는 누구였을까

윤종빈 감독 | 2012년 개봉

들어가는 말

2013년 10월 26일은 박정희 전 대통령 34주기가 되는 날이었다. 이날 서울 현충원에서 있었던 추도식에서 박정희대통령기념재단 이사장(초대 이사장인 김기춘이 박근혜 대통령 비서실장으로 발탁돼 청와대에 입성하면서 지난 2013년 8월에 후임 이사장이 된) 손병두는 이렇게 말했다. "우리 서민들은 '간첩이 날뛰는 세상보다는 차라리 유신시대가 더 좋았다'고 부르짖는다." "아직도 5·16과 유신을 폄훼하는 소리에 각하의 심기가 조금은 불편할 것으로 생각……."

온전한 정신을 가지고 21세기를 사는 평범한 시민들에게 이러한 글귀는 황당무계한 거짓으로 보일지 모르지만 이것이 현실이다. 우리 사회 주류 기득권의 가장 강력한 축이 이들이며 자신들만의 이너서클을 공고히 하는 데 온 신경을 집중하고 있다는 사실을 새삼 노골적으로 드러내는 언변이라는 점을 직시해야 한다. 그저 순진하게 눈 동그랗게 뜨고 잠시 놀랐다는 제스처를 취하고 넘어갈 수는 없다. 한마디로 우리 사회의 정점에는 민주주의가 싫은 사람들, 독재가 무척이나 그리운 사람들, 그 향수에 젖어 있는 사람들이 정말 많아 보인다. 이들은 일제강점기부터 이승만, 박정희, 전두환, 노태우를 거쳐 3당 야합의 결과인 김영삼 정권에 이르기까지, 한 번도 기득권을 잃은 적이 없다.

이들에게 김대중과 노무현으로의 정권 교체와 그로 인한 기득권 상실은 천지가 개벽하는 것만큼이나 낯설고 생경한 소외와 배제의 경험이었다. 민주주의의 본질을 현실 정치에서 체현하고, 절차 민주주의 실행을 위해 어렵게 구축한 모든 국가 시스템은 다시 정권이 바뀌면서 잃어버린 10년을 외치던 사람들에 의해 빠르게 원상복구되었고 역사도 되돌려졌다. 대화와 설득과 타협과 양보와 절충이라는 지난한 과정이 그 자체로 가장 민주적인 방식의 체현이라면, 어떤 무리수를 두고 과정을 거두절미하더라도 결과만 아름다우면 모든 것이 정당화될 수 있다고 믿는 사람들의 성마른 국가 경영이 만든 난맥상들을 우리는 거의 하루도 거르지 않고 보고 있다. 독재라는 절대 권력의 주구(走狗)와 하수인 노릇을 하며 그 수족이 되어 기득권을 누린 사람들에게 권력의 맛은 너무나 달콤했으리라.

그리고 자신들이 신처럼 우러러 섬기던 자의 딸이 국민으로부터 권력을 위임받고 새 시대의 새 역사를 써나가는 지금, 앞의 언설은 황당무계한 궤변이 아니며 죽은 자의 무덤 앞에서 혼자 중얼거리는 넋두리가 결코 아니다. 바로 지금 생생히 살아 움직이는 권력자를 향한 무조건적이며 절대적인 충성 서약이다. 순진한 대중 가운데에는 이렇게 말하는 사람도 있을지 모르겠다. '그렇게까지 비벼대야만 하는가?'라고. 그러나 모르는 소리 하지 마시라. 대를 이은 충성은 단지 일신의 안위와 영달만을 위한 것이 아니다. 그것은 자신이 얻은 기득권을 대를 이어 안정적으로 계승하기 위한 또 하나의 포석이다. 그들은 우리의 순진한 일반 대중이 가진 상식이나 양심과는 차원이 다른 독특한 뇌구조와 의식구조, 특별한 세계관을 형성하고 있다. 이들도 그 시작은 어쩌면 영화 〈범죄와의 전쟁: 나쁜 놈들 전성시대〉의 '최익현'처럼 미약했을 터이나, 그들의 오늘은 이토록 창대하다. 그러면서도 강한 자에게는 한없이 약하고, 약한 대중에게는 한 없이 강한 모습을 보이는 일을 반복하고 있다. 그런 면에서 최익현이라는 인물은 우리 사회에서 부정한 방법으로 기회를 잡고 무한 변신하며 신분 상승의 정점에 오른, 많은 기득권 세력 중 하나의 표본을 완벽하게 형상화해서 보여준다. 어디 그뿐인가. 최익현 같은 인간형이 기회를 잡고 성장하는 데 그를 둘러싼 주변의 모든 환경은 하나의 '완벽한 조화와 균형을 이룬 유기체 또는 생태계'이다. 그리고 그 모든 것이 가능하도록 구축된(또는 방치된) 시스템 역시 완벽했다는 것을 보여준다. 그런 면에서 이 영화는 21세기의 우리 대중 상업 영화가 어느 수준에 도달했는지를 보여주는 기념비적인 작품이다.

시퀀스의 구조

논의를 짜임새 있게 해나가기 위해 먼저 시퀀스 분절을 통해 플롯과 이야기의 구성 원리를 들여다보자.

1) 인트로: 몇 장의 사진들
① 박정희와 5·16 군사 쿠데타 주역들
② 민심 수습 차원에서 깡패 소탕 사진 자료(1961년 5월 깡패 검거령 = "나는 깡 패입니다. 국민의 심판을 받겠습니다")
③ 12·12 쿠데타의 두 주역 전두환, 노태우
④ 광주 시민들의 시위 장면(전쟁터를 방불케 하는 광주)
⑤ 교련복 입은 청년을 포로로 끌고 가는 군인
⑥ 줄줄이 끌려가는 광주 청년들 – 군인들의 포위
⑦ 1980년 8월 삼청교육대

2) 실사 영상
1990년 10월 13일, 부산. 체포돼 압송되는 최익현의 배경으로 노태우 대통령이 '범죄와의 전쟁'을 선포하는 담화가 TV에서 흘러나온다.

3) 메인타이틀: 범죄와의 전쟁 − 나쁜 놈들 전성시대

4) 시퀀스 1: 자막 − 일주일 전(플래시백)

① 부산 동방호텔: 허삼식 사장의 머리를 욕조에 처박으며 물고문을 하는 김판호의 졸개들. 판호가 나타나 그를 마구 구타. 틈을 타서 도망치는 허 사장

② 허 사장이 최익현에게 와서 김판호 일당에게 당한 얘기를 털어놓으며 항의. 난처한 최익현

③ 허 사장이 조 검사에게 최익현이 얼마나 나쁜 놈인지 털어놓음. 참고인 조사

④ 조범석 검사가 유치장에 감금돼 있는 최익현을 죽도(竹刀)로 마구 패고 짓밟는다. 조 검사와 최익현의 최초 조우

5) 시퀀스 2: 자막 − 1982년 3월(플래시백) 부산 본부세관. 최익현이 현재(1990년 10월)에 이르기까지의 상황 전개 과정을 보여주기 위한 장면들

① 부산 세관 공무원 최익현의 모습: 밀수 적발. 관리과 박 과장과 집안사람이라는 말에 적발하지 않고 뇌물만 받고 어물쩍 넘어감

② 받은 뇌물과 밀수품 일부를 화장실 천장에 숨기는 최익현과 감시과 동료들

③ 계장이 나타나 보따리상 아주머니 하나가 검찰에 고발해 문제가 생겼다고 한다.

④ 최익현의 여동생이 임신한 채 남자(김 서방)와 인사를 하러 옴. 경주 최씨 충렬공파 뼈대 있는 집안임을 강조. 그동안 열심히 모은 통장을 혼수 비용으로, 금시계를 예물로 준다(이 신은 메인 플롯에서 벗어난 부차적 에피소드를 전하는 독립 신으로 볼 수도 있고, 연속되는 시퀀스로 볼 수도 있다).

⑤ 술집: 세관 감시과 조 계장과 직원들이 술을 마시며 1명이 희생돼야 한다며 늦게 오는 최익현을 지목(작당). 부양가족이 제일 적은 사람이 제물이 되는 것으로 = 최익현

⑥ 밤, 세관: 조 계장에게 돈을 찔러주라고 하는 세관 선배 장 주임. 열 받은 최익현이 밖으로 나왔다가 컨테이너 박스를 열려는 사람들을 발견, 그들과 격투를

벌임. 엄청남 양의 마약을 손에 넣게 됨. 지역 조폭들과 손을 잡고 히로뽕을 일본에 팔아먹자고, 애국이 별거냐 함. 이것이 성사되면 기꺼이 퇴직하겠다고. 완월동에 야쿠자와 손닿는 조폭 소개키로 함

⑦ 집. 밤잠 못 이루는 최익현. 최형배와 만나는 최익현과 장 주임. 마약 순도 체크. 익현이 형배에게 어느 최씨냐고 묻자 경주 최씨 충렬공파라고 함. 형배는 39대 손, 익현은 35대 손. 바로 반말 투로 "내가 인마 35대손이다". 아버지 함자를 묻고, 참치 배 타셨던 분이라는 확인을 마치자 "할배를 봤으믄 절부터 해야 할 것 아이가?" 형배 졸개에게 끌려 나가 맞는다. "와 일하러 와가 쓸 데 없는 소릴 합니까?" 이후의 상황 전개를 함축적으로 보여주는 장면

⑧ 형배 집: 최익현은 앉아 있고, 형배의 부친 최무현은 무릎을 꿇고 앉아 있다. 아부지 배 탈 때 엄청 도와주신 분. 절해라.

⑨ 마약 판매 대금 받으러 형배 사무실 온 익현: 저녁에 밥 먹자고 하는 형배. 저녁 식사 후, 형배가 먹는 약에 대한 질문. 진통제, 삼청교육대 끌려가서 군바리들에게 당했다. 내가 관청하고 공무원들은 꽉 잡고 있다 아이가. 박창우에게 용돈 줌

⑩ 술집: 그곳에서 익현은 자기를 밀어낸 조봉구 계장을 만남. 그에게 시비를 걸어 두들겨 팸(곁에 창우를 세워두고, 배경엔 형배가 있기 때문에 익현이 객기를 부릴 수 있었던 것). 최익현은 이 사건을 통해 조 계장에게 앙갚음을 하면서 돈의 맛과 완력의 맛, 조폭의 맛을 확실하게 봄

⑪ 형배와 한배를 타고 바다로 나가는 익현. 새로운 세계를 향한 진출과 비전

⑫ 익현의 이사: 좋은 집으로. 첫 번째 신분 상승

⑬ 해안가에서 형배와 둘이 회를 떠먹는 익현: "내같은 기운을 가진 놈은 군인(혁명 주역 = 큰 도둑놈을 꿈꾼 듯)이 되었어야 했는데……. 인생 꼬있다"

⑭ 형배와 손잡고 성인 오락실과 도박장 개장한 익현: 돈을 긁어모은다. 형배는 배달 온 다방 아가씨의 몸을 더듬으며 "살아 있네!"

6) 시퀀스 3: 1990년 10월 14일. 부산지방검찰청.

① 최익현 검거 경위에 대한 브리핑(조범석 검사): 부산의 모 호텔업자 허삼식이 1990년 10월 5일 오후 2시경 조폭 두목 김판호에게 감금과 폭행당함. 허삼식은 그 배후 인물로 최익현을 지목. 파친코, 성인 게임장 지분과 관련이 있다고 진술. 김판호 지명수배 뉴스

② 구치소 유치장에 있는 최익현이 인맥을 활용해 외부와 전화 통화

③ 동부지청 최주동 부장검사가 부산지검 방문. 조 검사를 만나 최익현이 자기 집안사람이라 함. 최형배가 최익현 집안 조카다 알고 있나? 그런 정보력으로 무슨 수사를 한다고 하나? 사건을 원칙대로 다시 수사하겠다고 하는 부산지검 선배 검사. 조 검사는 할 말을 잃는다.

④ 최익현을 풀어주는 조 검사(체포 하루 만에 풀려남 = 최익현의 수완, 인맥)

7) 시퀀스 4: 1985년 4월. 부산. 호텔 사우나장

① 허삼식 사장과 최익현의 만남(최익현이 세관 그만두고 처음 만남). 최익현에게 깍듯이 인사하는 졸개들. 우쭐한 익현. 놀라는 허 사장. 심부름 시키는 애들. '살아 있네!' 혹시 건달들 중에 친한 사람 없냐고 하는 허 사장

② 허 사장의 나이트클럽: 김판호네 애들이 보호비 명목으로 다 털어간다고 하소연. 지분 40%를 가진 여 사장(정 사장)이 데리고 온 애들이라고. 허 사장 지분은 24%. 김판호가 전무. 부산 넘버 1~2

③ 익현이 형배와 만나 허 사장 지분을 인수하자고 한다. 판호는 나이도 동갑이고 '오랜 자기 식구'였다며 의리상 어렵겠다고 하는 형배. '명분이 없다'

④ 사모님, 애들 가족 챙기는 익현. 이런 일까지 해야 하느냐는 형배의 말에 '니 사업 인허가권 해결해준 놈 마누라'라고 하는 익현. '니캉 내캉 가족 아이가? 그보다 더한 명분이 어디 있노?' 익현의 설득에 넘어감

⑤ 익현은 태권도장을 운영하는 매제인 김 서방까지 끌어들인다. 그는 '무도인으로서 밤일 한다는 게……' '아이고 지랄한다. 이기적인 새끼야. 니 새끼도 니처

럼 살게 내둘래? 적어도 니 새끼는 남한테 아쉬운 소리 안 하고 폼 나게 살아
야 할 것 아니가?'

⑥ 나이트에 온 허 사장과 익현: 허 사장이 익현을 소개한다. 여 사장(정 사장).
익현이 김판호 전무에게 손을 내밀지만 그는 악수를 거절한다. 오늘부터 최익
현 자신이 입장권 판매량과 일일 매상을 직접 체크하겠다고 함. 중간에 새는
돈이 많다 하던데 …… 합법적인 사업체에서 이런 일이 …… 이 가게에 내 사
람을 배치하겠다(형배 조직이 출동할 명분 쌓기).

⑦ 김판호 졸개들에게 맞고 쫓겨난 최익현. 형배에게 와서 됐다고 한다.

⑧ 기다리던 형배 조직 출동. 판호네 조직원들과 일전을 벌임

⑨ 판호와 형배의 담판: 형배가 판호에게 담배 불 붙이보라고 한다. 어릴 적 니 담
뱃불 붙이던 김판호 아니다. 안 되겠다. 좀 맞자. 퍽퍽퍽! 맥주병으로 판호 머
리를 강타. 판호 얼굴에 담뱃불을 비벼 끄는 형배. 기 싸움에서 완승. 그 모습
에 바짝 긴장한 익현

⑩ 최익현의 집 밖. 고급 주택가, 고급 차에 떨어진 벚꽃 잎을 물청소하는 기사.
집 안에는 익현과 아내, 두 딸과 아들이 아침 식사를 하고 있다. 식탁과 살림
살이가 윤기가 있다. 고급스러운 분위기. 기름진 아침 식탁. 익현이 아들의 영
어 단어 실력을 테스트한다. 하면 잘 하는 놈이 꼭 아빠가 화를 내야…… 쯧!
아들은 보이스카우트 복장을 하고 있다(이 신 역시 독립 신으로 떼어놓고 볼
수도 있고 연속되는 시퀀스에 통합시켜 생각해볼 수도 있다).

⑪ 나이트클럽: 형배는 애들과 술 마시고 있고, 최익현이 들어오는데 정 사장이
보자고 한다. 그녀는 최익현이 매출을 비롯한 모든 금전 출납을 통제하는 것
에 대해 반발하며 "알라 보지에 붙은 밥알 떼 처먹는 소리하고 있네, 이 개새
끼가". 둘이 마구 싸운다.

⑫ 정 사장의 신고로 경찰에 잡혀 연행되는 익현, 형배, 그리고 졸개들. 젊은 형사
가 최익현 뺨을 때리자 오히려 큰소리를 치며 서장 불러오라고 한다. '너희 서
장과 밥 먹고 사우나 하고 할 거 다 하는 사이' 그 서슬에 놀라 잘못했다고 사

과한다. 익현의 그런 모습에 놀란 형배와 졸개들

⑬ 판호가 전치 12주로 고소했다고 걱정하는 형배. 걱정하지 말라고 하는 익현

8) 시퀀스 5: 1985년 5월. 경주 최씨 충렬공파 종친회

① 족보를 뒤적이는 손

② 종친회 사무실에 에어컨을 들여주는 익현. 후원금 봉투까지

③ 종친회장을 따라 '최주동 검사'를 찾아간 익현. 익현과 최 검사는 10촌 쯤 된다고. "그라이까네 가만 있자. 아, 그래 맞다. 느그 아버지, 그 우리 형님의 할부지의 9촌 동생의 손자가 바로 익현 씨인기라!" "아!-예-예!" 개뿔도 아니라는 것이지만, 우리 사회의 혈연관계에서는 중요하다면 중요한 것이고 집안이라면 집안인 것이다.

④ 최주동 검사의 전화를 받는 경찰서장. 형사들은 바닥에 머리를 박고 있다. "최익현 씨와 여 사장 문제는 동업자끼리의 분쟁. 최형배와 김판호 사건은 별개니까 따로 처리하라. 최형배 불구속으로 하라."

⑤ 알아듣게 얘기 했다. 익현은 최 검사에게 금두꺼비 세 마리를 뇌물로 준다. "은혜 잘 갚게 생겼네. 의리 있게 생겼어."

⑥ 형배의 출소에 포옹하는 최익현. 욕봤다.

⑦ 둘이서 해변 구이집. 살아 있는 장어 구워 먹음. 형배가 익현에게 "대부님! 지는 원래 사람 잘 안 믿심더. 사람만큼 간사한 동물이 없지. 가족 말고는 믿을 사람이 없구나. 대부님. 대부님이 계셔서 든든합니다. 사랑합니다!" 익현이 "우리는 동지적 관계를 넘어서 하나의 몸. 니는 주먹, 내는 머리. 이번 기회에 힘을 합쳐가 큰일을 도모해보자. 우주의 기운이 우리를 감싸고 있다". 최익현 앞에 머리를 조아리는 형배. 이로써 익현은 형배가 가진 주먹, 폭력의 맛을 알았고, 형배는 익현이 가진 인간관계 커넥션의 맛, 얽히고설킨 일도 단숨에 끊고 풀어버리는, 익현이 가진 인맥의 맛을 알게 됨

9) 시퀀스 6: 1987년 5월 부산.

① 줄지어 달려가는 검은 차들. 최형배와 최익현 일행

② 일본 야쿠자와의 회합. 야쿠자 두목 가네야마 자이도쿠가 익현에게 권총(총알 은 없다)을 선물로 준다.

③ 지역구 국회의원인 박 의원과 (대통령 비서실장?) 엄 실장이 가네야마에게 대 통령 이름의 감사패 전달(88 서울 올림픽 도와줘서 고맙다. 금제 호돌이 기념 품 전달). 아울러 성인 오락장 파친코 개설 관련 인허가권 해결 언급

④ 익현의 졸개들이 그들이 타고 온 차에 사과 박스 돈다발(뇌물)을 싣는다.

⑤ 대동호텔 파친코장 개장 테이프 커팅식

⑥ 호텔방: 익현이 정 사장과 내연관계. 두 사람은 침대에 누워 담소를 나눈다. "사람 욕심 끝이 없다" "무슨 일을 하던 간에 한 번 시작했으면 끝을 봐야 한 다. 일등이 되기 전까지는 절대 멈춰서는 안 돼". 익현이 옛날 얘기를 들려준 다. 아버지가 자유당 시절에 무소속 국회의원 출마했다가 2등으로 낙선. 전 재산 떨어 먹고 화병으로 죽음. 그 바람에 온 가족이 개고생. 익현은 부산에서 자기가 1등이라고 한다. "형배가 1등 아니냐"는 말에 자존심 상한다.

⑦ 나이트클럽: 짝퉁 '소방차'가 무대 위에서 공연을 펼친다.

⑧ 익현이 빈 권총을 들고 거울을 보며 폼을 잡는다.

⑨ 김 서방이 박창우에게 가짜 소방차 섭외한 것 가지고 문제 삼는다. 섭외비를 반반 나누자고 하다가 형배가 판호에게 한 것처럼 창우가 맥주병으로 뒤통수 를 때리자 기절한다.

⑩ 최익현이 박창우 뺨을 때린다. 그가 덤비려 하자 권총으로 위협하지만 창우에 게 손목을 잡히고 만다. 이때 형배가 나타나자 익현이 형배에게 일러바친다. 형배가 마이크로 창우의 머리통을 마구 때린다. "대부님! 앞으로 저희 식구들 혼낼 일 있으면 직접 하지 마시고 저한테 얘기 하이소!"

⑪ 대동호텔: 판호네가 작업 들어온다는 첩보를 접하고 일전을 준비하는 형배 조 직원들. 형배와 익현이 갈등. "대부님이 건달입니까? 대부님은 대부님을 뭐라

생각하시는데예?" = 반달

⑫ 판호와 만난 익현. "남의 가르마 신경 쓰지 마시고 최 사장님 가르마나 잘 타이소" "나중에 안기부에 줄 대줄게". 판호가 익현에게 이번 기회에 같이 일해보자고 제안한다. "최 사장 인맥에 내 실력이면 이거 완전히 살아 있는데". 구미가 당긴 익현. 판호가 소주 한잔 같이하자고 하자, 다음에 하자고 한다.

⑬ 이발소에서 면도하는 형배. TV 화면을 통해 '민정당 대통령 후보 노태우'가 대선 후보 수락 연설하는 장면이 뉴스로 나온다. 창우와 졸개들을 모두 들여보내는 형배

⑭ 형배가 혼자 길을 걷는다. 도로에는 직선제 개헌을 외치는 시민들로 가득하다. 시위 군중 옆을 걷는 형배 뒤에 판호가 보낸 자객이 따라온다. 위험을 직감한 형배가 파출소로 뛰어든다. 파출소에 돌과 최루탄, 화염병이 날아들어 아수라장이 된다. 불길을 피해 밖으로 나오는 형배를 자객이 칼로 찌른다.

⑮ 병원: 형배를 찾아온 익현. 형배의 상태는 위중하지 않아 보인다. 익현을 보는 시선들이 싸늘하다. 박창우가 두 놈(판호와 익현) 손을 보겠다고 한다.

⑯ 형배네 조직원들이 판호네를 습격한다.

⑰ 창우와 졸개들이 익현을 붙잡아 마구 폭행하고 생매장하려 한다. 창우가 익현의 얼굴 위로 오줌을 갈긴다. 죽일 생각은 아닌 듯하다.

⑱ 병원 침대에 누워 있는 익현

⑲ 중국집에서 식사하는 형배에게 익현이 찾아온다. 판호와의 사이에 도는 소문은 사실이 아니라고, 일단 미안하다고, 아부지가 돼갖고 아들 호래자식 만들 수는 없다 아이가! 형배는 죽이지는 않겠다고, "대부님 절대 두 번 다시는 이쪽 세계에 발 들이지 마이소. 개좆같은 소리 하고 댕기지 마시고. 알겠습니까?"

⑳ 박창우가 익현에게 파친코 지분과 나이트 지분 정리한 돈을 들고 온다. 현금 1억, 백만 원권 수표로 2억. 이게 다가? 형님이 삐다구, 사골 푹 꽈가 이거나 드시랍니다. 이제 곧 추석인데 용돈 좀 챙겨 주이소.

㉑ 술집 룸에서 술이 잔뜩 취한 채 절치부심하며 이를 가는 익현. 빈 권총을 꺼내

들고 길길이 뛰다가 김 서방에게 "어데 총알 구할 데 없나?" 이때 김판호가 룸에 나타나 익현을 위로해줌. 이렇게 해서 김판호와 익현의 의기투합

10) 시퀀스 7: 1990년 10월 20일. 부산지방검찰청.

① 조 검사 앞에서 최익현과 김판호의 짝짜꿍에 대해 이야기하는 정 사장. 최익현이 김판호에게 부산 지역 여러 호텔 파친코 밀어줬다. 어차피 파친코 운영권은 호텔 업주와는 상관없이 안기부에서 정해주는 것이고, 그 줄은 최익현이가 꽉 쥐고 있다. 허삼식이나 정 사장 자신이나 힘없는 호텔 건물주일 뿐이다. 대 달라면 대주고 까라면 까야 하는 것. 김판호가 어디 숨었는지 묻는 조 검사

② 조폭들 잡으러 출동하는 검경합동단속반: 부산 지역 조폭 리스트에 있는 자들은 영장 없이 체포 가능하고 저항하면 발포까지

③ 잡혀가는 박창우와 형배네 조직원들

④ 최익현과 김판호의 만남. 숨어 있으라고 하는 익현. 10억짜리 전화번호부 보여주는 익현. 그놈들 나 못 잡아넣어. 호언장담

⑤ 교회 예배에 참석한 최익현 부부. 예배 후 변호사 부부 만남. 교회 통한 인맥 쌓기

⑥ 요정에 온 조 검사. 방 안에는 최익현과 교회에서 만난 변호사가 조 검사를 맞이한다. 조 검사는 익현을 보자 자기가 있을 자리가 아니라며 나간다. 그러나 조 검사의 선배 변호사가 어르자 하는 수 없이 자리에 합석한다. 익현은 조 검사에게 김판호와 일면식도 없다고 한다.

⑦ 화장실에서 조 검사와 마주친 익현이 그의 어깨를 주무르자 조 검사가 돌아서서 익현을 발로 차고 짓밟는다(깡패보다 더한 폭력 검사. 익현의 굴신 = 비굴).

⑧ 이를 가는 최익현. 10억짜리 전화번호부 펼쳐서 어디론가 전화하는 익현(안기부 실장? 청와대 실장?). 잠자는 아들 방에 와서 얼굴을 쓰다듬는다. 이 모든 일이 자식을 성공시키기 위한 아버지의 처절한 투쟁이라는 듯

⑨ 김판호가 공중전화 부스에서 어디론가 전화하다가 검거된다.

⑩ 최익현이 (1990년 10월 13일 검거됐다가 하루 만인 14일에 풀려났으나 10월 20일에 다시)검거된다. 딸들과 아들이 연행되는 아버지를 본다.

⑪ 검찰 취조실: 최익현과 김판호가 대면한다. 김판호가 격분한다. 조 검사는 익현을 압박하며, "머리 좋은 놈이니까 잘 알 것 아냐? 범단수괴(범죄단체 결성한 우두머리)로 15년 살래, 청부폭력으로 3년 살래?" 이에 최익현은 새로운 제안을 한다. "검사님하고 저한테 좀 더 유익한 제안을 하나 해도 되겠습니까?" (최형배를 잡을 방안에 대한 것인 듯)

⑫ 풀려나온 익현이 가족과 뷔페에서 식사를 하고 있다. 익현이 아들에게 미국 가면 진짜 열심히 공부해야 된다고 다시 다짐을 받는다. 아들은 "잉글리쉬 이즈 파워!"라며 화답한다. "그래 이놈아야. 앞으로는 영어를 잘 해야 일등이 되는 기다(원조 기러기 아빠 등장)". 이때 형배의 졸개가 와서 형님이 보잔다며 분위기를 깬다.

⑬ 형배에게 가는 익현. 형배가 칼로 위협하며 익현 뺨을 때린다. 같이 살자며 애원하는 익현. 익현의 언변에 또 한 번 속는 형배. 익현을 차마 처치하지 못한다. 익현은 미국으로 뜨려 한다며 형배에게 일본 고베로 가라고 한다. 익현이 형배의 밀항을 돕겠다고 하자 준비해보라고 한다.

⑭ 짐을 정리하는 익현에게 형배의 전화가 온다. 검경 단속반이 도청하고 있다.

⑮ 해변가 단독주택에서 만남. 두 사람이 처음 만났던 장소. 익현은 형배에게 위조 여권을 건넨다.

⑯ 돌아 나오는 차 안에서 두 사람은 서로가 서로에게 덕을 보았는지, 도움이 됐는지 묻고 답한다.

⑰ 검경합동 검거반이 그들이 탄 차를 가로 막는다. 그제야 상황을 눈치챈 형배가 칼을 꺼내 익현을 죽이려 한다. 마침내 형배는 체포되고, 형배의 칼끝을 피한 익현은 "내가 이겼어, 내가 이겼어"라고 하며 숨을 몰아쉰다.

⑱ 장관(법무부?), 선배 변호사, 최익현이 담소하는 가운데 조 검사가 인사를 하러 들어온다. 그들은 조 검사의 능력을 칭찬한다. 조 검사는 최익현을 보며

뜨아한 표정을 짓는다. 여기 이 자리, 조 검사의 출세와 관련한 중요한 자리에
도 최익현이 죽지 않고 살아서 자기보다 한 단계 높은 이들과 함께하고 있다
는 사실에 대한 놀라움일까? 그의 질긴 생명력에 아연실색한 것일까?(하나의
독립 신으로 볼 수 있다).

11) 시퀀스 8: 2012년 2월. 과천 정부청사.

① 최익현의 아들 최주환의 검사 임용. 조 검사와 다른 검사가 그에 대해 이야기
　를 나눈다. "연수원 차석에 경기고 출신이라고 …… 요즘 검사 재미없는데 ……
　재미있는 친구로군."

② 최익현의 손주 준식이 돌잔치 자리.

③ 최익현이 아들 최주환과 담배를 피우며 이야기를 나눈다. "준식이 쟈가 복덩
　인기라. 아부지도 니 갖고나서부터 일이 잘 풀렸다 아이가." 아들 어깨를 쓸어
　주고 옷매무새를 고쳐주며 "욕봤다!" "아부지 고맙심더. 기다려주셔서".

④ 손자를 안고 어르는 최익현. 그런데 형배의 목소리가 들린다. "대부님!" 놀라
　서 고개를 돌리는 최익현의 얼굴 클로즈업에서 종영

극적 플롯의 시간 구조

① 1960년 5월 16일(5 · 16) 군사 쿠데타 주역들의 사진부터 1980년 8월, 삼
　청교육대 사진

② 1982년 3월, 1985년 4월, 1985년 5월, 1987년 5월, 1990년 10월 6일

③ 1990년 10월 13일, 10월 14일, 10월 20일까지

④ 2012년 2월

이상과 같이 이 영화가 이야기하는 사건의 시간 축은 4개로 압축해서 살펴

볼 수 있다. 이중에서 ①번은 우리나라 현대 정치사, 즉 정권 찬탈의 역사적 사건을 기록한 사진들이다. 이를 통해 우리나라 공적 역사의 터닝 포인트가 된 사건들을 간단히 제시하면서 정통성 없는 역대 정권이 범죄자들을 어떻게 바라보고, 어떻게 정치적으로 이용(권력에 저항하는 사람들을 억압하는 한편 민심 수습 차원에서 희생 제물)했는지 함축적으로 제시한다.

이러한 토양, 즉 국가 거시 권력을 찬탈한 큰 도둑들의 전횡 속에서 미시 권력, 즉 조직폭력배들은 어떻게 출현하고 세력을 형성했는지를 보여준다. 특히 전두환 정권은 1980년 5월의 광주를 피로 물들였고, 삼청교육대를 통해 사회 정화에 나서 단순 부랑자들까지 예비 범죄자로 몰아 영장도 없이 체포, 구금, 린치를 가했다. 인권유린뿐만 아니라 재판도 없이 인신을 구속하고 교육이라는 이름의 온갖 체형을 가했으며, 청송 등의 감호소에 격리 수용했다. 국가의 공권력이 공안 정국을 주도하며 정권 안보를 위한 하수인 역할을 하는 동안, 민생 치안의 공백을 틈타 군소 폭력 세력들이 조직화에 나선다. 그들은 기존의 지역 폭력 세력들이 모조리 붙잡혀 가서 생긴 공백을 빠르게 메우며 신흥 폭력 조직으로 등장한다. '최형배'와 '김판호' 등이 그들이다. 대통령부터 그 측근, 하수인들이 모두 크고 작은 이권에 개입해 치부를 하는 사이, 군과 경찰, 공무원 등 국가를 떠받치는 모든 조직 구성원들이 부정과 부패에 몰들어 사리사욕 챙기기에 급급했으니 이것이 시대정신이 아닐까 싶다.

②번의 사건들이 구현하는 시간이 바로 그 시대를 살던 사람들의 모습을 함축적으로 보여주고 있고, 그런 배경 속에서 '최익현'이 등장한다(1982년 3월). 세관 공무원이었던 그와 동료들이 어떻게 일상적으로 부정을 저지르고 치부하는지, 어떻게 해서 그 좋은 '꽃 보직'에서 내쫓겼으며 마약을 매개로 부산 지역 최고 조직의 보스인 최형배와 연결이 된 과정과 이후 경과, 그리고 어떻게 새로운 기회를 포착하는지 연이어 보여준다. 그 가운데 그가 조폭이라는 미시 권력의 달콤함을 맛보게 되는 상황을 보여주는 장면은 매우 중요하다. 익현이 형배 일행과 술집에 갔다가 자기를 밀어낸 조봉구 계장을 만나는 장면(시퀀스

2의 신 10번)이 바로 그것이다. 익현은 조 계장에게 시비를 걸어 두들겨 팬다. 그는 곁에 조직의 2인자인 창우를 세워두고, 배경엔 형배가 있기 때문에 허세를 부릴 수 있었다. 그는 이 앙갚음 사건을 통해 돈의 맛과 완력의 맛, 조폭이라는 미시 권력의 맛을 확실하게 본다. 그리고 조폭들과의 연계 속에서 치부한 돈으로 달동네를 떠나 좋은 환경으로 이사한다. 그의 첫 번째 신분 상승인셈이다.

이어서 1985년 4월에서 5월 사이를 연이어 보여주는 시퀀스 4와 5에서는 최익현이 최형배와 함께 허삼식 사장을 매개로 호텔 나이트클럽을 접수하는 과정, 그리고 그 와중에 경쟁 세력인 '김판호'와 그 졸개들을 몰아내는 과정을 보여준다. 정 사장과 판호 측이 고소하자 익현이 종친회를 통해 '최 검사'를 소개받고 그에게 금두꺼비 뇌물을 먹여 사건을 무마하는 수완을 발휘한다. 그러한 일련의 과정에서 익현은 형배가 가진 주먹, 폭력의 맛을 알았고, 형배는 익현이 가진 인간관계 커넥션의 맛, 얽히고설킨 일도 단숨에 끊고 풀어버리는, 익현이 가진 인맥의 맛을 알게 된다. 한편 익현은 고급 주택가에 기사가 딸린 외제차를 소유한 부자가 돼 있으며, 권위적인 가부장의 모습을 보여준다.

1987년 5월(시퀀스 6)에 제시되는 사건들은 최익현과 최형배가 가장 좋은 관계가 됐다가 최악의 관계로 파탄 나는 과정이다. 조폭도, 민간인도 아닌 '반달'로서 최익현의 어정쩡한 모습이기도 하고, 최고가 되기 위해서 온갖 권모술수를 부리며 치부에 혈안이 된 익현의 모습이 생동감 있게 그려진다. 그러한 가운데 익현의 개인사(아버지가 자유당 시절에 국회의원 나왔다가 낙선하며 파탄 나서 가족이 곤경에 처한 사연)가 이야기된다. 아울러 익현이 이권을 쫓아 형배를 배신하고 판호와 파트너가 되려고 하다가 형배의 부하들에게 생매장의 위협을 받는 굴욕을 맛보기도 한다. 치욕 가운데 절치부심하는 익현에게 판호가 나타나 손을 내밀며 그들의 새로운 유착 관계가 형성된다.

②번 시간 축의 마지막은 1990년 10월 6일로 1990년 10월 13일 노태우 대통령이 범죄와의 전쟁을 공식 선포하고, 최익현이 체포·압송되기 일주일 전

모습이다. 흥미로운 점은 바로 일주일 전에도 최익현은 이미 한 차례 체포되어 조범석 검사와 최초로 조우하는 장면을 보여준 것이다.

이상과 같이 ②번의 시간들은 1980년대 초반부터 1990년 10월 초까지 최익현이라는 인물을 둘러싸고 벌어진 일련의 사건들을 회상(플래시백) 형태로 제시하는 과정이다. 극적 플롯의 전개상 ③번에서 제시되는 사건들의 시간이 1차 서사를 이루고 있다면, ②번에서 제시된 사건들의 시간은 2차 서사를 이룬다. 왜냐하면 인트로 부분에서 사진 자료들이 지나가고 난 후, 실사영상으로 제시되는 최초의 사건은 최익현이 검경합동단속반에게 체포돼 압송되는 상황이다. 그러면서 배경에는 노태우 대통령의 '범죄와의 전쟁'을 선포하는 담화가 흘러나오고, 자막은 "1990년 10월 13일 부산"이기 때문이다. 그러므로 이 장면의 시간과 장소 표지는 이 영화가 담고 있는 1차 서사의 출발점이 된다. 이때부터 10월 14일, 10월 20일까지 벌어진 극적 사건의 시간이 1차 서사를 이루고, 극의 마지막 엔딩 장면인 2012년 2월의 장면에 가서 1차 서사는 종지된다. 메인타이틀이 제시되고, 본격적인 이야기가 시작되는 시퀀스 1의 상황(1990년 10월 6일경)은 1990년 10월 13일로부터 일주일 전의 플래시백 장면으로, 2차 서사의 시간에 포함된다.

1차 서사의 시간들을 좀 더 상세히 살펴보면 다음과 같다. 먼저 2차 서사의 끝부분이었던 1990년 10월 6일경에 최익현은 이미 체포되어 조 검사에게 맞아가며 조사를 받았다. 영화적으로는 상세히 설명되고 있지 않으나, 그는 특유의 수완을 발휘해 금세 풀려났던 모양이다. 그러한 배경 속에서 1차 서사 출발점인 1990년 10월 13일, 대통령이 범죄와의 전쟁을 선포할 즈음해, 마치 시범 케이스처럼 최익현은 다시 체포되어 압송된다. 구치소에 구금된 그는 또다시 지인의 협조를 받아 외부와의 통화를 시도하고, 이번에도 하루만인 10월 14일에 풀려난다. 최익현의 수완과 인맥의 힘을 보여주는 상황이다. 그러나 그는 10월 20일에 다시 체포돼 조 검사와 대면한다. 조 검사는 그에게 '범단수괴'로 15년을 살지, 아니면 청부폭력으로 3년을 살지 결정하라고 한다. 그러나 그는 최형배를 잡을 묘안을 가지고 새로운 딜을 한다. 결국 최형배 검거를 도와주는 배신 끝에 그는 생존한다. 그뿐만 아니라 그는 조 검사의 출세 가도를 책임져줄 장관, 선배 법조인과 함께 하는 모습을 통해 조 검사 위에서 놀고 있음을 보여준다.

마지막 시퀀스(2012년 2월)에서 검찰 고위직에 오른 조 검사가 최익현의 아들 '최주환'의 검사 임용 모습을 지켜보는 장면이 있는데, 그는 최주환이 최익현의 아들이라는 것을 이미 알고 있는 듯한 뉘앙스를 풍긴다. 그것은 그가 최익현의 영향력을 인정하는 것과 같다.

인트로 사진들이 전제하는 것

영화의 첫 장면, 즉 인트로의 사진들부터 본격 논의를 시작하는 것이 좋겠다. 이 사진들은 1960년 5월 16일, 군사 쿠데타로 국권을 찬탈한 박정희와 그 휘하의 주역들부터 1979년 12·12 군사 쿠데타의 주역인 전두환·노태우의 모습, 무력으로 국권을 찬탈한 후 동일한 방식으로 사회 정화에 나선 그들의 모습과 폭력성을 고스란히 보여준다. 그들 각자가 정통성이 없는 가운데 힘으로 나라를 빼앗은 깡패들의 모습이나 마찬가지다. 그들은 자신들의 정통성 부재를 호도하고 민심을 수습하기 위해 초법적이고 폭력적인 방식으로 반대 세력을 짓누르고, 동일한 방식으로 사회 정화에 나섰다. 결과를 아름답게 만들어 무리한 과정을 덮어보려는 꼼수를 똑같은 방식으로 사용한 것이다.

우리나라가 본격 산업화 시대로 진입하기 이전에는 '조직폭력배'라는 이름은 없었고 단지 '깡패'라는 말만 있었다. 왕조 사회의 '왈짜'들과 일제강점기의 낭만적 '주먹'들의 시대를 지나 해방과 동란을 거치는 동안 땅에서 유리되고 가족과 분리된 채, 넝마를 짊어지고 헌 옷가지며 폐휴지 등을 모아 근근이 생계를 유지하던 '넝마주이'들이 패거리를 이뤄 '양아치'라는 이름을 얻었다. 해방과 분단의 와중에는 38선 이북 쪽에서 급속히 사회주의·공산주의 개혁의 일환으로 진행된 토지 몰수와 지주계급 심판을 피해 남한으로 도망친 사람들, 북한에서는 종교를 아편으로 보는 탓에 신앙의 자유를 찾아 월남한 사람들, 일제에 부역한 탓에 처단을 피해 도망친 사람들로 서울은 북적였다. 이들은 생존을 위해 각자 자신들의 출신지별로 그룹을 형성한다. 그리고 1946년 11월에 서울 YMCA에서 '서북청년단'이라는 이름으로 통합된다. 미군정은 군이나 경찰 등 공권력이 미처 수행하지 못하는 온갖 궂은일들, 특히 남한 내에서 활동하는 남로당원들을 위시한 사회주의·공산주의 사상을 가진 자들을 '빨갱이'라는 이름으로 색출해 처단하는 일에 이들을 투입했다. 이미 북쪽에서 생활의 근거를 잃고 목숨마저 위태로운 지경에 이르러 남으로 도피해 마땅한 생계 수단도 없었던 이들에게 미군정이 초법적으로 부여한 임무는 날개를 달아준 것과 마찬가지였다. 이들의 대표적인 악행은 제주 4·3 사건에서 3만여 명에 이르는 민간인 학살로 드러난 바 있다. 이들은 대한민국 정부 수립 과정에서 군과 경찰의 프락치로 출발해 전쟁을 거치는 와중에 새로운 기회를 얻었고, 공무원 등으로도 다수 발탁되었다. 전쟁 이전에도 권력자들의 친위대 노릇을 하며 백범 김구 선생 암살을 비롯한 정적 제거에 동원되기도 했다. 이른바 정치 깡패가 된 것이다.

여기서 중요한 것은 '서북청년단'과 같은 조직은 본래부터 범죄를 목적으로 구성된 임의단체가 아니다. 정치적 격변기에 여러 이유로 고향 땅에서 쫓겨난 사람들이 생존을 위한 정보를 공유하고 타향 땅에서 한데 뭉쳐 어려움을 극복하고 더불어 살기 위한 취지로 결성되었다. 그런 그들을 미군정과 남한 내 일부 정치 세력이 특정 목적을 위해 끌어들이고, 온갖 궂은일을 도맡아 해결할 수 있도록 초법적이고 과도한 권한을 부여한 결과, 급속히 정치 세력화되었다. 또 국가 체제가 정비되고 이전에 비해 현저히 할 일이 줄어든 이들이 새로운 활로를 모색하는 과정에서 크고 작은 이권에 개입하고, 부정부패한 권력자들에게 계속 정치적으로 이용당하는 과정에서 집단화·조직화된 범죄단체로 변했다. 그러니까 '조직폭력배'라는 용어가 탄생하기 이전부터 우리 사회에는 이미 규모를 갖춘 범죄단체가 있었다.

이와는 달리 국가의 기틀이 제대로 잡히지 않고 사회적으로 혼란한 가운데 약자들을 등치며 살아가던, 비교적 낭만적인 왈짜 패거리들은 개별적 존재들이거나 지역(구역)별로 느슨한 형태의 연합으로 세력화했다. 그런데 이들 역시 종전 이후의 복구 시기를 통과하면서 더 큰 세력으로 집단화한 깡패가 되어 점차 크고 작은 이권에 개입하는 등 사회문제를 야기했다.

그런데 무력으로 국권을 찬탈한 세력들은 자신들이 더 큰 폭력 집단임을 감추고 민심을 수습하기 위해 사회 정화라는 이름의 '청소 작업'을 제일 먼저 수행한다. 이 청소 작업은 양면성이 있으며 최소한 두 가지 목적을 동시에 수행하기 위해 전략적으로 사용된다는 점에서 매우 중요하게 받아들여야 한다. 먼저 반사회적 불순 세력들을 소탕해 응징한다는 명목으로 반혁명세력과 자신들이 저지른 행위에 대한 양심적 비판 세력들까지 모두 잡아들여 자신들이 가진 폭력의 힘을 과시하는 것이다. 이른바 확실한 공포 분위기 조성이다. 또 하나는 그들이 표방한 것처럼 실제로 서민들을 괴롭히는 범죄자들뿐만 아니라, 매우 자의적인 판단 기준에 따라 범죄를 저지를 가능성이 있다고 생각되는 사람들까지 법을 무시하고 인권을 유린하며 마구잡이로 잡아다가 족쳤다. 자신들은 법 위에 군림하는 존재임을 과시하는 것이다. 그런 다음, 그들은 치안 상황이 크게 호전되었다는 '아름다운 결과'를 가지고 '무리하게 추진한 과정'을 모두 덮어버리는 마키아벨리스트임을 스스로 과시하는 뻔뻔스러운 행태를 보였다. 결국 영화 도입부의 사진들이 말하는 바는 진정 누가 심판을 받아야 할 큰 범죄자인지 묻는다. 자고로 '윗물이 맑아야 아랫물도 맑다'는 속담을 인용할 필요도 없이 타도의 대상들이 힘으로 역사의 전면에 나서서 큰 도둑질을 해놓고 대체 누구를 심판하고 무엇을 청산하겠다는 것인지, 본말전도가 따로 없다. 아울러 이들, 국가권력 찬탈의 주역들과 깡패, 즉 원시적 미시 권력자들[1]의 모습이 서로 다르지 않다는 것을 대비적으로 보여주기도 한다.

최익현 또는 조국 근대화의 알레고리: '대한민국 아버지'라는 현상

이 영화 속 최익현이라는 인물은 '주어진 상황과 시스템 속에서 인간이 어떻게까지 변모(타락)할 수 있는가'에 대한 심리학 교과서이자 생생한 표본이다. 최익현은 생존을 넘어 일신의 영달과 가족 부양, 자식의 성공적인 사회 진출을 위해 간도 쓸개도 모두 내놓을 수 있는 비(卑)와 굴(屈)의 표본이다. 그렇기 때문에 우리는 이 영화에서 최익현이라는 일그러진 캐릭터를 보면서 그 인물의 캐릭터를 가능케 한 원천이 무엇인지 추론하는 것이 매우 의미심장한 지적 작업이 될 것임을 알 수 있다. 과연 최익현이라는 인물이 처음부터 '썩은 사과'라는 자질을 타고났기 때문에 발생한 문제인가? 아니면 그가 속해 있고 그를 둘러싼 환경, 즉 그가 담긴 상자 자체가 썩었는가? 거기서 더 나아가 상자 자체와 그 속의 사과가 모두 썩기 좋은 온도와 습도가 조성돼 있는 환경과 시스템 속에 있었기에 가능한 것은 아니었을까? 이러한 일련의 질문에 대한 답을 찾기 위해서 우리는 영화가 제공하는 최익현에 대한 주요 정보들을 하나하나 다시 살펴봐야 한다. 그러한 과정 속에서 우리는 그를 형성한 유전적(천부적·기질적) 요소들부터 환경적·시스템적 요소를 추론할 수 있기 때문이다.

최익현은 자신의 입으로 힘겨웠던 과거, 성장 시기의 배경을 알려준다. 바로 그의 부친이 자유당 시절 무소속으로 국회의원에 출마했으나 2등으로 낙선의 고배를 마시며 곤경에 처하게 되었다는 사실 말이다. 아버지가 화병으로 죽는 바람에 남은 가족은 가장의 가산 탕진과 부재로 인한 온갖 어려움을 고스란히 겪으며 힘겨운 삶을 살았다는 것이다. 이것은 인물 최익현을 이해하는

---

1 송능한의 〈넘버 3〉에서 배우 송강호가 연기하는 '불사파'는 바로 이 깡패 미시 권력의 기원이 어떤 모습인지를 매우 적나라하게 보여준다. 결국 이들은 우리 사회의 어두운 곳에서 양분을 섭취하며 자라 체제를 갖추어 조폭이 되고, 조폭은 합법적 기업화의 길을 걷는다. 오늘날의 기업 조직은 국가조직과 다르지 않다.

데 1차적이면서도 궁극적인 핵심 정보를 영화가 관객에게 제공한 것으로 받아들여야 한다. 출세욕, 권력욕, 명예욕을 가진 인텔리 계층이었던 것으로 추론할 수 있는 그의 아버지는 '국회의원 출마'라는 모험을 하지 않았더라면 가족을 안정되게 부양할 수 있었을 것이다. 최익현 역시 무난히 대학까지 졸업하고 주류 사회의 책임 있는 자리에 안착해 사회적 신분도 달라졌을 것이다. 그러나 그는 '애비 없는 후레자식' 소리를 들어가며 힘들게 성장했고, 인생의 밑바닥부터 맨몸으로 부닥치며 세상을 배우고 인간관계를 터득하며 한 계단씩 계층 이동을 이루었다. 그런 만큼 그는 잡초처럼 끈질긴 생명력이 있고, 이권이나 신분 상승의 기회를 얻거나 눈앞에 닥친 곤경(방해 요소)을 해소하는 데 물불을 가리지 않고 덤벼들 수 있다. 아울러 그 과정에서 세상의 윤리 도덕이나 법과 제도는 안중에도 없고 고려의 대상도 아닌, '반사회성 인격장애(Anti-social Personality Disorder = Sociopath)'의 성향을 보인다.

좀 더 구체적으로 살펴보면 그가 부산 세관에 취직을 한 것도 뇌물을 주고 산 매관매직이다. 이어서 그는 세관 내에서도 꽃 보직, 계란 노른자위 같은 감시과로 옮기기 위해 상관들에게 뇌물을 바친 것으로 나온다. 이처럼 어렵게 제대로 해먹을 수 있는 위치에 도달했는데 밀려난 것에 대한 불만을 토로한다. 이러한 인생 역정을 통해서 그는 자신이 추구하는 이익이나 이권, 장래성 등이 어디에 있는지를 동물적으로 알아차리는 감각을 지녔다. 게다가 일단 판단이 서면 물불을 가리지 않고 온몸을 던지는 승부사의 기질을 타고났으며, 생활 가운데 이것을 실천하고 갈고 닦았다. 그가 취하는 생존의 바탕에는 '굴신(비굴함)'이 깔려 있다. 그는 '바람보다 먼저 눕고, 바람보다 늦게 일어나며' 잔머리와 권모술수의 대가가 됐고, 시대의 흐름을 기막히게 읽고 대응할 줄 아는 사람이 되었다. 상황에 따라 카멜레온 같은 변신을 할 수 있는 인물이며, 추구하는 이익을 위해서라면 어떠한 자존심도 즉각 던져버릴 수 있고, 생존을 위해서 읍소와 굴신을 기본 자세로 취한다.

게다가 다음 세대에는 영어가 힘의 원천이 될 것이라는 점, 영어 구사 능력이 한 인간의 사회적 등급을 결정하고 신분 상승을 위한 관문 통과에 가장 중요한 잣대가 되리라는 것을 기막히게 파악하고 아들을 조기 유학 보낸다. 그는 원조 기러기 아빠를 자청했고 성공했다. 아들은 그의 최선을 다한 후원에 힘입어 검사가 된다. 최익현에게 많은 굴욕을 안기고, 자기가 가려던 길에 한사코 방해자로 나서곤 했던 검사. 한편으로는 그 검사가 던져오는 투망을 찢고 그를 구해주는 더 높은 지위의 검사와 변호사. 그러니 최익현에게 그들은 가장 실제적이고도 상징적인 권력으로 가장 큰 선망의 대상이었다. 그래서 하나뿐인 아들을 유학까지 보내서 영어를 무기로 탑재시키고, 대한민국 최고의 학벌을 만들어주며, 대한민국 최고의 파워 엘리트 집단에 들어가도록 자식을 밀어 올린다.

이처럼 최익현의 변모 과정은 상황적 힘과 시스템의 힘이 제각기, 나란히 작용해 '최익현'이라는 한 인간의 본성을 굴절시키고, 하나의 과일이 썩어가도록 한다. 그는 이른바 '좋은 상자'에 들어 있는 '썩은 사과'가 아니었다. 처음에 그는 신선한 좋은 사과였으나 썩은 상자의 음침한 힘에 의해 부패한다. 제대로 정비되지 않은 국가 시스템 속에서 그는 꿈을 접고 애비 없는 후레자식 소리를 들어가며 소년 가장으로 가족을 부양해야 했다. 특히 그가 매관매직으로 들어간 세관이라는 썩은 상자는 관리들의 부정부패와 상급 기관, 정부의 관리 소홀이 결합돼 만들어진 것이다. 영화의 도입부 시퀀스가 보여주는 내부에서 부서 옮기기(노른자위), 화장실에 돈 숨기기, 상관에게 뇌물 바치기 등의 장면은 세관의 비리와 부패 커넥션을 간단명료하게 전경화했다.

최익현은 '대한민국의 조국 근대화를 이끈 우리네 아버지들'을 함축하는 알레고리이다. 따라서 그의 존재는 대한민국의 오늘을 사는 모든 사람들에게 익숙한 초상이다. 그는 온갖 부정과 부도덕의 가면을 기꺼이 쓰더라도 '처자식배 안 굶기면서' 어떻게든 살아남으려고 했던 우리의 아버지를 떠올리게 한다. 그가 공무원 조직에서 폭력 조직으로 부서(?) 이동을 하면서 가장으로서의 로망을 달성하게 되었다는 사실은 매우 의미심장하다. 이른바 '신의 직업'이라

불리는 세관 자리(에서 밀려나)를 버리고 조폭과 손잡은 이유는 '가장의 책무(부성애)' 때문이었다. 최익현은 피비린내 나는 밤거리에서는 허세 가득한 깡패로, 집에서는 아들에게 영어 단어 퀴즈를 내고 성적 향상 여부를 체크하는 푸근한 아버지로 변신한다. 맞고, 쩔고, 밟혀도 '아들내미'의 유학을 꿈꾸며 지옥 같은 치욕을 참는 아버지이다. 그는 한재림 감독의 〈우아한 세계〉(2007)가 그린 '강인구(송강호 분)'라는 생활형 조폭 가장보다 훨씬 더 지리멸렬한 삶을 총체적으로 보여준다.

영화는 2012년 현재의 최익현이 카메라를 똑바로 쳐다보는 장면으로 끝을 맺는다. 그 얼굴이 오늘을 살고 있는 우리 아버지의 얼굴이라고 이야기한다. 먹고살기 위해, 자식새끼는 남들에게 아쉬운 소리 안 하고 살게 하기 위해 스스로 타락한, 당신과 나, 그리고 우리 아버지의 초상이다. 그러니 이쯤에서 생각해보자. 나의 아버지는 어떤 사람이었는가? 우리 아버지가 가장 멋졌던 때는 언제였는가? 가족의 생계를 위해 아버지가 한 일은 무엇이었나? 아버지에 대한 환상이 깨진(아버지의 실상을 본) 것은 언제, 무슨 일 때문인가? 내 아버지가 약해보이거나 가엾어 보일 때는 언제였던가?

영화 속에는 최익현의 10억 짜리 전화번호부가 나온다. 그가 자신의 수첩에 빼곡히 적어 놓은 수많은 사람들의 이름과 연락처들이다. 그러한 인맥 형성을 위해 그가 접대하고 뇌물을 주고 밑밥을 뿌리고 심지어 길러내기까지 하느라 들인 돈이 10억이라는 얘기이다. 이처럼 영화는 학연·혈연·지연에 심지어 종교까지도 인맥 쌓기에 전략적으로 이용하는 세태를 간단하면서도 명료하게 그려낸다. 그래서 더더욱 최익현이라는 인물은 한 개인의 초상을 넘어서 우리 사회의 보편적인 한 집단 또는 한 세대를 집약적으로 형상화한 하나의 현상(phenomenon), 하나의 알레고리이다.

범죄와의 전쟁 선포 뒤에서 작동하는 통치 이데올로기

범죄가 조국 번영과 국가 안보에 악영향을 주고 민생을 피폐하게 한다는 것, 그렇기 때문에 가능한 모든 방법을 동원해 범죄자들을 소탕해야 한다는 것은 모든 위정자가 민심을 수습하고 분위기를 일신하기 위해 꺼내드는 가장 손쉬운 카드이다. 그것은 대의와 명분이 있는 일이기 때문이다. 이러한 이데올로기적 토대는 거의 모든 나라에서(민주국가라는 나라들조차) 익숙하게 사용했고, 독재국가들에서는 가장 기본적인 통치 수단으로 악용됐다. 특히 쿠데타로 집권한 세력들, 장기 독재 정권, 지지 기반이 취약하고 정정이 불안한 제3세계에서는 권력자가 자신에게 도전하는 사람들을 공격하는 것뿐만 아니라 대중의 지원을 얻기 위해 사용했다. 그들은 필요하면 경찰을 비롯한 공권력과 군대를 동원하는 것도 마다하지 않았다. 우리나라에서도 박정희 5·16 군사 쿠데타 세력이 권력을 장악하는 과정은 물론 1979년 12·12 군사 반란으로 정권을 찬탈한 전두환·노태우 등 신군부 세력이 1980년 5월에 광주를 피로 물들이고 삼청교육을 실시했으며, '사회보호법'을 통해 범죄자들을 '보호감호'라는 이름으로 이중처벌 했던 것, 노태우 정권의 범죄와의 전쟁이 모두 이와 같은 사례이다.

그들은 여기에 더해 '북한의 위협이라는 공포', '북한의 대남 무력 적화통일 기도라는 공포', '한반도 전면전쟁이라는 공포' 등 남북 분단과 북한의 위협이라는 일련의 안보 상황에 긴장 조성을 넘어 공포 분위기를 조성했다. 이를 통해 권력자들은 자신들 입맛대로 국정을 좌지우지하고, 국민의 자유와 권리를 제한하는 불법적·비민주적 억압을 자행한 것이다. 가령 매달 한 번씩 실시하는 '민방위 훈련'은 분명 대의와 명분이 있는 일이다. 전쟁이나 국가적 재난 상황에서 국민 각자의 생명과 재산을 지키기 위한 훈련이라는 것, 나아가 그러한 사태를 미연에 방지하기 위한 노력이다. 아름다운 일이다. 그러나 한편으로는 금방이라도 전쟁이 일어날지 모른다는 공포 분위기를 지속적으로 일깨우고 조장하며 전쟁에 대한 공포를 과장하고 긴장감을 조성해 불안과 스트레스를 가중시키는 일에 국가적 비용을 투입하고 국민의 자유를 제한해왔다는 지적도 가능하다. 그런데 우리가 민방위 훈련이 이와 같은 양면성이 있다고 하면 '음모론' 운운하며 펄쩍 뛸 사람들이 우리 사회에는 의외로 많아 보인다. 후자와 같은 생각은 이른바 '종북 좌파'들이나 할 만한 쓰레기 같은 짓으로 매도하는 사람들. 내 주위에서도 종종 보았다. 그러나 때로 공포는 자의적(恣意的)으로 '국가'가 된 권력자가 국민을 상대로 휘두르는 최상의 심리적 무기가 된다는 사실을 우리는 인식해야만 한다. "국민을 공포 속으로 몰아넣어 전능한 정부가 약속하는 안전을 위해 기본적인 자유와 법치라는 안전장치를 희생하도록 강요"[2]한다는 사실을 우리는 지난 세월 속에서 수십, 수백 차례씩 반복 경험했다. 참 잘도 속여 왔고, 순진하게 잘도 속아 왔다.

사람의 행동은 복잡하고 다양한 요소가 원인이 되어 촉발된 결과가 행동으로 표현될 때가 많다. 다양한 내적·외적 동기와 주변 인물들 사이의 역학 관계 때문에 빚어지는 행동, 말, 개인의 단순한 행위로 보이는 것조차 그의 기질적(성격적) 특성에 상황적 요인, 시스템적 요소가 결합된 결과이다. 가령 영화 초반부에서 최형배는 최익현과의 식사 장면에서 정체 모를 약을 먹는다. 이에 최익현이 묻고 형배가 답을 한다. "근데, 형배야! 니, 그 먹는 그 약은 뭔 약이냐?" "아, 예! 진통젭니더. 삼청교육대에 끌려가가……." 이 영화가 역사성과 정치성을 짙게 풍기며 읽을 것 많은 텍스트가 되는데 이와 같은 대사는 너무 많은 것을 생각하고 이야기하게 해준다. 이 밖에도 여러 에피소드들, 백그라운드 장면들 속에 거시 권력의 그림자를 배치해두고 있다. 고삐 풀린 국가 권력이 어떤 조폭들의 폭력보다 흉포하다는 사실을 우리의 현대사는 웅변한다. 그리고 영화는 바로 이러한 에피소드를 활용해 바로 그 지점을 긁어주고 있다.

이처럼 무력으로 권력을 찬탈한 이들이 국민의 반발을 무마하고 민심을 수

---

2 필립 짐바르도, 『루시퍼 이펙트』, 617~618쪽.

습하기 위해 시행한 깡패 소탕이나, 삼청교육, 그리고 '범죄와의 전쟁'은 보여주기식 행정의 전형이다. 국가 시스템을 전복하고 국민이 생활하는 환경 전체를 뒤흔들면서 헤게모니를 장악한 세력의 본말전도 행태이다. 그들은 자신들의 대의명분 없음을 가장하고 호도하기 위해 우리 사회의 부정부패를 일소한다는 미명하에 썩은 사과를 골라내 희생양으로 삼는 미봉책이자, 가장 쉽고 간단한 해법을 애용해왔다. 그런 정책은 늘 그 이면의 '썩은 상자'와 '썩은 상자 제조자'를 간과하도록 국민의 눈과 귀를 어지럽힌다. 그들은 누구인가? 아이러니하게도 바로 무력으로 정권을 찬탈한 주체, 그 자신들이다. 따라서 5공 시대는 그 자체로 완벽한 범죄 생태계가 될 수밖에 없었고, 이유는 자명했으며, 결과 역시 뻔하고 저열한 형태로 드러날 수밖에 없었다. 위로는 국정의 최고 책임자 대통령부터 직계가족인 전경환, 이창석 등 일가 친인척이 온갖 이권 챙기기에 적극 나섰다. 이름 그대로 국가의 안위를 책임져야 할 큰 임무를 맡은 국가안전기획부는 카지노와 파친코 등 도박장을 개설하는 등 사행 사업 인허가를 관장하며 독재자의 안위를 위한 일과 그의 통치 자금 모금과 관리에 몰두했다. 이런 상황은 즉각적으로 온 사회가 뇌물 상납 고리로 연결되도록 했으며, 엄청난 파급력으로 나라 전체에 퍼지게 했다. 크고 많은 권한을 가진 자는 그에 걸맞게, 쥐꼬리만큼의 권력을 가진 자도 그에 상응해 제 잇속 챙기기에 급급했다. 사회의 모든 구조 속에서 학연·혈연·지연·종교연까지 동원해서 국가기관이나 개인기업 할 것 없이 온 사회에 부정과 부패가 만연한 범죄의 생태계가 완벽하게 조성되고 유지되게 한 것이다.

그런 가운데 조직폭력배라는 원시적인 형태의 권력 집단이 창궐한 것은 자연스러운 모습이다. 사회 전체가 야생의 정글과 다름없었기 때문이다. 게다가 한 번 형성된 폭력 조직이 그 세력을 키우며 성장하고 번성하는 데는 또 다른 메커니즘이 작동한다. 그들은 모든 인간이 가진 기본적인 심리인 '집단에서 배척당하지 않고 거기에 소속되려는 욕구'를 기가 막히게 잘 활용한다. 조직으로부터 배척당하는 것의 두려움을 조장해 개개인의 자발성과 자주성을 폭력으로 깔아뭉개고 조직에 충성하도록 훈련시켜 무슨 짓이든 하게 만든다. 이는 비단 조폭들의 속성만은 아니다. 집단에서 권위를 가지고 권력을 휘두르는 사람들은 처벌이나 보상이 아니라 '받아들여주겠다는 유혹과 배척의 협박'을 결합한 양날의 검을 이용해서 사람들을 완전히 복종시킬 수 있다.[3]

인류가 씨족사회에서 부족국가를 형성하는 과정에서 원시 권력이 출현한 것처럼 어느 사회에서나 조폭의 출현은 자연 발생적이고 자연스럽다. 조폭은 군집을 형성해, 개개인의 부족함을 만회하기 위해 한 덩어리로 사고하고 행동한다. 그들은 우두머리의 통제에 복종하고 일사분란하게 움직이며 더러 영역 싸움을 벌이고, 이권을 쟁탈하기도 한다. 두목은 조직원들을 관리하기 위해 돈을 사용하고, 우상화 과정을 통해 권위를 조성한다. 그러니까 조폭의 세계는 원시 국가의 발생과 유사한 것이다. 외부의 침입에 대한 방어나 질서 유지 같은 명목으로 자연스레 형성되었으며, 엄격한 규율과 원칙을 통해 질서를 조성하고, 구성원들을 통제하고 보호한다. 더러 타국(조폭들의 은어를 빌려 표현하면 '나와바리')을 침략하기도 하고, 타국에 침범당하기도 한다. 긴밀한 이해관계에 얽혀 팽팽한 긴장감을 형성하고 있는 국가의 표정은 조폭과 상당히 닮아 보인다.

국가와 조폭은 모두 권위를 유지할 수 있는 힘과 규칙을 필요로 한다. 어쩌면 '공포심리'를 통해 무리를 통제하는 군대와 감옥, 조직폭력배는 같은 구조와 원리에 의해서 운용된다. 가장 두드러지는 차이라면 국가가 국민에게 어떤 방식을 통해서든 균등한 기회를 제공한다는 '믿음'을 주는 것이 다르다고 할

---

3 이러한 용인술을 가장 잘 활용한 독재자가 바로 박정희이다. 현 박근혜 대통령의 인사 스타일을 보면, 아버지로부터 이러한 용인술을 보고 배운 것으로 보인다. 문제는 이러한 용인술이 제대로 작동하고 위력이 발휘되려면 반드시 그 통치 체제가 파시즘 전제 국가여야 한다는 전제 조건이 필요하다는 데 있다. 그러나 지금은 그런 시대가 아니라는 데 부조화와 파행의 근인과 원인이 두루 들어 있다. 슬프지만 우리의 대통령은 이러한 메커니즘을 이해하지 못하고 있는 것으로 보인다.

수 있다. 하지만 이것이 '믿음' 그 이상도 이하도 아님을 영화는 적나라하게 폭로한다. 우리는 국민으로부터 위임받은 국가 권력을 무력으로 짓밟고 찬탈한 세력이 오히려 국민을 감시하고 통제하면서 벌인 광포함이 어떤 조폭의 폭력과 수탈보다 흉포했다는 것을 지난 역사를 통해 여러 차례 피부로 겪었다. 통제되지 않는 권력은 오만해지고, 절대 권력은 부패하기 마련이다. 오만한 권력은 폭력적이 된다. 그것이 거대 권력이든 미시 권력이든 권력의 속성은 똑같다. 무력으로 권력을 찬탈한 사람들은 처음부터 통제할 수 없는 권력을 갖게 된다. 주권자인 국민이 권력을 통제·감시하고 국리민복을 위해 제대로 겸손하게 사용하지 않으면 그 권력을 회수할 수 있어야 한다. 그러나 무력으로 권력을 찬탈한 사람들은 계속해서 무력으로 국민을 위협하기 때문에 국민이 이를 통제한다는 것은 현실적으로 불가능하다. 그들은 민주국가에서 권력은 국민으로부터 나오고, 위정자는 국민을 위해 봉사(서비스)하기 위해 권력(권한)을 위임받은 사람이라는 사실을 처음부터 부정하고 나왔기 때문이다. 조직폭력배 역시 개개인의 욕망에 따라 자연 발생적으로 생긴 미시 권력이다. 그들의 권력은 누구로부터 위임받지도 통제되지도 않는다. 자기들 마음대로 폭력을 행사하는 것이다.

이 영화를 보면서 우리 중 누군가는 지금도 우리 사회에 온존하는 여러 폭력의 실체를 상기하고 비난할지 모르겠다. 그러면서 한편에서는 그 매혹에서 벗어날 수 없는 또 다른 사람들이 있음도 추론하게 된다. 양쪽이 모두 가능한 것은 영화 속 이야기 자체가 곧 어제와 오늘, 우리 모두의 삶의 현실을 적확히 포착한 내밀한 이야기이기 때문일 것이다. 2010년대 중반, 오늘을 살아가는 우리의 중년·장년 모두 성장기에 어떠한 방식으로라도 폭력의 제의를 거치며, 이를 증오하고 또 동경하며 성장했기 때문이 아닐까 싶기도 하다. 우리는 대한민국이라는 권위와 억압의 공간에서 폭력과 야만의 시대를 살았고, 그러한 시대를 만든 주역들이 아직도 기득권을 잃지 않고 시퍼렇게 살아 있는 세상에서 여전히 그들과 함께 살고 있다.

나오는 말: 이야기의 현재성

이 영화는 갱스터 장르의 관습을 플롯의 뼈대로 취하고, 여기에 대중의 지지를 받는 특급 스타를 기용한 데다 다양한 코믹 요소를 가미해 적절히 버무린, 전형적인 상업 영화의 외피를 두르고 있다. 그런 가운데 한국적 패밀리의 형성과 발전 과정을 그린다. 국가 권력을 총검으로 찬탈한 세력들이 거시권력 자라면 조직폭력배를 형성한 세력들은 미시 권력을 생성하고 발전시킨 자들이다. 양자는 상호 간에 너무나 큰 동질성을 가지고 있는 환유의 기제이다. 서로가 거울 같으며 유비적인 관계에 있는 것이다. 영화는 이야기의 배경에서 대한민국이 근대에서 현대, 산업 시대에서 후기 산업사회로 넘어오는 역사적 전개 과정을 재현한다. 그리고 그러한 모습을 단지 '지난 시절에 우리는 이랬었지'라며, 단지 낭만적으로 정박시키는 것에서 끝나지 않는다. 그러한 후속 과정이 현재 어떤 결과로 드러나는지 보여주며, 미래에는 어떤 모습으로 또 다른 상황이 전개될지 유추하도록 하는 데까지 이른다. 바로 이러한 면이 이 작품의 가장 큰 미덕이다.

특정 군상들의 삶을 통해 대한민국의 총체적인 표정과 시대상을 재현하려고 한 윤종빈 감독은 조직폭력배라는 익숙한 제재를 사용해 부패하고 부조리한 우리 현대사를 폭로하면서 한 편의 대중영화가 성취할 수 있는 최고의 경지를 보여준다. 재미, 오락성, 이야기 자체의 극적 완결성(내러티브의 내적 완성도, 즉 이야기가 전제하고 제기한 모든 문제, 극적 요소들에 대해 관객이 가질 수 있는 의문들을 해결해준다는 면), 더불어 한 편의 허구적 극영화일지라도 세월 속에서 역사적 자료로 가치가 있는데, 이 영화는 우리나라의 최근 30년 세월을 함축적으로 재현·기록하고 있다. 시대와 역사적인 의미까지 성찰하게 하여 그 자체로 우리 현대사를 되짚는 재조명 텍스트이다. 오락성, 작품성, 예술성에 역사성까지 두루 포괄하고 있는 흥미로운 영화이다. 2000년대 한국 영화가 이룬 최고의 성취 중 하나로 꼽기에 하자가 없을 만큼 모든 면에서 완벽한 하모니를 이룬다.

  2014년 초에 경주 마우나리조트가 붕괴하고, 그 충격이 가시기도 전에 우리는 이전의 어떤 참사와도 견줄 수 없는 초유의 세월호 참사를 겪어야 했다. 그 과정에서 우리는 대한민국이라는 나라의 맨 얼굴, 온 사회에 만연한 부패와 비리의 커넥션, 범죄 환경, 온갖 종류의 '마피아들'을 보며 경악을 거듭하고 있다. 그런 면에서 영화 〈범죄와의 전쟁: 나쁜 놈들 전성시대〉는 과거 한때에 있었던 화석화된 역사나 무생물이 아니다. 2010년대를 살아가는 오늘, 우리 앞에서 기회가 될 때마다 질긴 새 영력(靈力)을 앞세워 생생하게 실체를 드러내는 거대한 유기체라는 사실, 그리고 현재진행형의 산 역사임을 새삼 확인시켜준다.

Chapter 16

지슬: 끝나지 않은 세월 2

/

제주 4 · 3 사건 희생자들을 위한 제사, 우리 모두를 위한 화목제

오멸 감독 | 2013년 개봉

영화 〈지슬〉을 체계적으로 읽기 위해 반드시 전제해야 할 것이 있다. 해방 이후 남한의 정치 · 경제 · 군사적 상황 등 이 시기의 역사에 대한 입체적 지식이다. 다시 말하면 그것은 제주 4 · 3 사건의 토대가 된 제반 환경과 시스템을 되짚어보는 일이다.

미군정 시기의 국가 환경과 시스템

제주 4 · 3 사건의 전모를 입체적으로 이해하고 그 바탕에서 영화 〈지슬〉을 체계적으로 읽기 위해서는 해방 전후의 한반도 상황과 일제의 패퇴, 점령군으로서 미군과 소련군의 한반도 분할 점령, 그 이후 일련의 정치적 · 경제적 · 사회적 시스템과 환경을 두루 살펴야만 하는 힘든 작업이 필요하다. 그러나 여기서 모든 것들을 언급하고 자료를 인용하는 것은 가능한 일도, 지면이 허락하는 일도 아니어서 4 · 3 사건과 직접 관련이 있고 동일한 맥락에서 재조명해야 할 일들을 중심으로 간단히 정리하고 넘어가기로 한다.

첫째, 미군정이 등장하면서 일제가 구축해놓은 조선총독부 편제를 그대로 승계하면서 친일 반민족 행위자, 일제 부역자들을 청산하지 못했을 뿐만 아니

라 오히려 그들에게 새로운 기회를 부여했다.

둘째, 해방 이후 자유로운 분위기에서 그동안 억눌렸던 각계각층의 온갖 욕구들이 한꺼번에 분출되기 시작했다(미국이 취한 자유주의적 태도가 이러한 상황을 부채질한 측면이 강하다).

셋째, 해방 이전의 대한민국 임시정부 활동을 비롯한 민족 지도자들의 국가건립 움직임을 미군정이 인정하지 않았다. 국내외에서 독립운동을 하던 위정자들은 극좌(공산주의: 박헌영)부터 좌익(사회주의: 조봉암, 장건상), 중도(진보적: 여운형, 조병옥, 윤보선 / 보수적: 김구, 김규식, 안재홍), 우익(이승만, 김성수, 송진우), 극우(이범석, 장택상, 윤치영)에 이르기까지 다양한 사상적 스펙트럼을 갖고 있었다. 이들은 저마다의 이념과 성향에 따라 이합집산을 거듭했고, 외세의 움직임에 대한 입장에서 사분오열하는 모습을 보였다. 또 각각의 지도자마다 자신의 추종자들을 집단화 · 세력화하는 움직임을 보였다.

넷째, 미국과 소련은 냉전 체제로 돌입하면서 한반도 문제를 놓고 극렬하게 대립했다. 이 때문에 분단 상황이 고착화되었다. 양국은 남과 북에 서로 다른 체제 탄생을 기정사실화하고 밀어붙였다. 그 결과 지도층의 정치적 입장과 이해관계가 크게 엇갈리면서 혼란이 가중되었다.

다섯째, 살인적 인플레이션(화폐가치 폭락, 생필품 가격 천정부지)과 대량 실업사태, 경제 활력의 급격한 감소로 인해 미군정에 대한 불평과 불만이 팽배(점령군이라는 인식)해졌다.

여섯째, 북한에서 월남한 사람들의 집단화 · 정치 테러 단체화가 급격히 일어났다. 친일 반민족 행위자, 지주 및 유한계급 출신자, 개신교 기독교인 등 세 부류의 사람들이 북한이 공산주의 체제를 구축하는 과정에서 월남했다(약 65만 명). 이들은 서울에서 각자의 출신 지역 중심으로 모임을 결성하기 시작했고, 공산주의라면 죽이고 싶을 만큼 극한의 공포와 분노, 복수심을 갖게 되었다(트라우마 생존자들). 이들은 1946년 11월에 '서북청년단'이라는 이름으로 통합되었고, 미군정은 이들을 남한 내 공산 세력, 불순분자 때려잡기에 동원했다.[1]

미군정과 경찰로서는 법과 제도의 틀 안에서 해결하기 난감한(법적·제도적 장치를 가지고 접근하기에는 많은 시간과 공력이 들어가는) 문제들을 초법적으로 간단히 해결해줄 존재가 필요했다. 잡음이 일어나더라도 빨리 문제를 진압하고 싶다는 유혹이 만들어낸 기형적 존재가 바로 이들이다(위정자, 군과 경찰이 비호하는 정치 깡패화, 특정 권력자의 사병화).[2] 공산주의자, 빨갱이라면 치를 떠는 그들에게 몽둥이를 쥐어주고, 초법적 권한까지 부여했다. 그 결과 전국 각지에서 빈발하던 반정부(미군정) 시위, 파업, 일제강점기의 잔재들(경찰, 관료 등)을 민간에서 직접 처단하려는 움직임에서 일어나는 폭력 사태의 전위에 그들을 배치해 또 다른 폭력으로 진압함으로써 피의 악순환을 초래했다.[3]

---

1 "북한은 모든 문제를 계급적 시각에서 정리하고, 1946년 3월 불과 3주 만에 가장 급진적인 방법으로 토지개혁을 완결하고 지주와 부농을 땅으로부터 축출했다. …… 이들을 배제하고 축출함으로써 공동체를 급격하게 해체하는 가장 폭력적인 방법으로 이루어진 혁명이었다. 그 결과 북한에서 배제와 폭력으로 희생된 많은 사람들이 남하해 남한 사회에서 가장 강고한 반공 극우 세력을 형성하게 된다"[최장집, 『민주화 이후의 민주주의: 한국 민주주의의 보수적 기원과 위기(개정 2판)』, 57~58쪽].

2 "서북청년단의 배후에는 조병옥 경무부장과 장택상 수도청장이 이끄는 군정경찰이 있었고, 이승만은 이들의 정치적 후원자였다. 조병옥과 장택상은 금전적으로 이들의 테러 행위를 지원했다. 좌익 소탕에 성과가 컸을 때 이들은 우익청년들의 합숙소로 은밀히 찾아가 잔칫상을 차려주기도 했다. 미군정의 하지 중장이 무차별적 테러로 문제가 된 이 조직을 해산시키라고 말하자, 조병옥은 이들의 행동에 다소 불법성이 있었다 하더라도 열렬한 반공 우익 단체를 해산한다고 하는 것은 미군정의 본래 임무와 사명에 어긋나는 것이라고 말하며 서북청년단을 두둔했다. 결국 미군정과 서북청년단은 협력 관계를 맺게 됐다"[김동춘, 「배고픈 청년들은 노동자들을 팼다: 서북청년단과 컨택터스」, ≪한겨레21≫, 제925호(2012.8.27), http://h21.hani.co.kr/arti/society/society_general/32766.html 기사 참조].

3 서북청년단을 위시한 우익 세력들은 어떻게 그토록 많은 동족을 도처에서 무참히 살해할 수 있었을까? 그들 중 다수는 독실한 기독교 신자들이 포함돼 있었는데……. 군복이라는 탈개인화와 익명성 촉진 기제, 미군정과 정부라는 시스템의 명령(정당성 부여)에 따라 제주도민은 비인간적 존재, 국가의 적으로 규정되었다. 좌익 사상을 가진 자들을

일곱째, 이 모든 상황은 북한 쪽에서 조기에 일제 잔재를 청산하고, 모든 산업 시설과 개인의 재산을 국유화하여 재분배하며 일사불란하게 체제를 정비·구축했던 것과 비교가 된다.

제주 4·3 사건 전후에 터져 나온 일련의 폭력 사태들

1) 대구 10·1 사건(1946년 10월 1일)

1946년 10월 1일, 대구에서 발발한 폭력 사태이다. 이 사건의 도화선은 1946년 9월에 조선공산당과 조선노동조합전국평의회 주도하에 벌어진 전국 총파업이었다. 대구에서도 9월 23일부터 총파업에 돌입해 10월 1일까지 파업과 시위가 계속되었다. 그런데 10월 1일 저녁, 대구시청(현 경상감영공원) 앞에서 기아 대책 마련을 요구하는 시위 도중 경찰의 발포로 2명의 노동자가 총에 맞아 사망하는 사건이 일어났다. 다음 날 아침 이 소식을 들은 노동자들이 시내에 집결하기 시작했고 굶주린 일반 시민과 학생들도 시위에 합세했다. 만여 명의 군중에 포위된 대구경찰서장은 스스로 무장해제를 선언하고 유치장 열쇠를 건네 수감되어 있던 정치범들을 석방하게 했다. 조선공산당 지도부의 통제를 받는 노동자들은 질서 있게 경찰권을 인수하려 했다. 그런데 이때 거리 한쪽에서 흥분한 군중들이 경찰에 투석을 시작했고, 궁지에 몰린 경찰관들은 군중에게 총을 난사해 17명의 시위대가 죽는 사태가 벌어졌다. 미군정은 즉각

타도·진멸해야 할 해충으로 봤기 때문이다. 그들은 아무 죄책감도 느끼지 않았을 뿐만 아니라 자신들의 행동은 정당하다는 생각과 함께 오히려 사명감 같은 것을 가지고 있었을지도 모른다. 이러한 비인간화는 인간에 대한 인간의 잔혹성을 이해하는 핵심 개념이라고 짐바르도는 말한다(필립 짐바르도, 『루시퍼 이펙트』, 467쪽).

대구에 계엄령을 선포하고 미군을 동원해 시위를 진압했다. 그러나 미군 개입으로 시위가 대구 인근인 경산군, 성주군, 영천군 등으로 확대되면서 경상북도 일대에서 민중과 미군정 간의 충돌은 멈추지 않았다. 이후 민중 시위는 경북 지역을 벗어나 전국으로 확대되면서 1946년 말까지 계속되었다. 시위 가담자 일부는 이웃 달성군으로 달려가 그곳 경찰서를 습격하고 군청을 불살랐다. 이 사건으로 경찰관 여러 명이 살해되었고, 달성군수 등이 불에 타 죽었다.

대구 10·1 사건은 전국적인 규모의 시위로 확장되면서 경찰력만으로는 진압할 수 없었다. 이 때문에 각 지역에서 미군과 남조선국방경비대를 비롯해 한민당 세력, 민족청년단, 서북청년회, 백의사 등 반공주의 우파 인사의 도움이 필요했다. 그 결과 각종 반공주의 우파 단체 관련자들이 시위에 가담한 좌파를 체포한다는 명분으로 테러 또는 재산 피해를 입히는 경우가 속출해 좌파와 우파 간의 이념 갈등을 불렀다. 이 사건의 정확한 피해 규모나 상황은 명확히 추산할 수 없다. 대구를 포함한 경상북도 지역에서만 사망자가 공무원 63명, 일반인 73명으로 총 136명으로 발표되었다. 역시 경북 지역에서만 관청 건물 네 동과 일반 건물 여섯 동이 불에 타 전소되기도 했다. 이 사건으로 체포된 사람은 수천 명에 이르렀다.

참고로 박정희의 형 박상희도 선산군 구미 지역에서 경찰과 시위대를 중재하던 중 경찰이 쏜 총에 맞고 사망했다.[4] 근본 원인은 "일제강점기의 지배 체제가 그대로 유지된 미군정과 군정청의 식량정책 실패, 가혹한 수매, 미군정 경찰과 반공 청년단의 좌익 사냥, 친일파와 민족 반역자들의 권력 복귀 등으로 인해 민심이 흉흉하게 된 민중들의 분노에 있었다".[5]

---

4 이상 한국어 위키백과 참조.
5 안재성, 『박헌영 평전』(실천문학사, 2009), 383쪽 참조.

2) 2 · 7 사건(1948년 2월 7일): 제주 4 · 3 사건과 여순 사건의 전초전

1948년 5월 10일로 예정된 대한민국 제헌국회 총선을 앞두고 남한 지역에서 '단독선거'가 실시되어 남한 만의 '단독정부'가 수립되는 것('단선단정'으로 축약해 부름) 때문에 총선에 반대하는 흐름이 형성되었다. 미군정에 의해 불법화된 남조선로동당이 이 같은 여론을 선도했고, 남로당과 민주주의민족전선은 총선 일정이 발표되자 단선단정을 반대하며 2월 7일을 기해 전국적인 대규모 파업을 일으켰다. 그들 중 일부가 과격화되어 경찰과 물리적 충돌을 발생시켰다. 특히 경남 밀양에서는 2월 7일 이른 아침에 농민들이 지서 두 곳을 습격하자 경찰이 발포로 맞서면서 10여 명이 사살되고 100여 명이 검거되었다. 합천군에서는 오전과 오후 두 차례에 걸쳐 농민들이 지서를 공격해 역시 100여 명이 검거되었다. 이와 유사한 충돌이 2월 20일까지 전국에서 2주 동안 진행되었다. 전체 참가 인원은 약 200만 명이며, 이 과정에서 사망한 사람은 100여 명, 투옥된 사람은 8,500명 정도로 추산된다.

2 · 7 사건은 자연 발생적이며 우발적인 요소가 많았던 대구 10 · 1 사건과 달리 사전에 충분히 계획되고 준비되었다는 점이 특징이다. 이러한 특성 때문에 전국 각지에서 동시다발적으로 일시에 사건에 돌입할 수 있었다. '단선단정 반대'라는 이해하기 쉬운 구호로 투쟁 목표 또한 분명히 통일되어 있었다. 2 · 7 사건을 계기로 미군정에 반대하는 세력은 지구전 태세에 들어가게 되었고, 이는 각 지역 산악 지대를 중심으로 조선인민유격대의 초보적 형태를 구성하면서 결국 제주 4 · 3 사건이라는 무장 봉기로 이어졌다.[6]

---

6 한국어 위키백과 참조.

3) 여수·순천 사건(여순 사건, 1948년 10월 19일)

여수·순천 사건은 대한민국 정부가 수립되고 2개월 뒤인 1948년 10월 19일, 당시 여수에 주둔 중이던 국방경비대(대한민국 국군의 전신) 제14연대에서 제주 4·3 사건을 진압하기 위해 1개 대대 규모의 군인을 파견하기로 한 것이 발단이 되었다. 이 부대 소속 일련의 남로당 계열 장교들이 주동하고 2,000여 명의 군인이 전라남도 여수에서 봉기했다. 이를 진압하는 과정에서 좌우익 세력으로부터 전라남도 동부 지역의 많은 민간인이 희생당한 사건이다. 반란군에 의해 경찰 74명, 우익 인사 16명을 포함해 약 150여 명의 민간인이 학살됐고, 이들을 진압하기 위해 투입한 군과 경찰에 의해 최소 439명의 민간인이 학살되었다(≪경향신문≫, 사설, 2008.10.21). 이 사건을 계기로 이승만은 반공주의 노선을 강화했다. 군 내부적으로는 공산주의자들을 숙청하는 '숙군작업'을 벌이는 한편, 1948년 12월 1일에는 '국가보안법'을 제정해 사회 전반에 걸쳐 좌익 세력에 대한 대대적인 색출과 처벌에 나섰다.[7]

한편 박정희는 육군 소령으로 진급해 1948년 육군본부 작전정보국에 근무하던 중 여수·순천 사건 연루 혐의를 받았다. "그는 이 사건에 직접적으로 가담한 것은 아니었지만, 남로당의 군사총책 간부였다. 체포(1948년 11월 11일)된 후 재판을 받으면서 자기가 가지고 있던 군부 내 남로당원 명단을 넘김으로써 무기징역에서 감형, 이후 특사로 풀려났다."[8]

4) 노근리 사건

이 사건을 다룬 영화로 〈작은 연못〉(이상우 감독, 2010)이 있다. 이 영화와

---

7 한국어 위키백과 참조.
8 박태균, 『한국전쟁』(책과함께, 2005), 149~150쪽 참조.

〈지슬〉 모두 미군정(그리고 우리 정부)이 정치적인 이유로 죄 없는 주민들을 학살한 사건을 극화하고 있다. 1950년 7월, 전쟁 초기 북한군에게 밀린 미군은 전선을 후퇴시켜 대전에서 부산으로 가는 유일한 길목인 영동군 황간면 노근리 일대에 저지선을 구축한다. 노근리 주변 마을인 주곡리, 임계리에는 미군에 의해 소개령이 내려지고 500여 명의 주민들은 미군의 강압적인 인솔하에 피난길에 오른다. 그러나 미군은 피난민 틈에 민간인으로 위장한 적군이 침투했다는 미확인 첩보를 확신해, 피난민들의 저지선 통과를 막으라는 상부의 지시에 따라 남쪽으로 무작정 내려가던 피난민들을 향해 비행기 폭격을 감행한다. 미군의 저지선이 후퇴하기 전, 7월 26일부터 29일까지 3박 4일 동안의 폭격에 살아남은 300여 명의 생존자들은 기찻길 밑 쌍굴 다리에 갇힌 채 제1기병사단 7기병연대 2대대 병력으로부터 공격을 받는다. 300여 명에 달했던 쌍굴 다리 안의 피난민 중 최후까지 살아남은 사람은 25명이었다. 이들은 시체를 방패 삼고 핏물로 갈증을 달래서 간신히 목숨을 건졌다.

　이후 생존자를 중심으로 한 주민들의 끊임없는 진상 규명 요구에도 불구하고 한국 정부와 미국 정부에 의해 50년간 부정되었던 이 사건은 1999년, AP 통신 기자들(최상훈, 찰스 J. 핸리, 마사 멘도자)을 통해 진상이 밝혀졌다. 그들은 비밀 해제된 미 군사 문건을 검토해 사건 발생 당시의 미군 이동 경로와 현장에 주둔했던 미군 부대를 찾아냈다. 당시 가해자인 미군과 피해자인 한국의 생존자들의 증언으로 잊혔던 사건의 궤적을 맞춰내는 등 수년간의 노력으로 '노근리 사건'의 전모를 밝혀냈다. 이 보도는 2000년 퓰리처상 보도 부문을 수상하면서 세계적인 파장을 일으켰다. AP 통신의 보도 이후 2002년, 영국의 BBC 방송은 다큐멘터리 〈Kill'em All〉을 제작해 '노근리 사건'을 다시 한 번 전 세계에 알렸다. 이후 '노근리 사건'은 한국전 당시 미군에 의해 벌어진 60여 건의 민간인 학살 중 진상이 밝혀진 유일한 사건으로 기록되었다.[9]

9　한국어 위키백과 참조.

제주 4·3 사건의 전모

1) 제주 4·3 사건의 개요

광복 이후 남한만의 단독정부 수립에 반대한 남로당 제주도당의 무장봉기와 미군정[재조선미육군사령부군정청(USAMGIK)]의 강압이 계기가 되어 제주도에서 일어난 민중항쟁이다. '4·3 특별법'에 의하면 제주 4·3 사건은 1947년 3월 1일 경찰의 발포 사건이 첫 도화선이 되어 1948년 4월 3일 발생한 무장봉기로 공식 시작되었다. 1954년 9월 21일, 한라산 금족(禁足) 지역이 전면 개방됨으로써 공식 종료되기까지 7년 7개월 동안 제주도에서 지속된 무력 충돌과 진압 과정에서 주민들이 희생당한 사건을 말한다.

2) 사건 당시의 제주 상황

제주 4·3 사건 진상규명 및 희생자명예회복위원회의 진상 조사 결과에 의하면, 제주 4·3 사건 당시 제주도 상황은 해방으로 부풀었던 기대감이 점차 무너지고, 미군정의 무능함에 대한 불만이 서서히 확산되는 분위기였다. 제주도는 일제강점기부터 좌익 계열의 전통이 강한 지역 중 하나로, 광복 후 도민들의 적극적인 지지 속에 건국준비위원회와 인민위원회가 활발히 활동했다. 초기 제주도 인민위원회는 다른 지역과 달리 미 군정청의 활동에 협조적이었다. 그러나 일제강점기 동안 징용 등으로 외지에 나갔던 사람 약 6만 명이 한꺼번에 귀환하면서 갑작스러운 인구 증가와 일자리 부족, 생필품 부족에 시달렸다. 여기에 콜레라의 창궐(1946년), 대흉년에 이어 쌀 배급을 비롯한 미곡정책의 실패 등 여러 악재가 겹쳤다. 특히 과거 일제강점기에 친일 매국과 주민 수탈에 앞장섰던 공무원과 경찰 출신들이 미군정에 의해 다시 채용되었고, 밀수품(주로 쌀을 일본에 밀수출했다) 단속을 빙자한 미군정 휘하 관리들의 모리

행위가 민심을 자극했다.

사건의 또 다른 배경에는 남한 단독정부 수립을 반대하는 남로당 계열 좌익 세력들의 활동과 군과 경찰을 도와 이들 좌익분자·공산 세력을 뿌리 뽑으려고 미군정이 끌어들인 서북청년단을 비롯한 극우 반공 단체의 충돌이 있었다. 이들 양측은 밤과 낮을 바꿔가며 제주도민들을 수탈하거나 인명 살상 등의 횡포를 저지르며 수많은 문제를 일으켜 반감이 크게 고조되는 등의 일들이 복합적으로 일어났다.

이런 와중에 4·3 항쟁의 직접적인 원인이 되는 사건이 일어났다. 1947년 3월 1일 제주읍 관덕정 마당에서 열린 삼일절 제28주년 기념식에서 기마 경관의 말발굽에 어린아이가 차이는 일이 벌어졌다. 이를 본 시위 군중들이 기마 경관에게 돌을 던지고 야유를 보내며 경찰서까지 쫓아갔다. 그런데 경찰이 이를 경찰서 습격으로 오인해 시위대에게 발포하여 6명이 사망하고 6명이 중상을 입었다. 사건의 전모를 모르던 미군정 당국은 이 발포 사건의 잘못을 시인하면서도 경찰의 정당방위로 주장하고 사건을 '시위대에 의한 경찰서 습격 사건'으로 규정해 행사 간부와 학생들을 연행했다. 한편 경무부에서는 3만여 시위 군중이 경찰서를 포위·습격하려고 했기에 불가피하게 발포했다고 해명하면서 민심이 들끓었다. 남로당은 이런 민심의 흐름을 놓치지 않고 조직적인 활동을 전개했다. 3월 5일에 '제주도 3·1 사건 대책 남로당 투쟁위원회'가 결성되었으며, 제주도청을 시발로 민관 합동 총파업이 단행되었다. 제주도의 경찰 및 사법기관을 제외한 행정기관의 대부분인 23개 기관, 105개 학교, 우체국, 전기회사 등 제주 직장인 95%에 달하는 4만여 명이 참여했고, 심지어 제주 경찰의 20%도 파업에 참여했다(13일까지 166개 기관과 단체에서 4만 1,211명이 파업에 가세). 그러나 미군정은 3월 7일에 계엄령을 선포했고, 14일에는 본토에서 응원 경찰과 서북청년단 등 극우 반공 청년 단체를 파견해 파업 주도 세력 등약 2,500명을 무더기로 검거하고 고문한 다음 이 중 250여 명을 재판에 회부했다(검거자 중 66명의 경찰이 파면되었고, 그 자리는 서북청년단원들로 충원하여 제주도민과 군정 경찰 및 서북청년단 사이에 대립과 갈등이 더욱 고조되었다).[10] 이 과정에서 3월 17일, 수감자 석방을 요구하는 군중에 또다시 발포하는 사건이 일어났다. 미군정의 강경책이 지속되는 가운데 결국 총파업은 3월 18일 종식되었지만 분노를 느낀 도민들은 극우파의 암살을 요구하는 전단을 살포하면서 미군 축출, 경찰 타도 등을 지속적으로 외쳤다. 이에 미군정은 8·15를 기해 다시 도민들에 대한 대대적인 검거를 단행했다. 이를 피하기 위해 수십 명의 도민 지도자들이 한라산으로 입산했고, 그 뒤를 따라 점차 많은 수의 도민들이 한라산으로 들어갔다.

한편 1947년 3월 19일 미군정 정보 보고서에 의하면 미군정은 제주도민의 70%를 좌익 또는 그 동조자로 인식했을 만큼 제주도민의 사상적 성향에 대해 부정적이었음을 알 수 있다. 그리고 그러한 부정적 인식은 후속되는 사건들의 연쇄 속에서 결국 대량 살상 계획으로 이어지게 되었다.

3) 사건의 본격 발발과 초기 상황: 남로당 빨치산의 무모한 무력 투쟁

1946년에 발발한 대구 10·1 사건의 전개와 진압 과정에서도 마찬가지였지

---

10 "전체주의·독재 국가는 공식 경찰이나 군인 등 치안요원뿐 아니라 비공식 치안요원이자 준군사조직, 즉 폭력배들에 의해 지탱된다. 이들은 권력자에게 반대하는 세력이나 파업 노동자들에게 폭력과 학살을 자행하는 데 경찰과 군대 등 공식 조직보다 훨씬 더 잔인하다. 보스니아 사태 당시 세르비아 아르칸 민병대인 타이거, 르완다의 인테라함웨, 수단의 잔자위드, 스페인 내전기의 팔랑헤 등은 악명 높은 사설 테러조직이었다. 경찰 등 공식 치안 조직이 제 기능을 하지 못하거나, 대자본이나 극우 세력이 공권력만으로 자신의 이익을 지킬 수 없다고 생각했을 때 사적으로 테러 세력을 고용한다. 그러나 사실 전근대 시절부터 현재의 신자유주의 시대까지 각 나라에서는 사설 경비 업체, 즉 자본이 고용한 사설 폭력 조직이 정부의 치안 기능을 보완·대신해왔다. 남아프리카공화국의 경우 사설 보안 조직의 규모가 경찰의 4배나 되고, 세계적으로도 1990년대 이후 민간 보안 산업이 매년 20% 이상 성장했다고 한다"(김동춘, 「배고픈 청년들은 노동자들을 팼다: 서북청년단과 컨택터스」).

만, 미군정은 남한 내의 공산 세력 일소를 위해 서북청년단을 위시한 극우 청년 단체들을 앞세워 '빨갱이 색출과 처단'에 총력을 기울였다. 그들의 가장 큰 목표는 '남조선로동당' 핵심 멤버와 그 추종 세력을 비롯해 미군정의 정책에 반대하는 일련의 '불순 세력'을 소탕하는 것이었다. 그 과정에서 남한 단독정부 수립을 위한 선거가 1948년 5월 10일에 예정되었다.[11] 그렇게 되면 '남조선로동당'은 정체성과 존립 자체가 위태롭게 되기에 남한만의 단독선거, 단독정부를 반대한다는 명분으로 각종 파업과 시위에 앞장섰다. 한편 김구, 김규식 등 중도 보수와 우익 진영에서도 남한만의 단독정부 수립에 반대하는 인사들이 많았으므로 파업과 시위에는 대의명분이 있었다. 이러한 분위기가 전국적으로 확산되는 가운데 2·7 사건이 터졌다. 이 사건은 특히 경남 밀양과 합천 일대에서 많은 사상자를 냈고, 미군정과 군경, 서청 등의 극우 단체에 의해 진압되었다.

결국 이와 같은 일련의 사태가 복합적으로 영향을 끼치면서 비등점을 향해 치닫던 제주도에서도 결국 남로당 지부의 김달삼 등이 독단으로 무장 폭동을 결행했다(남로당 중앙당과 협의 없이 실행되었다). 1948년 4월 3일 새벽 2시, 남조선로동당 제주도당은 김달삼 등이 조직한 제주도민 출신 무장 전위대인 자위대 500여 명과 그 동조자 1천여 명이 무장을 하고 제주도 내 24개 경찰지서 가운데 12개 지서를 일제히 공격했다. 이들은 경찰관과 서북청년단, 대한독립

---

11 '5·10 총선거'란 1948년 5월 10일에 실시된 우리나라 최초의 국회의원 선거로 '대한민국 제헌국회'를 구성하기 위해 실시되었다. 정당 및 사회단체가 무려 48개나 되었지만, 7명 이하로 후보를 낸 정당이 42개였고, 단 1명의 후보를 낸 정당 및 사회단체도 25개나 되었다. 이는 해방 후 정당과 사회단체의 난립 현상과 정치적 혼란을 여실히 보여준다. 그리고 남한만의 단독정부 수립을 반대하고 남북협상을 추진했던 남북협상파와 좌익 계열은 이 선거에 불참했다. 가장 많은 당선자를 낸 대한독립촉성국민회와 한국민주당은 모두 이승만의 지지 세력이었다. 5월 31일 선거위원회의 소집에 의해 대한민국 헌정 사상 최초로 제헌의회가 소집되었으며, 국회의장에 이승만, 부의장에 신익희가 선출되었다(야후 백과 참조).

촉성국민회 등 우익 단체 요인들의 집을 습격했고, 현장에서 경찰관 가족, 민족청년단원, 서북청년단원 가족, 독립촉성회 당원 가족을 살해했다. 초기 공세에 성공을 거둔 무장 세력은 곧 도민과의 협력 체제를 강화하는 방향으로 조직 개편을 단행해 '자위대'를 해체하고, 각 면에서 30명씩 선발해 연대와 소대로 구분 편성된 '인민유격대'를 조직했다.

이것이 제주도 4·3 사건의 본격 시작이었다. 그러나 이는 제주도 남로당 세력이 외부와 고립된 제주도 지형과 미군의 대응을 전혀 고려하지 않은 무모한 결정을 내린 셈이었다. 이 사실이 외부에 알려지면서 극우 세력은 제주도 '빨치산(파르티잔, partisan)' 세력을 규탄하는 집회를 서울에서 열었고, 미군정에도 '빨갱이 토벌 작전'을 요청했다. 이에 미군정은 4월 5일에 '제주도 비상경비 사령부'를 설치했다. 이어서 각 도에서 차출한 대규모의 군대, 1,700여 명의 경찰, 서북청년단 등 반공 단체를 증파했고, 제주도 도령을 공표해 제주 해상 교통을 차단하고 미군 함정을 동원해 해안을 봉쇄했다.

사태 발발 초기에는 상호 간에 수십 명이 살해당했지만, 이후 4월 28일에 제9연대장이었던 김익렬 중령이 더 이상의 피해를 막기 위해 남로당 무장대 대장 김달삼과 회담을 가져 평화적으로 해결하려고 했다. 그리고 평화 협상이 체결되어 전투를 72시간 이내에 중단하기로 합의했다. 그러나 미군정 장관 딘(W. Dean)은 평화 협상을 거부했고, 그의 지시를 받은 조병옥 경무부장 등이 강경 일변도의 진압 정책으로 나와 평화 협상은 깨졌다. 5월 1일, 서북청년단을 비롯한 우익 청년 단체가 오라리에서 저지른 방화 사건을 유격대의 소행이라고 조작했다. 아울러 사건의 책임을 제9연대에게 물어 연대장 김익렬을 해임하고 강경파인 박진경을 후임으로 기용해 강경 작전에 착수했다(신임 연대장 박진경은 6월 18일 대령 진급 축하연을 마친 후 문상길 중위(대한민국 정부 수립 후 사형 집행 1호) 등 부하 대원에게 암살당했다].

이에 대해 유격대와 제주도민들은 5·10 총선거를 거부하기 위한 투쟁을 시작했다. 선거일이 가까워지면서 선거 관리 사무소가 습격을 당하고 선관위원들이 피살되는 사건이 연이어 일어났다. 투표소가 피습을 당해 기록을 빼앗기기도 했다. 마침내 5·10 총선거가 실시되자 도내 각지에서 투표 거부 사태가 발생해 전국 200개 선거구 가운데 제주도 북제주군 갑구(투표율 43%), 북제주군 을구(투표율 46.5%) 등 2개 선거구만 과반수 투표 미달 사태를 초래했다. 이때 전국 투표율이 94.9%였으나 제주도 전체 투표율은 62.8%에 그쳤다. 따라서 5월 10일 남한 단독선거에서 제주도는 투표소 두 곳이 과반수 미달로 무효처리 되었고, 6월 23일에 재선거를 실시하려는 미군정의 시도도 실패했다.

5월 20일엔 제9연대 소속 군인 41명이 모슬포 부대에서 무기와 장비·탄약 5,600발을 갖고 탈영해 무장대에 가담하는 사건도 발생했다. 이후 육군·해군 경비대가 제주 지역에서 토벌 작전을 전개했으며, 미군정은 탈영 사건을 일으킨 제9연대를 해체하고 제주도 토벌 부대로 제11연대를 재편했다. 6월 중순경 사건의 주모자 김달삼은 1948년 9월 해주에서 열리는 제2차 전조선 제정당 사회단체 연석회의에 참석하기 위해 제주도를 벗어났다. 이해 8월 15일 대한민국 정부가 수립되었으나 정부 수립 이후에도 군 작전 지휘권은 미군에 귀속되었고, 수도관구경찰청 소속 경찰관 800명이 제주로 파견되었다.

4) 대규모 진압 작전의 시작과 대량 학살

1948년 8월 15일, 남한에 대한민국이 공식 수립되고, 9월 9일에는 북한에 조선민주주의인민공화국이 수립되었다. 이에 따라 이승만 정부는 그때까지 진행되던 제주도 문제를 정권의 정통성에 대한 도전으로 인식했다. 이승만 정부는 그해 10월 11일 제주도경비사령부를 설치하고 본토의 군 병력을 증파했으며,[12] 11월 17일 제주도에 계엄령을 선포했다. 이에 앞서 제주 해안선에서

---

12 이때 여수에 주둔 중이던 제14연대 소속 1개 대대를 제주도에 증파하도록 명령했으나 14연대는 이에 불응하며 오히려 반란을 일으켰다(여순 반란사건).

5km 안쪽의 중산간지대를 통행하는 자는 폭도배로 간주해 총살하겠다는 포고문이 발표되었고, 곧이어 대대적인 초토화 작전이 실시되었다. 이때부터 군경 토벌대가 조천면 교래리 주민 30명을 총살한 것을 시작으로 중산간마을에 대한 수색과 강경 진압이 이뤄졌다. 그 결과 세화·성읍·남원 등 마을의 95% 이상이 불에 타 없어지고 그 과정에서 좌익 세력과는 관련이 없는 다수의 무고한 인명이 살상되었다. 진압 군경은 가족 중에 한 명이라도 없는 경우에는 도피자 가족으로 분류해 부모와 형제자매를 대신 죽이는 이른바 '대살(代殺)'을 자행하기도 했으며, 재판 절차도 없이 주민들을 집단으로 사살하기도 했다. 이로 인해 삶의 터전을 잃은 중산간마을 주민 2만 명이 더 깊은 산속으로 들어가 무장대의 일원이 되는 결과를 초래했다.

이에 이승만 정부와 미국은 1949년 3월 2일 제주도지구전투사령부를 설치하고, 김용주 대령의 독립 유격 대대를 투입해 무장대의 잔존 세력을 일소하기 위한 최후의 총공세를 감행했다. 이 결과 3월 12일부터 4월 12일 한 달 동안 2,345명의 '무장대'가 사상했고 1,608명의 민간인이 살해당했다. 아울러 진압과 함께 선무 작전이 병행되었으며, 귀순하면 용서한다는 사면 정책에 따라 많은 주민들이 하산했다.

1949년 5월 10일 재선거가 성공적으로 치러진 데 이어 6월에 무장대 총책인 이덕구가 오라리에서 경찰의 발포로 사살됨으로써 무장대는 사실상 궤멸했다. 그러나 이듬해 한국전쟁이 발발하면서 보도연맹 가입자와 요시찰자, 입산자 가족 등이 대거 예비 검속되었다. 이들은 당시 제주 계엄군을 맡고 있던 대한민국 해병대 등에게 학살을 당했고, 전국 각지의 형무소에 수감되었던 4·3 사건 관련자들도 즉결처분되었다.

5) 사건의 종료와 그 후

이 사건은 한국전쟁 휴전 후 1년여의 시간이 흐른 뒤인 1954년 9월 21일 한라산의 금족 지역이 전면 개방되면서 발발 이후 7년 7개월 만에 공식적으로 막을 내렸다. 30여만 명의 도민이 연루된 가운데 2만 5,000명에서 3만 명가량의 학살 피해자가 발생했다. 당초 토벌대가 파악한 무장대의 숫자는 최대 500명이었다. 이들을 소탕한다는 명분으로 그보다 수십 배에 달하는 무고한 양민을 학살하는 참극을 빚은 것이다. 그러나 이 모든 학살극은 여타의 유사한 사건들처럼 자유당 정권과 미군정에 의해 철저히 묻혔다. 진압 작전에 투입됐던 서북청년단 등 우익 단체 회원들은 이후 군과 경찰 등 요직에 등용되었고,[13] 국가유공자가 되어 남한 정부의 보훈 대상자가 되었다. 그리고 이어지는 군부 독재 정권들이 정권의 안위 차원에서 유효적절하게 써먹은 반공 이데올로기 때문에 누구도 이 문제를 다시 끄집어낼 엄두를 내지 못했다.

1980년대 후반 이후 시민단체를 중심으로 제주 4·3 사건에 대한 진상 규명 움직임이 활발해졌고, 제주도의회에 '4·3 특별위원회'가 설치·운영되는 등 사건의 진상 규명 및 명예 회복에 대한 관심이 높아졌다. 이에 김대중 정부에 들어와 국민 화합 차원에서 진상 규명과 보상을 위해 '제주 4·3 사건진상규명 및희생자명예회복에관한특별법(2000년)'이 제정되고 후속 조치가 이뤄졌다. 그리고 2003년 진상규명위는 4·3 사건이 발생한 지 55년 만에 정부 차원의 '진상보고서'를 채택했다. 이 보고서는 4·3 사건에 대해 "(남한만의) 단독정부 수립 반대와 연계된 남로당 제주도당의 무장봉기가 있었고, 이를 진압하는 과정에서 무고하게 주민들이 희생됐다"라고 발표하고 정부 차원의 사과와 희생자 지원을 건의했다. 또 제주도민 및 피해자에 대한 정부의 사과, 추모기념일 지정, 4·3 평화공원 조성, 유가족에 대한 생계비 지원, 집단 매장지 발굴 지원

---

13 "이들 상당수는 한국전쟁 직전 경찰·군 공식 조직으로 편입됐는데, 군 조직 내에서 이들의 위세는 공식 조직을 압도했다. 육사 5기의 3분의 2가 서북청년단 출신이었다. 포병대대에서 서북청년단 출신 병사들은 신참 장교를 구타하기도 했으며 다른 병사들을 사병 부리듯 했다. 병사들은 후환이 두려워 장교들의 말보다 서북청년단의 말을 더 듣기도 했다"(김동춘, 「배고픈 청년들은 노동자들을 팼다: 서북청년단과 컨택터스」).

등 7개 항을 담은 대정부 건의안을 제출했다. 이에 따라 2003년 10월 말에는 당시 노무현 대통령이 제주 4·3 사건과 관련해 사건 발생 후 처음으로 국가 차원의 잘못을 인정하고 제주도민에게 공식 사과했다.[14]

그리고 마침내 지난 2014년 1월 17일, 박근혜 정부는 '제주 4·3 희생자 추념일'을 국가 기념일로 지정하기로 했다. 이에 따라 그동안 민간 차원에서 이뤄지던 4·3 관련 행사가 2014년부터는 정부 주관으로 열리는 국가적 차원의 위로 행사가 되었다.

〈지슬: 끝나지 않은 세월 2〉 영화 속으로[15]

대한민국 근대사의 뜨거운 감자를 끄집어낸 〈지슬〉. 국가 공권력에 의해서 대규모 학살이 자행돼 3만여 명이 희생되었으나 그 실체와 전모에 대한 국가 차원의 제대로 된 규명도 없고, 무구한 희생자들에 대한 신원(伸寃)과 보상이 즉각 이루어지지 않은 채 긴 세월 동안 덮여 있었다. 일제의 식민 지배에서 해방이 되고 대한민국 정부가 수립되기까지, 우리 사회는 극심한 혼란과 좌우 이념 대립의 도가니탕이었다. 어쩌면 피할 수 없는 숙명적 상황이었지만 정치 지도자들은 권력 다툼 속에서 제대로 된 국가의 비전을 제시하지 못했고, 분출

---

14 이상 네이버 '시사상식사전', '한국어 위키백과', '한민족문화대백과', '야후 백과', '엔하위키 미러' 등 참조.
15 이 영화의 부제가 '끝나지 않은 세월 2'로 되어 있는 데는 이유가 있다. 지난 2005년에 제주 출신 김경률 감독이 만든 〈끝나지 않은 세월(4·3 Story)〉이 있기 때문이다. 그런데 김경률 감독이 2005년 12월 1일, 뇌출혈로 갑작스럽게 사망하자 그의 유지를 이어받아 '오멸' 감독이 전편에서 하지 못했던 이야기들을 다시 녹이고 풀고, 재구성해서 새로운 이야기를 만들었다. 이렇게 만든 영화가 고 김경률 감독이 하려던 이야기를 계승하고 있다는 의미에서 이렇게 부제를 달았다.

하는 온갖 욕구들에 대한 선후 완급의 대응과 통제를 수행할 능력을 갖추지도 못했다. 미군정하에서 위정자들은 식민 지배 기간에 일제에 복무한 친일 관료, 치안 담당자, 지식인, 교육자를 제대로 심판·청산하지 못했다. 미군정은 한반도 이남을 무정부 상태로 둘 것이 아니라 시급히 국가의 체제를 만들어야 한다고 생각했다. 그래서 일제의 부역자들을 과거 그들의 근무지에 복직시켰고, 친일 매국 행위를 일삼던 사람도 인재가 부족하다는 이유로 요직에 중용했다. 그들에게 친일이니 매국이니 하는 문제는 부차적이거나 별 상관없는 문제였던 것이다. 특히 미군정의 비호를 받으며 전면에 나선 이승만을 비롯한 위정자들은 무능했고, 나날이 악화되는 민심을 달래지 못했다. 이들은 국토의 변방에서 상대적으로 더욱 소외되고 열악한 환경에 처해 있던 제주도민들의 불만 표출을 국가 전복을 시도하는 공산 좌파의 준동과 정권의 정통성에 대한 도전으로 보고 계엄령 선포와 무력 진압이라는 무리수를 감행했던 것이다.

제주 도민들의 열악한 상황에 대한 무지와 그 근원에 대한 몰이해의 기반 위에서 미군정과 제주도민 사이의 소통 부재는 상호 간에 불신과 불만을 키우는 원동력이었다. 그러한 상황에서 벌어진 폭력 사태는 민심을 크게 이반시켜 걷잡을 수 없는 폭동과 사회 혼란으로 이어졌다. 미군정은 이 모든 책임이 빨갱이 사상에 물든 제주도민에게 있으며, 이들이 국가 전복을 노리고 공산 혁명을 위한 폭동을 일으켰기 때문이라는 전제하에 계엄령을 선포하고 토벌에 나섰다. 미군정과 아직 공식 출범조차 하지 못한 대한민국의 위정자들은 우익 단체에 소속되지 않은 제주도민을 보호해야 할 우리 국민으로 보지 않았다. 여기에 남로당을 비롯한 좌익 세력들은 이 혼란을 남한 내에서 자신들의 정치적 입지를 굳히고 세를 확장하기 위한 절호의 기회로 보고 본격적인 무력 투쟁에 나섰다. 그 와중에 좌익 또는 우익 사상과 관계없이 제주 땅에 낮게 엎드려 조용히 살아가던 사람들, 순진한 양민들은 양쪽의 대립에 끼인 채 이러지도 저러지도 못하고 밤낮 내몰리며 혼란을 겪었다. 사소한 빌미만 있어도 양쪽 모두로부터 희생 제물이 되기도 했다. 이것이 4·3 사건 비극의 시작이요, 본질이다.

정작 중요한 문제는 이 사건이 종료된 이후에도 당시 이 사건의 제1 책임자인 미군정, 그 후에 들어선 대한민국 정부, 이승만도 적절한 책임을 지지 않은 것이다. '박정희 − 전두환 − 노태우'로 이어지는 역대 정권도 한결같이 '그것은 빨갱이, 공산당, 폭도들이 저지른 폭동이요, 국가 전복을 꾀한 행위'로 학살을 정당화하고 깊숙이 덮어 왔다. 이제까지 지속되는 남북 분단과 이념 대립, 체제 경쟁 속에서 제주의 비극은 누구도 되짚거나 이의를 제기하지 못하고, 역사 속에 파묻힌 채로 방치할 수밖에 없었다. 이 땅에서 이와 같은 비극적인 일이 일어나고, 그것을 긴 세월 동안 묻어두고 있었다는 것, 그러면서 아무도 책임 지지 않았다는 것, 그리고 이제야 이런 영화를 통해 사건의 진실에 다가가려는 노력의 단초가 제시된 것은 생각할수록 슬프고 어처구니없고 화가 나는 일이다. 그러기에 우리는 이제라도 이러한 역사의 전모를 입체적으로 조망해야 한다. 사건의 배경, 경과, 결과, 그리고 오늘에 이르기까지 사건이 덮여 있던 이유 등을 제대로 알아야만 한다. 그리고 기억해야 하며, 이와 같은 사태가 반복되지 않도록 경계해야 한다. "기억은 우리로 하여금 실수로부터 배우게 해주고 우리의 지식을 기반으로 더 나은 미래를 창조할 수 있게 해준다. 그러나 기억은 악의와 원한을 불러일으키고, 학습된 무력감을 낳으며, 외상적 경험을 반추함으로써 우울 속에 빠지게도 한다."[16]

이러한 야만과 광기의 세월 속에서 수많은 원혼들의 제사는 생존해 남아 있는 핏줄들의 몫일뿐이었다. 그런데 영화 〈지슬〉은 개별적인 제사로는 원혼들의 넋을 제대로 위로하지 못했음을 직시하는 것에서 비롯됐음을 분명히 한다. 국가와 위정자들이 세월 속에 깊이 봉인한 뜨거운 감자인 이 사건을 들춰내 스크린 위에 펼쳐놓는다. 그리고 긴 세월 동안 침묵에 동참하고 주목하지 않음으로써 악의 편에 함께 했던 우리 모두에게 가장 진지하고 엄숙하면서도 온

---

16 필립 짐바르도, 『루시퍼 이펙트』, 368쪽.

건한 방식으로 이 뜨거운 감자를 슬며시 내민다. 스크린에 원혼들의 넋을 위로하는 제사상을 차려놓고 함께 참례하기를 권한다. 그런 면에서 영화 〈지슬〉은 짐바르도가 말하는 바와 같은 '기억이 우리에게 주는 양면성' 모두를 어루만져 위무해주면서 빛을 발하는 역작이다. 먼저 우리나라가 더 나은 사회를 만들고 더 나은 미래를 창조하는 길에서 언젠가는 제대로 풀고 가야 했을 뜨거운 감자에 대해 다시 이야기한다는 점에서 그렇다. 그리고 이 영화를 보면서 분노와 무력감을 가지거나, 이 영화가 트라우마 트리거가 되어 다시 고통과 우울에 빠질 수도 있는 유가족들을 위로해주고 있다는 점이다. 나아가 희생자들의 넋을 위무하고 좋은 곳으로 떠나보내는 제사 의식을 통해 모두의 화합까지 이끌어낼 수 있는 요소가 두루 있어서 의미를 더한다. 연출자 오멸 감독은 여기에 더해 영화의 도입부 타이틀 첫머리에 "총 제작지휘 故김경률 감독"이라고 새겨 넣음으로써 이 영화가 그에게 바치는 오마주이자 그를 위한 또 하나의 제의임을 명백히 한다.

영화 〈지슬〉의 이야기 구조

영화 〈지슬〉은 전적으로 제주 4·3 항쟁의 희생자들을 위무하기 위한 씻김굿이자 위령제이다. 사건 당시의 망자들뿐만 아니라, 남은 유족들, 가해자들, 그리고 침묵하고 방관하고 잊고 살아왔던 제3의 산 자들, 오늘의 신세대들까지 모두 불러내 이 제사에 함께 참례하자는 마음으로 만든 영화이다. 이를 위해 영화는 전통 제례의 구성 요소 중 '신위(神位)', '신묘(神廟)', '음복(飲福)', '소지(燒紙)' 등 네 개를 끄집어내 각각 기승전결의 부제로 삼아 서사 전개 과정을 이끌어나간다. 감독은 이와 같은 극적 구성을 통해 제주도 무속신앙의 신방(무당) 역을 자처하고 나선다. 신방의 시선으로 망자 개개인의 사연을 살피고 지방을 태워 그 넋을 하늘에 올려 보내는 신원과 해원의 씻김굿으로 의식적 제의를 갈무리한다.

이러한 극적 흐름을 따라 관객은 당시의 사람들과 대면하고, 두런거리는 그들의 이야기를 경청하고, 그 속에서 그들에게 각인된 아픈 상처들을 어루만진다. 처참했던 참극을 기억하고 이야기할 때 영화는 우리나라 사람들이 가장 친숙하게 다가가고 깊이 공감할 수 있는 제례 의식의 형식과 단계를 가져와 펼쳐놓는다. 따라서 영화 관람 자체가 옷깃을 여미고 사자의 영혼을 달래는 제사에 참례하도록 한 것이다. 매우 독창적이고, 가장 한국적이면서도 보편성을 획득할 수 있는 전략인 셈이다. 이런 흐름 위에 한국인이기에 이해하고 교감할 수 있는 정서들을 여러 소품과 극적 디테일을 활용해 시종 편만하게 풀어놓는다. 특히 제주도 토속어 특유의 고저장단과 리드미컬한 리듬감은 특유의 해학성뿐만 아니라 캐릭터들의 입체감과 생동감을 살려주고 관객에게는 극적 몰입을 통한 현장감을 갖도록 하는 데 크게 일조한다. 우리 영화를 보면서 자막을 함께 읽는 것이 단지 관객의 이해를 돕는 차원을 넘고, 번거로움을 넘어서는 특별한 재미를 포함하고 있다는 점도 부정할 수 없다.

초유의 엄혹한 상황에 처한 제주 사람들의 순진무구함과 가슴 아픈 이야기를 풀어내는데 너무 무겁게 가라앉지 않으면서도 비극성을 강조한다. 때때로 해학을 곁들이지만 너무 경박하게 가지 않도록 하면서 사건 자체의 드라마투르기(dramaturgie)보다는 사건 속에 놓인 사람들의 상황 인식이나 대처 방식에 주목하며 극적 흐름을 깔끔하게 이끄는 연출자의 재주가 각별하게 느껴진다. 〈지슬〉 속 인물들은 재난이나 전쟁 장르의 기존 상업 영화들에서 볼 수 있는 정형화된 캐릭터들, 즉 주인공인 리더와 그 팀원들, 그들의 적대자들, 반항아나 무능해 뒤처지는 자, 배신자, 극적 배경의 일반인, 희생자 등의 인물들과는 확연히 다르다. 그들은 정형성이 없고 각자 고유의 개성을 가진 상태로 감자처럼 둥글다. 그 바탕을 이룬 삶의 한가운데로 돌올한 사건이 끼어들 때, 그들이 보일 수 있는 가장 원초적이고 자연스러운 반응을 영상에 그대로 기록한 듯한 느낌을 준다. 영화는 그렇게 자신들의 의지와 상관없이 사건의 한가운데로 내몰린 사람들 하나하나의 사연을 보여준다. 그럼으로써 이들 각자가 영문도 모른 채 하루아침에 죽음으로 내몰려야만 했던 사실 그 자체에 집중하고 그들을 애도하고 있음을 분명히 한다. 따라서 이 영화는 제주 4·3 사건으로 인해 3만 명이 목숨을 빼앗긴 충격적인 하나의 사건이 극화된 것이 아니다. 3만 명이 각자 자신의 일상에서 졸지에 겪게 된 3만 개의 서로 다른 죽음을 조망하는 데 있다. 시간 관계상 모든 사람, 모든 주검을 다 보여줄 수는 없어서 그중 몇 명만 표본으로 보여주지만, 그렇게 산화한 3만 명 각각의 영령을 기억하고 위로하며 제사에 초대해 흠향하게 하는 제례를 올리는 과정이다.

한편 주민들을 학살하는 군인들과 토벌대 구성원들의 모습은 어떻게 그려지고 있을까? 군대와 토벌대 지휘 계통은 모습을 전혀 드러내지 않는다. 다만 개별 병사들의 모습만 제시되고, 그들 캐릭터 역시 주민들과 다르지 않게 개성적으로 그려진다. 주민들을 많이 살해할수록 공적을 쌓는 것이라며 병사들을 닦달하는 고참이 있는 반면, 부조리한 상황에 적응하지 못하고 방황하는 병사도 있다. 정체 모를 약에 취해 정신을 차리지 못하는 고참 병사가 있고, 말 없는 가운데 묵묵히 온갖 허드렛일을 처리하는 속모를 병사도 있다. 빨갱이들을 치 떨리도록 혐오하는 북한 사투리를 쓰는 고참도 있다. 아마도 그는 이 사건 당시 너무나 많은 사람들을 학살하며 악명을 떨친 서북청년단원 중 하나가 아닐까 싶다. 이들은 한쪽에서는 자신들이 죽여야 하는 주민들과 대화를 나누기도 하고, 다른 쪽에선 '우리가 이 일을 폭도들 때문에 하고 있는 것이냐, X같은 명령 때문에 하고 있는 것이지'라며 현실을 개탄하는 병사도 있다. 처참한 상황을 받아들이지 못하고 미쳐가는 병사가 두루 혼재돼 있는 토벌대의 모습 역시 갑작스레 삶의 나락으로 내몰린 섬사람들 못지않게 혼란스럽다. 그들은 자신의 의지와는 상관없이 오직 명령에 따라 무고한 양민들의 목숨을 총검으로 빼앗아야 했던 가해자이자, 시대의 또 다른 희생자임을 보여준다. 그중 가장 인상적인 캐릭터는 '주정길'이다. 주정길은 직접 사람을 죽이는 일에 참여하지 않는다(모 일병 역시 사람을 한 명도 쏴 죽이지 못해 발가벗고 눈밭에서 벌을 선다). 다만, 묵묵히 등에 항아리를 들쳐 메고 — 엉덩이 다 젖는 줄도 모르고 — 물을 나르거나, 마을 여인을 강제로 추행하고 나오는 상사에게 물 한 사발을 건네다거나, 남의 총을 대신 들고 서 있기만 할 뿐이다(정길이 메고 있는 두 번째 총은 총 대신 칼로 손맛을 즐기는 전쟁귀의 것이다). 정길은 늘 고개를 숙이고만 있다. 정말 부끄럽게도 지금의 우리들처럼. 그럼에도 결국은 고개를 들고 '죽이지 말라'며 (제례의 마지막) '소지'를 함으로써 혼들을 마저 달래준다.

사상·이념·이데올로기, 그 밖의 모든 편 가름을 위해 동원되는 세상의 잣대들에 대해서는 일체 개념이 없으며 수난의 이유도 모르는 무구한 사람들의 모습을 그려내는 방식은 참으로 적절했다. 그들은 당면한 허기 속에 앞으로 이어갈 끼니를 걱정하고, 돼지 밥 주기 등 매일 반복하던 일상을 이어가지 못하는 데서 오는 불안과 걱정, 혼사를 앞두고 피난으로 인해 준비가 원활하지 못해 걱정하는 모습에 이르기까지, 죽음은 염두에도 없는 모습이다. 이런 모습은 정치 이데올로기나 사상적 지향이 틈입할 여지가 전혀 없음을 분명히 하며, 이들이 전적으로 무고한 양민임을 강조하는 것이다.

그러나 빨갱이 색출과 토벌이라는 명분을 앞세운 무차별 인명 살상을 자행한 사람들까지도 지나치게 인간적으로 그린 것은 아닌가 하는 생각이 든다. 이 점은 감독이 너무 낭만적으로 접근한 것이 아닌가 싶기도 하다. 토벌대의 악행, 너무나 비인간적인 인간 백정들을 말랑말랑하게 또는 간단히 그렸다. 아무리 영화의 주제나 이야기의 목표가 분노의 파토스를 고양시키는 것이 아니라 사자들의 영혼을 어루만져 위로하는 데 있으며, 이데올로기적 대립 구도 등을 철저히 소거하려 했다고 하더라도 말이다. 군인들이나 토벌대 중에 일부 죄책감과 두려움으로 살육에 참여하지 않은(못한) 병사들도 있었을 것이다. 그러나 그들 대다수는 명령에 의했건 자신들의 신념에 따랐건 광기에 사로잡혀 수많은 사람들을 도륙하고 시신마저 훼손하는 패역을 저질렀다. 나라에서 파견한 군인들이 마땅히 보호해야 할 제 나라 사람들을 오히려 죽였다. 양민을 차마 죽이지 못하는 군인들은 국가 반역자, 명령 불복종자로 몰리고, 영문도 모르고 죽어가는 백성들은 누구를 원망해야 하는지도 모른다. 그들은 그저 죽어가면서도 자신들을 죽이는 젊은이들에 대한 증오심마저 보이지 못한 채 속절없이 당하기만 한다. 그런데 이런 일이 그저 과거 한때에만 미친바람처럼 휘몰아치고, 끝나고, 묻힌 사건이 아니다. 아직도 그 가해자들 중에는 대명천지를 활보하며 자신들이 한 일에 대해 죄의식을 느끼기는커녕 오히려 이 땅에서 빨갱이를 색출해 처단하고 나라를 구한 영웅인 것처럼 행세하는 사람들이 있다. 이들을 심판할 도리는 없다 하더라도 최소한 이들이 평생 그래왔듯이 지금도 여전히, 기세 좋게 활개 치며 다니는 모습, 그 근원이 어디서부터 유래하는지에 대해서는 좀 더 세밀히 짚고 엄정한 책임을 물을 필요가 있지 않았을까 싶어 아쉽다. 나아가 '누가, 왜, 무슨 이유로 그때 그 시절 제주의 양민들을 폭도로 규정하고 무자비한 학살을 자행하도록 했는가'라는 근원적인 질문에 대해서도 영화 도입부에서 전제하고, 중간에 그에 대한 대답이 될 수 있는 장면을 한둘이라도 넣었으면 좋지 않았을까 싶기도 했다.

1948년 4월 3일부터 시작된 사건은 1954년 9월 21일에 공식 종료되기까지 7년여에 걸쳐 자행되었고, 제주도민의 10분의 1인 3만여 명이 학살당했다. 명령에 의해 살상을 저질러야 하는 군인과 아무것도 모른 채 쫓겨야 하는 사람들의 안타까움. 한치 앞도 보기 힘든 안개 속, 무엇이 옳고 그른 것인지, 누가 적이고 누가 내 편인지, 어디로 가야 삶이 있고, 어디로 가면 죽음이 도사리고 있는지 분간할 길이 없는 안개 속에서 수없이 죽어간 사람들. 그러나 서로에 대한 불신 속에서도 그들 모두를 포용하는 온정이 살아 있는 모습도 있다.

'지슬(감자)'이라는 말의 다의성

국가 차원의 압도적인 무력과 폭력에 속수무책으로 희생당하는 제주 사람들의 모습은 묘하게도 감자를 닮아 있다. 영화의 비극성은 자신들의 삶을 송두리째 뒤흔들며 다가오는 학살의 공포 앞에 놓인 그들의 순박함, 대책 없이 천진난만하기까지 한 모습의 대비를 통해 더욱 강조된다. 난리를 피해 숨어든 동굴 속에서 감자 한 알에 기뻐하고 칡뿌리 하나를 아쉬워하는 사람들의 모습, 추위와 굶주림에 대한 원초적 반응들, 그러면서 피난 직전까지 그들이 살아오며 맞닥뜨렸던 일상의 희로애락을 풀어놓는다. 거기에 전전긍긍 끌탕하는 모습은 이야기의 사실성과 극적 장면의 진실성을 극단까지 밀어 올린다. 반면 이 영화에서 슬픔의 정한을 인위적으로 조장하거나 과장하는 장면은 없다. 오히려 극도로 자제된다고 하는 표현이 맞겠다. 가령 거동이 불편해 피난길에 함께 나서지 못한 노모가 걱정돼 어렵게 집으로 돌아간 아들은 난장판이 된 집안과 불타다 남은 잔재들, 그리고 그 사이에 나뒹구는 감자들을 천천히 돌아본다. 현장에는 분명 노모의 시신이 스러져 있지만 카메라는 그 모습을 담아내지 않는다. 다만 길게 이어지는 아들의 통곡 소리를 통해 미루어 짐작하게 할 뿐이다. 어느새 아들의 곡은 멈추고 그는 노모가 남긴 감자를 가지고 돌아와 굶주린 마을 사람들에게 건넨다. 아들을 위해 목숨을 바쳐 지켜내려고 했던, 생명과도 같은 그 감자를 앞에 두고 마을 사람들은 잠시 노모의 안전을 묻지만, 이내 그것으로 허기를 면하며 두런거린다. 아들은 그저 침묵으로 일관한 채 구석에 무너지듯 주저앉아 버린다. 이는 제사 후 복을 기원하며 함께 나누는 음식, 즉 '음복'이나 마찬가지다. 그것은 삶의 비극성을 인위적이고 감성적으로 조작해 슬픔의 정한을 극대화하려는 최루성 또는 신파적 정한과는 전혀 다르다. 그래서 이 영화가 체현하는 삶의 비극성, 그리고 슬픔의 정한은 제시된 장면보다 한 걸음 뒤에 더디 오지만 더욱 둔중하고 강력하게 밀려온다.

남몰래 연모하던 처녀(순덕)의 죽음을 본 청년은 그 고통과 슬픔을 누구에게도 표현하지 못하고 오직 내면으로 육화한다. 그렇게 꾹꾹 눌러 담아 혼자 삭이려던 고통과 슬픔은 터져 나오고, 청년은 산등성이를 달려간다. 그 장면은 슬픔과 고통으로 일그러진 청년의 얼굴 클로즈업이나 최소한 그의 감정을 관객에게 명백하게 보여주는 접사의 형태가 아니다. 익스트림 롱숏의 형태로 어두운 산등성이를 달려가는 모습을 보여준다. 그가 달려가는 능선은 나신을 드러내고 죽은 순덕의 몸과 디졸브된다. 기가 막히다. 삶의 비극성을 이토록 숨막히게 포착하고, 막막한 슬픔의 정한을 이렇게 환치하는 상상력은 이전의 어느 대가도 표현하지 못한 시적 경지이다. 어머니 대지(terre mere)인 이 땅에서 태어나고 성장해서 연인과 함께 사랑을 키워갔던 이 능선. 그 순결한 대지에 순결한 신부로 연인을 맞이할 준비가 되어 있었던 순덕은 한순간 속절없이 유명을 달리해 이 땅을 베고 누웠다. 남아 있는 그의 연인은 자신의 목숨도 담보하지 못하지만 봄이면 다시 싹이 틀 씨앗을 대지에 심듯이 그녀를 묻었을 것이다. 터져 나오는 도저한 고통과 한을 곱씹으며 언덕을 달려가는 것은 어머니 대지의 품, 그 젖가슴 같은 무덤 능선을 밟는 장사(葬事)의 의식과 다르지 않다. 이처럼 〈지슬〉은 고통과 슬픔을 넘어서고 분노의 감정을 추켜올리기보다는 최대한 억누르면서 고도로 절제되고 정제된 언어로 우리에게 제안한다. 지금 이 자리는 새삼스럽게 들끓는 슬픔과 분노로 펄펄 끓어오를 때가 아니라 (그리고 돌아서선 금세 차갑게 식은 죽처럼 퍼져버릴 것이 아니라), 옷깃을 여미고 가장 진실하고 경건한 마음, 차가운 이성을 가지고 사자들의 영혼을 달래고 어루만지는 제사에 참례할 시간이라고. 순간순간 끓어오르는 감정의 파토스를 잘 다스려가며 제의의 각 단계를 따라 긴 호흡으로 진중하게 참례해달라는 것이다. 세월 속에 묻히고 은폐되었던 사건의 진실을 드러내고 고발하는 것이 목표가 아니라, 우리 모두가 제대로 알지 못하고 관심도 갖지 못했던 지난 세월, 봉인된 채로 잊힌 그 세월, 영문도 모른 채 산화한 영령들과 비극의 그 현장, 그들이 살다 간 터전을 더듬어 나가며 갑남을녀의 영혼을 위무하는 데 있다.

지슬은 악연이든 좋은 인연이든 모두를 연결하는 끈이고, 생명 지속의 근원인 육신의 음식이고, 관심과 사랑 표현의 기제이다. 또 살아서 제사를 집도하고 거기에 참례한 사람들이 영혼과 교감하고 함께 나누는 영의 약식이며, 복을 기원하고 받는 '음복' 그 자체이다. 그래서 '지슬'이라고 하는 언표(言表) 속에는 뜨거운 감자를 대면하게 하는 진정성, 냉철성, 합리성이 두루 녹아 있다.

오멸 감독의 빛나는 연출 역량

영화에는 한국화를 전공했다는 오멸 감독의 역량이 총동원된다. 무엇보다도 총천연색을 소거하고 수묵담채화처럼 처리한 영상은 매우 인상적이고 감각적이다. 천혜의 자연 속에 낮게 엎드려 살아가는 순박한 사람이 죽어가는 비극을 형상화하는 데 좋은 선택이 아닐 수도 있지 않을까 하는 것은 기우였다. 시각적 충격과 비극성이 대비되며 만들어내는 아이러니의 효과는 더욱 눈부셨다. 어느 역사책에서도 볼 수 없었고, 어떤 필설로도 서술할 수 없었던 역사의 재현이자 진혼곡이다. 〈지슬〉은 그때 그곳을 살던 사람들과의 만남을 주선하는 영화이다. 지워지지 않는 상처에 대해 결코 지우지 말아야 할 기억으로 각인시켜주는 의미를 가진 영화이다. 사이사이 소소한 웃음과 재미 속에서 가슴을 파고드는 서늘함, 안타까움, 오싹한 장면들, 사람들의 순진무구한 눈빛, 토벌대의 섬뜩한 눈빛들, 유려한 연출과 장면 전환, 죽은 여인(순덕)의 시신과 오버랩을 통해 동일시되는 야트막한 오름 능선의 모습. 모든 장면에 의미를 담아내고 극적 흐름도 완벽히 잡아낸 연출. 한국화를 전공한 오멸 감독의 특출한 재능이 녹아 있다.

프레임 하나하나가 정확하게 구도를 계산한 사진처럼 미학적으로 아름답다. 몇 차례의 롱테이크 신은 작은 영화가 보여줄 수 있는 최고의 성취를 이룬다. 군인이 마을로 들어가 사람들을 학살하는, 단 하나의 숏으로 이루어진 시퀀스는 칼을 든 군인의 뒤를 가까이 따라가는 카메라 시선에서 슬로모션으로 촬영하며, 현장 사운드를 몽땅 죽이고 숨소리만 작게 들리도록 한다. 난폭하고 처참한 그 사건을 그대로 재연하는 것은 몹시도 잔인한 일이어서, 감독은 어떤 초자연적인 기이한 환영의 순간인 것처럼 그려낸다. 정길일 수도 있고, 어떤 신(神)일 수도 있는 이 카메라의 시선은 폭로가 아닌 위로를 위해 활용된다. '그래, 너희들도 살아야 했으니 어쩔 수 없었을지도 모르겠어. 진짜 가해자는 바로 미군정과 해방정국의 위정자들이니까'라고.

영화의 속도는 결코 빠르지 않다. 흑백의 화면과 반복되는 정적인 클로즈업과 롱숏은 감정의 속도를 그만큼 느리게 조절한다. 무고한 제주도민들을 향해 살인귀 김 상사는 칼을 휘두르지만, 칼을 휘두르는 장면은 조금도 동적이지 않다. 오히려 카메라는 칼과 피보다 군모를 낮게 눌러쓴 정길의 무표정한 얼굴에 시선을 고정한다. 사랑하던 순덕이의 죽음에 괴로워하는 만철의 흐느낌을 관객은 가까이에서 서럽게 지켜볼 수 없다. 만철의 흐느낌은 롱숏으로 화면 속에 들어오면서 광대한 제주의 자연과 하나가 되어버린다. 컬러 화면이었다면 쉽게 몰입할 수 있었을 장면에서조차 관객은 영화와 어느 정도의 거리를 유지한 채, 망자들의 한풀이를 엄숙하게 지켜보는 관찰자의 역할을 부여받는다.

동굴 속 주민들의 대화를 따라가는 롱테이크 패닝 숏 역시 빠뜨릴 수 없는 영화의 백미이다. 모닥불을 사이에 놓고 둥글게 둘러앉아 시시껄렁한 이야기를 주고받는 그들의 이어지는 대화를 따라가는 방식은 특별하다. 말하고 있는 한 사람을 클로즈업으로 포착하고 그다음에 말하는 자로 팬 이동함으로써 영화는 동굴 속 주민 모두를 주인공으로 다룬다. 그들은 각자의 사연 속 주인공이다. 이 장면에서 사실적이고 자연적 공간은 파괴되고 무화(無化)된다. 영화는 대화 신을 따라가는 전형적인 촬영술을 거부하는데, 건너편에 있어야 할 사람이 바로 옆 자리에 있거나 바로 옆 사람이 금세 바뀌기도 한다. '제사로서의 영화'라서 이 공간의 현실성이란 영화에서 별 의미가 없다. 우리는 체포·사살되기 직전, 그들 소박한 삶에 대한 경축으로의 수다 제의를 보고 있는 것이다. 배경 어둠 속에서 얼굴과 상반신만이 도드라져 암흑 속을 느리게 부유하는 느낌을 갖게 한다. 마치 그 동굴 속을 떠도는 영혼들의 모습처럼 비사실적으로 형상화해 한 사람 한 사람을 모두 클로즈업으로, 주인공으로 화면 중심에 초대한다. 그들 하나하나의 모습과 목소리, 넋두리를 들려주는 것이다. 주제 구현과 미학적 측면에서도 가장 탁월한 장면이다.

나오는 말

4·3 사건의 단초가 된 최초 발화 시점에는 복잡다기한 요인들이 촘촘히 얽혀 있었다. 양민들의 저항은 뜬금없거나 불순한 의도에서 비롯된 것이 아니었다. 국가 공권력의 무능 때문에 무고한 인명이 죽고 다친 것에 대한 결연한 항의와 분노의 표시였다. 그 과정에 이념 대립 같은 외부 요인이 개입되면서 사태가 걷잡을 수 없이 커진 책임을 온전히 양민에게 전가한 것은 매우 부적절하다. 그뿐만 아니라 미군정의 지시를 받은 국가 공권력의 무자비한 인명 살상과 서북청년단 같은 극우 단체로 구성된 민병대의 불법적인 학살을 방조·조장·묵인한 것은 명백하다. 힘없고 아는 것 없는 양민들은 일제강점기에서 미군정으로 권력이 교체되는 가운데 충성과 부역을 강요받으면서 살아남기 위해 좌와 우 사이에서 눈치를 볼 수밖에 없었다. 그러한 그들을 우익은 빨갱이로 몰아붙이고, 좌익은 미제국주의자들의 하수인이라고 공격했다. 마치 토끼몰이처럼 이리저리 휩쓸리며 양쪽 모두에게 협공을 당한 것이 양민 희생자들의 모습이었다. 좌익도 우익도 자신들 마음에 들지 않으면 마구잡이로 학살하는 광기의 세상이었음이 진상 조사 과정에서 여러 자료에 의해 확인되었다.

남북 분단의 특수성으로 인해 오랜 세월, 좌익은 국가 전복 세력으로 지탄받고 타도의 대상이 되었지만, 진보적 성향이나 좌파적 신념 자체가 범죄로 인식되는 사회는 정상적이지도, 건강하지도 않다. 정작 중요한 문제는 개개인의 이념적 성향이 아니라 우리 사회에 오직 한 가지 원리나 이념만이 유효하고 그것만이 정답이며 그 외에는 모두가 오답이고 척결 대상이며 불순분자, 적으로 간주되는 전체주의적 망상, 파시즘적 광기가 난무하는 것에 있다. 21세기를 살고 있는 오늘의 대한민국 사회에 여전히(아니 오히려 더욱 노골적으로) 드러나는 이데올로기 편향성에 기반을 둔 극단적 편 가르기는 몹시 우려스럽다.

오멸 감독의 영화 〈지슬〉을 제대로 이해하고 수용하기 위해서는 자욱한 연기 속에 그 민낯을 감추고 있는 역사적 실체를 정확히 꿰뚫어봐야 한다. 그러기 위해서는 숱한 눈물과 재채기 또는 호흡 장애까지 불사하는 적잖은 인내심이 필요할 듯하다. 영화가 피워낸 연기는 1948년 11월 소개령으로 초토화된 폐허의 섬 제주를 상징할 수도 있고, 토벌대가 벌였던 피의 살육제와 백색 테러의 광기일 수도 있다. 또 한 치 앞도 예측할 수 없었던 제주 민중의 운명일 수도 있고, 아니면 그 모두일 수도 있다. 특히 큰넓궤 동굴에서 주민들이 토벌군의 진입을 막기 위해 말린 고추를 태워가며 연기를 피우는 장면은 당시의 비극을 희극적으로 드러낸 명장면이다. 살기 위해, 또 죽이기 위해 마을주민과 토벌대가 서로 적이 돼 눈물을 흘리는 아이러니는 모두가 역사의 희생자라는 사실을 환기시킨다. 그리고 그 완고한 눈물의 성채는 지금도 '빨갱이'와 '폭도' 그리고 '종북 좌빨'이라는 주홍글씨로 현재를 종횡무진한다.

영화 〈지슬〉이 보여준 씻김굿의 백미는 마지막 노래 '이어도사나'이다. 해녀들이 매일 바다에 나가 물질하며 이별 없는 이상향을 꿈꾸며 부른 노래다. 숱한 어머니들이 흘렸던 눈물이 바다가 되고 자식들은 그 눈물을 먹고 자랐다. 이어도는 설문대 할망이 제주도를 창조한 이래 모두가 꿈꿔왔던 환상의 섬이다. 하지만 그 섬은 인식의 이편과 저편 그 사이 어딘가에 있고 어쩌면 살아서는 들어가지 못할 공간인지도 모른다. 그래도 포기할 수 없는 길이다.

우리는 기억해야 할 억울한 죽음들을 대체 헤아릴 수나 있을까? 막막하고 무기력한 기억은 또 얼마나 힘이 있어 살아 있는 사람들의 삶에 바람 한 자락 일으킬 수 있을까? 그러나 오멸 감독은 이 영화를 통해 분명하게 말한다. 누군가는 기억하고 이야기를 만들고, 그렇게 숨진 영혼들을 위로하는 손길이 이어진다면, 그래서 이 억울한 죽음들이 헛되지 않다는 걸 증명한다면, 역사는 다시 쓰일 것이며 사람들은 다 같이 평화롭게 사는 꿈을 포기하지 않을 거라고. 슬픔을 이기는 것은 망각이 아니라 진실로부터 눈 돌리지 않으려는 의지에 달렸다고!

4·3 사건을 다룬 작품들로 현기영의 소설 『순이 삼촌』, TV 드라마 〈여명의 눈동자〉, 다큐멘터리 〈이제는 말할 수 있다〉가 있었다. 그리고 다음 자리에 영화 〈지슬〉이 있다. 〈지슬〉은 대중문화가 수행할 수 있는 최선의 의도이다.

Chapter 17

김기덕, 그리고 〈피에타〉

/

'김기덕'이라는 트라우마 생존자, 그리고 그의 영화들

김기덕 감독 | 2012년 개봉

이야기꾼 김기덕의 몇 가지 미덕, 그리고 한계

김기덕은 그 자신과 이 세계를 향해 할 말이 많은 사람이다. 그의 남다른 삶은 남들과 다른 방향, 각도에서 세상을 보게 했고, 남들과 다른 방식의 사유를 키워나가는 원동력이 돼주었다. 마치 야생동물처럼 그 스스로, 온몸으로 부딪치며 넘어지고 깨지고 두들겨 맞고 쫓겨 다니면서 오감으로 체득한 동물적 경험과 예지력으로 영혼을 풍요롭게 했다. 그 결과 그는 세상 어느 책들이 이야기하고 있는 지혜, 경험, 임상을 토대로 한 담론들보다 생생한 실존적 경험에 기반한 이야기꾼이 될 수 있었고, 그것이 그가 남들과 다른 이야기를 할 수 있는 준거가 되었다.[1] 그의 영화들은 몸으로 살아가는 사람들의 이야기를 핵심으로 그린다. 자본주의 사회에서 환금 가치를 가진 재화라고는 몸밖에 없는 사람들의 삶의 형태, 그 모습을 주목한다. 따라서 우리는 김기덕의 작품 속에

---

1 이에 대해 김기덕은 다음과 같이 고백한 바 있다. "살면서 떠오르는 의문들, 왜 세상은 이렇게 부조리한가? 왜 사람은 이렇게 잔인할까? 나는 왜 분노하는가? 나는 왜 이런 위치에 놓여 있는가? 하는 것들에 대해 끊임없이 물었고, 이해하려고 노력했고 그 속에서 내 스스로 어떤 이론들을 끊임없이 발견해냈을 거다"(김기덕 외, 『김기덕, 야생 혹은 속죄양』, 57쪽).

서 김기덕이라는 한 인간을 키워낸 우리의 근현대사, 우리 역사와 사회를 다시 만나는 것이다. 만나야 한다. 그래서 정성일은 일찍이 다음과 같이 격정적으로 말했다. "김기덕의 영화가 있을 때에야 비로소 한국 영화는 지난 시대를 살아가면서 만들어온 삶의 시간들에 대한 총체적인 그림을 그리는 것이 가능해진다."[2]

김기덕의 가장 큰 미덕은 부지런한 것이다. 그는 〈악어〉를 만들고 공식 데뷔하기 전에 이미 습작 시나리오를 열 편 이상 썼다고 한다. 그것들은 아마도 양익준의 〈똥파리〉처럼 자신의 체험들, 자신의 이야기(history)가 더 많이 투영된 이야기들(story)이었을 것으로 생각된다. 양익준이 후속 작품을 하는 데 어려움을 겪는 이유는 자명하다. 첫 작품이 기대 이상의 큰 성과를 낸 것이 오히려 그 자신에게 독으로 작용한 탓이다. 한마디로 습작(내공) 없는 가운데 일은 터졌고, 후속 작품 준비는 되어 있지 않은 상황을 맞은 것이다. 반면에 김기덕은 혹독한 연단 가운데 더욱 강해졌고 잡초처럼 밟혀도 일어나 제 갈 길을 가는 근력이 키워져 있었다. 이야기 소재 발굴과 선택, 드라마투르기 등 물건이 될 수 있는 이야기를 만들어내는 안목과 재능을 담금질하고, 필요할 때 언제든 꺼내서 쓸 수 있는 후속 이야깃거리를 많이 확보하고 들어갈 수 있었던 것이다. 아무튼 그로서는 영화 만들기가 일종의 본능적 생존 방식으로 작동하는 듯하다. 그는 평균 1년에 1~2편씩 영화를 만들고 있다. 그 농경적 근면성과 치열함, 그만의 높은 생산성은 모두가 인정하는 바이다. 그는 6·25 전상의 트라우마를 가진 부친 밑에서 학대를 받은 아이였으나, 그렇게 전이된 트라우마를 잘 이겨내고, 그것을 창작의 에너지로 승화한 특별한 사례여서 높이 살 만하다. 그의 영화 속에는 크고 작게, 많고 적게 그 자신과 아버지 등 가족의 분신, 페르소나가 투영돼 있다. 특히 〈수취인불명〉은 김기덕 자신의 모습이 '지흠'이라는 인물로, 아버지는 '지흠의 아버지(김 중사)' 역할의 형태로 투영돼 있

---

2 같은 책, 정성일의 서문 중에서.

음을 알 수 있고, 이는 김기덕 자신도 인정했다. 이 밖에도 〈야생동물보호구역〉은 프랑스 유학 시절의 경험이 녹아 있고, 그중에서도 '청해'라는 인물은 그 시절의 김기덕을, 〈파란대문〉과 〈해안선〉은 해병대에서 군 생활을 했던 경험을, 〈실제상황〉은 프랑스 유학 이전의 불안정했던 자신의 모습을 각각 투영하고 있는 것으로 보인다.

그는 야심만만한 이야기꾼이다. 자신의 모든 영화를 모아 하나의 거대한 작품으로 묶으려는 야망을 가지고 있는 듯하다. 각각의 영화는 자신이 구현하는 이야기 세계 속 하나하나의 시퀀스가 될 수도 있을 것이다. 마치 발자크가 자신의 모든 작품을 『인간희극(La Comedie Humaine)』이라는 하나의 제목으로 통합했듯이 그 역시 그러한 야심을 숨기지 않는다.[3] 이미 어느 정도의 윤곽은 그려지고 있다는 생각도 든다.

그는 거칠고 투박하며 불친절한 이야기꾼이다. 자신이 경험하고 믿는 것을 관객에게 보여주며 자기가 아는 세상은 이런 것(곳)이라고 한다. 그는 자신이 체험한 것을 이야기하는데, 그 이야기들, 에피소드들을 연결하는 고리가 되는 또 다른 에피소드들 또는 그 너머의 상황 전개 도중 어딘가에서 갑자기 개연성을 잃고 무너지는 경우가 매 영화마다 발생한다. 그러나 다른 어떤 서사 텍스트들보다도 수용자의 스펙트럼이 큰 대중영화에서 이야기가 제대로 납득되고 수용되려면, 가장 먼저 전제되어야 할 것이 있다. 생동감 있는 캐릭터 창조, 개연성 있는 극적 전개 과정을 통해 인물이 단지 인형이나 극적 플롯의 행위자가 아니라 입체적으로 살아 있어야 한다. 그는 부여받은 캐릭터를 넘어 생명력을 받은 범주 안에서 어떤 행동도 할 수 있고, 관객을 납득시킬 수도 있다. 그런 다음에라야 추상이든 반추상이든 가능해지는 것이고, 관객도 그 인물의 모든 것을 납득할 수 있다.

---

3 "언젠가 제가 더 이상 영화를 못 만들게 되면 모든 게 한 편의 영화였다고 말할 수는 있겠죠"(같은 책, 404쪽).

김기덕은 자신의 영화미학을 '반추상'이라는 이름으로 설명해왔다.[4] 그는 이야기꾼으로서 특별한 재능이 있다. 이제까지 그가 만들어온 영화들 면면을 살펴보면 각각의 작품들이 모두 특별하고 자극적인 무언가를 담고 있다. 그는 개성 넘치고 신선해 보이는 소재들을 끌어낼 줄 안다. 그리고 이야기의 뼈대가 되는 극적 플롯상의 대립 구도와 등장인물들 간의 관계구도들을 명료하게 구축해내는 재주가 있다. 게다가 때로는 인물 캐릭터들에게 시대적·역사적이거나 정치적·계급적 상징성을 부여하고 구현할 줄도 안다. 기타 여러 상징적 오브제들을 적소에 배치할 줄도 아는 등 거의 모든 면에서 아주 적절하고 의미 있는 것들을 끄집어낼 줄 안다. 문제는 그것들을 세련되게 가공하지 않고 매우 거칠고 위악적으로 다루며, 심지어 관객이 기대하거나 예측하는 것과는 정반대로 인물들과 서사를 망가뜨려버리는 방식으로 이끌어 간다는 점이다. 이 때문에 이야기의 극적 개연성, 내러티브의 리얼리티라는 관점에서 김기덕의 영화를 보다 보면 여기저기 구멍이 숭숭 뚫려 있고 허점 투성이며 불필요한 사족으로 보이는 장면들이 많다. 인물들의 지능이 현저히 낮거나 멍청이가 아니라면 이뤄지기 어려운 상황들 또는 지나치게 상투적이거나 작위적인 설정들이 극적 개연성을 한순간에 무너뜨리는 결과를 초래하곤 한다. 그러한 가운데 그가 그려내는 것은 인물들의 상처이고, 그가 만든 인물들은 상처받은 사람들이다. 인물들이 상처를 받는 장소는 우리 사회의 온갖 후미진 공간이다. 문명사회, 주류 사회를 연결하는 다리 아래, 상류가 아니라 하류, 물속(가상공간), 기지촌, 사창가 등을 넘어 감독 자신이 만들어낸 추상 공간에 이르기까지 다양하다. 한 가지 공통점이라면 통상적이고 친숙한 공간은 아니라는 것이다.

그런데 김기덕은 그러한 낯섦, 작위성이나 모순성들이 모두 의도한 것이고,

---

4 "사실과 상상, 그 경계지역 안에서 부딪히는 것들, 사람들은 말도 안 된다고 했지만 나는 그걸 반추상성이라고 부르면서 내 마음대로 이론도 만들었다"(같은 책, 63쪽).

그것이 자신의 미학인 '반추상의 세계'라고 한다. 반추상이란 불분명하다는 것이고 경계에 관한 것이다. 그것은 과잉과 결여 또는 넘침과 모자람을 자의적으로 넘나드는 그만의 방식인 셈이다. 문제는 그것이 관객과의 불화를 자초하는 요체라는 데 있다. 관객은 그의 영화를 리얼리티에 근간을 두고 수용하려하나 감독은 자신의 이야기는 사실주의가 아니라 반추상화이므로 당신들의 프레임 또는 프리즘이 잘못됐다고 한다. 관객은 내러티브상의 허점들을 지적하며 그를 비판하지만, 그는 자신의 미학적 시도에 대한 관객의 몰이해일 뿐이라고 한다. 그를 옹호하는 입장들은 이러한 면을 적극적으로 해석하며 논리성을 부여하고, 반대하는 입장들은 이러한 면의 어이없음을 지적한다. 관객이 리얼리티에 입각해 서사적 디테일들을 인과적으로 맥락화하려는 (자연스러운) 의도를 감독 자신이 거부하는 제스처들, 의도적으로 망가뜨리는 행위들. 이것이 그의 영화가 대중성을 얻지 못하고 대중과 불화하게 되는 핵심이라고 생각한다. 관객과의 불화, 불편한 자극을 넘어 "관객을 공격"[5]하기까지 한다는 지적이 평단 일반의 보편적 의견이다. 예상치 못한 지점에서 자신을 포기하고 자학하는 등장인물의 행위를 목격한다. 자학, 가학과 피학 장면들의 개연성 문제 등 이러한 표현들을 반추상이라는 이름으로 합리화하려고 한다.

이와 같은 이유로 김기덕이 세상을 보는 방식과 관객 일반의 방식, 즉 관점 사이에 때로는 접점을 찾기가 어려울 정도로 큰 괴리가 발생하곤 한다. 이 때문에 관객은 독특한 관점을 가지고 이야기를 하는 감독의 남다른 시각에 관심을 갖고, 감독 개인의 사생활이나 과거 이력을 캐보고, 그 연장선상에서 작품의 내용에 대한 이해를 더하려고 한다. 관객이 텍스트를 수용하는 데 가장 주된 관점(관심사)은 리얼리티에 입각한 서사구조의 개연성 여부이다. 다시 말하면 영화가 제공하는 각종 정보들과 사건들의 시간성·공간성과 인과관계가 논리적으로 구성돼 있는지를 기본 토대 삼아 이야기의 개연성과 완결성을 판

---

5 김영진, 「잡종, 불구, 파괴된 자들의 편지」, 『김기덕, 야생 혹은 속죄양』, 256쪽.

단한다는 것이다. 그런데 관객이 그의 영화를 관람하다보면 어느 순간, 논리적 허점, 구멍, 모순되는 상황들과 맞닥뜨려왔던 것이다. 그러다 보니 대체 이렇게 이야기를 하는 자의 관점은 무엇인가? 정신과 의사의 도움이 필요하지 않을까 하는 쪽으로 가는 것이다. 이는 관객의 입장에서는 텍스트 수용 과정에서 맞닥뜨린 불편함을 해결하는 나름의 방식이다. 그것이 여의치 않을 경우, 그들은 감독에 대해 원색적이고 공격적인 비판, 비난을 퍼부어 왔다.

인간 김기덕의 심리 분석: 트라우마의 희생자(생존자)

김기덕의 인터뷰들을 리뷰하는 가운데, 흥미롭고 자연스럽게도 자연인 김기덕의 내면에 들어 있는 몇 가지 극단성을 보게 되었다. 그의 극단성은 그 자신이 여러 질문에 응답하는 과정에서 자연스레 발현된 것도 있었고, 개인사와 주변 이야기를 하는 과정에서 그 자신이 확인시켜준 것들도 있었다. 그것들을 종합하면 첫째, '극단적 분노', 둘째, '극단적 경계심', 셋째, '극단적 순수성(순수 강박)', 넷째, '극단성을 상쇄하거나 감추기 위한 온정, 온화함(상처받기 이전, 그가 천성으로 부여받은 성격적 측면일 수도 있고, 그 자신이 누구보다 잘 알고 있는 내면의 극단성을 처절한 노력으로 다스리는 가운데 획득한 슈퍼에고일 수도 있다)'이 그것이다. 그는 자신을 옥죄던 콤플렉스를 누구보다 잘 알고, 실제로 이제까지 살아오는 삶의 도정에서(그 콤플렉스를 스스로 벗어던질 수 있기까지 긴 세월 동안) 매 순간 처절하게 절감하며 살아온 사람이다.

또한 전쟁의 트라우마를 심신에 고스란히 새긴 부친으로 인해 그는 성장 과정에서 새로운 트라우마를 겪으며 어렵게 생존했다(트라우마의 전이와 대물림을 통한 새로운 트라우마 희생자). 그러한 트라우마와 콤플렉스를 치유해줄 사람은 없었고, 오직 그 스스로 세상이라는 거대한 벽에 온몸을 던지고 굴리며, 넘어지고 찢어지고 깨지고 아물기를 반복하는 가운데, 조금씩 앞으로 나아갔고, 조금씩 상처를 벗어던질 수 있었다. 오직 스스로의 의지와 힘만으로 이 일을 이루었다.

그런 가운데 그에게 생긴 단 하나의 성취동기는 '인정 욕구'이다. 그는 인정 욕구가 엄청나게 강한 사람이다. 성장하는 과정에서 아버지를 극도로 두려워하고 극도로 증오하기도 했지만, 한편으로는 그 아버지로부터 인정받고 칭찬받으려는 열망, 강렬한 욕구가 있었던 것으로 보인다. 그는 자신이 부여받은 손재주와 탁월한 두뇌, 그리고 타의 추종을 불허하는 근면성을 바탕으로 진흙구덩이에서 빠져나오는 경험을 했다. 공장에서 새로운 기계를 만들거나 공정을 획기적으로 개선해 생산성을 극대화하는 방안 창출 등 주어진 조건을 개변시킬 수 있다는 자신감을 얻기도 했다. 주위 사람들의 칭찬도 힘이 되었겠지만, 그러한 일련의 과정 속에서 그는 무엇보다도 아버지의 인정을 이끌어내려는 열망을 키운 것으로 보인다.

그런데 그러한 인정 욕구가 영화를 만들고부터는 자신의 영화에 대한 세간의 평가에 극도로 예민한 반응을 보이는 것으로 드러나곤 했다. 작품 속 캐릭터들의 성격과 감독 개인의 경험이나 성격 등을 연결하며 비판하는 것에 대해서 많이 자제는 하면서도 때때로 극단적 적개심과 경계심을 표출했고, 관객들의 반응에 허탈감을 보이곤 했다. 그리고 아주 소수일지라도 그의 영화를 옹호하고 지지하고 찬사를 보내는 사람들에 대해서는 무한한 감사와 신뢰감을 표현했다. 자기에게는 그들만 있으면 되고, 그들과 소통하기 위해 후속 작품을 만들 힘도 얻고, 그들이 주는 에너지로 후속 작품을 꾸역꾸역 만들기도 한다는 취지의 발언을 여러 인터뷰에서 밝혔다. 초기부터 그를 발견해주고 지지한 강한섭, 정성일 등에 대해서는 무한 감사와 존경과 신뢰를 보이는 한편, 유지나, 주유신 등(대체로 페미니즘 차원의 비판)에 대해서는 그녀들이 자신의 작품을 폄하한 것보다 훨씬 강한 어조로 적대감을 드러낸다. 그러면서 적극적으로 자신의 의도를 해명하려는 노력을 기울이는 모습을 보였다는 것을 상기하면 알 수 있다.

내 영화는 위악과 독선과 자해가 혼재되어서 누구든지 골라먹을 수 있는 것처럼 보여요. 내 안의 불분명한 정체성 중에 어떤 것을 골라야 할지 저는 모르는 거예요. 저는 그중에 무엇을 고르기 위해 계속 영화를 만드는 것이 아닌가 싶기도 해요.[6]

아무튼 김기덕은 앞의 네 가지 요소들을 자신의 영화 안으로도 끌어들이고, 그 안에서 혼재시키며, 그의 영화를 보는 관객들로 하여금 그것들을 발견하도록 한다. 나아가 각각의 요소들은 서로 별개의 것이 아니며 서로 대립되거나 멀리 떨어져 있는 것이 아니라 서로 인접성을 가지고, 하나 안에 들어 있는 양면성임을 생각하고 알아차리기를 요구한다.

김기덕이 살아오면서 경험한 현실은 비정한 계급관계, 동정 없는 인간관계로 점철되어 있다. 그러니 내가 영화를 찍는다고 해서 그런 현실이 마치 하루아침에 고쳐질 수 있는 것처럼 아름답고 낙관적으로 보여줄 수 있겠는가. 우리가 알고 있는 문제들을 있는 그대로 드러내는 것이 치유의 시작이라고 생각한다. '반추상 영화'란 사실적이지만 고통스러운 것들과 상상적이지만 희망의 세계가 만나는 어떤 경계지점을 묘사하려는 의지를 담고 있다.[7]

…… 서서히 나의 세계를 제시하고 뒤섞고 내 편으로 동화시킨다. 나도 인간임을 소개하고 위악적인 상황을 용서하게끔 만드는 것이다. 바벨탑 위에 선 사람들로 하여금 정상에서 내려와 나에게 악수를 청하게 만드는 것, 이것이 내가 세상에 취하는 제스처다. 은근히 내미는 악수라고나 할까. 나로서는 내가 오해해온 세상을 이해로 만드는 과정이 곧 영화를 만드는 과정이기도 하다. 이 세상에 선함과 따뜻함이 있다는 것을 이해하지 못하고 세상 전체를 오해한 것, 그건 내 삶에서

6 정성일, 「인터뷰 2. 정성일, 김기덕을 만나다」, 『김기덕, 야생 혹은 속죄양』, 396쪽.

7 연세대 미디어아트연구소 엮음, 『영화와 시선 2: 〈수취인불명〉』(삼인, 2002), 128쪽.

형성된 습관들일 것이다.[8]

　김기덕이 영화를 만드는 이유, 하고 싶은 이야기, 이데올로기가 모두 녹아 있는 중요한 고백이다. 이 인용문의 구성은 두 부분으로 나누어 생각해볼 수 있다. "서서히~악수라고나 할까"까지가 전반부이고, "나로서는~습관들일 것이다"가 후반부이다. 김기덕 내면의 위험성(오만함, 분노의 감정, 위험천만한 사상)과 순수성(상처받은 영혼, 온건함과 원죄의식)이라는 양가감정이 고스란히 들어 있다. 그의 위험한 메시지와 진정성이 들어 있고, 뒤틀린 시각과 오만함, 그리고 '갈 지(之) 자'로 오락가락하는 이유가 모두 이 내용에 포함돼 있다. 우리가 김기덕의 텍스트를 좀 더 주의 깊게, 입체적으로 살펴봐야 하는 이유가 여기에 있다. 그 자신이 성장 과정에서 친부의 억압과 폭력 때문에 몸과 영혼에 각인된 트라우마, 그리고 그 외상을 스스로 이겨내고 치유하는 과정에서 생긴 몇 가지 극단성, 앞에서 언급한 네 가지 '복합 감정들'이 명료하게 드러나 있기 때문이다. 특히 문제가 되는 것은 앞부분이다. 그가 생각하는 이 제도권 세상은 부패했으며, 거기에 속한 사람들은 헛된 욕망으로 바벨탑을 짓고 그 위에 올라 서 있다는 것, 자신이 그들의 잘못을 지적하고 질타하고 있으며, 눈 있는 자는 와서 보고, 귀 있는 자는 듣고 깨달아 자기가 내미는 손을 잡고 그곳에서 내려와 회개할 것을 요구하고 있다. 자신이 세상을 구원할 수 있고, 개변시킬 수 있으며, 그러기 위해 영화를 만든다는 말이다. 게다가 '폭력을 써서라도 내 편을 만들고 나의 사상에 동화시킨다'는 위험천만한 메시지까지 그대로 노출한다. 영화 〈데미지(Damage)〉에서 주인공 '안나(줄리엣 비노쉬 분)'의 다음과 같은 대사는 김기덕의 '생존 방식으로서의 영화 만들기'와 관련해서 매우 의미심장한 유비 관계를 나타낸다. "상처받은 사람은 위험하다. 그들은 생존하는 법을 안다!"

8　같은 책, 130쪽.

이와는 반대로 뒷부분의 고백은 그의 내면에 들어 있는 또 다른 자아를 보여준다. 질곡의 삶 가운데 잘못 형성된 시각, 세상에 대한 뒤틀린 관점에 대해 영화 만들기를 통해 스스로를 교정하고 치유하고 있다는 고백이 들어 있다. 그런데 그의 이러한 순진무구성이 방어기제가 되어 세간의 비난을 방어하는 용도를 넘어 역공을 펼치는 토대나 논리로 사용하는 경우를 그의 다양한 인터뷰 도처에서 자주 발견하게 된다. 영화 속 폭력 표현의 적정성 질문에 대한 다음과 같은 답변에서도 같은 논리가 나온다.

이건 습관의 문제인 것 같다. 삶의 습관이기도 하고, 세상을 바라보는 습관이기도 하고, 지금 시대의 정형화 된 어떤 습관들에 대해 강하게 거부하려는 의도가 있는지도 모른다.[9]

그가 경험한 세상, 그의 눈에 비친 세상은 폭력이 일상화돼 있고, 폭력으로 점철돼 있다. 그래서 자신의 영화에서 폭력 표현은 이야기의 토대이자 출발점이고 리얼리티를 담보하는 기제처럼 사용하고 있다. 그것 빼고는 이야기할 수 없다는 것이다. 한편으로는 현대 우리 사회의 병폐들에 대한 거부와 자기만의 방식을 통한 '정화 의지'를 강력히 드러낸다.

어차피 이 땅에서 나는 부작용이나 이물질이라고 생각한다. 그 부작용이 작용하게끔 해보고 싶었다.[10]

김기덕이 표현하는 영화적 배경, 또는 캐릭터들이 활동하고 숨 쉬는 환경으로서의 공간에 대하여 "내가 선택하는 공간들은 대체적으로 우울하고 음습하고 폐쇄

---

9 같은 책, 131쪽.
10 같은 책, 136쪽.

적이다. 세상의 모든 것들이 사실 그 내면은 그렇게 다 끈적하고 치열할 거라는 생각이 든다".[11]

우리나라 평자들이 도덕적인 가치기준에 따라 영화 전체를 판단하는 경향이 강하다는 점을 지적하고 싶다. 나는 분명히 '도덕과 상식'의 이름으로 살고 있는 사람들의 바깥에 어떤 세계가 있는지를 말하려고 한다.[12]

김기덕이 바라본 세계를 그 자신만의 방식으로 표현하려는 것이 김기덕식의 프레임이자 프리즘이라고 한다면, 평자들이 들이대는 도덕적 가치 기준이라는 것은 그들이 텍스트를 접하는 데 사용하는 또 다른 프레임이며 프리즘이다. 서로가 사용하는 프레임과 프리즘이 다르다면 텍스트를 매개로 한 원활한 소통은 이루어지지 않을 것이다. 여기서 도출되는 문제는 이런 것이다. 먼저 세상의 평자들은 다음과 같은 생각을 가지고 있다. 만약 김기덕이 '도덕과 상식이 지배하는 이 세상의 저쪽 변두리에서는 어떤 일들이 일어나고 있을까를 들춰내고 까발리기 위해 작품을 한다'고 하더라도, 이야기꾼으로서 그의 위치, 시각, 관점까지 왜 그들과 똑같은 자리, 똑 같은 방식이어야 하는가? 꼭 그래야만 진정성이 확보되고, 그렇게 해야만 메시지를 전달할 수 있는가? 안타까운 노릇이라는 것이다. 나아가 자신의 작품을 대중이 오독하거나 비판하는 것에 대해 감독은 초연해야 하는데, 그런 면에 대해 너무 즉각적으로, 표정관리가 전혀 안 된 채, 여러 차례에 걸쳐 반복적으로 불평과 불만을 토로했다. 그 결과 김기덕이 얻은 것은 논란의 불씨를 키우는 일이었다. 그가 진정으로 어른이라면, 그가 진정한 작가고 예술가라면 절대로 하지 말았어야 하는 참으로 바보 같은 짓이었다. 그런데 세월이 지나고 보니 그것이 일으킨 논란들이 긍

---

11 같은 책, 133~134쪽.
12 같은 책, 137쪽.

정적이든 부정적이었든 그를 술안주거리로 삼았든, 논외로 제쳐두지 않았다는 면에서 보면 그마저도 무익하지 않았으니 김기덕으로서는 이보다 더 큰 행운이 없다고 할 것이다.

결국 이야기꾼은 계속 자기 방식대로 이야기를 하고, 대중은 그것을 자신들의 방식대로 보고 자신들이 느낀 바를 자신들만의 방식으로 재구성하고 완성하며 각자 고유의 언어로 표명한다. 그 사이에 수많은 오해와 착각과 편견이 끼어들고 그 때문에 작품이 가진 생명력이나 에너지, 예술성 그 밖의 것들이 운 좋게도 폭발적으로 발현될 수도 있고, 이와는 반대로 제대로 규명되지 않은 채 사장되더라도 어쩔 수 없는 일이다. 그러나 작품 속에 진정으로 의미 있는 요소들이 들어 있다면 언제 어떻게든 살아날 것이고 새로운 이해와 소통과 평가가 이루어질 것이다. 우선은 감독이나 대중, 전문 비평가라는 사람들도 서로가 자신의 일을 하는 것이다. 창작과 관람과 비평, 그에 대한 메타 담론 형성, 그리고 그렇게 확장된 메타 담론이 축적되고 걸러져서 이론이 만들어지고, 그것이 다시 창작의 밑거름으로 제공되는 일련의 순환 고리가 만들어질 수 있다면 더할 나위 없을 것이다. 그런 면에서 김기덕 감독은 행복해야 할 분명한 이유가 있다. 현재 우리나라의 현역 감독 중에서 긍정이든 부정이든 김기덕만큼 많이, 자주 거론되는 감독이 몇 명이나 될까? 이것은 그에 대한 비평과 메타 비평의 토양이 그만큼 풍성하게 조성돼 있다는 방증이다. 이제는 그로 인해 축적된 결과들을 김기덕 감독이 받아서 자신의 창작의 터전에 거름으로 뿌리고 자양분으로 삼아야 할 때이다. 그것이 하나의 동심원, 선순환 고리로 연결돼 돌아가도록 하는 것은 특별한 이야기꾼만이 가질 수 있는 특별한 능력이다.

가벼운 칭찬 한마디에 꽃처럼 피어나고, 비판(무책임한 면이 다분하고, 그 점에 대해 억울한 부분이 있다고 해도) 한마디에 절인 배추처럼 되거나, 내면에 분노를 축적하는 것은 대단히 미성숙한 모습이다. 그것은 그가 여리고 순수하다는 뜻이기도 하지만, 그 이면에 미성숙한 자아를 가지고 있다는 말이기도 하다. 너무 일희일비하다 보면 조증과 울증이 겹쳐 조울증이 되기 십상이다. 베를린, 베니스에서의 연속 감독상에 이어 마침내 베니스에서의 대상 수상이 그로 하여금 모든 콤플렉스를 벗어던지게 하는 결정적 터닝 포인트가 되길 바랐다. 그런데 그 후 내놓은 〈뫼비우스〉(2013)는 모든 사람을 실망시켰고 분노의 감정마저 불러일으켰다. 명백한 퇴행이다. 다시금 판단을 유보한 채 이야기꾼으로서 김기덕의 불균질성과 갈팡질팡을 의구심 어린 눈으로 계속 지켜봐야 할 것이라는 생각이 들게끔 만들었다. 바라건대 이젠 더 이상 조야한 폭력 이미지나 생경하고 선정적인 이야기를 담은 프로파간다식의 영화는 그만 만들기 바란다. 그는 좋은 소재를 집어들 줄 알고, 문제적인 캐릭터를 사실적인 공간에 배치해 밀도 있는 서사, 한마디로 물건을 제대로 만들줄 아는 사람이다. 너무 많은 것을 한꺼번에 벌려 놓지 말고 깊이의 시학을 획득하길 바란다. '현상의 제시'보다는 '통찰'로 나아가 정중동의 심연에 이르기 바란다. 지금까지 양으로 압도하면서 질을 추구했고, 그러면서 자신의 존재를 증명해왔다면, 이제는 기어를 변속하고 새로운 관점을 장착해 표현의 지평을 새롭게 열 때이다.

한때 중심이 되고 싶어 했고 스포트라이트를 받는 것을 그리워했다. 그러나 지금은 여유가 생겼다. 한편으로는 일류에 대한 저항감이랄까, 양아치 같은 사람들에 대한 연대감 같은 것도 뚜렷해졌다. …… 가끔은 내가 아무리 노력해도 평생 인정받지 못하는 것은 아닐까라는 불안감에 시달리기도 한다.[13]

나의 출발점은 사실 증오다. 내 삶 깊은 곳으로부터 이해할 수 없는 문제들에 대한 오해들에서 시작했는데, 나는 내 영화가 나 자신의 무수한 오해들을 이해로 바꾸는 과정이라고 생각한다. 오해의 극치가 증오라면 거기에서 서서히 세상을 이해하는 지점으로 계속 이동해 가는 과정이다. 내 영화의 주파수가 그런 궤적을 그리고 있는 것 같다.[14]

---

13 같은 책, 138쪽.

변화하지 않는 세상에 대한 도전, 싸움을 걸어 소란스럽게 하고, 균열을 내고, 이런 모습도 있다 하고, 죄의식을 갖도록 하기 위해서 영화를 만든다. 만약 내(김기덕) 영화를 보면서 죄의식을 느낄 생각이 없다면 그것은 당신(관객)이 관습과 타성에 젖어 있는 구제불능이기 때문이고, 당신은 지금 바벨탑을 쌓고 있는 자이거나 그 탑을 오르고 있는 자인 것이다. 내가 (영화를 통해) 경고하고 훈육할 때 돌이켜 스스로를 되짚어보고, 내가 바로 영화 속의 저들이 저 지경이 되도록 한 장본인이거나 방조자이거나, 최소한 저들의 상황을 알면서도 외면한 자라는 사실을 깨닫고 회개하라! 이러한 메시지를 그의 영화가 포함하고 있다. 프로파간다가 아닌가?

한편 김기덕의 영화에 등장하는 인물(특히 남자인물)들의 캐릭터(극적 성격)는 영화 안에서 충분히 해명되지 않는다. 영화가 시작되면 관객은 극의 진행 과정에서 인물의 현재 모습을 지속적으로 관찰한다. 그는 어떤 사건을 일으키고, 이끌어가며, 그렇게 해서 만들어진 이야기는 어느 순간에 결국 어떤 형태로든 종지된다. 그러한 서사의 진행 과정에서 '일반적'으로는 인물의 현재 행위(사건)가 (과거에) 어떤 이유와 동기에 의해서 형성된 성격적 특성이며, 그것이 지금 이와 같은 모습으로 표출되는지 관객은 알고 싶어진다(관객은 알아야만 한다). 따라서 감독은 인물의 행동과 대사를 통해 구축(제시)되는 캐릭터가 과거 어떤 일들이 원인이 되었는지에 대한 관객의 궁금증을 어떻게든 해소해 줘야 한다. 인물의 오늘을 가능케 한 과거의 행적들, 그중에서도 극적으로, 성격적으로 의미 있는 과거 사건(들)에 대한 정보 제공(설명)이 꼭 필요한 순간이 있다. 그것이 인물의 캐릭터에 대한 인과적 설명이며, 그가 일으키는 사건들의 시간성·공간성과 인과관계 구축의 핵심이 됨은 자명하다. 그러나 이러한 부분에 김기덕은 무심하다. 그의 이야기에서 이러한 설명은 전무하다. 따라서 그의 영화 속에서 인물의 행위는 때때로 아무런 맥락 없이 너무 극단적이고,

---

14 같은 책, 139쪽.

무모하고, 기괴하게 일그러져 있으며, 자학과 피학, 그리고 그 밖의 기상천외한 돌출 행동들을 표출한다. 그의 이야기가 리얼리즘의 탈을 벗어던지고(그의 말대로) 반추상성이 모습을 드러내는 순간이다.

김기덕이 사회에서 극단적으로 소외된 인간들을 주인공으로 하여 그들이 벌이는 일련의 사건들을 영화적으로 표현하는 방식에 있어서 객관적으로 거리를 두려는 의지는 없다. 오히려 인물들의 심리 상태에 몰입하고 동행하도록 부추기는 방식을 선호한다. 주변부 인생들의 비참한 삶, 그 속에서 일상적으로 벌어지는 폭력, 그로 인한 상처와 아픔, 주류 사회는 지나치게 고압적이어서 이들의 접근조차 허락하지 않고 또 너무 멀리 떨어져 있다. 그러한 모습들을 극단적으로, 잔혹하고 그로테스크하게 표현하는 것이 김기덕 연출의 핵심이다. 〈수취인불명〉은 이런 인물들의 종합 선물 세트처럼 보인다.

김기덕과 그의 영화: 콤플렉스 덮기인가, 트라우마 치유인가? ―〈수취인불명〉과 〈피에타〉를 통해 김기덕 엿보기

〈수취인불명〉

〈수취인불명〉(2001)은 김기덕의 영화 중 그 자신이 가장 잘, 그리고 가장 많이 투영된 작품이어서 주목된다. 그의 10대 시절 모습, 그의 인성이 형성되던 시절. 특히 '지흠' 캐릭터, 그리고 '아버지' 캐릭터. 김기덕의 기존 영화 속 등장인물들은 생존을 위한 본능에 따른 폭력의 폐쇄 회로에 갇힌 채 반복 회귀하는 삶을 살고 있었던 것에 더해 〈수취인불명〉에서는 그 인물들의 삶의 근원을 역사에서 찾는 것이 큰 특징이다.

김기덕 감독의 자전적 이야기가 밀도 있게 들어 있다는 면에서 주목할 만하고,[15] 1970년대 한국 사회의 재현이라는 역사성, 즉 일제강점기부터 해방과 분단, 동란, 독재 정권 시대를 넘어 21세기 현재와 연결되고 있다는 면에서 의미가 있다. 또 기존의 소설이나 영화 등의 서사물들이 다룬 분단 상황이나 미군의 주둔과 기지촌의 재현과는 다른 관점에서의 조망이라는 면에서도 의미심장하다.

먼저 '창국'은 태생적 불구이자 사회적 불구자·국외자이다. 양공주 엄마와 흑인 주둔군 사이에서 태어난 혼혈, 그것도 흑인 혼혈아인 그에게는 그저 조용히, 평범한 삶을 살고 싶다는 것조차 너무 큰 소망사항이다. 그의 탄생의 원인 제공자인 아비는 지금 여기에 없다. 다만 그는 남아 있는 창국 모가 오직 절망과 비탄만을 안겨줄 뿐인 소망 없는 이 땅을 뜨려고 끊임없이 보내는 편지 봉투에 이름으로만 남아 있다.

'은옥'은 어린 시절 오빠의 장난감 권총 때문에 한쪽 눈을 실명했다. 은옥의 아버지는 전쟁에 참전했다가 사망해 남은 가족에게 훈장과 연금을 안겼다. 그러나 성폭행 당한 은옥이 입덧이 시작되며 임신 사실을 알게 되는 날, 그의 아버지가 전쟁 당시 자진 월북했으며, 현재 북한에 생존해 있다는 사실을 알게 된다. 이로써 훈장과 연금은 박탈되고 감시와 억압이 즉각 그 자리를 대체한다. 아버지의 사망 소식은 남은 가족의 생존을 담보해줬으나, 역설적이게도 그의 생존 소식은 남은 가족의 생존을 뿌리째 흔드는 위협이 된다. 은옥은 훼손된 누이의 전형이다. 그녀의 한쪽 눈 훼손은 오빠의 장난에 의한 것이었지만 그 이면에는 전쟁이 할퀴고 간 상흔과 그것의 그림자가 있다. 그로 인해 한창 외모에 관심과 신경을 많이 쓰는 여고생인 그녀는 엄청난 콤플렉스와 스트레스에 시달린다. 그녀의 몸은 강간으로 다시 훼손되고 낙태를 통해 거듭 훼

---

15 이 영화의 시나리오 초고가 그의 데뷔작인 〈악어〉가 만들어졌던 1996년 당시에 이미 완성돼 있었다는 점을 상기해본다면 이 영화는 김기덕 자신의 뿌리와 기원에 대한 '성장류'로 규정해도 큰 무리가 없을 듯하다. 그는 이 영화를 통해 자기 자신(그리고 주변)을 돌아보는 가운데 우리 사회의 폭력의 기원, 세대를 넘어 전이되는 폭력과 가장 한국적인 잔인함, 그 과거와 현재를 조망한다.

손된다. 그러한 그녀의 눈을 고치는 것(회복)은 미군 '제임스'의 도움 덕분이다. 그녀의 눈을 고쳐주겠다는 제임스의 제안은 그녀의 장애를 아무 대가 없이 제거해주겠다는 순수한 동정심의 소산이 아니다. 은옥 역시 그것을 모르지 않지만 제임스의 제안에 응한다. 그렇게 해서 몸을 회복한 은옥은 제임스에게 몸을 허락하면서 이번에는 마음에 상처를 입게 된다. 우발적인 일이었지만 그녀의 눈(몸)을 다치게 했던 '오빠(충호)'는 이번에는 제임스의 돈을 훔침으로써, 그리고 그녀에게 양공주라고 함으로써 결정적으로 마음을 다치게 한다. 그녀는 창국 엄마의 길을 따라가게 될지도 모른다는 자괴감과 연인 지흠에 대한 죄책감, 그리고 나날이 폭력적이 되는 제임스를 견디지 못한다. 제임스와 다투던 그녀는 결국 자신의 눈을 자해하는, 막다른 자기 파괴 행위를 통해 제임스로부터 벗어난다. 그것은 앞을 향한 발걸음이라기보다는 잃어버린 순수로의 뒷걸음질이라는 점에서 명백한 퇴행이다.

'지흠'은 앞의 두 인물들보다 훨씬 모호하며 극의 진행 과정 중에도 캐릭터가 명확히 설명되지 않는 부분이 많다. 예컨대 그와 부친(김 중사)이 사는 집은 마을에서 가장 깔끔하고 규모가 있는, 경제적으로 과히 궁핍하지 않고 살 만한 것으로 보인다. 그런데 그는 학교를 다니지 않고 미군 부대 앞 초상화 가게에서 보조 일을 하며 돈을 벌고 있다. 그리고 어머니나 형제도 없는 듯 아무도 등장하지 않는다. 그는 공부를 하지 않음(못함)으로 인해 사회적 결손 상태에 처해 있으며, 자기보다 두 살이나 어린 고교생들에게 놀림을 당하고 월급을 빼앗기며 린치를 당한다. 심리적으로 매우 위축돼 있고 정서가 불안정하며 여러모로 유약한 성격적 기원이 어디에서 유래하고 있는지 거의 알 길이 없다. 전쟁 참전 중 부상을 입은 부친의 존재, 그리고 어머니와 형제자매의 부재가 남성성이 결여되고 유약한 그의 성격 형성에 어느 정도 역할을 했으리라는 막연한 추정을 할 수 있을 따름이다. 그리고 부친이 한국전쟁 참전 중 입은 부상과 심리적 트라우마가 지흠에게 전이되었을 것이라는 점에 대해서는 명시적으로 드러나는 부분이 거의 없다. 김기덕 감독은 김 중사가 집 앞 마당에서 나온 북한군 권총으로 닭을 사살하는 모습을 지흠에게 (간접적으로)보여준 것을 가장 잔인한 장면으로 꼽으며, 그것으로 모든 것이 설명되는 것처럼 여기는 듯하나 관객 입장에서 볼 때, 그것이 그렇게 설명적이었는지(지흠과 김 중사 성격을 성공적으로 드러내고 있는지)는 여전히 의문이다.

지흠의 아버지 김 중사 역시 모호하기는 마찬가지이다. 여러 인터뷰에서 김기덕이 공언한 바에 따르면 이 영화 속의 사건들은 김기덕 개인의 실제 체험이 90% 이상을 차지하고 있으며, 아울러 지흠이라는 인물은 김기덕 자신을, 아버지 김 중사는 그의 부친의 페르소나라는 것이다. 그런데 앞에서 언급한 바와 같이 김 중사의 성격 중 잔혹한 면모는 권총으로 닭을 죽이는 장면 정도이고, 지흠이의 소심한 행동에 대해서도 사내자식답지 못하다며 꾸지람을 하거나 핀잔을 주는 모습 한두 번이 전부이다. 그리고 창국이 죽고, 은옥이 자기 눈을 찔러 예전의 모습으로 되돌아갈 때 복수를 결심한 지흠이 활을 잡는 순간, 아버지는 자상하고 너그러우며 훌륭한 교사의 모습을 보여준다. 그리고 지흠이 미군 제임스의 국부에 활을 쏘고 경찰서에 자진출두하자, 아버지는 자신의 몸(다리)과 바꾼 훈장을 반납하고 아들을 구하려 한다. 이때 지흠이 아버지의 훈장을 다시 가슴에 달아주는데, 그것은 아들이 아버지의 명예를 진정으로 인정한다는 것이며, 이로써 두 부자간에 있었던 과거의 모든 불화가 해소되고 상처들이 모두 봉합되었다는 것을 이야기하려는 듯하다.[16]

---

16 김기덕 자신이 여러 인터뷰에서 밝혔듯이 지흠과 김 중사의 캐릭터가 자신과 아버지의 페르소나였다면, 어쩌면 김기덕 감독이 이 영화를 만든 가장 큰 이유는 전쟁의 트라우마를 견디고 생존한 아버지가 자신에게 준 또 다른 트라우마(예컨대 〈수취인불명〉 공식 DVD에 들어 있는 김기덕의 supplement에 따르면 그의 아버지는 자신을 일주일에 150대씩 때렸다고 한다)에 대한 자기 치유의 목적도 있으리라 생각한다. 그러나 한편으로 생각해보면, 김기덕은 결국 자기 치유로 나아가지 못했음을 알 수 있다. 그는 자신이 겪은 트라우마를 좀 더 정면에서 똑바로 바라봐야 했고, 자신이 가진 트라우마의 정체를 더욱 선명히 그려야 했으며, 그것을 제대로 응시함으로써 트라우마를 벗어던졌음을 스스로 확증해야 했다. 그러나 그는 자신에게 돌이킬 수 없는 상처를 준 아버지(의 캐릭

한편 김 중사의 수중에 들어갔던 북한군의 권총은 공권력이 채 미치지 못하는 변방 마을에서는 분명 미시 권력의 형태로 작동할(사용될) 수도 있었다. 그러나 김 중사는 뚜렷한(합당한) 이유나 아무런 대가 없이 개눈에게 권총을 증여한다. 개눈이 권총을 탐낸 것도 아니었다. 그런데 김 중사는 아무 이유 없이 어느 날 개눈에게 나타나 '이제부터는 (야구방망이로 개를 때려서 잡지 말고, 아울러 손에 피 묻히지 말고) 간단히 해결하라'며 권총을 건네주고 간다. 결국 그 권총은 창국이 빼앗아 개눈을 위협하고 죽이는 용도로 사용되기 위해 (무리하게) 이동한 것이라고 볼 수밖에 없다.

　앞에서 살펴본 것처럼 영화 〈수취인불명〉에는 세 종류의 아버지와 자식 관계가 그려진다. 아버지들은 부재하거나 이름으로만 남아 있거나, 불구의 몸으로 곁에 있지만 억압적 존재의 역할뿐이다. 아버지의 존재 자체, 그로 인한 출생 자체를 저주하거나(창국), 아버지의 부재는 자신과 가족의 생계의 원천이었으나 아버지의 생존은 가족의 생계와 안전을 위협하는 아이러니의 상황을 맞이하거나(은옥), 자신이 겪은 트라우마를 대물림하며 자식을 윽박지르는 아버지 밑에서 기를 펴지 못하던 아들은 아버지의 인정을 받고 아버지와 화해하는 모습을 보이기도 한다(지흠). 이에 대해 '김철'은 "아비를 지우고 자기 자신을 지우려는 강렬한 욕구와, 동시에 아비에게로 돌아가려는 또 다른 욕구 사이에서 작가는 헤매고 있는 것처럼 보인다"[17]라고 했다.

터)를 지나치게 미화하고 있으며, 정확히 어떤 캐릭터인지에 대해서도 불분명하고 유보적인 모습으로 비치게 만들었다. 그 점은 지흠 캐릭터 역시 마찬가지다. 그러다 보니 이들 부자의 갑작스러운 화해와 인정 과정은 너무 생경하고 감상적으로 표현된 것으로 보인다. 따라서 김기덕이 설명했던 자신과 아버지 사이에서 있었던 과거의 상처를 전혀 의식하지 않으면 모를까(그렇게 본다면 아버지라는 인물이 그저 의아스럽긴 하다) 정황을 알고 대입해서 생각하는 순간 받아들이기 오글거리고 민망할 따름이다.

17 김철, 「부모미생전(父母未生前), 아비에게 길을 묻다: 〈수취인불명〉의 미로 찾기」, 『영화와 시선 2: 수취인불명』, 81쪽.

그렇다면 김기덕은 세계 3대 영화제 중 하나인 '베니스영화제' 황금사자상을 받음으로써 이제까지 그를 짓눌러 왔던 이와 같은 욕구와 강박을 벗어던질 수 있지 않을까? 그러고도 남을 만큼의 찬사가 쏟아졌고, 그 자신이 그러고도 남을 만큼의 성취를 이룩했으니까. 일단, 아직은 그에 대한 답을 유보하자. 그의 작품 〈피에타〉를 먼저 살펴보는 일이 남아 있다.

이전 작품들보다 성숙한 〈피에타〉 이야기의 표현력

이 영화는 50대로 접어든 김기덕이 다시 한 번 예전의 성장기로 돌아가 그때를 추억하고, 쇠락해가는 그 장소, 얼마 후면 도심 재개발로 전혀 다른 모습으로 재탄생할 청계천 공구 상가 일대에 관한 기록, 그리고 그 속에 자본주의 사회 맨 밑바닥 사람들의 이야기를 풀어놓는다.

영화의 배경이 된 청계천 일대 공구 상가와 그곳의 기계 공작소들은 김기덕의 젊은 시절(17세 전후에서 군 입대 전까지)이 고스란히 투영된 장소이다. 과거에 이곳은 못 만드는 것이 없을 정도로 활력 넘치던 공간이었고 '대한민국 산업화의 역군'이라는 소리를 듣던 상징적 장소였지만, 지금은 거대한 빌딩 숲속의 쇠락하고 후진적인 공간이 돼버렸다. 청계천 이쪽과 저쪽 사방에서 공작소가 있는 구시가를 잠식해 들어오며 재개발이 이뤄지고 있다. 공작소 건물주들은 비싼 땅값으로 알부자들이지만 세입자들은 너무 영세할 뿐만 아니라 시나브로 쇠락하고 있다. 하루 벌어서 하루 먹고 살아야 하는 사람들, 은행이나 제2금융권에 넣을 담보가 없으므로 급한 김에 사채를 쓰다 나락으로 떨어지는 사람들이 죽지 못해 안간힘을 쓰며 그 끝자락을 붙들고 힘겹게 살아간다. 소유주들은 빨리 재개발이 되었으면 하고, 여기서 공장을 운영하는 세입자들은 먹고 살아야 하는 생존의 문제가 걸려 있는, 자본주의 현대 사회의 야수적 양면성이 교차하는 공간이다. 주변 고층 빌딩의 화려한 불빛 가운데 우중충한

잿빛을 뒤집어쓰고 낮게 웅크려 있는 그곳 공작소들의 기계는 돌아가는 날보다 멈춰 있는 시간이 더 길다. 그리고 이따금씩 돌아가는 기계음은 활력이나 정겨움, 살아 있는 소리라기보다 음산하고 불길함을 더해주는 자극적 효과음처럼 들린다. 무엇보다도 그 기계의 작동이 누군가, 무언가를 위해할 목적으로 작동되는 것일 수도 있다는 점을 알고 나면 그것은 어둠 속에서 불시에 덮치는 정체 모를 괴물의 소름끼치는 울음소리처럼 들리기도 한다.[18]

이야기 속에 등장하는 인물이 살아가는 곳(장소, 공간)과 그가 취하는 음식은 그의 캐릭터를 감추고 드러내는 가장 강력한 코드이므로 우리는 그것이 제공하는 여러 정보와 그 속에 감춰진 여러 상징 코드들을 세밀히 읽어내야 한다. 영화 〈피에타〉 속의 주인공 강도는 청계천 공구 상가 주변 건물의 옥탑 방에서 살고 있다. 그곳은 그가 이 자본주의 사회에서 살아가기 위해 돈을 벌어야 하는, 생업의 주 무대가 내려다보이는 곳이다. 그 역시 자신이 착취하고 있는 사람들과 같은 영역에 살며 결국 그들과 같은 운명으로 몰락할 것임을 예시한다. 그는 매일의 식재료로 살아 있는 짐승들 즉, 닭이나 토끼, 장어나 활어 등을 잡아 온다. 다시 말하면 그는 세상 여러 사람들의 손을 거쳐 편리하게 조리된 음식을 섭취하는 것이 아니라, 매 끼니마다 직접 살생을 하고 피를 보며 최소한의 조리만 해서 먹는다. 이것은 그가 세상 누구에 의해서도 훈련되거나 조종되지 않으며, 세상 어디에도 녹아들어가거나 포함될 수 없는, 도심 속 후미진 곳에 은거하는 야생동물과 다름없음을 말해준다.

영화는 표면에 엄마와 아들의 이야기를 그린다. 영화 전체를 통해 다양한 엄마와 아들(부모와 자식)이 계속 등장한다. 강도, 그리고 그의 엄마를 자칭하

---

18 실제로 강도가 돈을 받아내기 위해 채무자들의 손과 발을 절단하려고 멈춰 있는 기계를 작동시킬 때, 그것은 그들에게 총보다 무서운 위협이 된다. 이때 그들이 평생 들어왔던 익숙한 그 기계음은 살아 있음을 확인하는 정겨움이 아니라 자신을 덮치러 온 포식 동물들의 살기 가득한 울음처럼 여겨질 것이다.

고 나타난 여인 사이의 모자 관계, 철공소 아들과 엄마, 냉장고 속 (자살한) 아들과 엄마, 약을 먹고 자살한 아들과 엄마(토끼 가져옴), 돈 때문에 남의 자식에게 뺨을 맞고 멸시를 당하는 아들과 그것을 고통스럽게 지켜볼 수밖에 없는 엄마, 자식이 세상에 나오면 훌륭하게 키우려고 자신을 희생하려는 모습을 보이는, 만삭의 아내를 둔 젊은 남편(아빠), 그리고 불구가 된 채 시골로 내려가 힘겨운 삶을 이어가는 아빠와 아들의 모습(그 아빠는 강도를 두려워하고, 그의 아들은 연필로 강도를 찌른다). 이 모든 것이 부모와 자식 간의 원초적 애정관계 표현과, 아들 잃은 엄마의 비통한 심정, 그리고 자식을 잃은 엄마가 원한에 사무쳐 복수에 나선 것의 당위를 설명하기 위한 장치의 기능을 수행한다. 그런 가운데 이야기는 한 명의 엄마와 그녀를 엄마라고 부르는 두 명의 아들 사이에서 빚어지는 두 가지 상충되거나 엇갈리는 형태의 모성을 풀어놓는다. 다시 말하면 '본래적 모성'과 '새로이 생성되는 모성'이다.

이야기는 전반부와 후반부를 정확히 대칭시키는 구조를 취한다. 전반부에서는 강도가 하는 일과 그가 만나는 사람들의 모습을 보여준다. 그의 일이란 청계천 일대 공작소를 운영하는 사람들 중 사채를 쓰고 갚지 못하는 사람을 찾아다니며 돈을 받아내는 것이다. 돈을 갚지 못하는 사람들은 병신을 만들어 보험금을 타게 한 후, 그 돈을 빼앗는 방식이다. 그러한 일련의 모습은 강도라는 인물의 악마성을 드러내는 것이다. 그런 그에게 어느 날 자칭 엄마라고 하는 여자가 나타난다. 그녀의 온기 덕분에 강도의 삶은 극적인 변화를 보인다. 그리고 엄마의 갑작스러운 사라짐까지가 전반부이다.

전반부에서 그려지는 이강도의 캐릭터는 앞에서 말한 것처럼 살아 있는 생물을 죽여 잡아먹는 도살자의 이미지로 함축된다. 그에게는 오직 1차원적인 욕구들만 남아(살아) 있는 듯하다. 일하고, 먹고, 자고, 그리고 자다가 몽정·자위를 한다. 이것 역시 강도의 성격적 특성을 드러내는 중요한 모습이다. 그에게도 동물적인 성욕이 있지만, 그 대상이 누구인지는 알 수 없다. 누구로부터도 어떤 사랑도 받아본 적이 없고, 누구에게도 사랑의 감정을 나눠준 적이 없는 강도도 육체적으로는 건강한 수컷으로 성욕이 있고, 때때로 이 문제를 해결해야만 한다. 그러나 그는 아직 미숙한 소년처럼 성적 대상이 특정(제시)되지도 못하고, 그 대상에 대한 환상적 욕망을 품지도 못한 채, 다만 몽정의 형태로 발산될 뿐이다. 그의 나이는 서른을 넘긴 것으로 보이나, 이제까지 그는 어떤 여자도 품어보지 못하고, 품을 수도 없었음을 드러내 보여준다.

김기덕의 거의 모든 영화에는 '물'이 중요한 배경 요소로 나온다. 여기서 물은 두말할 것 없이 모태(자궁)를 상징한다. 각박한 세상에서 이리저리 휘둘리고 찢기고 상처받은 영혼들은 태초의 안온함, 시원의 평화를 그리워하며 그곳으로의 침잠을 염원하는 모습을 보인다. 자궁 회귀! 그것은 모든 난관을 극복하고 앞으로 나아가려는 움직임이 아니라 퇴행이다. 김기덕의 영화들이 보여주는 전망 없음은 바로 이 끝없는 퇴행 반복 때문이라고 해도 과언이 아닐 것이다.[19] 강도에게 엄마(장미선)라는 여자가 나타났을 때, 강도와 엄마 사이에 기본적인 교감이 이루어지고 난 후, 강도가 엄마에게 하는 일은 그래서 놀랍지 않다. "내가 여기서 나왔다고? 분명히 여기서 나왔어? 진짜? 그럼 다시 들어가도 돼? 다시 들어간다고! 엄마가 아니면 그만둘게. 넌 내 엄마가 아니지? 엉?"

자신의 근원도 모른 채 일그러진 삶을 살아온 강도에게 부모, 특히 엄마라는 존재는 원망과 증오의 대상일 뿐인 것처럼 여겨졌을 터이다. 그는 할 수만 있다면 엄마 뱃속으로 다시 들어가 나오지 않거나, 아니면 지금과는 전혀 다른 세상에 다른 모습으로 태어나고 싶다는 염원을 가지고 있었던 것처럼 행동한다. 그렇기 때문에 그는 난폭한 성폭행의 제스처를 취하기 전에 먼저 자신의 살점을 잘라 와서 엄마에게 먹이는 것이다. 자신에게 피와 살, 즉 육신을 나누

---

19 그가 〈봄 여름 가을 겨울 그리고 봄〉(2003)에서 물을 등진 채 맷돌을 끌고 산으로 기어오를 때, 나는 그가 이제야 비로소 퇴행을 벗어던지고 새로운 비전을 열 것임을 선언하는 기표로 착각했다. 그러나 그는 산 정상에 단지 남근(phallus)으로, 잠시 우뚝 섰을 뿐이었다. 후속작들에서 다시 퇴행을 거듭하고 있음을 분명히 확인시켜줬기 때문이다.

어 준 진짜 엄마라면 자신의 피와 살을 되돌려 가져가라는 것이다. 그럴 수 있지 않겠느냐는 시험이기도 하다. 그리고 나서 강도는 엄마에게 앞과 같이 말하며 덤벼든다. 근친 성폭행(근친상간)을 보여주는 이 장면을 단지 강도의 짐승 같은 성적 욕구로만 읽는다면 그것은 난센스다. 또는 단지 비극적 정서의 상승 효과를 위해 굳이 끌어들였거나 김기덕식 잔혹 취미의 발현으로 읽을 수도 있을 것이다. 그러나 본질적으로 그것은 야수적인 폭력성만 극단적으로 발달하고 인간성이나 사회성은 결여된, 그러면서 성적으로도 미숙한 강도라는 캐릭터가 보여줄 수 있는 개연성 있는 장면으로 보이기도 한다. 엄마를 받아들이는 그만의 방식이었다고 말이다.

문제는 이때 보이는 엄마의 모습이다. 그녀의 목표는 오직 복수라는 일념뿐이다. 그 때문에 그녀는 강도가 건네는 생살점을 씹을 수 있었다. 그러나 성폭행까지 감수해야 하는 상황에 처한 것이다. 그녀는 '원수에게 이렇게까지 당하면서 복수를 수행해야 하는 것인가'라는 감정과, '여기서 잘못하면 자신의 정체가 탄로날 수도 있다는 조바심', 그녀 역시 '어쩔 수 없는 인간으로서 있을 수밖에 없는 일말의 성적 욕구',[20] 그리고 '자신의 내면에 그러한 욕구가 꿈틀거리고 있었다는 것에 대한 자기 환멸'의 감정도 가능하다고 본다. 여기에 '이 녀석도 불쌍한 놈이라고 하는 어쩔 수 없는 연민의 정서'까지 혼재된 속에서 혼란스러워하는 모습으로 볼 수 있다.

이로써 강도는 엄마를 받아들이는 나름의 의식을 치른 셈이 되었다. 그러나 바로 그 순간부터 엄마의 복수는 본격적으로 모습을 드러내기 시작한다. 강도의 집에서 처음 잠을 잔 엄마는 강도가 살려 놓은 뱀장어를 잡아서 아침 식탁에 올린다.[21] 강도가 살려주고 어느새 정을 붙인 장어, 즉 그가 좋아하는 것을

---

20 특히 이 부분에 대해서는 후속 장면에서 강도가 다시 몽정을 하려 할 때 그의 사정을 돕는 모습, 그리고 곧바로 세면대에 가서 손을 박박 씻어내는 모습을 통해 분명해진다.
21 강도에게 두 번째로 나타난 엄마의 손에는 살아 있는 민물장어가 들려 있다. 강도는 엄

빼앗아버리는 행동이다. 강도는 혼란스러워한다. 그런데 그 혼란은 이 여자가 정말 내 엄마가 맞는지 아닌지 헷갈리는 데서 오는 것이 아니다. 진짜가 아니어도 상관없을 만큼 엄마라는 존재가 이렇게 크다는 것에 대한 한순간의 엄청난 깨달음이 몰려온 것도 있다. 그러나 무엇보다도 그러한 엄마가 자기에게서 무엇인가를 가차 없이 빼앗아갔다는 것에 대한 놀라움이 그의 내면에서 혼재되었던 것이다. 그러나 그가 결국 엄마를 인정하고 받아들이겠다는 마음을 표현하는 행동은, 바로 식탁 위쪽 벽에 걸린 다트판, 거기 걸려 있는 여자 상반신 젖가슴 그림, 거기 꽂힌 칼을 뽑는 행동, 그리고 아침밥을 먹지 않고 그냥 밖으로 나오는 것으로 표출된다.[22] 이야기 전체를 3장 구조로 본다면, 이 지점이 바로 1장이 끝나고 2장으로 넘어가는 출발점이다.

엄마가 처음으로 차려 준 아침을 먹지 못하고 밖으로 나온 강도는 새로운 채무자를 찾아간다. 가수가 꿈이었으나 그냥 철공소 일을 하는 젊은 남자에겐 만삭의 아내가 있다. 그는 곧 태어날 2세를 위해 기꺼이 자신을 희생하려는 예비 아빠이다. 그는 이전까지 채무자들의 어떤 변명도 듣지 않았으나 이 장면에서는 듣고 있다. 그것은 엄마로 인한 본격 변화의 외시(外示)이다. 병신이 돼서라도 자식을 제대로 키우고 싶다는 젊은 아빠의 모습, 그의 부성애에 흔들리

마라고 하는 여자를 받아들이지 않고 강하게 밀쳐버리는 모습을 보이지만 벌써 내면에서 변화가 일어나고 있다는 징표를 보여준다. 그가 장어를 잡아먹지 않고 어항에 넣어 기르는 것이다. 그러한 강도의 변모를 직감한 엄마는 자기 이름과 전화번호를 남기고 사라진다. 결국 강도는 엄마에게 전화를 하고, 그녀는 바로 강도의 집 문밖에 울며 서 있다. 그렇게 강도는 엄마가 집 안으로 들어오도록 허락하지만, 그는 엄마를 시험하며 (일종의) 통과의례를 치렀던 것이다. 그다음 날 아침, 그는 난생 처음 엄마가 차린 아침밥상을 받지만 그것을 먹지는 않는다(못한다).

22 강도가 단검을 던지는 대상이 어머니인지 아니면 단지 가슴이 큰 묘령의 여자인지에 대해 관객은 단정할 수가 없다. 강도가 그 그림에서 칼을 뽑고 그림을 치워버렸을 때, 엄마는 자신의 사진을 그 자리에 붙여놓는다. 이것 또한 김기덕이 말하는 자신만의 반추상을 표현하는 데 익숙한 하나의 방식이다.

며 처음으로 돈 회수에 실패한다.

강도는 명동 옷가게에서 엄마 옷을 산다. 집에 오니 엄마가 밥상을 차려놓고 있다. 강도는 자기에게도 형제가 있는지 묻는다. 엄마는 말없이 뜨개질에 열중한다. 뜨개질은 여자, 엄마, 모성의 상징이다. 강도는 그런 엄마의 모습이 너무나 기껍고 만족스럽다. 자신을 위한 엄마의 정성이 가득 담긴 뜨개질 옷(그것은 반전을 위해 준비되고 있는 복선이다)! 강도는 비로소 벽[다트(Dart)판 위에 걸었던 여자(엄마)의 나신 그림(칼 꽂았던 그림)을 떼어버린다(너무 뻔해서 오글거리는 기표지만 김기덕은 이것을 자신만의 미학인 반추상이라고 한다).

밖에서 돌아오는 강도의 손엔 처음으로 죽은 동물(생선)이 들려 있다. 다시 일을 나가는 강도는 엄마에게 외출할 때 조심하라고 한다. 그에게 가족(엄마, 소중한 사람)을 잃는 것에 대한 두려움 생겼다는 것이다. 짐승의 차원에서 인간성이 회복되고 있다는 증거이다. 엄마는 그의 변화를 감지하고 그를 시험한다. 다트 판에 자신의 사진을 붙여 놓은 것이다. 이어지는 엄마와 강도의 외출 장면은 순수하고 밝은 이미지이다. 평온한 가정의 엄마와 아들처럼 그들은 명동 거리를 돌아다닌다. 그런데 그곳에서 강도에 의해 높은 곳에서 떨어져 다리를 분질렀던 공작소의 남자가 강도를 알아보고 엄마를 위협한다. 강도가 엄마를 구한다. 가족이 생기면 두려움이 생긴다(무언가를 갖기 시작하면 잃지 않으려는 마음이 생기고, 그것은 두려움이 된다). 그것이 다시 확인된다.

밤이 되고 먼저 잠이 든 강도가 몽정(자위. 강도의 성적 미성숙의 면모를 다시 확장시킨다) 하는 것을 보고 놀란 엄마가 손을 넣어 도와준다. 원수의 성기를 잡고 몽정을 도와주며 성욕을 느끼는 장면이다. 엄마의 모습이 이중적이고 모호해지는 상황이다. 그녀는 자신의 내면에서 오가는 복합적인 감정에 흠칫 놀라며 급히 화장실로 가서 손에 묻은 정액을 박박 씻어내며 정신을 차린다. 그녀에게도 변화가 일어나고 있는 것이다. 강도를 향한 모성이 생기고 한편으로는 그가 남자로 다가오는 것에 대한 연민과 자기 혼란이다.

마침내 거의 완성된 뜨개질 한 옷을 보며 강도는 모정, 즉 엄마에 대한 사랑과 보호하려는 마음이 점점 커진다. 그런데 엄마가 갑작스럽게 사라진다.

영화의 후반부는 강도 스스로 자신의 악마성을 확인하는 과정을 그린다. 그는 자신 때문에 병신이 된 사람들의 피폐한 삶을 찾아다니며 목격하게 된다. 그 동력은 누군가에게 납치되어 갑작스럽게 사라진 엄마를 찾아 나섬으로써 가능한 것이다. 그것은 엄마의 치밀한 계산하에서 짜인 각본과 전략이었다. 그러한 사실을 강도는 뒤늦게 알게 된다.

엄마와 강도 사이에 따스한 온기가 드리워져 있던 모습이 지나가고 이야기는 갑작스럽게 새로운 국면을 향해 나아간다. 엄마가 강도에게 아무 말 없이 갑자기 사라진 것이다. 그녀가 어느 공작소의 커다란 자물쇠를 열고 안으로 들어가는 장면부터 후반부가 시작된다. 공작소 안에는 커다란 냉장고가 누워 있다. 엄마는 냉장고 문을 열고 그 안을 보며 통곡한다. 낚시 고리 같은 커다란 걸쇠와 쇠사슬에 끼인 머리카락이 보인다. 그것은 영화의 도입부 첫 신에서 제시되었던 한 남자의 자살 모습과 연결되는 기표이다. 이로써 엄마의 정체가 비로소 명확해진다.

엄마가 갑작스럽게 사라지자 놀란 강도가 사채 사장에게 찾아간다. 그는 사장에게 사정없이 맞고 쫓겨난다. 절대 악으로 비쳐졌던 강도의 무기력함과 약한 모습을 목격하게 된다. 이로써 결국 사장이 가장 강력하고도 악한 자본가가 된다. 그는 이 영화에 등장하는 모두를 착취하는 자요, 모든 비극의 근원이자 정점이다. 강도 이외에 누구도 그의 정체를 모르고 누구도 그를 심판하지 못할 것처럼 보인다(결국 엄마가 그를 죽인다. 그러나 그 장면을 세밀하게 보여주진 않는다. 감독의 이러한 이야기 구조화와 연출에서의 선택은 이 영화가 표현하는 이야기의 스케일이나 인식의 수준을 지나치게 협소하게 한정시켜버리는 우를 범하는 것이다). 그러나 그 역시 자본주의 사회 속에 온존하는 악덕 소자본가들 중 한 명일 뿐, 그보다 상위 계급의 모습은 전혀 드러나지 않는다. 따라서 이 영화에는 자본주의의 구조적 모순에 대한 문제 제기나 해결책 같은 전망이 없다. 그저 희생자와 가해자(결국 그도 소모품일 뿐) 사이의 불행하고 불쌍한 복수혈전만 전시될 뿐이다. 안타까운 노릇이지만 이 영화가 노정하는 근본적인 한계이자 김기덕 개인의 인식 수준이나 시야의 한계가 여기서 분명하게 드러난다.

강도는 늦게 돌아온 엄마를 추궁하고 원망한다. "얼마나 걱정했는지 알아?" 그에게 걱정과 두려움이라는 것이 생겨났다는 것은 그가 짐승의 탈을 벗어던지고 인간성을 회복했다는 증거이다. 엄마가 있다는 것, 부양해야 할 가족이 생긴다는 것은 이런 것이다. 강도의 생일 축하를 위해 두 사람은 케이크를 앞에 놓고 촛불을 밝힌다. 엄마는 강도에게 "부탁이 하나 있어. 나무 하나만 심어줘"라고 한다. 그리곤 "나 죽으면 이 나무 밑에 묻어줘"라고 한다. 여자(엄마)의 계획은 이렇게 착착 진행된다. 나쁜 남자보다 더 무서운 여자, 엄마이다. 나무를 심은 자리는 그녀가 아들을 묻은 자리이다.

엄마는 갑작스럽게 침대에서 강도를 쫓아버린다. 강도는 엄마의 느닷없는 냉대에 얼떨떨하지만 말없이 순종한다. 다음 날 그는 엄마의 심부름으로 나무에 물을 주러 간다. 그사이 엄마는 집에서 강도에게 전화를 걸어 자작극을 벌인다. 그녀는 다트 판에 붙인 자신의 사진에 식칼을 꽂는다. 죽음도 불사한 그녀의 본격 복수극이 시작되었다는 선언 같은 것이다. 급히 집으로 달려 온 강도는 난장판이 된 실내를 보며 경악한다. 그는 엄마를 찾아 나선다(1시간 14분 러닝타임). 이때부터 강도는 그동안 자신이 저지른 일들의 결과를 하나하나 목격한다.

강도는 엄마를 납치한 용의자들을 찾아 나선다. 그들은 강도가 병신으로 만든 사람들, 즉 그에게 복수심을 가질 만한 사람들이다. 그는 자신이 가해한 사람들을 찾아다니며 그들이 어떻게 살아가고 있는지, 자신이 그들에게 무슨 짓을 했는지를 되짚어보게 된다. 강도가 나타나자 두려움에 떨며 오줌을 싸는 사람, 휠체어에 의지해 힘겹게 살아가는 사람들. 엄마를 납치했다면 바로 이 작자가 아닐까 싶어 찾아간 것인데, 실상은 하나같이 불행하고 불쌍한 모습들이다. 그 과정에서 자본주의 사회의 비정함과 돈의 논리가 주는 비참함이 잘 표현되고 있다. 강도는 엄마가 있는 장소, 즉 냉장고가 놓인 공작소에 와서 문을 두들기다가 그냥 돌아간다.

이리저리 돌아다니던 강도가 절(사찰)을 찾아간다. 그곳에는 장애를 가진 스님이 있다. 강도는 바깥 경치를 보려고 하나 몸이 불편한 그 스님을 도와준다. 다소 생뚱맞은 장면, 메인 플롯 어디에도 연결되지 않는 에피소드 장면 하나가 불쑥 제시되는 것이다. 감독으로서는 이 장면을 통해 강도의 내면에 들어 있는 '속죄의 염'을 표현하고 싶었던 것으로 해석할 수도 있으나 불필요한 사족처럼 여겨진다. 이 역시도 감독이 말하는 반추상 개념일지 모른다.

트럭으로 이동식 가게를 하는 여자가 등장하고, 그녀의 이동을 따라 비닐하우스 내부의 집이 제시된다. 집안에는 불구가 된 남편이 힘들게 일하고 들어오는 그녀에게 쌍욕을 하며 맞이한다. 그녀는 강도를 갈아죽이고 싶다고 한다. 자살로 죽어 있는 아들을 곁에서 지키고 있는 어느 엄마의 모습이 제시된다. 그리고 마침내 강도가 냉장고가 놓여 있는 공작소에 다시 온다. 낚시 바늘 모양의 고리, 빈 냉장고, 휠체어, 운동화, 벽에 걸린 강도 사진엔 온통 칼로 긁은 자국이다. 그곳에서 강도는 자살한 남자(상구)의 사진을 보고, 그의 일기장을 읽는다. 강도가 공작소의 전기를 올리고 장갑을 기계에 넣는다. 과거에 그 자신이 그에게 그렇게 테러를 가했던 것이다. 의자에 털썩 주저앉는 강도, 어느새 잠이 든다. 그때 엄마가 나타난다. 이것은 사실적 장면이 아니라 영화적 환상(김기덕이 말하는 반추상 장면)이다. 엄마는 자고 있는 그에게 울며 말한다. "왜그랬어……. 불쌍한 놈, 악마새끼!" 강도가 깨어나 주위를 둘러본다. 거기엔 자기 혼자밖에 없다.

엄마는 사채업 사장에게 온다. 그녀는 사장의 뺨을 때리며 강도에게 전화를 건다. 휴대전화를 통해 강도에게 소리가 전달된다. 사장은 "꺼져 이년아!"라고 하며 엄마를 때리고 밀쳐낸다. 이 영화에서 그는 악의 원천이요, 궁극이다. 엄마는 자물쇠를 들고 사장실 안으로 들어간다. 그녀가 사장을 가격한 듯, '퍽'하는 소리와 '악!'하는 비명 소리가 들린다. 이 장면을 감독은 영상으로 직접 보여주지 않은 채 간단히 넘어간다. 김기덕은 이 장면을 왜 이렇게 간단히 처리하고 넘어가는 것일까? 강도조차도 감히 반항하거나 도전하지 못했던 사채업자에게 그녀는 손쉽게 접근하고 일격으로 그를 간단히 처단한다. 너무나 허무하다 싶을 정도로 간단한 징벌이다. 그는 그저 이 세상에 존재하는 수많은 악덕 사채업자 중 하나일 뿐이고, 자신의 아들인 상구의 죽음과는 무관하지만 마치 그가 기분 나쁘게 하므로 간단히 손보고 넘어간다는 듯한 이러한 처리는 공허함을 넘어 배신감을 느끼게 한다.[23]

이뿐이 아니다. 강도가 엄마를 찾아 헤매다가 만나는 노년의 남자가 하나 있다. 그는 강도와는 이해관계가 전혀 없으며, 평생 그곳에서 힘겹게 살아왔지만 아무것도 손에 쥐지 못했고, 결국 자살로 생을 마감하려는 자이다. 김기덕은 그 인물의 입을 통해 자본주의 사회의 모순성, 청계천 일대의 과거와 현재, 그리고 이 땅은 빌어먹을 곳이 못되는 삭막한 곳이라는 점을 새삼스럽게 언급한다. 말을 마친 노인은 비상 계단을 오르고, 강도는 계단을 내려간다. 꼭대기에 오른 노인은 지체 없이 추락해 생을 마감한다. 그런데 이러한 (뻔한)메시지를 굳이 그 인물의 입으로 발설할 필요가 있었을까? 여기서 다시 김기덕의 협소한 시야와 편협한 인식 수준을 확인하게 된다. 그의 눈에 거대한 자본의 모습, 그 전모는 실체 없음일 뿐인가? 아니면 도저히 표현할 길이 없다는 말인가? 그래서 그가 할 수 있는 것이란 단지 그 맨 밑바닥, 말단 하부의 발버둥만을 처절하게 그려낼 뿐인가? 답답함을 금할 길이 없다.

마침내 강(호수)가, 빈 건물 폐허. 엄마가 아래를 내려다보며 오열한다. "상구야, 오래 기다렸지? …… 상구야 미안해, 놈도 불쌍해!" 어느새 강도가 그곳에 온다. 빈 의자에 누가 있는 듯하다. 결국 아래로 뛰어내려 자살하는 엄마, 강도가 아래에서 보기엔 뒤에서 할머니가 그녀를 민 것처럼 보인다. 그러나

---

23 사실 '상구'의 죽음 이면에는 강도의 괴롭힘이 아니라, 바로 이 사채업 사장이 있다. 강도야말로 단순히 그의 하수인, 심부름꾼일 뿐 아닌가? 그러므로 엄마가 복수에 나섰다면 궁극적으로 그를 응징하는 모습을 제대로 보여줘야만 했다.

엄마 스스로 떨어진 것이다. 강도는 오열하며 엄마가 전에 말했듯이 그녀를 묻으려고 나무 주위를 판다. 엄마가 뜨개질했던 옷이 흙 속에서 드러나고 상구의 시체가 나타난다. 시체에 입힌 뜨개옷을 벗겨 자기가 입고 엄마의 시체에 팔짱을 끼고 나란히 함께 누워있는 강도. 섬뜩한 장면이다. 시체에게서 옷을 빼앗아 입고 죽은 엄마의 팔짱을 끼며 '엄마는 내꺼야!'라는 듯, 많은 의미를 내포하고 있다. 그 옷은 엄마가 강도 앞에서 계속 뜨개질을 했던 것이고, 자기 것인 줄 알았는데 다른 청년에게 입혀져 있다. 그 청년은 강도 자신이 병신으로 만들었고, 그는 한을 품고 죽었다. 그 청년에게 자기는 철천지원수이다. 그러나 그 옷을 빼앗아 자기가 입는 심리, 엄마에 대한 소유욕, 모든 것을 알게 되었음에도 엄마의 온기에 대한 그리움이 혼재돼 있다.

그리고 에필로그 장면. 비닐하우스에 사는 부부의 집, 여명 무렵이다. 강도는 그녀의 트럭 밑에 들어가 누워 있다. 차가 출발한다. 그의 몸이 아스팔트에 갈리면서 피가 배어 나온다. 그렇게 그는 여자의 소원을 들어주며 생을 마감한다.

이렇게 김기덕은 우리가 사는 이 세상을 극단적인 약육강식의 자본주의 사회로 그려낸다. 살아오면서 단 한 번도 사랑받은 적 없는 인물, 강도. 그는 자본주의 사회의 괴물이다. 자본주의 사회가 배태하고, 이 사회가 길러낸 괴물이다. 영화를 통해 김기덕은 질문한다. '괴물은 어떻게 만들어지고, 어떻게 생성되고 양육되는가, 사람과 사람 사이에 긴장과 대립 관계는 어떻게 생성되고, 전개되며, 어떤 결과가 되는가 등등.' 폭력성을 가진 괴물 → 계승, 대물림(가족, 주변) → 사회적 전이 → 새로운 희생자 → 복수 → 새로운 괴물 → 계승, 대물림(악순환)' 이러한 순환 반복을 보여주는 기본적인 전개는 대체로 무난해 보인다. 그리고 등장인물들 각자는 서로에게 가해자인 동시에 피해자라는, 어렵지 않은 이야기 속에서 간편하게 답을 찾으려고 한다. 그러나 그는 '강도'라고 하는, 우리 사회 기층(基層), 혹은 후미진 곳에 하이에나처럼 서식하며 온갖 잡역을 도맡아 해줄 사람을 고용하는 악덕 소자본가를 등장시킬 뿐(그리고 그마저도 단지 배경으로만 처리한다)이다. 우리 사회의 거대 악이나, 구조적 모순, 정치적·사회적 토대와 환경, 그것을 고착화시킨 시스템에 대해서는 이전의 영화들과 마찬가지로, 전혀 언급하지 못하고 나 몰라라 한다. 결국 그는 돈의 논리, 돈의 비열하고 사악하고 광포함을 전시하는 가운데, 가엾지만 모든 하층민들의 삶은 누구도 구제해 줄 수 없고, 그들이 할 수 있는 것은 병신이 된 채 비루하게 삶을 이어가거나, 그것이 싫으면 자살해야함을 확인해줄 뿐이다. 이 영화가 그리는 복수가 누구에 의한, 누구를 위한 어떤 형태의 복수인지에 대해서는 알려주고 있을지 모른다. 그러나 그 복수가 함의하는 배경 속의 큰 그림, 절대 악의 본질이나 전모를 그려내는 데는 도달하지 못하고, 인식하지도 못했다. 그저 말단 자본의 하수인에게 보내는 값싼 동정의 기도이거나, 자본주의 사회 기층민들의 반복되는 비극 신화를 그 역시 반복 재생하는 것에 머무르고 있을 뿐이라는 점은 못내 아쉽고 씁쓸하다.

이처럼 김기덕의 모든 영화들은 각기 흥미로운 소재를 취했고, 의미 있는 주제들을 도출하려고 애썼지만, 무언가 한둘을 꼭 놓치고 흘리곤 한다. 그로 인해 그는 영화를 강렬하지만 빈약하게 만들어버리는 우를 범하곤 했다. 김기덕의 영화 세계를 한 단어로 압축한다면 아버지(또는 소수의 관객)의 추인을 이끌어내기 위한 '인정투쟁(anerkennungskampf)' 혹은 지극히 극단적인 '센세이셔널리즘'이다.

Chapter 18

더 테러 라이브

/

우리 사회의 기층민이 발언권을 얻는 유일한 방법, 테러

김병우 감독 | 2013년 개봉

냉전 반공주의가 헤게모니적 영향력을 갖는 정치적 대표 체제에서 서민의 이익은 대표되지 못한다. 서민층이 정치 수준에서 대표되지 못한 결과, 사회 수준에서 서민층에 대한 상층 계급의 오만과 차별은 강화되고 못사는 사람에 대한 공공연한 비하가 가능해진다.[1]

영화적 시간 · 공간

2013년 여름 극장가에서 봉준호 감독의 〈설국열차〉와 정면 승부를 하며, 결과적으로 동반 흥행에 성공한 영화 〈더 테러 라이브〉는 우리 사회의 부조리함과 그 소용돌이 속에서 만들어진 트라우마와 관련해 살펴볼 여지가 많은 작품이다. 여러 언론과 관객들이 이 작품을 '하정우의 원맨쇼'라고 하거나 '할리우드 스릴러 영화의 장르 규범을 그대로 활용'한 이야기라고 간단히 규정하기도 했다. 그러나 내가 보기에 이 영화는 그것을 넘어서 매우 창의적인 한국형 스릴러로 그려낸 수작이다. 게다가 그 안에 지난 30여 년에 이르는 우리나라

---

1 최장집, 『민주화 이후의 민주주의: 한국 민주주의의 보수적 기원과 위기(개정 2판)』, 34쪽.

의 정치·사회적 제반 현실과 관련해 주목할 만한 몇 가지 메시지를 담고 있는, 매우 정치적인 텍스트라고도 할 수 있다. 하나의 이야기로서 내러티브의 구조적 차원에만 국한해 살펴보더라도 핵심 사건이 일어나는 극적 공간의 폐쇄성과 극적 시간의 현재성으로 인해 관객에게 특별한 경험을 제공하고 있다. 따라서 텍스트에 대한 분석 연구나 비평적 차원에서도 매우 의미 있는 작품이다. 2010년대 우리 한국 영화의 수준이 어디까지 올라와 있는지를 보여주는 시금석과 같은 작품이라고 평가할 수 있다.

먼저 사건이 펼쳐지는 영화의 극적 공간은 라디오 방송국 스튜디오로 한정돼 있다. 이 때문에 영화의 초반부터 중반에 이르는 극적 전개 과정은 마치 연극 무대에서 펼쳐지는 듯한 인상을 주기도 한다. 한정된 시간·공간에서 벌어지는 사건을 통해 관객의 심장을 옥죄는 스릴러의 참맛을 보여준 영화로는 일찍이 〈로프(Rope)〉(앨프리드 히치콕, 1948)를 위시해 〈패닉 룸(Panic Room)〉(데이비드 핀처, 2002), 〈폰 부스(Phone Booth)〉(조엘 슈마허, 2002), 〈베리드(Buried)〉(로드리고 코르테스, 2010)로 이어졌다. 그사이에 사건이 벌어지는 극적 공간은 점점 더 협소해지고 이야기의 서사적 시간성, 즉 스토리 시간(story time), 담화 시간(discours time), 상영 시간(running time) 등 세 가지 시간성은 완전한 일치를 지향하며, 바로 그러한 방식으로 극적 긴장감을 배가시켰다. 영화 〈더 테러 라이브〉는 할리우드의 전유물처럼 여겨지던 이러한 소재와 장르 영화의 한국판이다. 30여 평의 라디오 스튜디오 부스에서 일어나는 이야기를 담고 있는 이 영화는 인물의 시점 숏, 부감으로 여의도 주변의 건물들, 방송국 중계 카메라를 통해 마포대교를 비추긴 하지만 그 밖의 모든 영상은 라디오 스튜디오 부스 안팎만 보여준다. 〈폰 부스〉와 비슷한 컨셉으로 이야기가 전제되고 전개되는 듯하지만, 그 속에 담긴 메시지는 오히려 〈더 테러 라이브〉가 훨씬 더 묵직하고 울림이 크며 전반적인 완성도도 높다. 무엇보다도 미디어의 생리를 적나라하게 까발려 보여준다는 것과 우리 사회의 부조리, 인간의 탐욕과 출세 욕구, 주류에서 떠밀리고 상처받은 사람들에 대한 국가권력의 태도, 국가권력이 지향하는 본질 등에 대한 통찰을 보여준다는 점에서 의미심장하다.

영화적 공간은 이처럼 매우 제한적이고 협소하나 관객의 심리를 쥐락펴락하는 이야기꾼의 재능은 상당한 궤도에 올라 있다. 아울러 영화적 재미와 공감의 크기는 어느 스케일 큰 대작들과 견주어도 전혀 밀리지 않는다. 공간의 제한성과 이미지의 단조로움을 피하기 위해 다양한 화각과 클로즈업을 적극적으로 활용하며 TV 방송 화면의 형태로 외부 모습(심지어 스마트폰 동영상 촬영 기능을 TV 방송 보도 촬영 도구로 활용하는 등의 선택을 통해 조악해보이는 화면마저 현장 분위기를 살리고 극적 사실감을 높여주는 역할을 하게 하는 연출 방식 채택)을 보여주는 매우 영리한 전략을 구사하고 있다. 시나리오 단계부터 영상 텍스트가 구현할 수 있는 세 종류의 시간성을 거의 완벽하게 일치시킨 치밀한 극 구성과 비교적 촘촘한 인과관계를 보여줬고, 완성된 영화에서도 이러한 면모는 그대로 드러난다. 극의 전개에 필요한 모든 서사 정보를 주인공 윤영화가 맞닥뜨리는 사건들을 통해서만 얻을 수 있도록 철저히 제한하는 내적 초점화 전략은 관객에게 주인공과 심리적 동일화를 촉진시켜 그와 함께 롤러코스터를 탄 것 같은 기분과 함께 인물의 흥망성쇠에 동참하고 있음을 느끼도록 해준다.

시퀀스의 구조

먼저 주요 사건의 시간적 경과를 분절해보면 다음과 같다.

⟨윤영화의 데일리 토픽 라디오 생방송 프로그램⟩
사건이 일어나는 날: 2013년 10월 7일 오전 09시 30분~11시

1) 생방송 라디오 시사 프로그램 ⟨윤영화의 데일리 토픽⟩ 방송 중(On Air)
(09:30~09:35) 윤영화에게 전화를 걸어와 서울 창신동에 사는 노동자, 박노규라

고 자신의 신원을 밝힌 남자가 테러를 예고한다. 윤영화는 이를 무시하지만 이때 폭음이 연이어 들린다.

2) 마포대교 1차 폭파와 생방송 중단

(09:35~09:38) 생방송을 중단하고 창밖을 내다보는 윤영화. 마포대교에서 연이어 폭탄이 터지며 화염이 치솟는다. 방송을 중단하고 전화기를 드는 윤영화. 다시 전화하겠다며 끊는 박노규(09:36). 수신 전화기에 찍혀 있는 핸드폰 번호로 윤영화가 전화를 걸자 '없는 번호'라는 멘트가 들린다. 112에 전화, 그러나 잘못 걸었다며 끊는 윤영화. 스튜디오 밖으로 나와 정 PD의 휴대전화기를 빼앗는다(경찰에 신고하려는 것 막음). 우리만 알고 있는 일. (특종)기회다. 우리가 하자.

3) 보도국장 차대은과의 담판(물밑 거래)

(09:38~09:42) 라디오 스튜디오 밖으로 나온 윤영화는 TV 보도국장 차대은(이경영 분)에게 전화를 걸어 상황을 설명하고 TV 생중계로 독점 보도(특종)하자는 물밑 거래를 한다(윤영화가 지난 몇 달 사이 아내에게 이혼당하고, TV 앵커 자리에서 밀려나 라디오 방송으로 왔다는 정보. 일생일대의 기회인 듯하다고 한다). 전처인 이지수 기자에게 전화했으나 바쁘다며 끊는다. 다시 전화해 음성 메시지 남긴다(TV 복귀할 것이라고, 잘 되면 다시 합치고 싶다고 한다).

4) 생방송 재개와 테러범의 전화

(09:42~09:44) 다시 라디오 방송국 스튜디오에 앉아 방송을 재개하는 윤영화가 테러 가능성을 이야기한다(테러범의 전화 유도). 윤영화의 의도대로 테러범이 다시 전화를 걸어온다. 바로 전화 연결을 한다. "먼저 한 가지 확인하고 가도록 하죠. 마포대교, 본인이 폭파한 것 맞습니까?" "내가 터뜨린다고 했죠?" "네 알겠습니다. 전화 끊지 마시고요. 저희 광고 듣고 계속 가겠습니다. 윤영화의 데일리 토픽입니다."

5) 라디오 생중계에서 TV 생중계로 교체

(09:44~09:46) 광고 나가는 사이 테러범과 딜을 하는 윤영화. 라디오 정 PD를 배신하고 TV로 생중계하겠다고 한다. 그사이 TV 보도국장 차대은이 카메라를 비롯한 TV 생중계 팀을 데리고 도착한다. 차 국장은 정 PD에게 이 프로그램은 방금 폐지됐다고 한다. 물 먹은 정 PD. 마포대교 현장에 나가 있는 이지수 기자(윤영화 전처)를 TV 화면으로 본 윤영화.

6) 테러범의 금전 요구와 딜 성사

(09:46~09:49) TV 생중계 준비로 분주한 사이 윤영화가 테러범과 다시 통화를 한다. TV 방송 생중계로 나가니까 할 말 잘 생각해서 하라고 하자, 범인은 출연료를 달라고 한다. 21억 7,924만 5,000원 요구. 경쟁 방송사에 전화해서 딜을 하는 박노규. 이에 윤영화와 차 국장은 테러범의 요구대로 돈을 입금(차 국장: 시청률만 확실히 올려. 그럼 넌 내일부터 9시 뉴스 들어간다).

7) TV 생중계 시작: 테러 이유 밝힘, 대통령 사과 요구, 윤영화의 욕설 방송

(09:50~09:54) 테러범 박노규와의 전화 통화 생중계 시작. (마포대교 폭파 이유: 1983년 마포대교 확장 공사 당시 인부로 일함. 2011년 G20 정상회담 당시 마포대교 보수 공사 참여(내가 생각해보니 나라가 선진국이 되었네 하는데, 나는 아직도 거기서 시멘트를 푸고 있었던 것. 30년이 지났는데⋯⋯ 야간작업 하다가 난간 구조물이 떨어져 3명이 강물에 빠짐. 경찰, 구조대원 모두 행사 때문에 아무도 안 왔다. 그날 그 세 사람, 돈 2만 5,000원 더 벌려다 모두 죽었다. 보상은커녕 사과 한마디도 없었다. 개죽음만도 못했다. 대통령 사과 요구). 윤영화가 박노규에게 욕한 내용이 녹음돼 그대로 방송에 나가고 테러범은 전화를 끊는다.

8) 윤영화가 생방송에서 배제될 위기

(09:55~09:56) 생방송 중단하고 스튜디오 밖으로 나온 윤영화. 그런데 테러범은

그새 같은 방송국의 다른 여자 앵커(현진)에게 전화를 걸어 그녀와 이야기를 한다. 윤영화가 생방송 진행에서 배제될 위기에 처한 것. 그러나 그녀의 방송 마이크가 폭발한다. 놀라 비명을 지르는 여자 앵커. 차 국장이 그 모습을 보고 급히화면을 마포대교 현장으로 넘긴다. 이지수 기자의 현장 리포트 화면.

9) 윤영화가 데스크에 복귀, 마이크 교체(족쇄가 됨)

(09:56~09:59) 윤영화는 데스크로 와서 마이크를 치우고 와이어리스(무선) 마이크로 교체. 그러나 그것은 윤영화가 족쇄를 차는 일이 됨. "당신은 이미 폭탄을차고 있다"(인이어 폭발물 설치 사실 인지). 패닉 상황에 빠진 윤영화. 마포대교 2차 폭발. 현장에 나가 있던 윤영화의 전처 이지수 기자 위기.

10) 테러범에게 조종당하는 윤영화, 청와대에 전화

(10:00~10:03) 10분 줄 테니 대통령 불러오라. 윤영화에게 청와대에 직접 전화하라고 지시(02-730-5800). 청와대와 전화 연결 기다리는 중 윤영화의 질문: 실제공사장 인부가 맞느냐?(여러 면에서 너무나 지능적이고 상황 통제·활용 능력이탁월한 것에 놀란 윤영화의 의문). (대답: 싸우는 방법을 몰라서 당하고만 살았다. 그런데 폭탄을 구하고 나니까 알겠더라). 보상비에 대해서는? "21억 7,924만 5,000원" 방송국에서 다 주고 협상했던 사실 밝혀버림. 청와대 국가 위기 관리실비서관 김상모와 통화 연결됨. 의례적인 멘트. 조속히 사태가 안정화될 수 있도록 가능한 모든 조치를 취하겠다. (차 국장) "너 미쳤어? 어디다다 대고 …… 마무리해 빨리." 스튜디오 조정실에 대테러 팀장 박정민 등장.

11) 시청률 50%, 대테러 팀장이 상황 통제

(10:04~10:07) 차대은 국장, 현재 시청률 50%라며 윗선에 상황 보고하러 밖으로나감. 대테러 센터 박정민 팀장이 등장해 생방송 상황을 통제. 윤영화에게 테러범에게 끌려가지 말 것을 지시. 테러범 전화 발신지 추적 중. 마포대교 현장 모습

을 방영하며 현장 상황에 대해 어떻게 생각하는지 질문. "국가가 당신들을 인간적으로 대하지 못했다. 미안하다. 그러면 다 끝납니다."

12) 마포대교 상황, 첫 번째 희생자 발생

(10:08~10:09) 끊어진 마포대교 상판에 걸려 있는 자동차 한 대(아이 둘 구출, 아빠는 차와 함께 강물로 추락). 사과를 꼭 이런 식으로 받아야 하나? 합법적인 다른 방법도 있을텐데……. "윤영화 씨 같이 가진 것 많고 배운 사람들에게는 다르겠지만, 우리 같은 사람에게 법은 한 번도 편들어준 적이 없어. 진짜 많이 생각했지만 이 나라에서 방법은 이것밖에 없었어요."

13) 주진철 경찰청장 출연, 범인을 몰아세우다가 폭사

(10:10~10:15) 주진철 경찰청장 스튜디오 도착, 대통령 대신 방송 출연. 경찰청장의 막무가내 발언 시작. 박노규의 인적 사항, 쓰레기 공방, 박노규 아들(복선: 박노규 아들 박신우라는 사실) 발설하려 하자 경찰청장 폭사(방송용 인이어폰 폭발).

14) 스튜디오 패닉 상태, 특히 윤영화의 패닉

(10:15~10:17) 스튜디오 패닉 상태, 충격으로 정신을 못 차리는 윤영화. 박정민 팀장이 스튜디오 안으로 들어오지만 윤영화의 인이어폰을 제거하지 못한다(천장의 감시 카메라: 테러범이 모니터링하고 있는 것 의식? <u>그렇다면 그쪽으로 얼른 가봐야 하는 것 아닌가?</u>).

15) 윤영화와 차대은 국장 간의 통화: 인질이 죽어야 테러가 끝난다!

(10:17~10:21) 스튜디오 안에 혼자 남아 있는 윤영화에게 차대은 국장이 전화. 네가 시작한 거야. 네가 끝까지 책임지고 가야지. 평생 라디오 할 거야? 위로 올라와야 할 거 아니야. 쟤들은 사람 죽이려는 놈은 절대 안 잡아. 사람 죽인 놈만 잡지. 그래야 표시가 나니까. 대통령 절대 안 와. 근데 청와대에서 사과 안 하고 박

노규 잡자니까 여론이 찝찝하거든. 박노규가 인질 죽이는 장면이 나가야 돼. 이 새끼를 그냥 쌍놈의 새끼로 만들어야 돼. 그래야 사과할 필요가 없어지거든. '인 질이 죽어야 테러가 끝난다'라고 종이에 쓰는 윤영화. 형! 솔직히 딜 봤지? 솔직히 함 얘기해봐. 솔직히 시청률 70% 찍으면 본부장! 왜? 넌 나하구 딜 봤잖아. 일만 잘 풀리면 뉴스가 문제겠냐? 길 건너 바로 배지 달러 가는 거지.

16) 박정민 팀장과의 통화, 차 국장과 반대의 길을 일러주는 팀장

(10:21~10:23) 박정민 팀장이 윤영화 핸드폰으로 전화. 윤영화와 박정민 팀장과의 대화. 얼른 와서 이거 먼저 풀어 달라. 해체팀 따로 오는 중이니까 조금만 기다리라. 윤영화 씨 우리가 분명히 구한다. 스튜디오 안으로 들어온 박 팀장. 전화 끊고 두 사람 대화로 이어진다. 지금 문제는 전 국민이 다 보고 있다는 것. 윤영화 씨 죽으면 우리는 이 테러범에게 완전히 지는 거라고, 우리도 죽게 생겼어요, 대통령 오는 것은 정말 안 되겠나? 다음 전화 오면 바로 찾는다. 윤영화 씨 오늘 정시 퇴근.

17) 범인의 위치 추정

(10:23~10:24) 스튜디오 안에 혼자 있던 윤영화는 타 방송국 뉴스 내용을 보다가 자신의 메모를 보며 박노규의 위치를 추정함. 윤영화가 박 팀장에게 전화를 걸어 박노규 위치는 마포대교 잘 보이는 곳. CCTV 설치된 17곳 중 하나를 찾으면 된다고 알려줌.

18) 생방송 재개, 그리고 대응 방식을 놓고 차 국장과 박 팀장 간의 갈등

(10:25~10:28) 차대은 국장은 윤영화에게 아까 말한 대로 갈 것이라고 하면서 모니터 화면 내용(대테러 협상 불가 방침: 대통령 사과 절대 불가, 대국민 테러 완전 봉쇄, 현 시간부로 테러와의 전쟁 선포 = 정부, 청와대 방침)대로 발표하라고 함. 이때 박 팀장이 끼어들며 "여긴 내 현장" 두 사람 갈등. 이때 박노규 전화. 스

튜디오 생방송 재개. (차) 상황 알겠지? 어차피 인질들 못 구해. 그냥 읽어. (박) 국장 말 무시하세요. 방금 예상 지역에 인원 배치 들어갔구요. 위치 확인만 되면 바로 잡아. 내가 전부 구할 테니까 시간만 빼줘요. 알겠죠? 윤영화가 국장의 지시를 어기고 박노규에게 거짓말을 시작. 대통령이 스튜디오에 와 있다고 함. 국장이 읽으라고 모니터 화면에 띄워놓은 내용을 반대로 말함(자신의 뜻대로 움직이지 않는 윤영화 때문에 화난 차 국장이 경쟁 방송국에 윤영화 비리 제보). 박노규가 윤영화의 신뢰성에 대한 의문 제기).

19) KTN 이상진 앵커와의 질문 공방: 드러나는 윤영화의 치부
(10:28~10:34) KTN 방송국 이상진 앵커 전화 연결: 윤영화의 치부가 낱낱이 드러난다.
- 2008년 8월부터 올해 5월까지 총 57개월간 후원금을 받았다는 기록(차 국장이 제보)
- 2012년 10월 윤영화 씨가 언론인 특종상을 수상한 것 = 본인이 직접 취재한 것이 아닌, 당시 부부 관계였던 SNC 이지수 기자의 기사였다는 것. 그래서 이지수 기자와 이혼하게 됨.
- 차 국장: 너 기분 더러운 것 아는데, 너 뉴스 계속하고 국장 달고 본부장 하려면 이 더러운 거, 이거 해야 돼. 나도 그랬어. 이거 우리 팔자야(결국 위에서 시켰다는 것이고, 그대로 해야만 승진하고 출세할 수 있다는 것).
- 이때 윤영화의 휴대전화에 문자: 대통령 출연 스탠바이. 박 팀장의 문자. 후속 문자 들어옴. 바로 옆 스튜디오 대기 중. 위급 시 출연 일급 기밀 사항). 문자를 확인하고 힘을 얻은 듯).
- 그러나 또 다른 카운터 펀치: 마포대교가 처음 폭발했을 당시, 왜 바로 신고하지 않았나? 이 부분은 '데일리 토픽'의 정용석 라디오 PD가 KTN에 직접 제보.
- 사건의 전후 관계를 따져보면 "자기 아내 기사를 가로채고, 줄곧 뇌물을 수수해 오던 마감 뉴스 앵커가 자신의 자리에서 쫓겨나게 되자 오늘 이 테러를 자신만

의 특종으로 삼기 위해서 신고조차 하지 않았다"라는 얘기.

- 할 말 없는 윤영화에게 스튜디오 밖 차 국장 왈: "어이 윤! 방금 시청률 78% 찍었대. 수고했어. 끝나고 한잔 하자. 뉴스야 뭐 다음에 기회 있겠지." 그는 상의를 찾아 걸치며 밖으로 나간다. 배신감에 치를 떠는 윤영화. 윤영화 씨! 시간 관계상 답변은 들은 걸로 하겠습니다. 저희 KTN은 테러범의 요구에 응한 것일 뿐, KTN의 보도 편성 방향과는 무관함을 알려드립니다.

- 이때 박노규가 갑자기 말을 한다. 시청자 여러분 윤영화 씨의 귀에 폭탄이 있습니다. 잠깐만요. 박노규 씨 잠시만요. 윤영화 씨 같은 사람이 제대로 뉴스 했으면 내가 이랬을까 싶어요. 뉴스 마치겠습니다(테러범이 뉴스를 마치겠다니……). 잠깐만요, 박노규 씨. 제가 어떻게든 사과 받아드리겠습니다. 그럼 되는 것 아니예요? 누가 누구한테요. 지금 그럴 자격 안 되잖아. 지금 옆방에 있습니다. 휴대전화 문자를 꺼내 보여준다. 자, 보십시오. 이게 휴대전화라 잘 안 보이겠지만, 경찰이 제게 문자를 했습니다. 지금 옆방에 있습니다. 바로 사과한다는 거네요?! 네. 지금 바로요. 잠시 후면 바로 사과합니다.

- 그러나 프롬프터에 '8번 상판에 이지수 기자 스탠바이' 글자가 뜬다. 뭐야 이거. 어떻게 된 거야? 스태프 왈, 국장님이 아까 말하지 말라고 해서…….

20) 마포대교 현장 상황, 인질들 속 이지수 기자

(10:34~10:39) 마포대교 상황 전하는 이지수 기자. 2차 폭발로 현장 카메라가 파손돼 휴대전화를 통해 현장 생중계. 마포대교 8번 상판에는 모두 열여섯 명의 시민들이 고립되어 있음. 상판이 시간이 갈수록 경사가 점점 더 심해지고 있어 얼마나 더 버틸 수 있을지 모름. (박 팀장) 발신 위치 찾았음. 박노규 체포하러 이동. 대통령은 오지 않음. 마포대교 추가 폭발. 이지수 기자의 박노규 설득. 여자와 아이들 구출 허락. 그러나 다리 무너짐.

21) 마포대교 붕괴와 윤영화 패닉상태(3차)

(10:39~10:42) 수상 구조대 즉시 출동을 간곡히 요청하는 윤영화. 테러범에게 항의함. 어쩔 수 없었다는 테러범. 패닉 상태에 있는 윤영화.

22) 테러범의 건물 폭파

(10:42~10:46) 박 팀장 전화. 박노규 곧 체포할 것. 타 방송사 TV 화면에 박노규가 은신하고 있는 컨테이너 박스 모습 나옴(경찰, 테러범 위치 확인 자막). 이때 테러범의 목소리. 아직 끝난 거 아니다. 지금 다시 시작한다(KTN 뉴스 특보: 테러범 투항하지 않을 경우 사살 자막). 지금 이 빌딩 폭파한다. 놀란 윤영화가 체포 작전 중단과 즉시 대피 방송을 함. 추가 테러의 위험 고지. 신축 중인 옆 건물 하층부 폭파. 건물이 기울며 방송국 쪽으로 쓰러짐. 생방송 스튜디오도 아수라장. 스튜디오 안에서 버티던 윤영화. 결국 천장 구조물에 머리를 맞고 블랙아웃.

23) 청와대 비서관과의 통화

(10:46~10:49) 잠시 뒤 윤영화가 정신을 차림. 스튜디오에 혼자 남아 있음. 청와대 김상모 비서관 전화. 방금 언론사나 어디 통화한 적 있느냐, 누구랑 별도 접촉한 것이 있느냐고 묻는다(윤영화의 입을 막아 보도 통제 하려는 의도). 일단 검찰에 소환될 예정(뇌물 건이 공론화되었기 때문). 아울러 검찰 자술서 청와대에서 미리 손봐놓을 거니까 그대로 자백하라. 테러 끝났으니 당장 오늘 저녁부터 여론에서 과잉 진압이다 뭐다 들고 일어날 것, 박노규 죽는 바람에 뭘 수습할 게 없거든. 아니 뭐 누구 말마따나 살아서 질질 짜고 할 그림이 없다는 거 이거지. 지금 이거 누구 하나가 총대를 메야 돼. /그러니까 차 국장이랑 짜고 그쪽에서 내 장부 퍼뜨린 거네요. 맞죠? 네? 어차피 대통령 사과 안 할 거 아니까, 그냥 나 하나 잡고 물 타기 하려고. 아이 실장님, 내가 이제껏 어떻게 해왔는데, 어떻게 나한테 이럴 수 있어요? /아니, 어쨌든 돈 받은 건 사실이잖아. /아니 씨발 대통령이 줬잖아. 왜 나한테 씨발. /윤영화 씨. 사람 그렇게 안 봤는데, 왜 그렇게 순진해(타 방

송국 뉴스 자막: 검찰 SNC 윤영화 내부 비리에 대한 구속수사 방침)? 그렇게 아까 그 차 국장이 얘기한 대로 했으면 다 좋게 마무리될 일을, 아 왜 방송에서 사과해라 마라 나불댑니까 건방지게. / 실장님 이거 다 녹음됐거든요? 내가 이거 다 퍼뜨릴 수 있어요./ 윤영화 씨. 솔직히 지금 윤영화 씨 말 믿는 사람 누가 있겠어?/ 스튜디오 내에서 혼자 웅크리고 앉아 괴로워한다(폐쇄 회로 카메라 흑백 화면으로 그의 모습이 보인다: 테러범이 그의 모습을 모니터하고 있다는 것). 이때 타 방송국 뉴스에서 윤영화 앵커의 비리에 대한 검찰의 구속 수사 방침 보도. KTN의 또 다른 뉴스 속보는 박노규가 컨테이너 박스에서 다른 곳으로 도주한 것으로 보인다는 뉴스.

24) 박노규의 전화

(10:50~10:52) 스튜디오 테이블 위에 엎드려 있는 윤영화에게 유선 전화(내선번호 2501 = 비품 창고). 박노규에게 다시 방송하고 대통령 사과받자고 한다. 그러다가 왜 자기에게 전화했느냐고 항의를 한다. 다시 그러다가 제발 살려달라고 비굴하게 읍소한다. "계속 그렇게 해요. 앞으로도 평생 그놈들 밑에서 비굴하게, 그렇게 살다가 죽는 거야. 5분 줍니다. 빨리 꺼져요. 그 폭탄 가짜예요." 갑자기 황당해진 윤영화. 조심스럽게 인이어를 빼내 후다닥 내팽개친다.

25) 윤영화의 생방송 재개

(10:53~10:55) 스튜디오 밖으로 나온 윤영화. 주 조정실 텔레비전 화면에서 박노규는 2년 전 마포대교 공사 중 이미 추락사한 것으로 확인되었다는 뉴스가 나옴. 현재 범인의 행방은 오리무중이라는 뉴스. 윤영화는 쓰러진 카메라 삼각대를 다시 세우고 카메라를 거치. 테러범이 상당한 공학적 지식을 가진 인물로 추정된다는 뉴스. 범행의 용의주도함으로 수사가 장기화될 수도 있다. 두 건물이 붕괴될 것으로 보이기 때문에 긴장감이 최고조에 이르고 있다. 아직 윤영화 앵커의 행방은 확인되지 않고 있다는 뉴스. 윤영화가 다시 혼자 생방송을 시작한다. 현재 폭

탄은 본 방송국 건물에 설치돼 있으며, 곧 폭파될 예정. 하지만 이 속보를 끝내기 위해 이 자리에 나왔다고 함. "뉴스를 말씀드리겠습니다. 지금까지 죽은 박노규 씨 행세를 해온 테러범이 잠시 후에 이 스튜디오로 와서 본인의 정체를 직접 밝히게 됩니다. 그가 누구건 간에 전 그 테러범을 잡아 죽일 겁니다(그가 스튜디오 쪽으로 들어온다). 시청자 여러분 이 뉴스를 끝까지 지켜봐주시기 바랍니다."

26) 테러범과 윤영화의 격투

(10:55~11:02) 조종실에 들어온 테러범과 윤영화의 격투. 테러범이 손에 들고 있던 폭파용 기폭 장치를 떨어뜨린다. 건물이 곧 쓰러질 듯 위태롭게 파열음을 내며 파편을 튀긴다. 다시 격투를 벌이는 두 사람. 그리고 잠시 소강상태. 윤영화는 그제야 경찰청장이 가지고 왔던 서류에서 박노규의 아들 사진과 주민등록 등본을 봄. 이름 박신우, 1992년 12월 21일생. 박신우는 전선 와이어를 붙잡고 건물 외부에서 버티고 있는 중. 윤영화가 다가가 그를 보며, 너 왜 그랬어. 너 애초에 나 믿은 거 아니었잖아./ 그 사람은요, 윤영화 씨 뉴스만 봤어요. 물어보면 그냥 저 사람 말은 믿을 수 있대. 병신같이. 그렇게 평생을 개처럼 일만 하다가 죽었어요. 그래서 그 사람 이름으로 사과받고 싶었는데, 근데 그 사과 한마디 하는 게 그게 그렇게 어려운 거예요?/ 윤영화가 박신우에게 손을 내민다. 내 손 잡아./ 윤영화가 그의 손을 잡고 끌어올리는 순간 경찰 저격수의 총탄이 날아든다./ 미안해. 내가 진짜 쪽팔리고 미안한데, 내가 진심으로 사과할게. 이어서 두 번째 총탄. 결국 박신우가 버티지 못하고 떨어진다. 그의 추락과 동시에 그의 손에서 기폭 장치를 낚아채는 윤영화.

27) 테러를 완성하는(또는 새로운 테러를 감행하는) 윤영화

(11:02~11:05) 뉴스 속보: 테러범, 방금 전 경찰의 총격에 추락. 윤영화에게도 총을 쏘는 경찰 특공대. 경찰 무전기 통해 박 팀장 목소리가 들린다(윤영화도 즉시 사살하라는 명령). 바닥에 주저앉아 여러 TV 방송 뉴스 특보를 보는 윤영화. 국

회에서 대국민 담화 발표하는 대통령의 목소리. 그리고 이지수 기자 구조 도중 숨졌다는 뉴스도 나온다. 모든 소망을 잃은 윤영화. "친애하는 국민 여러분! 나의 결정을 지지해준 것에 대해 감사합니다. 오늘 정부는 테러와의 전쟁에서 승리했습니다." 윤영화, 마침내 폭파 스위치 누름. 무너지는 건물. 여의도 국회의사당을 덮칠 듯 쓰러진다. 암전. 끝.

이처럼 영화의 핵심 사건이 펼쳐지는 무대와 시간은, 매일 오전 9시부터 라디오 시사 프로그램 생방송을 진행하는 윤영화의 방송 스튜디오이다. 광고가 나가는 9시 30분 무렵에 테러범으로부터 최초의 전화가 걸려온다. 그리고 오전 9시 33분에 마포대교가 폭파되는 가운데 테러가 현실화된다. 이후의 극적 진행은 사건의 경과를 따라가며 실시간 상황 변동 추이를 그대로, 철저히 반영하고 있다는 것을 보여주며, 약 1시간 35분 후인 오전 11시 5분 무렵에 모든 사건이 종결된다.

인물과 캐릭터의 힘으로 밀고 가는 이야기

인물들 각자의 욕망이 격렬히 부딪치는 자리에서 누가 옳고 그른지는 부차적 문제가 되어버린다. 아니, 원인을 제공한 자와 과정을 즐긴 자, 결과를 도출한 자들이 얽히고설켜 있기 때문에 알 수가 없는 것이다. 이쯤 되면 테러는 테러범 하나의 손이 아닌, 관련된 자 모두의 손에 의해 행해지고 완성된다. 애초에 테러범의 테러는 우리 사회의 부조리함에서 비롯됐다. 그는 국가적 행사에 가려 제대로 보상받지 못했고, 아무 주목도 받지 못한 채 쓸쓸히 세상을 떠났다. 그는 그 억울함에 대해 목소리를 내기 위해, 대통령의 사과를 듣기 위해 마지막 방법으로 테러를 일으켰다. 그가 목소리를 내는 방법은 그 자신도 힘을 갖는 것밖에 없었다. 그에게 힘을 주고, 모두의 주목을 끈 것은 그의 수중에 폭탄이 들려 있을 때, 그리고 그 폭탄을 터뜨려 자신의 힘을 보여줬을 때였다. 그렇게 일이 터지자 그 일(테러)을 이용해 일신의 영달을 꾀하려는 자들(윤영화, 차대은)이 나타난다. 그들에 의해 테러는 이용되고 키워진다. 타 방송사들 역시 속보 경쟁을 벌이며 테러범의 요구에 순응하는 등 이용당하는 모습을 보인다. 경찰 총수는 문제를 고압적으로 억누르고 완력으로 제압하려다 문제를 키우고 자신은 폭사한다. 청와대는 비선을 통해 방송국에 압력을 넣어 속보 진행과 보도의 방향을 자신들 입맛대로 움직이려고 한다. 범인을 궁지로 몰고, 그가 극악한 모습을 보이도록 해 인명을 다수 살상하도록 유도한다. 그다음 체포하거나 사살함으로써 국가 권력이 테러와 타협하지 않을 뿐만 아니라 테러와의 전쟁의 정당성을 강화하려는 모습만 보인다. 대테러 진압을 목표로 만들어진 전담팀은 범인의 소재 파악조차 제대로 못하고 계속 시간만 벌어달라고 하며 무능함을 보인다. 그리고 자신들의 무능을 덮기 위해 모든 사정을 알고 있는 윤영화마저 발견 즉시 사살하라는 명령을 내림으로써, 윤영화로 하여금 새로운 테러리스트가 되도록 하는 우를 범한다.

선량한 국민이 테러범이 될 수밖에 없었던 상황에 귀를 기울이지 않았던 정부는 비록 하나의 테러범을 죽여 제거할 수는 있었으나 또 다른 테러범을 만들어낼 수밖에 없다. 이 영화에서 테러 행위는 자신의 온몸을 세상이라는 거대한 벽에 던지는 형태로라도 억울함을 호소하고 신원하고 싶은 소외된 사람의 외침이다. 그의 외침은 테러라기보다는 최소한의 권리 주장이고, 인간적 자존을 인정받으며 이 사회에서 더불어 살고 싶다는 호소로 보인다. 그러나 테러 행위는 결코 정당화될 수 없다는 점에서 이 영화는 딜레마를 안고 있다. 그러면서 관객에게 질문한다. 만약 당신이 삶에서 억울한 일을 당한다면, 당신은 어떻게 할 것인가? 당신은 세상을 향해 억울함을 호소할 방법이 있는가? 만약 당신이 억울함을 호소하더라도 세상은 당신의 이야기를 순순히, 귀 기울여 들어줄 것인가? 만약 아무 통로도 없고, 아무도 당신의 억울함을 들어주지 않는다면 당신은 어떻게 하겠는가? 사실 영화 속 테러범과 같이 극단적인 선택과 행동을 할 사람은 많지 않을 것이다. 그러나 머릿속으로나마 우리를 억울한 지경에 빠뜨린 사람들을 향한 테러를 상상할 수는 있지 않겠는가?

만약 우리 사회의 안녕과 질서를 위협하는 어떤 돌발적인 문제가 우리 앞에서 발발한다고 할 때, 그리고 그것이 우리 각자에게 SWOT[Strength(강점), Weakness(약점), Opportunity(기회), Threat(위협)]의 형태로 다가온다면 우리는 그에 대해 어떤 액션, 어떤 제스처를 취할까? 우리는 과연 윤영화나 차대은 같은 인물과 다른 선택을 할 수 있을 것인가? 또는 우리가 박노규, 박신우 부자와 같은 억울함이 있는데, 아무도 우리의 억울함을 몰라주고, 우리의 목소리를 경청하지 않는다고 가정하자. 그런데 어느 순간 우리 수중에 다리를 날리고, 건물을 무너뜨릴 만큼의 폭약이 생긴다면, 우리는 박신우와 다른 선택을 할 수 있을 것인가? 만약 우리가 경찰청장 같은 공권력의 수장 또는 청와대 같은 권력기관에서 대통령을 보필하고 있거나, 우리 자신이 대통령이라면 이런 억울함을 가진 사람이 벌이는 무모한 폭력에 다른 방식으로 접근할 수 있을까? 이해관계가 서로 전혀 다른 위치에 우리 자신을 놓았을 때, 우리는 과연 이 영화 속 등장인물 각자와 다른 방식의 생각과 행동, 우리 사회의 안녕과 질서를 해치지 않으면서 평화롭고 조화롭게 모든 일을 순리에 입각해 풀어갈 수 있겠는가?

이 영화가 우리 시대의 불온함, 우리 사회의 구조적 모순을 드러내 보여주는 가운데 하고 싶은 이야기의 본질은 바로 이런 문제가 아닐까 싶다. 누구도 이런 역할 바꾸기에서 자유롭지 못할 테고 장담하지 못할 것이라는 점 말이다. 이로써 우리 사회의, 우리 각자의 부조리함과 이중성을 들여다보게 한다. 무릇 정치가 공의를 펼친다 함은 가진 자들(부모 잘 만나 처음부터 많은 기회를 타고난 사람, 남다른 능력과 재능을 갖고 태어난 사람)의 것을 더 많이 거두어 그렇지 못한 자들에게도 인간적 자존을 지키며 살 수 있는 기회를 마련해주고, 그들을 배려하는 제도적 장치를 마련하는 것이다. 한마디로 세상에서 기회를 얻지 못한 자들, 힘없는 자들, 사회적 약자들을 보호하고 살 만하도록 감싸주는 것이 공의이다. 그러나 우리 사회는 이들을 백안시하고 밀쳐내지 않았는지 되돌아봐야 한다. 우리 자신이 누군가를 반사회적 괴물, 테러리스트로 키우는 데 일조해왔던 것은 아니었는지에 대해서 말이다.

윤영화

TV 뉴스 앵커로 승승장구하며 한때 '국민 앵커'로 불린 윤영화(하정우 분)는 불미스러운 일로 라디오 시사 프로그램 진행으로 밀려난 상태에서 이야기는 시작된다. 이어서 정부 정책과 관련한 현안 문제에 대한 시민들의 의견을 청취한다는 취지에서 연결된 전화의 내용은 이상한 방향으로 흐르고, 그것을 장난전화로 생각한 윤영화는 그의 말을 묵살하며 광고 듣고 오겠다는 말로 잠시 한숨을 돌린다. 그러나 끊어지지 않은 그와의 전화 통화는 이어지고, 그는 마포대교를 폭파하겠다고 한다. 그러한 말을 믿을 수 없는 윤영화는 맘대로 해보라며 욕설을 하고 끊는다. 이에 대한 즉각적인 반응으로 마포대교가 폭파되고, 거대한 폭음 소리에 창밖을 본 윤영화와 방송국 스태프들은 경악한다. 그러나 이 순간 윤영화의 파충류 같은 예리하고 냉혈적인 상황 판단과 대처 방식은 점입가경의 사건으로 비화하는 도화선이 된다. 그는 테러범의 전화 사실을 경찰에 신고하지 않는다. 그는 즉각 보도국장 차대은(이경영 분)에게 전화를 걸어 이 특종 건을 TV 생방송으로 내보내자고 하며 자신의 조건을 붙인다. 이 과정에서 그는 자신을 중용했던 라디오 시사 프로그램 PD를 간단히 제쳐두는 방식으로 물먹인다.

그는 오직 자기 앞에 주어진 천재일우의 특종을 기회로 삼아 실추된 명예를 회복하고 자신의 자리였던 마감 뉴스 앵커로 복귀해 다시금 각광받는 언론인이 되려고 한다. 방송의 생리에 대한 이와 같은 동물적 감각과 신분 상승의 야심이 윤영화의 내면에서 합작한 결과인 것이다. 이렇게 해서 일사천리로 라디오 스튜디오는 순식간에 테러를 중계하기 위한 생방송 TV 체제로 전환을 하고 테러범과의 통화를 그대로 송출한다. 그러나 이것은 윤영화가 자기 꾀에 넘어가는 자승자박의 결과를 초래하게 된다. 이어서 스튜디오에 온 경찰청장이 무리하게 테러범을 자극하다가 자신의 귀에 찬 인이어폰이 폭발하며 생방송 도중 폭사하는 사건이 발생하고, 윤영화 역시 자신의 인이어에도 폭탄이 설치되어 있다는 사실을 알게 된다.

죽음의 문턱에서 절박해진 윤영화. 여기에다가 그를 더욱 궁지에 내모는 것은 테러범이 아니라 그의 상관인 보도국장과 경찰 대테러 대응팀 박정민 팀장(전혜진 분)이다. 그들은 서로 다른 방식으로 윤영화를 이용하며, 그를 빠져나갈 구멍이 없는 최악의 궁지로 몰아넣는다. 먼저 보도국장 차대은은 대한민국 방송의 현실을 가장 적확하게 반영화는 인물로 '시청률 지상주의자'의 전형을 보인다. 시청률에 죽고 사는 전쟁터 같은 방송국 최일선 지휘관의 면모를 가진 그는 윤영화의 귀에 폭탄이 설치돼 있다는 사실을 모른 채 시청률을 극대화할 방안을 지시한다. 아울러 청와대(정부) 측의 요구사항과 지침을 신속히 받아들여 방송 진행에 그대로 반영하려고 한다. 그 내용은 대통령의 사과를 요구하는 테러범을 더욱 자극하라는 것이다. 그렇게 함으로써 테러범이 마포대교에 고립된 사람들을 죽이고, 경찰이 테러범을 잡도록 하자는 것이다. 한마디로 시청률을 위해서라면, 그리고 테러 사건 발생에 따른 대통령의 정치적 부담을 최소화하기 위해서라면, 여러 사람을 희생시키는 것쯤은 불가피한 일이라는, 극히 냉혹하고 비인간적인 지시이다.

실시간 생방송의 포맷 속에 다양한 인물들의 들끓는 욕망과 음모를 절묘하게 섞어내고 있다. 특종을 독차지하려는 언론인으로서의 본능적 욕구와 그것을 바탕으로 TV 뉴스 앵커로 복귀하려는 윤영화의 욕망. 온 국민의 눈과 귀를 독점하는 꿈의 시청률 70%라는 목표를 달성하고 본부장이 되려는 보도국장 차대은의 욕망과 음모. 시청률 경쟁 중인 타 방송국 앵커가 즉석 인터뷰라는 이름으로 윤영화에 대한 인신공격. 사건의 정치적 파장을 차단하려는 정부의 음모. 경찰청장의 거짓말과 과시욕. 윤영화를 미끼로 범인을 잡으려는 경찰의 음모 등등. 그런 가운데 경찰청장이 스튜디오에서 폭사하고 대통령의 사과를 둘러싼 줄다리기 속에 마포대교의 상판이 무너진다. 이 과정에서 현장에 있던 윤영화의 전처 여기자도 희생된다. 범인은 경찰의 체포에 대항해 은닉해 있던, (방송국 바로 옆에 위치) 공사 중인 건물을 폭파한다. 건물이 무너져 내리며 방송국 일대가 혼란의 도가니에 빠진다. 마침내 범인과 윤영화의 격투가 벌어지고, 경찰은 범인을 사살한 데 이어서 윤영화도 사살하려 한다. 더는 출구가 없음을 직감한 윤영화는 테러범이 가지고 있던 폭파 스위치를 눌러 그 자신이 테러를 완성한다. 건물이 국회 의사당을 덮치듯 무너져 내린다.

테러범인 박노규(박신우)는 힘이 없을 때는 무시당했으나 '폭탄을 구하니 알겠다'고 한다. 아무도 자신의 말을 들어주지 않는 동정 없는 이 세상에서 그가 힘을 갖는 유일한 방법은 테러를 일으키기 위해 폭약을 손에 넣는 수밖에 없었다. 그러한 '박노규(박신우) = 폭탄 권력'은 '윤영화 = 언론 권력'으로 연결된다. 윤영화는 사람들의 생명과 재산은 안중에도 없고 오직 일신의 영달(TV 뉴스 앵커로의 복귀를 통한 재기와 승진 욕구, 아내와의 재결합)에 이 권력을 이용한다. 이어서 윤영화의 잔머리로 인해 벌어진 판을 키워서 자신의 권력 기초로 삼고 새로운 신분 상승("일만 잘 풀리면 금배지 달러 간다")의 지렛대로 이용하려는 보도국장 차대은이 있다. 이에 반해 공권력의 상징인 경찰청장은 약자에게는 강하고 강한 자에게는 약한 모습을 보이며 권력에 아첨하고, 대통령은 국민의 안위보다는 체통과 자리에 연연하는 것인지 끝내 모습을 드러내지 않는다. 뒤늦게 자신의 선택을 후회하며 어떻게든 인질들을 살리려고 했던 윤영화는 희생되는 사람들의 모습을 보며 절망한다. 인질들 모두가 죽게 내버려둔 뒤, 박노규를 극악무도한 테러범으로 만들어 자신들의 안위를 위한 희생양으로 삼으려고 했던 사람들은 우리 사회의 가장 큰 권력자인 보도국장과 경찰청장, 대통령이다. 그들은 박노규(박신우)가 죽자 이들을 대신할 새로운 제물로 카메라와 마이크(언론 권력)가 없어진 윤영화를 지목한다.

이 영화에서 그리는 국가 권력과 언론 권력은 힘은 세고 죄의식은 없는 가해자들이다. 서로의 이익을 위해서 쉽사리 야합하며 증거를 인멸하고 실상과는 다른 왜곡을 일삼으면서 계속해서 새로운 희생자를 만들어내는 이들 권력의 뻔뻔함과 힘의 역학을 일사천리로 까발려 보여준다. 정치인과 언론인이 민생을 챙기고 정의사회 구현을 도모한다는 말이 거짓과 위선으로 가득 차 있으며, 그들은 오직 개인의 정치적 야욕과 일신의 영달을 위해 일할 뿐 국민의 생명과 안전 보장에는 관심이 없음을 신랄하게 비판한다. 정치에 대한 혐오감을 갖고 있는 국민 정서를 대변한 것처럼 보인다.

윤영화는 대중으로부터 지지를 받고, 배운 것도 많고 카메라를 장악하고 있다. 반면에 테러범은 건설 현장의 노무자 출신이라는 것 외에 알려진 바가 거의 없다. 그렇지만 그에게는 여의도 일대를 날려버릴 만한 강력한 폭탄이 있다. 짧은 시간이지만 양자는 강력하게 충돌하는데, 전체적인 주도권은 테러범이 잡고 윤영화를 자유자재로 농락하는 분위기다. 그러나 결국 두 사람 모두 서로 다른 입장과 방향에서 또 다른 피해자일 뿐, 둘 사이의 싸움은 의미 없이 서로에게 상처를 줄 뿐이다. 이 두 사람을 휘두르고 있는 것은 또다시 등장한 지배 권력의 보이지 않는 이해관계 싸움이다.

윤영화는 야심만만하지만 약점이 있는 인물이다. 동료 기자인 아내 이지수의 특종을 가로챘다가 이혼당했으며 뇌물을 수수하기도 했다. 테러 특종을 독점해 내리막 인생에서 반전을 기하고 출세하고 싶은 욕심에 동료인 라디오 PD를 기만하고 테러에 대한 정보를 경찰에 신고하지 않는다. 그의 이기심과 오만은 TV 속보를 앞두고 화장실에서 옷매무새를 가다듬으며 담배를 피우고 재를 세면대에 떨어버리는 행위를 통해 암시된다. 그러한 주인공의 인간적 약점은 결정적인 순간에 만천하에 공개되어 그의 발목을 잡고 파멸로 이끄는 동력이 된다. 결국 윤영화의 잔꾀는 자승자박이 되어 모두에게 이용당한다.

테러범 박노규(박신우)

1983년 전두환 정권 시절, 마포대교 확장 공사의 건설 노동자였던 '박노규'

는 2년 전(2011년), MB 정권 시절, '세계선진국정상회담(G20)' 준비를 위해 마포대교 미관 공사를 하던 중 다른 2명의 노동자와 함께 난간에서 추락해 사망한다. 그러나 아무런 사과와 보상도 없이 이 사고는 은폐되었다. 그로부터 2년 후, 그의 아들 '박신우'는 마포대교를 폭파하고 끊긴 다리 위에 16명의 인질을 둔 채 대통령의 사과를 요구한다. 그런데 그는 왜 자신의 요구를 매개할 메신저(심부름꾼)로 윤영화를 선택했는가? 답은 박신우의 아버지 박노규가 생전에 가장 신뢰했던 앵커가 바로 그였기 때문이다.

마포대교 공사 중 사망한 인부 박노규의 아들 박신우(이다윗 분)의 요구사항은 대통령의 사과를 받아내겠다는 것이다. 물론 방송국으로부터 거액의 보상금을 일찌감치 받았지만, 그것은 본질이 아닌 것으로 치부된다. 할리우드 영화 속 테러범들이 대개 그러하듯, 겉으로는 종교나 특정 이데올로기, 정치적 입장과 같은 명분으로 무장하고 테러를 일으켰다고 하지만 실상은 돈에 대한 욕심 때문이었음이 드러나는 형태를 취하는 것과 반대이다. 테러가 잔혹한 것이 아니라 이 나라의 정치가, 당국자, 방송 미디어가 더욱 잔혹하게 그려진다. 테러범이 인간적 온기를 가진 반면, 정치 권력자나 미디어 권력자가 훨씬 냉혈한 인간이라는 사실을 드러낸다. 정부의 무능과 옐로저널리즘을 싸잡아 비판하는 것이다.

이처럼 테러범에 대한 감정이입과 현 정치 상황에 대한 관객들의 불만에 편승하기 위한 의도도 이야기 속에 포함돼 있다고 본다. 사실 어느 나라 정부도 언론에서 생방송하고 있는 와중에 테러범과 협상하거나 테러범에게 사과할 수는 없다. 구조적으로 불가능하다. 물밑에서 어떤 협상이나 금전적 거래가 오갈지라도, 대통령이 나서서 테러범(현행범. 그의 사유가 얼마나 이유가 있건 간에 지금 벌이고 있는 행동은 명백한 범죄이기 때문에)에게 사과할 수 없고, 모든 참모들이 나서서 그럴 가능성을 처음부터 차단한다.

이 영화가 테러범과 윤영화의 대결 양상으로 진행되지 않는 이유는 이야기가 그려내는 진정한 악이 따로 있기 때문이다. 그것은 서민을 업신여기는 권력자들이다. 바로 우리 사회의 부조리함, 구조적인 모순 문제, 계층 간의 위화감 문제를 건드리고 있기 때문이다. 물론 그렇다고 테러범의 행위가 정당하다거나 그를 옹호하는 것은 더더욱 아니다. 그는 마포대교를 폭파하여 무고한 시민들을 죽였고, 국가 시설물을 파괴한 두말할 나위 없는 테러범이다. 설령 그가 마포대교 폭파 당시 무고한 시민이 희생되지 않도록 최대한 배려했다고 해도 그의 행위가 정당화될 수는 없다. 그러나 그가 테러범이 될 수밖에 없었던 점, 그렇게 밖에 자신의 심경을 토로할 길이 없도록 국가와 위정자들이 그를 궁지에 몰았다는 점에 대해서는 숙고가 필요하다.

그의 사연은 막노동을 하던 힘없는 시민의 소리 소문 없는 죽음으로 거슬러 올라간다. 국가 행사 때문에 시간에 쫓기며 마포대교 철야 보수공사를 하다가 사고로 목숨을 잃은 3명의 막노동 일꾼들. 그러나 정부는 그에 대한 어떤 사과나 보상도 하지 않았다. 테러범은 바로 그러한 냉정하고 부조리한 사회에 작은 외침을 전하고 싶었다고 한다. 그가 원한 것은 당시 사건에 대한 정부 최고 책임자인 대통령의 진심어린 사과이다. 생각하기에 따라서는 참 간단한 일이기도 하고 아니기도 하다. 영화 속 상황이 실제로 일어난다면 우리 대통령은 과연 방송국에 나와서 사과를 할 것인가? 그에 대한 대답은 절대 'No'이다. 그렇게 할 리도 없고, 가능한 일도 아니다. 그런데 왜 그러면 안 되는 것일까? 테러범의 요구를 들어주면 그에게 굴복하는 일이 되기 때문일까? 그렇지 않다. 그것은 대통령 의전 절차상 불가능한 일이다. 그리고 전 세계 모든 나라가 테러범과의 협상은 없다는 것이 기본 입장이기도 하다.

이 영화가 긴장감 넘치는 스릴러가 될 수 있었던 것은 바로 이러한 국가 공권력에 대한 관객(국민)의 불신을 제대로 건드리고 있기 때문이다. 경찰은 항시 무능하고, 대테러 대응팀장 박정민의 움직임은 믿음직스럽지 못하고, 제대로 된 대응에 실패한다. 아무도 믿을 수 없는 상황에서 윤영화는 스스로의 힘으로 모든 난관을 헤쳐나가야 한다. 그런데 어쩌면 이러한 상황이 자업자득의 형태로 빚어진 일이어서 그에 대한 동정심이 반감되도록 한 것이 극적으로는 커다란 묘미가 되었다. 주인공 윤영화는 영웅적인 영웅이 아니다. 그는 평범함을 가장하고 대중 속에 숨어 있다가 어떤 특별한 계기로 사건에 휘말려 들어가고, 그 상황 속에서 비로소 면모를 제대로 드러내며 영웅으로 등극하는 현대 할리우드식 영웅도 아니다. 그는 오히려 어느 만큼은 교활하고 영악한, 그러나 결국 출세 지향의 욕심이 빚어낸 일이라는 점에서 지극히 인간적인, 그저 그런 인간이다. 그는 살기 위해 몸부림치는 가운데 영웅으로 거듭나는 듯하다가 결국 테러범이 되고야 만다. 도입부에서 중간부로 이르는 서사 진행 과정에서 보이는 그의 캐릭터는 할리우드 영화의 주인공들과 많이 닮은 듯도 하지만 중반 이후부터 매우 다르게 변모해간다. 그에게는 끝까지 난관을 헤쳐나갈 힘이 없고, 캐릭터의 급격한 변모 속에서 결국 출구가 없는 상황에 처하게 된다. 결국 그는 테러범의 심경을 이해하고 그가 이루지 못한 일을 대신 수행한다. 이러한 캐릭터의 입체적 면모가 극적 상황이 진전되는 과정에서 차곡차곡 드러나며 긴박성의 밀도를 높여주는 핵심 재료가 된다.

영화의 메인 포스터 헤드 카피에 '인질이 죽어야 테러가 끝난다'고 되어 있다. 이 말은 극적 대립 상황이 정점을 향해 치달리는 과정에 보도국장 차대은이 윤영화와 언쟁하는 가운데 하는 말이다. 그리고 윤영화가 종이에 메모로 적어 두는 내용이기도 하며, 그것은 영화에서 세 차례에 걸쳐 단독 숏으로 반복 강조된다. 영화 포스터만 보거나 이 대사(문구)가 나오는 장면만을 떼어놓고 보면, 우리는 테러범이 아무 죄도 없는 인질들을 죽이고서야 테러를 끝내겠다는 것으로, 너무도 잔학무도한 인간으로 받아들이기 십상이다. 그러나 실상 그것은 테러범이 아니라 권력자들의 입장임을 알게 된다. 테러범의 위치를 이미 확인했는데도 그가 마포대교를 완전 폭파시켜 다리 상판에 고립돼 있던 인질들을 모두 죽이고 나서야 그를 잡겠다는 정부의 의지 발표. TV를 통해 이 충격적인 테러 현장을 실시간으로 생생하게 보고 있는 국민들이 범인에게 아무 동정심도 갖지 못하도록 하기 위한 치밀한 계획이다. 그러한 진실을 아는 순간 관객은 테러범이 아니라 국민을 지킬 의지가 없는 정부와 공권력에 분노하며 등골이 오싹해짐을 느끼게 된다.

과거의 독재 정권들이 언론에 재갈을 물리고 보도를 통제하며 정권의 하수인으로 삼았던 것들이 바로 모든 정보를 자신들의 입맛대로 요리하고, 모든 프레임을 독점하는 것이었다. 지난 MB 정권에서도 언론의 공정성과 객관성이 크게 훼손되고 후퇴해 국민의 신뢰를 받지 못했던 모습을 보았다. 지금도 서울광장에서 많은 사람들이 우리 사회의 구조적 문제점들에 대한 정부의 책임 있는 노력과 시스템 정비를 요구하며 촛불을 들어도 언론이 취재하지 않고 보도하지 않으면 그 자리에 있는 사람들 말고는 아무도 알지 못하고 넘어가게 된다. 그런 면에서도 이 영화는 시사하는 바가 크다. 우리는 우리 눈에 보이는 것, 누군가가 보여주는 것만이 전부인 것처럼 인식하고 살아간다. 영화는 특종이라면 무슨 짓이든 할 수 있는, 실제로 그렇게 하고 있는 미디어의 생리, 그들이 대중에게 보여주는 것 이면의 모습을 드러내 보여주고 말한다. 사회적 부조리 문제, 시정되지 않는 구조적 문제, 계급 문제, 건설 노동자의 삶, 발언권 없는 자의 슬픔에 대해서…….

인물들의 권력관계, 프레임의 이동

이 영화를 통해 또 한 가지 흥미롭게 짚어볼만한 것은 일상적 상황에서라면 명확하게 드러나지 않았을 등장인물들 사이의 권력관계가 상황의 급변속에서 극명하게 나타난다는 점, 그리고 영화 속 상황의 변모에 따라 권력의 프레임이 이동한다는 점이다. 테러범이 전화를 걸어오기 이전의 방송 상황에서는 오직 라디오 시사 프로그램 연출을 담당하는 '정 PD'와 진행자인 '윤영화' 사이의 관계만이 설정될 뿐이다. 그리고 이들 사이는 위계 관계가 아니라 공동선을 위한 역할 분담과 협업의 모습이었지만, 테러 상황이 발생하자 즉각적으로 윤영화가 선수를 치며 '정 PD'를 주저앉히고 자신이 주도권을 잡는다. 그다음 '라디오 국장'의 개입을 차단하면서 'TV 보도국장'인 차대은과 즉각 접촉해 자신의 요구사항을 관철시킨다. 이러한 연결고리는 결국 다음과 같은 위계 서열로 드러나게 된다. '정 PD → 윤영화 → 라디오국장 → 차대은 TV 보도국장 → 본부장 → 사장 → 국회의원 → 대통령'. 그리고 테러범과의 협상 및 검거를 위한 노력은 '윤영화 → 대테러 대응팀장 박정민 → 경찰청장 → 청와대 비서실 → 대통령'으로 연결된다. 결국 어느 쪽이든 대통령이 권력의 정점이자 테러 사건의 궁극적 책임자가 됨을 의미한다.

처음에는 윤영화와 보도국장인 차대은이 온 국민의 이목이 완전히 집중된다고 보는 시청률 70%를 목표로 자신들이 원하는 대로, 특종을 생방송으로 중계한다는 프레임을 들이댄다. 그러나 방송국의 생리와 윤영화·차대은의 욕망을 꿰뚫어 보는, 비상한 두뇌의 소유자로 보이는 테러범은 모든 상황을 자신의 프레임과 방식으로 통제하고 요리해나간다. 무능한 공권력이 제대로 된 역할을 하지 못하는 사이 청와대가 직접 개입하게 된다. 최고 권력기관인 청와대는 자신들의 프레임을 가지고 사건을 서둘러 진압하려 한다. 온당치 못한 의도와 면모가 그대로 드러난 윤영화에게 청와대 관계자가 다음과 같이 말한다. "지금 여론이 당신 말을 믿어줄 것 같아? 우리도 희생양이 필요해. 포장할 것이 필요하다." 사건의 본질에 대한 이해의 기반 위에서 지혜롭게 사태를 수습하고 종결하려는 것이 아니라, 막강한 권력을 기초로 해서 어떻게든 한시 바삐 사태를 마무리하고 덮어버리겠다는 자신들만의 프레임과 매뉴얼에 모든 것을 복속시키려는 의도를 고스란히 드러낸다.

보도국장 차대은은 시청률(그것은 결국 출세 = 금배지로 연결된다)을 위해서라면 물불을 가리지 않는다. 진행 중이던 라디오 프로그램을 폐지하고, 테러범과의 전화 통화에서 자극적인 내용을 말하게 하고, 윤영화의 치부를 다른 방송사에 넘기는 등 시청률에 목숨을 건 행동을 이어간다. 거기엔 지극히 개인적인 욕망만 있을 뿐이다. 사람들의 목숨조차 시청률 끌어올리기에 이용하려는 욕망은 그의 비인간성을 드러낸다. 심지어 경찰청장이 생방송 도중 폭사했는데도 생방송을 계속 지시하며 '인질이 죽어야 테러가 끝난다'고까지 한다. 나아가 그는 대테러 대응팀장의 지시를 무시하고 시청률을 더 끌어올리기 위해 자극적이고 공격적인 보도를 종용하는 한편, 윤영화 앵커가 자신의 지시를 무시하자 앵커의 개인 비리까지 타 방송국에 까발리는 무자비한 모습을 보인다. 그리고 그 시점부터 윤영화와 보도국장의 이해관계가 틀어지며 둘은 다른 집단으로 흩어진다. 보도국장은 사회 권력층으로 한 걸음 더 나아가고, 윤영화는 부조리함을 몸소 겪게 되는 일반 대중의 자리로 떨어진다. 그는 대통령이 사과할 리가 없다는 사실을 인지한 뒤 테러범으로 하여금 인질을 다 죽게 만들려는 생각으로 그의 화를 돋우려 한다. 그렇게 인질극의 정점에서 시청률도 정점을 찍는다. 그러자 그는 윤영화에게 이렇게 말한다. "지금 시청률 78% 찍었는데. 끝나고 술 한잔 하자!"

한편 테러로부터 국민의 생명과 재산을 지켜야 하는 의무를 가진 대테러 대응팀장 박정민 역시 윤영화가 처한 상황을 알면서도 그를 더욱 궁지에 내몬다. 게다가 엔딩부에서 무전기를 통해 들려오는 박정민의 목소리, 윤영화를 보는 즉시 사살하라는 지시는 더욱 섬뜩하다. 이러한 이중고, 삼중고의 상황에서 윤영화는 무너지는 자신을 추스르고 다시 무너지는 모습 속에서 딜레마의 강도를 더해 간다.

아쉬운 결말 부분

이 영화에서 가장 논란이 되는 것은 영화의 결말부이다. 김병우 감독은 장르 관습을 비교적 충실히 따르는 것처럼 이야기를 이끌면서 관객의 기대를 한곳으로 몰고 왔다. 그것은 윤영화가 테러범의 치밀한 계략에 빠져 함정을 벗어나지 못하고 헤맸지만 결국 기지를 발휘해 테러범을 잡고 영웅이 될 것이라는 예측과 기대였다. 또는 정부(대통령과 공직자들, 공권력)의 음모를 세상에 밝히고 영화가 끝이 날 것이라는 예상도 여기에 포함된다. 그러나 감독은 윤영화가 가졌던 희망사항 또는 관객이 윤영화를 통해 기대하거나 예측했던 극적 마무리 단계의 모습을 모두 빼앗고 배반한다. 테러범과의 전화 통화를 독점 중계하며 마감 뉴스 메인 앵커로 복귀해 보란 듯이 명예를 되찾겠다는 야망, 이혼 상태인 부인과의 재결합 등 그가 꿈꾼 모든 것을 거두어간다. 만약 그가 살아서 건물 밖으로 나간다면 그를 기다리는 것은 검찰의 체포, 그리고 언론들이 굶주린 하이에나 떼처럼 덤벼들어 물어뜯으며 악질 범죄자 취급하는 것 밖에 없도록 만들어버린다. 그런 언론들의 보도를 믿고 따를 국민들의 따가운 눈총이 뒤따를 것임이 너무도 자명하도록 상황을 만들어간 것이다. 그가 하는 어떤 말도 구차하고 비굴한 변명일 뿐이며 아무도 귀담아듣지 않을 것이다. 한마디로 '출구 없음'으로 만들었다. 그는 살아서 나갈 희망을 버렸고, 경찰의 총구가 그를 향하고 있기에 나갈 방법도 없게 돼버렸다. 게다가 대테러 대응 팀 박정민 팀장은 무전으로 그를 사살하라고 반복 명령한다. 그에게는 더 이상의 선택의 여지가 없다. 결국 윤영화는 제2의 테러범이 되는 길을 선택한다 (선택이라는 것이 적어도 두 가지 이상의 가능성을 놓고 그중 하나를 잡는 것인데, 그가 처한 상황은 선택이 아니다. 하나밖에 없기에 그것을 하는 것이다).

영화는 이처럼 크게 두 가지로 나뉘어 수평을 달리는 듯 보인다. 윤영화와 박노규, 박노규와 정부 간의 관계. 즉 억울한 한 '하층민' 시민이, 방송국(언론)의 국민 앵커라는 믿을 수 있는 통로를 통해 정부에게 요구를 하는 것이다. 영화는 테러범 박노규의 말을 통해서 묻는다. 언론(방송)의 본질이 무엇인가? 정부의 본질이 무엇인가? 그로 하여금 테러를 저지를 수밖에 없게끔 만든 이는 누구인가? 그것은 뒤집어 말하면, 박노규라는 테러범은 과연 아무 문제없이 돌아가는 이 사회를 느닷없이 공격해 일대 혼란에 빠뜨리는 썩은 사과일 뿐인가? 아니면 우리 언론과 정치권력이 썩은 사과 상자인 것인가? 사회의 어둡고 소외된 곳을 제대로 보살피지 못하고 버려두거나, 오히려 그런 곳에 살고 있는 사람들을 이용하거나 착취하는 우리 사회의 잘못된 환경과 정비되지 못한 시스템이 이러한 괴물, 썩은 사과를 만들어낸 것은 아닌가에 대해 묻는다. 이처럼 〈더 테러 라이브〉가 전달하려는 메시지 내용은 명확하다. 범죄를 일으킨 범죄자보다, 그런 범죄자가 필연적으로 탄생할 수밖에 없게 만든 사회의 죄가 더 무겁다는 것이다. 그리고 그것을 주인공인 윤영화의 마지막 선택을 통해 관객에게 명확히 전달한다. 테러에 맞서던 뉴스 앵커도, 테러범이 처했던 것과 동일한 부조리함을 마주하면서 그 역시 테러범이 된다. 그러나 시종 박진감 있게 달려왔는데 결말이 약하다. 임팩트가 약하고 카타르시스나 통쾌감이 없다. 무엇보다도 범인의 나이가 너무 어리다. 그는 20대 초반의 애송이이다. 아직 군대도 다녀오지 않은 듯싶다. 그런데 다리를 날려버릴 정도의 화약을 확보(제조)하고, 교량 폭파 등의 전문 지식이 있다. 게다가 방송국의 장비와 시스템에 대한 이해도와 활용도 역시 최고 수준이다. 적어도 대졸 수준의 학력에, 특전사 수준의 군대 경력(침투, 폭파 등의 주특기), 최소 2~3년 이상의 방송국 스태프 경력 등이 있어야 말이 된다. 그렇다면 범인의 나이는 30대 초반 정도로 상정돼야 개연성이 있을 텐데, 20대 초반 나이로는 설득력이 없다. 아울러 범인이 밝혀지는 과정도 매끄럽지 못하다.

영화는 우리 사회와 국가가 개인에게 던져 준 트라우마를 보듬어 치유하고 위무해주지 못하는 현실을 반영한다. 경제 개발과 성장 발전이라는 대의명분 속에서 삶의 터전을 잃고, 주류 사회에서 떠밀리고 내몰린 사람들의 상처를 아무도 알아주지 않는 현실을 그리고 있다. 다리를 폭파하고 테러를 저질러야만 비로소 주목할 것인가? 자고로 울지 않는 아이 젖 챙겨 주는 법 없다지만, 울부짖고 통곡해도 도무지 주목하지 않고 귀담아 듣지도 않는 세상에 상처받은 사람들, 내몰린 사람들이 많고, 이 시간에도 도처에서 새로운 희생자들이 나오고 있다. 이들을 보살피고 살 만한 세상을 만드는 것이 국가의 책무요, 국민으로부터 위임받은 권력자들이 지혜를 모으고 총력을 기울여야 하는 바이다. 국민소득 몇 만 불이 무엇을 증명하는가? 우리 사회의 어두운 그늘 어딘가에서 한스러운 외침을 토로하는 사람들이 끊이지 않는 한, 우리나라가 진정한 의미에서 선진국이 되기는 요원할 것이다. 더불어 잘 살고 행복한 나라가 되어야 선진국이다. 이 영화는 한국 사회의 구조적 모순과 구성원들의 탐욕을 생중계 한다. 그것 자체만으로도 이 영화의 존재 의미는 충분하다.

덧붙이는 말

박정희, 전두환으로 이어진 군사독재 정권은 산업화 과정에서 도시 빈민이 되어 거리로 내몰린 사람들(부랑자들)을 '사회 정화'라는 차원에서 접근했다. 다시 말하면 그들은 '사전 차단해야 마땅한 잠재적 범죄자'이거나, 조국 근대 화 또는 정의사회 구현을 위해 모두가 떨쳐 일어선 마당에 신체 건강하고 사 지가 멀쩡한 자들이 '무위도식하며 거리의 풍경을 어지럽히는 자들'이므로 청 소해야 마땅한 쓰레기 취급을 했던 것이다. 그런 사실을 단적으로 알려주는 근거가 바로 1975년 12월 15일 자로 전국 각급 기관에 고지된 '내무부 훈령 410호'이다. 대통령의 지시를 따라 내무부 장관 이름으로 하달된 이 훈령의 제 목은 "부랑인의 신고, 단속, 수용, 보호와 귀향 및 사후 관리에 관한 사무처리 지침"이다. 이에 입각해 경찰 조직은 대대적으로 부랑인 단속에 나섰고, 정부 차원에서는 지역별로 부랑자들을 수용할 시설을 지정하고 수용 권한을 부여 한 뒤,[2] 예산 지원이 이루어졌다. 이렇게 되자 각 지역 경찰들뿐만 아니라, 시 설 운영자들은 영장이나 본인의 동의 등 아무런 절차적 정당성이나 법적 근거 없이 거리에서 부랑자라 여겨지는 사람들을 사냥해 자신들의 시설에 강제 수 용했고, 정부에서는 그들의 머릿수대로 재정 지원을 했다. 따라서 시설에 수

---

2 일을 급박하게 처리하다 보니 정부 차원에서 수용 시설을 마련하지 못했고, 각 지역별 로 사설 위탁 보호시설과 책임자를 지정해 그들에게 이들을 수용할 권한을 부여하고 예 산을 지원했다.

용된 사람들은 인권의 사각지대에서 노역과 폭력, 학대에 고스란히 노출되었고 탈출은 엄두도 내지 못했다. 이런 시설들은 사람들 눈에 잘 띄지도 않았고, 그 내부에서 무슨 일이 일어나는지 알 수 없도록 세상과 철저히 격리된 채로 긴 세월 동안 지속되었다. 한마디로 국가 차원의 공격적 인권유린 프로그램과 시설 운영자 측의 감시·관리 체계가 결합해 만든 파시스트적 거버넌스이자, 민주국가에서 용납할 수 없는 중대한 인권유린 범죄가 오래도록 자행된 것이다. 이에 대한 가장 대표적인 사례가 바로 부산의 '형제복지원'이 아닐까 싶다.

지난 1975년부터 부산시와 위탁 계약을 맺고 부랑인들을 수용하기 시작한 형제복지원은 인권유린, 성폭행, 강제 노역 등이 횡행한 생지옥이었다. 수천 명에 달하는 부랑인을 수용했던 이 시설의 참혹함이 세상에 알려진 1987년까지, 사망한 사람이 무려 513명이었다. 이 숫자도 시설이 자체 집계한 내용이며, 그 안에서 굶거나 맞아 죽은 수많은 죽음들을 '병사'로 조작하고, 일부 주검은 의과대학에 해부학 실습용으로 판매한 것을 고려하면 정확한 희생자 숫자나 사망 원인은 알 길이 없다. 이 시설에서 극적으로 살아남은 한종선씨의 사연[3]은 MBC 〈시사매거진 2580〉 제876회(2013.11.3) '끝나지 않은 비극 편'에 나왔다.

국가 정책의 야만성과 사회복지법인이라는 곳들의 탐욕이 결탁했을 때, 수많은 무고한 희생자들이 어떻게 만들어지고, 이 사회의 음습한 그늘 속에서 그들이 어떻게 소리 소문도 없이 희생될 수밖에 없었는지를 보여주는 소름끼치는 사례이다. 공지영의 동명 소설을 영화화한 〈도가니〉(황동혁 감독, 2011)에서도 이와 유사한 사례가 등장하고, 그들의 뿌리 역시 앞과 동일하다는 점을 생각해보면 시사하는 바가 크다. 오늘 우리는 이런 상황에서 극적으로 생존한 사람들이 '박노규'처럼 테러리스트가 되어 혹은 또 다른 반사회적 괴물이 되어, 모두에게 복수하러 귀환하지 않는 것을 다만 고마워해야 하는 것일까?

---

3 부산 형제복지원의 잔혹한 인권유린의 생존자인 그는 자신이 겪었던 일들을 여러 차례에 걸쳐 진술했고, 한예종 전규찬 교수의 기획으로 그 내용이 책으로 묶여 출간된 바 있다[한종선·전규찬·박래군, 『살아남은 아이』(문주, 2012)].

Chapter 19

성폭력 사건을 다루는 영화들

성폭력의 생존자, 그리고 그 가족을 바라보는 몇몇 시선들

⟨소원⟩(이준익 감독, 2013)과 ⟨한공주⟩(이수진 감독, 2014)

성폭력은 고문과 같은 것이다

남자와 여자의 물리력, 즉 힘의 차이는 이차성징이 나타나는 사춘기를 지나면서 두드러진다. 이 시기에 들어서면 남자는 섭취한 영양물질을 가지고 주로 사냥이나 채집 등의 노동에 적합한 근육 세포를 키우고, 여자는 임신과 출산에 대비해 주로 지방세포로 축적하는 경향이 있다. 이 때문에 필연적으로 대다수의 남자는 여자보다 힘이 더 세질 수밖에 없다. 사람들 사이에서 발생하는 다양한 형태의 폭력 사건의 본질은 간단하다. 그것은 힘의 불균형과 우열에 대한 동물적 확인 절차이다. 사건의 단초나 이유야 어떻든 간에 폭력 사건의 당사자들은 각자가 가진 힘의 불균형과 우열을 확인하고, 이용하고, 강화하려는 시도를 구체적으로 실행에 옮긴 것이다. 상대를 제압하고 굴복시키기 위해 사용하는 방법들은 언어적·비언어적, 물리적·심리적, 육체적·정신적으로 다양하게 동원될 수 있다.

그런데 한 걸음 더 나아가 이러한 힘의 차이와 불균형에 성적 욕망이 더해지면 어떻게 될까? 문명사회에서 이러한 상황이 인간적으로 해결되지 않고 오직 힘으로 상대를 제압하고 강제로 성적 욕구를 해소하려고 한다면? 그것은 인간이기를 포기하고 순식간에 야만의 동물로 표변하는, 성폭력이 일어날 수

있는 요건이 된다. 또 더 쉽고 약한 상대를 찾아 강압하려는 욕망이 강해지면 (여기에 변태 성향이 추가되면) 아동 성폭력 형태로 표출될 여지가 있다. 성폭행 범이 제물로 삼는 대상은 누구인가? 젊고 예쁘고 섹시한 여자인가? 간혹 그럴 수도 있겠지만 그보다 더 근원적으로는 '자신보다 힘이 없어 보이는', '저항하지 못할 것 같은', 자신이 완력으로 제압하기 수월할 것 같은 '약한 여성'이다. 그러니까 젊고 예쁘고 섹시하기까지 한 어떤 여성이 성폭행범의 표적이 되었다면, 그 이유는 많은 사람들이 생각하는 것처럼 그녀가 옷차림을 너무나 가벼이 했다거나 헤프게 보여서가 아니다. 단지 그녀가 범인에게 취약하게 보였기 때문이다.[1]

성폭력은 우리가 사는 문명사회를 한순간에 약육강식의 논리만이 통하는 야만의 정글로 만들어버린다. 인간이 이룩한 문명과 지성, 상호 신뢰에 기초한 사회적·심리적 안전망을 한꺼번에 와해시키고, 모든 것을 한순간에 야만으로 되돌려버리는 끔찍한 행위가 바로 성폭행이다. 가해자는 주체하기 어렵게 끓어오르는 성적 욕망을 해소하기 위해 한순간 짐승이 되어 사냥에 나선다. 그리고 약한 대상을 제물로 삼아 욕망을 해결하고 나면 간단히 다시 문명사회에 복귀하고, 제 할 일을 하면 그만일 것으로 여길지 모른다. 그러나 그 짐

---

1 여성가족부에서는 매 3년마다 '성폭력 실태 조사'를 실시하고 결과를 공개한다. 지난 2014년 1월 16일의 결과 보고서에 따르면 우리나라의 성폭력 발생률(피해율)은 2010년의 실태 조사 결과와 비교하면 전반적으로 낮아졌으나 주요 선진국들보다는 여전히 높다. 더 큰 문제는 심한 성추행이나 강간·강간 미수의 경우와 같이 중대한 사안임에도 경찰에 신고하고 직접 도움을 요청하는 경우는 5.3~6.6%에 불과하다는 것이다. 이는 무엇을 말하는 것일까? 그것은 대부분의 피해자(생존자)들이 수많은 의심과 비난이라고 하는 후속 트라우마에 대한 두려움이 더 크기 때문이다. 아울러 '여자들이 조심하면 (남자들에게 빌미를 제공하지 않으면) 성폭력을 줄일 수 있다'와 같은 통념에 대해 '그렇다'고 응답한 비율이 여전히 50% 가까이 된다는 점은 기가 막힐 노릇이지만 이것이 우리 사회의 현실이다. 이 때문에 성폭행을 당한 여성은 '끊임없는 자책'이라고 하는 반복 강박에 시달리고, 신고를 할 수 없는 것이다.

승의 돌연한 폭력과 할큄에 느닷없이 노출돼 전적인 무방비 상태에서 제물이 된 '성폭행 생존자'는 자신이 그때까지 형성한 건강한 삶의 생태계·지형도가 한순간에 와해된다. 또 삶의 토대로부터 유리되고, 인간과 세계에 대한 신뢰의 기반이 무너지며 자아의 정체성과 삶의 연속성이 파괴되는, 참혹한 고문에 비견될 정도의 강력한 육체적·심리적 외상을 입게 된다.

이뿐만이 아니다. 그것은 단순히 어느 '한순간' 생존자에게 '고통'이 가해지고, '지나간 일'로 치부하고 끝낼 일이 아니라는 데 문제의 심각성이 있다. 그 고통은 시간과 세월 속에서 간단히 아물어버리는 상처가 아니다. 비유컨대 그것은 마치 가슴에 깊숙이 박힌 화살촉과 같아서 섣불리 뽑아낼 수도 없고, 그냥 두자니 점점 더 살 속을 파고들며 상처와 고통을 끝없이 반복 환기시킨다. 연극 〈에쿠우스〉와 〈아마데우스〉로 유명한 극작가 '피터 쉐퍼'는 그의 연극 〈고곤의 선물〉에 등장하는 '헬렌'의 대사를 통해 다음과 같이 말했다. "(상처의 고통이란) 옆구리에 박힌 창끝과 같다"고, "(그래서 그것을 뽑아내고 치유하는 일, 즉 가해자를 용서하는 일은) 창자까지 딸려 나오지 않게 하면서 몸 깊숙이 박힌 창을 스스로 뽑아내는 것"과 같다고. 이처럼 그 트라우마 자체가 워낙 강력하기 때문에 그에 대한 '외상 후 스트레스 반응'으로 기나긴 시간 정상적인 사회생활 자체가 불가능할 수 있고, 제때에 적절한 치유가 이뤄지지 않으면 죽는 순간까지 고통 속에서 신음할 수도 있다. 한마디로 악마 같은 가해자가 저지른 한순간의 광포한 행위는 그 일을 당하는 사람과 그 가족에게는 평생 씻을 수 없는 트라우마를 안길 수 있다는 것, 이것이 본질이다.

따라서 만약 어떤 성폭행 사건을 직간접적으로 접하는 기회가 우리 앞에 놓여 있을 때, 우리 사회 구성원 모두가 염두에 두어야 할 인식의 출발점과 귀결점은 이와 같은 사실에 기초를 두어야 한다. 이러한 토대 위에서 우리 사회가 모두에게 안전한 문명사회의 모습을 이룩하고 지켜나가기 위해 성폭력 사건 발생 시 그에 대한 입법·사법·행정적인 대처 매뉴얼, 가해자의 체포와 사법적 심판 및 사회와의 격리 방안, 동일하거나 비슷한 사건의 재발 방지를 위해 필요한 조치 강구 방안, 이러한 일이 일어나지 않도록 미연에 방지할 수 있는 사회적 안전망과 제도적 장치, 생존자에 대한 치료와 재활 프로그램, 원활한 사회 복귀를 위한 후속 프로그램 마련이 총체적으로 이뤄져야 한다. 이런 곳에 복지 예산을 편성하고 집행하는 것이 낭비가 아니라 리스크를 줄이고 사회적 비용을 줄이는 일임을 정부와 정책 당국자, 법률 입안자들이 인식하고 실천해야만 우리나라는 비로소 안전 사회를 향해 나아갈 수 있다. 이것은 위정자들이 그토록 되고 싶어 안달하는 선진 복지국가로 진입하는 지름길이다.

영화가 그려온 성폭력 사건들

그동안 우리 사회에서 자행된 수많은 성폭력 사건들과 언론 보도, 그리고 그에 대한 온 국민의 공분은 센세이셔널리즘 그 자체였고 우리나라의 수준을 그대로 보여주는 바로미터였다. 피해자(생존자) 본인이나 가족의 인적 사항이 버젓이 공개되거나, 수사라는 이름으로 자행되는 피해 조서 작성 과정에서 남성 경찰관의 무지에서 비롯된 인격 모독이나 가해자와의 대질심문, 합의 종용 등이 비일비재하게 벌어졌다. 언론은 경쟁사보다 높은 시청률이나 구독률을 위해 원색적이고 자극적인 내용을 여과 없이 내보내는 일이 반복됐다. 국민들은 이러한 사태를 보면서 분노하는 것으로 자신의 도덕성에 걸맞은 책무를 다한 것으로 여기곤 금방 잊어버렸다. 그리고 이러한 일은 일정한 패턴 속에서 반복되고 있다.

우리 영화계에서도 영화보다 더 영화적이고 자극적으로 사회적 파장을 일으켰던(그렇게 부추겨진) 성폭력 사건들의 사회적 파장을 상업적으로 이용하기 위해 영화에 반영해왔다. 성폭행 사건으로 삶이 송두리째 와해되었으나 공권력은 범인을 잡아내 법의 심판대에 세우지 못하고, 보다 못한 부모나 가족이 자력구제에 나선다. 직접 복수에 나서는 형태의 순수한 허구의 산물이지만 우리 주변에서 얼마든지 일어날 법한 일이라는, 리얼리티에 기초해 관객의 감성을 자극하는 영화들은 동서고금을 막론하고 다수 만들어졌다. 먼저 후자에 해당하는 할리우드 영화가 있다. '만약 당신이 사랑하는 사람을 무참하게 짓밟은 범인을 공권력이 잡지 못한다면, 당신은 어떻게 하겠는가?'에 대한 대답을 체현해 보여주는 영화로 〈데스 위시(Death Wish)〉(마이클 위너 감독, 1974)가 있다. 아내와 딸이 3명의 괴한들에게 처참히 능욕당하고 살해되자 '폴 커시(찰스 브론슨 분)'는 매그넘 권총을 들고 직접 범인을 찾아 나선다. 그리고 뉴욕의 밤거리를 누비며 범죄자들을 직접 응징한다. 본래 B급 영화였지만 미국인들의 법 감정에 호소하며 엄청나게 흥행한 결과 다섯 편에 이르는 속편을 이어갔다. 여기서 한 걸음 더 나아가 '만약 당신이 사랑하는 사람을 무참히 짓밟은 범인이 법의 허점을 이용해 무죄로 풀려나 자유롭게 거리를 활보한다면 당신은 어떻게 하겠는가?'라는 질문에 대한 대답을 또 다른 형태의 복수로 보여주는 영화로 〈아이 포 아이(Eye For An Eye)〉(존 슐레진저 감독, 1996)가 있다. 두 아이의 엄마인 카렌(샐리 필드 분)의 큰딸이 처참하게 강간당하고 살해된다. 검거된 피의자는 증거불충분으로 풀려나고, 엄마는 복수를 결심하고 실행한다. 사건이 있기 전에는 벌레 한 마리도 죽이지 못하던 카렌은 법의 허점을 이용해 합법적이고 정당해 보이는 방법으로 살인자를 처단한다. 감독은 그러한 카렌의 심리와 행동의 변화를 촘촘하게 그리면서 관객을 그에 동화시킨다.

이와 같은 이야기의 한국적 체현은 〈에미〉(박철수 감독, 1985)이다. 드라마 작가 김수현이 시나리오를 쓰고 윤여정이 주연한 이 영화는, 곱게 키운 딸이 납치 및 윤간, 인신매매를 당했다가 극적으로 구출돼 돌아오지만 충격에서 헤어나지 못하고 자살하자 엄마가 직접 복수에 나선다. 새끼를 잃은 어미 짐승처럼 그녀의 복수는 수단과 방법을 가리지 않는다. 방은진 감독의 데뷔작 〈오로라 공주〉(2005)는 여섯 살짜리 딸이 성폭행을 당한 뒤 살해되어 쓰레기 매립장에 버려진 충격적 사건을 겪은 이후 펼쳐지는 엄마의 복수극이다. 〈돈 크라이 마미〉(김용한 감독, 2012)는 실화를 바탕으로 하는데, 이 영화 역시 성폭행

당한 딸의 자살로 인해 참담한 상황에 처한 엄마가 직접 가해자를 찾아내 응징하는 모습을 그린다. 같은 학교의 동료 여고생을 잔인하게 성폭행한 가해자들은 미성년자라는 신분과 증거 불충분으로 법적 처벌에서 벗어난다. 풀려난 가해자들은 성폭행 상황을 담은 동영상을 빌미로 계속 괴롭히고, 이를 견디지 못한 여고생은 자살로 생을 마감한 것이다. 이에 엄마는 홀로 어설픈 복수를 실행한다. 또 다른 실화를 바탕으로 한 〈공정사회〉(이지승 감독, 2013)와 〈노리개〉(최승호 감독, 2013)가 비슷한 시기에 제작되었다. 〈공정사회〉는 열 살 된 딸을 성폭행한 범인을 잡기 위해 고군분투하는 엄마의 모습을 그리고 있다. 성폭행 피해 아동에 대한 경찰의 무책임하고 가혹한 수사 과정과 치과 의사인 남편마저 외면하는 현실에서 엄마는 결국 복수의 길에 나선다. 〈노리개〉는 우리 사회의 권력층에서 아무 죄의식 없이 자행되는 성 상납을 견디지 못한 한 여배우의 자살 사건을 바탕으로 한다. 여배우의 자살 이후, 그 사건에 연루된 자들이 수사와 법적 처리 과정에서 벌이는 치졸하고 더러운 이전투구에 대해 관객보다 감독이 먼저, 너무나 격앙된 채 그리고 있다.

문제는 이러한 접근법이 성폭력 가해자의 비인간적 만행과 그 희생자(생존자)들이 당한 피해를 소상히 재현하고, 그에 대한 분노의 감정을 들끓게 하거나, 거기서 더 나아가 공권력의 무능을 지렛대 삼아 사적 복수를 정당화하고 그러한 행동에 나서는 주인공과 동행하도록 하는, 관객의 이성이 아닌 감성을 일깨우고 감정에 호소하는 방식이라는 점이다. 법이 한 사람의 삶을 무참히 짓밟아버리고 자아의 정체성과 삶의 연속성을 파괴해버린 가해자를 아예 잡지도 못하거나, 설령 그를 체포해 법의 심판대 앞에 세웠다고 하자. 하지만 그가 한 일에 대한 온당하고도 형평성 있는 징벌을 가하지 못하고 균형감을 상실한 판결을 내린다면, 그 법에 대한 국민의 감정과 피로감은 극에 달할 것이다. 실제로 우리 사회를 충격에 빠뜨렸던 악마와 같은 성범죄자들에 대한 저간의 판결은 대다수 국민에게 큰 허탈감을 주었다. 그랬기에 대중의 감성을 자극하고 분노와 복수심에 편승하도록 하는 것은 많은 돈을 투입해 흥행을 노리는 상업 영화로서는 전략적으로 판단하고 승부를 걸기 위한 가장 손쉬운 선택일 수 있다. 문제는 그것이 센세이셔널리즘에 그친다면 순기능보다는 오히려 사회에 더 큰 악영향을 끼칠 문제의 소지가 있다는 것이다. 따라서 관객 각자가 면밀한 감식안을 가지고 관찰과 판단을 해야 하며 취할 것과 버릴 것을 스스로 선택해야 한다.

한편 공지영의 동명소설을 영화화한 〈도가니〉(황동혁 감독, 2011)의 광주 인화학교는 그 자체가 군사독재 정권하에서 우리나라가 가진 구조적 모순의 축소판이다. 이 때문에 영화적 배경은 그 자체로 우리 현대사의 알레고리이다. 뇌물로 교사직을 팔고 사는 학교법인과 교사, 푼돈을 받으며 학원 비리를 눈감아주는 부패 경찰, 변호사로 나선 전직 판검사에 대한 법원과 검찰의 전관예우, 골치 아픈 일은 업무 관할을 문제 삼으며 책임을 떠넘기는 시청과 교육청, 후안무치와 안하무인의 종교(기독교) 교단, 최루탄과 물대포로 진실을 향한 외침을 짓밟고 강자를 비호하는 공권력에 이르기까지, 광주 인화학교에서 지속적·복합적으로 자행된 인권유린 사태는 '약자를 위한 나라는 한 번도 없었던 이 나라의 현실'을 그대로 까발려 보여준다. 필립 짐바르도의 『루시퍼 이펙트』에서 이야기하는 교도소들 또는 포로수용소들과 동일한 메커니즘과 사태가 광주 인화학교에서도 일어난 것이다. 그것은 곧 폐쇄되고 격리된 환경과 시스템하에서 평범한 인간이 어떻게 악마가 될 수 있는지를 극적으로 보여주는 것이다. 그러므로 인화학교의 설립자나 교장, 행정실장, 그리고 몇몇 교사와 직원들만 악마로 규정해서는 안 된다(그렇다고 해서 그들의 악행이 어떤 식으로든 합리화되거나 정당화될 수는 없다는 점도 분명히 한다). 그러한 사태를 가능케 한 우리나라 장애인 교육 현장의 상황과 교육기관 인허가, 관리·감독의 허점, 법체계의 허점 등 시스템의 문제까지 두루 짚어보고, 입체적으로 규명해서 모든 관련자를 엄중 문책해야 한다. 또 동일하거나 유사한 사태의 재발 방지를 위해 환경을 개선하고 시스템을 정비해야 한다는 점을 소설과 영화는 우리에게 명확히 알려주었다. 영화를 보고 분노한 관객들은 광주 인화학교에서 일어났던 실제 참상이 소설이나 영화보다 훨씬 더 은밀하고 조직적·지속적이었으며 가혹했다는 사실을 알게 되었고, 이 사건은 사회적으로 커다란 반향을 불러일으켰다. 그 덕분에 지난 2011년 11월에는 일명 '도가니법'이 제정되는 성과도 얻긴 했다. 이는 투명하고 안전한 선진 문명사회로 나아가기 위한 도정이 얼마나 험난하며 갈 길이 먼지에 대해 통찰하는 계기가 되었고, 시급히 해결해야 하는 과제들도 산적해 있음을 확인했다.

〈도가니〉를 제외한 앞의 영화들에서 사적 복수가 통쾌하게 다가오는(카타르시스가 큰) 이유는 공권력의 무능, 그리고 법이 피해자(생존자)의 고통에 상응하는 수준의 형평성 있는 처벌, 즉 법을 통한 공적인 복수가 대중의 법 감정에 비춰보았을 때 피부에 와 닿지 않기 때문이었다. 그러므로 영화 속에서 제시되는 자력구제나 사적 복수에 대한 환호는 우리 대중의 법 감정이 어떤지를 단적으로 보여주는 것이다. 그렇지만 우리나라에서 정의의 실현을 위해서는 법의 영역을 뛰어넘어 사적 복수에 나설 수밖에 없다는 이야기를 반복적으로 하는 것은 입맛이 씁쓸했다. 그런데 최근에 이와는 다른 각도에서 접근하는 두 편의 영화가 선을 보였다. 두 작품 모두 일정 수준 이상의 완성도와 함께 우리 사회 구성원 모두의 인식 전환을 요구하고 있다는 점에서, 그리고 무엇보다 성폭력 생존자(그리고 그 가족)의 입장에서 매우 조심스럽게 이야기를 풀어나가려는 진정성이 고마우면서도 일부 아쉬움이 있어서 이 영화들에 대한 이야기를 하려고 한다.

〈소원〉

〈소원〉(이준익 감독, 2013)은 2008년에 발생해 온 나라를 경악케 했던 '조두순 사건'을 배경으로 한다. 그 사건은 과정과 결과의 악마성과 참혹함뿐만 아니라 사건 수사와 기소과정에서 빚어진 2차, 3차 외상, 언론의 원색적이고 무분별한 보도로 인한 개인 정보 노출과 사생활 침해라는 또 다른 상처, 그리고 우리나라 사법 체계의 허술함을 드러낸 재판과 법률 체계의 맹점을 보여주는 판결로 온 국민의 공분을 샀고, 국민들이 직접 행동에 나서게 한 사건이었다. 그런데 이 영화는 이와 같은 민감한 사건을 소재로 하면서도 앞에서 살펴봤던 영화들이 보인, 관객의 공분을 자아내고 가해자의 처벌이나 복수의 정당성에 대한 동의를 구하기 위해 한 방향으로만 달려가던 방식을 포기하고 있어서 참신하고 다행스럽다.

영화는 참혹한 비극으로부터 시작된다. 비 오는 날 아침, 등굣길에 소원이는 끔찍한 일을 당한다. 이 아이는 공장에서 노동자로 일하는 아빠 동훈(설경구 분)과 조그만 가게를 운영하는 엄마 미희(엄지원 분)의 딸이다. 소도시 한편에서 조용히 엎드려 살고 있는 평화로운 이 가족에게 천인공노할 범죄와 그로 인한 고통이 한순간에 엄습해 집안을 풍비박산으로 만들어버린다. 사건이 몰고 온 고통은 금방 사그라지는 것이 아니라 잔혹하게도 시간 속에서, 일상적이고 현실적인 문제들 속에서 지속되고 반복 환기된다. 그러니까 이 영화는 도입부에서 제시되는 참혹한 하나의 사건, 그 하나의 사건이 일으킨 파장, 그에 대한 모두의 반응과 대처 양상, 그리고 힘겹게 치유의 도정에 나서는 소원이와 가족의 상황을 제시하는 것으로 구성된다. 소원이 아빠와 엄마는 이러한 사태 속에서 망연자실하지만 아주 무너져 내리지는 않는다. 그들에게는 결코 포기할 수 없고 결국 이겨내야 할 삶이 있기 때문이다. 마치 파도처럼 덮쳐오는 현실의 지난한 문제들을 하나하나 정면으로 응시하고 대응해나가는 소원이 아빠와 엄마의 강인한 모습은 이야기의 중심을 싸구려 감상주의로 흐르지 않게 하는 버팀목 구실을 한다. 이처럼 영화의 주된 관심은 생존자 소원이와 그 가족의 고통과 치유에 있고, 그것에 모든 시선을 집중하고 있다. 성폭행범의 잔혹함과 사악함에 대한 분노나 고발, 응징이라는 문제를 철저히 부차적인 것으로 돌리고, 생존(피해) 아동을 그 자체로 온전한 하나의 인격체이자 자신의 삶과 운명에 대한 능동적 주체임을 재확인시켜주며 이야기의 기본 바탕으로 삼는다. 항문과 장기가 파손되고 목숨까지 위태로웠던 아이를 끌어안고 막막한 고통 가운데 삶을 추스르며, 지난한 치유의 도정을 견디며 걸어가는 소원이와 아빠, 엄마의 이야기를 차분히 펼쳐나간다.

그런 가운데 영화는 소원이와 가족의 치유와 회복에 주목하면서도 아동 성폭행의 생존자와 그 가족이 겪게 되는 복합적인 외상의 문제들을 제대로 재현해 사회적 차원에서 이 문제의 심각성을 다시금 환기시킨다. 체계적인 대응 시스템 정비의 필요성과 이러한 아픔을 당한 사람들이 있을 때 주위의 우리 모두가 어떻게 사고하고 행동하는 것이 이들을 진정으로 배려하는 것인지를 진지하게 생각해보도록 한다. 사건이 세상에 알려지자 온갖 언론 미디어들은 먹기 좋은 사냥감을 만난 하이에나처럼 득달같이 달려든다. 심지어 보도 경쟁 과정에서 병원까지 들이닥쳐 마구잡이 취재를 하고, 개인 정보와 사생활을 침해하는 뉴스를 버젓이 방영하는 몰상식한 작태를 보인다. 그들은 이 참혹한 사건을 단지 1분 내외의 흥밋거리로 전락시켜 떠들어대지만, 그것이 생존자와 그 가족에게는 2차, 3차 트라우마로 이어지는 일이 됨을 영화는 새삼 일깨운다. 그리고 소원이가 입은 외상과 그것을 안고 평생을 살아야 하는 고통의 문제, 즉 돌이킬 수 없는 육체적·정신적 상처가 가져오는 실제적 문제들을 보여준다. 주위 사람들의 과도한 호기심이나 정제되지 않은 위로의 말, 값싼 동정심은 물론 생존자와 그 가족을 백안시하는 태도, 뒷말 역시 커다란 상처가 된다는 것을 알려준다. 아울러 생존자와 그 가족이 후속 트라우마에 직면하지 않도록 그들을 제대로 배려하는 제도적·법적 장치의 미비를 지적한다. 생존자의 트라우마 치유가 제대로 이루어지지 못했을 때 어떤 불행이 일어날 수 있는지를 전문가의 사연을 통해 제시하기도 한다. 마지막으로 형평성 있는 처벌에 이르지 못하는 법 현실을 다시 부각시킨다. 사법부가 피해자 가족뿐만 아니라 건전한 상식을 가진 국민들이 가진, 가해자에게 부과해야 한다고 생각하는 것과는 동떨어진 가벼운 처벌(음주를 감경 사유로 인정하는 법원)로 귀결되는 모습을 보여준다.[2]

이준익 감독은 관객들을 분노하게 만드는 것은 어쩌면 쉽지만, 피해 당사자의 마음을 고스란히 느낄 수 있게 하는 것은 아주 어려운 일이라는 것을 이미 잘 알고 있다. 그래서 그는 이와 같은 상황을 제시하는 장면들에서도 고민과 절제의 흔적을 고스란히 드러내며 메시지를 직접 전달하려 하지 않고 상황의 맥락 속에서 관객들이 자연스럽게 길어 올리도록 한다. 그 방식은 다음과 같다. 이 가족이 가졌던 삶의 연속성, 소소한 평화와 건강한 생태계, 그리고 인간과 세계에 대한 긍정이 하루아침에 산산조각 난 상황에, 감독은 너무 가깝지도 그렇다고 너무 멀지도 않은 자리에 카메라를 놓아둔다. 그리곤 힘겹고 더디지만 조금씩 풀어내는 헝클어진 실타래와 끊어진 연속성을 되찾아 연결하는 그들의 버거운 싸움을 묵묵히 지켜보는 것이다. 단 하나의 사건과 그로 인해 그 이후에 펼쳐질 수 있는 모든 상황적 맥락을 표현하는 데 가장 중요한 것은 그 속에서 살아 숨 쉬는 인물들의 미세한 감정의 울림들과 변모의 과정에 있다.[3] 그리고 그 모든 감정의 중심에 아이의 치유와 회복을 놓은 것이다. 영화에서 가장 심혈을 기울이는 장면은 딸과의 대화를 잇기 위해 애쓰는 아빠의 노력이다. 그리고 소원이의 내면을 매우 조심스럽게 열어 보여준다. 아이가 부모에게도 털어놓지 못하는 내면을 피해아동지원센터의 전문가(김해숙 분)와의 상담 장면을 통해 드러내 보여주는 것이다. 아이는 자신이 가해자에게 친절을

---

2 2013년 6월부터 시행된 개정된 '성폭력 범죄의 처벌 등에 관한 특례법' 제20조에 따라, 성폭력 범죄에 대해 음주 또는 약물로 인한 심신 장애 상태는 형량 감경의 사유에서 제외되었다. 아울러 '친고죄' 조항을 폐지해 피해자의 신고 없이 범죄 사실을 인지하는 것만으로도 가해자를 기소하고 처벌할 수 있게 하는 등 기존 법률에 비해 성 범죄자에 대한 처벌 수위가 높아진 것은 확실하지만, 여전히 국민 다수의 법 감정에는 미치지 못한다는 평가가 많다.
3 그만큼 연기의 완성도와 흐름, 연기자 간의 호흡이 중요하고, 그것을 이끌어내는 연출의 역량이 중요하다. 또 그것을 제대로 담아내는 카메라 워킹과 미장센도 중요하다. 그래서 이 영화는 여느 영화와 달리, 보기 드물게 전체 신을 철저히 순차적으로 연출하고 촬영해서 완성했다.

베푼 것이 비난받는 현실이 서글프다. 짐승만도 못한 가해자가 다시 나타날까 봐 두렵고, 자신으로 인해 부모님이 힘들어하는 것이 속상하고, 아빠가 가해자에게 직접 응징을 가할까 봐 겁이 나고, 학교로 돌아갔을 때 잘 적응할 수 있을지가 걱정이다.[4]

결국 극심한 외상을 겪을수록 그것을 정면으로 응시하면서 치열하게 대처해야만 그 트라우마를 극복하고 미래를 기약할 수 있다. 그러나 그것이 언제쯤이나 가능할지에 대해서는 아무도 속단할 수가 없다. 소원이의 몸과 마음에 새겨진 외상의 상흔은 간단히 극복하거나 지울 수가 없고 그렇기 때문에 쉽사리 낙관과 희망을 이야기할 수 없다. 이 가족이 겪어야 하는 고통은 지독할 정도로 질기고 오래 지속될 수도 있기 때문이다. 이준익 감독도 그것을 분명히 알고 있다. 그래서 그는 소원이와 그 가족이 소소한 일상 가운데서도 지속적으로 좌절과 마주하고 하나씩 이겨내는 모습을 그린다. 영화는 가득한 허무와 좌절의 기운 속에서도 어떻게든 극복하고 앞서 나가기 위해 노력하는 인물들 속에서 희망을 발견할 수 있도록 한다. 아울러 현실과 꿈의 길항(소원과 소망 사이의 길항) 속에서 상처를 견디며 살아가는 평범한 사람들의 모습과 그 힘을 보여준다. 인간에 대한 예의와 염치를 아는 감독의 온화함과 진중함이 빛을 발한다. 〈소원〉이 극장에서 개봉되었을 무렵, 세간의 일반적인 평가는 '세상 모든 아동 성폭력 피해 가족의 상처를 어루만져주는 한편, 단순하게 남의 일이라고, 나와는 전혀 무관한 일이라고만 생각했던 대다수 관객들의 생각을 환기시키고 그러한 태도를 되돌아보게끔 하는 영화'라는 것이었다. 나도 별 이의

---

4 그런데 이 장면은 영화적으로 비교적 무난하게 넘어간 듯이 보이기도 하나, 보기에 따라 순조롭게 넘겨주기 어렵다는 생각을 할 수도 있다. 왜냐하면 소원이의 대사는 강력한 외상을 입은 생존자의 입에서 나오는 말 치고는 굉장히 조리 있고 일목요연해서 개연성이 떨어진다고 생각될 수도 있기 때문이다. 이 대사가 제시하는 메시지의 함축성과 주제 구현의 구체성이라는 의도를 모르는 바 아니나, 너무 똑 부러지는 이와 같은 표현은 한순간 극적 리얼리티를 무너뜨릴 수도 있는 것이어서 그렇다.

없이 동의했고 그러한 논조로 글을 이어왔고 끝맺으려 했다. 그러다가 문득 엉뚱한 생각이 반대쪽에서 자꾸 머리를 내민다.

그래서 이쯤에서 한 가지만 더 생각해보길 원한다. 그것은 이 영화가 노정한 어쩔 수 없는 한계일수도 있고, 감독이 선의를 가지고 펼쳐 놓은 장면들과 극적 상황을 가지고 곡해로 나아가려는 비뚤어진 심산 때문일 수도 있다. 아니면 진짜 아동 성폭행의 생존자 자신 또는 그 가족이 이 영화를 직접 보게 될 때 가질 수도 있는 문제이다. 그들에게는 영화가 보여주는 것과 같은 꿈같은 가상현실이 아니라, 지리멸렬한 일상의 모든 분초까지 누구의 관심이나 도움 없이 자신들만의 순전하고도 애끓는 분투로 삶의 모든 순간을 헤쳐나가야만 한다. 그런데 그 사람들이 이 영화를 본다면? 그들은 영화가 펼쳐내는 소망마저 부정할지도 모른다. 그나마 소원이네는 매스컴에서라도 떠들어주었기 때문에 응원의 편지라도 받고, 상처를 줬던 주위 사람들도 이해와 배려의 선한 마음씨로 거듭나 따뜻한 시선과 물심양면으로 도움을 주는 모습 속에서 살아갈 수 있는 거라고. 그래서 그들은 영화가 치유 과정의 지난함을 애써 보여주고 있지만, 보기에 따라서 그 과정은 누군가가 기획하고 움직이는 대로 순조롭게 풀려나간다는 느낌을 받을 수도 있겠다는 생각을 해봤다. 그들에게는 일어나지 않는 일, 자신들의 주변에서는 찾아볼 수 없는 너무나 착한 인물들. 그런데 영화 속에서 그려지는 것과 같이 착한 이들의 지원과 도움을 받아가며 아픔을 치유하는 과정 자체가 환상적으로 보일 수도 있겠다 싶다.

그러니까 우리는 이쯤에서 잠시 멈춰서, 순진한 일반 관객이 아니라 '진정으로 소원이와 같은 피해를 당한 생존자의 입장, 그렇지만 그는 누구로부터도 제대로 된 관심이나 도움도 받지 못한 채 오직 혼자 또는 가족만의 도움으로 근근이 견디고 있는 생존자로서 그가 이 영화를 본다면, 그는 과연 이 이야기에 동의할까?'라는 질문을 해보기를 제안한다. 그에 대한 대답을 나름대로 유추해보건대, 좋은 감정과 긍정적인 대답만은 아닐 수도 있겠다는 생각이 든다. 현실은 영화보다 훨씬 더 엄혹하고, 삶은 영화보다 길고 지루하게 펼쳐진다. 그 과정에서 순간순간 대면하고 해결하고 벗어나야 하는 온갖 문제들은 생각보다 더 많은 시간과 돈과 공력을 필요로 하는 일이기 십상이다. 그렇기 때문에 어쩌면 이 영화를 통해 진정으로 위로받고 치유받는 사람은 소원이와 그 가족, 그리고 이들과 동일하거나 유사한 트라우마를 가진 생존자들이 아니다. 그것은 나와 당신과 일반 관객들, 참혹한 뉴스를 접할 때마다 죽 끓듯 하는 분노로 범죄자를 단죄하는 몇 마디 저주의 말을 허공에 뱉으며 도덕적 책무를 다했다는 듯이 금방 잊고 또 잊어왔던, 철저히 방관자적인 입장을 가진 우리 자신이 아닐까 싶다.

〈한공주〉

밀양 여중생 성폭력 사건이 보여주는 것은 우리 사회의 총체적 야만성

지난 2004년 1월부터 같은 해 11월 말까지, 거의 1년에 걸쳐 지속·확대된 밀양 사건을 한 문장으로 규정한다면 '우리가 문명사회가 아니라 약육강식의 원리만이 작동하는 야만의 정글 속에 있음을 확인시켜준 사건'이라고 할 수 있다. 사건의 가해자 41명은 모두 밀양 지역 유지의 자식들이었다. 그들은 휴대전화 동영상으로 피해자를 협박해가며 지속적으로 유린함은 물론, 2차, 3차 희생자까지 유인해 같은 짓을 반복·확대했다. 이 사건의 수사에 나섰던 울산 남부 경찰서는 청소년 성폭력 사건의 심각성과 피해자 격리 보호와 후속 트라우마 방지라는 개념에 대해 전적인 무지를 드러냈고, 수사 과정은 차라리 만행에 가까운 또 다른 폭력이었음이 명백히 드러났다. 그곳 수사관들은 피해자들(5명의 여학생)에게 돌이킬 수 없는 상처를 입혔다. "너희가 밀양의 물을 다 흐려 놨다", "내 딸이 너희처럼 될까 겁난다" 등의 폭언과 욕설을 일삼았고, 피해자를 가해자들과 직접 대질시켜 범인을 지목하게 하기도 했다. 아울러 경찰의 보도 자료를 통해 피해자들의 신상정보가 모두 언론에 공개되기도 했다. 게다가 경찰이 주도적으로 나서서 합의를 종용했고,[5] 가해자 부모들의 후안무치와 몰염치는 필설로 다하기 어려울 정도이다. 그들은 알코올중독 상태인 피해자 아버지에게 돈을 미끼로 합의를 종용했고, 친권을 근거로 정신과 치료 중이던 피해자 학생을 울산으로 데려와 가해자 측과 합의할 것을 강요하기도 했다. 가해자들의 학교 당국 역시 뻔뻔하기는 마찬가지였다. 가해자의 학교 3개 중 2개교에서는 '3일간 교내 봉사활동'을 내렸고, 1개교는 징계가 전혀 없었다. '학교 명예'를 지킨다는 황당한 이유로 사건 자체를 입에 올리는 것조차 금기시했고, 그저 모든 것을 덮어버리고 세간의 입방아에서 이 사건이 더 이상 이야기되지 않기만을 바라는 태도를 보였다. 법의 판결 역시 철저히 가해자 편이었다. 면죄부나 다름없는 가벼운 처벌(41명 중 3명에게만 구속영장 청구, 12명은 보강 조사, 6명은 불구속 입건, 20명은 훈방 조치)로 모두 풀어주었다. 이 때문에 전과 기록이 남은 가해자는 단 한 명도 없었고, 그들은 모두 아무 제약 없이 사회생활을 하고 있다. 결국 피해 학생과 그 가족만 죽을 만큼 힘든 삶을 살아가고 있다. 홀로 모든 고통을 짊어지고 힘겹게 살아가던 소녀는 수년 전에 갑자기 자취를 감춰서 행방조차 묘연한 상태이다.

영화 〈한공주〉(이수진 감독, 2014)는 바로 이 밀양 사건에서 모티프를 얻었다. 이준익 감독의 〈소원〉이 아동 성폭행이 일어난 후 가족이 치유와 회복의 험난한 과정을 헤쳐 나가는 모습을 조명하는 것과 같이, 〈한공주〉도 외상을

---

5 당시에는 피해자가 가해자와 합의를 하지 않고 그를 처벌해달라고 직접 고소, 즉 '친고'를 해야만 죄가 성립되고 처벌을 할 수 있었다(친고죄). 지난 2012년 11월 22일, 국회에서 성폭력범죄 처벌특례법 개정안, 아동청소년 성보호법 개정안, 특정범죄자 위치추적 전자장치 부착법 개정안, 성폭력방지 및 피해자보호법 개정안, 성폭력범죄자 성충동 약물치료법 개정안 등 성폭력 관련 법률안 다섯 건이 가결되었다. 이 과정에서 성폭행 처벌의 책임을 피해자에게 떠넘겨온 대표적 독소 조항인 '친고죄'가 폐지되었다. '친고죄'는 우리나라 사법 체계의 후진성을 여실히 보여주는 상징적 사례였다고 할 수 있다.

극복해나가려는 '공주'의 외로운 싸움을 보여준다. 그러나 〈소원〉보다 〈한공주〉에서 공주가 맞닥뜨린, 사건 이후에 벌어지는 일련의 상황이 더 끔찍하게 다가온다. 그 이유는 〈소원〉이 트라우마 치유와 건강성 회복의 과정에 초점을 맞춰 지난하지만 희망 가운데 한 걸음씩 앞을 향해 나가는 소망을 보여주고 있는 반면에, 〈한공주〉는 어떻게든 상처를 털고 일어나려는 공주를 계속해서 짓밟고 억누르는 '어둠(전망 없음)'에 무게중심을 두고 있기 때문이다. 영화는 사회적 약자를 사정없이 짓밟고 유린하고 착취하는 우리 사회의 극단적 폭력성과 야만성, 그리고 피해자야 어떻든 제 새끼만 궁지에서 살려내겠다는 극단적 이기주의의 실상을 적나라하게 보여준다.

〈소원〉에서 주인공인 '소원'이의 이름이 '소망'을 표방하듯, 〈한공주〉에서 주인공 '한공주'라는 이름은 의미심장하다. 이름은 곧 존재의 이상과 염원을 담아낸다. 우리들 각자는 이 세상에 하나뿐인, 천하보다 귀하다고 하는 여김을 받아 마땅한 존재이다. 또 모두가 왕자요, 공주다. 그 연장선에서 '한공주' 역시 천하보다 귀중한 영혼을 가진 하나의 인격체다. 그래서 한공주라는 이름은 공주처럼 사람들에게 귀한 대접을 받고 곱게 크라는 염원을 담아 그렇게 이름을 지었을 것이다. 그런데 공주는 동년배 일그러진 괴물들에 의해 무참히 짓밟혔고 어른들과 사회, 그리고 언론 매체는 그런 공주에게 상처를 더하기만 한다. 친부모조차도 그녀의 편에 있지 않다. 가해자들은 사회적 지위와 힘을 이용해 한공주를 쫓아내려고 안달한다. 그녀는 스스로의 힘으로 굳건하게 다시 일어난다. 그리고 그저 조용히, 평범하게 살기를 원한다. 그런 한공주에게 가해자의 부모들은 제 자식을 보호한다는 일념으로 벌 떼처럼 일어나 접근한다. 한공주는 "제가 피해자인데 왜 도망가야 하죠? 사과를 받을 사람은 전데 제가 왜 숨어야 하나요?"라고 묻고 항변한다. 너무나 온당한, 그러나 가해자들의 귀에는 생뚱맞게 들리는, 그래서 그 모습을 보는 관객 모두를 아연케 하는 기가 막힌 항변이다. 세상 어디에서도 공주 대접을 받아 본 적이 없는 공주. 카메라는 세심하게 공주의 모습을 바라본다. 이 아이의 작은 노랫소리, 물속에서의 호흡, 몸에 난 작은 상처 하나까지도……. 이렇게 우리 사회에서 성폭행 피해자(생존자), 특히 청소년 생존자는 늘 가해자와 그들의 두둔 세력에 의해 2차, 3차 괴롭힘을 당하고 계속해서 새로운 상처를 받는다. 그녀의 일상이 너덜너덜 참혹해질 때까지 심리적 괴롭힘은 계속된다. 인간이, 우리 사회가 이토록 잔인하단 말인가?

영화는 여고생 한공주가 인천으로 전학 오면서 시작된다. 관객은 그녀의 과거를 모른다. 이야기 전개는 주인공의 아픈 과거에 대해 조금씩 단서를 제공하는 미스터리 형태를 취한다. 초반에 한공주에 대해 알려주는 것은 거의 없다. 하지만 극의 진행 과정에서 그녀가 보이는 여러 징후들, 불안함, 그리고 플래시백으로 던져지는 과거의 파편들을 통해 그녀가 어떤 시간들을 통과했는지, 현재 어떤 상황에 처해 있는지 어느 정도 짐작이 가능하도록 배려한다. 소녀가 현실을 버틸 수 있는 힘은 남몰래 부르는 노래, 그리고 어쩌면 마음을 열 수 있을지도 모를 새로운 친구들이 생겼기 때문이다. 그러한 사이사이 그녀 앞에 펼쳐지는 여러 사물들을 매개로 불현듯 과거 장면들이 조각난 퍼즐처럼 하나씩 끼어든다. 감독의 연출은 소녀의 예민한 감정에 초점을 맞추고 있으며, 현재와 과거가 교차 편집으로 길항한다. 그사이 한공주의 변모 과정과 새로운 학교에서의 적응 과정을 펼쳐 놓는다. 이어서 공주의 가슴 아픈 사건들이 조금씩 제시되며 그녀의 과거가 구체적으로 밝혀지기 시작한다. 그런 가운데서도 한공주는 노래를 부르고 수영을 배우면서 자신의 과거를 극복하고 앞으로 나아가기 위해 노력한다. 그런데 한순간에 그 모든 노력이 물거품이 되는 사건이 발생한다. 이어서 성폭행 당한 또래 친구가 자살하면서 극적 갈등이 커져간다(트라우마 트리거들).

감독은 무척 조심스럽게, 천천히, 그리고 끝내 이 아이의 모든 불행을 낱낱이 보여준다. 야만의 시간, 성욕으로 후끈 달아오른 짐승들로 가득한 방에서 무자비하게 성폭행을 당하는 '화옥'이의 무참한 모습을 보여주는 장면에서는 모든 관객을 공범으로 만들어버린다. 관객으로 하여금 그 방안에 함께 있도록 하면서 아무 조치도 취할 수 없다는 무력감에 자학하고 전율하고 죄책감을 곱씹게 한다. 화옥은 이 외상을 견디지 못하고 끝내 자살한다. 공주는 자신도 그녀처럼 자살로 생을 마무리할지 모른다는 두려움을 떨쳐내기 위해 수영을 배워보지만 여의치 않다. 가시밭길 같고 삭막한 사막 같은 삶에 음악만이 잠깐씩 위안이 돼주지만 어느 것도 근원적인 해결책이 되지는 못한다. 공주를 둘러싼 삶의 조건은 그악하기 짝이 없고, 누구에게도 보호받지 못한 채 악으로 가득 찬 세상을 홀로 대면해야 하며, 스스로의 힘만으로 자신을 지켜내야 한다. 그나마 공주가 살 수 있는 것은 그녀의 현재 모습만을 있는 그대로 인정해주는 동거인 아줌마와 은희 같은, 진정한 친구가 돼줄지도 모를 사람이 있기 때문이다. 자신의 소재를 파악하고 찾아 온, 물귀신 같은 가해자 부모를 피해 달아나던 공주를 향해 "거긴 길 없다"라고 하는 은희의 대사는 트라우마 극복의 '길 없고, 전망 없는' 공주의 가엾고 고달픈 삶을 고스란히 함축하는 말로 들린다.

영화에서 목격하는 바와 같이 청소년 성폭행 피해자 중 상당수는 부모나 가족의 보호를 받지 못하고 있다. 공주의 경우도 마찬가지다. 자신들의 삶을 위해 모질게 공주를 내치는 엄마, 이기심 가득한 아버지. 그러나 그녀는 누구도 원망하지 않으며 단지 살아내려 애쓴다. 가해자들은 공주와 그 부모처럼 제반 환경이 취약하고 힘이 약한 피해자를 제물로 고른다. 그리고 그렇게 당한 피해자에게 새로운 올가미(동영상 유포 협박 등)를 씌워 자신들의 마수에서 벗어나지 못하게 한다. 가해자의 부모들은 오직 자기 자식만을 생각하며 피해자인 주인공에게 그들을 용서해달라는 내용의 탄원서를 들이민다. 그것도 읍소하며 부탁하는 것이 아니라 오히려 겁박한다. 그들은 마치 좀비처럼 그녀에게 덤벼드는데 그녀는 어찌 대응해야 할지 모른다. 우리 사회 취약 계층의 연약한 개인, 그중에서도 미성년자들을 돌봐주지 못하는 구조적 모순과 공권력의 허점, 복지의 취약성을 적나라하게 보여준다. 지금 이 순간에도 우리 사회의 후미진 곳 어딘가에서 새로운 한공주가 참혹한 일을 당하고 있을 것이라는 생각을 하면 기가 찰 노릇이다.

결국 자신의 존재 자체, 존재 이유를 말살당한 공주도 삶의 이유를 세상 어디서도 되찾을 수 없기에 삶의 끈을 놓고 투신한다. 아무 이유도 잘못도 없이 참혹한 피해를 입었으나, 누구에게도 위로 받지 못하고, 오히려 철저히 배척당하고 부정당했으며, 어디서도 자신을 찾거나 회복할 길이 없어서 결국 소망을 놓아버린 것이다. 어려서부터 일상적 폭력 상황에 노출되며 트라우마를 고스란히 안고 살아온 아이들은 자존감이나 상황 대처 능력이 현저히 낮고, 모든 것을 혼자 힘으로 해결하거나 그것이 여의치 못하면 지레 포기하려 한다. 그러나 결국은 그 참혹하게 찢긴 심신을 물로 정화하고 공주는 결국 삶의 끈을 다시 붙잡을 것이다. 그리고 그녀는 아픔을 이겨내고 세상을 향해 나아갈 것이다. 현실은 이보다 더 참혹하지만, 영화마저 그러한 소망을 주지 않았다면 관객 모두가 너무나 힘들고 맥이 빠졌을 것이다.

〈소원〉과 〈한공주〉가 보여주는 다른 모습

이렇게 보면 두 작품은 관객 모두가 선한 양심에 기초해 악을 쉽고 편하게 공격하며 자위하도록 하는 일에는 관심이 없다. 두 작품 모두 악을 전면에 내세우거나 공격 대상을 구체화하지 않는다. 그보다는 피해자, 트라우마 생존자(그리고 그 가족)의 힘겨운 치유 과정에 주목한다는 공통점이 있고, 이는 지금까지의 영화들과 분명한 선을 긋는 기점이 된다. 육체적 외상과 정신적 충격에서 오는 지독한 고통을 안고 생존자가 어떤 모습으로 몸부림치며 살아내기 위해 발버둥 치는지, 그들을 치유하고 고통을 덜어주기 위해 우리 모두가 어떻게 해야 하는지를 분명히 알려준다는 점이 공통된다. 그러나 〈소원〉은 우리의 이성보다 감성에 호소하는 이야기로, 현실의 부조리함을 직시하도록 하는 면도 들어 있긴 하지만, 그보다는 소원이와 그 가족의 곤경과 지속되는 고통을 함께 따라가며 그들을 응원하고 결국 공감과 감동을 얻을 수 있도록 이야기를 풀어간다. 이에 비해 〈한공주〉는 관객이 날카로운 이성의 눈으로 사건의 본질을 통찰하도록 요구한다. 그리고 우리 사회가 어떻게 뒤틀려 있으며, 얼마나 잔인하고, 약한 자를 무자비하게 여러 번 반복해서 죽이려 드는지를 똑똑히 보여준다. 분노와 슬픔을 넘어 우리가 어떻게 성찰하고, 우리 사회가 어떻게 인간성을 회복하고, 인간을 최우선의 가치로 삼을 것인지를 고민하며 대안을 모색해나갈 것을 요구한다. 법과 제도의 허점을 어떻게 정비할 것이며, 만에 하나라도 비슷한 유형의 범죄가 일어날 경우 그에 따른 수사와 처벌, 희생자(생존자)에 대한 보호와 후속 상처 발생 차단, 그리고 장기간에 걸친 치유와 보호에 관한 사회적 합의 도출이 왜 그렇게 절실한지 역설한다. 두 작품 모두 일정 수준의 완성도와 세상을 향한 분명한 메시지가 자연스럽게 녹아 있다. 이 작품들의 진정한 의미와 가치, 교육적 의의를 사회적으로 공론화해 나가는 과정이 필수적으로 뒤따라야만 한다. 단지 영화적 성취로만 이야기하고 끝내서는 이와 같은 참혹한 희생자들과 반인륜적 범죄가 재발하는 것을 방지할 길이 없다. 그런 면에서 〈소원〉도 그렇지만 영화 〈한공주〉는 지금 막 짐승의 시간에 들어선, 그 시간을 통과하고 있는 우리의 중고생들, 청소년들이 반드시 봐야할 작품이다. 그런데 개봉 당시 이 영화는 영화등급위원회로부터 '유해성, 폭력성, 선정성, 모방 위험이 높다'는 이유로 '청소년 관람 불가' 판정을 받았다. 황당무계한 일이다. 이 영화가 가진 교육적 가치는 영등위가 들고 있는 여러 위해성에 대한 염려를 모조리 덮고 뛰어넘어 그 너머의 세계를 우리 아이들에게 가르쳐 줄 수 있다는 데 있다. 이 영화가 하고 있는 이야기에 대해 진정으로 고민하고 공유해야 할 사람은 중고생들과 그들을 자녀로 둔 부모 세대이다. 그런데 우리 청소년들에게 관람의 기회조차 박탈한 것은 난센스가 아니고 무엇인가? 이수진 감독의 장편 데뷔작 〈한공주〉는 우리 다양성 영화계에서 건져올린 값진 수확이다.

이 책 원고를 쓰는 중에 경주 '마우나리조트 붕괴사고'가 있었고, 그 여파가 채 가시기도 전에 '세월호 참사'가 벌어졌다. 2014년 4월 16일 오전 10시! 그날 그 시간부터 한 달 넘게, 숨 쉬는 것조차 미안한 마음에 숨죽이고 지켜보다가 또다시 분노하고……. 수없는 감정의 기복 속에서 매일 20시간 가까이 TV 뉴스를 지켜보는 것 외에 아무 것도 할 수 없었다. 머릿속이 온통 와글거리고 하루에도 수십 번씩 감정의 극단을 오가는 진자 운동이 일어나는 가운데, 2014년 상반기 내에 책을 만들려던 당초의 계획은 물 건너가 버렸다. 게다가 원래 책을 만들기로 한 출판사의 대표께서 세상을 하직하는 일까지 벌어져 새로운 출판사를 찾아 섭외해야만 했기에 책이 언제, 어떻게, 누구의 손에 의해 만들어질지 예측 불가능한 상황에 직면했다. 그 사이에 조팝나무, 이팝나무 꽃이 소리 없이 피고 지며 2014년 봄은 소리도 없이 스러져갔다.

혹시 '송기떡'이라고 들어봤는가? 나무들 물오르는 봄철에, 낫으로 소나무 겉껍질을 벗기고, 연한 섬유질 속살을 긁어서 씹으면 약간 떫으면서도 달착지근한 소나무 향이 물씬 풍겨 나온다. 바로 여기다가 밀가루나 보릿가루를 섞어 버무려 찌는 것이 송기떡이다. 쑥이나 산나물 등을 넣고 찐 밀개떡이나 보리개떡보다는 달착지근하고 향도 좋아서 먹을 때만큼은 그럭저럭 입안에 침이 고이게 한다. 일제강점기를 지나고 전쟁을 겪으면서 이 땅의 민초들 거의 모두가 해마다 겪은 일이 춘궁기, 즉 보릿고개였다. 얼마나 넘어가기 힘든 고개였으면 호환마마보다 무섭다고들 했겠는가. 가을에 거둬들인 쌀은 겨우내다 떨어지고, 온갖 잡곡들도 봄을 넘기기엔 턱없이 부족한데, 들판의 밀과 보리는 그제야 이삭이 팰 무렵에 이른다. 그 보릿고개에 애나 어른 할 것 없이 입에 넣을 수 있는 곡기라 봐야 냉이 같은 봄나물을 넣고 멀겋게 끓인 죽이나 밀개떡, 보리개떡, 송기떡이 전부였다. 그나마도 배부르게 먹었으면 원이 없겠다고 아우성치던 시절이었다.

그런데 이 송기떡은 먹으면 배는 부른데 그다음이 문제였다. 소나무 속살이 섬유질 덩어리라 이게 대장에 쌓여서 엄청난 변비를 유발하는 것이다. 그러니 아이들 모두 눈자위는 퀭하고 동공은 풀려 있으며, 얼굴은 누렇게 뜬 채 코가 나오고, 배만 올챙이처럼 볼록해가지고 비실비실 돌아다녔다. 그 시절 '푸세식 변소'는 널빤지 두 개를 걸쳐 놓은 것이었다. 그걸 타고 앉아 가랑이가 찢어져라 힘을 줘도 대변이 나오지를 않는 것이다. 그래서 어른들이 때때로 숟가락에 기름을 바르거나 비눗물을 묻혀서 어린 아이들의 항문을 파내야 하는 지경에 이르곤 했다. '찢어지게 가난하다'는 말의 유래가 여기 있다. 날은 점점 따뜻해지고 아지랑이는 혼곤할 정도로 아른거리는 4~5월이 바로 보릿고개의 절정이다. 다들 허기에 지칠 대로 지친 5월 중순에 이팝나무 꽃이 핀다. '이팝'이 무엇인가? 바로 '쌀밥'이다. 가지마다 하얗고 소담스러운 이팝나무 꽃이 만개할 때, 허기에 지친 우리네 조상들이 환상을 본 것이다. "하이고오! 저것이 쌀밥이면 얼마나 좋을까?" 4월 중순에 하얗게 피어나는 '조팝나무' 꽃 역시 동일한 맥락에서 지은 이름이다. 그러니 그 꽃들이 피어나면 그 소담스러운 자태 속에 그저 먹고 살기 위해 몸부림치던 우리네 조상님들의 처절했던 삶이 오버랩되곤 한다.

국가가 방치했던 우리네 민초들, 유사 이래 언제 한 번 제대로 국가로부터 따스한 보호와 배려를 받아본 적 없이 적이 쳐들어오면 가장 먼저 희생됐고, 포로로 끌려가 능욕을 당했으며, 천재지변이라도 닥치면 그 모진 풍파를 애오라지 온몸으로 다 맞고, 지주와 탐관오리의 혹세무민에 낮게 엎드려서 수탈당할 수밖에 없었던 대다수 우리네 조상님들. 바람보다 먼저 눕고 바람보다 먼저 일어나곤 했던 풀잎 같던 우리네 민초들……. 그들은 그 엄혹한 세월을 끝내 살아내고 질긴 핏줄을 이어 오늘 우리에게까지 이어지게 했다. 그래서 오늘 이 땅에 당신과 나, 우리 모두가 함께 할 수 있다. 우리가 이 땅에 태어난 것, 조상님들의 후손으로 그들의 핏줄을 이어받고 이 나라에 출현하게 된 것은 우리의 선택이 아니라 숙명이다. 그런데 이렇게 처절하게 이어진 핏줄의 역사가, 우리의 미래인 어린 학생들의 목숨이 이토록 황당무계한 재난과 참사로 하루아침에 끊어지는 사태 앞에서 국가란 대체 무엇일까? 이 어처구니없는 노릇 앞에 위정자란 도대체 무슨 소용이 있을까?

지난 세월 우리는 기업 중심, 실적·성과 중심, 원인이나 과정이야 어떻든 결과만 좋으면 모든 것이 용납되고 상찬되는 결과 지상주의 사회를 통과해왔다. 하지만 그렇게 일사불란하게 이룩한 압축 성장이 만들어낸 의도하지 않은 쓰디쓴 열매를 연이어 맛보았다. 그 열매란 지난 1990년대 초반과 중반, 우리가 막 샴페인을 터뜨리던 순간, 치러야 할 값비싼 대가가 있다는 사실을 알려준 일련의 대형 재난들과 참사들이다. 2000년대에 들어와서도 이러한 일들은 잊을 만하면 다시 불거져 나왔지만, 그래도 '이제는' 우리가 위험 사회를 벗어나 재난과 참사에 대한 적절한 관리와 통제가 가능한, 비교적 안전한 사회로 진입한줄 알았다. 다 흘러간 과거의 일인 줄로만 알았다. 그런데 세월호 참사는 우리가 다시금 위험 사회로 퇴행했음을 명백히 드러냈다. 그것은 이 참사에 대한 인식과 접근 방식을 보여준 대통령을 비롯해 국정 책임자들부터 해경에 이르기까지, 최악의 지리멸렬한 상황을 계속 연출하며 온 국민이 그 모든 것을 반복 시청하도록 함으로써 더욱 명백해졌다.

여기서 우리는 프랑스 감독 루이 말(Louis Malle)이 만든 영화 〈데미지〉에서 '안나(줄리엣 비노쉬 분)'의 대사, "상처받은 영혼은 위험하다. 그들은 생존하는 법을 안다!"라는 말의 의미를 다시 떠올려볼 필요가 있다. 영화 속에서 '안나'가 한 이 말을 풀어보면 다음과 같다. '나(안나)'는 트라우마의 생존자이다. 나는 트라우마를 이겨내기 위해 처절한 사투를 벌여왔고, 결국 살아남았다. 그런데 앞으로 언제고 내가 다시금 이전에 겪은 것과 동일하거나 비슷한 트라우마 상황에 놓이게 되면, 나는 살아남기 위해 내가 찾은 생존의 방식을 적용해 물불을 가리지 않고 '당신(들)', 혹은 무엇이든 이용할 것이다. 그러니까 당신(들)은 기억해야만 한다. 트라우마를 겪고 생존한 사람의 위험성을……

안나는 정색을 하고 말한다. 우리는 이 말을, 그 맥락을 박근혜 대통령과 세월호 선장 이준석에게 동일하게 적용해서 살펴봐야 할 것이 있다. 먼저 박근혜 대통령의 삶과 그녀가 겪은 트라우마를 잠시 되짚어보도록 한다. 박 대통령(그리고 그 동생들)에게 있어서 청와대는 소년기를 지나 잔뼈가 굵은 '내 집'이었고, 부모님은 '국부(國父)'와 '국모(國母)'였으며, 국민들은 '내 백성들'이었다. 그러한 인식은 의심할 여지없이 확고한 것이었고 그것이 분열될 일은 없었다. 그런데 지난 1974년 8월 15일, 그녀 나이 23세에 어머니인 육영수 여사를 잃는 트라우마를 겪었다. 그녀는 슬픔의 눈물이 마를 새 없이 즉각 퍼스트레이디의 자리에 올라 국정의 한 축을 담당했다. 그런데 그로부터 몇 년 뒤, 그녀 나이 채 서른이 되기도 전에 이번에는 아버지를 잃는 새롭고도 더욱 강력한 트라우마를 반복 경험했다. 그리고 권좌로부터 내몰리고 '내 집(청와대)'에서도 쫓겨나는, 감당할 수 없는 상실을 맛보게 되었다.

그러니까 우리는 다음과 같은 질문에 도달할 수 있어야 한다. 만약 당신이나 내가 유소년 시절부터 완벽한 부모 밑에서 모든 것을 가지고 아무 문제없이 살아왔으며, 그 모든 것이 너무나 자연스럽고 지당하다고 생각해왔는데, 어느 날 그것 모두를 한꺼번에 잃고 빼앗긴 것도 모자라 살던 집에서마저 내쫓기는 상황에 처한다면? 미치지 않고 정신을 온전히 수습하며 살 수 있겠는가? 온 진심을 담아 말하건대, 그것은 정말 보통의 정신력으로는 이겨내기 어려운 일이다. 그런 면에서 박근혜 대통령은 진정한 의미의 트라우마 생존자이다.[1]

---

1 그녀가 어떻게 이토록 강력하고도 연속되는 트라우마를 극복했는지는 두고두고 연구해야 할 테제이다. 왜냐하면 그녀 자신이 우리 현대사의 중심에 있었고, 국정 최고 책임자

이러한 인식을 기저에 깔고 우리는 세월호 참사 초기로 되돌아가야 한다. 사고 발생 시점과 대통령에게 보고된 시점, 대통령이 사태를 인지한 시점, 그리고 그 이후 7시간 동안 대통령의 행적에 대해 언론과 정치권에서 많은 이들이 의혹을 제기해오고 있다(그러나 이것이 합리적인 의심일지라도 그에 대한 명쾌한 해명을 듣기는 차후에도 불가능할 것이다). 이어서 박근혜 대통령이 진도 체육관을 방문했던 당시, 통제가 사실상 불가능했던 그 상황 속, 그곳에서 그녀가 보여준 일련의 헛발질은 그녀 자신이 트라우마 생존자로 살아온 법칙의 일단을 보여줬다. 이것이 무슨 말인지 모르겠다고? 그렇다면 그 다음 상황으로 넘어가보자.

희생자들의 정부 합동 분향소가 안산 화랑 유원지에 설치되었다. 그리고 며칠 후 박근혜 대통령은 참사 초기 진도 체육관 방문 과정에서 벌인 실족(失足)을 만회하려는 듯 조심스러운 행보를 보였다. 이때까지 그녀는 대통령으로서 참사의 궁극적 책임을 지겠다는 말을 하지도, 국정 최고 책임자로서 사과를 하거나 재발 방지에 대해 비전을 담은 약속을 언명하지도 않았다. 사태의 조기 수습과 후속 대책 수립 등의 내용을 담은 대국민 공식 브리핑도 하지 않았다. 이 모든 것에 대한 비판과 질책을 의식한 듯, 훨씬 더 조심스럽게 작심하고 조문에 나섰다. 그런데 그 과정에서 희생자 유가족이 아니라 대통령의 뒤를 따르던 일반 조문객 할머니를 끌어안고 위로하는 (즉흥 연출된) 해프닝을 벌이는 바람에 다시 한 번 스타일과 이미지를 확실히 구기며 구설수에 휘말렸다. 이 자리에서도 역시 우리의 대통령은 모든 것이 사전 통제되지 않고 즉흥적으로 돌아가는 현실세계에서는 맥을 잘못 잡고, 자신의 정체를 노출할 수밖에 없다는 사실을 재확인시켜줬다. 모든 조건과 상황이 통제되고 연출된 세계, 가공되고 정제된 무대에서는 스타일과 이미지, 덧씌워진 페르소나만 가지고도 무엇이든 해낼 수 있었던 그녀였다. 그런 조건과 환경에서라면 최고의 연기를

로 우리의 현재를 이끌어가고 있으며, 다가올 미래의 방향을 열어가고 있기 때문이다.

통해 모든 트라우마를 성공적으로 극복하고 넘어선, 최고로 강인하고 우아하기까지 한 모습만을 가지고 무한 카리스마를 방출할 수 있었을 텐데 말이다.[2]

아무튼 이런 상황에서 세월호 참사의 본질, 원인 규명, 사고의 모든 과정, 초기 구조와 구난의 적절성 여부, 그 배경을 이룬 모든 부정과 탈법과 비리의 커넥션, 그 악의 완벽한 생태계와 먹이사슬을 이참에 모두 끊어버리고, 환골탈태 차원의 국가 개조가 이루어질 수 있을지 기대난망이라는 점은 확실해 보인다. 모든 문제를 '유병언'과 그 자녀들에게 덮어씌우고(그렇다고 해서 내가 그들을 두둔한다고 생각하는 미성숙한 독자는 없길 바란다), 그들에게 모든 비난의 화살이 돌아가게끔 한 다음, '이들이 썩은 사과니 이들을 도려내는 것으로 모든 상황을 일단락하겠다'는 분위기로 흘러가는 것으로 보인다. 그래서 지금 돌아가는 제반 양상을 보면 참으로 답답하다.

다음으로 살펴볼 사람은 세월호 선장 이준석이다. 우리 온 국민은 초대형

---

2 그런 면에서 "이대근 칼럼: 박근혜 극장"은 탁월한 통찰로 읽힌다. 특히 "(박 대통령의) 통치 행위가 연극적일수록 현실과 괴리되었고, 그럴수록 그는 무능해졌고, 그 무능 때문에 더욱 연극적이 되었다. 그런데도 우리는 무능을 눈치채지 못했다. 그가 만들어낸 이미지를 소비했기 때문이다. 세월호 참사에 이르러서야 우리는 처음으로 그의 이미지와 현실의 충돌을 목격할 수 있었다"라는 말은 정곡을 찌르는 통찰이다(이대근, "이대근 칼럼: 박근혜 극장", ≪경향신문≫, 2014년 5월 14일 자, A30면. http://news.khan.co.kr/kh_news/khan_art_view.html?artid=201405142124425&code=990100 참조).
   그런데 더욱 흥미로운 점은 세월호 참사와 그에 대한 초기 대응 실패 등의 총체적 난국의 책임을 지워 정홍원 국무총리를 해임하기로 하고 후임 총리 인선에 들어간 박 대통령이 뽑아든 카드, '문창극'이 지난 2011년 4월 5일 자 ≪중앙일보≫에 실은 칼럼 "박근혜 현상"(http://article.joins.com/news/article/ 참조)이다. 이 글에서 문창극은 (당시) 권력을 위임받지도 않은 '그녀(박근혜)'에게로 권력이 쏠리고, 권력을 행사하는 일을 비판하면서, 그녀를 "휘장에 둘러싸인 오즈의 마법사"에 비유하기도 한다. 그러면서 "국민의 대표가 되기 위해서는 먼저 그녀 스스로가 휘장 속에서 걸어 나와야"하고, "언론도 누가 됐든 휘장 안의 인물을 신비롭게 조명할 것이 아니라 휘장을 벗기고 국민이 실체를 볼 수 있게끔 해야 한다"라고 충고한다.

카페리 여객선이 속절없이 침몰하는 현장을 생중계로 지켜봤고, 이 사태의 경과와 결과를 재구성한 영상을 거의 무한반복으로 시청해왔다. 그런 가운데 참사의 제1당사자이자 현장 사령관인 '이준석 선장'이라는 문제적 인간의, 도대체 그 황당무계하고 파렴치하고 납득할 수 없는 행동을 어떻게 받아들이고 이해해야 할지 온 국민이 난감해하고 있다. 아니, 어쩌면 그의 행동을 아무도 이해하려 하지 않고, 그의 근원을 알 필요도 없다는 듯이 그냥 인간 말종(末種)으로 보고 극형에 처해야 한다는 말만 난무하는 것처럼 보이기도 한다. 하지만 우리는 그를 증오하거나 배척하는 것과는 별도로 그를 이해하고 그의 행동을 설명할 수 있어야만 한다. 그래야만 대구 지하철 화재 참사나, 세월호 참사 같은 일이 반복되는 것을 멈출 수 있다.

배가 넘어가는 급박한 상황 속에서 그는 해경과의 긴급 통화에서 같은 말만 반복했다. "지금 탈출하면 구조될 수 있느냐?"라는, 오직 한 가지 말만 거듭거듭 반복한 것이다. 그리고 구조 헬기와 구조 선박들이 도착하자 그는 제일 먼저 배를 버리고 탈출했다. 어떻게 이런 일이 가능할 수 있었을까? 그는 40년 전에도 배를 타고 있었고, 선원으로 일하다가 죽음 직전에 구조된 일이 있었다. 일본 오키나와 근해에서 타고 있던 배가 침몰했고, 일본 해경에 의해 구사일생으로 목숨을 건진 경험이 있었던 것이다. 결과론이지만, 이렇게 놓고 보면 그가 40년 전에 구조되지 않고 그때 사망했다면, 오늘 이런 말도 안 되는 참사를 만들어낸 장본인이 될 일이 없었을 수도 있었다. 그러니까 정말 중요한 게 여기에 있다. 그는 죽다 살아난 사람이다. 그래서 트라우마를 안고 살아왔는데, 그것이 제대로 치유되지 못한 것이다. 영화 〈데미지〉의 안나가 말한 것처럼 선장 이준석은 다름 아닌 '트라우마의 생존자'였고, 그는 자신만의 방식으로 살아남을 방도를 찾은 것이다. 절체절명의 상황에서 그는 자신이 침몰하는 배의 캡틴이라는 사실에 대한 새삼스러운 인식, 그를 건강하게 통제할 만한 슈퍼에고 시스템 중 어느 것도 정상적으로 작동시킬 수 없었다. 평상시에, 겉으로 드러나지 않기에 아무도 몰랐을 그 상처는, 다시금 배가 침몰하는 위기 상황에서 그를 괴물로 만들어버렸다. 40년 전과 마찬가지로 또다시 죽음의 그림자가 자신을 덮쳐 오자 모든 이성이 마비되고, 오직 자신만 살기 위해서 다른 아무 것도 생각할 수 없고 아무 조치도 내릴 수 없는, 가엾은 트라우마 생존자의 모습으로 되돌아간 것이다.

우리가 세월호 선장의 행동을 제대로 이해해야 하는 이유가 바로 여기에 있다. 그와 같은 사람이 다시는 나오지 않도록 하기 위해서이다. 그러니까 그를 이해하는 것과 그를 심판하거나 용서하는 것은 전혀 별개의 문제이다. 2014년 늦가을, 이준석 선장과 부하 선원들의 과실을 심판하기 위한 법리 공방이 이뤄지고 있고, 특히 선장에 대한 살인죄 적용을 놓고 말들이 많다. 아마도 가능한 한 최대한 큰 죄목을 씌우고, 법이 허용하는(것 이상의) 크고 무거운 징벌을 받게 될 것이다. 이쯤에서 우리 모두가 깊이 생각해봐야 할 문제는 이것이다. 유병언 일가 구성원들에게 덧씌웠던 것과 마찬가지로 이준석 선장과 선원들을 또 다른 악의 축으로 규정하고 심판하는 것 자체에 대해 문제를 제기하려는 것은 아니다. 뉘라서 그들이 저지른 온갖 범죄와 초유의 재난 앞에서 자신들만 살자고 벌인 무책임을 옹호하려고 할 것인가? 이론의 여지없이, 당연히 그는 응분의 대가를 받아야 한다. 법과 제도적으로 말이다. 그러나 그들에 대한 심판이, 그보다 더 크고 넓고 깊고 무겁게 다뤄야 할 사건의 본질을 덮거나 지우거나 떠나보내거나, 기억을 방해하고 잊어버리기 위한 방편으로 사용되는 것에 대한 경계를 확실히 해야만 한다.

세월호 참사가 지난 세월에 우리 온 국민이 맛봤던 온갖 쓴 열매들의 판박이일 뿐만 아니라 그에 더해 모든 것의 종합판임을 확인시켜주는 이유는 따로 있다. 그것은 이 참사의 원인과 과정과 경과와 결과뿐만 아니라, 그 이후의 뒷수습 과정까지……. 모든 것이 한 치의 오차도 없이 똑같이 돌아가고 있다는 것 때문이다. 그동안 우리 사회가 과거의 그 모든 것을 통과해 앞으로 나아갔다고 믿은 것이 얼마나 큰 착각이었는지, 이제는 그런 일들이 먼 과거의 미성숙했던 한때에 일어났던 해프닝이었을 뿐이라는 믿음이야말로 얼마나 허황되고 자유로운 착각이었는지, 이제까지의 모든 단계를 거쳐 오는 시간 속에서 하나하나 고스란히, 발달된 미디어 덕분에 더 명료하고 입체적으로 드러나고 있다.

　그러니 이번만큼은, 아니, 이번이 우리나라가 혁신을 기할 마지막 기회라고 생각하고 환골탈태해야만 한다. 돌이켜보면 우리 사회는 그동안 급속한 경제 발전을 이루는 과정에서 값비싼 대가들을 지불하며 지금에 이르렀다. 군사독재 정권하에서 많은 희생자가 나왔고, 황금만능주의에 빠진 사악한 사람들 때문에 다리가 무너지고, 건물이 붕괴되고, 대형 화재가 연이어 일어났다. 우리 헌정사의 수많은 비극들은 통치자, 위정자, 권력자들의 무지와 국민을 천심의 근본으로 여길 줄 모르고 모든 가치 위에 사람이 있음을 토대로 하는 인문학적 소양을 갖추지 못한 탓에 빚은(빚어진) 참화가 대다수였다. 그런데 온갖 인재와 천재지변이 발생할 때마다 그 풍상(風霜)을 고스란히 맞고, 속절없이 희생되는 것은 그러한 위험에 직접 노출된 우리 사회의 기층민, 서민 대중이었다. 그래서 이들의 모습은 〈괴물〉, 〈연가시〉, 〈타워〉, 〈감기〉 등, 2천 년대에 들어와 많이 제작된 한국형 재난 영화들 속에 고스란히 반영돼 있다. 이 재난 영화들에서 보는 것보다 더 한심하고 극적으로 무능한 모습이 계속 이어진다면 우리 국민은 대체 어느 위정자를 믿고, 누구에게 정권을 위임할지 참으로 답이 나오지 않는다. 박근혜 대통령과 현 정부는 '지금은 경제에 올인' 운운하며 어떻게든 이 참사를 떨쳐내려고 안간힘을 쓸 것이 아니라, 이 정권이 끝나기 전에 최소한 이와 같은 재난과 참화의 모든 생태계를 절연할 모든 대책을 수립·시행하고 시스템 재정비, 법제 정비에 나서야만 한다. 그래야만 비로소 나라의 성장과 발전뿐만 아니라 진정으로 온 국민이 안심하고 살 수 있는 나라다운 나라를 만드는, 제대로 된 길로 들어서는 것임을 알아차리기 바란다.

　나아가 참사의 생존자를 비롯해 유가족, 그리고 여러 주변 사람들을 제대로 치료하고 지속적으로 돌보는 시스템을 구축해야 한다. 미국은 지난 9·11 사건 이후 지금까지 중앙 정부 차원에서 약 10만 명 이상을 지속적으로 모니터링하며 그들의 장기 치유에 힘쓰고 있다. 이들에게 그동안 쓴 비용만 우리 돈으로 10조 원이 넘는다. 세월호는 탑승자들을 구조할 수 있었던 골든타임을 속절없이 흘려버려 300명이 넘는 사람들을 고스란히 죽음으로 내몰았다. 하지만 생존자와 희생자 유가족에 대한 트라우마 치료의 골든타임마저 놓치지 않기를 간절히 바랄 뿐이다. 그들의 공동체와 개개인을 지속적(최소 10년 이상)이고도 개별적으로 관찰하고, 상담과 치유 프로그램을 가동해야 한다. 사고 생존자들과 희생자 유가족들이 치유를 위해 앞으로 얼마나 길고 험난한 세월의 사막을 건너야 할지는 누구도 속단하기 어렵다. 여하튼 사고는 이전과 똑같은 잘못으로 똑같은 방식으로 일어났다고 하지만, 그 사이에 우리가 한 걸음이라도 앞으로 나아간 면이 있다면, 그것은 국가가 나서서 트라우마의 희생자·생존자와 그 가족에게 철저하고도 지속적인 치유의 손길을 이어가는 체계를 구축하고 실행하는 것부터 발현돼야 한다. 그리고 우리 국민 모두가 주변을 둘러보며 상처로 아파하는 이웃이 없는지, 우리가 손 내밀고 붙잡아 일으키고 보듬어 온기를 전해주기를 간절히 원하는 누군가가 있는지 살펴봐야 한다.

우리나라가 위험 사회를 벗어나서 모두가 안심하고 살만한 세상을 만드는 것은 생각보다 훨씬 쉬울 수도 있다. 우리 모두가 다음과 같은 합의를 이뤄내고 실천해나갈 수만 있다면 말이다. 그것은 기본적으로는 부정과 탈법과 비리가 발생하지 않도록 투명 사회를 지향하는 것에서 비롯돼야 한다. 그리고 문제가 발생할 여지가 있는 곳은 미리 살펴서 예산을 투입해 정비하고 시스템을 만들고 운용하는 것이, 사고가 발생하고 뒷수습하는 데 쓰는 돈보다 훨씬 저렴하다. 마지막으로 우리들 각자가 자신의 안전을 위해서 주변의 이웃에 관심을 가지고, 항시 배려하고 있다는 시그널을 주고받아야 한다. 내가 당신에게 적의가 없으며 오히려 당신의 인격과 프라이버시를 존중하고 있다는 것 말이다. 이와 같은 것들이 온 사회 내에서 묵시적 합의로 이뤄지면 평화와 안정은 자연스럽게 따라올 것이다. 우리의 위정자들이 진정으로 선진 복지·안전 사회를 지향한다면 국민들 앞에서 구호로만 외칠 것이 아니라 이와 같은 환경을 조성하고 국가 시스템을 개혁·정비·운용하는 데 모든 노력을 다해야 한다.

각설하고, 이 책이 만들어지기까지 음으로 양으로 많은 도움을 주신 분들을 기억하며 감사와 존경을 표하고자 한다. 먼저 거친 원고를 갈무리해 책으로 만들어주신 도서출판 한울의 김종수 대표와 이원기 실장, 그리고 편집 실무를 맡아 고생한 김진경 님께 깊은 감사를 드린다. 아울러 책 표지에 들어간 〈마더〉와 〈박하사탕〉의 포스터 저작권 문제에 흔쾌히 답을 주신 CJ E&M의 권미경 상무와 나우필름의 이준동 대표, 그리고 초상권 사용을 기꺼이 허락해주신 김혜자 님, 설경구 님, 원빈 님께 머리 숙여 감사를 드린다. 마지막으로 언제나 곁에서 나를 지탱해주고 내 글의 첫 번째 독자이자 비평가로서 온갖 쓴소리를 마다 않는 아내, 그리고 소중한 가족 구성원 모두에게 고마움과 사랑을 전한다.

| 지은이 |

서정남

1960년생. 충북 보은에서 태어나 '영혼이 따뜻했던 유년기 시절' 10년을 지낸 후, 수원에서 10여 년간 잔뼈를 키웠다. 20대의 '8할'을 바람같이 보낸 후, 뒤늦게 뜻한 바가 있어 도불(渡佛)하여 30대를 프랑스에서 지냈다. 40대부터 본격적으로 강의와 저술 활동을 하며 지금에 이르렀다. 현재 계명대학교 언론영상학과 교수로 재직 중이다.

그동안 지은 책(단독 저서)으로는 『서정남의 북한영화탐사』(생각의 나무, 2002), 『영화 서사학』(생각의 나무, 2004), 『영상예술의 이해』(계명대학교 출판부, 2006), 『할리우드 영화의 모든 것』(이론과 실천, 2009) 등이 있다. 본래 세부 전공이 서사학('구라학')이다 보니 다양한 분야에 관심의 촉수를 드리우고 있으며, 특히 세상 사람들을 웃기고 울리는 온갖 종류의 '구라들'에 대해 관심이 많다.

20년 가까이 '영화평론가'라는 이름은 걸고 있으나 우리 영화에 대한 제대로 된 비평적 담론을 생산해내지 못하고 있다는 자책을 해오던 중, 한국연구재단의 저술 지원을 받게 되어 책을 만들어볼 염을 내게 되었다. 한국 영화가 비약적인 성장과 발전을 하는 동안 폭발적으로 풍성해진 비평적 담론의 숲에 뛰어들지 못하고 그저 먼발치에서 구경만 하던 변방의 '향토학자'가 뒤늦게 빚 갚는 마음으로, 긴 시간, 마음속에서 울렁거리던 이야기들을 길어 올려 책으로 묶었다.

한울아카데미 1735

트라우마로 읽는 21세기 한국 영화

ⓒ 서정남, 2014

지은이 | 서정남
펴낸이 | 김종수
펴낸곳 | 도서출판 한울

편집책임 | 이수동
편집 | 김진경

초판 1쇄 인쇄 | 2014년 11월 10일
초판 1쇄 발행 | 2014년 11월 20일

주소 | 413-120 경기도 파주시 광인사길 153 한울시소빌딩 3층
전화 | 031-955-0655
팩스 | 031-955-0656
홈페이지 | www.hanulbooks.co.kr
등록번호 | 제406-2003-000051호

Printed in Korea
ISBN 978-89-460-5735-7 93680 (양장)
      978-89-460-4924-6 93680 (학생판)

* 책값은 겉표지에 표시되어 있습니다.
* 이 책은 강의를 위한 학생판 교재를 따로 준비했습니다.
  강의 교재로 사용하실 때에는 본사로 연락해주십시오.